周振华学术文集

产业卷
中国经济卷
上海发展卷
全球城市卷

迈向卓越的
全球城市

周振华 著

格致出版社 上海人民出版社

潘宜辰摄于2023年5月24日

作│者│小│传

　　周振华，1954年4月1日出生于上海。祖籍是浙江上虞。1961年，就读于上海市南市区中心小学（试行五年制），受到当时最好的教育。但初中三年"复课闹革命"，没上过什么课，留下一片空白。1970年，作为69届初中生，毕业后即赶上知青下乡"一片红"（全部离沪"上山下乡"），便去了黑龙江香兰农场接受"再教育"。农田干活，战天斗地，经受日炙风筛的砥砺，接受凌雪冰冻的洗礼。好在八年的知青生活，没有闲游如戏人生、放荡如梦江湖，而是把青春默默存放，毫无目标地翻阅了一大堆哲学、历史及马列经典著作。特别是调到场部宣传科后，接触了更多文史哲的理论知识。

1977 年恢复高考，仓促迎考，也不抱有太大希望。也许是，付出终究会有回报，竟被牡丹江师范学院政治系录取，圆了多年的上学梦。作为 77 级大学生，对知识的追求，如饥似渴，分秒必争，近乎痴迷和狂热。不经意间，还孕育出未来继续深造的奋斗目标——报考硕士研究生。最初，选择了当时较热门，自身也有些基础的哲学专业方向。后来，接触了政治经济学，有一种直觉：这门学科更为实用，尤其是在改革开放和转向以经济建设为中心的背景下。于是，调整了报考研究生的专业方向——政治经济学，并主攻《资本论》研究，尽管是从"一张白纸"起步。大学期间，除优质完成所有课程学习外，大部分时间花费在备考研究生上，特别是"无师自通"了《资本论》三卷本。

1981 年底，如愿考上了福建师范大学硕士研究生，师从我国《资本论》研究权威人物陈征教授。硕士研究生三年里，在陈征老师的卓越指导和严格要求下，通读和精读《资本论》数遍，受到政治经济学及《资本论》逻辑体系的系统训练，为此后的学术研究打下了扎实的理论功底。并尝试运用《资本论》原理，结合我国改革开放的实际，研究社会主义流通问题。硕士论文成果在《福建师范大学学报》和《南京大学学报》上发表。

1985 年初，硕士毕业去南京大学经济系工作。除了开设《资本论》课程外，又系统学习了宏观经济学和微观经济学、投资学、企业管理学等，进一步完善了经济学的知识结构。在教书育人的同时，深入研究我国改革开放中的重大理论问题，如市场经济问题，现代工业、乡镇工业和农业三部门的结构问题等，并发表了一系列论文。1986 年，被评为讲师。1987 年，领衔完成《社会主义市场的系统分析》一书的撰写，该书由南京大学出版社出版，成为我国较早一部阐述社会主义市场经济的著作。

1987 年，因科研成果突出，被中国人民大学免试录取为博士研究生，师从我国杰出经济学家、教育家、新中国国民经济学学科开拓者胡迺武教授。在此期间，学习和研究的重点转向市场经济条件下的宏观经济管理，在《经济研究》等刊物陆续发表学术论文。参与了吴树青、胡迺武承接的"中国改革大思路"国家重大课题，撰写了其中有关流通体制改革的章节。该成果获首届孙冶方经济科学奖论文奖。博士论文选题是当时比较前沿的产业结构与产业政策研究。博士论文提前一年完成，并以《产业政策的经济理论系统分析》为书名于1991年由中国人民大学出版社出版。

1990年初，去上海社会科学院经济研究所工作。因博士论文撰写中的大量资料积累及观点酝酿，在1991—1992年两年内，出版了《产业结构优化论》和《现代经济增长中的结构效应》两部专著。1991年底，从讲师（助研）破格晋升为研究员。1993年，获享受国务院特殊津贴专家荣誉。1994年，获国家人事部突出贡献中青年专家荣誉。1995年，入选中共中央宣传部、组织部、国家人事部等国家社科领军人才。1996年，任上海社会科学院经济研究所副所长，《上海经济研究》总编。在此期间，陆续出版了《增长方式转变》、《步履艰难的转换：中国迈向现代企业制度的思索》、《积极推进经济结构调整和优化》（合著）、《体制变革与经济增长》、《信息化与产业融合》等专著，主编了《中国经济分析》年度系列研究报告（持续近25年）、"上海经济发展丛书"（12卷本）等。

2006年，调任上海市人民政府发展研究中心主任、党组书记；兼任上海市决策咨询委员会副主任、上海市社会科学界联合会副主席、上海市经济学会会长等职。在此期间，创建了上海发展战略研究所，兼任所长；创办了《科学发展》杂志，兼任主编。主持和组织了上海市若干重大课题研究，如"上海'十二五'期间发展主线研究""上海世博后开发利用研究""面向未来三十年上海发展战略研究"等。出版个人专著《崛起中的全球城市：理论框架及中国模式研究》《服务经济：中国经济大变局之趋势》《城市发展：愿景与实践》等，主编《上海：城市嬗变及展望》（三卷本）等。

2014 年，退居二线，任政协上海市十三届委员会常务委员、经济委员会常务副主任，继续兼任上海发展战略研究所所长。在此期间，出版个人专著《全球城市：演化原理与上海 2050》，主编《上海改革开放 40 年大事研究》（12 卷本），并执笔其中的第一卷（总论）《排头兵与先行者》。组织上海发展战略研究所科研人员集体攻关，完成《战略研究：理论、方法与实践》《上海战略研究：历史传承时代方位》《上海战略研究：资源、环境、驱动力》《上海建设全球科创中心：战略前瞻与行动策略》等研究成果并公开出版。

2018 年，受邀组建上海市决策咨询委员会下属的全球城市研究院，并出任院长。创办《全球城市研究》杂志，为总负责人。每年组织面向全市和全国的招标课题研究，主编和出版《全球城市发展报告》《全球城市发展指数》和《全球城市案例研究》三大年度标志性成果。个人撰写并出版《卓越的全球城市：国家使命与上海雄心》《全球城市：国家战略与上海行动》等简明读本。加强国际学术交流，组织"全球城市经典译丛"系列的翻译，个人专著《崛起中的全球城市：理论框架及中国模式研究》《服务经济：中国经济大变局之趋势》《全球城市：演化原理与上海 2050》的英文版也由世界著名学术出版商施普林格（Springer）、世哲（Sage）等出版发行。

曾被中国人民大学、上海交通大学、同济大学、华东师范大学、上海财经大学、上海海事大学、上海师范大学等诸多高校聘为兼职教授。为首届长三角一体化发展咨询委员会专家、上海市决策咨询委员会委员、上海市政府特聘专家，被浙江、成都等多地政府聘为顾问和咨询专家。著作类研究成果曾获得国家"三个一百"原创图书奖、华东地区优秀理论读物一等奖、上海哲学社会科学优秀成果奖一等奖（多次）、北京哲学社会科学优秀成果奖、上海市"银鸽奖"最佳出版奖等多种奖项，入选"十四五"国家重点出版物出版规划等。

自　序

　　出版社准备编辑这套学术文集，要我作一自序。正好，乘此机会，对一路走来的经历及感受作一个系统梳理。但是，又有点犯愁。往事久远，记忆淡去，再加上我有一个习惯，就是只顾匆匆前行，无暇回眸过往。学术生涯四十载，研究成果积三尺，却从未整理过一二。这下可好，有点手忙脚乱，不得不静下心来，凝思回想：这一学术之路如何走过，沿途又有怎样的风景？一帧帧画面，在脑海中匆匆闪过，丰实多彩，却又片断杂乱。这些画面的不规则组合、交叉渲染，竟然变幻为一种朦胧写意，让我突然联想到当年独登泰山的生动场景。两者之间，如此相似！难道是冥冥之中的暗喻？

　　那还是1971年，我参加知青下乡的第二年，回沪探亲途中的事情。事先约定登泰山的同伴们，或许因旅途疲惫，快到泰安站，临时变卦，剩我一人独行。为观日出，我不顾舟车劳顿，半夜三更上山。天色阴黑，万物寂静，漫漫山道上，一道孤影飘然而行，尤显孤单、落寞。沿途两侧，景物模糊，难窥秀丽之色，我不免有些无奈，心生遗憾。更叹浑然不知泰山典故，无以领略沧海桑田之变，乏味、茫然之感陡增。

　　到半山腰，正准备歇脚，突然望见，远处有黑影晃动。哇！原来不乏夜行者。那是两位50多岁的老人，正慢悠悠走着，不时停下来，指指点点，说说笑笑。原来，他们对泰山情有独钟，每隔几年就登临山间，对此地的一景一物了如指掌。见我一人，他们便热情招呼我随其同行。这下可好,下半程的山路,有了另一番风景。他们给我介绍景点,讲传闻趣事。生动之余,阐幽明微,赏心悦目。周边朦胧景物,仿佛逐渐明朗,露出真容仪态,并似乎鲜活起来,呈现古往今来的流动。这才让我慢慢感受到五岳之尊的魅力,初识得泰山的真面目。过了中天门向上,两边山崖壁如削,山路陡峭乱云渡,风啸阵阵催更急。置身其中,犹如逆天渡劫。我咬紧牙关,拉着铁索,奋勇攀爬,直至一步一喘,五步一歇。终于,天色微亮之际,站立于岱顶之上,脚踩云雾缭绕中的峰峦,领略了"一览众山小"的境界。

一

说来好笑。搞了一辈子学术研究,还真不知,学术生涯开端,以什么为标志。有人说,是处女作。如果那样的话,我的学术生涯开端可追溯到1980年。当时,我还是大学三年级的学生,试着对外投稿。想不到,稿件被黑龙江省委党校《理论探讨》录用,他们让我快速去编辑部修改定稿。为此,我专门向学校请了假,连夜从牡丹江乘火车赶去哈尔滨。此番经历给我留下深刻印象。

但我总觉得,这似乎并不能标志学术生涯的开端。当时发表一篇论文,只是业余爱好而已。更主要的是,当时压根没想过要走学术研究之路。这主要源自69届知青的"出身卑微"。所谓的知青,其实没什么文化知识,尤其是69届知青,实际上只有小学文化程度。初中三年,赶上"复课闹革命",没上过文化课;毕业后上山下乡"接受再教育",整整八个年头,实践知识大增,文化知识却没增添多少。幸好,1977年恢复高考,借洪荒之力,我考上了大学,实现了不可想象的"飞跃"。但如此浅薄的底子,怎能去搞这般高深的学术研究?! 至今,回想起来,对走上这条学术之路,我仍感不可思议。只能说,也许是鬼使神差,机缘巧合,勉为其难,艰辛付出的结果吧。

应该讲,真正意义上从事学术研究,是在攻读硕士学位之后,是我国《资本论》研究的权威人物陈征老师将我带入了学术研究之门。其实,当时报考陈征老师的研究生,也是逼迫无奈,挣扎奋起的结果。1978年底,大批知青返城,这使曾经当过知青的我,有一种失落感,回上海的愿望很强烈。无奈所读学校是省属高校,毕业后当地分配。唯一出路,就是报考研究生。但这种机会,只有一次。直接报考上海高校的研究生,风险太大,故选择"曲线返城",先报考福建师大陈征老师的研究生,等以后有机会再回上海。为此,大学在读期间,我足足准备了近三年。考试下来,自我感觉也不错。但结果如何,心里仍没底。在焦急等待之际,意外收到陈征老师来信,告知报考人数多达80余人,竞争十分激烈,但"你考试成绩优秀,欢迎前来深造"。这样,我开启了新的人生,走上了学术研究之路。

陈征老师担任中国《资本论》研究会副会长,并率先组建了"全国高等师范院校资本论研究会",担任会长。他的5册本《〈资本论〉解说》是我国第一部对《资本论》全三卷系统解说的著作,也是国内对《资本论》解说得最为清晰明达、通俗易懂的专著。在他的教诲和指导下,我开始对《资本论》三卷进行系统学习和研究。一开始,我感觉这"大部头"很难啃,读了老半天,像无头苍蝇似的,不得要领,入不了门。陈征老师送我陆九渊《读书》中的一段话:"读书切戒在慌忙,涵泳工夫兴味长。未晓不妨权放过,切身须要急思量。"于是,我调整了策略,采取"先粗后精、步步为营"的方法。初读时,看不懂的地方,先跳过去,继续往下看;然后,回过头再看,将原先不懂的地方消化了。前后章节,来回研读,并特别注重《资本论》方法论及辩证逻辑关系。在每一阶段学习结束后,加以巩固,把其逻辑演绎梳理出来。通过"三遍通读"加上"两遍精读",我最终将其逻辑演绎完整梳理出来,绘制出了一张《资本论》结构体系示意图。同时,我学习和研究了马克思的《剩余价值史》《政治经济学批判导论》等专著,以及黑格尔的《小逻辑》等。这不仅让我掌握了《资本论》的核心范畴和各种概念,而且理清了基本脉络,甚至有点触摸到《资本论》的精髓。正所谓"半亩方塘一鉴开,天光云影共徘徊。问渠那得清如许,为有源头活水来",唯有进入这一境界,才能真正享受到《资本论》逻辑思维的艺术性和美感。

而且,陈征老师身先垂范,将《资本论》基本原理与中国具体实际相结合,创建了社会主义城市地租理论和现代科学劳动理论,并要求我们把

《资本论》的原理及方法运用于现实之中,特别是中国的改革开放。这不仅为我从事学术研究打下了坚实基础,而且也为我指明了学术研究方向。当年,我的硕士论文就是运用《资本论》原理来分析社会主义流通问题,论文中的研究成果在《福建师范大学学报》和《南京大学学报》上发表。

硕士毕业后,我到南京大学经济系任教。课堂上,给学生上《资本论》课程。业余时间,潜心学习和钻研西方经济学,感觉其中许多原理及方法,可用于现实经济运行分析。在此过程中,我试图将《资本论》的逻辑演绎与西方经济学分析工具结合起来,用于研究中国改革开放及经济发展问题,并撰写和发表了一些学术论文。同时,高度关注改革开放实际情况及相关文献,并通过征文录用,我参加了一系列全国中青年经济学人论坛及研讨会,与许多当时活跃在改革开放理论研究和决策咨询领域的中青年学者进行交流。这种交流,特别是私下闲聊,不仅信息量大,而且现实生动,绝非书本上所能获取。由此,我明显感觉思想认识上一个新台阶。另外,也学习和汲取了他们合作攻关重大课题的经验。当时,这些中青年学者合作发表的一系列高质量、高水平研究报告,产生了重大的社会影响,其建议往往被政府部门所采纳。

在南京大学,我们六个硕士毕业、同时进入经济系的青年教师(金碚、胡永明、张二震、刘志彪、施建军和我)也开展了合作攻关。尽管专业和学术背景不同,但都具有较扎实的理论基础,思想活跃,精力充沛,积极向上,平时交往也较密切。我们围绕一个重大问题,分头调研,取得一手资料,开展头脑风暴,分工协作撰写论文。这些合作论文围绕热点问题,有新思想和新观点,质量也较高,从而录用率较高。成果出得也较快,一篇接一篇地密集"出笼"。后来,感觉不过瘾,遂开始更高层次的合作——撰写专著。当时,全国正进行有关市场经济的大讨论,焦点在于商品经济还是市场经济。我们的选题更超前一步,试图回答"市场经济是什么样的,有怎样一种市场体系结构"。我承担了主要部分的撰写,并对全书进行了统稿和润色。1987年底,《社会主义市场体系分析》一书由南京大学出版社出版。这是国内较早一部全面系统研究社会主义市场经济的专著。我的博士生导师胡逎武先生为此写了书评,发表在《经济研究》上。在南京大学,虽然这种学术合作只持续了两年多(其中三人,离开南大去读博了),但十分让人留恋。它不仅促进互相学习,实现知识互补,拓展学术视野,而且形成学术争锋的强大激励,激发多出成果、出好成果的斗志。对于刚踏入学术研究领域的青年学者来说,这无疑是难得的宝贵财富。

在南大两年多,我的工作与生活已基本安稳下来,也分配到了两室一厅的新房。然而,"天上掉下馅饼",人生又迎来一次重大转折。中国人民大学的胡逎武教授首次招收博士生,向校方争取到一个免试名额。经一些学者推荐,并看了我的科研成果,胡逎武教授对我颇有兴趣,允许我免试去他处攻读博士学位。事出突然,让我有点措手不及。但惊喜之余,我还是毅然决然放下家里一切,投入胡逎武老师门下。

当时,胡逎武老师是中国人民大学最年轻的博导,经济研究所所长,学术精湛,成果丰硕。而且,胡逎武老师思想解放,与时俱进,不受传统理论束缚。他结合中国改革开放和建立社会主义市场的实践,率先将我们的专业方向(国民经济计划与管理)转向宏观经济管理研究。这给我们专业研究打开了通途,其中涉及许多值得研究的新议题和理论创新。更重要的是,这正为我国改革开放及经济发展所迫切需要。胡老师在专业研究指导上,强调系统学习,独立思考,掌握分析工具,涉猎前沿新理论;积极倡导学以致用,理论联系实际,务实求真;鼓励我们运用原理及方法深刻揭示现象背后的深层原因,大胆提出独到见解,发表研究成果。胡老师还经常组织大型课题研究,为学生提供参与现实问题研究的机会及平台。例如,他与吴树青老师一起承接了"中国改革大思路"国家重大课题,组织在校博士生开展研究,带领我们收集资料、开展调查研究、梳理思路、讨论交流;指导我们设计课题、确定提纲、把握写作重点、进行修改完善等。在此过程中,我们全面了解了我国 80 年代改革开放的进程及特点;充分认识到价格"双轨制"等问题的复杂性和严重性;深切感受到进一步推进改革面临的艰难抉择;深入思考了如何推进改革,减少改革风险的思路和操作路径等。这种"实战"磨炼的机会,非常难得,我们的研究明显提升了一个境界。后来,"中国改革大思路"的人大版本,因研究扎实,并提出独到的改革思路,获首届孙冶方经济科学奖论文奖,我们得以分享荣誉。胡老师这一治学品格,对我影响极其深刻,甚至决定了我此后学术生涯的风格。

特别难能可贵,让我更为感动的,是胡老师对后辈的鼎力扶持,为后辈的开路铺道。初次接触,只觉得胡老师平易近人,对学生关心备至,爱护有加。到后来,我越来越深切感受到,胡老师对学生,倾其心血,尽其所能,创造条件,积极提携,帮助搭建与著名学者的学术联系。他听说我正在翻译国外《金融大百科》的相关词条,便主动联系著名经济学家、资深翻译家高鸿业教授,并陪我去高教授家里,让他帮着把关与指导。高教授视力很差,几乎贴着稿纸进行校对,一整就大半天。这让我十分感动,敬佩之极。还有一次,胡老师给我一本中国社科院经济所董辅礽所长的新著《经济发展战略研究》。原以为,是让我读一下这本书,有助于博士论文写作。殊不知,胡老师说:"你写一个书评吧。"闻之,我吓了一跳。一个无名小卒岂能给大名鼎鼎的大师的著作写书评?!我赶紧解释,水平太低,难以把握书中要点和精髓,容易"评歪"或评错。看到我有所顾虑,胡老师鼓励说:"没关系,试试吧,争取写出一篇好的书评。我跟董辅礽所长打个招呼。"接下这一任务后,我不敢有丝毫懈怠,反复阅读,认真学习,吃透精神。同时,参阅了不少文献资料,通过比较分析,找出书中的新思想、新观点及理论创新点,阐明该书独特贡献的学术价值以及现实指导意义。一天晚上,胡老师和我,骑着自行车,去董辅礽所长家送书评初稿。董辅礽所长热情、好客、随和,不经意间给人一种轻松、惬意的感觉。而他一拿起稿子阅读,便聚精会神,神情也变得严肃起来。他看得非常认真,逐字逐句斟酌,让我不由产生时间放慢的错觉。寥寥数页,怎么看了这么长时间?瞬间,我有点坐立不安。一旁的胡老师似乎有所察觉,便乐呵呵介绍起写作过程,还不时夸我几句。总算,董辅礽所长看完了稿子,对我微微一笑,说道:"写得不错。"随后,董辅礽所长与我们交谈了一些重大理论问题及其争议等,并询问了我的学习和科研情况。后来,这篇书评在《经济研究》发表。胡老师用各种方式为学生搭建与著名学者的学术联系,并向大师们积极推荐学生,体现了崇高师德,他是教书育人的楷模。这对我也有深远影响。

在博士课程尚未结束之际,我就提前进入博士论文撰写。经过反复比较和斟酌,我最后确定论文选题为产业结构与产业政策研究,从而也奠定了我学术生涯的主要研究方向。这一选题在当时是比较前沿的,可参考的文献资料较少,还要收集大量历史资料及数据。而传统统计口径缺少这方面的现成数据,要重新整理并作相应的技术处理,甚为繁杂与烦琐。当时,没有电脑,全靠笔记,抄录在小卡片上,厚厚一沓,用不同颜色进行分类。虽然费时、费力,但有一个好处——走心了,不容易忘记。主线逐渐清晰后,开始梳理基本逻辑关系,编排相关内容。由于受过《资本论》逻辑的系统训练,这是我的强项,没有花费太多精力。主要功夫下在充分论证,提出新思想,提炼新观点上。整天,满脑子的问题,不停歇地思考;稀奇古怪的想法,不断否定之否定,似乎进入着魔状态。半夜醒来,有时会突发灵感,好似洞彻事理,便赶紧起床,将它及时记录下来。这段时间,讲呕心沥血,一点也不为过。用了一年多时间,我完成了博士论文写作,提前半年进行论文答辩。并且,经胡老师推荐及专家们严格评审,论文被列入首批"博士文库"出版。至此,我的第一部个人专著《产业政策的经济理论系统分析》诞生了。

1990年初,我来到上海社科院经济所工作。这里集聚了一大批学术大佬和知名专家,学术氛围十分浓厚,学术影响很大,是一个名副其实的学术殿堂。院、所领导高度重视人才培养,言传身教,进行学术指导,并向社会大力宣传和推荐青年学者及其优秀成果。张仲礼院长为我的两部专著亲自作序。袁恩桢所长向宣传部推荐我参加市委双月理论座谈会。所里经常举办报告会,组织学术讨论,鼓励思想交锋,展开争论,却能心平气和,以理服人,学术氛围浓厚、活跃、融洽。这样的环境,不仅让我深受学术熏陶,更加夯实学术研究的根基,而且让我备感温暖,激发起学术钻研的劲头。利用博士期间的知识积累,我在《经济研究》等刊物上连续发表了数篇论文,并先后出版了《现代经济增长中的结构效应》和《产业结构优化论》两部专著。1991年底,我破格晋升为研究员,开启了学术生涯的新篇章。

社科院学术研究的一个显著特点是:针对现实问题,深入调查研究,理论联系实际。上世纪90年代初,我国改革开放进入以浦东开发开放为标志的新阶段,社会主义市场经济体制机制开始建立,许多新事物,如证券市场、公司上市、土地批租等涌现出来。当时,我们宏观室在张继光老师的带领下,系统研究了证券市场的架构、功能及其运行方式,讨论中国证券市场自身运行特征和市场管理及调控方式等,集体撰写了《经济运行中的证券市场》。这是一本国内较早出版的证券市场专著,引起社会较大反响。为此,我们受邀去杭州举办讲座,给浙江省银行系统人员普及股票市场知识。我还在社科院新办的《证券市场研究》周刊担任副主编。周五闭市后,与一批股评家讨论与分析基本面、走势图和个股,然后分头赶写稿件,连夜编辑印制,保证周六一早出刊。另外,在袁恩桢所长的带领下,经常深入基层,进行调查研究,先后参与了二纺机、英雄金笔厂、中西药厂、白猫集团等企业改制与上市的课题研究。在此过程中,我接触了大量鲜活案例,了解到许多实际问题,提出了不少研究新题目,也有了更多理论研究的实际感觉。在此期间,除了坚守产业经济学研究外,也研究了经济增长与制度变革、经济结构调整以及企业改制等问题,在《经济研究》《工业经济研究》等杂志发表了多篇学术论文,并出版数部专著。

到20世纪90年代后半期,理论研究更加深植上海实际,与决策咨询研究相结合,我先后承接和完成了一批国家及市里的重大研究课题。例如,参与了"迈向21世纪的上海"的课题研究,主要分析世界经济重心东移和新国际分工下的产业转移,为上海确立"四个中心"建设战略目标提供背景支撑。在洋山深水港建设前期论证研究中,我主要分析了亚洲各国争夺亚太营运中心的核心内容及基本态势,论证了加快洋山深水港建设的必要性和紧迫性,并评估了优势与劣势条件。尽管这些课题研究是问题导向和需求导向的,但仍需要相应的理论分析框架,并运用现代经济学分析方法和工具,才能找准问题、讲透成因、切中要害、对症下药。而且,通过这些课题研究,还能引发新的学术研究方向及思路,并可以从现象感知、具体事实、个别案例中抽象出理论要素、思想观点,并加以系统化和学理化。因此,在完成许多课题研究的同时,我也在核心期刊上发表了诸如"城市综合竞争力的本质特征:增强综合服务功能""流量经济及其理论体系""论城市综合创新能力""论城市能级水平与现代服务业"等议题的学术论文。

学术研究,确实要甘受坐"冷板凳"的寂寞,乐于"躲进小楼成一统"的潜心钻研,但也需要广泛的社会交往和学术交流。同仁间的思想交锋、观点碰撞,将会带来意外的收获和启发,产生更多的灵感,得到更深的感悟。从1993年起,在没有正式立项和经费资助的情况下,通过一批志同道合者的聚合,我们自发组织开展中国经济问题研究,撰写《中国经济分析》系列报告,主题包括"走向市场""地区发展""企业改制""增长转型""结构调整""金融改造""收入分配""挑战过剩""政府选择"等。我负责设计每一主题的分析框架和基本要点,撰写"导论"和有关章节,并负责全书的统稿。这套年度系列报告的编撰,一直持续了25年之久,产生了重大社会影响。在此过程中,不仅结识了一大批各专业领域的专家学者,形成了松散型学术团队,而且在大量学术交流中,我深受其益,提高了学术水平。1996年,我担任经济所副所长后,组织所里科研人员集体攻关,研究改革开放以来上海经济运行新变化及主要问题,并分成若干专题,逐个进行深入研讨,确定分析框架及重点内容,然后分头撰写,创作了一套《上海经济发展丛书》(12本),其中包括自己撰写的《增长方式转变》。这一成果获得了市级优秀著作奖。此后,我又组织所内科研人员专题研究收入分配理论及我国收入分配问题,突破传统收入分配理论框架,基于权利与权力的视域探讨收入分配,提出了许多新观点,形成集体成果即《权利、权力与收入分配》一书。通过这种集体攻关,不仅锻炼了青年科研人员,带出了一批科研骨干,而且自己也从中吸收许多新知识、新思想,拓展了视野,开阔了思路。

不得不说,教学相长,也促进了学术研究。自 1993 年起,我担任博士生导师,讲授产业经济学课程。鉴于博士生有一定理论基础和思考能力,我重点讲述一些基本原理在现实中的运用及表现,以及实践发展对原有理论命题提出的证伪(质疑与挑战)。这种启发式的、令人思考的教学,要求每年的课程内容及重点都有变化。我每年讲授这门课,都有不同"新版本"。实际上,这是一种促进学术研究的"倒逼"机制。授课前,要根据现实变化和实践发展,重新审视产业经济学理论,如现代信息技术带来的产业融合以及产业集群的新变化等,逼自己事先调整和补充课程内容及重点,并厘清逻辑关系及思路。讲课时,不用讲稿,娓娓道来,主线清晰,逻辑相扣,化繁为简,深入浅出。一些同学惊讶地发现,比较完整的课堂笔记,稍作修改,就可成为一篇论文。更重要的是,在课堂上,我喜欢营造宽松、活跃、惬意的氛围,让学生随时提问及插话,我及时回应,予以解答。这些博士生都很优秀,思想敏锐、想法新奇,又有社会阅历和实践经验,会提出许多"稀奇古怪"的问题,发表与众不同的看法,进行热烈的讨论和争辩。这种探究和碰撞,往往是新知识的开端,理论创新的导火索。特别是那些反对意见,更给人很大启发,有较大研究价值。在近 30 年的博士生指导工作中,我确实从他们身上汲取了不少学术研究的养料,而这些学生也成为我人生中的宝贵财富。至今,我们仍保持着密切联系,不时小聚一番,继续切磋"武艺"。

2006 年,我调任上海市政府发展研究中心主任。在这样一个专职为市委、市政府提供决策咨询的机构里,理论研究更贴近现实,特别是上海经济社会发展的现实,同时也有利于我发挥自身理论研究的特长,使其更有用武之地。当时,上海经济经过连续 16 年高增长后趋于减缓,且出现二产、三产交替增长格局,由此引发坚持发展制造业还是坚持发展服务业的争论。对此,我提出了新型产业发展方式以及产业融合发展方针的政策建议。针对 2008 年全球金融危机对上海形成较大外部冲击,致使诸多经济指标严重下滑,且低于全国平均水平的状况,通过深入分析各种主要变量对上海经济的影响程度,我提出,其主要原因在于大规模投资驱动的上海经济高增长已到一个拐点，外部冲击只是加重了下滑程度。我进一步分析了全球金融危机是世界经济"三极"（技术、资本输出国，生产加工国，资源提供国）循环的"恐怖平衡"被打破，其实质是全球产能过剩。基于此，我提出了不宜采用大规模投资刺激来应对这一外部冲击，而要实行"创新驱动，转型发展"的政策建议。这一建议被采纳作为上海"十二五"发展主线。此后，围绕这一主线，我又深入开展了培育新增长极的研究，如大虹桥商务区开发、张江高新技术区的扩区、迪士尼国际旅游度假区的功能调整及扩区等，提出了中心城区商务"十字轴"及环形（中环）产业带的构想，郊区新城作为区域节点城市的建设，以及融入长三角一体化的空间拓展等政策建议。

在上海举办中国 2010 年世博会时，围绕"城市，让生活更美好"主题，通过城市最佳实践区的案例分析，我进一步挖掘城市发展新理念、新实践和未来发展新模式，出版了《城市发展：愿景与实践——基于上海世博会城市最佳实践区案例的分析》；参与了《上海宣言》的起草，提出设立"世界城市日"的建议；参与撰写作为上海世博会永久性成果的首卷《上海报告》；牵头全市的"上海世博会后续开发利用研究"，提出了世博园区"公共活动区"的功能定位。针对当时上海服务经济乏力，服务业发展"短腿"的实际情况，根据市委、市政府的工作部署，从市场准入、税收制度、法律制度、营商环境、统计制度等方面研究影响服务经济发展的制度性障碍，组织了"服务业'营改增'试点"课题研究，提供总体思路及可操作方案。

我在上海市政府发展研究中心工作期间，为做大做强组织全市决策咨询研究的平台及网络，在市领导大力支持和中心同仁共同努力下，除了创办上海发展战略研究所和《科学发展》杂志外，还加强与高校及研究院所、政府部门研究机构、中央部委研究机构、国际智库等联系和合作。例如，与上海市哲学社会科学规划办公室一起创建了 15 家"领军人物"工作室；在大多数高校设立了研究基地及联合举办的发展论坛；组建了由 10 多家高校参与的社会调查中心，由麦肯锡、野村、德勤等 10 多家国际咨询机构参与的国际智库中心，以及决策咨询研究部市合作办公室等。通过组织和参与上述机构的各项活动，加强了与专家学者的合作，拓宽了学术交流的渠道，得以及时了解学术前沿发展新动向，掌握理论研究的主流趋势，获得许多新思想与新见解。同时，在主要领导身边，参加各种工作会议、专题会和内部讨论会，与各委办、各区县有密切联系，深入基层和企业开展广泛调研，接触到大量生动的实际情况，了解到许多关键性的现实问题。这两方面的结合，不仅没有中断自己的学术研究，反而更有助于我学术研究的深化。在此期间，我组织上海30余位专家学者对上海建埠以来的历史、现状、展望作了系统研究，合著《上海：城市嬗变及展望》（三卷本），时任上海市市长韩正为此书作序。后来，在上海发展战略研究所，与上海市地方志办公室合作，我组织上海50多位专家学者撰写《上海改革开放40年大事研究》系列，其中我撰写了丛书总论性质的《排头兵与先行者》一书。

2013年，鉴于上海2020年基本建成"四个中心"后，如何进行目标定位，更上一层楼，我提议开展"面向未来30年上海发展战略研究"大讨论。经上海市委、市政府批准后，研究和制定了大讨论的实施方案，设立了三大平行研究的总课题，即委托世界银行的"国际版"、国务院发展研究中心的"国内版"，以及上海市发展研究中心、上海社会科学院、复旦大学、上海市委党校等分别做的"上海版"，另有80多项专题研究，广泛动员学界、政界、商界及社会团体和社会组织参与。随后，举办了各种形式的国际研讨会和论坛，分析战略背景、战略资源、战略目标、战略路径及行动，开展学术讨论和交流，参照国际标杆和借鉴国际经验，进行典型案例和实务操作分析等。2014年，我退居二线，去上海市政协工作，同时兼上海发展战略研究所所长，组织所里科研人员集体攻关，出版了《战略研究：理论、方法与实践》《上海战略研究：历史传承　时代方位》《上海战略研究：资源、环境、驱动力》《上海建设全球科技创新中心：战略前瞻与行动策略》等。这次大讨论的研究成果，有许多在《上海市城市总体规划（2017—2035年）》的修编以及上海市委、市政府文件中被采纳。

2018年退休后，我原想"解甲归田"，但上海市决策咨询委员会拟成立全球城市研究院,我于是受邀出任院长。时任上海市委书记李强同志为研究院的成立作了重要批示。上海市委宣传部予以大力支持,把全球城市研究院列为首家市重点智库,并帮助创办了公开发行的中英文版《全球城市研究》杂志以及新建光启书局(出版社)。该研究院落户于上海师范大学,也得到校方大力支持,提供了办公用房和人员编制。研究院引进了一批海内外精通外语、熟悉国际大都市的青年才俊,形成基本科研骨干队伍,并构建起一个广泛的社会研究网络。每年围绕一个主题,如"全球资源配置""全球化战略空间""全球化城市资产""城市数字化转型""全球网络的合作与竞争"等,出版《全球城市发展报告》和《全球城市案例研究》,并发布《全球城市发展指数》。另外,还出版《上海都市圈发展报告》系列、《全球城市经典译丛》等。在此过程中,我也延续和深化自己的学术研究,出版了一系列个人专著,并承接了国家哲社重大课题"以全球城市为核心的巨型城市群引领双循环路径研究"等。

二

在上述我的学术生涯中,学术研究林林总总,看似带有发散性,未能"从一而终",但实际上仍有一条贯穿全过程的明显脉络,即产业经济研究。学术,确实要"术有专攻",不能开"无轨电车",但也不是固守一隅之地、无过雷池一步。特别在侧重与现实结合及问题导向的理论研究中,我发现,许多问题在产业经济学范围内并不能得到很好解释,必须向外拓展开去来寻求新的解释。因此,一些所谓的旁支研究,实际上都是从产业经济研究发散出去的延伸性研究。我认为,这种做法也符合学术研究的规律性。如果把学术研究譬喻为一棵大树,那么术有专攻是根深于土的树干,延伸研究则是分叉开来的树枝。枝繁叶茂(当然要经过修剪),不仅反衬出树干的粗壮,而且更多的光合作用,也有利于树木生长。

最初,我的博士论文选题,着重产业结构与产业政策研究,在当时是新颖和前沿的,但也是一个具有较大国际争议的问题。西方主流经济学以发达国家经济运行为蓝本的理论抽象,注重宏观与微观及其综合,不研究产业结构等问题。一方面,这些国家是先行发展国家,其经济发展是一个自然过程,许多结构问题作为经济增长的因变量,在经济自然增长中被不断消化,实行迭代升级,因而结构性问题很少长期累积,结构性摩擦不很充分。另一方面,这些国家市场经济发展较成熟,市场机制在结构转换中发挥着重要作用,使得资源、资本、人力等生产要素较好地从衰退产业部门转移到新兴产业部门。尽管其中存在沉没成本、技能刚性、工资黏性等障碍,但通过经济危机的释放,强制市场出清,达到新的均衡。因此在西方主流经济学看来,只要市场处于动态均衡之中,就不存在产业结构问题,也不需要什么产业政策。然而,后起发展的国家,在经济系统开放情况下,通常可以通过外部引进,发挥后发优势,但由此也形成现代部门与落后部门并存的二元结构,结构性问题比较突出。而且,在追赶和赶超过程中,势必面临领先国家的产业打压(客观的与主观的),致使一些主导产业难以自然发展,形成对外的强大依赖。在这种情况下,旨在调整结构及培育新兴主导产业的产业政策应运而生。特别在日本、韩国等后起发展国家和地区,基于出口导向发展模式的经济起飞后,转向进口替代战略,产业政策发挥着重要作用。总之,西方发达国家一直对产业政策持否定态度,甚至将其视为国家保护主义的产物;后起发展国家,特别是亚洲"四小龙"则比较推崇产业政策,认为这十分必要。因此,在选择这一研究方向时,我心里是有点忐忑的。毕竟这一研究面临重大挑战,且风险也较大。

对于中国来说,这一问题研究有着重大现实意义。在传统计划经济体制下,中国工业化超前发展,跨越轻工业、基础产业发展阶段,直接进入重化工业阶段,导致产业结构严重扭曲,结构性问题不断累积。改革开放后,产业结构迫切需要调整,甚至需要"逆转","补课"轻工业发展,"加固"基础产业发展,实现产业结构合理化。与此同时,随着经济特区开放进一步转向沿海主要城市开放及沿江开放,通过引进外资、加工贸易等参与新的国际分工,外部(全球)产业链日益嵌入本土,打破了原有国内产业关联。在这种情况下,如何进行产业结构调整,采用什么样的政策进行调整,成为一个迫切需要解决的问题。显然,传统的国民经济计划与管理方法已不再适用,而比较可用和可行的新的理论及方法就是产业经济理论与产业政策。当时,产业经济理论主要来源于两部分:一是发展经济学中的结构理论,以刘易斯、克拉克、赫希曼、库兹涅茨、钱纳里等为代表;二是日本的产业结构理论,以筱原三代平、赤松要、马场正雄、宫泽健一、小宫隆太郎等为代表。国内在这方面的研究,基本处于空白。相对来说,这方面的研究文献少得可怜,无疑增大了研究难度。在博士论文撰写中,我针对产业政策国际性的争议,找了一个较小切口,对产业政策进行经济理论系统分析,试图回答产业政策有没有必要,在什么情况下显得尤为重要,属于什么性质的政策,涉及哪些主要方面,有哪些不同政策类型,如何制定与实施,如何与其他经济政策配合,如何把握政策的"度"及避免负效应,如何监测和评估政策绩效等问题。这一研究也算是对这一国际性争议的一种回应。

当然,这一争议至今尚未结束,时有泛起。有的学者对产业政策直接予以否定,认为是扰乱了市场,引起不公平竞争。我仍然坚持自己的观点,即不能把市场设想为是一种平滑机制,可以消除结构变动的摩擦,而是需要通过政策干预(不仅仅是宏观调控政策,也包括产业政策)来解决市场失灵问题。更何况,在外部冲击的情况下,市场本身更容易产生失衡,存在着内外不公平竞争问题,要有产业政策的调节。事实上,我们可以看到,目前西方发达国家也在一定程度上自觉或不自觉地推行和实施产业政策,如美国的"制造回归"、德国的"工业 4.0"等。新兴经济体及发展中国家就更不用说,都在加大产业政策的实施。当然,产业政策也有一定的负面效应,犹如宏观调控政策反周期的负面效应一样。特别是在政策不当的情况下,负面效应更为明显。但这不能成为否定产业政策的根本理由。关键在于,采取什么样的产业政策,产业政策是否适度。首先,要立足于产业技术政策,注重解决技术创新瓶颈,促进产业技术能力提升,而不是产业部门扶植政策,对一些产业部门实行保护,实行差别对待。产业部门扶植政策的运用,要压缩到最小范围,甚至予以取消。其次,要通过不同类型产业政策的比较,权衡产业政策的正面效应与负面效应之大小,决定采取什么样的产业政策。最后,要通过科学的政策制定,将产业政策的负面效应降至最低程度。

我在研究中发现,产业政策制定基于三种不同类型的产业结构分析,即趋势分析、机理分析和现象分析。我的博士论文主要基于产业趋势分析来论述产业政策,还远远不够。所以在完成博士论文后,便进一步转向产业结构的机理分析与现象分析。机理分析主要研究产业结构变动对经济增长的作用及其实现机制,即结构效应,重点考察不同类型结构变动对经济增长的差别化影响。这就要对传统增长模型排斥结构因素的缺陷进行批判,并用非均衡动态结构演进分析法替代传统的均衡动态结构演进分析法,具体分析结构关联效应、结构弹性效应、结构成长效应和结构开放效应;以结构效应为价值准则,判断不同类型产业结构状态及其变动的优劣,选择最佳(或次佳)结构效应模式,并说明这一结构效应模式得以实现的必要条件和机制,从而为产业政策制定提供基本思路和方向性指导。这一研究的最终成果即《现代经济增长中的结构效应》,是国内最早系统研究产业结构作用机理,揭示全要素生产率索洛"残值"中结构因素的专著。现象分析主要是立足本国实际,在考察中国产业结构变化的历史过程及其特点的过程中,对照产业结构变动规律,评估和分析中国产业结构变动轨迹的严重偏差;系统梳理当时比较突出的结构问题,深刻剖析各种结构性问题的成因;从产业结构合理化与高度化的不同角度,探讨产业结构调整方向、优化重点及实现途径、方法手段等。这一研究的最终成果是《产业结构优化论》,成为较早全面分析中国产业结构变动及其调整优化的一本专著。

在上述研究中,我已隐约感觉到,尽管结构效应分析与库兹涅茨"总量—结构"分析不同,但都把制度视为"自然状态"的一部分及外生变量。然而,在如何发挥这种结构效应问题上,是绕不过制度这一关键环节的。事实上,许多结构性问题的背后及生成原因就在于制度缺陷或缺失。从这一意义上讲,产业政策对产业结构调整的作用是有限的。或者说,只有在体制机制相对稳定且成熟的情况下,产业政策对产业结构调整才比较有效。如果没有相应的制度变革,仅仅靠产业政策,难以从根本上解决结构性矛盾。特别是中国的结构性问题,许多都是传统计划体制下形成和累积起来的,在体制改革尚未真正到位的情况下呈现出来的。而且,在体制机制不健全的情况下,产业政策实施可能不是缓解而是加剧结构性矛盾。从更宏观的层面考虑,中国经济高速增长的"奇迹"来自全要素生产率提高,其中有较大部分是结构效应所致,而结构效应的释放恰恰是改革开放和制度变革的结果。因此,产业结构重大调整总是与制度变革联系在一起的。这样,产业经济研究开始向制度变革的方向延伸。经过几年的努力,我出版了专著《体制变革与经济增长:中国经验与范式分析》。

在考察制度变革对产业结构及经济增长影响的过程中,我还特别关注了企业制度变革。因为企业组织是产业经济的微观主体,是产业变动及其结构调整的微观基础。产业部门变动及其结构调整是这些企业组织的决策及其行为方式集体性变动的结果,而这在很大程度上取决于起支配作用的企业制度。在企业制度不合理的情况下,企业组织的决策及其行为方式会发生扭曲。对于我国产业结构调整来说,企业改制及迈向现代企业制度显得尤为重要。为此,我对产业经济的研究向微观基础重构的方向延伸,深入研究了影响和决定企业决策及其行为方式的企业制度,最终出版了个人专著《步履艰难的转换:中国迈向现代企业制度的思索》。实际上,这一时期我的其他一些研究,如有关经济结构调整与优化、经济增长方式转变、中国新一轮经济发展趋势及政策的研究,也都围绕产业经济这一核心展开,是产业经济研究的拓展与延伸。

当然,在延伸研究的同时,我也时刻关注产业发展新动向,开展产业经济的深化研究。一是产业融合问题。这主要是关于信息化条件下的产业发展新动向。2000年左右,我较早接触和研究了现代信息技术及信息化的问题,并先后承接了上海市信息委重点课题"上海信息化建设研究"和"上海信息化建设的投融资体制机制研究"。在此研究中我发现,信息化不仅仅是信息产业化(形成新兴信息产业)和产业信息化(信息化改造传统产业）。现代信息技术的特殊属性，能够产生技术融合与运作平台融合，进而促进产品融合、市场融合及产业融合。这在很大程度上打破了传统的产业分立及产业关联，代之以产业融合发展的新方式。为此，我对传统产业结构理论进行了反思和批判，从理论上探讨信息化条件下的新型产业发展方式，分析了产业融合的基础、方式及机理，以及由此构成的产业新关联、新市场结构等。2003 年我出版了个人专著《信息化与产业融合》，在国内较早提出了产业融合理论。

二是服务经济问题。这是后工业化条件下的产业发展新动向。2004年左右，我先后承接了"城市能级提升与现代服务业发展""加快上海第三产业发展的若干建议""'十一五'期间上海深化'三、二、一'产业发展方针，加快发展现代服务业的对策研究""'十一五'期间上海发展服务贸易的基本思路及政策建议"等重大课题。在这些课题的研究中我发现，原先产业经济理论主要基于工业经济的实践，虽然也揭示了服务经济发展趋势，但对服务业发展的内在机理阐述不够深入。事实上，服务业发展有其自身规律及方式，与制造业有较大不同。尽管服务业发展与制造业一样也基于分工细化，但其相当部分是制造企业内部服务的外部化与市场化的结果，其分工细化更依赖于产业生态环境（规制、政策、信用等）。而且，服务业发展带有鲍莫尔"成本病"及"悖论"。因此，促进服务业发展的思路与制造业是截然不同的，更多是营造适合其发展的"土壤"与"气候"，重点在于技术应用，创造新模式与新业态，扩展基于网络的服务半径等。为此，我撰写出版了个人专著《服务经济发展：中国经济大变局之趋势》。

另外，在我研究产业经济的过程中，一个重要转折是开始关注产业经济的空间问题。尽管产业集群理论是从空间上来研究产业经济的，但我感觉其主要涉及制造产业的集群，而工业园区及高新技术园区等空间载体，似乎并不适合于服务经济的集聚。服务经济的集聚方式有其独特性，特别是生产者服务业高度集中于城市及市中心区。为此，我开始重点考虑服务经济的空间载体问题。与此同时，一系列课题研究也促使我把服务经济的空间问题引向了全球城市研究。这一时期，我曾先后承接了国家哲学社会科学基金项目"我国新一轮经济发展趋势及其政策研究",上海市哲学社会科学基金"十五"重点项目"城市综合竞争力研究",上海市哲学社会科学基金 2004 年系列课题"科教兴市战略系列研究"(首席专家),上海市重大决策咨询课题"科教兴市战略研究""全社会创新体系研究""上海'学各地之长'比较研究",上海市科技发展基金软科学研究重点课题"实施科教兴市战略与科技宏观管理体制、机制研究",以及上海市发展改革委课题"上海市新阶段经济发展与 2005 年加快发展措施"等。完成这些研究后我发现,尽管这些课题研究涉及不同领域,内容不尽相同,但实际上都在回答同一个问题,即如何建设现代化国际大都市。由此我想到,如果能在一个更高层次的理论分析框架下来研究这些具体问题,可能会形成统一的标准要求,以及更为明晰的相互间关系,有利于这些具体问题的深入研究,特别是有利于准确地定位判断。于是,我开始关注和研究全球城市理论。

全球城市理论虽然涉及全球化、全球城市网络、全球战略性功能、城市发展战略及规划、城市运行及治理,以及城市各领域的重大问题,但核心是其独特的产业综合体及全球功能性机构集聚。它决定了全球城市不同于一般城市的属性特征,赋予了全球城市独特的全球资源配置等功能。这种独特的产业综合体及全球功能性机构集聚,集中表现为总部经济、平台经济、流量经济等。全球城市正是这种高端(先进)服务经济的空间载体。因此,在全球城市研究中,有很大一部分内容是产业综合体及其空间分布规律。出于研究需要,我举办了国际研讨会,邀请"全球城市理论之母"沙森教授等一批国内外专家前来交流与研讨。之后,我主编了《世界城市:国际经验与上海发展》,翻译了沙森教授新版的《全球城市:纽约、伦敦、东京》,在《经济学动态》等刊物上发表了"世界城市理论与我国现代化国际大都市建设""全球化、全球城市网络与全球城市的逻辑关系""21 世纪的城市发展与上海建设国际大都市的模式选择""现代化国际大都市:基于全球网络的战略性协调功能""全球城市区域:我国国际大都市的生长空间""我国全球城市崛起之发展模式选择""全球城市区域:全球城市发展的地域空间基础""城市竞争与合作的双重格局及实现机制"等议题的论文。同时,陆续出版了个人专著《崛起中的全球城市:理论框架及中国模式》《全球城市:演化原理与上海2050》《上海迈向全球城市:战略与行动》《卓越的全球城市:国家使命与上海雄心》等,主编了《全球城市理论前沿研究:发展趋势与中国路径》,个人专著《全球城市新议题》也即将完成。

三

学术生涯,一路走来,风景无限,辛苦并快乐。

尽管一开始并没有如此的人生设计,但不管怎样,一旦走上学术研究之路,也没有什么后悔与懊恼,就义无反顾、踏踏实实地走下去,坚持到最后。幸运的是,赶上了国家改革开放、蓬勃发展的大好时光。这不仅创造了思想解放、实事求是、理论创新的学术环境,而且源源不断地提供大量来自实践的生动素材,让我们的学术研究始终面临机遇与挑战,有机缘去攻克许多重大和高难度的研究课题,并催促我们的学术思想与时俱进、创新发展,形成高质量的众多研究成果。

当然,这条路也不好走,有太多坎坷,面临多重挑战。特别是,要补许多先天不足,把耽误的青春年华追回来,更是时间紧、困难多,须付出加倍努力。在此过程中,把"别人喝咖啡的时间"用于学习钻研,牺牲掉许多陶醉于爱情、陪伴于亲情、享受于友情的人生乐趣,是在所难免的。而且,还要有孜孜不倦的追求和持之以恒的坚韧,要坚持"苦行僧"的修行,这些都毋庸置疑。

好在,久而久之,这逐渐成为人生一大乐趣,我甚为欣慰。每当面对疑难问题或有争议的问题时,必会生发探究其中的巨大好奇心。每当带着问题和疑惑,学习新知识和接触新理论时,常有茅塞顿开的兴奋。每当有一些新发现或新想法时,便得一丝欣喜,不禁自鸣得意。每当理清思绪、突发奇想时,总有强烈的创作冲动。每当思维纵横、纸上落笔时,定会亢奋不已,乐此不疲。每当成果发表,被引用或被采纳时,获得感和成就感则油然而生。

其实,这也没有什么特别之处,我们这一代学人都差不多。但一路走过,总有一些个人的不同感受与体会。此在,不妨与大家分享。

学术研究,重点自然在于研究,但更是一个学习过程。这并非指大学本科、硕博期间的学习,而是指在此后专职研究过程中的学习。按照我的经验,在做研究的过程中,至少有一大半时间要用在学习上。任何一项研究,都带有很强的专业性,很深的钻研性。只有补充大量专业知识与新知识,汲取新养分,才能拓宽视野,深入研究。而且,也只有通过不断学习,才能敏锐地发现新问题,得到新启发,提出新课题,从而使研究工作生生不息,具有可持续性。另外,对"学习"我也有一个新解:学之,即积累;习之,即哲思。学而不习,惘然之;习而不学,涸竭之。因此,不管理论研究还是决策咨询,都要"积学为本,哲思为先"。

学术研究,不仅是一种知识传承,更是一种理论创新的价值追求。在我看来,"研"似磨,刮垢磨光;"究"为索,探赜索隐。研究本身就内涵创新。我所倡导的学术研究境界是:沉一气丹田,搏一世春秋,凝一力元神,破一席残局。学术研究中,不管是在观点、方法上,还是在逻辑、结构、体系等方面的创新,都有积极意义。但据我经验,更要注重研究范式及本体论问题。因为任何学术研究都是自觉或不自觉地在某种研究范式及本体论假设下展开的,如果这方面存在问题或缺陷,再怎么样完美和精致的学术研究,都不可避免带有很大的局限性。在这方面的创新,是最具颠覆性的理论创新。

学术研究,必先利其器,但更要注重欲善之事。熟练掌握现代分析方法和工具,有助于深刻、严谨的分析,新发现的挖掘,以及思想观点的深化。并且分析方法和工具多多益善,可针对不同的研究对象及内容进行灵活应用。但分析方法及工具要服务于欲善之事,特别是当今时代许多重大、热点、难点问题研究。要拿着锋利的斧子去砍大树,而不是砍杂草。避免被分析方法及工具约束,阻碍观点创新。更不能通过分析方法及工具的运用,把简单问题复杂化。事实上,任何一种分析方法和工具,都有自身局限性。特别是,不要过于迷信和崇拜所谓的数理模型及其验证。

越是复杂、精致的数理模型工具，假定条件越多，也越容易得出偏离现实的观察和结论。

学术研究，生命力在于理论联系实际，回归丰富多彩的大众实践。因此，不能把学术研究理解为狭义的纯理论研究，而是还应该包括决策咨询研究。两者虽然在研究导向、过程、方法及语境等方面不同，但也是相通的，都要"积学为本，哲思为先"，知行合一，有创见、有新意。而且，两者可以相互促进。理论研究的深厚功底及分析框架，有助于在决策咨询研究中梳理问题、揭示深层原因、厘清对策思路，从而提高决策咨询研究的质量；决策咨询研究的问题导向以及基于大量生动实践的分析与对策，有助于在理论研究中确定特征事实、找准主要变量、校正检验结果，从而使理论研究得以升华。当然，跨越这两方面研究，要有一个目标、角色与技能的转换。理论研究，明理为重，存久为乐（经得起时间检验）；决策咨询研究，智谋为重，策行为乐。

也许让人更感兴趣的是，怎样才能让学术研究成为一种乐趣？据我体会，除了执着于学术研究，将其作为一种使命外，治学态度及方式方法也很重要。

学术研究，要率性而为。因为率性，不受拘束，就能"自由自在"。坚持一个专业方向，研究范围可有较大弹性。刻意划定研究范围或确定选题，只会强化思维定势，束缚手脚。率性，不是任性，要懂得取舍。不为"热门"的诱惑力所左右，趋之若鹜，而是只研究自己感兴趣，且力所能及和擅长的问题。不顾自身特长，甚至"扬短避长"，去啃"硬骨头"，往往"吃力不讨好"，很难走得下去。对于所选择的问题，要甄别是否具备研究条件。那种超出自己知识存量及能力水平，以及研究对象不成熟或不确定、资料数据不可获得等客观条件不具备的研究，只会走入僵局或半途而废。

学术研究，要淡定处之。既要志存高远，脚踏实地，也要云心月性，从容不迫。只有保持平和心态，静心修炼，方能修成正果。任何心猿意马，心浮气躁，只会徒增烦恼，让人焦虑不安。保持适度目标或望值期，做到"全力以赴，力尽所能"即可，至于做到什么程度和达到什么水平，那是"顺其自然"的事情。追求过高目标或期望值,往往"高标准"地自我否定,会带来更多纠结乃至痛苦。面对坎坷与挫折,只有云淡风轻,冷眼相看,蓄势待发,才能迈过一道道坎,从挫折中奋起。任何浮云遮目,畏缩不前,灰心丧气,一蹶不振,只会令人陷入困境,无法自拔。对待学术研究,介于功利与非功利之间,"宠辱不惊,闲看庭前花开花落;去留无意,漫随天外云卷云舒"。任何急功近利,试图一蹴而就,为博"眼球",哗众取宠,一味追求结果的"名利"效应,只会落得焦头烂额,苦不堪言。

学术研究,要抱残待之。这既是对学术抱有敬畏之心,也是一种自知之明。学术研究是无止境的。任何一个阶段的学术研究成果,总会留有瑕疵。对于个体的学术研究来说,其缺陷和不足更会几何级数地放大。因此,学术研究,不求完美,只求不断完善。年轻时,无知无畏,感觉什么都行,并认为来日方长,以后可以得到弥补和提高,总想着要达到完美,不留遗憾。后来,逐渐对自身存在的缺陷和不足,看得越来越清楚,尽管内心有着坚持与努力,却感叹人生苦短,许多东西是难以弥补和提高的。特别是迈入老年后,更明白了应该努力的方向以及如何进一步提高,但已力不从心,望洋兴叹。也许,这就是个体学术研究的一种宿命吧。然而,这种残缺的美感也正是学术发展的魅力所在,让后来者"接棒"跑下去,并超越前人。当然,有生之年,如果还有可能,我很想把近年来对产业经济理论的反思作一系统整理,写一残本《新产业经济学纲要》。

周振华

2023 年 6 月 18 日

目　录

上编　全球城市前沿议题

中编　全球城市：国家战略与上海行动

下编　卓越的全球城市:国家使命与上海雄心

附　录

上　编

全球城市前沿议题

1 全球城市理论的创新与深化 *

全球城市理论给我们提供了新历史背景下城市发展和世界经济运行的新观察,使我们深刻认识到全球城市在全球经济及其治理中的重要地位和角色,对全球城市发展具有较强的解释力和指导性。但也存在一定的理论缺陷与不足,并滞后于全球城市发展的实践。因此,我们要在知识传承的基础上,进行全球城市理论的创新与深化,特别是研究一系列前沿议题,力图有新的突破和发展。

1.1 站在全球城市理论前沿

十年前,在组织讨论面向未来 30 年上海发展战略研究时,大家对全球城市的概念还较陌生,却表现出较大的兴趣。正是在这次发展战略大讨论中,大家接触和熟悉了全球城市理论,并将其运用于上海发展战略研究之中,提出了上海面向 2050 的战略定位——建设成为卓越的全球城市。

为什么会选择运用全球城市理论来研究上海发展战略?这主要因为全球城市理论作为在全球化与信息化两大时代潮流交互作用背景下形成的一种新的城市理论,对于当今日益融入全球化与信息化的城市发展,特别是崛起为全球城市的发展,具有较强的解释力和指导性,因而是一种比较有效的城市发展战略研究的分析方法和工具。

我们知道,从 20 世纪 80 年代弗里德曼提出世界城市假说(Friedmann, 1986),到 20 世纪 90 年代沙森提出全球城市概念(Sassen, 1991),再到 21 世纪

---

* 本章原载周振华主编《全球城市理论前沿研究:发展趋势与中国路径》,上海人民出版社 2022 年版,前言。

初泰勒提出全球城市网络(Taylor, 2004),全球城市理论逐步成型并发展起来,日益占据主流地位。全球城市理论的重要贡献在于:它带来了在全球化与信息化交互作用背景下认识城市体系的全新范式转变。具体讲,(1)它不仅关注城市的属性特征,更注重城市的关系特征,并使传统城市理论的国内封闭系统转化为全球开放系统。(2)它不仅重视城市的"地点空间",更强调城市的"流动空间",使传统城市理论的"中心—外围"模型蜕变为全球城市网络模型,把城市视为网络中的节点,带来空间组织的一种新的逻辑。(3)它不仅关注城市间的竞争关系,更强调城市间基于网络的合作竞争关系,使传统城市理论的纵向等级体系转换为横向关联体系。(4)它不仅审视城市的一般(普遍)功能,更深入观察到作为全球化与信息化产物及其空间存在的全球城市具有全球资源配置的特定功能,在全球城市网络中发挥着核心(基本)节点的作用,代表国家参与全球合作与竞争。(5)它不仅关注基于"地点空间"的城市行政边界,更强调基于"流动空间"的全球城市空间拓展,促使全球城市区域或巨型城市区域的形成和发展。

与此同时,全球城市理论也为全球化与信息化背景下的世界经济运行提供了新的解释。传统国际贸易与投资的主体是国家,其空间载体是主权领土。随着新的国际分工以及跨国公司发展,产业内贸易、企业内贸易等不断衍生出来,且份额越来越大,不断向全球产业链延伸,不断向外商直接投资发展,而其主体则是跨国公司。跨国公司落脚的空间载体,显然不再是主权领土。全球城市理论由此提出:全球城市是跨国公司落脚的空间载体。这些跨国公司总部及其生产者服务业等功能性机构(公司)具有控制、指挥、管理、协调等职能,主导着全球产业链、产业内与企业内贸易以及国外直接投资。这些功能性机构在全球城市的高度集聚及运作,使全球城市具有全球战略功能,特别是全球资源配置功能。这就为当今世界经济运行找到了新的空间载体,从而有效解释了当今世界经济运行的新格局和新特点。

中国作为发展中国家,在全面建成小康社会后,正迈向现代化国家,并日益融入全球化进程,迟早也会有全球城市崛起。更何况,随着国家综合实力增强,不断走进世界中心舞台,中国全球城市崛起正日益加快。自 2000 年起,上海在建设"四个中心"的过程中,日益融入全球化与信息化进程,吸引和集聚了一大批全球功能性机构(公司),构筑起各种全球业务运作的大平台和大市场,逐步形成大规模商品与要素流量,焕发出创新、创业的强大活力,日益与国际惯例接轨,因而全球城市网络连通性迅速提升,不断增强吸引力、影响力与竞争力,呈现出全球战略功能的雏形。因此,上海面向未来 30 年的发展,势必与全球城市有着内在关联。运用全球城市理论来研究上海未来发展战略,也就是情理之中的事情。

确实,全球城市理论发端于西方发达国家。这是理论来自实践的结果。西方发达国家首先进入现代化,并主导全球化进程,势必率先形成具有全球战略功能的全球城市,诸如纽约、伦敦、东京、巴黎等。全球城市理论正是对此实践的高度抽象。既然全球城市理论能够为我们带来对新历史背景下城市发展和世界经济运行的新观察,深刻认识全球城市在当今全球经济及其治理中的重要地位和角色,而中国在中华民族复兴中势必有全球城市崛起,上海的未来发展又与全球城市有着内在关联,那么学习和引进全球城市理论,并用以指导全球城市建设,又何乐而不为呢?!

当然,我们在学习和引进这一新范式中,不能盲目或迷信,也不能奉行拿来主义、照搬照套,而要充分认识现有全球城市理论的缺陷与不足,以及在中国运用的"水土不服"。具体讲,(1)通常以发达国家的城市为研究蓝本,对发展中国家崛起中的全球城市关注甚少,相关研究严重缺失。发达国家的全球城市是"先行者",发展中国家崛起中的全球城市则是"后起者"。尽管具有共同的动力源和充分必要条件,但两者的发展起点、发展进程、发展模式、发展路径等,显然有很大不同(周振华,2008)。现有全球城市理论对发展中国家崛起中全球城市研究的缺失,是有较大理论局限性的,在很大程度上减弱了对崛起中全球城市的指导性。(2)以成熟的全球城市为主要研究对象,基本上是一种静态分析或比较静态分析,缺乏对全球城市演化的动态分析。也就是说,现有全球城市理论没能很好地回答:一个城市要具备什么样的内外部条件或在什么主要变量的作用下,才能演化为全球城市。同时,也没能完整描述这一动态演化过程(周振华,2017)。(3)过于关注全球城市的共性,而忽视不同城市的文化、地理和制度等方面的差异性(Shatkin, 2007);更多关注全球化的组织,而非城市本身,导致全球城市理论分析框架变成了一种宏大的叙事,而对全球城市发育和重构过程中发生的基础条件、优势和限制性因素的理解存在局限性(Ancien, 2011)。事实上,全球城市发展并没有固定的统一模式,每个全球城市都有独特的发展路径、不同的类型,并具有个性特色。特别是发展中国家的全球城市崛起,更有不同的发展路径、类别差异且多样化。(4)过于关注全球城市本身,缺乏与其他进入全球化的一般城市(我将其界定为全球化城市)的关系说明。一般意义上的全球城市网络不仅仅是"全球城市"的网络,而是全球性的网络或者在全球层面上跨国城市网络。在该网络中,除了世界/全球城市以外,也包括一般性城市,它们通过其特殊的或者不可或缺的生产、服务甚至生态等功能与全球城市发生功能上的互补与关联(周振华,2006)。因此,这种关系说明的缺失会削弱全球城市理论的有效性。(5)主要围绕跨国公司总部、商务服务、国际金融、电子通信和信息处理等经济全球化展开(Smith, 1998),过多分析和强调全球城市的经济功能。在 20 世纪 80—90 年代全球城市 1.0 版的情况下,这也许是合理的。然而,全球城市处在迭代升级过程中,不断增加文化功能、科技功能,乃至今后的生态功能等。全球城市理论对全球城市迭代升级的研究相对薄弱,尤其是对这些战略性功能之间的关系缺乏系统阐述。(6)对近十年来全球城市发展的新情况、新变化,如科技创新、新城市联盟、韧性与安全等研究分析与理论归纳相对滞后。对全球城市发展的新趋势,如数字化转型、生态环境保护等,缺乏强有力的理论前瞻。

因此,我们不能固守于原有的全球城市理论,而要进一步深化研究,力图有新的突破和发展。这就要求我们在知识传承的基础上,站到全球城市理论前沿。什么是理论前沿? 我的肤浅理解是:(1)针对原有理论的缺陷与不足,提出新的假说,并予以验证。(2)跟踪发展新趋势,在不确定性中寻找相对确定的规律性,提出前瞻性的理论预见。(3)立足本土实践,借鉴国际经验,抽象出发展的趋同性,又探索不同的发展路径。基于这样的考虑,我系统梳理了全球城市理论的若干前沿议题。

1.2　主要前沿议题

议题一:百年未有之大变局的全球城市发展。在一般事物(包括城市)分析中,背景条件通常作为外生变量。但全球城市不同,其背景条件直接构成内生变量,并且是主要内生变量。如果一个城市不处于全球化与信息化的中心,就成不了全球城市,哪怕它具有悠久的历史、良好的区位、优美的环境等内在因素。全球城市理论的提出,正是基于全球化与信息化的背景分析。但问题是,与弗里德曼、沙森等当时的全球背景分析不同,我们现在处于百年未有之大变局的背景下。而且,中国崛起将成为百年未有之大变局的重中之重。在这样一个新的全球背景条件下,全球城市网络将出现什么样的深刻变化? 全球城市发展将呈现什么新趋势? 中国全球城市的崛起将会怎样? 全球城市分布将会出现什么新格局? 这都是一系列新问题,需要深入研究。

议题二:全球城市在双循环中的地位和角色。在考虑了全球背景条件后,国内条件也是全球城市内生变量之一。而且,全球化与地方化是不能截然分割的,实际上是一种"全球—地方化",全球化过程中的"地方化"也十分重要。除了一国在全球所处地位外,国内发展格局对全球城市演化也起着重要作用。通常小国经济更多依赖于国际循环,全球城市在国际循环中扮演着重要角色;大国经济则更多依赖于国内国际双循环,全球城市在双循环中扮演着重要角色。现有全球城市研究更多强调全球城市在全球循环中的地位和角色,而对于全球城市在国内国际双循环中的地位和角色研究不够。中国已进入新的发展阶段,要构建新的发展格局,以国内大循环为主体、国内国际双循环相互促进。这就给全球城市理论研究提出了新课题:(1)全球城市在新的发展格局中扮演什么角色,如何定位,发挥什么样的作用? (2)全球城市如何与国内城市连接,又如何与外部的全球城市连接,才能主导国内大循环,并有助于国内国际双循环相互促进? (3)全球城市如何成为构建新发展格局的重要战略空间? 这些既是非常现实的问题,也是亟待解决的理论问题。

议题三:全球城市的特定产业综合体及功能性机构。在全球与国内背景条件既定情况下,我们就要回到全球城市本身来考虑问题。其中,一个重要问题,是什么让其发挥全球资源配置功能? 弗里德曼认为,是因为跨国公司总部的集聚(Friedmann, 1986)。沙森则认为,是生产者服务业集聚(Sassen, 1991)。事实上,20 世纪 90 年代以后,跨国公司总部呈分散化趋势,不少公司总部迁移到边缘城市。而生产者服务业呈集中化趋势,这是由于需要"面对面"接触,业务之间的相互配套,以及承接了许多跨国公司总部职能的外包等原因。由此,不少学者也把原因归结为高度服务化(服务业占比高达 80% 以上,甚至超过 90%)。问题是,一个城市有生产者服务业集聚,服务业占比高,是否就必然具有全球资源配置功能? 显然,不一定。例如,一些城市有大量生产者服务业集聚,但主要面向地区和国内市场。一些旅游城市有很高的服务业占比,但主要是消费者服务。因此,需要深入研究全球城市具有哪种特定产业综合体及功能性机构。具体讲,(1)这种特定产业综合体的内部构成是什么? 这些生产者服务业是如何有机联系和协同运作的? (2)这种特定产业综合体具有什么样的特征,以区别于一般城市中的生产者服务业? (3)这种特定产业综合体的活动(行为)主体是哪些功能性机构? 这些功能性机构的运作特点是什么? 等等。如果不能深刻揭示和刻画这种特定产业综合体及功能性机构,那么就难以真正理解全球城市的特定战略功能。在现实中,就很难指导全球城市建设,并很可能产生与其他城市的同质竞争。

议题四:全球城市的科技创新功能及其发展。在全球城市的特定功能中,早期全球城市发展更注重贸易、航运、金融中心等经济功能,科技创新是相对薄弱的。甚至有人认为,科技创新与全球城市的高度商业化社会不相容。2008年全球金融危机后,一些全球城市的经济、金融受到强力冲击,一蹶不振。随后,一些全球城市纷纷提出科技创新发展战略,并创造了"硅巷""硅盘""硅环"等不同发展模式,取得卓越成效。问题是:(1)这是偶然的,还是必然的发展趋势?更深层的问题是,为什么以前科技创新与高度商业化社会不相容,而现在可以兼容?(2)与硅谷等科技中心相比,全球城市培育科技创新功能有什么优势?(3)全球城市的科技创新功能如何定位,才能发挥其优势,并与其他科技创新中心错位发展?尽管全球城市科技创新的实践已经走在前头,但如果不能很好从理论上回答这些问题,至少会在实践中带有一定盲目性。

议题五:全球城市的经济、文化和科技融合发展。在全球城市迭代升级中,不断涌现出文化、科技等新功能。在原有全球城市研究中,尽管也注意到了这种新变化,但只是罗列出各种功能,并没有深入揭示这些功能之间的关系。我们在现实中观察到,新增功能并不是简单替代原有功能,也不是在原有功能基础上的层层叠加。那又是什么呢?其答案是:一种融合发展。如果是这样,那么进一步要研究的问题是:(1)经济、文化和科技为什么能融合发展?有什么内在共生性?(2)经济、文化和科技如何融合发展?有什么样的作用机制?又是如何在产业、企业及其网络层面得以具象化的?(3)如何促进经济、文化和科技融合发展?需要有什么样的对接机制和操作平台?需要有什么样的产业生态环境?这些问题的深入研究,将使我们进一步认识全球城市特定功能的内部结构及其动态变化。

议题六:数字时代的全球城市蜕变升级。我们正处在一场大变革的时代,其根本特征是以物理(物质)层面为主转化为以数据、信息、知识层面为主,一系列的经济发展、价值创造、服务内容、价值交换形式、管理方式等都将更多地以数据信息内容为主,而物质更多地变成载体。全球城市也将顺应这一时代潮流,主动开启城市数字化转型。这将使全球城市的经济发展、生活服务、政务管理、交往方式等运作模式、流程、规则实现数字化转换,改变传统的发展动力,改善一系列基础设施、工业和服务部门的运营,为增长、可持续性和治理引入新的方法,从而成为创新和可持续增长背后的重要力量。在此过程中,全球城市如何蜕变升级是一个非常值得研究的问题。具体讲,(1)数字时代的全球城市将具有什么新特点?全球城市数字化转型面临什么机遇与风险?(2)如何进行城市数字化转型的顶层设计?如何确定全球城市数字化转型的重点?如何组织推进城市数字化转型?(3)如何实现数字化城市治理?如何通过数字化转型对原有全球城市功能赋能增效？如何通过数字化转型扩展城市网络连通性？对这些问题的研究将充实和丰富全球城市理论。

议题七：全球城市的软实力提升。全球城市展示在人们面前的，通常更多是硬实力，如完善的基础设施、便捷的公共服务设施、高级楼宇、标志性建筑，以及GDP、税收、交易量、各种流量的首位度。学者的研究大都集中在这些硬实力方面，并将其作为全球城市的重要标识和衡量全球城市的主要指标。在全球城市建设中，也倾向于更多的硬件投入，单纯追求GDP、税收、交易量、各种流量的城市首位度。事实上，在这些硬实力背后，是有软实力支撑的，如机会均等、公平竞争、与国际惯例接轨等良好的营商环境，多元、包容、和谐的人文环境，城市精神与城市品格，强烈的危机意识与应对外部冲击的能力，等等。两者是相辅相成的。以往全球城市研究即使关注城市软实力的重要性，也是从不同角度、单方面阐述城市软实力所起的作用，缺乏对城市软实力的综合研究。因此，需要深入研究的是：(1)能否从基于城市心智(一座城市集体性的智商、情商和逆商)的视角，展开对城市软实力的综合研究(周振华，2021)？(2)能否建构基于城市心智的城市软实力分析框架？(3)能否在这一分析框架下，设计出一套指标体系，衡量城市软实力，进行经验实证？这将有助于深化对全球城市软实力的研究。

议题八：全球城市品牌塑造。在全球城市软实力研究方面，其中一个重要内容是全球城市品牌塑造。城市品牌是具象化的、向外展示软实力的重要标识。全球城市品牌塑造，是一个城市晋升为全球城市、形成全球资源空间聚集和优化配置能力的重要途径。我们需要深入思考：(1)全球城市具有什么样的独特城市品牌内涵？与一般城市品牌有什么区别？(2)全球城市品牌塑造的关键因素是什么？全球城市品牌价值如何衡量？(3)一些已经形成的全球城市品牌，各有什么特色？为什么会形成不同特色的全球城市品牌？这些城市在塑造全球城市品牌中有什么经验？(4)如何促进全球城市品牌塑造？要采取什么方法和措施？如何维护全球城市品牌？如何进一步提升全球城市品牌价值？对这些问题的研究，不仅有助于全球城市理论深化，而且具有较强的现实指导性。

议题九：全球城市的环境治理。与一般城市相比，全球城市由于高度城市化、人口和产业高度集聚，以及大规模流量等，面临更大的环境压力。也正因为如此，全球城市往往先于国家提出环境治理的需求，优先提出环境公约，创新环境治理模式，提出全球城市环境健康可持续发展的基本思路和重要举措。然而，现有全球城市研究中，有关这方面的内容较少。即使在有关研究中，环境治理的细分领域研究较多，系统总结性研究较少；理论理念性研究居多，实例操作性研究相对较少。我们认为,随着全球城市发展和迭代升级,环境治理将日益成为"重头戏",因而有必要开展前瞻性研究。需要研究的问题是:(1)全球城市面临的突出环境问题是如何动态变化的? 全球城市当前主要面临什么样的环境问题的困扰? (2)全球城市环境治理的关键问题是什么? 全球城市环境治理与其他城市有什么区别? 或者说,全球城市环境治理具有什么特征? (3)构建什么样的全球城市环境治理框架? 如何制定多维度的环境问题治理目标? 如何构建多层次的环境治理定位体系? 如何形成多元环境治理主体结构? 如何推进技术创新成果融入环境治理? 如何构建环境治理多层级政策支持体系?

议题十:全球城市空间拓展及区域一体化。城市空间拓展应该算一个"老话题",已经有较多的研究成果。如英国学者格迪斯(1915)在《进化的城市》一书中提出,城市的诸多功能随着城市的扩展而跨越了城市的边界,众多的城市影响范围相互重叠产生了"城市区域"(city region)。乌尔曼(E. L. Ullman, 1957)提出空间相互作用理论。日本学者木内信藏于1951年提出"三地带"学说,其思想进而被发展为"都市圈"的理论。斯科特(Scott, 2001)提出了全球城市区域概念。霍尔和佩恩(Hall and Pain, 2006)提出了巨型城市区域的概念。但问题是,全球城市不同于一般城市,具有全球战略功能,其空间拓展是与全球战略功能紧密联系在一起的。而对于这一问题,现有全球城市研究并没有给予充分解释与理论论证,尽管有不少对全球城市空间拓展的现实描述。因此,我们需要深入研究:(1)全球城市空间拓展的主要动力及内在机理是什么? 全球城市空间拓展要具备什么样的基础条件? (2)全球城市空间拓展要有什么样的合作机制? 全球城市空间拓展是否有不同的方式和路径? (3)全球城市空间拓展所形成的都市圈和城市群,具有什么样的功能结构与形态结构? 它们相互之间是如何"借用规模"的? 全球城市与周边区域形成什么样的产业分工的一体化格局? 这些都是"老话题"中的新内容,将有助于全球城市理论进一步完善。

议题十一:全球城市区域的产业生态及产业链。以全球城市为核心的区域一体化发展,涉及一个重要问题,即全球城市区域的产业生态及产业链。这是全球城市区域内产业发展所需的各类资源要素依托一定的内在关联及结构规律而逐步形成的相互依赖的稳态系统,对于增强全球城市配置全球资源功能起到十分重要的作用。然而,现有全球城市研究,特别是对全球城市空间拓展的研究,仅仅停留在全球城市区域产业分工与产业结构层面。这就难以揭示全球城市区域产业一体化发展的基础条件、内生动力、协同机制等深层次问题。因此,进一步深入到全球城市区域的产业生态及产业链层面进行研究,是一个新颖的课题。

我们需要研究的是:(1)全球城市区域产业生态及产业链形成的基础是什么? 全球城市区域产业生态及产业链的基本要素与主要特征是什么? (2)在全球城市区域中,通常以生产者服务业占主导,那么,全球城市区域生产者服务业集聚的动因是什么? 如何构建生产者服务业产业生态和产业链? (3)全球城市区域的产业生态及产业链的发展趋势是什么? 如何促进全球城市区域的产业生态及产业链的合理化发展?

议题十二:全球城市在国际合作中的角色与地位。全球城市因具有全球战略功能,往往代表国家参与全球合作与竞争,在国际合作中发挥着重要作用。但现有全球城市研究中,这往往是容易被忽视的。即使在少量有关研究中,也只是停留在传统的友好城市之类的国际合作层面。可以预见,随着全球化领域的不断拓展,全球城市在国际合作中的角色和定位也将更新演化,参与国际合作的领域、形式与方式趋于更加多样化。因此,我们要深入研究的是:(1)全球城市为什么能在国际合作中扮演重要角色? 全球城市在国际合作中扮演了什么样的不同于国家的重要角色? 全球城市在国际合作中的角色和定位是如何更新演化的? (2)全球城市进行国际合作的重要途径与作用机制是什么? 全球城市参与国际合作的主要模式是什么? 主要载体和平台是什么? 全球城市联盟发挥了什么作用,成效如何? (3)如何发挥全球城市在国际合作中的重要作用? 如何拓宽全球城市参与国际合作的领域? 如何增强全球城市在国际合作中的能力?

上述这些前沿议题,是全球城市理论与实践中的空(白)点、热点与难点,覆盖了全球城市理论的方方面面。而且,这些前沿议题之间也存在内在关联性。因此,这些前沿议题构成一个系统性研究,而不是专题研究的汇集。

1.3　理论创新及相应步骤

对于上述主要前沿议题,可以肯定,具有很大的研究难度。首先,这类前沿议题均是新颖研究课题,前人研究较少,学术积累不多,有些甚至缺乏相应的理论分析框架。其次,这类前沿议题所涉及的内容,在实践中还刚刚展开,或处于"进行时",这给理论归纳与提炼带来了相当难度。再则,有些还只是初露端倪的新变化,具有较大的不确定性,是否代表着新趋势还很难判定。最后,研究方法往往滞后,对于这类前沿议题缺乏相应的分析工具。如果沿袭传统的研究方法,可能难以分析前沿议题的崭新内容。

那么,如何研究这些前沿议题呢？我们认为,也许没有统一的研究模式,可能有不同的视角,不同的切入点,以及各种方法运用。也就是,可以从宏观叙事的视角,也可以从微观剖析的视角进行研究;可以从纵向过程(演化进程)切入,也可以从横截面(某一阶段、某一领域、某些要件等)切入,甚至可以从一个点(案例)切入进行研究;可以运用归纳法与演绎法,也可以运用统计方法与建模及经验实证的方法,以及国际比较分析方法与科学预见方法等进行研究。但研究这些前沿议题贯穿着一条主线,即理论创新,大致有以下相应步骤。

首先,理论前沿问题的甄别与判定。这是开展前沿议题研究的前提。其主要通过两种途径:(1)已有文献梳理,特别是围绕主流思想观点,从中找出现有研究存在的不足与缺失。当然,并不是所有存在的不足与缺失都可以成为前沿问题。这还要取决于是否重要及重要程度,是否代表着未来发展方向。(2)为弥补文献梳理的不足,要进行现实观察,主要观察全球城市发展中一些重要方面、主要变化以及代表未来发展方向的新动向。通过这两种途径的结合,来甄别与判定是否为理论前沿议题。

其次,深入挖掘概念内涵,构建新的理论分析框架。这是开展前沿议题研究的基础。研究这些前沿议题,大凡要创新概念,或运用新的概念。即使采用旧的概念,也要赋予其新的内涵。但不管怎样,都要把概念内涵界定清楚,准确反映事物本质及其变化。在此基础上,梳理出问题研究的基本逻辑,构建新的理论分析框架。这种分析框架不仅可用于系统理论阐述,而且可用于实证分析及其验证。

复次,提炼理论分析与实证检验的内容。这是开展前沿议题研究的重点。主要通过两种途径:(1)国际比较和国际经验总结,在差异化发展中找出趋同点,并从中抽象出理论观点。正如沙森教授从纽约、伦敦、东京三座全球城市发展中抽象出全球城市理论那样。(2)理论逻辑演绎,通过严格推论、严密论证,导出结论。通常,这两种途径也是结合使用的。

再则,趋势分析,具有理论的前瞻性。这是开展前沿议题研究的关键。其主要通过两种途径:(1)趋势跟踪。及时发现新情况和新变化,科学评估这些新情况和新变化是否代表着一种发展新趋势,揭示这一发展新趋势的内生性及动力源,并加以理论化与范式化。(2)科学预见及展望。在全面了解全球城市存在和发展的各种条件的基础上,运用正确的思维方法,从未来发展不确定性中寻找相对确定的因素,展望全球城市发展愿景。

最后,发展路径分析。这是开展前沿议题研究的主要落脚点。在全球城市发展中,不管是针对现实目标的发展路径还是面向愿景目标的发展路径,都具有差异性与多样性,并有多种选择。对于我们来说,主要研究全球城市崛起与发展的中国路径。这既要把握中国全球城市崛起与发展的属性特征,如后起发展、跨越发展、非均衡发展等,又要根据时代特征、中国国情和城市特点来进行发展路径分析,系统梳理出可能的若干路径及其相应条件,并开展比较分析与评估,进行动态修正。这是形成中国特色全球城市理论的重要内容之一。

2 探究全球城市之命运

20 世纪 70 年代以来,在现代全球化与信息化进程中,全球城市犹如一颗新星,冉冉升起,光耀照人。在弗里德曼、沙森等人的开创性研究下,全球城市理论应运而生,彻底改写了传统的城市理论体系。一些世界主要城市也纷纷将全球城市作为战略发展的目标愿景,努力打造全球战略性功能。然而,由于 2008 年全球金融危机后持续十多年世界经济低迷,以及伴随而来的贸易保护主义兴起等逆全球化思潮泛滥,全球城市似乎受到重创,被蒙上一层阴影。随之,人们便开始质疑:在逆全球化、反全球化背景下,全球城市是否到了寿终正寝之际,或者已不再那么重要。如果真是这样,那么将全球城市作为考察对象的研究,或者全球城市理论也就失去了实践价值。因此,全球城市之命运是当前全球城市研究的首要新议题。

2.1 从全球城市基本逻辑入手

全球城市之命运是一个未来命题,但必须涉及过程轨迹问题。只有知道"从哪里来",才能预测"到哪里去"。这从方法论上说,截取过程中的任一横断面,就事论事,都无法推断出全球城市之命运。而且,这一过程轨迹的追溯与展望,既要经验实证,又要理论实证。历史只能告诉我们过去与现在,唯有理论才能预见未来。因此,一个可行和正确的方法论就是按照全球城市的来龙去脉、前因后果来进行研判,从全球城市的历史逻辑与理论逻辑上寻找解疑的线索。

2.1.1 全球城市的历史逻辑

全球城市,首先是一个城市(本体),而不是乡村或其他。然而,从它的本体中并不能自然引申出区别于一般城市的特质。也就是,全球城市形成与发展并不是本体的自然发展或更高阶段发展的结果。例如,城市规模扩大,"小城市——中等城市——大城市——超大城市";或者城市集聚与扩散尺度扩大,"地区——国内——世界"。我们可以看到,一些发展中国家有不少大城市或超大城市,但并不是全球城市。一些城市集聚与扩散的空间尺度扩大了,但并没有形成独特的新空间结构及功能,也不是全球城市。

全球城市是特定历史条件下的产物。其历史背景,是 20 世纪 70 年代以来的现代全球化与信息化进程。人们也许会说,全球化由来已久,帝国时代的国际贸易与经济来往就意味着全球化,那么以新国际分工为标志,则进入了现代全球化进程。现代全球化不只是活动尺度"升级"到全世界层面,核心是过程的现代化,深植于 20 世纪 70 年代发生的经济技术重组。如果说传统全球化主要是国家在全球扩展之间的关系(国际关系),是一个政治过程,那么现代全球化主要是非政治的过程,即不是由国家组织的行动,而是超越国家界限的行动(当然,反映政治变化的国际关系依然存在并发挥重要作用)。由此,这也是一个新的规则模式建立的过程,具有公共—私人合作机制、选择性贸易改革、更少限制的劳动法律、电信及高科技基础设施、富有商业前景的科学技术大量补贴等特征。这一新规则模式带来了完全不同于"国家主义"的地缘政治(Petrella, 1991)。其中,包括跨国非政府组织(NGOs)的兴起与扩散,其不仅在国际政治和全球治理中地位和作用越来越重要,而且高度集中在伦敦、巴黎、纽约、布鲁塞尔、斯特拉斯堡、日内瓦、维也纳和赫尔辛基等城市,巩固其作为协调中心的功能。

与此同时,以通信信息技术为标志的信息化开始兴起,极大压缩了时间与空间,带来了经济活动几何结构的更多可变性、更快的经济节奏和社会环境以及技术、人口、资本、商品和思想跨越国界流动的增加(Appadurai, 1996)。而且,改变了过去单一的"地点空间"(其中最著名的例子是以国家之间的国际关系为前提的世界政治地图),形成了基于不同地点连接的"流动空间",提供了在全球范围内同时的社会互动,让企业有了真正意义上的全球策略,并将公司和国家连接在一起形成当前的全球经济,变得比以往更多地在功能上相互依存(Hirst and Thompson, 1996)。这种全球流动空间成为全球化的基础。

现代全球化具有两大似乎矛盾、实则统一的发展趋势。一是生产分散化趋势。在跨国公司主导下,大量对外直接投资,实行全球产业链布局,使生产日益分散化。生产能力和出口制成品以同样的方式分散到一个不断扩大的边缘和核心国家网络中(Dicken, 2003),形成了多层面的"密集关系"(Keohane and Nye,

2000)。这使跨国范围的世界经济活动比例发生决定性改变(Sassen, 1997),明显加快其全球流动的规模和速度(Held, et al., 1999)。与此同时,跨国经济活动的性质和组织也发生决定性改变。跨国公司内部和之间的商品、资本和信息流动日益替代传统的原材料和工业制成品国际贸易。今天的商品生产比以往跨越更多国家,每个国家依其比较优势承担着特定的任务(Gereffi, 1994)。二是中心管理职能集中化趋势。生产越是分散化,中心管理职能越是强化,也越趋于集中化。这种中心管理职能,开始主要是跨国公司总部职能。随着跨国公司总部职能的强化(即多元化与复杂化),为追求效率与降低成本,越来越多的总部功能外包给专业商务服务和金融服务公司。这些从事最复杂、最全球化市场的专业服务公司受制于集聚经济(沙森,2001)。它们所要生产的服务产品的复杂性、面临市场的不确定性,加之这些服务产品交付越来越强调速度的重要性,使不同行业的全球生产者服务公司之间存在着密切的产业关联和大量业务往来,并且很多时候要围绕一个项目开展紧密合作,所以集群效应十分明显。当这些公司靠近(邻近)其他服务公司或联合生产某些服务所必需的其他服务公司时,它们就获得了集聚经济效应(Stanback and Noydle, 1982)。因此,生产者服务业相对独立于接近购买者,加上生产接近中存在集聚经济,使生产集中在适当的地点并向国内外的其他地区出口服务产品成为可能。由此主要城市复兴的重要性显现,即作为其管理和协调,并且开展服务、销售、创新、投资资本筹集及国际资产市场形成的站点(Sassen, 1999)。而且,这些趋势被跨国企业(包括合资、联盟和全球网络)的公司策略所增强。因为大公司在领先生产者服务中获得主导地位的形式并不是纵向整合,而是由供应商和承包商组成的复杂网络。生产者服务公司参与各种类型网络,包括战略联盟、合作安排、合资企业以及较不正式的安排(Harrington, 1995)。由此形成一个地区性层次结构,其顶部由集中的高级管理功能体所构成,大多数是世界核心经济的主要城市。它有着跨国公司扩展的管理、规划和控制操作,构成了当代世界城市体系的核心。

通信信息技术的信息化,则为新形式的集中化增添了一股凝聚力量。公司由许多高度多样化的分支机构或部门组成的趋势,公司规模的扩大以及多位点的趋势,都将使公司总部的获取信息的组成部分更加多样化,并提高了这些信息的准确性和重要性。因此,区位有了新的重要性,有些地方将比其他地方能够提供更多的获取信息的途径。移动作为对中心位置的替代选择,会失去与关键资源的空间集中相匹配的比较优势。这些信息技术的主要使用者是金融和专业服务,它们需要使用最先进的信息基础设施。这些技术使长距离的管理和服务以及瞬间资金转移成为可能,因此需要高度固定的复杂物理设施。这些设施需要大量的固定资本投资和不断的公司创新,趋向于更多集中在一些主要城市。更主要的是,由于容易获得且便宜的信息与难以获取且昂贵的信息是不同的(Attali,1981),信息本身和提供信息的服务之间也有区别(Delaunay and Gadrey,1987),生产者服务企业更需要的是难以获取且昂贵的信息,以及相关信息的服务,这些信息技术为生产者服务企业带来的附加值大多来自外部。因此,要使新信息技术的利益最大化,不仅需要基础设施,还需要其他资源的复杂组合。这意味着物质资源和人力资源——最先进的办公大楼、顶尖人才,以及将连通性最大化的社交网络也很重要。一些主要城市具有优势的关键因素是,它们所包含的组织复杂性使公司能够从新技术中获得最大限度的利益(沙森,2001)。因此,信息技术及信息化并没有消除物质资源大量集中的重要性,相反,它重新配置了资本固定性和流动性的相互作用;这种相互作用的复杂管理给主要城市带来了新的竞争优势(沙森,2000)。

因此,在现代全球化与信息化两大潮流的交互作用下,一些主要城市被赋予独特的新空间结构及功能,进而演化为发挥全球战略性功能的全球城市。也许有人会问,在现代全球化与信息化的背景下,为什么一些主要城市演变为全球城市,而另一些城市则没有?因为,"地球不是平的"。无论是全球化还是信息化进程,在空间分布上都是非均衡的。只有在全球化与信息化经由的地方(城市),或者受两大潮流交互作用直接(集中)影响的地方(城市),才有可能被赋予独特的新空间结构及功能。具体讲,对于一座城市而言,只有处于世界经济的重心,处于全球化与信息化的中心,才有可能演化为全球城市;只有在所属国处于世界舞台中心,主导着或高度融入全球化与信息化进程的情况下,才有可能演化为全球城市。否则,即使具备优越的地理区位、悠久历史、超大规模、现代化水平等优势条件,也演化不成全球城市。这就是为什么全球城市集中出现在世界经济的重心,或发达国家地区与新兴经济体地区,以及全球城市通常伴随本国综合实力增强并走进世界舞台中心而崛起的主要原因。

当然,在现代全球化与信息化的外部力量作用下,国家在塑造全球城市中也起着重要作用。例如,一个国家的开放政策、宏观经济政策、地区发展政策,以及国家对地方(城市)权力下放的程度等,直接影响全球城市的形成与发展。又如,国家设定的经济发展格局与发展模式、地区发展结构、城市发展模式等,也都是影响全球城市的形成与发展的重要变量之一。还有,国家对国内城市功能目标定位及其政策倾斜与资源配置倾斜等,对一些主要城市成为全球城市也起着重要作用。

除此之外,还有一个城市内部机制反应问题。如果忽略这一点,那就很难完整回答"一个城市是怎样成为全球城市的"(Douglass, 1998)。另外,在此问题上,我们不能把城市假设为一种"机械装置"。因为"机械装置"本身缺乏内在能动性,其演化需要外部第一推动力(即全球化与信息化),这意味着全球城市构建及发展是按事先设计的蓝图被"装配"而实现的,或是对一种全球城市建造详细规划的执行。同时,这也意味着全球城市演化的所有行动都是"随机的"。如果全球城市的兴起或衰落是一个随机变量,那么除了城市在任意时点的规模变动外,其他方面都是无法分析的。另外,"机械装置"运转的力学均衡态,也意味着全球城市基于均衡概念的变化发展是一般均衡移动的发展,即从一种低级均衡运转装置转向另一种高级均衡运转装置。

我们要从本体论上把城市假设为具有反射能力和内在能动性的生命有机体①。城市有机体存在着二重性。一方面,存在着外部观察者可以直接观察到的城市现象(客观实在性);另一方面,存在基于城市参与者的心智(主观能动性),一种表现在城市中的企业、市场、政府、家庭以及其他主体等不同制度层面上的集体心智。在全球化与信息化力量作用下,一个城市演化为全球城市,城市现象(客观实在性)是很重要的基础条件。例如,地理区位、历史沉淀、基础设施、交通网络、办公楼宇与住宅、公共空间、学校与医院、文化娱乐设施、标志性建筑等,都是全球功能性机构选址决策的重要考虑因素。但更重要的是基于城市参与者的心智(主观能动性)。城市心智可能状态是使城市发生变化的关键性力量。城市心智出现的偏差或谬见,是新知识唯一可能的来源(激进可错论)(Levinson, 1988)。正是这种偏差或谬见,才能够产生与现实的碰撞,最终通过选择和保留,或者产生新知识,或者重新安排现有的知识。某种知识状态的"奇特"现象最初只是个体特征,但它们可以通过遗传和选择在一种个体群中得到扩展,从而不断涌现出创造力。在向全球城市演化的变异和选择过程中,"城市实体可能状态"与"城市心智可能状态"两种变化之间形成交互作用。"城市心智可能状态"的变化导致参与者行为的变化,行为变化被"城市实体状态"给定的因果相互依赖(规律)所选择(起到一种约束作用),最终带来城市的变化。因此,在外部力量作用下,一个城市演化为全球城市,既取决于有利的或得天独厚的客观实

---

① 城市作为生命有机体,是类比生物进化论中的某种有机体。事实上,存在着深刻区别。首先,城市没有自然的生命周期,也不存在一个自然的规模。其次,与固守基因的表现型(活的有机体)不同,城市并不长久保留其惯例,而是建立起改变其自身的机制。

在性条件,也取决于强大的和高级的城市心智,是两者交互作用(内部机制反应)的结果。

值得指出的是,健全而强大的城市心智在某种程度上可以弥补客观条件的不足。例如,当初伦敦与法兰克福争夺全球金融中心地位,法兰克福的地理区位、城市基础设施、交通等条件都优于伦敦,但伦敦凭借开放的环境、多元文化包容、富有创新的活力等,吸引了大量金融机构与金融人才,成为全球金融中心。

因此,全球城市形成与发展是一个"天时、地利、人和"的结果,是城市内部机制对外部力量直接作用和影响作出积极反应的结果,也是在融入与促进现代全球化与信息化进程中不断改造自身和创新的结果。从历史逻辑讲,全球城市是现代全球化与信息化进程的产物,作为现代全球化与信息化的空间表达。

2.1.2 全球城市的理论逻辑

全球城市理论不是依据和传承传统城市理论而发展起来的,而是一种创新的城市理论,或者说是"另立门户"的城市理论(即不同的理论体系)。不管是以弗里德曼为代表的世界城市研究,还是以沙森为代表的全球城市研究,全球城市理论逻辑的出发点是:在现代全球化与信息化两大历史潮流的交互作用下,给一些主要城市带来了新形式的集中化。这与历史逻辑的出发点是一致的。

这种新形式的集中化不是传统意义上的人口、资源要素、制造生产的集中化,也不是制造业基地中典型意义上的生产集中与管理职能集中的一体化,而是对生产分散化的运营网络进行控制、管理、协调、服务、融资等一体化整合的职能集中化。这种基于生产分散化的总部职能集中化不仅表现为生产与管理职能在空间上高度分离,而且表现为生产场所高度分散化和异质化(分布在世界各地的不同地方,有大城市,也有中小城市,甚至乡镇等),但总部职能所在地高度集中化和同质化,即高度集聚在一些主要城市。这种新形式的集中化,赋予一些主要城市新的空间结构及功能。

沙森(2001)指出,城市的空间性——既以跨国网络为中心,也以资源高度集中的地方区位为中心——并不是一个全新的功能。几个世纪以来,城市一直处于主要的往往是通往世界性进程的十字路口。今天所不同的是,这些网络的强度、复杂性和全球尺度——因而一定程度上可以通过这些网络高速串联,以及作为跨国网络一部分的诸多城市在巨大地理尺度上的运作。我们给予更清晰的诠释是,新形式的集中化赋予一些主要城市的新空间结构,主要表现在两个方面:

(1)不仅是基于地方区位的地点空间,更是全球流动空间,或者说,是地方空间与流动空间的同构,从而一定程度上可以通过这些网络高速串联。(2)新形式的集中化的空间载体不再是国家及一般城市,而是个别主要城市(全球城市)。这些主要城市地位上升,代表国家参与国际合作与竞争。因而,不仅是基于国际关系的跨国网络,更是跨国城市网络。这些主要城市作为跨国城市网络中的基本(主要)节点,在巨大的地理尺度上运作。因此,全球城市是通过全球城市网络广泛连通性而获得其重要性,体现其在全球经济活动中的重要地位。其在全球城市网络中越是处于中心性,对生产商寻求开拓全球市场而言越是处于一个有利区位,从而在全球城市网络中处于更高的节点地位。正如沙森(2001)指出的,全球城市的重要性,很大程度上是从跨国城市网络中获取的。世界上不存在作为一个单独实体的全球城市,这与昔日帝国的首位城市形成了鲜明对比。然而,全球城市仍保持着与国内城市的强劲网络连接。依据对角线中心性的自我连接(self-ties),纽约、伦敦、巴黎和东京在列表较高层级占优势(Wallr and Knaap, 2011),显示了一个城市在全球和当地的经济功能之间很强的一致性。因此,全球城市的一个重要特征是:有连接全球、区域和本地网络之间的能力。

从新空间结构的内部构成来看,其发生的重大变化是:(1)形成了以先进生产者服务为核心,面向全球市场的新产业综合体,并占据主导地位。这不同于一般服务业(包括消费者服务与生产者服务),即使其在 GDP 中占有很高比例,形成以服务经济为主的产业结构;也不同于面向本地或地区乃至国内市场的生产者服务业,即使其在服务业产值中占有很高比例。因为它们的空间性是不同的,消费者服务的半径是市域范围,面向本地或地区乃至国内市场的生产者服务的半径是市域、地区和国内范围,新产业综合体的服务半径则是全球范围。(2)全球功能性机构(公司)高度集聚,如跨国公司总部、全球专业服务公司、全球金融机构、全球研发中心、跨国非政府组织(NGOs)等。与一般机构(公司)不同,它们都具有全球网络,不仅加入外部全球网络,还有自身内部全球网络。其内部网络中的分支机构,通常落户在世界各主要城市。因此,通过它们自身内部网络联锁起全球城市网络。(3)构筑起进行全球业务操作的大平台。与一般业务操作平台不同,它主要基于全球流动空间,通过发指令、接发订单、结算清算、人员调配等进行全球资源配置,特别是离岸配置。(4)形成大规模经济流量。这种流量是基于全球网络的,不仅是点对点的流入与流出的流动,更多的是中转的环流(网络流量的特点)。这种流量不仅是商品、中间品、原材料等流动,更是信息与知识、金融、专业人才等流动。

在新的空间结构下,这些主要城市构筑了其经济基础的独特组成部分,成为后工业化的生产基地、全球市场、创新中心和信息中心的重要场所。(1)对生产分散化的运营网络进行一体化整合的职能,不是自然存在的,而是需要被生产出来的。这些主要城市就成为提供这一独特职能的生产基地。也就是,跨国公司总部职能及生产者专业服务(尤其是面向全球市场开展非常规业务的服务)的生产,提供控制、管理、协调、服务、融资等职能。(2)这种新形式的集中化带来控制和管理的转变轨迹:除了大量全球功能性机构集聚外,还有一个全球市场。这些主要城市不仅自身产业(生产者服务综合体)大部分基于出口功能的增长,而且成为其他城市通过其进入全球市场的重要门户与通道。这些主要城市基于全球市场导向的增长,导致了国家城市层级的不连续性,并促成了城市间跨国依存的新形式。也就是,这些主要城市(全球城市)的经济命运与周边广阔腹地,甚至与其所在国的国民经济越来越脱节,而依附于跨国的内陆世界(hinterworlds)联系。(3)在这些主要城市中,生产者服务业及金融领域产生的大量创新是经济活动转型的核心。在那里,充满创意、创新和创业的活力和动力,存在大量的技术融合、产品融合、市场融合乃至产业融合,不断涌现出新技术、新经济、新模式和新业态,呈现各种形态的总部经济、平台经济、流量、网络经济等。因此,全球城市成为生产这些创新思想、创新产品、创新工具的关键地点。(4)在总部职能及生产者专业服务的生产、全球市场导向的增长,以及各种创新活动中,形成了一种极具张力和密集的信息环境。这是一种无法在电子化空间(互联网)中加以复制的信息循环。其增值特征之一,是不可预见和未能计划的信息、专业知识和人才的混合,从而可以产生更高阶的信息。反过来,这些更高阶的信息又是总部职能及生产者专业服务的生产、全球市场导向的增长,以及各种创新活动所必需的中间投入。由此,形成一种内生性的高阶信息及信息服务的生产与循环。因此,全球城市是领先信息生产及其扩散的重要场所。上述四点构成了全球城市经济基础的一个特殊组成部分(一个根植于那些空间与技术变化的组成部分)。由此,全球城市形成了其他城市所不具备的全球战略性功能。这种全球战略性功能可以从不同角度进行细分。例如,全球资源配置功能、科技创新策源功能、高端产业引领功能、开放枢纽门户功能,等等。

因此,从理论逻辑来看,全球城市区别于一般城市的特质,在于被现代全球化与信息化赋予了新的空间结构及特殊的经济基础,从而具有全球战略性功能,成为全球城市网络中的主要(核心)节点,在全球经济事务协调与组织中发挥重要作用。

2.2　考察全球化与信息化的新变化及其走向

全球化与信息化均处在动态过程中,势必会发生一系列新变化。而且,近十年来,全球化与信息化的变化在不断加快,变化之大,出乎意料。因此,我们有必要审视一下到底发生了什么新变化,引发这些新变化的因素(力量)是什么,以及这些因素(力量)是趋于增强还是减弱(其决定未来的走向)。这些都是决定全球城市之命运的主要变量。

2.2.1　全球化与信息化的新变化及其原因

20世纪70年代至21世纪00年代的40年时间里,现代全球化一直处于上升阶段,其进程不断加快与深化。进入21世纪10年代,贸易保护主义泛滥,"去全球化"或"逆全球化"日益成为一种影响越来越大的思潮及行动策略(周振华,2017),全球化进程明显放缓,甚至出现某种程度的倒退。对此,大家是有目共睹的,无须过多争论。值得深思的是:为什么会出现这样的新变化?我认为,与以下因素有关。

(1)与世界经济态势有关。经验表明,世界经济长周期对全球化进程有重大影响,两者呈现强相关。在衰退、萧条阶段,会形成较大摩擦与阻力,将减缓全球化进程;在复苏、繁荣阶段,活力与动力增强,将加快全球化进程。例如,20世纪90年代和21世纪00年代,在通信信息技术革命的推动下,世界经济处于快速增长阶段,并迎来了全球化进程的发展黄金期。但随着通信信息技术带来的经济动能趋于减弱,全球技术进步的增长拉动作用持续放缓,索洛悖论再次出现——TFP增速在技术进步最好的区域大幅度下降。2007—2017年间,美国TFP累计增长4.3%,相比1997—2007年的9.7%、1987—1997年的7.7%均显著下降;英国TFP累计增长−1.7%,相比1997—2007年的11.3%、1987—1997年的6.2%均显著下降;德国TFP累计增长5.3%,相比1997—2007年的7.1%、1987—1997年的24.6%也均显著下降;日本也是如此,自1997年以来就一直处于低迷状态,TFP累计仅增长2.4%(图2.1)。因此2008年全球金融危机以来,世界经济一直处于低迷,持续十多年之久,并伴随着人口老年化、收入不平等、高债务、公共品缺失、治理体系恶化、地缘政治等结构性问题持续加剧。2020年全球新冠肺炎疫情更是加剧了各种传统问题的恶化,并带来基础性、结构性和趋势

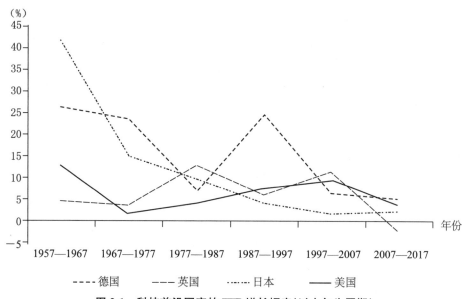

图 2.1　科技前沿国家的 TFP 增长幅度（以十年为周期）

资料来源：中国宏观经济分析与预测报告（2020—2021）。

性的变化，使世界经济在结构加速调整中充满了不确定性。

（2）与世界经济循环格局变动有关。长期以来，在"中心—外围"的世界体系中，形成了世界经济的"三极循环"。发达国家作为技术与资本输出国，大量对外投资获取高附加值，并大规模进口廉价制成品；新兴经济体作为生产加工国，进行低成本、低附加值的生产加工，并大量出口中间品和制成品；发展中国家作为资源供给国，提供大量能源与原材料，相互之间形成以单环为特征的世界经济大循环。在此过程中，全球贸易与投资迅速增长，不断加快全球化进程。然而，当"三极循环"累积到一定临界点时，发达国家呈现高收入、高消费、高赤字、高债务的态势，孕育和累积资产泡沫；新兴经济体和发展中国家呈现低收入、低消费、低水平供给的态势，孕育和累积产能过剩。由此，便形成一种"恐怖平衡"。2008年全球金融危机，始于发达国家的泡沫破灭，并延伸到新兴经济体和发展中国家的全球产能过剩，从而使世界经济"三极循环"彻底破裂。在这种情况下，各国都进行了战略性调整，以摆脱原先的单一依赖。美国出台"国家先进制造业战略计划"等政策举措，将"再工业化"战略正式提上议事日程；欧盟、日本等也陆续实施"再工业化"战略；德国推出"工业 4.0"等。新兴经济体和发展中国家转变出口导向发展模式，更加强调科技创新、自主知识产权，包括中国构建新发展格局等。与此同时，跨国公司也重新评估其全球运营战略，在选址时，不再把成本作为首要因素,更多考虑潜在市场规模和产业配套能力,将全球产业链"离岸"布局逐步调整为"近岸"布局,从研发、生产到销售都相对集聚,以缩短产业链的距离长度,增加产业链的空间密度。在这一结构性调整中,本身就存在较大的摩擦,再加上在调整初始阶段的急速转弯、矫枉过正等,势必会导致各种类型的投资与贸易摩擦,乃至金融与技术摩擦,影响全球化进程。

（3）与世界力量对比发生重大变化有关。冷战结束后,以美国为首的西方世界在国际权力体系中一枝独秀,美国更成为世界唯一超级大国,其在经济、军事、文化等各领域均占据压倒性优势,主导和推进全球化。随着新兴经济体崛起及发展中国家快速发展,世界力量对比呈现"南升北降"的突出特征,国际体系面临新一轮的转变。一方面,以美国为首的西方国家相对衰落,整体实力明显下降。2008—2020 年,西方七国集团（G7）占世界经济比重从 52.8％降至 45.17％。美国占全球 GDP 的比重从过去的 35％下降到现在的 25％左右;日本占全球GDP 的比重从过去的 17.6％下降到现在的 5.7％。另一方面,新兴经济体崛起和发展中国家快速发展。2012 年,发展中国家 GDP 数百年来首次超过西方国家。目前,新兴经济体和发展中国家 GDP 总量已占到全球的 60％,在世界经济中具有举足轻重的地位。[1]特别是由中国、巴西、俄罗斯、印度、南非组成的"金砖五国",领土占世界领土总面积的 26％,人口占世界总人口的 43％,GDP 占全球总量的 20％,贸易占全球贸易额的 15％,对世界经济增长的贡献率约为 50％,在世界经济中起着重要作用。除"金砖五国"外,"灵猫六国"（CIVITS）[2]、"新钻11 国"[3]等新兴经济体也将成为亮点。更为重要的是,在此过程中,中美大国博弈拉开了序幕。美国经济空心化、泡沫化趋势明显,呈现强国由盛转衰的征兆,出现了类似 19 世纪中期的英国的缓慢衰落态势。为遏制中国崛起,美国采取了一系列关税保护,对高技术及可军民两用物项实行出口管制,严审中资海外投资、收购、参股,严查海外上市资金来源,实施金融制裁,实施以确保美国国家安全和供应链安全为由的 232 国家安全调查及《美国紧急状态法》下进口限制等。无疑,中国要对此进行反制。由于中美两国占世界 GDP 的 40％,在世界经济中发挥着重要作用,因此这两个大国之间的博弈带来的投资贸易摩擦、金融摩擦、技术摩擦等,势必影响全球化进程。

与全球化呈现发展减缓、停滞甚至倒退的新变化不同。全球信息化进程经

---

① 数据来自田文林:《大国博弈与中间地带的动荡与冲突》,《区域与全球发展》2019 年第 6 期。

② 哥伦比亚、印度尼西亚、越南、埃及、土耳其和南非。

③ 墨西哥、印度尼西亚、尼日利亚、韩国、越南、土耳其、菲律宾、埃及、巴基斯坦、伊朗、孟加拉国。

过 20 世纪 90 年代快速发展后,有过一段时间的调整,在 21 世纪 10 年代重新呈现加快发展态势。尽管全球化与信息化交互作用,但各自进程的变化轨迹呈现一定偏差,并不完全同步。这反映了它们发展变化背后的推动力量有所不同。全球信息化的新变化,主要由下列因素所致。

(1) 新一代信息技术(数字技术)取代了传统信息通信技术,在规模、速度、质量、准确性和成本等方面取得全方位进步。例如越来越多、越来越快的互联网连接、卫星数据和图像,传统数据中心向云计算的转变,加上机器学习和人工智能(AI)的进步,数字技术在可用性、可及性和影响方面迅速变化,几乎是以前无法想象的。特别是人工智能加速发展,呈现出深度学习、跨界融合、人机协同、群智开放、自主操控等新特征。2019 年全球人工智能市场规模为 399 亿美元,并且在 2020—2027 年将以每年 42% 的速度增长。而且,现代信息技术日益成为各领域信息化创新变革的重要支撑和基础。

(2) 在数码化(即把物理信息转化为数字格式的过程)、流程数字化(即采用数字技术来改变组织的业务模式)的基础上,进一步推进数字化转型,即开发数字化技术及支持能力以新建一个富有活力的数字化运作模式。随着数字化转型,数字经济蓬勃发展。2019 年,全球数字经济规模达到 31.8 万亿美元,同比名义增长 5.4%,占 GDP 比重为 41.5%,成为经济发展的新引擎。特别是城市的数字化转型可以使城市在全球化和快速变化的世界中占据全新的优势地位。

(3) 在现代信息技术引领下,不仅涌现出许多高端化、智能化、融合型的新产业部门,而且在经济社会各领域实施了信息化转型。例如,深化对传统产业部门的信息化改造,促进制造智能化、电子商务、在线购物、网络连锁等发展;在社会领域广泛推行智能交通、在线教育培训、远程医疗、智慧园区、智慧社区等,促进了经济社会全方位、系统性的信息化。

2.2.2 新变化主要因素的动态分析

如果带来全球化与信息化新变化的一些主要因素(力量)可以得到验证并确定下来的话,那么进一步值得研究的问题是:这些新变化的主要因素(力量)是否具有增强或减弱趋势。因为全球化与信息化的新变化只是即期现象,即使今后一段时间内仍将继续存在,但并不一定代表着未来的走向。考察这些新变化的主要因素(力量)是否具有增强或减弱趋势,是研判全球化与信息化未来走向的重要依据。

1. 全球化新变化的主要因素动态

（1）从近期来看，世界经济低迷状态不会有太大改观，可能还会存在一段时间，但不具有日益增强的趋势。因为支配长周期的这一轮信息技术革命并未结束，其技术动能尚未完全枯竭，特别是新一代信息技术发展使产业生产更加智能化，加快向分散化、定制化、网络化的产业组织时代迈进；使商业模式不断创新，向个性化、柔性化、共享化发展；使创新范式更趋于大众化和多样化，不断涌现出众创、众筹、众包、众扶以及源于个体或组织的微创新，从而形成众多的新增长点；同时也将在空间分布上形成许多新增长极，从而对世界经济增长形成多元化的支撑。这在一定程度上抵消了世界经济继续恶化的力量。当然，世界经济真正进入长周期的复苏与繁荣阶段，取决于新一轮世界科技革命和产业革命的发生。但我们现在已处于世界新科技革命的前夜或孕育期，一些预兆性的特征变化开始显现，如一些重要科学问题和关键核心技术呈现革命性突破先兆，科技创新呈现发散性扩展状态，一些技术领域呈现交叉融合、群体性突破态势，创新要素在全球范围内加速流动和配置等（周振华，2017）。新一轮世界科技革命与产业革命一旦到来，将给世界经济增长注入强大的新动力，极大地改变经济结构、产业结构及劳动力市场结构，引领世界经济进入长周期的复苏与繁荣阶段。尽管在这一过程中存在中周期和短周期的波动，仍会呈现世界经济周期性低迷状态，但这是一种日益减弱的趋势。这种日益减弱的趋势对全球化与信息化进程将产生正向效应。

（2）尽管世界经济循环格局变动的结构性调整存在颇多阻力，短期内难以明显见效，可能会持续较长时间，但它有助于减少传统世界经济"三极循环"带来的全球供应链断裂、产业空心化、泡沫经济、产能过剩等风险，增强经济安全与产业安全，又有利于降低中间品和制成品频繁密集往返和长途运输等成本，有助于提高国际竞争力。经过这一结构性调整，单一垂直分工的"三极循环"将转向"垂直＋水平"分工的"区域—全球"双层结构的世界经济新循环（图2.2）。区域层面（不仅仅是地理概念上的，也包括投资贸易协定圈定的区域），以垂直分工为主导，区域内的技术资本输出国、生产加工国和资源供给国各自发挥比较优势进行分工合作，形成区域内闭环的产业链或全球产业链的某一片段或模块，即区域内环流。在全球层面，由于各区域之间技术和生产水平以及产品的异质性，主要形成扁平化的分工合作以及某些特殊产业部门全球产业链的垂直分工，即全球环流。由此，在多边投资贸易协定框架基础上，将呈现各种各样的双边和区域性投资贸易协定。因此，世界经济循环格局变动中出现的各种摩擦是短期性的，不具有日益增强的趋势。随着结构性调整逐步到位,各种摩擦将会减少,摩擦程度将会减弱。而在这种世界经济"双环流"体系中,产品与技术、服务之间的契合度更高,供给与需求的对应性更直接,区域内经济联系更紧密,区域之间的异质性更明显。这将使投资贸易关系更加多元和复杂化,给世界投资贸易格局及全球经济发展秩序带来深远影响,形成全球化与区域化协同发展格局。

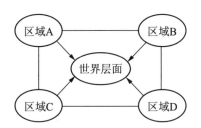

图2.2　区域为主体的双层结构世界经济新循环

资料来源:作者绘制。

（3）世界力量对比将继续变化,但会进入一个相对平衡状态。新兴经济体和发展中国家在世界经济中的地位和作用仍将上升。麦肯锡预测,到2025年,全球消费者将增加18亿,总数达到42亿,总消费能力将达到64万亿美元,其中将近一半将发生在新兴经济体。届时,新兴经济体将成为全球商品、服务、资金、人才和数据的重要生产地和消费地,在全球经济总量中所占的比重将超过50%,对全球经济的增长贡献率将超过80%。但新兴经济体及发展中国家在凭借后发优势的跨越式发展中,尤其是在现代化建设中,仍有不少"先天不足",需要后天"补课"。而且,它们在发展过程中还将面临"中等收入陷阱"等一系列挑战,要进行深度结构调整。发达国家尽管不再"独霸天下",美国也不再"一家独大",但毕竟具备雄厚的经济基础和技术领先优势。从总产值来说,美国依然是世界第二制造大国,仅次于中国,而且美国保留了相当多的高端工业,比如航空航天及军工制造、半导体工业、医药生产、化学工业等。高端工业成为美国最具竞争力的产业,使美国牢牢掌控军事工业以及高新技术产业的话语权。至于中美大国博弈,虽然还将继续,甚至某些阶段越演越烈,但美国遏制不住中国的崛起和中华民族伟大复兴,中国在相当长时间内也取代不了美国霸主地位。当大国博弈达到一定临界点时,将趋于战略均衡态。届时,尽管在一些投资贸易、金融、技术、人才等具体方面仍存在一系列摩擦,但对抗的激烈程度、问题的严重程度和危害程度将趋于缓和。因此,世界力量对比变化中产生的摩擦将趋于缓和或减弱,而带来的世界经济增长多极化态势将有助于全球化与信息化进程。

2. 信息化新变化的主要因素动态

(1) 未来,数字技术将进一步往高端化方向发展,包括5G/6G、量子计算、全息影像、脑机交互、人工智能、数字孪生、物联网、区块链等,并日益强化与非数字技术的交互与融合。事实上,未来的数字技术,有许多本身就是一种虚拟与现实交融的技术,如扩展现实技术(包括VR和AR)、数字孪生、区块链、人工智能等,而不是单纯的数字技术(如传统计算机技术、通信技术等)。世界贸易组织预计,到2030年数字技术将促进全球贸易量每年增长1.8%—2%。因此,数字技术发展具有日益增强的趋势,将极大推进信息化进程。

(2) 数字化转型不仅趋于加快,还会有本质性改变,即数字经济与实体经济的深度融合。整个产业结构将向虚拟现实融合、产业跨界衍生的方向转变。例如,在制造领域,"数字孪生"通过虚拟空间来运行工厂生产过程的模拟,人们可以识别和分析如何更高效、更安全地完成工作,而无需对更改进行物理测试。研发人员可以在逼真的虚拟场景中进行设计、试验,工程师也可以非常方便地进入工业虚拟元件的内部观察。又如,在服务领域,依托包括智能视觉、智能语音、自然语言处理、知识图谱等在内的一系列领先的人工智能技术能力,借助虚拟现实内容平台、虚拟现实交互平台,虚拟现实世界内容的制作成本将迎来大幅下降,并推动硬件消费体验的升级和内容生产效率的提升。因此,数字化转型具有日益增强的趋势,将极大推动数字经济发展。

(3) 数字技术得以广泛运用,并通过多技术的叠加兼容、交互融合、合力凝聚,进一步深化对整个现实社会的模拟程度,形成一种超越目前互联网的虚拟现实网络世界。因此,这也具有日益增强的趋势,将促进信息化走向更高级阶段。

2.2.3　全球化与信息化的未来走向

1. 全球化进入新进程

从上述分析中,我们可以看到,带来全球化新变化的一些主要因素(力量)总体上是趋于对全球化的正向效应,有利于推进全球化进程,但又具有不同于以往的新特点。因此,全球化发展的历史趋势不可逆转,但会改变一些原有方式及结构,进入一种全球化新进程。具体表现如下。

(1) 全球化领域及部门趋于拓展。在原先制造业、金融部门全球化(表现为大量货物贸易和全球资本流动及投资)基础上,越来越向"非物质化的全球化"方向拓展,其中突出反映在服务贸易快速发展上。从2011年开始,服务贸易的增长速度就一直高于货物贸易。WTO《2019 年世界贸易报告》数据显示,2005—2017 年间,服务贸易平均增速高于货物贸易 0.8 个百分点,达到了 5.4％。如果将商业存在考虑在内(商业存在是全球服务贸易的主要供应方式,占 2017 年服务贸易的近 60％),2017 年服务贸易价值高达 13.3 万亿美元。从世界服务贸易的主要构成上来看,分销服务和金融服务占比最大,各占服务贸易总额的近1/5,计算机服务、研发服务的增长速度则是最快的。在新冠肺炎疫情冲击之下,服务贸易也依然显示出了很强的韧性。疫情虽然重创了交通、旅游业,但与此同时,基于线上的电子商务、教育、医疗、金融等方面仍然展示出增长潜力,尤其是电子商务的发展格外受到瞩目。WTO 指出,数字技术、人口变化、收入增加以及气候变化四大趋势将影响未来的服务贸易。这些趋势将催生新的服务贸易业态,影响服务需求,对部分服务贸易产生负面影响,同时在环境服务等领域创造新的市场。根据 WTO 全球贸易模型测算,到 2040 年,全球服务贸易份额可能提高 50％。①

(2) 全球化覆盖范围趋于扩大。随着跨国公司全球产业链布局的战略调整,全球产业转移和一体化生产呈现出新的特点:一是随着基于模块化、集成化的分工细化,全球价值链的生产网络日益密集化,其覆盖面越来越广泛。联合国贸发会议 2013 年开展的一项研究显示,全球贸易中的 80％属于全球生产网络内的商品贸易,并且这一趋势仍在继续。二是与以往全球产业转移过程主要是转移某个生产加工或劳动密集环节不同,与之相配套、联锁的产业转移加快,从而呈现研发、制造和营销一体化的转移态势。三是跨国公司全球产业链“近岸”布局,增强了区域性的全球化连接。四是跨国公司“逆向创新”战略的普遍实施,将更多的创新活动转向和置于新兴经济体,然后将创新性产品再销往包括发达经济体在内的全球市场。五是新兴经济体的跨国公司迅速兴起。麦肯锡全球研究院研究显示,2013—2025 年间建立和将建立的 7000 家新的大型企业中有 70％来自新兴市场国家。上述这些新特点预示着不同国家之间劳动分工的调整,在世界各地形成更多的全球价值链节点以及更紧密的生产网络连接,从而将更多国家,特别是发展中国家纳入其中,使全球化覆盖范围明显扩大。

(3) 全球化与区域化呈现交织发展新格局。在“区域—全球”双层结构的世界经济新循环下,全球价值链的构成中不仅知识密集度越来越高,服务扮演越来越重要的角色,从而导致基于劳动力成本套利的贸易及贸易密集度的下降,而且

---

① 数据来自张伟伦:《推动服务贸易迈向高质量发展》,《中国贸易报》2019 年 11 月 21 日。

变得越来越基于区域化的全球化,使双边和区域性的投资贸易协定方兴未艾。当前已经达成和正在推进的主要区域投资性协议涉及大量经济体。据 WTO 统计,目前涉及亚洲经济体的自由贸易协定数量占全部自由贸易协定数量的一半以上。

(4) 全球化引领和主导趋于多元化。在世界力量对比趋于相对平衡状态,呈现增长多极化格局的情况下,全球化进程的引领和主导将趋于多元化。特别是随着"一带一路"建设推进以及 RCEP 协议(区域全面经济伙伴关系协议)等签署和生效,新兴经济体对全球化进程的引领和主导作用将日益显现。特别在某些领域,新兴经济体将在全球化进程中起到重要的引领和主导作用。例如,2015年,中国启动了"数字丝绸之路"(DSR)计划,创建新的贸易生态系统并加深其在整个发展中国家的贸易关系的新方式。中国与"一带一路"沿线国家深化大数据、互联网、人工智能、云计算、跨境电商等领域合作,加快制造业、农业、服务业的数字化、网络化、智能化,共享数字经济发展机遇,助力沿线国家数字化转型。①

2. 信息化进入更高级发展阶段

从上述分析中,我们可以看到,带来信息化新变化的一些因素(力量)都具有日益增强的趋势,且对信息化的效应是正向(正面)的。因此,信息化将进一步发展,并进入一种更高级的发展新阶段。

信息化的未来发展,将创建一个虚拟现实网络世界,包括底层基础支撑、前端设备平台和场景内容入口等。这不是一般的更新升级,而是重新布局和重构过程。这一虚拟现实网络世界本身就是由海量交互数据为原子的,并将永远处于运行状态,这意味着它永远在学习,从而将源源不断产生无穷的数据。更主要的是,这些高端化的 ICT 正是基于数据作用于实体经济,实现数字经济与实体经济的深度融合。例如,基于数据的复杂人工智能算法将把我们认为是随机的东西限定为正常模式,并以新的个性化方式传递未来。基于数据驱动的人工智能也将推动更多自动化进入商业领域,并提供流程和约定,使得针对个人客户偏好定制的产品提供的服务达到新的水平。在虚拟现实网络世界中,不仅有更多参与其中的用户,而且那些用户具有满足稳定思想情感、稳定爱好与荣誉、稳定利益、稳定资源等需求,其本身就可以转变为网络中的一个节点。那些提供各种功能、产品和服务的中心组织(包括商业机构)则成为超级节点。普通节点围绕超级节点形

---

① 参阅国家发展改革委"一带一路"建设促进中心:《共建"一带一路"坚定前行》,《人民日报》2021年 2 月 5 日。

成的"类星系"链式结构就构成一个生态系统。这将表现为本质上区别于现有 ICT 及其应用的显著特征,即虚实融合、去中心化、自由创造、协同进化等。

信息化进入一种更高级的发展新阶段,将为全球化注入强大的动力和活力,特别是在促进全球化向非物质化方向拓展方面起着重要作用。例如,服务贸易的成本总体上是货物贸易的两倍,但得益于数字技术的发展,服务贸易成本在 2000—2017 年间下降了近 9%,从而使服务贸易在此期间的快速增长成为可能。又如,互联网为国际数据流通提供了高效便捷的传输渠道,使数据和以数据形式存在的商品和服务的可贸易程度大幅提升,成为重要的贸易商品。麦肯锡的数字全球化研究显示,跨境数据流正呈现爆发式增长,这一趋势仍将持续。2014年数字全球化的经济影响总价值高达 7.8 万亿美元。其中数据流直接创造的价值为 2.2 万亿美元(占总值的近 1/3),高于外商直接投资;此外,数据流还通过间接促进其他类型的跨境交易,为全球经济创造了 2.8 万亿美元的价值。综合考虑其直接和间接作用,数据流对 GDP 的贡献在 2014 年已超过全球商品贸易。①再如,现代信息技术的开发与应用了促进了技术服务贸易的发展。世界银行数据库的统计显示,国际技术服务贸易总额从 1975 年的 110 亿美元增加到 2007 年的 1.2 万亿美元,平均每 5 年翻一番,其速度不仅大大快于货物贸易,而且也快于其他的服务贸易。国际技术贸易在国际贸易中的比重迅速上升,由 1965 年的 1%上升至 2005 年的 10%以上。在国际技术贸易中,软件技术贸易的地位不断加强,特别是知识产权交易呈现不断增长的态势。

2.3 全球城市发展趋势

依照全球化与信息化的未来走向进行推断,全球城市仍将按其固有的逻辑发展,有其客观必然性。然而,全球城市也将变换一些发展模式和演化路径,呈现新的发展态势。

2.3.1 全球城市未来发展的必然性

全球化与信息化的未来走向,将使全球关系不断泛化、深化与网络化。在全

---

① 数据来自 Jacques Bughin, Susan Lund, James Manyika:《数字全球化时代的五个关键问题》,麦肯锡季刊 2016 年第 3 期,https://www.mckinsey.com.cn/wp-content/uploads/2016/11/5keyproblem.pdf.

球化与信息化交互作用下,越来越多的新兴经济体和发展中国家参与其中,使全球关系不断泛化。在此过程中,新兴经济体和发展中国家进入国际投资与贸易市场,作为投资接受国和贸易出口国,进而发展成为投资输出国和贸易进口国。新兴经济体和发展中国家也将日益进入国际技术贸易市场,使技术来源呈现多极化,并随着技术研发能力的提升,也可能转化为净技术出口国。在全球化与信息化共同推动下,服务贸易发展不仅为货物贸易的发展起到强大的支撑作用,更是深化了全球化关系。服务贸易自由化势必涉及服务出口者或生产者在进口国国内的开业权问题,它又涉及劳动力移动、移民政策、投资限制等问题。服务贸易交易标的物的多样性、无形性,使用权和所有权相分离等,涉及的国内外法律及国际法要广泛得多、复杂得多。服务贸易标的物的特殊作价原则,是受服务交换过程的实现可能对服务进口者的潜在经济利益而决定的,通常采用一种利润分成方法。服务贸易双方当事人关系也较复杂,合同的履约期限通常比较长,其间存在限制、反限制关系。这些都比货物贸易的全球化关系更为复杂与深刻。全球价值链的区域化,从空间尺度上看,似乎是缩小了,但从开放性来讲,它比WTO的多边投资贸易体系更为深化,呈现开放水平逐步提高、规则标准更加严格的趋势。例如,区域全面经济伙伴关系协定(RCEP)生效后,协定区域内 90%以上的货物贸易将最终实现零关税,大多数是立刻实现零关税或在 10 年内实现零关税。[①]这种全球关系的不断泛化与深化,又都趋向于网络化,形成全球网络体系,特别是全球城市网络。

全球化与信息化的未来走向,不仅没有改变基于生产分散化的新形式集中化,反而在某种程度上强化了这一新形式的集中化。例如,服务贸易作为一种独立而完整的生产与交易活动,使生产者服务企业(服务贸易提供者)更具有相对独立性,不再依附于跨国公司总部职能的外包。而且,这种服务贸易要求不同的生产者服务部门提供更多、更复杂的中间投入及其组合,更需要不同生产者服务部门之间的高度专业化协同,更加强化了这些专业服务机构"邻近"的集聚经济效应。也就是,生产者服务业中日益专业化与集聚经济的特殊组合更为强劲,从而使这种新形式的集中化得以增强。当然,这种新形式的集中化在形态上也会有所改变。例如,随着全球化与信息化覆盖范围扩大,以及在全球与区域双层尺度上交织发展,一部分全球尺度的集中化将转化为区域尺度的集中化,这将使原先高度"锐化"的集中化转变为相对"钝化"的集中化,使集中化结构从"金字塔"

---

① 参阅项梦曦:《亚洲区域贸易自由化进程持续加速》,《金融时报》2021 年 1 月 21 日。

型转向"橄榄型"。但这种形态上的变化,并没有改变这一新形式的集中化的性质,它依然作为全球城市演化的逻辑起点。

这种新形式的集中化仍将赋予一些主要城市新的空间结构,基于地点空间的全球流动空间、跨国城市网络等,使其作为网络中的基本(主要)节点,在巨大的地理尺度上运作和高速串联。有所变化的是,这一世界城市网络将趋于扩充,网络容量增大,网络密度增强,从而网络中的节点增多,网络连通性提升。据Derudderb 等人(2010)的测量,2000—2008 年间,世界城市网络平均连通性从0.20 上升到0.22。网络连接大于20%的主要城市数量从2000 年的110 个上升到2008 年的125 个。2008 年,307 个城市中的179 个比2000 年程度更深地连接到世界城市网络。其中,不仅是来自新兴经济体和发展中国家的城市网络连通性水平迅速提高,而且发达国家城市的网络连通性水平也趋于不断提高(周振华,2017)。例如,英国在2000 年只有伦敦进入网络连通性100 强,但到2008年,有17 个城市经历了网络连通性的快速增长。其中,曼彻斯特、伯明翰、爱丁堡至少具有伦敦最高连通性的1/5。

同样,新空间结构的内部构成也不会有重大变化,仍然是新产业综合体占据主导地位,全球功能性机构高度集聚,以及全球业务的操作大平台、大规模经济流量等,只不过会增添更多区域性和专业化色彩。与新空间结构相匹配的城市经济基础的独特组成部分,基本内涵将不会改变,但外延有所扩展。除了后工业化的生产基地、全球市场、创新中心和信息中心的重要场所外,创新中心中更强调科技创新,并可能增加文化中心等重要场所。由此,全球城市所形成的全球战略性功能只会增强,而不是削弱。

因此,全球化与信息化的未来走向,并没有改变全球城市的基本逻辑,仍将催生和促进全球城市发展及其演化。全球城市发展仍具有客观必然性,其战略价值依然存在,并不像一些人所质疑的那样,已显得无关紧要,甚至寿终正寝。

2.3.2 全球城市发展新态势

依据全球化与信息化的未来走向,特别是全球关系日益泛化、深化与网络化,全球城市发展将呈现一种新态势。

1. 全球城市数量趋于增加

随着世界城市网络规模扩展,其节点基数增大,从中将会涌现出更多作为主要节点的全球城市,尽管其增加与网络规模扩展并不成比例。全球城市数量增加,大致有三种情况:(1)原有全球城市并不完全被新的全球城市所替代,而是表现为更多新的城市跻身于全球城市行列,特别是新兴经济体的全球城市崛起。(2)随着全球化部门、领域的不断拓展,全球化构造更加复杂多样,会有新类别的全球城市加盟,如涌现一批有未来新优势的文化、科技、媒介、教育、全球治理等新类别的全球城市。(3)随着越来越多的城市从其规模和区域优势转化为基于网络的状态,一些中小城市也可以用各种形式充分利用可能的网络效应,通过位于连接系统其他分离部分的网络关键交叉点而获得有影响力的位置,成为网络中的关键节点,从而一些中小城市有可能成为全球城市崛起的新生力量。

2. 区域性全球城市数量居多

尽管全球城市通常是"全球—区域"双重连接,但依据哪一重连接具有主导性,仍可区分全球性全球城市与区域性全球城市。随着世界经济格局的调整,形成"全球—区域"双层结构的世界经济新循环,会进一步强化全球城市的区域性连接,更多在区域层面发挥全球战略性功能。因此,真正意义上全球性连接主导的全球城市仍然存在,但不会很多,更大数量的全球城市是区域性的,主要面向区域(大洲、大陆),仅有部分面向全球。区域性全球城市的增多,大致有两种情况:(1)根据世界经济循环格局的调整,全球区域化的需求增强,原先的全球城市作出相应调整,收缩全球性连接,强化区域性连接,从而成为区域性全球城市。(2)新崛起的全球城市,通常以区域性连接为主而起步;同时,也正好适应全球区域化发展趋势,从而一开始就定位于区域性全球城市。

3. 专业性全球城市发展将成为主流

在全球城市未来发展中,综合性全球城市仍将存在,并发挥其特有的作用。与以往有所不同的是,这种综合性全球城市既可能处于全球连接主导的层面,即全球性的综合性全球城市,也可能处于区域连接主导的层面,即区域性的综合性全球城市。但随着全球城市的迭代升级,全球战略性功能的多元化,如全球资源配置功能、科技创新策源功能、高端产业引领功能、开放枢纽门户功能、文化交流融汇功能、全球治理协调功能,乃至生态环境示范功能等,更多的全球城市将基于分工的合理性,朝着功能专业化方向发展,强调某些功能的全球"特殊贡献"。这种专业性全球城市也分布在全球性与区域性两个不同层面,如全球金融中心与区域金融中心、全球科创中心与区域科创中心、全球文化中心与区域文化中心等。这种专业性全球城市增多,大致有三种情况:(1)原先一些综合性全球城市,为适应迭代升级的要求,更加强调和培育原先具有较强独特优势的某些功能,提升城市能级和核心竞争力,占据世界制高点,从而转向专业性全球城市。(2)一些新崛起的全球城市,抓住全球城市迭代升级的新机遇,抢占先机,另辟蹊径,大力培育某一新的全球战略性功能,脱颖而出,成为专业性全球城市。(3)一些原本就具有鲜明功能特色的城市(包括一些中小城市),迎合全球城市迭代升级的历史要求,通过广泛的网络连通和错位竞争,获得有影响力的位置,从而可能成为专业性全球城市。

4. 处于中端位置的全球城市大量存在

随着世界城市网络层级结构趋于"钝化",处于网络顶端的全球城市数量不会太多,且保持相对集中和高度稳定的态势;处于网络底端的全球城市数量也不会太多,呈现一种相对分散和不稳定的态势;处于网络中端位置的全球城市将大规模发展,数量庞大,呈现一种随机分布和总体相对稳定的态势。处于网络中端位置的全球城市大量存在,大致有两种情况:(1)处于网络顶端位置的主要是全球性与综合性的全球城市,数量有限;而处于网络中端位置的大都是区域性和专业性的全球城市,总体规模庞大。(2)从网络底端位置上升至网络中端位置相对容易。因为在类似自由竞争的动态变化中,总有一些处于网络中端位置的全球城市会跌落到网络底端位置,不断为处于网络底端位置的全球城市创造上升空间,从而保持了处于网络中端位置的全球城市的数量规模。然而,从网络中端位置上升至网络顶端位置则十分困难。因为处于网络顶端位置的全球城市相对集中且高度稳定,类似于寡头垄断,一般难以撼动其地位,从而使处于网络中端位置的全球城市上升空间很小,即使有替代或取代的机会,也只是个别的。

5. 全球城市的服务协调功能日益强化

随着跨国公司从一个相对简单的统一尺度和垂直控制过程转向一个等级结构和分层结构共存,垂直和水平关系相互交织的更综合的组织网络,公司总部的控制与指挥功能发生变化,将更多的总部职能外包给专业服务公司。由此,全球城市也将日益强化服务协调功能,越来越与协同功能关系相关联,发挥吸纳、调动和引导其他城市进入世界城市网络的重要作用,并以这样的方式通过时间和空间扩展和复制自己。因此,全球城市更多表现在其所拥有的一种基于保护网络的"合作权力"。这种促进城市交互的"合作权力"可以主导世界城市网络,但不是以控制别的城市以及竞争性"零和"游戏为代价。

6. 亚洲地区将有更多全球城市发展

随着全球化中心和世界经济重心的转移,在世界城市网络体系扩充的情况下,全球城市的区域分布结构也将发生变化。目前及未来一段时间内,尽管欧美发达国家的主要全球城市仍在进一步发展,但其中相当部分城市的网络连通性减弱,如洛杉矶和阿姆斯特丹等全球城市正失去其原有的位置。有的是网络连通性水平相对下降,导致全球城市的地位在逐渐下降。例如,芝加哥在2000—2008年间保持了相同的连通性水平,但其他城市已经变得更具连通性,从而使其有一个相当大的连通性水平相对下降值(Derudder, Taylor, Ni, et al., 2010)。新兴经济体的主要城市在世界城市网络体系中的节点地位趋于绝对上升态势,而且上升速度较快。例如,跻身世界百强的中国城市从4个增加到11个,入围世界一线的中国城市从1个增加到5个。又如,迪拜在很短时间内跻身于前十行列。这表明全球城市体系处于"从西向东"的主要地理变换之中(Arrighi, 2007),全球城市成长性发展开始转向主要以亚洲城市为重心。同时,亚洲总人口已占到全球的61%以上,GDP约占全球比重的36%,这表明亚洲地区积聚了巨大的人均经济增长和消费潜力,这在一定程度上反映了未来全球城市的发展趋势是偏向亚洲地区的。

3 深化全球城市功能

对于一般人来说，全球城市更像是一种符号，即繁荣、繁华的象征，高度现代化的标志。然而，从学者的角度讲，对全球城市的兴趣和关注，更在于它除了城市所普遍具有的一般功能外，作为全球城市网络的核心节点，还具有非常独特的异质性功能，成为有别于一般城市的重要标志。正因为如此，全球城市研究从早期开始，就一直高度聚焦于全球城市异质性功能的理论探索，但既有研究大都停留在基于特征事实的现象学表述上，缺乏基于抽象特征的本质学定义；并把它作为一定历史产物的事实存在进行描述，缺乏对其形成机理的深刻阐述；同时也未能揭示出作用方式。因此，深入探究全球城市异质性功能的本源性、形成机理及其作用方式成为全球城市理论前沿的重要研究内容之一。

3.1 全球城市功能的本源性

为了捕捉和界定全球城市不同于一般城市的属性特征，许多研究者从不同角度归纳和提炼全球城市的异质性功能。然而，大多数学者采取了基于特征事实的现象学表述的研究方法，列出了全球城市功能的"清单"。虽然这也有助于深化我们对全球城市异质性功能的认识，但从理论角度讲还不够深刻，并将导致认知上的紊乱。因此，需要采用基于抽象特征的本质学定义的研究方法，探究全球城市功能的本源性。

3.1.1 基于特征事实的现象学表述

首先，我们要肯定，在理论研究中，基于特征事实的现象学表述是一种很重要的方法，特别是在研究之初，通常是采用这一方法展开的，从而也是一种基础性的研究方法。对于全球城市研究来说,也是如此。

在全球城市异质性功能研究中,大多数学者采取了这种基于特征事实的现象学表述的研究方法,着重于全球城市功能角色的刻画。例如,Hall(1966)所描述的:主要的政治权力中心,国家的贸易中心,主要银行所在地和国家金融中心,各类专业人才集聚的中心,信息汇集和传播的地方,大规模的人口中心,国际最强势政府和国际商贸等全球组织的所在地。Reed(1981)提出,高等级的国际金融中心是主要功能。又如,Friedmann(1986)在"世界城市"假说中所提出的:全球经济系统的中枢,全球资本用来组织和协调其生产和市场的基点,国际资本汇集的主要地点,跨国公司总部所在地,信息、娱乐及其他文化产品的生产和传播中心,国际国内劳动力及移民的主要集中地等。Sassen(1991)提出了:高度集中化的世界经济控制中心,金融及专业服务业的主要所在地,包括创新生产在内的主导产业的生产场所,产品和创新的市场等。Castells(1996)则提出作为全球通信网络的主要节点而发挥的全球信息中心的功能。显然,这些研究有助于揭示全球城市有别于一般城市的属性特征,使人对全球城市功能有具象化的认识和把握。

然而,基于特征事实的现象学表述的研究方法使研究者可以出自不同角度来归纳和提炼全球城市的异质性功能,所以对全球城市功能角色的刻画有较大差异性。综合起来,势必导致一个冗长且杂乱的"功能清单",让人眼花缭乱,难以真正把握。如果我们归纳由 Hall、Friedmann、Sassen、Thrift 和 Taylor 等学者提供的描述,"全球城市功能"包括了一系列的主要角色:(1)政治权力中心;(2)贸易和商业的门户(具有港口、机场、铁路、商业路线等);(3)信息和文化的聚集和传播中心(具有全球影响力的主要学术机构、博物馆、网络服务器和提供者、大众媒体等);(4)国际活动(体育、文化、政治等)举办地;(5)人口聚集节点;(6)全球流动和/或旅游的枢纽;(7)人力资本和学术界(科学家、艺术家、民众运动等)聚集的站点;(8)宗教崇拜的主要站点(朝圣之所、精神象征之地、主要宗教组织的"总部"等);(9)国际组织、非政府组织和公司总部的所在地;(10)标志性建筑的站点;(11)大型侨民"收容所";(12)具有全球知名度的大都市(城市名称的可识性);等等。

不仅如此,这里还存在两个问题:(1)在所有罗列出来的全球城市功能中,有许多是互相存在交集的;一些功能之间,并不处于同一个层次;全球城市异质性功能作为一个集合体,各种功能之间也并非简单的并列关系。因此,把全球城市功能作这样的"切割",是不科学的,是混乱的。(2)随着时间推移和多维度研究视角扩展,这一"功能清单"完全有可能继续增多和延长。应该讲,这不是研究者的问题,而是基于特征事实的现象学表述的研究方法本身固有的缺陷。只要采取这一研究方法,必定会产生上述问题。

那么,能不能对所罗列出来的各种全球城市功能作进一步归纳和简化,以克服上述问题? 例如,我们现在把全球城市异质性功能归纳和简化为:(1)全球资源配置功能;(2)科技创新策源功能;(3)高端产业引领功能;(4)开放门户枢纽功能;等等。无疑,这是一大进步,可以使人们比较清晰地认识和把握全球城市功能。但它本质上仍然是基于特征事实的现象学表述方法,因而仍会带来上述问题,即各功能之间的简单并列关系,以及会形成一个可不断增加的功能清单。例如,随着全球城市迭代升级,进入经济、科技、文化、生态等融合发展的新阶段,全球城市"功能清单"上可能会增加:(5)文化创意先锋功能;(6)生态治理示范功能;(7)社会包容趋同功能;等等。

因此,要解决上述问题,不是对基于特征事实的现象学表述方法进行改良,而是在此基础上,采用新的研究方法,探索全球城市功能的本源性。

3.1.2 基于抽象特征的本质学定义

为深化对全球城市异质性功能的研究,需要采用基于抽象特征的本质学定义方法。这种方法将滤去具象化成分而抽取出全球城市异质性功能的本质特征,从而是一种稳固的定义结构,并不随时间推移而改变,且将贯穿于全球城市演化的整个过程。也就是,随着时间推移,不管全球城市如何迭代升级、其功能角色如何转换,其异质性功能的本质特征是不变的。这种本质特征就是全球城市功能的本源性。上述所罗列的各种具象化的全球城市功能,都是由其本源性决定和派生出来的。显然,这将有助于人们更加全面、深刻认识和把握全球城市异质性功能,更容易理解全球城市功能角色的多样化转变。

就作者所接触到的有限文献来看,目前这项研究工作似乎还是一个"空白"。当然,这并不说先前的研究一点都没有涉及这方面内容。事实上,先前的研究在这方面已提出了许多重要的、有价值的观点,只不过没有采用基于抽象特征的本质学定义方法,完整揭示出全球城市功能的本源性。因此,作者尝试在整合已有相关研究成果的基础上,对全球城市异质性功能进行一个基于抽象特征的本质学定义。

采用基于抽象特征的本质学定义方法,实际上是一个剥茧抽丝的过程。我们从两个维度进行分析:(1)排他性。我们知道,全球城市的异质性功能意味着排他性(独占性或专有性)。因此,要从排他性角度对全球城市功能进行排除式的筛选。实际上,在采取基于特征事实的现象学表述方法的研究中,已有大量这方面的工作。(2)抽象度。我们分别从空间、关联和权力三个尺度,对筛选出来的基于特征事实的具象化异质性进行理论抽象。这样,就形成以抽象程度为纵轴,以排他性强度为横轴的基本分析模型。全球城市功能的本源性就是处在抽象度最高与排他性最强的均衡点上。在这个均衡点上,我们归纳了以下几方面的要点。

1. 空间尺度——基于流动空间主导的全球性功能

任何一个城市都是建立在地点空间与流动空间互构基础上的。然而,一般城市基于地点空间主导,其流动性主要在周边地区和国内的空间范围,从而呈现地区性和全国性功能。与此不同,全球城市基于流动空间主导,尽管其流动性也覆盖地区和民族国家,但更主要的是全球流动性,地点空间只不过是其全球流动性的载体,或者说是全球流动性的"出发点""经由点"和"归宿点",因而呈现全球性功能。最早提出"全球城市"的 Heenan(1977)认为,跨国公司的全球化和区域组织正形成"创建全球城市的需要",因而全球城市是一个系统的要求。言下之意,全球城市主要具有全球性功能。

另外,全球性功能也是高度抽象了全球城市异质性功能。尽管最初全球城市崛起与世界经济紧密联系在一起,或者说是经济全球化的产物,从而具有明显的全球性经济功能的属性特征,但也能不排除其充当政治权力中心、信息和文化的聚集和传播中心、国际活动(体育、文化、政治等)举办地、国际组织和非政府组织所在地等全球性非经济功能。而且,随着全球城市迭代升级,文化、科技、生态等全球性非经济功能将日益发展和强化。因此,全球性功能作为一种高度抽象,不仅可以涵盖全球城市的各种具体功能,而且也能动态串联全球城市功能角色的多样化转变。

2. 关联尺度——基于核心节点的网络性功能

任何一个城市的运行,都表现为一种能量输入与输出的系统性关联。对于一般城市来说,更多的是基于中心—外围的系统性关联,即外围的资源要素向中心集聚,在中心沉淀下来及形成生产能力,然后中心的产出向外围扩散与辐射,也包括中心的一些非核心功能及非主导产业往外转移等。这种基于中心—外围的系统性关联是等级性关联,或者说形成一种等级性的流动秩序。与此不同,全球城市主要是基于网络化的系统性关联,尽管形式上也表现为集聚与扩散或辐射,但其实质上是在流动中进行资源配置。也就是,它的集聚与扩散或辐射只是流动而已,并不是用来沉淀资本和累积财富。这种流动只是构成其进行资源配置的必要条件。而且,全球城市在流动中进行资源配置也不仅限于本地或在岸配置,大量的是离岸和近岸配置。因此,这种基于网络化的系统性关联是平等式的关联,或者说,形成一种平等式的流动秩序。正如 Sassen(2002)指出的,"全球城市"的类别只有作为全球网络战略节点的一个组成部分才有意义。

当然,在全球化与信息化背景下,越来越多的城市进入全球城市网络,也开始具有基于网络化的系统性关联。然而,这些进入全球城市网络的一般城市,在全球城市网络中只是作为一般节点。虽然它也参与全球资源配置,或被纳入全球资源配置中来,但并不主导全球资源配置。全球城市作为全球网络的核心(基本)节点,充当生产商进入全球经济的接入点的特定功能(Sassen, 1991),从而主导了全球资源配置。Acuto(2011)指出,全球城市充当全球流动的关键节点,维护当地和全球的城市秩序平衡,通过企业家活动表达这种迈向全球的秩序。

我们把全球城市异质性功能抽象为基于核心节点的网络性功能,可以涵盖各种具象化功能。不论是跨国公司总部、全球生产者专业服务公司及全球研发中心所在地,国际金融中心、贸易中心和航运中心等,还是信息和文化的聚集和传播中心、国际活动举办地、国际组织和非政府组织所在地等,都是基于全球网络,并在全球网络中运作,发挥着全球资源配置网络性功能。

3. 权力尺度——基于关系权力的战略性功能

城市功能的发挥,总是与一定的权力(吸引力、影响力、竞争力,乃至话语权等)相联系的。对于一般城市来说,这种权力更多来自等级权力,即由人口规模、经济实力、科技水平、文化软实力、治理能力等形成的等级权力。并且,依据其等级权力的大小,发挥相应程度的城市功能。等级权力越大,发挥的城市功能越大;反之则反是。与此不同,全球城市主要是基于关系权力,即由全球网络连通性的点度中心度、中介中心度、特征向量中心度等形成的关系权力,并依据这种广泛、紧密、高频率的关系权力发挥战略性功能。关系权力越大,越能发挥战略性功能;反之则反是。所谓战略性功能是指那些关系全局和长远、具有重大影响的控制、管理、协调的功能。正如 Friedmann(1986)指出的,这是经济全球化日益增长的经济地理复杂性需要的一个有限数量的相互关联的控制点。全球城市是一个跨国公司跨境活动的新战略角色,是作为公司控制和协调新国际体系的中心(Cohen, 1981)。

当然,这种基于关系权力的战略性功能在经济方面表现尤为突出,但并不局限于经济方面,也适用于基于全球网络的其他非经济方面,例如全球城市在全球科技创新网络、全球文化交流网络、全球城市政策流动网络中发挥战略性功能。

　　我们认为,基于流动空间主导的全球性功能、基于核心节点的网络性功能和基于关系权力的战略性功能三方面充分体现了全球城市功能的本源性,从而构成一种稳固的定义结构。为此,从基于抽象特征的本质学定义方法来看,全球城市功能是指基于网络化资源配置的全球战略性功能。这一本源性的全球城市功能不仅涵盖了各种具象化的全球城市功能,而且从学理上"统一"了各种具象化的全球城市功能迭代更替的动态过程。

3.2　全球城市功能的形成机理

3.2.1　问题提出

　　接下来,我们要研究的一个问题是:全球城市所具有的基于网络化资源配置的全球战略性功能从何而来,依附于什么而存在? 显然,这一异质性功能并非一些城市与生俱来或天生而成的。纵观城市史,所有城市一开始都只具有一般功能,甚至在很长一段的城市发展过程中,也只具有一般功能。这一异质性功能是在某种特定条件下才产生的,是历史的产物。同样,这一异质性功能也不是作为超大城市的附属物而存在的。许多超大城市(特别在发展中国家)并非全球城市,不具有这一异质性功能。此外,这一异质性功能更不是由国家权力等从外部赋予某些城市的。国际经验表明,国家权力可以选择某些城市作为全球城市进行建设,并强行将资源向其倾斜,但不一定能打造出这一异质性功能。

　　事实上,既有的全球城市研究一开始就涉及这一问题,并已经给出了大致的答案。例如,Heenan(1977)明确阐述了全球城市崛起与世界经济的联系;Friedmann(1986)的"世界城市"假说也阐明了全球城市与跨国公司总部的关系;Sassen(1991)更是明确定义了全球城市是现代全球化的产物、现代全球化的空间存在表达,等等。由于全球城市本身内含这一异质性功能,上述这些观点可以说从广义上回答了这一异质性功能从何而来的问题。

　　但这多少显得有点空泛,还不能很好揭示出全球城市功能的内在形成机理。因此,我想进一步深化和细化研究的问题是:全球城市这一异质性功能的直接依附物是什么? 进一步地,通过这一直接依附物揭示全球城市异质性功能的形成机理。

3.2.2　全球价值链的新假说

　　我认为,全球价值链是全球城市异质性功能的直接依附物。正是全球价值链的有效运作直接赋予了全球城市基于网络化资源配置的全球战略性功能。当然，这里所讲的全球价值链是广义的，并不仅限于人们通常所说的狭义的全球价值链。

人们通常所说的全球价值链是针对产业活动而设定的。最有代表性的是联合国工业发展组织的定义——全球价值链是指为实现商品或服务价值而连接生产、销售、回收处理等过程的全球性跨企业网络组织，涉及从原料采购和运输，半成品和成品的生产和分销，直至最终消费和回收处理的整个过程，包括所有参与者和生产销售等活动的组织及其价值、利润分配，当前散布于全球的处于价值链上的企业进行着从设计、产品开发、生产制造、营销、交货、消费、售后服务直至最后循环利用等各种增值活动。对于全球城市经济方面的功能来讲，这种狭义的全球价值链是其异质性功能的直接依附物，从中可以揭示全球城市异质性经济功能的形成机理。

然而，在我们从本源性角度定义的全球城市异质性功能来看，不仅体现在经济方面，也覆盖其他方面。因此，我们需要提出广义的全球价值链的新假说。事实上，除了经济与产业活动外，其他的政治、社会、科技、文化及思想等活动也都是一个价值创造、交换、分配和消费过程，例如新理念、新理论、新观念的产生及运用；新科学、新知识、新发明、新技术的创造及使用；文化交融、艺术创作、文化创意等价值创造及消费；政府的制度供给、有效治理、新政策等制定及实施。当然，这里的价值，既有经济价值，也包括非经济价值。这一价值创造、交换、分配和消费过程中包括了各个不同环节，有各类主体的集体参与，并达到一定的组织规模。在全球化与信息化背景下，这一价值创造也越来越具有全球性，例如全球科技创新网络、全球文化交流网络、全球城市政策流动性等。

因此，我们可以从三个维度来界定广义的全球价值链：（1）组织规模——全球价值链包括参与了某种产品或服务的价值创造活动的全部主体；（2）地理分布——全球价值链必须具有全球性；（3）参与主体——价值创造过程所有环节的参与者（包括机构和个体）。总之，全球价值链是一种产品或服务"从生到死"整个生命周期中创造价值的全部活动组合。这种以价值创造为中心轴的跨国性生产组织活动，非常重视价值链上的增值环节，同时也很看重价值链中各参与主体之间的互动与利益分配。

全球价值链运行，具有如下特点：

（1）空间分散化与集中化并存。全球价值链基于流动空间与地点空间的互构过程，既有很大流动性，又借助于某些地点。其中一些关键节点对流动性起着至关重要的作用。因此,全球价值链的一些环节处于遍布全球的离散状态,一些环节在特定区位(城市)高度集中。

(2) 依托于全球网络。尽管全球价值链主要描述了某种商品或服务及活动的价值创造、分配与使用的一系列过程,表现为链条的形状,但全球价值链下面存在着强大的生产或活动网络,或者说,是以全球网络为基础的。如果没有这种全球网络为基础,全球价值链就难以运行起来。

(3) 依靠技术发展。全球价值链不仅仅是更有效率进行价值创造的分工细化,而且也是以最低生产成本获取最大价值创造的全球地理布局。然而,分工细化将带来更多的交易成本,全球地理布局将带来更大的通信和运输成本。因此,只有通过技术进步来降低通信和运输成本以及交易成本,才能保证全球价值链的正常运行及有效扩展。特别是现代信息通信技术促进了全球价值链发展。WTO 等(2019)的一份报告指出,全球价值链和数字技术不能分开并作为独立的趋势和力量来对待。①数字平台(如电源数据交换)、数字通信和电子商务等使分散在世界各地的全球价值链参与者能够远距离接触,直接、即时地反馈信息,频繁地进行交流,及时地完成交付等,从而将大大降低成本,减少交易或交流时间,提高劳动效率。例如,供应链数字化(供应链 4.0)可能使劳动效率提高约 65%,制造成本的单位成本降低 30%—40%。②除了数字技术已广泛使用外,其他先进技术的应用仍在不断发展,从而影响现有的全球价值链的方式。例如,用机器人自动化和 3D 打印之类的技术来替代或缩短现有的全球价值链,提高全球价值链的效率、速度和控制力,并可能引起某些价值链功能或价值链整合的重新定位,以及全球价值链的重新布局。

(4) 强调核心竞争力和及时生产的业务管理战略。全球价值链作为分工细化的产物,必须强调核心竞争力,实行大量非核心业务的外包,特别是中间服务外包。这些中间服务通常嵌入在价值链中,为全球价值链运行提供便利。另外,实行及时生产的业务管理将促使供应链形成,从而降低成本,提高质量,实现风险最小化,满足消费者需求的灵活性以及实现供应链(而不是供应链中每个实体)的利润最大化。

(5) 既跨越国界,又受到民族国家的一定制约。全球价值链跨越国界运作,

----

① 世贸组织、亚洲经济研究所、经合组织、全球价值链研究中心、世界银行集团,2019 年全球价值链发展报告,2019 年 4 月 13 日,https://www.wto.org/english/rese/gve dev report 2019 e.pdf。

② 托马斯·鲍姆加特纳等(Thomas Baumgartner, et al.),《重新构想工业供应链》,麦肯锡公司,2020 年 8 月 11 日。

需要打破一些全球行动或活动的壁垒,建立基于规则的开放、透明和非歧视的全球行动体系。这主要是通过一系列国际机构和协定来实现的。同时,它又要遵循当地规则,受到一定的制约,例如国家安全相关控制、数字交易和数据流限制,以及文化和习俗等影响。

3.2.3　全球价值链治理

经验表明,全球价值链在运行中,存在着一定风险。从内部来讲:(1)全球价值链的参与者或合作伙伴在不同环节带来的一定程度的风险或失控(中间品和服务的质量问题),从而影响全球价值链。(2)许可和分包的制度安排,可能带来的更大的知识产权盗用和功能转移风险。(3)由承包商管理能力带来的风险。从外部来讲:(1)网络安全受到攻击的风险。保护信息通信技术系统变得至关重要,无论是保护知识产权、私人通信或专有数据,还是将网络安全事件造成的破坏降至最低。(2)自然灾害或健康危机可能使外国合作者在一段时间内无法履行合同,造成"断供"的风险。(3)一些参与者或合作伙伴的所属国国内发生政治动乱或战争。(4)合作伙伴所在地的法规变更或组件价格变更。(5)供应商或其他合作伙伴使用身份不明的分包商所带来的风险。(6)各种形式的新壁垒可能会增加合作成本,使外国合作伙伴不再实惠。(7)新的协定或优惠计划可能使其他潜在合作伙伴更具成本—效益优势或加强了竞争对手实力。

另外,未来某些全球价值链的风险可能会增加。当参与者在给定的价值链上依赖单个供应商或合作伙伴时,成本可能会增加;如果发生关系中断,可能成为一个瓶颈制约。相反,多元化的来源和合作伙伴可能增强价值链的应变能力,但要投入更多资源来管理和监督更大的合作伙伴网络。

因此,全球价值链的有效运作,要通过治理机制来实现。这一治理机制表现为控制、指挥、管理、协调。(1)控制,包括所有权、关键技术与关键材料、标准与设计、市场营销、金融财务、内部流程设定等方面的控制。(2)指挥,包括制定发展战略、确定行动方向、开拓融资渠道、资金调配、布局选址、人员配备、各环节之间的配置等。(3)管理,包括规章制度制定与实施、研发及专利、法务、财务、质量控制、人力资源培训、价值分配等管理。(4)协调,包括当地关系、伙伴关系、客户关系、公共关系、内部组织关系等协调。

实施和参与全球价值链治理的主要机构,大致可分为三类:(1)全球功能性机构总部及地区总部。例如,跨国公司总部及地区总部、全球研究中心及地区分中心、国际组织和非政府组织总部及地区办事处等。这些是直接实施全球价值链治理的机构。当然,机构总部更具控制、指挥职能;地区分部更具管理、协调职能。(2)全球生产者服务商。随着机构总部非核心职能的大量外包,全球生产者服务商也已深度参与了全球价值链治理,特别是管理、协调方面的治理,甚至参与部分控制、指挥方面的治理。(3)其他专业机构。全球价值链上的各类专业机构(如研发中心、数据中心、设计中心、贸易公司、物流公司等)也在不同程度上参与治理过程。

3.2.4 作为全球价值链治理空间载体的全球城市功能

尽管全球价值链有多种不同模式,如复杂的分布式价值链、区域专业价值链、管理分层价值链、区域全球价值链整合等,但处于全球价值链顶部的治理端,只能是"一个塔尖",而不能"多头"。这一"塔尖"的治理端,通常选址在少数主要城市。

全球价值链的治理集中在少数主要城市的空间分布,是综合因素选择的结果。除了开放程度、营商环境、生活品质等基本要素外,实施和参与全球价值链的治理有一些特别强烈的需求,而这些少数主要城市有条件来满足这些需求。

(1)信息的需求。全球价值链的有效治理,以大量信息获取和处理为基础,需要有快捷、便利的信息来源及信息传输。一些少数主要城市既是信息源,又是信息传递点。

(2)面对面接触的需求。除了通过互联网传输信息和显性知识外,全球价值链的有效治理必定还要通过大量面对面接触来传递隐性知识。这种面对面接触在全球价值链治理中起着不可替代的作用。一些少数主要城市不仅具有区位良好、交通便利等条件,可满足面对面接触的要求,而且集聚了大量机构组织,更有利于隐性知识的交流。

(3)大平台的需求。全球价值链是基于全球大平台运作的,故对其实施有效治理也必须依托全球大平台。一些具备全球大平台(雏形)的主要城市,便成为其"落户"的首选。

(4)人力资源的需求。全球价值链治理需要有大量高端专业人才。一些主要城市具有充裕的人力资源和专业人才市场。

因此,全球价值链治理端在少数主要城市高度集中,并赋予这些城市不同于一般城市的异质性功能,即全球城市的基于网络化全球资源配置的全球战略性功能。这就是 Hymer(1972)提出的"对应原理",即跨国公司内的集中控制与国际经济内的集中控制是一致的。从这一意义上讲,全球价值链治理是全球城市异质性功能的直接依附物,全球价值链治理端的空间"落地"使少数主要城市形

成全球城市异质性功能。这样,我们可以通过全球价值链治理来揭示全球城市异质性功能的形成机理。具体来讲:

(1)"落地"于这些主要城市的全球价值链治理机构,如跨国公司总部及地区分部、全球生产者服务商等,基于全球网络开展全球业务,主要是进行全球资源配置,从而成为形成和发挥全球城市功能的主要机构。Cohen(1981)不仅把全球城市作为公司总部的中心,也作为国际银行和战略企业服务的中心,认为只有具备广泛国际商务机构的地方才能真正被称为全球城市。这是一个跨国公司跨境活动的新战略角色,是作为公司控制和协调新国际体系的中心。

(2)这些功能性机构通过全球性内部网络对全球价值链进行治理,客观上"制造"了全球城市网络,即通过它们分布在全球各主要城市分支机构的业务关联(内部网络)将这些城市间"联锁"起来而形成全球城市网络,并使全球城市充当全球城市网络的基本节点,汇集各种公司专业化服务及各地资源——作为全球经济的控制点,以及作为位于其中的生产商融入全球经济的进入点。

(3)全球价值链治理要借助于各类全球业务平台,如国际金融市场、商品和服务贸易市场、交易所、人才市场、信息平台、会展与论坛等。这些健全、高效的全球业务平台也是进行全球资源配置的基础条件,由此促进全球资源要素大规模流动及配置。或者说,它们作为跨境经济活动的治理点,对世界经济进行管理和控制。

(4)针对风险防范的全球价值链治理追求更高效率和安全韧性,要求具有高度创新性,如技术创新、业态创新、商业模式创新等,因而在其"落地"的主要城市里营造了创新创业的良好氛围,并赋予其强劲活力,使这些主要城市成为创新中心和创业乐土,以及全球资源配置的重要场所。

(5)全球价值链运行既是跨国界的、又要遵循当地规则,而全球价值链治理端则要求具有"地球村"的语境及规则标准。因此,在全球价值链治理端"落地"的这些主要城市通常具有高度的开放性,与国际惯例接轨,甚至更高标准和更高要求的营商环境。这也成为这些主要城市发挥基于网络资源配置的全球战略性功能的必要保障。当然,这也是动态变化的,需要不断适应和完善。

3.3 全球城市功能的作用方式

3.3.1 全球资源战略性配置及其方式

在既有全球城市研究中,大都集中于全球城市异质性功能的分析,很少关注这些异质性功能是如何发挥的,或者说,是通过何种方式体现的。我认为,之所以出现这一问题,很大程度上是被基于特征事实的现象学表述方法,以及未能揭示出其形成机理所局限。因为在具象化的全球城市"功能清单"中,不同的全球城市功能是通过不同方式体现的,难以进行归纳和抽象。在未能揭示全球城市功能的直接依附物的情况下,从全球化的自变量中也难以直接导出全球城市功能通过何种方式来体现。

然而,在我们采用基于抽象特征的本质学定义方法,抽象出全球城市功能的本源性定义,并通过全球价值链的新假说,揭示出全球城市功能形成机理的基础上,就有可能归纳和抽象出全球城市功能得以发挥的基本方式。根据上面所述,全球城市功能是基于网络化资源配置的全球战略性功能,由全球价值链治理端"落地"于少数主要城市而形成。因此,这里的核心含义是全球资源战略性配置。

值得指出的是,在全球化背景下,所有融入全球网络的城市(地区),包括大量作为一般节点的城市,都参与全球资源配置之中;全球价值链中的所有环节,如分布在世界各地的生产基地或工厂、众多的物流中心等,均是参与全球资源配置的组成部分。全球城市的异质性,在于它是全球网络的核心节点,是全球价值链的治理端,因而是一种全球资源战略性配置。这里把一般参与全球资源配置与全球资源战略性配置区分开来,是很重要的。其中,涉及不同的配置方式。一般参与全球资源配置,尤其是全球价值链的生产加工环节,通常是在岸方式,即使是跨国界的"飞地"也是在岸的性质。全球资源战略性配置则有多种方式,可以是在岸方式,但更多是离岸、近岸方式。

全球城市发挥全球资源战略性配置功能,通常是以在岸与离岸混合的方式进行的。但有不同的配置模式:离岸主导的配置模式、在岸主导的配置模式、在岸离岸均衡配置的模式等。

3.3.2　离岸主导配置模式

全球城市对全球资源的战略性配置,大部分是通过离岸方式,即通过全球价值链治理(控制、指挥、管理、协调)在境外进行全球资源配置。应该讲,这是全球城市对全球资源进行战略性配置的主要方式。尤其是一流或顶级的全球城市,都具有很强的离岸配置功能。对于小国经济或国家城市的全球城市来说,通常也形成以离岸为主导的配置模式。

全球城市进行全球资源的离岸配置,通常要具备以下前提条件:(1)引领和主导经济全球化,制定全球投资贸易规则;(2)立足于全球资源和面向全球市场;

（3）具有大量境外投资及金融、科技、管理、人才等要素输出的能力；（4）对全球价值链拥有较大掌控力。

全球城市进行全球资源离岸配置的基本运作，主要表现为：（1）以战略规划、战略投资及组织配置、网络维护活动为主，统筹和指挥在境外进行的全球资源配置；（2）以"下指令"、"发订单"、"给图纸"（设计和标准）及"数票子"（结算清算）为主，控制和管理在境外进行全球资源配置的基本流程；（3）以金融、科技为主，辅之以贸易、航运等，协调和服务境外全球资源配置的过程。这种离岸配置方式的主要特征表现为：一是充分发挥领先优势，主导全球资源和全球市场；二是全面进入全球化进程，并以国际大循环为主；三是指挥中枢高度外向型，生产、流通、消费全部在外；四是全球网络连接点中心度的"出度"大于"入度"，全球资源配置的控制力较强、影响力较大。

以全球资源离岸配置为主导的全球城市，往往充当如下角色：（1）国内企业"走出去"的桥头堡，国内跨国公司总部和国内全球专业服务公司总部的集聚地；（2）全面进入国际大循环的战略节点，主要发挥全球价值链的控制、指挥功能；（3）金融、贸易、航运、并购、技术交易、艺术品拍卖等全球市场的所在地，全球文化交流、学术交流、思想交流的大舞台，具有开展全球业务的操作大平台；（4）全球创新网络的主要节点，全球科技创新的策源地；（5）全球信息中心——收集、处理、传递数据用于全球价值链治理，包括数据跨境交易。

3.3.3　在岸主导配置模式

当一个国家全面融入全球化进程，并深度嵌入全球资源配置之中时，该国的全球城市对全球资源战略性配置有相当部分是以在岸的方式，即在境内进行配置全球资源配置。特别对于新兴大国的崛起中全球城市来说，通常形成以在岸为主导的配置模式。

全球资源在岸配置的前提条件是：（1）对外开放，全面融入全球化进程，参与国际分工体系；（2）本国的资源和市场成为全球资源和全球市场的一个重要组成部分；（3）大量引进外资及其他生产要素，具有众多外来企业（主体）和外来的投入；（4）许多本国产业和企业成为全球价值链的重要组成部分。

这种全球资源在岸配置的基本运作，主要表现为：（1）以"接单子"、"下单子"（生产或装配）、"装车子"与"运箱子"（仓储和物流）为主，大量从事生产加工与物流运输活动；（2）以总装和集成配置活动为主，以个别生产和零星配置活动为辅，从而具有大规模的流量；（3）以贸易、制造、航运为主，以金融、科技为辅。这种全球资源在岸配置的主要特征表现为：一是利用两种资源和两个市场,充分发挥内部资源和国内市场的优势,同时借助外部资源和国际市场的优势,实现内外部优势互补;二是以国内循环为主,国内国际双循环相互促进,但又相互影响和制约;三是两头在外,大进大出,加工贸易比重较大,出口导向型发展模式;四是外部网络连接点中心度的"入度"大于"出度",全球资源配置的吸引力较大。

以全球资源在岸配置为主导的全球城市,往往充当如下角色:(1)连接国内和国外两个扇面的友好界面,是国内国际双循环的战略链接;(2)大量集聚跨国公司地区总部和全球专业服务商分支机构,主要发挥全球价值链的管理、协调等治理功能;(3)以接订单、展示、物流等为主的国际贸易功能较强;(4)国际航运中心的地位较突出,特别是在港口、集散运输等方面;(5)国内信息中心,在数据跨境交易方面较弱。

3.3.4　在岸离岸均衡配置模式

对于发达国家,尤其是大国的全球城市来说,往往形成在岸离岸均衡配置模式。美国的一些全球城市是最为典型的例子,既有相当部分的离岸配置,又有相当部分的在岸配置。

这种在岸离岸均衡配置模式的前提条件是:(1)不仅引领和主导全球化,而且是全球化中的重要力量之一;(2)综合国力在全球具有举足轻重地位,且又具有规模巨大的发展空间;(3)不仅具有大量境外投资及金融、科技、管理、人才等要素输出的能力,也具有对外部资源的强大吸引力;(4)对全球价值链既具有掌控力,又是其重要组成部分的存在。

这种在岸离岸均衡配置模式的基本运作,主要表现为:(1)既"发单子"、"给图纸"(设计和标准)、"数票子"(结算清算),又"接单子"、"下单子"(生产或装配)、"装车子"与"运箱子"(仓储和物流);(2)既以战略规划及组织配置活动为主,又有大量集成配置活动;(3)金融、科技、贸易、航运等配套运作。这种在岸离岸均衡配置模式的基本特征表现为:一是既充分发挥全球领先优势,又发挥国内大市场优势;二是国内国际双循环相互促进;三是总部职能及一部分生产加工在内,大部分生产加工在外;四是全球网络连接点中心度的"出度"与"入度"在高位均衡,既有全球资源配置的控制力,又有强大的吸引力。

以全球资源在岸离岸均衡配置为主导的全球城市,往往充当如下角色:(1)将国内和国外两个扇面融为一体的连接界面,是国内国际双循环相互促进的黏合剂;(2)大量集聚跨国公司总部和全球专业服务商总部,发挥全球价值链的全面治理职能;(3)除了接订单、展示、物流等外,具有较强的发订单、贸易结算清算等国际贸易功能;(4)国际航运中心的地位较突出,除了在港口、集散运输等方面,航运服务功能较强;(5)全球信息中心,具有强大的信息源和数据处理传输能力。

由于在全球城市网络中的连通性程度不同,以及关联方式与联系通道的差异,现实中的现代全球城市呈现出多样性的特征,表现为一种色彩丰富的马赛克图案。但这并不妨碍我们抓住有关现代全球城市界定的基本要点及其实质,从中抽象出一般性的现代全球城市基本功能构成。就城市功能而言,一个现代化全球城市不但需要有高度现代化的城市基础设施和国际服务功能,在生产、流通、消费领域具有显著优势,而且还必须拥有高度现代化的文化设施和文化服务功能,拥有高水平的大学、医院、图书馆、博物馆和各类科学、技术、文化研究机构,拥有发达的出版业、报业、影视传播业、娱乐业,在文化生产领域、文化服务领域、国际文化交流诸方面具有明显的国际地位。上述这些功能组成,相互之间并不是孤立分割的,而是存在着一定的协同效应。例如,一个像纽约那样的城市,它以其文化和信息中心的地位吸引着跨国大公司,而大公司总部和全球市场的中心地位又吸引了大量高端的专业化商务服务;反过来,正由于集聚了大量的大公司总部和专业化商务服务公司,以及具有全球市场的中心地位,形成高密度、高频率的信息流动,又促进了其文化和信息中心的地位。因此,现代全球城市通常具有多样性的综合功能。

与此同时,由于现代全球城市的全球协调功能,不仅在能级上,而且在功能组合上均存在着差异性,从而其在全球城市网络及世界经济体系中所处的地位及作用不尽相同。伦敦 Loughborough 大学地理系的学者提出了既注重城市本身属性,又考虑城市间相互联系的研究方法,将全球城市体系作为全球化环境下的总体来对待。在研究方法上,他们认为至少可采取以下三种资料收集方法以进行全球城市的分析:(1)通过对主要报章商业新闻的内容分析,以了解城市与城市间商业代理的关系;(2)经由半结构性的深入访谈,以掌握城市主要生产者服务业(如银行、会计师事务所、法律事务所、广告业等)及移民等的状况,进而认定城市的全球地位;(3)针对城市主要生产者服务业的地区分布状况,从组织角度探索全球城市间的关系。

为此,Beaverstock、Taylor 和 Smith(2000)按照会计、广告、金融及法律四种主要的生产服务行业总部与分支机构在世界各大城市的分布情形进行分析。上述行业的总部与分支机构分布愈多,则得分愈高,其最高为 12 分。得分在 3

分以下者,代表尚未形成能成为"世界/全球城市"的气候,均归为 D 类。在得分4—12 的城市中,Taylor 和 Walker(2001)则进一步区分出三种"世界/全球城市"的主要层级。第一层次的 10 个世界城市,其在这四个服务领域中都有全球性的突出表现。其中,最高分的是伦敦、巴黎、纽约和东京。第二层次的 10 个世界城市,在其中的三个服务领域中有全球性的突出表现。其中,得分较高的是旧金山、悉尼、多伦多和苏黎世等。第三个层次的 35 个世界城市,在其中的两个服务领域中有全球性的突出表现,包括阿姆斯特丹、波士顿、日内瓦、休斯敦、雅加达、约翰内斯堡、墨尔本、大阪和华盛顿等。

对于大多数现代全球城市而言,其对外联系或国际交往中也许在一个或多个重要功能方面表现特别突出,其影响力是超越地区、跨越国界、波及全球的。Taylor(2003)在测量欧洲城市在全球网络中的联系性时发现,法兰克福在总体联系性上排在相对较低的位置(第六位),但在银行/金融联系性方面,则排在第三位,这两个排名显示了法兰克福并不是一个"全面发展"的服务性城市。它在银行/金融业表现卓越,但在其他商业服务领域并没有相应的地位。另外,欧洲城市在银行/金融方面的联系性,在世界上的排名要低于其整体联系性的排名(这可以从亚太地区城市在银行/金融业的相对重要的地位中得到反映)。媒介的联系性立即显示了欧洲城市在这一领域的特殊重要性:世界前 25 位中有 16座是欧洲城市。相反,把非政府组织作为城市联锁因素加以考察时,欧洲城市的表现就差了,只有 6 座城市进入。这部分说明了欧洲城市在全球城市网络中不同的重要性,并显示了欧洲不同的城市如何因不同的功能而产生不同的类型的联系性。

现代全球城市的功能组成及外部联系程度的高低,取决于各种决定因素的综合,并取决于一个长期累积的基础。例如,伦敦作为一个具有多样性综合功能的现代全球城市,有许多重要的因素在起作用。从历史基础上看,伦敦具有良好的基础设施和大量的知识、技能、语言及影响力,成为商务布局的关键因素。从管制环境来看,伦敦保持了对商务的开放性,并且以适宜的管制、税收和用工政策等优势而成为全球市场布局的选择。从集聚与规模经济效应来看,伦敦拥有欧洲最高级的资本、知识和技术流。从劳动力市场与人才来看,伦敦有从事国际商务活动所需要的高级技术和具有多种语言与文化的专业化劳动力市场。从城市文化来看,在"人力资本驱动"的经济活动中,伦敦是一个更适合于生活与居住的城市。而这对于它成为国际商务中心,则是十分重要的。

4 全球城市的网络形式分析

全球城市研究可以从不同视角切入,采取不同的分析方法,但最适合于全球城市这一特殊对象的研究则是采用网络形式分析。目前,全球城市的网络形式分析成为一种主流的研究方法,并已形成大量的研究成果。但是,不同于传统形式分析,也不同于一般网络形式分析,全球城市网络形式分析更具复杂性,面临更大的挑战性,有不少方面还需要进一步补充与完善。

4.1 网络方法可更好分析全球城市

在早期的全球城市研究中,包括全球城市理论开创者弗里德曼和沙森等人,均专注于全球城市属性特征分析。进入新世纪,在泰勒(2003)提出"全球城市网络"后,人们开始用网络形式来分析全球城市,将全球城市视为全球城市网络的基本(主要)节点,从而深化了全球城市理论。然而,为什么要选择网络形式来分析全球城市,或者说,为什么选择了网络形式才能更好分析全球城市?这一问题并没有得到完整的理论说明,通常被认为只是不同分析方法的选择结果。我认为,原因在于,网络形式可更好分析全球城市。

4.1.1 对应于全球城市本体论假设

我在《全球城市:演化原理与上海 2050》(2017)一书中曾指出,既有全球城市研究的一大缺陷是缺乏本体论假设,从而使全球城市这一研究对象变得"飘浮不定"。而本体论假设从根本上决定了研究的视角及采取的方法,因此不管研究者是否意识到这一点,在其研究中总是隐含着某种本体论假设。在大多数隐含某种本体论的假设中,实际上是把全球城市视为"机械装置"实体的本体论假设。

这也就决定了其专注于全球城市这一实体的属性特征分析。

但问题是,在全球城市作为"机械装置"实体的本体论假设下,本身就很难准确定义全球城市,从而使这种属性特征分析很容易出现偏差。我们举两个比较极端的例子。一个是从法律意义上来定义这一实体,即全球城市是一个行政实体,并被赋予某些权力,包括举行地方选举、征税和立法等。显然,这个概念是非常狭隘的,对于理解全球城市运作及其空间拓展(都市区域)通常不是特别有用。另一个是从人口统计学意义上来定义这一实体,即根据其人口规模及密度确定的超大型城市。这将引出更多问题,且不说多大规模才符合"标准",即使是超大型城市也不一定就是全球城市,例如发展中国家的许多超大城市。这些例子表明,全球城市不是基于"机械装置"实体本体论假设下的简单的法律或空间现象,由此为我们指向另一种功能性定义,即根据城市中发生的事情来定义全球城市。

从功能性角度来定义全球城市,就需要我们确立新的本体论假设,即把全球城市视为一个具有能动反应的"有机体"(周振华,2017)。这样,城市就不只是一群人或一群建筑物(尽管其是城市重要元素及基本组成部分),而是一个以特定方式关联起来的活动组织,一个经济和社会有机体。这种功能性实体是建立在经济和社会关系模式基础上的。它为我们提供了一种形式化方法来定义和理解作为功能性实体的全球城市,其是建立在人与组织之间的关系之上的。当然,人与组织的随机组合并不能造就全球城市,它们要以特定的方式组织起来并相互关联。尽管从功能性角度来定义全球城市并不完整,但至少让我们能够从城市的功能和运作方式来思考全球城市,而不是从城市的位置和规模——这更接近于人们实际体验全球城市的方式。

4.1.2 适合于分析全球城市特质

为什么从功能性角度来定义全球城市并不完整?因为这种建立在经济(和社会)关系模式基础上的功能性实体更适合于定义一般意义上的城市,而全球城市是有别于一般城市的。因此,我们要在此基础上进一步研究,作为全球城市的功能性实体在以特定的方式组织起来并相互关联方面与一般城市的区别。

一般城市作为功能性实体,更多是人与组织的内向集聚,以特定的方式组织起来并相互关联,包括经济和社会各个方面。尽管它也有外向连接,发挥城市的基本职能,但外向连接的空间尺度是有限的,以周边地区的扩散和辐射为主。因此,相关研究更注重于城市内部发生的事情,如产业结构、城市交通、土地使用或地方政治、社会组织及社区等,揭示城市内部的经济和社会关系模式。与此不同,全球城市作为功能性实体,更多是人与组织的外向连接,以特定的方式组织起来并相互关联,包括经济和社会各个方面。其外向连接的空间尺度突破了周边地区乃至国界,是"本地—全球"连接尺度,并以全球连接为主。其内向集聚及经济和社会关系模式,很大程度上是适应其外向全球连接的需要。

而且,一般城市外向连接不仅空间尺度有限,更主要的是"中心—外围"的关系。这种"中心—外围"关系呈现等级结构。与此不同,全球城市不仅基于全球广泛连通性,而且外向连接通过网络方式显现出来,作为全球城市网络中的主要节点,而不是传统世界城市体系中的所谓"中心"。这种基于网络的城际关系呈现平等结构。

显然,对于这样一种基于网络的"本地—全球"外向连接尺度的功能性实体(全球城市),是最适合于网络形式分析的。因为仅从功能性实体的属性特征分析,在研究中往往会把城市内发生的事情和城市间发生的事情割裂开来。例如,一些城市学者研究城市内部发生的事情(土地使用或地方政治等);而另一些城市学者研究城市之间发生的事情(移民或对外投资等)。事实上,在"本地—全球"外向连接尺度中,城市内部发生的事情和城市之间发生的事情是统一的,因而要把这两种城市现象放在一起考虑。以网络形式进行分析,就提供了一种实现这一目标的方法,使我们可以在不同层次上研究城市网络:

(1)微观层面——关注城市内部可能观察到的各种网络,如社区网络、街区服务网络、网格化管理网络、志愿者网络、社交网络等。(2)中观层面——将城市本身视为一种网络,如城市交通网络、水务网络、信息网络、垃圾收集处理网络等。(3)宏观层面——考虑整个城市如何与在区域、国家和全球范围内的其他城市连接,也许是通过人员流动、资金流动或信息流动。

每一层面都着眼于不同类型的网络,这些网络由不同类型的节点(如人、组织、城市)组成,这些节点由不同类型的网络边界(例如,友谊、协调、交换)连接。而且,这个分析框架也允许我们研究一个层次的网络如何影响另一个层次的网络。例如,一个城市的地方政治网络的结构和成员如何影响新道路的建设,或者一个城市的种族聚居区网络的密度如何影响城市在全球跨国移民网络中的地位。这种在分析尺度和研究问题范围方面的灵活性,使网络形式的全球城市分析更具适用性和弹性。

4.1.3　有助于揭示全球城市形成与发展

研究方法,特别是不同的研究方法,实际上是从某种视角或不同视角进行研究的工具。网络形式分析的重要性,在于让我们思考城市如何以新的方式运作。这使我们能够更好地考察全球城市不同于一般城市的运作方式,有助于找到关于全球城市形成与发展的更好答案。

Neal(2018)曾描述过芝加哥和圣路易斯的一个生动案例。今天,芝加哥是一个全球城市,是跨国公司总部、多个大型机场和重要文化机构的所在地,而圣路易斯是一个不错的地方,但不是全球城市。回顾一下 1840 年的情况:芝加哥只是一个不到 5000 人的小边境村庄,而圣路易斯是通往美国中西部的门户,已有 17000 人,并在迅速扩张。从 18 世纪 70 年代到整个 19 世纪上半叶,圣路易斯一直是美国西部首屈一指的城市。它作为一个主要商业中心的角色,是由它在密西西比河、密苏里河和伊利诺伊河形成的自然交通网络上的中心区位所驱动的。密西西比河促进了圣路易斯与新奥尔良的贸易(因为新奥尔良是与世界其他地方连接的主要海港),而密苏里河和伊利诺伊河促进了圣路易斯边疆贸易的迅速扩张。结果,几乎所有进出美国内陆的货物都要经过圣路易斯。然而,在 1848 年,随着"伊利诺伊—密歇根"运河的开通,这一切都改变了。这条运河在芝加哥小镇附近,将河网与另一个自然交通网络(五大湖)连接起来。这条不到 100 英里长的运河,对芝加哥来说意义重大。首先,为农民和拓荒者提供了另一个通道,使芝加哥可以与圣路易斯争夺密西西比河沿岸的贸易。其次,开辟了一条将五大湖区北方制造业城市的商品运输到密西西比河沿岸南方农业城市的通道,从而使芝加哥成为一条新贸易路线上的一个关键点。随着芝加哥在全美交通和贸易网络中获得新的中心地位,它的人口和经济迅速增长,最终芝加哥超过了曾经占据主导地位的圣路易斯,成为美国的"第二大城市",现在成为一个全球城市。

可见,通过网络形式的分析使我们清楚看到芝加哥替代圣路易斯的地位,并成为全球城市是网络结构变化的产物,而不是两个城市各自属性的产物。因此,网络形式的分析可以提供一种寻找全球城市形成与发展的新答案和揭示机制的方法。相比之下,这是传统分析方法难以胜任的。

4.2　主流的全球城市网络分析

用网络形式分析全球城市,核心是构建全球城市网络,并把全球城市作为这一全球网络中的基本(主要)节点加以关系分析。Taylor 等人在这方面进行了开创性的研究,提出了全球城市的联锁网络理论,成为主流的全球城市网络分析。

4.2.1 联锁网络理论

从完整意义上讲,全球城市网络由物理性和非物理性的关系所构成。前者包括交通、通信等基础设施网络;后者包括交易、交流、组织等社会网络。显然,基础设施网络起着支撑作用,不仅是重要的,而且必需的。然而,由于全球城市网络社会关系的经济性,尤其是城市间关系从地理空间意义上建构了世界经济(Taylor, 2001),所以我们更关注和强调其非物理性关系,视其为一种社会网络、一种组织形式。

我们知道,网络关系形成的基础在于一系列交互流动。构成全球交互流动的最重要资源要素是商品、人员、资本和思想以及各种解决方案(专业知识、技术、产品)。然而,这些资源要素本身不会形成全球性交互流动,需要有相应的行动单元来推动。在社会网络中,这些行动单元就是所谓的"节点",其连接则是社会性的。

按理说,这种全球城市网络应该通过其产生贸易(生产和消费)的城市作为"节点"来建模一个"全球空间经济"。然而,与一般社会网络不同(组织或个体就是节点),城市作为一个空间单元,只是这些资源要素全球性流动的经由点或组合点,而不是行动主体。通过城市空间进行的资源要素全球性流动,要由相应行动者(机构)的操作活动来实现。"世界城市并不是独立于创建它们的公司"(Beckfield and Alderson, 2006),因此全球城市网络是一种特殊网络。

为此,Taylor(2003)构建了一个全球城市的联锁网络。这种联锁网络有三个层面的独特构造:网络层面——世界经济连接;节点层面——城市(空间单元);次节点层面——机构(行动单元)。这种全球城市网络运作表现为:通过位于城市中的机构(公司)活动或其遍布全球内部网络的业务联系,形成城市间的连接,进而形成世界经济连接。这样,全球化中的城市空间表现为全球城市网络,其中的节点(城市)通过贯穿节点的机构活动连接(Taylor, 2003)。从这一意义上讲,位于城市中进行全球性活动的机构是全球城市网络的制造者。因此,在网络形式分析全球城市的过程方面,全球城市仍是研究对象,但网络制造者或行动者则是研究的主题。

4.2.2 APS公司作为网络制造者

一般意义上讲,在联锁网络中,驱动资源要素全球性流动的机构(行动者)都可以是网络制造者。由于多样性的全球化活动带来全球城市网络形成中的多元全球化(Krätke and Taylor, 2004),因而全球城市网络制造者是多元的,如先进生产者服务公司、制造业跨国公司,甚至全球非政府组织等。我们可以选择不同的机构作为网络制造者,从而构建全球城市联锁网络。但由于不同的机构(公司)的业务(职能)不同、其内部网络不同、在全球各地分布差异等,由其联锁的城际关系也会不同(连接范围、频率、强度等)。因此,就有一个选择何种机构(公司)作为网络制造者才能更好联锁城际关系的问题。相对而言,先进生产者服务(APS)公司作为网络制造者更能全面联锁城际关系,更好反映全球城市网络概貌。

(1) APS公司在特定城市不成比例地集中(集群),并开展相应的服务交易,具有服务、管理和控制公司全球业务的最高能力。从APS公司的总部和分支机构的空间分布来看,并不是随机且分散化的,而是在一些特定城市不成比例地集中(集群)。伴随公司全球业务的开展,产生相应的服务需求,作为结果,是生产者服务的交易。生产者服务供应商作为专业机构通过其专业人员固定和流动在需求点与全球客户相连接,从而销售专业知识、定制解决方案和信誉。正是生产者服务中的交易使APS公司环接或命令其他公司的经济活动。Beaverstock (2007)指出,"生产者服务供应商—客户关系是世界城市网络的动态'振荡器和搬运者'"。而生产者服务供应商与其客户之间的联系,要么在全球商品链上操作,要么是金融市场的关键参与者。随着APS公司承接越来越多跨国公司总部职能的外包,它们已深度参与全球产业链治理,促进了城市间大多数甚至相当大比例的复杂流动,并使这些特定城市成为一个跨境经济活动的管理和治理中心。

(2) APS在全球分工和城市网络中的操作创造着城际关系,并假定为全球城市的功能联系。APS的服务流有助于对客户公司跨境经济活动的环接与治理。例如,一个全球金融机构或律师事务所的地方办公室帮助生产商融入全球市场,以及塑造(甚至之前构造)客户的决策过程。全球商务咨询公司或会计师事务所介入公司治理原则转向股东价值最大化等。APS之所以重要的,不仅仅是因为APS公司在世界各地办公室之间的交换过程创造了这么多的全球性流动,更在于它们服务于那些真正创造那么多全球性流动的对象,服务于那些全球或跨国公司办公室之间的交换过程,如果不是全部的话,也是绝大部分。这意味着创造"关系"数据,并假定为全球城市的功能联系。也就是说,这种联系可以是在本地化的一个城市或城市群以及城市之间。在后一种情况下,便会出现在遥远的城市之间共享集聚外部性的问题(Meijers and Burger 2010)。

(3) APS通过全球专业服务支持,为客户提供无缝服务,因而内部网络更广泛复杂,网络覆盖的城市范围更大。Taylor(2001)通过观察(APS)公司有效连接生产商进入其他城市的全球市场,回答了"全球城市如何能扩展为对全球城市网络的解释"。当位于一个城市的生产商想要进入其他地方的全球市场,如果支持其运营的 APS 公司在其他地方有分支机构,就可以使它在其他城市最有效地开展业务。为适用这一需求变化,APS 公司必须通过其在不同城市分支机构的内部网络为客户提供无缝服务。全球专业服务支持意味着这些服务公司可以在世界各地的城市提供其服务产品。APS 公司分支机构网络是连接城市作为全球服务中心的公司区位策略产物。它表明,一个 APS 公司分支机构网络广度定义了对其生产商客户直接或有效进入全球市场的广度。APS 公司分支网络创建了(潜在的)A 地生产商与 B 地和 C 地市场之间的经济联系,或更抽象地表述为城市 A 与城市 B、C 之间的经济联系。也就是,城际联系的强弱取决于城市全部 APS 公司复合体构成中的重叠程度。因此,这些 APS 公司内部网络意味着城际经济网络,即 APS 公司内部网络联锁了城际网络。这些由 APS 公司在多个城市分支机构协同定位所打造的联系,构建了全球城市联锁网络。同时,与基于公司总部的城市网络实证分析相比,基于 APS 公司的城市联锁网络分析所覆盖的城市范围更大。例如,《财富》"全球 500 强"公司约一半收入是在仅 20 个城市的公司总部创造的,而 GaWC"α 全球城市"列表则包含了 47 个城市[①],并有一个更加分散化的经济治理的地理分布。这些具有最佳连接性的全球城市中,有三分之一位于中等收入国家,特别是亚洲有很好的连接性。

(4) APS 作为尖端行业,反映了充满城市活力的经济扩展,从而形成与其他城市的复杂关系。Jacobs(1984,2000)认为,充满活力的城市用多元化经济过程方式扩展经济生活,进而形成与其他城市的复杂关系。APS 作为尖端行业,是 Jacobs 意义上有活力的关键指标,即哪里有 APS 的集中,哪里就有明显的经济扩张,进而带来复杂的外部关系。

因此,目前全球城市网络研究通常把 APS 公司识别为关键经济主体,是形成全球城市网络的制造者,关注其在不同尺度上连接城市经济的作用,将其视为全球城市的关键特性。

---

① GaWC, 2011, The World According to GaWC 2010, http://www.lboro.ac.uk/gawc/world2010t.html.

4.3 补充与完善

Taylor 的联锁网络作为一种分析方法,虽然能大致揭示全球城市成为全球网络主要节点的形成机理,并用于实证检验全球城市的全球网络连通性程度,但作为一种全球城市网络理论则存在一定缺陷和不足,需要进一步补充与完善。

4.3.1 前置性条件的弥补

在 Taylor 的联锁网络模型中,只是检测了潜在流动的"渠道体系"和节点交叉点,而联锁网络中城市之间连接的存在(或缺乏)反映了生产商直接、有效地进入全球市场的机会(和障碍)。准确讲,这是一个机会程度问题。实际上,这预先假设了 APS 公司分支机构在世界各城市的分布是既定的,或 APS 公司内部网络是既定的。问题在于,APS 公司为什么在世界各地的城市广泛设立分支机构,或者说,驱动 APS 公司内部网络形成和存在的主要因素是什么。如果缺乏对 APS 公司内部网络形成基础条件的阐述,意味着缺乏全球经济联系的前置性条件,因而难以揭示信息、知识和资本在节点和次节点层面的实际流动,将削弱全球城市网络理论的解释力。正如 Saey(1996)批评的,全球城市形成和核心过程之间显现的空间相关性,其本身不足以说明系统结构之间的关系。

对于 APS 公司全球化,一个通常解释是"跟随战略"的结果,即跟随跨国公司进行的跨境布局。这意味着在 APS 公司分支机构设立之前,就已存在世界各地(城市)之间某种经济联系;APS 公司只不过是遵循这一城际经济联系而设置分支机构的,公司内部网络形成是由这种经济联系驱动的。这种最初由跨国公司形成的世界经济联系,就是全球商品(产业)链网络。我认为,全球商品(产业)链网络提供了 APS 公司内部网络形成的前提性解释,即跨国公司全球商品链布局形成的城际经济关系引致 APS 公司分支机构的区位布局;同时,把 APS 公司提供的服务,理所当然地转化为参与全球商品(产业)链治理的操作。

全球商品(产业)链通过关注劳动和生产流程的全系统网络,而不是通过一系列的经济容器来概念化全球经济。因此,这种方法更适合通过全球化经济中的日常生产、分配和消费实践揭示社会关系的不断重现的空间顺序。通过建模商品(产业)链,我们可以关注更广泛的连接关系,因为这些商品(产业)链透露了许多小定居点是如何通过资本、劳动力、商品、服务等各种流动与全球经济连接的。其中,明确包括了初级生产阶段,其位于农村地区并与城市转型和贸易流程相关(Jacobs, 1969)。因此,这样的考察可能有助于开发一个更加空间细化的全球网络分析,也可以描绘这些似乎在全球城市网络边缘城市的特定角色。

全球商品(产业)链网络与全球城市网络之间存在着一定的关联:(1)当世界城市化被理解为一个过程,即提供先进的服务使全球生产可行,那么面向世界市场的企业经济活动与在一个特定城市的服务提供者之间的多方面联系必定被显示出来。例如,"全球在地化"金融机构通过在这两个网络中扮演重要角色,提供了全球城市网络和全球商品(产业)链之间不可或缺的联系:所有全球商品(产业)链通过全球城市"运行",使所有相关城市都集成到商品(产业)链之中。(2)尽管这两个不同网络之间有关联,但这个关联只在系统顶端是强大的,而整个系统是呈弱相关性的。因此,尽管生产者服务部门带头绑定城市进入一个全球网络,但工业部门也很可能通过全球商品(产业)链来构造城市之间其他形式的连接。

另外,全球商品(产业)链网络分析本身存在一定局限性。(1)商品(产业)链网络研究的重点在于特定商品生产的流动空间,而在具体说明它们位于其中的链条如何有助于整体经济系统的复杂动力学方面较为薄弱(Bair, 2003)。(2)该研究更侧重商品(产业)链各主要环节的空间性特征,尚缺乏商品(产业)链空间性的综合处理(Leslie and Reimer, 1999)。尽管理论上洞察到全球商品(产业)链的连接来自世界不同部分的输入,把它们集聚在特定地点,并输出到不同区位,但对这些商品(产业)链的实际地理位置研究仍然较薄弱。已有不少研究集中于全球商品(产业)链在区域发展及区位潜力中的作用(例如 Schmitz, 2000, Hughes and Reimer, 2004),但一个包罗万象的空间概念仍是一个尚未实现的任务。也就是说,迫切需要跟踪空间上的商品(产业)链作为不同地区之间的地方去向联系。甚至在全球商品(产业)链研究中,仍然专注于民族国家作为分析的地理尺度(Coe, et al., 2004),旨在改善公司或国家在国际贸易网络中的地位。(3)全球商品(产业)链实证分析的范围有限,大部分研究集中于少数初级商品和工业领域。尽管早期就呼吁要探索"服务部门关系"(Rabach and Kim, 1994),但商品(产业)链研究中缺乏对服务业特别有效的分析,不管消费者服务行业还是生产者服务行业。也许最重要的,是缺乏理解生产者服务业在建立和维持全球生产网络中的重要角色,从而存在最重要的遗漏(Daniels and Bryson, 2002)。(4)更主要的是,基于商品(产业)链的新节点[如商品(产业)链中的一个新工厂]是一种非网络扩展,仅仅是累积效应(Shy, 2001)。而在网络经济中,加入网络的每个新节点都具有潜在流动指数增长效应。显然,网络中的实体增加与关系增加之间有着本质区别。

因此,尽管全球商品(产业)链网络对于全球城市网络的前提性解释及全球城市网络制造者(APS)参与全球商品(产业)链网络治理的相关性是十分重要的,但不能简单用全球商品(产业)链网络分析取代全球城市网络分析。两者之间,最好是系统集成。Brown、Derudder、Parnreiter 等(2010)通过回归到共同起源的世界体系分析来探索两者之间集成的可能性。因为两者之间存在着共同点,即描述了基本的流动空间模型:通过商品流动连接的生产网络节点与通过资源要素流动连接的城市网络节点。那么,把两者综合起来的含义是什么?

(1) 两者综合表现为全球化的整体空间性。一方面,世界经济中,基于全球商品(产业)链网络的所有商品流动基本上都通过全球城市而运行。如果没有全球城市,无论全球商品(产业)链如何区位分布,都难以启动和持续。因为商品(产业)链形成及运作过程是由这些节点城市来控制和治理的。而商品流中所有生产节点的分支机构带来价值,将导致进一步的利润流向节点城市。另一方面,所有城市都不可避免地融入商品(产业)链网络,即使其在全球商品(产业)链网络中只是次要角色。因为只有在这样的空间内流动,城市在世界经济中才能被维持。

(2) 两者结合点统一于先进生产者服务。先进生产者服务不仅提供全球城市网络中的连通性,对全球商品(产业)链网络有效运作也有特别重大意义。因为先进生产者服务提供了关键输入,从银行最初贷款资金来启动生产到使用广告公司的服务,以此促进最终消费。特别要指出的是,商品(产业)链分析方式往往把服务当作单独链条,其中知识是商品交易(Clancy, 1998),是有片面性的。这样会产生把生产者服务孤立化的效果,而不是成为支持商品(产业)链发展和繁殖的必要服务供应。此外,值得重申的是,这些都是生产者服务,其知识商品本身是一个中间产品,需要注入其他商品(产业)链中,促使最终的资本实现。因此,通过城市的生产者服务提供,对连接分散化的生产和消费站点,从而使商品(产业)链成功操作是至关重要的。为了在日益复杂和全球化的世界经济中运作,商品(产业)链必须通过基于先进生产者服务的城市网络进行传递。正是先进生产者服务,维系了世界城市网络与商品(产业)链网络之间的连接。全球城市被视为商品(产业)链中的一个关键节点,恰恰是因为其先进服务嵌入到生产过程之中。因此,全球城市是一个无数商品(产业)链的服务节点,从而获得其整体中心性。

（3）全球城市网络中的 APS 公司与商品（产业）链中的生产商如何互动，势必要把 APS 公司的前向联系与商品（产业）链中公司（接受服务中间投入）的后向联系映射出来。这些信息、资本等至少在两个方面流动，一是掌握在全球城市辐射的操作地理覆盖范围，而其在许多情况下将超越全球城市网络；二是全球商品（产业）链的空间伸展趋向进入生产者服务集群的特定全球城市。

总之，全球城市网络分析与商品（产业）链网络分析的集成可能会使我们对生产的实际控制来自哪里，以及价值如何形成和在哪里被创造、被分配等有一个更详细了解。也就是，商品（产业）链的价值创造及（不平等）分配，是由全球城市组织和治理的；而控制价值创造与分配手段的创造能力以及对其配置的权力，则是形成全球城市的潜在力量。这种因为核心化过程的互反关系是必要的，因此内生于全球商品（产业）链组织和全球城市形成之中。

4.3.2　全球化双元网络的重要补充

Taylor 的联锁网络强调了 APS 公司通过内部分支机构网络来映射或识别城际联系，由此构建了全球城市网络。这是基于一个特征事实，即作为网络制造者的 APS 公司在全球主要城市的广泛分布，有一个公司内部网络。但问题在于，APS 公司为什么在特定城市呈现不成比例的集中（集群），其外部网络关系是什么样的，并与城市网络是什么关系？如果能从 APS 公司的外部网络角度来阐述对城市及城市网络的影响，那么无疑是对 Taylor 联锁网络的补充与完善。

事实上，先进生产者服务有不同的行业和类别，而且相互之间具有高度产业配套性，即互为服务中间投入的提供，有时为了一个综合性解决方案的服务提供，需要不同先进生产者服务行业（企业）的通力合作。因此当一个 APS 公司在向客户提供进入全球市场的服务时，从外部关系来讲，存在着与其他不同行业 APS 公司之间的分工协作关系，也存在着同行业 APS 公司的竞争或联盟关系。而且，当这些不同 APS 公司的分支机构位于同一城市时，它们是在相同的资源、规范和社会环境中运作的，从而通过所在城市的共享操作环境而彼此连接。位于同一城市的不同 APS 公司因此至少共享了两个关键的资源池：劳动力和客户。

（1）在劳动力方面，APS 公司招聘来自当地劳动力池的相同的管理精英和专业人才，从而有可能交易具有专业性知识的员工。例如，某个会计师事务所的有经验员工，可能成为街对面另一个会计师事务所的主要招聘目标，如果该招聘能为其带来竞争优势、有助于其弥补所缺乏的知识。即使员工不调离公司，由于个人社交网络中的同质性倾向,通过非正式信息交流的机会,他们仍然可能彼此熟悉和相互作用,从而分享信息(McPherson, Smith-Lovin and Cook, 2001)。此外,随着 APS 行业员工专业化程度提高,跨企业的专业网络化及其新模式会迅速扩散。因此通过公司间招聘、社交和专业化网络三种机制,信息在一定程度上可以直接在位于相同城市的 APS 公司之间流动。

(2) 当 APS 公司共享相同的潜在当地客户池时,信息也可能更间接地在APS 公司之间流动。在竞争情况下,公司将设法获得其他公司的核心技术及策略等信息,试图差异化和获得竞争优势。在合作情况下,将寻求建立战略联盟,以便向客户提供"打包式"服务。这两种策略都意味着它们之间信息交换的机会。

当然,位于同一城市的不同 APS 公司在共享操作环境时,也分享了因环境不稳定带来的不确定性和复杂性。在环境不确定性条件下,APS 公司将模仿位于同一城市的其他 APS 公司的操作(DiMaggio and Powell, 1983)。这一模仿过程意味着实操信息有意或无意地从一个公司间接转移到另一个公司。在资源稀缺时,它们将寻求合作,以便通过规模经济和资源互补性来加以应对(Pfeffer, 1982)。在资源供给不稳定,从而提升交易成本但尚未到需要实现垂直整合的程度的情况下,它们将寻求建立联盟、伙伴关系和网络(Powell, 1990)。简而言之,正如 Gulati 和 Gargiulo(1999)发现的,"组织进入联结其他组织所应对的挑战,是由构成其共同环境的相互依赖形成的"。

因此,网络连接表明 APS 公司间信息共享的机会。位于同一城市的 APS公司越多,它们在共享环境中运作的程度越深。这些共享环境条件通过信息、人员等流动为公司间连接创造了机会,这些公司便由其协同定位的城市所连接,从而定义了一个全球公司网络。

为此,Neal(2008)提出的全球化双元网络概念:一个是城市间的网络,即由APS 公司分支机构(即城际交易的促进者)而彼此连接;另一个是公司间的网络,即由 APS 公司之间通过所在城市的共享操作环境而彼此连接。APS 公司通过共享操作环境把城市作为获取优势的关键组织单元和来源。对于客户来说,作为一个良好的网络化 APS 公司更具优点。例如,Uzzi(1996)发现,网络化公司比其他公司有更高的生存几率,表明网络化 APS 公司可以为其客户提供更稳定的服务。Barley、Freeman 和 Hybels(1992)认为,网络化公司能更有效地获得技术创新,意味着网络化 APS 公司可以为客户提供更先进的服务。虽然这种网络化优势与 APS 公司数量有关,但更大程度上来自其位于城市的共享环境条件。对于客户来讲,在哪里(哪个城市)购买服务可能比由谁(哪家公司)来提供专业服务更重要。因为前者以更广泛的能力差异化来提供优势,而后者的能力差异化相对较小。

事实上,位于同一城市的 APS 公司网络,通过共享操作环境而形成公司之间连接(网络化),很好解释了 APS 公司为什么在特定城市不成比例地集中(集群)的问题。这恰恰是 Taylor 联锁网络得以构建的前提条件。因此,全球公司网络与全球城市网络并不是二元对立的。全球公司网络从 APS 公司外部网络关系及共享环境条件角度对全球城市联锁网络(仅从 APS 公司内部网络出发)作出了重要补充与完善。两者的合成,也许是一个更完善、更丰满的全球城市网络范式。

4.3.3 网络无尺度的重要改进

在城市研究(包括全球城市研究)中,始终存在不同尺度的标量,如宏观与微观、全球与当地等,甚至被演化套用到地点空间与流动空间的分界。Taylor 联锁网络的基础也未能超越其感兴趣的主要尺度(全球尺度)。尽管最近一些学者试图在更大地理细分中分析城市网络(Derudder et al., 2003; Rossi and Taylor, 2005),以扩展我们对有限数量主要城市的理解,但无法解释其他尺度的连接。也就是,这些分析趋向于越来越大的数据集规模,尽管最终结果是摆脱了仅考虑全球范围内节点的逻辑,但在揭示国家和区域尺度上,城市网络连接到更广阔世界城市网络的方式仍是微弱的(Hall and Pain, 2006)。实际上,这种方法助长了全球尺度的僵化,导致"全球"与"当地"发展进程之间的天然对立,或"一般城市"与"全球城市"之间的任意区别。这进一步导致了内源性(内部)与外源性(外部)动力学、坚持分层与对立性标量组织观点的人为差异。而且,这些问题往往不是通过反向视角被离弃,而是将尺度变成一种模糊概念,比如"全球本土化"等。换句话说,当使用"尺度"的术语时,只是表明一个既定的事态、一个基础、一个给定、一个毫无疑问的框架,从中人们可以开始解释在一个给定的情况下正在发生的事情。因此,"尺度"是一种后结构主义理论。

然而,全球城市网络的一个规律性特征是无尺度。全球城市网络是通过全球和国家到当地的不同尺度上操作的影响而建立起来的(Parnreiter, 2003)。因此在全球城市网络中,我们必须转换这种认识论和方法,把全球、国家、当地等不同尺度有机结合在网络节点上。在这一网络节点上,是不同地理尺度上的多重社会关系的交叉。在这里,所讲的"当地"是一个自身包含全球元素的结构。

或者说,"当地"不是一个小尺度结构,而是本身已经包含在全球尺度内。全球是一个模式化的地域,在这里将形成缠结与混合。正如 Smith(2001)指出的,城市是在不同地理尺度上的多重社会关系网络的交叉点,那里跨国行动者通过其跨国生活的就业、政治动员和文化实践,或通信和旅游手段被物质化连接。城市是跨国经济、社会、文化和政治流动被定位的地方,它们是当地经济、社会、文化和政治实践而成为跨国化的地方。因此,我们在网络中所关注的是节点之间的循环。正如 Perulli(2012)指出的,我们不是从这个地方或那个地方出发,而是从这个地方已经成为可能的事实出发,因为它已经被其他一些地方、站点、行动者所重构,瞬间形成了它:我们所看到的,不是在其定义中那么多的这个地方本身,而是地方之间的运动系统,其使这些地方中的每一个均成为可能。总之,在全球城市网络中,宏观或微观尺度、更大和较小的尺度不再存在(Latour, 2005)。任何一个网络节点城市,既是当地的也是全球的,或者说它们既不是单纯本地的,也不是单纯全球的,而是两者兼有。同样,作为网络节点的城市,是流动空间与地点空间的连续统一体。

行动者网络理论(ANT)从社会技术视角阐述了短期和长期网络如何由人类和非人类所构成,成为制造、维护和重塑城市空间的一种"异构工程"的过程(Smith, 2003)。其中,一个重要观点是:网络天生既不是地方也不是全球,而是或多或少的长度,或多或少的连接(Latour, 1993)。Smith(2008)还提出了更多变化标量愿景的网络长短、远近关系,等等。这意味着不管是流动空间还是地方空间从一开始就不可能单独发挥功能或具有意义,从而行动者也不可能把从未分开过的东西结合起来,甚至重组。相反,要强调的是:流动空间和地方空间是如何在城市中通过社会—技术变换过程而协同产生的;而行动者则是使用不同工具、仪器和技术,以多个、有时相互矛盾的方法来变换流动空间与地点空间,即一种空间的换向操作。换向是一个交往的过程,两个或两个以上的系统实体之间通过交往,其关系被(暂时)建立、维护、修改和/或中断(Guillaume, 1999)。这种流动空间和地方空间的换向操作,总是处于城市生产和再生产的核心。

这与 Crague(2004)把城市视为"在其领土上吸引和汇集各种流动的换向器"略有不同。Crague 的"换向器"是指行动者在不同类型流动之间的变换操作,纯粹是在各种网络的间隙中进行操作来连接流动。行动者网络理论不仅包括了 Crague 的"换向器"含义,更加强调行动者在流动空间与地点空间之间的这些不同、不断变化的社会—技术变换操作。正如一个电话交换机几乎以相同方式在运营网络与基于地方的用户(尽管越来越多的移动)之间的联系中进行操作一样,城市行动者也主要是在流动空间与地点空间之间的联系中进行操作。

我们认为,强调行动者网络理论(ANT)主要有三方面好处。(1)强调了非机械论方法。城市作为流动空间与地点空间的互构是由多个行动者的行为和策略所构造的,从而与联锁网络制造者的认识方法是一致的。(2)强调城市中流动空间与地点空间的变换是一个社会—技术过程,不仅是由不同社会行动者所启动、管理、抵制和经历的,而且它总是依赖于那些行动者在处理日常事务中所使用的工具和仪器。显然,这在一定程度上弥补了基于关系的城市网络理论的不足。(3)强调网络的长度和连接并不对应于标量尺度;在可变长度的网络中,只有一个连续关系。这在一定程度上改进了 Taylor 联锁网络的单一全球尺度,或不同尺度无法兼容的缺陷,使其可以在不同尺度上揭示网络的连续关系。

4.4　全球城市网络结构分析

由于把全球城市作为全球城市网络节点进行分析,涉及这一网络节点的连接强度、密度及位置,势必要进行全球城市网络结构分析。这一网络结构的基本特征及其采用的技术手段等,也是全球城市研究的前沿问题之一。

4.4.1　网络结构的基本特征

1. 基于信任的相互关系

根据 Powell(1990)社会组织的经典说法,市场、等级结构和网络是三种不同的基本社会组织形式。Thompson(2003)进一步阐述和扩展了 Powell 的初始想法。对于网络来说,其核心是基于信任的相互关系,而不同于基于习惯与规则的官僚逻辑凝固等级结构和基于得到法律支持的市场契约关系。因此,网络结构中的节点之间是平等的合作关系、水平式的相互依存。而其他两种社会组织则是竞争关系,其中等级结构是不平等竞争关系,市场是平等竞争关系。

2. 网络结构分层倾向

如上所述,网络只能在节点之间相互关系的基础上运作(Thompson, 2003)。然而,正如 De Filippis(2001)指出的,网络包含层次结构的权力;否则,它们不会首先构成网络。因为,如果从网络参与中只获得不成比例的好处,更强的行动者继续留在网络中就不会有动力(Christopherson and Clark, 2007)。显然,这种层次结构的权力不是官僚逻辑赋予的等级权力,也不是市场逻辑赋予的实力权力(如垄断权力等),而是一种网络逻辑赋予的关系权力。这种关系权力取决于节点之间的链接数量与程度。不同的链接数量与程度赋予节点在网络结构中的不同角色和重要性,从而有主要节点、次节点或一般节点之分。

全球城市网络并不是一种纯粹的网络组织,而是一种由具有不同角色和不同重要性的节点构成的网络结构,是混合形式的网络组织。这种混合形式的网络组织具有明显的分层倾向。更为主要的是,作为全球城市网络节点的城市由于具有不同的链接数量与程度,其能够为所在的生产商提供的结构性优势——控制和协调经济交换的能力——是不同的,特别是提供给生产商进入全球经济中的优势是不同的。或者说,这种基于不同链接数量与程度的结构性优势在网络节点中呈不均匀分布。用网络术语来说,就是节点的网络中心度不同。在城际经济流动网络中,更具网络中心度的城市,为生产商提供更大的结构性优势。

因此,根据节点的全球网络连通性水平,全球城市网络中仍然呈现顶端、中端和底端的分层结构。但由于这是建立在基于信任的相互关系上的,它与传统世界城市体系中的等级结构有本质的不同。而且,经验表明,这种分层结构通常呈现较扁平的形状,而不是陡峭的金字塔形状。

4.4.2　层次结构的识别与衡量

显然,全球城市网络结构分析主要聚焦于网络节点的识别与衡量上。但是网络研究的关注点是节点之间的关系,而不是节点的属性。基于网络的方法侧重于城市之间(例如,贸易、投资、人员流动等)的关系模式,而不是这些城市的属性。因此,要以捕获关系结构的方式来组织数据,用以识别与衡量网络节点。

我们可以用网络中心度的三个具体形式(程度、接近度、中介性)(Freeman,1978/79)来识别与衡量网络节点的结构性优势,从而定义全球城市网络层次结构。也就是,在全球城市网络中,每个节点的位置是由其度中心度、接近中心度和中介中心度所决定的。

(1)点度中心度。它表明一个城市在全球城市网络中的直接连接数量,可用来识别该城市提供给生产商直接进入全球市场机会的多少。一个城市在全球经济中处于有利区位的最简单方式,也许是为生产商提供直接进入许多不同地方的全球市场的机会。一个集聚了大量全球 APS 公司的城市,由于在全球城市网络中有良好的连接性(如芝加哥直接连接了网络中 55% 的城市),从而使生产商得以直接有效进入全球市场的众多不同点。另一个只有少量 APS 公司分支机构的城市,全球城市网络的连接性较差(如圣路易斯的直接连接性仅为 2%),

从而只能使生产商直接进入到少数其他城市。显然,前者比后者为生产商提供更多市场进入和参与城际交易的机会。一个城市提供直接进入全球市场的机会数量,表明该城市提供其生产商直接参与全球经济的能力。因此,点度中心度通过测量网络中每个节点基于外出链接的数量,确定每个节点位置的结构强度,从而定义了一个"直接进入"的全球城市层次结构。当然,这一指标只基于每个节点直接连接的邻居数量,有一定的局限性。而且,这一指标有时还可能歪曲一个节点所具有的影响,因为它没有提供是否属于连接一个较小参与者、不连贯集群或较大分割网络的信息(Liu, Bollen, et al., 2005)。

(2) 接近中心度。它表明在全球城市网络中的间接连接数量,可用来识别城市提供给生产商间接进入广泛全球市场的程度。有些城市虽然提供其生产商直接进入国外市场的链接不多,如极端假设仅有一个全球 APS 公司分支机构,似乎提供其生产商只有参与全球经济的边际机会。但如果这一个分支机构恰好落户在纽约,凭借其在纽约的协同定位,就能形成更多伙伴关系,从而为生产商提供更多的全球交易机会。接近中心度通过计算网络中每个节点由媒介性 APS 公司提供间接进入市场的链接数量,定义了一个"间接进入"的全球城市层次结构。

(3) 中介中心度。它表明在全球城市网络中的中介连接数量,可用来识别城市充当城际交易"经纪人",从而提供经济稳定和声望好处的水平。正如 Lyons 和 Salmon(1995)指出的,一个全球城市的功能可能是"充当整个国家城市中的'经纪人'公司",从而在整个网络结构资源要素流动中处于一个"中介地位"。中介中心度依据关系的潜力来衡量网络中每个位置的强度。如果一个节点是网络中其他节点之间的中介,就有一个更高的潜力,因为这个节点获得有利的结构位置(Hanneman and Riddle, 2005)。中介中心度通过计算网络中每个节点在城际连接中作为中介功能的次数,表明该节点作为一个网络中所有其他城市连接的交叉节点位置,从而定义了一个"经纪进入"的全球城市层次结构。

通过网络中心度的识别与衡量,我们可以看到,只有少数城市保持全球关系或发展广泛的网络关系,是全球城市网络结构中的基本或主要节点,即全球城市。其他的城市是全球城市网络结构中的一般节点。我倾向于将其定义为全球化城市。其理由是:(1)它们进入这一全球城市网络,意味着已融入全球化,只不过网络连接程度较低而已。(2)与全球城市可以有机对接,两者之间只是网络连接程度的差异,而不是连接性质的不同。因为在全球城市网络中,主要节点连接其他一般节点,而一般节点也通过主要节点在一个更有限尺度上与其交换资源,实际上是以相同的方式运作。否则,两者之间是对立的。(3)为全球城市动态演化提供了一个接口。全球化城市完全有可能随着网络连接程度提高而进入全球城市行列;全球城市也有可能随着网络连接程度衰减而跌落为全球化城市。

4.4.3　技术方法面临的挑战

通过网络中心度来识别与衡量网络节点,从而定义全球城市网络结构,涉及一系列的技术方法。这些网络分析的技术方法有现成的,但在实际使用时面临着重大挑战。

1. 关系数据收集

数据收集总是具有挑战性的,而收集全球城市网络数据还存在一些独特的挑战。因为全球城市网络数据所要求的是节点的关系数据,而不是节点的属性数据。这种关系数据固然可以通过直接调查的方式获取,即收集关于应答者与网络中每个其他节点之间关系的信息,但这只适合于小的网络,如某个社区网络,而且用于收集网络数据的调查有时可能耗时相当长。对于全球城市网络来说,这种直接调查方式的数据收集是不可行的。

这导致许多城市网络研究者只好寻找档案和现有的数据源,而不是自己收集一手数据。然而,统计部门很少收集有关城市之间相互作用的信息,大量统计数据是关于城市属性方面的数据。即使有少数城市间的关系数据,还需要深入了解这些数据是如何得出来的,要懂得这些数据的含义,而不能随意使用。当然,现在的大数据也提供了一些城市间要素流量的关系数据,但不是很全面和规范,使用起来也有一定的问题。因为与更传统的分析形式不同,网络分析对丢失数据的容忍度非常低。一般来说,网络分析要求不能有超过 20％的丢失数据,一些更复杂的网络分析技术甚至要求更少的丢失数据,否则就难以进行网络分析。

为此,研究人员往往以一种原本并不打算采用的方式不得不创造性地利用现有数据。例如,GaWC 的全球城市网络连通性测度,首先通过搜索网站上列出的先进生产者服务五大行业的全球公司总部位置,以及其较小的区域办事处和子公司的位置,然后使用一种称为投影的独特网络技术从非网络数据中推断网络。也就是,假定这些 APS 公司总部及分支机构之间存在业务联系,形成一个全球企业内部网络,并将其所在的城市联锁起来,推断出包含相同公司的一对城市有更多的经济交流能力,或者是有更多公司内部网络连接的城市有更多的经济交流能力,从而形成世界城市网络。因此它们的网络数据包含了有关 525 个世界城市之间联系强度的细节,用以分析全球城市网络连通性。目前,这是一种进行全球城市网络分析的主要技术手段。然而,使用这种投影技术生成的网络是推断出来的,因此必须基于在理论上证明的关键假设,要弄明白在这些数据中,"链接"意味着什么,它是否衡量了我们特定研究问题所需要它来衡量的东西,以及它与衡量全球城市关联的其他方法有什么关系等问题。而且,使用这种方法生成的关系数据总带有一定片面性和局限性,只能大致反映网络的连接程度。因此在使用时,需要特别小心。

2. 数据分析的技术方法

无论网络数据来源是什么,都有多种数据分析的技术方法,其对应于不同层次的网络数据和不同类型的研究问题。一些分析技术方法关注整个网络,主要是通过网络密度(有多大的交互)、集中度(是否聚集在单个节点上)和稳健性(如果某些节点或链接被删除,网络是否还能结合在一起)等测量,分析与评估网络是如何连接及运行的。同时,也用来描述网络组织中的群组或"群落"。另一些分析技术方法主要关注网络中的节点。这通常使用网络中心度来识别网络中最重要或最具影响力的节点,并区分出节点的不同类型。例如,在城市间的贸易网络中,点度中心度有助于识别城市的交易量,中介中心度有助于识别具有关键贸易位置的城市,而接近中心度有助于识别中心点的城市。还有一些分析技术关注网络中的边缘或链接,侧重于理解促使一些节点被链接的力量和过程。例如,同质性的概念表明,相似的节点比不同的节点更有可能被连接。传递性的概念表明,如果两个节点都已经连接到一个共同的第三个节点,那么它们之间更容易联系。指数随机网络模型(ERGM)和随机行为导向模型(SAOM)通常用来确定这些过程在生成全球城市网络中扮演的角色。

但不论是哪个层面的网络数据分析,都面临一个边界定义的挑战,即网络分析中应该包含哪些节点,或者确定哪些城市参与在网络中。这与其他形式分析中选取样本的大小还不一样,对网络分析结果的影响更大。因为在网络研究中,其边界的大小可以从根本上改变网络结构。如果其边界定义小了,即保留的节点少了,且保留下来的都是彼此高度联系的节点,那么可能产生一个更密集的城市网络结构,让我们得出全球城市之间高度连通性的结论;如果边界定义大了,即把更多的节点,特别是彼此关联程度不高的节点纳入进来,那么可能会得出相反的结论。在这种情况下,我们就无法得出"正确"的答案。因此,要有一个较合适和准确的边界定义。当然,这一边界定义没有固定标准和模式,很大程度上取决于研究全球城市网络的理论指导及研究问题导向的需要。

另外,网络数据分析还存在一个独特的挑战:统计推断。分析城市网络有许多不同的计量技术,其在许多方面与传统定量技术非常相似。例如,人们可以在线性回归中使用网络变量,如中心性等。但是许多检验统计显著性的传统方法(如标准误差和 p 值)要求研究人员假设观察单元(例如,人或城市)是独立的,而研究城市网络的关键即由网络连接起来的城市(单元)并不是独立的。因此在使用网络数据和网络变量时,需要采用反映它们之间关系性的特殊方法来测试统计意义。

还有,要注重于网络数据的内容分析,而不仅仅是数据可视化。尽管数据可视化有助于直观反映网络交互模式,但在许多情况下,网络太大或太密,以至于无法对网络的可视化进行解释,对于我们理解全球城市网络帮助有限。因此,在数据分析中,要注重于内容分析,不能把网络可视化当作内容分析的替代品。数据可视化只是作为正式分析结果的补充和有效的沟通方式。

5 全球城市发展指数研究[*]

面向未来,面向全球,上海开启了建设卓越全球城市的进程。为了动态监测上海建设全球城市的过程及进度,对标国际上全球城市发展水平,找出差距与不足,明确进一步发展方向与重点,迫切需要一个全球城市发展指数的测度。然而,现有的许多城市发展指数只是普适性的城市指标体系及指数,并不针对全球城市这一特定对象进行测度。因此我们在充分借鉴现有城市指数的基础上,尝试以全球城市理论为依据,基于动态发展、多维度的视角,从全球网络连通性、要素流量连通性、发展成长性三个维度来构建全球城市综合发展指数。

5.1 现有主要城市指数评价及借鉴

21 世纪是城市世纪。日益加快的世界城市化进程,作为有一种巨大影响的事件,引发人们对城市发展的高度关注,从而不断涌现出各种城市指标体系及指数和城市排行榜。然而,通过系统梳理和分析,我们发现大多数城市发展指数,包括那些冠名全球城市的发展指数只是测度一般城市,并非针对作为全球网络的基本节点并发挥全球资源配置战略性功能的全球城市(一种具有特定功能和价值的特殊城市类型)。因此,需要构建能反映全球城市特定功能和价值的新的指标体系及指数。

5.1.1 概况分析

当前,不少国际大公司、国际智库、科研机构编制并发布了各种城市指标体

　＊　本章根据笔者在《全球城市发展指数 2019》(周振华主编,格致出版社、上海人民出版社 2019 年版)中撰写的章节内容改编。

系及指数和城市排行榜。我们收集了目前国际上较有代表性且影响较大的43种城市发展指标体系及指数。从发布机构的结构看,大部分是公司发布的,占到57%,协会发布的占14%,其余为学院、研究机构、非政府组织、政府、杂志、网站等单位发布。这些城市发展指标体系及指数绝大部分是欧美发达国家的机构发布的,占92%。

这些城市指标体系及指数大致分为两类:一部分是带有综合性的,其数量较少;二是单项性的,涉及基础设施、经济发展、生活质量、创新发展、体育旅游、人才、生态环境等领域,其数量相对较多。但值得注意的是,有些单项性指数所用的指标也带有一定的综合性,其中一些属于基础性或支撑性指标。

就指标体系设置及指数构建本身来讲,大多数是合理和科学的,从而具有权威性。而且,在指标设定上,除了惯用的传统指标外,根据城市新发展增添了许多新指标。例如,经济方面的"贸易路线""众筹""数据开放度""电子商务市场规模""成本效用""劳动力管理风险""创业办公空间""绿色商业"等指标,创新方面的"优秀人才可用性""研究人员之间互动机会"等指标,生活良好性方面的"工作与生活平衡""负担能力""平均健身房评级""精神健康的风险""成年肥胖率""化学、生物和放射性攻击对一个城市的次数"等指标,信息交流方面的"在线状态""人均IP地址数""全球无线接入点数量""城市居民自由使用互联网等数字渠道的能力""数字安全"等指标,生态环境方面的"非汽车运输网络规模""绿色政策公众参与度""电动汽车充电站""自行车友好度"等指标,宜居方面的"城市品牌""搬迁吸引力""租赁房屋""老年人福利""青年城市指数""未来人口"等指标,文化与教育方面的"城市居民文化艺术参与度""文化生活方式""夜生活""艺术在社区的影响""国际学校的标准和可用性""提供终身教育的选择"等指标。

另外,在指数数值获取方法上也有创新。如法国市场研究集团益普索(Ipsos)发布的最佳城市指数,运用益普索在线系统,对26个国家16—64岁的成年人进行访谈,将访谈结果加权匹配每个国家已知人口,计算宜居度、观赏性、商业化三个指标得分后加总得到指数结果。显然,这些成果中的指标体系及其指数构建方法是可借鉴的,某些指标是可以直接采用的。

这些城市指标体系及指数大部分是静态测度,但也有一部分是动态测度。例如,The EIU(经济学人智库)发布的"衡量城市未来竞争力指数",仲量联行(Jones Lang LaSalle)发布的"城市发展动力指数",IBM-plant Location International(PLI)发布的"全球位置趋势指数"等。这些动态测度在指标设定及指数构建方法上更具有趋势预测性。例如,在The EIU(经济学人智库)的衡量城市未来竞争力指数构建中,所有与收入相关的数据都有一个 2005 年的基准,来自上次研究的市级 GDP 数据。采用回归分析方法,建立各城市历史 GDP 增长率与全国历史 GDP 增长率之间的关系,从而能够用国家一级 GDP 增长来预测城市级别的 GDP,并根据每个城市进行调整。这些测度的视角对我们也有很大启发和借鉴。

5.1.2　测度对象大多为大尺度的一般城市

除 GaWC 研究小组发布的全球网络连通性指数外,这些指标体系及指数的测度对象并非特定含义的全球城市,而是一般意义上的城市。因为,其指数构建并不是依据全球城市理论,其指标体系也不是针对全球城市的特性加以设定的。

从一些综合性指数看,其指标选择及设定更多用来反映一般城市的发展状况。尽管指标体系较齐全,其中一些指标在某一侧面反映了全球城市的特质,但并没有聚焦对全球城市这一特定对象的测度。例如,日本森纪念财团(The Mori Memorial Foundation)发布的"全球实力城市指数"(Global Power City Index),主要考量城市吸引全球创意人才的实力和招商能力,从经济、研发、文化互动、宜居性、环境和可进入性六个方面对全球 44 个城市进行评估和排名。IESE Centre for Globalisation and Strategy 发布的"城市动态指数"(Cites in Motion Index),主要考量人力、社会融合、经济、公共管理、公共治理、环境、交通运输、城市规划、国际推广、科技等方面。普华永道(PwC)发布的"机遇之城"(Global Opportunity City Rankings),从以知识为基础的国际接轨程度、生活质量、城市的经济潜力等方面考量成功的城市如何可持续发展成长,如何在世界舞台上保持竞争力。仲量联行的"城市发展动力指数"(The City Momentum Index),主要考量社会经济动力(40%)、商业地产动力(30%)以及有价值的育成中心等方面。

即使有些指标体系及指数是直接以全球城市冠名的,但事实上,不管从其指标设定的依据,还是从其指标构建的方法来讲,都不是用来测度全球城市这一特定对象的。例如,科尔尼管理咨询公司发布的"全球城市指数"(Global city index),包括全球城市指数(Global Cities Index)和全球城市展望指数(Global Cities Outlook)两方面。前者考察城市的表现,主要考量包括商业活动(30%)、人力资本(30%)、信息交流(15%)、文化体验(15%)、政治参与(10%)等方面;后者评估城市的潜力,主要考量包括个人幸福感(25%)、经济(25%)、创新(25%)、管理(25%)等方面。其指标数值获取方法是找出那些超出平均水平的城市指标，即任何处在前 25％的城市所拥有的主导因素都是值得考虑的关键因素。又如，《经济学人》杂志发布的"全球城市竞争力指数"（The Global City Competitiveness），提出 32 个指标，包括经济实力、物质资本、金融成熟度、制度特征、人力资本、全球吸引力、社会文化特征、环境和自然灾害等。再如，美国 CityLab 研究院发布的"全球城市经济实力指数"（Global City Economic Power Index），分别从总体经济影响力、金融实力、全球竞争力、公平和生活质量五个方面考量城市的经济实力，其数据获取分别参考了其他五个专业机构给出的专业排名。因此，这些冠以"全球城市"之名的指标体系及指数实际上是用来测度全球范围内的城市（即"全球的城市"），并非用来测度作为特殊类型的全球城市。

从单项性的指标体系及指数看，其主要针对某一方面，更是用来测度一般意义上的城市。即使有些指标能够反映全球城市的某一方面情况或基本特性之一，但由于其指标体系设置比较狭窄，难以反映全球城市的本质属性。例如，澳大利亚 2Thinknow 智库发布的"创新城市指数"（Innovation Cities Index），主要考量文化资产、人类基础设施、网络化市场等方面。全球最大的建筑规划设计公司凯迪思（Arcadis）发布的"可持续发展城市指标"（Sustainable Cities Index），主要通过人（社会）、地球（环境）、利润（经济）三个方面考量一个城市的可持续发展程度。FDI 发布的"未来的航空城市"（Aerospace Cities of the Future），主要考量经济潜力、外国直接投资表现、成本效益、创新和吸引力、连通性等方面。全球最大旅外人士网站 InterNations 发布的"国际外派之城排名"（International Cities on Expat，主要考量生活质量、定居、城市工作生活、金融和住房等方面。万事达卡国际组织（Mastercard）发布的"全球旅游目的地城市指数"（Global Destinations Cities Index），主要考量消费支出和国际过夜游客总数等方面。Savills 公司发布的"2017 年科技型城市"（Tech Cities 2017），主要考量商业环境、技术环境、城市喧器和健康、人才库、房地产成本等方面。经济学人智库（英国）发布的"安全城市指数"（Safe Cities Index），以数字安全、卫生安全、基础设施安全和个人卫生四个方面为标准进行评比。CEOWORLD Magazine 发布的"世界最安全城市排名"（The World's Safest Cities Ranking），主要考量数字安全、卫生安全、基础设施安全以及个人安全等方面。Spotahome 发布的"健康城市指数"（Healthiest Cities index），主要考量健康、食品、工作以及环境等方面。英国经济学家信息社（Economist Intelligence Unit）发布的"全球最宜居城市排名"（The Global Liveability Index），主要根据治安、基础建设、医疗水平、文化与环境及教育等指标进行评估和排名。Numbeo 发布的"城市生活质量指数"

（Quality of Life Index），主要考量购买力指数、污染指数、房价与收入比、生活费指数、安全指数、健康指数、交通通勤时间指数和气候指数等方面。美世（Mercer）（美国）发布的"美世宜居城市"（Mercer Habitable City），主要考量卫生医疗、政局稳定、经济水平、教育系统、房地产市场、文娱康乐、消费品、自然资源等方面。显然，这些指标体系及指数突出某一方面，更具城市测度的普适性。而且，在某些单项性指数的测度及排名中，纽约、伦敦等公认的全球城市往往未能进入前十榜单。当然，这类单项性的指标体系及指数对于我们构建全球城市发展指数有借鉴意义，但不能简单拿来测度全球城市。

同样，绝大部分指标体系及指数都是采用传统方法的属性数据，诸如规模与实力、基础设施、人力资本、生活质量、公共服务、生态环境等。虽然这种属性数据一定程度上也能反映全球城市的特质，但因其主要基于"地点空间"而具有较大局限性。因为全球城市发挥全球资源配置战略性功能并非限于其所在的"地点空间"，而更多是通过网络化"流动空间"或与全球其他城市关联来实现的。因此，这些指标体系及指数难以用来全面测度全球城市。

5.1.3 独树一帜的全球网络连通性指数

在我们收集的城市指数中，唯有 GaWC 研究小组的全球网络连通性指数是独树一帜的，开辟了衡量全球城市指标体系及指数构建的新路。这一全球网络连通性指数完全依据了全球城市理论，有着严谨的理论和网络分析方法的支撑。它采用了关系属性的数据，用会计、金融、广告、法律、管理咨询等全球先进生产者服务公司的内部网络来揭示城市间网络关系，并用来进行城市排名及衡量全球城市在全球网络中的核心节点地位。而且，GaWC 研究小组将其理论研究运用于实际测度，并连续多年用来全球城市排名。

当然，这一网络连通性指数立足于全球先进生产者服务公司来映射城市间网络连接，并衡量全球城市在网络体系中发挥的全球资源配置功能，涉及面有些狭窄。事实上，跨国公司的产业价值链网络、全球研发机构网络、全球文化交流网络等也在其中发挥着重要作用。另外，GaWC 研究小组的全球网络连通性指数只是一个总量指数，缺少结构性测度，诸如中心度的入度与出度、中介中心度、特征向量中心度等，难以全面衡量全球城市在全球网络中节点地位。因此，这一指数还有进一步拓展的空间。

总之，这些城市指标体系及指数从不同方面衡量城市发展及其走向。尽管绝大多数城市指标体系及指数并非是真正意义上的全球城市发展指数，但对于我们构建全球城市发展指数有较大启发和帮助,其中一些指标是可借鉴和汲取的。

5.2　测度对象设定

任何一种指标体系及指数的构建,旨在用于对某一特定对象进行定量化的衡量。因此,首先要明确界定测度对象,并依据测度对象的相关理论与实践来构建指标体系及指数。我们所要构建的全球城市发展指数是用来测度具有特定内涵的全球城市,因而全球城市理论成为构建全球城市发展指数的重要依据。

5.2.1　全球城市的歧义及其"正名"

目前,"全球城市"(global city)这一词汇在媒体上出现的频率越来越高,特别是各种全球城市排行榜更是吸引了不少眼球。然而,在许多情况下,媒体上讲的全球城市,包括上述智库机构所使用的全球城市这一词汇,实际上是指"全球的城市"。"全球"只是作为一种空间尺度来修饰"城市"的范围,即全球空间尺度下的城市。因此,准确把握全球城市这一概念,是构建其指标体系及指数的关键。然而,与大家约定俗成或都已形成共识的测度对象不同,全球城市作为现代全球化的产物,发展时间不很长,尚未被社会各方面人士所熟知或有一个清晰的概念。因此,有必要对这一测度对象作较为详细的设定,特别是梳理清楚全球城市与一般城市的关系。

在现有文献中,全球城市概念大致有三种构建方法,从而有不同的定义表述。在早期文献中,比较流行的是功能主义(和构造主义)的基本方法,通过揭示城市内部组织构造特征及功能来界定全球城市特质及地位。Hymer(1972)指出这将是高层战略规划的主要中心,集中了高层决策日常活动。Cohen(1981)将其定义为具备广泛国际商务机构的地方。这是一个跨国公司跨境活动的新战略角色,作为公司控制和协调新国际体系的中心。Friedmann(1986)认为决定性因素是融入世界经济引致城市内部发生结构性变化,通过跨国公司的权力具有生产部门的全球控制功能,从而充当了全球资本在生产和市场的空间组织及关节中的基点,国际资本累积和集中的主要网站,以及相互关联的控制点。Sassen(1988,1991)强调全球城市是世界经济管理和服务的地方以及世界经济组织中的高度集中指挥点,从而充当了生产商进入全球经济的接入点。

　　之后,越来越多的学者认识到,全球城市通常超越传统城市边界,是去领土化流动的结果,要把全球城市作为主要关系的实体进行分析,从而采用关系主义的基本方法来探索全球城市的含义与功能是如何产生流动、过程和关系的结果,关注城市外部连接的网络化基本特质,把全球城市主要功能视为处理日益网络化社会的多方面流动。Taylor(2004)认为,没有连接,全球城市的概念就没有意义。Castells(1996)明确指出,全球城市不是被其内部特征所界定的,而是由其在全球"流动空间"中的战略地位所界定的,即全球城市是世界范围内"最具有直接影响力"的"节点和网络中心"。全球城市作为主要节点,起着主导全球流动的作用,不仅处理最多数量的流动,而且也处理最多不同类型的流动。

　　目前,一些学者试图把功能主义(和构造主义)的方法与关系主义的方法结合起来,用以建构全球城市概念。Taylor 和 Pain(2007)认为,要把全球城市视为一个过程,这一过程既是实体(功能)的又是流动(关系)的。通过这一过程,先进服务生产和消费的中心功能以及从属的当地社会(实体)被连接在一个全球网络中;反过来,在公司、产业和经济部门内部及相互之间网络互补性的基础上,服务经济关系内在地连接城市,在这当中,城市和地区有一系列的角色和功能。这样,全球城市内部组织构造特征与外部连接网络化基本特质之间在这一过程中就具有高度的一致性及内在联系。周振华(2017)按照这一思路,尝试给全球城市下了一个分析性定义:全球城市是基于世界网络联结和"地点—流动"空间过程统一性,具有多层次空间权力关系,在多尺度连接中实现全球资源要素流动与配置,并随其联结重要性程度动态发挥影响力与作用力的基本节点城市。

　　因此,全球城市作为现代全球化进程的产物,或作为现代全球化的空间表达,是一种现代全球化背景下的特殊城市态。全球城市寓于世界城市网络之中,不仅仅是流动的结果,而且也是流动的主要来源。其本身存在的合理性及重要性,取决于与其他节点之间的关联程度。因此全球城市的本质属性,既不是自身拥有的超级规模与强大经济实力,也不是跨国公司和(全球)先进生产者服务(相当大)集群的存在,而是"协调和专业服务于全球企业和市场是否正在发生"(Sassen,2001)的网络联结,体现在通过城市中各类功能性机构活动连接城市网络。全球城市充当网络的基本节点,汇集各种公司专业化服务以及各地资源——作为全球经济的控制点及位于其中的生产商融入全球经济进入点的地方,由此促进全球资源要素大规模流动及配置。或者说,它们作为跨境经济活动的治理点,对世界经济进行管理和控制。因此全球城市的关键功能,在于把不同地理尺度的经济活动连接到世界经济中去,实现全球资源流动和合理配置。全球城市在网络组织的流动中被赋予多层次空间权力关系,使其具有"环接更大的地区、国家和国际经济"的任务,在多尺度连接中扮演重要角色,在全球事务中产生重大影响力与作用力,并随其在世界网络中发生联结的重要性而动态变化。

5.2.2　全球城市的一般属性与本质属性

当然,全球城市作为一种特殊城市态,也具有城市的一般属性。全球城市的一般属性与本质属性可以分两个层面进行分析。一个层面是从一般意义上的城市角度讲,它具有的一般属性与本质属性;二是从作为网络节点的城市角度讲,它具有的一般属性与本质属性。

1. 基于城市类型学的一般属性与本质属性

从类型学角度讲,全球城市是一种具有特定内涵的特殊城市形态,从而具有区别于一般城市的本质属性。然而,全球城市毕竟是一种城市形态,并且是从一般城市演化而来的,因而也具有城市的一般(基本)属性。首先,它具备城市作为由多种复杂系统构成的有机体所必备的要素与构件,包括各类主体,如居民和外来人员、企业、各种组织、政府机构等;城市客体,如基础设施和公共服务设施、各类用途的建筑、绿地和公共空间、自然生态环境等;以及维持城市居民生活和生产活动所必不可少的城市生命线系统,如供水、供电、供热、供气、交通、消防、医疗应急救援、地震等自然灾害应急救援系统等。其次,它具备由各种结构性因素决定的城市一般功能,既是城市系统对外部环境的作用和秩序,也是城市发展的动力因素,主要有生产功能、服务功能、管理功能、协调功能、集散功能、创新功能等。还有,它具备城市的基本效能。例如,通过空间集聚使人们互相学习而变得聪明,并通过彼此连接聪明的居民加快创新,从而释放了人类潜能。又如,通过与外部(城市)的密切沟通与交往形成新的专业化分工,促进经济增长和城市发展。

然而,全球城市又具有特殊的本质属性(我们在上述全球城市定义中已揭示了其本质属性)。这种本质属性使全球城市在一般城市属性的基础上更突出了某些方面的特殊构造。例如,在各类主体中,更加突出了高度集聚的全球功能性机构(公司)的重要性和不可或缺性;在城市客体中,更加突出了全球业务运作大平台的基础设施和公共服务设施、商务楼宇和公共活动空间等基本要素;在城市生命线系统中,更加突出了保证和满足大规模要素流量的基本要求;在城市一般功能基础上,更加突出了满足全球需求和为全球服务的基本职能,强调了全球资源配置的核心功能;在城市基本效能的基础上,更加突出了全球范围的空间集聚和全球城市网络的密切连接,突出了基于全球连接的创新活力及人类潜能的释放。

从动态过程看,全球城市是从一般城市发展基础上演化而来的一种"新物种"与新形态。因此,它与一般城市发展有着内在关联性,不能切割两者之间的血脉关系。一般城市发展,可以从两种维度进行分析:一是依据人口和地域面积的规模形态,从小城市发展为中等城市、大城市乃至超大城市;二是依据产业及机构属性的城市功能,从商业城市发展为工业城市,继而进一步成为以服务经济为主的城市等。至此,全球城市的"前世"历程也同样如此。从某种意义上讲,这也是进一步演化为全球城市的基础条件。也就是,必须经过如此的城市发展,并达到一定高级的发展程度,形成相对较大的城市规模和容量,形成强大的城市集聚与辐射功能,形成以服务经济为主的产业结构,形成较高"基本—非基本比率"的城市功能结构等。否则,难以进一步向全球城市演化。例如,全球城市由于对外广泛连接,需要有相应体量和容量的基础。因为大城市或超大城市的规模效应,通常更容易吸引跨国公司总部和地区总部以及全球服务公司等机构。Pereira和Derudder(2010)的研究表明,全球服务公司已经越来越位于世界特大城市。同样,全球城市对外广泛连接是以先进生产者服务为重要媒介的,因而通常是服务经济为主的城市,其服务业占比高达80%—90%以上。

但这并不是说城市发展到一定高级程度就能成为全球城市,更不能把全球城市与超级城市、服务型城市等简单等同或混为一谈。例如,欠发达国家有一些具有绝对人口规模的超级城市(例如,达卡和喀土穆),在全球城市网络中却是很难连接的"黑洞",缺乏对外网络连接,因而并非全球城市。又如,一些高度服务化城市,尽管服务业比重很高,但主要是满足本地居民的生活性服务,对外连接的媒介作用有限,也不能成为全球城市。即使是一些以先进生产者服务为主的城市,如果其规模较小、容量有限,限制了对外网络连接的程度,也难以成为全球城市。

全球城市是在一般城市发展进程中发生变异演化的产物,有其特殊的演化路径。因而一般城市发展进程中发生变异演化的主要因素,在于外部选择环境的作用和影响,即现代全球化进程。正是在现代全球化进程的作用和影响下,一些城市发展出现变异演化,其遵循着独特的演化维度,即依据对外连接的空间尺度,从连接周边腹地的当地城市演化为连接国内的中心城市,乃至演化为全球网络连接的节点城市。而且,随着越来越多国家和地区的城市进入全球化进程,不管是主动融入还是被动卷入,都开始走向这一特殊的演化路径,成为全球网络连接的节点城市,并由此形成了世界城市网络。在这一世界城市网络中,通常只有少数城市能够保持全球关系或发展广泛网络,居于真正的、特有的基本或主要节点位置,即全球城市;而其他大多数城市只是网络中的一般节点或次要节点,即全球化城市。

2. 基于网络节点的一般属性与本质属性

从网络化的节点城市来讲,全球城市既具有节点城市的一般(基本)属性,又具有作为基本节点而区别于全球化城市的本质属性。

节点城市的一般(基本)属性是网络联结。缺乏网络联结,就不成其为节点城市。所谓网络联结,是一种城市间持续性联系和相对稳定交互的流动关系。而且,这种网络联结具有二重性,既包括可感的能源、原材料、资金、技术、人员等实在流动的联结,也包括战略规划、项目策划、订单合约、指令、任务分配、沟通协调、咨询服务、结算清算等心智流动的联结。心智流动的联结,则发挥支配、操控和引导实在流动的作用。节点城市的联结,其核心是心智流动的联结,集中体现为功能联结。当然,城市网络联结不是凭空显现,而是存在于"地点—流动"空间中,并基于不同的空间尺度,即本地和非本地。节点城市既依赖于流动关系的空间载体,摆脱物理边界限制,网络流动日益信息化和非物质化,同时又依赖于基于"地点空间"的物理基础设施,并作为网络流动的起点和终点,因此这两者呈现相互交织的过程统一性。在网络联结的流动中,往往是多尺度的,既有本地关系的拓展,又有国内关系的联结,还有全球关系的联结。这些不同空间尺度的联结是互相本构、彼此加强的过程。

然而,全球城市作为全球网络的基本节点,是这一变异演化最终形成的城市新物种和新形态,赋予其特定的本质属性及功能。全球城市在网络联结上更加突出了全球联结广度、密度和深度,更加突出了节点的枢纽、门户的重要性及随其联结重要性程度动态发挥的影响力与作用力。全球城市处理日益网络化社会的多方面流动,不仅处理最多数量的流动,而且也处理最多不同类型的流动,从而实现全球资源要素的战略性配置。全球城市更加突出了多层次"流动空间"权力关系,在多尺度连接中更加突出了以全球关系为主导,集聚与辐射的主要对象是世界腹地,大大超越其他空间尺度(地区、国家)的连接。

总之,在全球城市的指标设定中,如何处理好全球城市本质属性与一般(基本)属性的关系是一个关键的环节。在其指标体系设计上,必须突出全球城市本质属性的衡量,同时兼顾全球城市一般(基本)属性的支撑。只有这样,才能既避免沦为一般城市的测度,又可以克服对全球城市测度的片面性。当然,全球城市作为一个测度对象,其指标体系设定是围绕全球城市的本质属性展开的,需要更多使用反映"有或无"的结构性差别的指标,把全球城市与一般城市区别开来;辅以一些反映共同属性的表示数量"多或少"的等级性指标。

5.2.3 全球城市的核心功能与非核心功能

在世界城市网络中,全球城市作为基本节点,确实是高能量和高能级的城市。因而在人们的感知中,全球城市似乎应该是"全能"或"超能"的城市。我们在此强调:全球城市并非"全能城市",更不是在各个方面都优于别人的"超能城市"。事实上,即便像纽约、伦敦等综合性全球城市也是如此。这个问题,对于我们的指标选择及指标体系设定也有重大影响。也就是,我们所要测度的是全球城市的核心功能,而非其全部功能。

全球城市的功能,是多方面的,但核心功能集中体现在基于网络化流动的全球资源配置上。这是其他城市所不具有的特定功能,也是全球城市的核心价值所在。全球城市并不因为"全能"才成为全球网络的基本节点,而恰恰是因为具备了全球资源配置的核心功能。如果说全球城市有优于别人的"超能"方面,那也就在于其核心功能上。

相对于全球城市这一核心功能,其他则为非核心功能。当然,非核心功能并不是可有可无或"不必要"的,同样也很重要。因为全球城市的核心功能与非核心功能之间是内在关联并协同作用的统一体。没有非核心功能的基础及支撑,核心功能则是空中楼阁。从这一意义上讲,非核心功能也是重要和必不可少的,否则将影响和制约核心功能的正常发挥。然而,非核心功能只是对核心功能起支撑作用,其本身并不能直接表征全球城市的特质。

另外,犹如人的手指有长短,全球城市众多功能之中也有强弱之分。其中,全球资源配置的核心功能必定是其强项,也是其他一般城市难以企及的强项。在其他一些功能上,也许有强项,也许是相对较弱的,甚至完全可能不及其他城市。例如,英国经济学家信息社通过对全球 140 个城市进行调查得出的"全球最宜居城市排名"(The Global Liveability Index)[①],专注于生活成本以及质量的著

---

① 根据治安、基础建设、医疗水平、文化与环境及教育等指标进行评估评选,2016 年排名前十的城市分别是墨尔本、维也纳、温哥华、多伦多、卡尔加里、阿德莱德、珀斯、奥克兰、赫尔辛基、汉堡;2017 年分别是墨尔本、维也纳、温哥华、多伦多、卡尔加里、阿德莱德、珀斯、奥克兰、赫尔辛基、汉堡;2018 年分别是维也纳、墨尔本、大阪、卡尔加里、悉尼、温哥华、东京、多伦多、哥本哈根、阿德莱德。

名研究机构 Numbeo 的城市生活质量指数（Quality of Life Index）①，前十排名中均未见纽约、伦敦等全球城市的身影。

我们认为，全球城市功能的强项与弱项之间有着内在关联，其组合是有机生成的。例如，全球城市的全球资源配置功能势必导致高流动性、高密度化、快速节奏、高生活成本、高社会极化、高风险隐患等，从而难以成为最高水平的宜居舒适、绿色生态的城市。从这一意义上讲，全球城市的强项功能内在规定了其他弱项功能。当然，对于全球城市来说，其全球资源配置的核心功能，同样需要其他功能的配合与支撑。但这里有一个"度"的把握，要以是否影响和制约全球资源配置功能发挥为标准。

从动态过程看，随着全球城市发展版本迭代升级，其核心功能具有叠加趋向（下面详细阐述），并高度集聚于中心区。同时，随着全球城市空间扩展，即向全球城市区域和巨型城市区域演化，通过"借用规模"效应，其一些非核心功能具有从中心区向周边地区疏解的趋向。也就是，这些非核心功能将在超越其市域的更大空间范围内支撑中心区的核心功能。

总之，针对全球城市这一特定测度对象的指标体系及指数构建，主要聚焦其核心功能，即基于全球网络核心节点的全球资源配置功能。围绕这一核心功能设置的指标，要充分体现基于机构的网络连通性、流量与平台等全球资源配置的特质。与此同时，兼顾其他基础性或支撑性功能。这些反映基础性或支撑性功能的指标设定，必须选择与其核心功能有着直接关联性的。而且，这两类指标设定要给予不同权重，以核心功能指标为主，以全面反映全球城市的全球资源配置的基本特征。

5.3　定量测度的基本维度

全球城市的测度，可以从不同视角和维度展开，从而形成不同的测度构架。在不同的测度构架中，其测度的内容及重点是不相同的，直接关系到指标选择及

---

①　通过考量购买力指数、污染指数、房价与收入比、生活费指数、安全指数、健康指数、交通通勤时间指数和气候指数等进行排名，2016 年排名前十的城市分别是堪培拉、阿德莱德、苏黎世、爱丁堡、慕尼黑、墨尔本、惠林顿、维多利亚、布里斯班、日内瓦；2017 年分别是堪培拉、罗利、惠林顿、维多利亚、爱丁堡、阿德莱德、埃因霍温、维也纳、圣地亚哥、墨尔本；2018 年分别是堪培拉、埃因霍温、罗利、阿德莱德、苏黎世、麦迪逊、布里斯班、惠林顿、里士满、哥本哈根。

方法。因此全球城市发展指数的构建,必须预先设定进行测度的基本维度。这种衡量维度并不是随意划分的,而要根据全球城市的特质(核心功能)及其动态演进进行选择和设定。除了单一的、专题性的测度外,这种衡量维度通常是一种复合体,从不同方向或方面综合测度全球城市。我们把全球城市测度设定为三个基本维度:全球网络连通性、要素流量连通性、发展成长性。这种复合性的衡量维度设定,其难点在于:它们既有内在关联和相互补充,但又不能有太多交集和重叠。

5.3.1 全球网络连通性

全球城市发展指数的构建,要依据全球城市理论及现实状况。全球城市作为全球网络的基本节点城市,基于"全球—地方"双重空间。全球城市指标体系及指数构建,既要反映功能属性,也要反映关系属性。但现有绝大部分城市指标体系及指数均立足于功能属性,采用传统的功能属性数据,诸如规模与实力、基础设施、人力资本、生活质量、公共服务、生态环境等数据。这种功能属性数据虽然一定程度上也反映全球城市的特质,但有较大局限性。因为全球城市发挥全球资源配置战略性功能并非限于其所在的"地点空间",而是更多地通过网络化"流动空间"或与全球其他城市关联来实现的。因此,这些指标体系及指数难以用来全面测度全球城市。

全球城市作为全球网络的基本节点,发挥全球资源配置战略性功能,具有明显的"地点空间"与"流动空间"的双重性:(1)网络扩展与集中。一方面,基于"流动空间"的城际功能联系趋于扩展和强化;另一方面,基于"地点空间"的全球资源配置战略性功能趋于集群化和集中化。(2)网络流动性与物质性。一方面,全球城市的网络流动渠道日益信息化/虚拟化地非物质化,变得更为脱离地方空间;另一方面,全球城市的网络流动又日益依赖物理基础设施,即使在最数字化领域,例如金融和银行业也是如此,从而依附于地方空间。(3)城市网络化,但"领土治理"。一方面,城市网络化促进先进生产者服务全球流动,在多尺度上构造了基本协同功能的城际关系;另一方面,基于领土(地点)空间的治理则是各自独立的。

过去,对全球城市的测度,分别是沿着这种"两重性"独自展开的,要么是基于"地点空间"的全球城市功能属性的测度,要么是基于"流动空间"的全球城市关系属性的测度。但事实上,这种截然分开的全球城市功能属性与空间流量的分别测度是存在一定问题的。功能属性的测度只是反映了全球城市集聚的全球功能性机构、全球市场及平台及人力资本、营商环境、生活质量等,从而反映全球城市促进全球资源配置的基础条件、能力水平、能级层次及核心竞争力等。空间流量的测度只是反映了全球城市联结其他城市的范围、种类、密度、强度等,主要与哪些类型城市发生联结,以及要素流动的方向、频率、路径及经由点等。两者之间到底是一种什么样的关联,是并不清楚的。

更主要的是,全球城市的空间两重性并不是割裂的,而是一种过程的二元性。其关键在于,这一过程可以交织在同一时间与同一个地方。(1)全球城市的全球化过程与本土化过程是统一的。也就是,以"全球—地方"的垂直联系为原则,而相互之间则是水平(横向)联系。因此,全球城市是"全球—地方"联结的经典场所,是一种全球本土化运转的具体形式。在这当中,地方性的集聚提供了联合全球活动的基础。(2)全球城市是静态过程与动态过程的混合体。通过数量庞大的高楼大厦及基础设施的物质性代表,其形成了全球城市地标性的形态轮廓。但这些看似强大的静态结构,其功能则是作为动态节点结构。因为在这些办公室里的全球功能性机构与外部有广泛的联系,促进全球资源要素的流动及配置。(3)全球城市发展是内向集群化与外向网络化两个过程轨迹的有机重叠。外部网络化因跨国机构大量集群而得以扩展;反过来,广泛的外部网络关系也由此成为吸引跨国机构集聚的重要因素。既然基于流动空间的关系属性和基于地点空间的功能属性是一个同构过程,那么对全球城市的测度就要把两者有机统一起来。

为此,一些学者从参与者或机构的角度提出全球城市网络研究,试图通过网络连通性把全球城市的空间两重性有机统一起来,并测度全球城市的特质及核心功能。例如,Brown 等(2010)、Parnreiter(2010)开展了全球商品链研究。Meyer(1986)进行了国际银行网络研究,Barba 和 Venables(2004)对并购和绿地投资形式的外国直接投资进行了研究,Yeaple(2006)进行了公司内贸易研究,等等。其中,三个网络模型是有代表性的。(1)Alderson、Beckfield 等(2010)的跨国公司治理的"所有权链接模型"。其认为,连接城市世界系统的关键关系是工业部门的跨国企业,并通过查看公司总部与其子公司的所有权联系来定义城市网络。然而,该模型往往产生相当"不完整"和等级景观的城市网络,因为它忽略了多个区位公司组织的变态分层性质。(2)Taylor 及其 GaWC 同事构建的"联锁网络模型"(Taylor, 2001;Derudder, Taylor, Witlox and Catalano, 2003)。这是基于高级生产者服务业创建出的一个基本的"联锁"世界办公室网络。但这一测量只专注于生产者服务公司,有一定片面性。而且,其所用的网络投影法容易"膨胀"网络连接。(3)Neal(2008)、Liu 和 Derudder(2012)等人构建的"双模网络模型"。其特点是两套独立节点(分别是城市和企业)之间的连接。它不会引起网络投影导致的信息损失,并能同时评估公司和城市在公司网络中的位置。但这些往往是复杂和计算密集的,有时产生很少更直观的分析结果。尽管上述模型的基本假设和操作化不同,但都借助了"city-by-firm"数据集来估计个别城市如何通过公司网络被连接的。当然,目前综合性的城市网络研究还较少,但已有一些尝试。Taylor(2005)在四种类型网络——经济、文化、政治、社会——中考察城市连通性,是迈出了重要的第一步。

在这种网络连通性研究中,还涉及不同分析工具和方法的运用,如 Taylor 等人(Taylor, Hoyler, Walker and Szegner, 2001；Taylor, Catalano and Walker, 2002；Taylor, 2004；Taylor, Firth, Hoyler and Smith, 2010；Taylor, Derudder, Hoyler and Witlox, 2012)的多维定标、主成分分析、差异分析法、二联体分析法,Derudder 等人(Derudder, Taylor, Witlox and Catalano, 2003；Derudder and Taylor, 2005)的模糊集合分析法、群体分析法等。一些学者还对模型的技术进行评估/改进。例如,Liu 和 Taylor(2011)检查模型的稳健性；Hennemann 和 Derudder(2013)进行新的连接性测量；Neal(2011；2012)区分中心性的形式、分析模型的确定性；Rossi、Beaverstock 和 Taylor(2007)识别决策和服务城市；Pain 和 Hall(2006)、Parnreiter(2010)增加定性研究的需求,等等。

在上述全球城市网络研究中,比较成功的是 GaWC 研究小组的全球网络连通性测度。其主要通过全球功能性机构(公司)内部网络所构造的全球城市间网络关系来模拟全球城市的全球资源配置功能。尽管这种映射方法有一定的缺陷,但我们认为,它把全球城市的功能属性与关系属性在网络节点上有机统一起来,是定量测度全球城市的重要维度之一。但不可否认,GaWC 研究小组通过全球功能性机构(公司)内部网络所构造的全球城市间网络关系来模拟或映射全球城市的全球资源配置战略性功能是存在一定缺陷的；(1)它们所使用的全球功能性机构(公司),仅限于先进生产者服务五大行业的机构(公司),如金融保险、法律、会计、商务、广告等。尽管这些行业(公司)是先进生产者服务的典型代表,并在参与全球产业链价值链的治理中发挥重要作用,但并不能涵盖进行全球资源战略性配置的全球功能性机构(公司),如制造业跨国公司总部和地区总部、全球研发中心等。(2)其通过全球功能性机构(公司)内部网络所构造的全球城市间网络关系,容易"膨胀"或"夸大"网络连接。因为处于内部网络中的分支机构(公司)之间也许并没有什么实际的业务联系,或只有偶尔的业务联系,却也被计算在全球城市间的网络关系上。(3)其所用的网络映射方法,容易夸大全球资源配置功能。

5.3.2　要素流量连通性

如果说 GaWC 研究小组的全球网络连通性指数的上述第一个缺陷还可以在自身基础上加以补充与完善,如增加基于制造业跨国公司、全球研发中心等机构的网络连通性分析,那么其第二、第三点的缺陷是其方法本身固有的问题,难以自身克服。为此,在衡量全球城市的网络连通性的基础上,我们新增加了要素流量连通性这一维度。"要素流量"这一维度主要通过各种资源要素网络化流动的规模、量级、集散程度等更直接地体现全球城市的全球资源配置战略性功能。通过要素流量连通性的直观反映,可以弥补网络连通性指数映射关系扩大化问题,并加以互相验证。

早期,这方面的流量测度主要集中于一个狭义的运输导向中心。Parnreiter(2002)通过主要海运航线和港口的货物流量来研究城市门户作用。Niedzielski和 Malecki(2012)研究铁路网络的流量。更多的学者研究全球航空网络的流量,因为它们更紧密地与城市系统同时发生(Choi, Barnett and Chon, 2006)。特别是 Smith 和 Timberlake(2001)使用多个网络分析技术来解释 1977 年和 1997 年之间六个时间点上城市之间的国际航空乘客流数据,揭示了在这二十年中尽管纽约、巴黎、伦敦、东京和其他少数主要的欧洲和北美大都市主导了这一流量,但其他地方的城市角色和地位已大幅度转变。

随着全球信息化发展,一些学者越来越重视全球城市的信息或知识的无形流动,开展了围绕信息基础设施及其流量测度的研究。Mitchelson 和 Wheeler(1994)开创性地运用城市之间的信息流动数据来揭示美国城市系统地理。其后,Malecki(2002), Rutherford、Gillespie 和 Richardson(2004)开展了基于互联网基础设施的"全球性覆盖"研究。Choi、Barnett 和 Chon(2006)从两个年度的互联网地理报告中编制了一个 82 个国际城市的网络,从中捕获一对城市之间信息流动的能力,测量带宽的每秒兆位(Mbps)。Devriendt、Boulton 等人(2011)利用 WWW 作为巨大和有价值的信息来源,监测城市关系变化以及定量估计商务突显性。而且,研究人员更倾向于理解基于基础设施或媒体传播的信息流动(书籍、杂志、信件、文档等的流动),而不是试图跟踪信息"本身"(Mitch-elson and Wheeler, 1994)。例如,Dodge 和 Shiode(2000)使用所谓"电子空间"(CP)的方法(一种探寻物理基础设施和物质连接的特定网络地理),分析比特

(数字数据的单位)在空间中的流动。Williams 和 Brunn(2004)用 197 个城市最突出的搜索引擎得出的信息描绘最大城市的联系。Devriendt 等人(2008)使用一个超链接二分体分析来描绘欧洲城际信息网络。

近期,麦肯锡全球研究院(MGI)发布的"数字时代的全球流"(Global Flows in a Digital Age)指数、全球物流业巨头敦豪公司(DHL)发布的"全球连通性指数"(Global Connectedness Index)等,也均是从这一要素流量的维度来构建的。

但总体上讲,要素流量测度的研究是比较薄弱的。大多数的要素流量测度,只限于某种要素的单一关系网络,缺乏综合性的要素流量测度。正如 Alderson 和 Beckfield(2004)指出的,为了探索和评估全球城市的表述,人们试图结合城市之间经济、政治、社会、文化联系的数据来构建一个多关系网络。但不幸的是,这些数据是极其稀缺的。Derudder(2006)指出,如何实施这种流动优先以及超越地方(实体)和属性的关联性是经常被公认的挑战之一,但并没有得到解决。因此,在要素流量这一维度上,要重新构造一个多关系网络。

5.3.3 发展成长性

上述两个维度基本上用于静态测度,可以用来反映全球城市的既有状况,特别在全球城市网络中的位置及重要性,如已达到什么样的规模与层级,发挥了什么样的功能与作用,具有什么样的内向集群化和外向网络化程度等。显然,这种静态测度有助于我们判定全球城市达到了什么样的水平,并通过比较确立起参照的标杆。

然而,在全球化与信息化交互作用的驱动下,全球城市处于动态演化之中,在世界范围内表现为数量变化及兴衰交替。这种变化并非杂乱无序,而是有规律可循。而且,我们注意到,在全球化与信息化交互作用的推动下,全球城市网络将进一步扩展,覆盖更大范围和更多经济体的城市,特别是新兴经济体和发展中国家的主要城市,从而增加网络中的基本节点数量,涌现出更多的全球城市,特别是新崛起的全球城市。同时,随着全球化与信息化进程重心转移和流经路线改变,如世界经济重心东移等格局变化,全球网络中一些主要节点的功能及地位势必发生变化。一些全球城市可能仍保持强盛势头,其能级进一步提升;一些原先处于基本节点地位的全球城市可能衰弱下去,蜕化为一般节点;一些原先处于一般节点的全球化城市可能跃升为基本节点,崛起为新的全球城市。在这一动态变化整体图景中,既有全球城市的数量增多,也有全球城市的新旧交替。

另外,随着全球网络权力分布的变动,全球城市的能级及功能也发生动态演化。一些主要网络化联结大陆(大洲)地区的城市,成为区域性的全球城市;另一些则广泛联结全球各地的主要城市,成为世界性的全球城市。一些不仅具有较强的基于全球功能性机构的指挥控制权,或对全球价值链的治理与管控功能,而且在网络中的中心度较高,具有较强的网络权力,从而成为高战略性节点的全球城市;另一些则具有较弱位置战略性权力和网络权力,成为一般战略性节点的全球城市。一些具有大规模资源集中与扩散流动的吸引力,成为枢纽节点的全球城市;另一些则具有资源必须经由此地流动的影响力,成为门户(通道)节点的全球城市。

还有,在全球城市动态演化中,其发展模式日益多样化。尽管全球城市的核心功能及流量基础设施等趋于"标配",但其面临的选择环境及自身条件不同,呈现多样化的发展模式。一些全球城市基于多样化的知识体系,如经济、金融、文化、科技及基础设施等条件,随着总体能级的逐渐累积和提升,可能进一步往综合性方向发展;另一些全球城市则利用某些领域具有的独特优势,往注重于自身特质及专精服务能力的方向发展,更具有别于其他城市的"个性化"特征与"排他性"优势。对全球城市认识的关键之处在于,全球城市之间并非彼此进行同质化竞争,而是通过专精特质脱颖而出。这种"专精"特点明确了各个全球城市的独特作用所在,成为全球城市在新一轮竞争中的重要依托。

最后,随着全球城市网络密集化及全球城市空间扩展过程,全球城市呈现出区域化发展的动态特征。为承载更多的全球要素流动及资源配置,全球城市对周边区域的依赖性进一步加强,其功能的网络联结不断从中心区向市郊拓展,并逐渐越出市政边界,向周边城市拓展,形成有效利用全球要素、共同抵御外部风险扰动、增强综合竞争力的全球城市区域乃至更大范围的巨型城市区域。这使全球城市原本主要以跨境要素配置与控制为主的"离岸"或"垂直"影响力增加了"水平"维度,不仅使城市发展的多样性增加,也大大提升了经济辐射的范围与深度。

因此,鉴于全球城市演化的动态性,我们新设置了基于功能属性的成长性维度,主要测度其发展基础、发展机遇、发展潜力、发展动能等。这种动态测度的理论依据是全球城市演化动力学。以往的全球城市理论主要重视对发达国家已经形成的全球城市研究,缺乏对具有潜在成长性的全球城市的动态研究,特别是崛起中的全球城市。近年来,全球城市理论研究学者开始重视从动态视角研究全球城市。周振华(2008)提出,崛起中的全球城市应该成为全球城市理论研究的一项重要内容,并建构了新兴经济体全球城市崛起的理论框架。此外,周振华

(2017)还提出了基于"生命有机体"假设的全球城市动态演化理论,揭示了全球城市形成与发展过程。

从"有机体"的本体论假定出发,全球城市是作为一个具有内在能量—物质实体的选择单元,对变化着的选择环境做出相应回应,在其交互作用下发生变迁演化的。作为一个具有能动性的选择单元,从抽象意义上讲,可以被定义为"知识携带者"与"信息携带者"。前者是基于城市认知主体的一种心智范畴,如现在所说的城市"软实力"或"内容"等,其凝聚着知识能力;后者是基于城市实物形态的一种物质范畴,如现在所说的城市"硬件"或"平台"等,其携带着一定的历史信息。正是两者的有机结合与交互作用,才构成城市有机体的反射能力和内在能动性,从而对选择环境做出适应性的选择反应,表现为全球城市演化的发展潜能。当然,两者在全球城市演化中所起的作用是不同的。信息携带者只是其具有反射能力和内在能动性的物质基础,并不能完全决定城市发展。知识携带者代表城市心智的"通类知识",只有通过知识创造的累积才能从一种旧体制中引致新体系的突现。这才是真正的发展演化的内在力量。从这一意义上讲,全球城市作为一个能动的选择单元,其知识创造比信息携带更为重要。

选择环境是全球城市演化的一个重要约束条件,也是其演化的一个强大动力。这一选择环境具有二重性:既是外在、自然给定的(外生性),又是内在、人为的(内生性)。前者包括世界层面的全球化、城市化、信息化、经济周期、世界经济格局变革,以及国家层面的地缘政治和经济权力、开放度、国民经济结构、国内空间布局、文化及语言等和地区层面的区域一体化程度等。后者则是在某种程度上由参与其中的行动者构建而成的,是其在过去城市演化中的选择特征转化为选择优势的结果。也就是,由参与其中的行动者前期选择结果所形成的即期选择约束环境。因此,这里所说的选择环境,并不等同于通常所讲的外部环境,还包括由自身历史性构造的内生性环境。而这种内生性环境强调了城市基因及现实基础在全球城市演化中的重要性。在即期外部条件相同的情况下,不同城市(选择单元)由于长期演化所形成的不同基础或来自内生性的选择环境的差异,使其面临的实际可选择的范围、空间及其可能性边界是不同的,或者说面临的内生性选择环境不同。这就可以很好解释,在全球化等外部环境相同的情况下,为什么一些城市可以崛起为全球城市,而另一些城市则不能成为全球城市,除了城市心智因素外,其原因就在于它们的内生性环境不同,实际上面临着不同的选择环境。

在上述全球城市演化的基本构架中,我们可以从选择单元与选择环境的交互作用中抽象出若干影响全球城市演化的主要因子和基本变量。在世界层面,有全球化进程、信息化浪潮、经济长周期及经济变革、世界经济格局变化、世界城市化等变量;在国家层面,有全球经济中所处地位、对外开放度、国家宏观经济安排、基于制度安排的国内空间格局、国家的倾斜化支持、文化、语言等因素;在城市自身层面,有城市规模、城市实力、基础设施、城市基因、城市首位度等变量(周振华,2017)。当然,这些影响因子对全球城市演化的作用,并非均等化。有的是起决定性作用的主变量,有的是起辅助性作用的协变量;有的是起直接作用的主要变量,有的是起间接作用的虚拟变量。而且,这些影响因子的非均等化作用也不是简单权重排列形式,而往往是"递进嵌入式"的,有的是主因子影响,有的是在主因子下面发挥作用的次因子影响。另外,因研究视角的不同,甚至影响因子的作用会发生转换。例如,对于全球城市作为一个整体的演化来讲,世界层面的影响因子是主要的。其中,全球化进程是决定性的影响因子,作为全球城市发展的根本动力,其他变量起辅助性作用或者在主因子下面发挥次因子影响作用。对于作为个体的全球城市演化来讲,世界层面的影响因子无疑构成其基本环境背景,其中世界经济格局变化对其有直接影响,可能更直接受制于国家层面的影响因子,特别是在全球经济中所处地位、对外开放度等变量,以及城市自身层面的城市基因、现实基础及城市心智等变量。

　　然而,从潜在成长性维度来测度全球城市动态面临一个很大的困难,即无法从功能属性与关系属性的统一视角来测度全球城市发展潜力。这种潜在成长性更多表现在功能属性方面,只有通过其功能属性的测度来折射其关系属性的发展潜力。因此,潜在成长性维度将侧重于功能属性的动态测度。

　　对于全球城市功能属性方面的测度,已有大量的研究文献。因为大多数研究者把全球城市视为全球经济的"中心地"位置,扮演贸易、金融中心或工业中心、港口等重要场所的角色。例如,全球资本用来组织和协调其生产和市场的基点,国际资本汇集的主要地点,专业化服务的供给基地,金融创新产品和市场要素的生产基地,大量国内和国际移民的目的地等,从而注重于全球城市功能属性方面的测度。我们归纳了由 Hall、Ullman、Friedmann、Sassen、Thrift 和 Taylor 等学者提供的描述,"全球城市功能"包括了一系列的主要角色:(1)经济中心,主要测度经济实力、市场规模(品种及交易量)、吸引外资能力、对外投资水平、租金水平、生产与生活成本、消费能力、营商环境等;(2)政治权力中心,主要测度首都功能;(3)贸易和商业的门户,主要测度港口、机场、铁路等设施条件、商业路线等;(4)信息和文化的聚集和传播中心,主要测度具有全球影响力的主要学术机构、博物馆、网络服务器和提供者、大众媒体等;(5)国际活动举办地,主要测度大型国际体育赛事、国际文化艺术节、大型国际论坛与峰会等;(6)全球流动和/或旅游的枢纽,主要测度商务人员出入境和中转人数、入出境旅游人数、居住天数、人均消费水平等;(7)人力资本和学术界聚集的站点,主要测度科学家、艺术家等人数、受高等教育人数的占比、访问学者及留学生人数等;(8)国际组织、非政府组织和公司总部的所在地,主要测度各类国际组织、非政府组织的数量、跨国公司总部和地区总部数量、全球先进生产者服务公司数量、全球研发机构数量等;(10)具有全球知名度的大都市所在地,主要测度标志性建筑、城市品牌、城市名称的可识度和知晓性等。事实上,随着时间推移和多维度研究视角扩展,这一清单目录完全可能继续增多和延长。例如,目前全球城市越来越具有科创中心的功能,从而要增加对科技创新资源、专利发明数量、成果产业化率、科技型企业数量等测度。

当然,我们会选择若干最能反映全球城市特质及核心功能的功能属性方面的内容,并将其作为动态测度处理,例如取三年之内的变化值,而不是某一既定时点的数值。

5.4　确定测度"版本"及优化测度架构

全球城市处于迭代升级的动态演进之中,从而呈现不同发展阶段的"版本"。不同"版本"的全球城市,有不同的重点内容及核心功能。构建全球城市发展指数,要确定其测度"版本",否则就不能衡量和反映全球城市最新发展及发展趋势。在此基础上,从内容安排上优化和充实由三大维度构成的测度架构。

5.4.1　全球城市迭代升级

全球城市的形成是动态演化的产物,并且还在城市持续不息的变迁中继续演进。全球化的格局与形态变化,以及科技发展等,对全球城市的迭代升级起到重大影响作用。

从历史上看,最初兴起的全球城市主要与 20 世纪 70—90 年代的经济全球化发展密切相关。这一阶段,在跨国公司主导下,企业内部的生产环节得以突破国界,进入全球布局并形成全球产业链价值链。生产环节的全球分散化使跨国公司在主要城市设立总部和地区总部,对全球产业链价值链网络进行控制与协调。Friedmann(1986)指出,一些主要城市通过跨国公司的权力和控制,成为经济全球化日益增长的经济地理复杂性所需要的一个有限数量的相互关联的控制点,其具有全球经济的控制功能。跟随跨国公司海外投资的先进生产者服务业机构也随之集聚在一些主要城市,并随着跨国公司总部职能的外包,成为该阶段全球化经济的重要协调主体。Sassen(1991)从先进生产者服务的战略功能角度,强调了全球城市充当生产商进入全球经济的接入点,其具有全球经济的协调功能。因此,最初1.0版的全球城市是作为跨国公司跨境经济活动的治理地点,对世界经济进行管理和控制,从而扮演了控制和协调新国际体系的新战略角色。其主要依托于跨国总部及其全球服务机构的高度集聚,主要聚焦于战略性的经济功能,诸如跨国公司总部的指挥和控制功能、国际资本市场、全球商务服务及投资贸易、全球航运等。

　　20世纪90年代以后,伴随日益扩展的跨国公司管理者和专业人士"跨国性质"的工作及"跨国阶层"消费带来的全球都市化,全球城市率先生成了新的文化结构和过程。同时,以现代信息技术和互联网为标志的新媒体发展促进了全球文化交流以及文化创意产业发展。文化艺术与经济活动之间具有高度的"共生关系",促进了全球城市经济功能与文化功能的协同发展。全球城市中先进生产者服务业的高收入及高端人力资本不断生成对文化艺术的强大需求,而经济实力雄厚的大公司可能倾向于赞助文化艺术活动,从而为文化艺术发展繁荣提供了有力支撑。特别是活跃的文化艺术环境有利于吸引外来游客直接创造就业机会和促进经济发展;有利于通过改善地方品质来吸引知识工作者、公司以及对城市的投资;有助于提升城市品牌,增强其文化认同,确定其在全球体系中的身份和地位。为此,不少全球城市开始将文化作为城市保持活力与魅力的核心内容之一,纷纷制定了城市文化发展战略。例如,纽约为促进城市文化与经济的协同发展,市政府文化事务部提出了"提高文化对于经济活力的贡献度"的工作目标,并专门成立了"电影戏剧和广播市长办公室"来推动纽约市电影、电视产业的发展。文化繁荣和发达对纽约市的经济发展起到巨大的推动作用。伦敦将文化战略作为大伦敦发展的八大战略之一。2004年4月制定了第一个文化发展战略"伦敦:文化首都"(London: Cultural Capital),提出要把伦敦建成具有创造性的世界级优秀文化中心,并确立了四个重要目标:发展优秀文化;文化要具备创造性;文化要能被公众接受;文化要体现价值。东京在"首都圈规划构想"中将"具有深厚魅力的文化城市"作为21世纪首都发展愿景的重要内容。其文化建设的重点一是展示东京传统与现代文化;二是开发以文化为基础的包括自然景观在内的东京旅游资源,用文化衡量城市魅力,从文化的角度演绎和展示东京。至此,全球城市迭代升级为经济与文化协同发展的 2.0 版。在此过程中,有相当部分的全球城市,如伦敦、纽约和东京等,不仅是顶级全球金融中心,同时也是重要的全球艺术城市(Currid, 2006)。

2008 年全球金融危机对过度依赖金融业的全球城市带来强大冲击及巨大发展风险,引起人们的深刻反思,并成为开始重视科技创新和高科技制造业崛起的一个重大诱因和契机。但从根本上讲,是基于现代信息技术的新技术革命、全球化进程深化,以及知识社会创建和知识经济发展三大历史过程的相互作用,促进了全球知识流动及科技创新网络的形成及扩展,催生了基于知识的城市和科技创新的动态中心,从而深刻影响和改变全球城市的功能结构及增长动力。与此同时,全球城市凭借自身强大的集聚能力、综合配套能力及环境塑造能力,所具有的高校、科研机构及专业人力资本的雄厚基础,丰富、高端的创新资源及广泛的网络关联,成为全球科技创新中心的重要空间载体。在此背景下,一些全球城市不约而同地制定了建设科创中心的发展战略,增强其科技创新的功能,打造全球创新资源配置中心,力争成为新知识、创意思想、新技术等流动的网络枢纽,成为前沿科学发现和颠覆性科技创新的策源地。纽约市 2010 年提出打造新一代科技中心的目标,提供土地与资金用来吸引高新技术与应用科技水平一流的院校与研究所落户,从人才、基础设施和信息平台等方面扶持高科技产业发展,打造"迭代升级版"创新产业生态系统。伦敦在"伦敦规划 2015"中进一步强化了创新中心的定位和发展方向,"确保伦敦成为创新的可持续中心"。东京在国家战略基础上制定了"东京都长期愿景",提出建设东京国际商务中心、生命科学研究中心、国际金融中心的举措。同时,提出建设东京"亚洲总部特区",通过在"亚洲总部特区"内制定各种特备措施,吸引外国企业的全球创新网络布局。至此,全球城市进入了经济、科技、文化融合发展的 3.0 版。人力资本、知识和创新能力与投资贸易、金融资本、文化资本等一起成为全球城市功能结构的重要部分,科技创新日益成为全球城市经济增长和文化繁荣的主要驱动力,创新活力和综合创新能力日益成为全球城市提升核心竞争力的关键组成部分。

全球城市的迭代升级并非另起炉灶的重构,更多体现为战略重点的调整及深化;也不是简单的新旧功能替代,而是更多进行功能体系的完善。因此,确定全球城市发展 3.0 版为测度版本应该是最合适的选择,既能体现全球城市的最新发展,又涵盖了较全面的内容。当然,展望未来,全球城市还将继续发展演化,升级到更新的版本。从今后新科技革命可能取得的重大突破,以及目前全球城市发展初露端倪的迹象来看,绿色智慧或生态可能代表着全球城市发展的新趋势。但从可测度性角度讲,以全球城市发展 3.0 版为好。

依据全球城市迭代升级,其指标体系设定应以全球城市 3.0 版本为主要依据,确保指标的引领性。针对全球城市 3.0 版的经济、文化、科技融合发展新趋向,指标体系设定要进一步强化在文化、科技规模及作用方面的考察,增加一些反映全球城市经济、文化、科技融合发展的新指标。同时,重视全球城市迭代中涉及流量结构、方向与功能属性变化的引领性、关键性指标考察。其中,国际贸易结构中,传统服务贸易向数字贸易的转变,涉及全球城市承载流量中数据流量的结构变化,需要在指标设定中予以重点考察。同时,随着全球城市承载要素流量的来源日趋多元,对货物、人才、资本的流动方向需要进行分区域考察,以深入评估全球城市的实际枢纽作用水平。适当加大这些引领性、关键性指标的权重,以反映全球城市新发展趋势。同时,指标体系应"向下兼容",兼顾 2.0 版本、1.0版本的核心功能表现,以保持测度的完整性。

5.4.2　不同维度的调整和改进

从已有研究文献看,衡量全球城市的三大维度,其各自都已有相应的指数构建,如 GaWC 研究小组的全球网络连通性指数、麦肯锡全球研究院(MGI)的全球流指数,以及数量众多的全球城市功能指数等。这些成果对于我们构建全球城市发展指数有重大借鉴意义,但不是简单地将其归并或拼凑在一起。因为这些在不同衡量维度基础上各自构建的指数,在内容构成上存在一定问题:一是范围较狭窄,涉及种类较少,缺乏结构性衡量等;二是不同维度的指标混合使用,容易产生重复等;三是动态化指标不足,难以反映动态发展。因此,需要对此进行相应的改进和完善。

我们认为,从这三个维度构建全球城市综合发展指数,首先要对这三个维度的边界有清晰界定,避免交集与重叠,并在不同维度内选择与设置相应指标。其次,这是多种方法的综合运用,要处理好运用不同方法之间的关系,避免方法运用上的冲突。再则,要保证众多指标数据的可获得性,尽可能采用一手原始数据进行加工处理,尽量少用现有机构已发布的指数及二手数据。

1. 全球网络连通性指数内容扩展化

(1)在全球网络连通性指数中,除了采用 GaWC 基于先进生产者服务业的网络连通性测度外,进一步拓展了基于先进制造业和高新技术产业的网络连通性测度。先进生产者服务业在全球城市结节成网过程中的作用固然非常重要,但是制造业,尤其是先进制造业(AM)的作用更不能被忽视,像通用汽车这样的制造业企业在全球配置资源而缔结的供应链并由此引发的要素在城市间的流动量是巨大的。忽略先进制造业的作用,我们将很难准确评估一个城市在全球城市网络体系中的竞争力。

(2) 在网络中心度的总量测度基础上,增加了网络连通性的结构性测度。GaWC 研究小组的全球网络连通性指数是一种总量测度,即从点中心度来反映城市间的联系强度,并用点中心度总得分来测量或划分全球城市在网络中的节点地位,而没有进行网络连通性的结构性测度,难以全面反映全球城市在网络中的节点地位及特点。为了进一步测度一个城市对网络体系中其他城市的影响力和控制力或对其他城市的吸引力,增加了点出度与点入度的结构分析;为了进一步测度一个城市在整个网络体系中把其他城市链接起来的中介能力,增加了中间中心度分析;为了进一步测度一个城市在全球城市网络体系中是否处于"关键核心圈层",增加了特征向量中心度的结构性测度,以更全面度量全球城市在全球网络中的节点地位。

2. 全球要素流量指数的"纯化"与高级化

全球要素流量指数的构建主要依据全球要素流的流动特征,采用各要素流量直接指标的方法。相对而言,目前国际上已有的全球要素流量指数,特别是综合性要素流量指数的研究较少,且不太成熟。我们在充分借鉴已有成果的基础上,作了两方面改进工作:

(1) 流量指数的"纯化"。在已有的要素流量指数中,除了敦豪公司(DHL)发布的全球连通性指数专注于直接国际流量指标外,大多采用了流量直接指标与间接指标混合的方法。例如,麦肯锡全球研究院(MGI)的全球流指数,除了直接流量指标外,较多使用了促进要素流的基础性条件的间接指标,如港口、机场、金融中心等平台性指标,跨国公司、大使馆或领事馆、国际顶尖大学以及博物馆艺术馆等机构或场所指标。对于单独构建一个要素流量指数来说,这种做法有一定的合理性。但我们这里要构建的全球要素流量指数只是作为全球城市测度中的一个维度,还有其他的衡量维度,特别是有专门的成长性的功能属性维度。而上述那些平台性、机构或场所的间接指标均属于功能属性指标,是需要在功能属性维度上设置的。显然,在全球要素流量指数构建上采用直接指标与间接指标混合方法,势必与功能属性维度上设置的指标重复。因此,我们对全球要素流量指数进行"纯化",剔除了反映功能属性的间接指标(如港口、机场及其他基础设施等),全部由直接流量指标构成。

(2) 流量指数的高级化。已有流量指数中的指标设置大多反映传统型要素,如贸易、资金、人员、信息等流动,而对新世纪以来方兴未艾的文化流、科技流鲜有涉及。事实上,网络化流量扩展具有动态性,必然从初级阶段的物流、资金流主导向高级阶段的人才流、信息流,乃至科技流、文化流主导演化(周振华,2008)。这意味着流量指数要随着全球流的演化而趋于高级化。因此,我们对流量指数进行"高级化"提升,不再仅停留在传统型要素如贸易、资金、人员等流动上,而选取贸易流、资本流、科技流、文化流、人员流、信息流作为全球资源要素流量构成。

3. 成长性指数的动态化改进

动态发展指标的设定,要充分考虑决定全球城市演化的主要变量,特别是从个体的全球城市演化角度考虑其主要影响因子。例如世界经济格局变化、国家在全球经济中所处地位、对外开放度、区域一体化程度,以及城市自身层面的城市基因、现实基础及城市心智等变量。因此,我们要在现状衡量指标的基础上增加一些潜在发展条件或自身发展潜力的指标,以更全面反映全球城市动态变化趋势。

(1) 侧重于从全球城市发展的基础及环境条件的角度设置相应指标。一类是直接反映全球资源配置功能的指标,包括跨国公司及全球生产者服务公司等机构数、金融市场体系及规模、贸易量、展会数量、运输规模等;另一类是支撑全球资源配置功能的基础条件方面的间接指标,例如各类基础设施条件、人力资本条件、营商环境、生活居住环境等。

(2) 增加了反映全球城市发展潜力的相关指标。城市自身发展速度与水平及地位代表着其向全球城市演化的基础和潜能,也是全球城市影响力和竞争力的直观体现。因此,我们用近期若干年的城市发展速度、城市经济密度提高程度及城市中心地位等来反映全球城市发展潜力。另外,任何一个全球城市的崛起和发展都离不开所在国在世界体系中所处的重要地位和作用,以及国家的历史性安排和制度延续的重大影响。国家因素是全球城市演化发展的重要协变量(周振华,2017)。因此,衡量全球城市动态发展必须考察其国家经济规模、GDP 增长率、区域一体化发展水平等外部条件的变量,充分反映外部环境(国家发展)对全球城市发展的支撑。这一动态化处理后的指标,我们称之为全球城市成长性指数。

5.5　全球城市发展指数及其测算

根据上述分析,我们构建了全球城市发展综合指数,涵盖三类一级指标、17个二级指标和 40 个三级指标(表 5.1)。

表 5.1 全球城市综合发展指数的构成指标

序号	目标	一级指标	二级指标	三级指标
1		全球城市网络连通性指数	城市网络联系能级	点中心度
2			城市网络辐射能力	点出度
3			城市网络吸引力	点入度
4			城市网络"通道"作用	中间中心度
5			关联城市的影响力	特征向量中心度
6		全球城市要素流量指数	贸易流	贸易进出口额
7				国际机场货物吞吐量
8				港口集装箱吞吐量
9			资本流	流入的 FDI 项目数
10				股票市场交易量
11	全球城市综合发展指数			数字支付市场的经济效益
12			科技流	论文国际合作
13				专利国际合作
14			文化流	星巴克餐厅数量
15				国际音乐会数量
16				文化互动指数
17			人员流	国际机场客流量
18				入境游客数量
19				外国出生的人口数量
20			信息流	官方网站海外访客量
21				数据通达指数
22		全球城市成长性指数	基础设施	全球通达性
23				信息化
24				商务办公
26			人力资本	人口吸引力
27				人员往来便利化
28				科技原创力
29				创新资源集聚

续表

序号	目标	一级指标	二级指标	三级指标
30	全球城市综合发展指数	全球城市成长性指数	营商环境	投资便利化
31				贸易便利化
32				法治环境
33			生活居住环境	自然生态环境
34				就业机会
35				高净值人士集聚
36			经济活力	城市经济密度
37				城市发展速度
38				本国市场规模
39			潜在发展外部环境	本国发展速度
40				区域市场一体化

资料来源:课题组绘制。

　　运用这一新的测度方法,我们依据 GaWC 列入 Alpha 等级中的 28 个样本城市进行了全球城市综合发展指数测算,列入前十位的全球城市分别为伦敦、纽约、上海、香港、东京、新加坡、北京、巴黎、首尔、悉尼。我们分别进行了各分项指数测算及其分析,以揭示这些城市在不同方面的发展现状及其变化(表 5.2)。

表 5.2　主要全球城市各项指数比较

全球城市	成长性指数	要素流量指数	网络连通性指数	综合发展指数	综合排名	成长性指数排名	要素流量指数排名	网络连通性指数排名
伦敦	27.89	67.19	88.93	68.03	1	17	1	1
纽约	37.67	53.78	79.31	60.77	2	4	2	2
上海	59.61	41.26	73.61	57.87	3	1	7	5
香港	35.14	51.02	72.91	56.60	4	9	3	6
东京	35.23	46.41	73.66	55.07	5	8	5	4
新加坡	35.63	42.55	76.53	54.76	6	6	6	3
北京	58.40	39.17	60.90	51.71	7	2	8	7
巴黎	24.33	48.14	50.84	44.46	8	23	4	8
首尔	37.75	25.67	46.29	36.33	9	3	13	9
悉尼	26.26	23.03	38.18	29.74	10	21	17	10

资料来源:课题组测算。

全球城市综合发展指数的测算结果及其排名,与 GaWC 及其他指数的测度在区间范围上大体相当,特别是处于排名第一、第二的全球城市,其测算结果是完全相同的。但在这之下的城市排名中,位置排列有较大的不同,特别是增加了成长性指数的测算,具有较大发展潜力的城市排位明显前移,包括上海、北京等,而那些老牌全球城市(除纽约外)的成长性排位都较低,特别是伦敦,从而影响其综合排名。另外,由于网络连通性指数中增加了基于先进制造业和高新技术产业的网络连通性测算,那些具有较强先进制造业的城市的排位前移,特别是东京在网络连通性指数上名列第四位。要素流量指数排名与网络连通性指数排名中,除伦敦、纽约一致以及东京相差不大外,其他城市的排位也有较大不同。这说明全球城市综合发展指数的测算并不太离谱,反而更为全面准确了。而且,该指数从不同维度对全球城市的测度,将为我们提供更多的信息,特别是在专项指标或单项指标上监测出上海在全球城市建设中存在的长处与不足,有助于对具体工作的指导。

作为首次尝试,我们在全球城市发展指数构建及测算中力求科学性、准确性和合理性,但指数的构建和测度肯定存在一些问题和不足。比如,尽管自觉意识到指数测算的空间尺度的重要性,也专门研究了 28 个样本城市本体的空间尺度,但限于相应数据的可获得性,并没有能够完全按其划定的空间尺度来测算,这需要在今后研究中不断加以调整和完善。

6 全球化战略空间[*]

现代全球化,既是一个过程,也是一种空间形态,表现为全球化在空间分布的版图。世界并不是"平"的。全球化在空间范围上呈现非均匀分布,有全球化地区与非全球化地区之分,而且在空间密度上呈现非均等排列,有全球化战略区位与全球化一般区位之分。显然,全球化战略空间承载了更多元性、更密集的全球化要素、构成及功能,从而在全球化进程中起着主导作用。本章研究全球化战略空间及主要载体形式(全球化微环境、全球城市、全球化城市区域等),旨在深刻揭示这些特定空间载体在全球资源流动与配置中的战略性作用,并促进全球化战略空间进一步拓展,优化空间配置效能。

6.1 定义、内核及基础结构

在全球化与信息化过程中,通常呈现空间分散化与集中化的双重复合趋势,在经济领域尤为明显。一方面,经济活动,特别是制造业生产、流通、消费等,通过全球产业链的空间布局和迅速扩张的网络化而日益分散化,在世界范围内同时实现分散化运营;另一方面,公司和市场运营的全球化和数字化程度越高,其中央管理和协调功能(以及必需的物质结构)就变得更加具有战略意义。这些经济治理职能及专业服务生产,通过在新形式的网络节点高度聚集而日益集中化。两者之间紧密联系,互为因果。经济活动地域分散化是在所有权和控制权不断集中的情况下发生的,以经济职能集中化为前提。而经济职能集中化则是经济

---
* 本章原载周振华、张广生主编《全球城市发展报告 2020》总论,格致出版社、上海人民出版社 2020 年版。

活动分散化所要求的,是为了更好管理分散化的经济活动。也就是,生产空间的分散化带来了管理与控制新空间经济的服务节点集中化的加强。因此,全球化空间形态具有分散化与集中化的明显特征,并在一定程度上反映全球化进程。全球经济活动空间分散化程度越高,表明全球化涉及区域范围越广,或者说有更多地区和国家融入全球化进程;反之亦然。全球经济治理职能空间集中化程度越高,表明全球化涉及程度越深,同时表明全球化深化进程。尽管全球化空间形态的分散化与集中化是"一枚硬币的两面",但空间集中化的核心要素是控制、管理、协调等职能及生产者服务的生产与交易,对分散化经济活动起着主导、支配的作用,因而更具战略性意义。我们把全球经济职能及生产者服务的生产与交易高度集中的那些网络节点称为全球化战略空间。

在全球化和信息化推动下,数字空间与非数字空间呈现叠覆状态。因此这些网络节点作为全球化战略空间的承载,并不是单一的"地点空间",或传统意义上的中心地,同时也是一个"流动空间"。也就是,任何类型、任何尺度的全球化战略空间总是具有双重空间属性:一方面,表现为日益增强的空间流动性,诸如各种要素的跨国流动,特别是全球瞬时的货币传输、信息经济,以及通过远程通信消除距离等;另一方面,这些跨国流动需要借助大量物质条件和人员。这些物质条件包括传统的基础设施、建筑、机场等。当然,为适应全球流动的需要,这些地点必须进行各种实际物质过程、活动及基础设施的重构。通过空间地点性的重塑,不同地理区域(地点)之间产生具体的联系形式,并改变了这些地点在世界经济中所起的作用。这两种空间属性在网络节点中是统一的、不可割裂的。全球化流动或运作总是有出发点、中转点和归宿点,离不开地点空间,要通过网络节点的关联实现;而任何承载广泛网络连接的地点(节点),必然有流入、流经和流出,寓于各种流动之中(Lathamt and McCormack, 2004)。因此,全球化战略空间是一个双重空间互构过程及其最终结果,是一个当地与异地之间更软性的连续沟通(Massey, 2007)。换句话说,全球化战略空间舞台总是远远超出任何政治(行政)或功能的城市边界。此外,网络空间发生的大部分事情也深受网络空间之外的文化、物质实践、想象力等因素的影响。

尽管全球化战略空间有不同尺度和各种类型(下面予以阐述),但支撑其基本构架的共同内核则是双重权力。一方面,全球化战略空间作为全球化的核心,具有集中的控制权力。尽管全球化日益拓展其区域范围,有越来越多的国家和地区融入全球化进程,但全球化仍有核心与边缘之分。当然,核心与边缘是相对的,并存在多个层次,如次核心、相对边缘等。全球化的核心通常集中了控制权力。但这种控制权力不是基于国家主体的权力或地缘政治的权力,而是内生于对全球产业链的管控以及主导全球资本、知识与信息等要素流动的全球功能性机构(公司)的指挥、命令、管理、协调等职能。这意味着全球功能性机构(公司)越是高度集聚的地方,越具有控制权力。另一方面,全球化战略空间作为全球网络的主要(基本)节点,具有强大的关系权力。顾名思义,关系权力意味着权力来自"关系",因而与控制权力的性质不同。事实上,全球网络各节点之间是一种平等关系,不存在"谁能控制、谁被控制"的问题。然而,网络中各节点所具有的"关系"(即网络连通性),有轻重之分、疏密之别、多寡之异,从而在网络中所处的地位或权重是不同的。这些节点的网络连接由于为各种要素的全球化流动和配置提供了机会和通道,甚至于必须通过这些节点才能进入全球市场,从而被赋予了相应的权力。显然,那些网络"关系"越多、越重要、越密切的节点,越是作为枢纽、门户、通道的中心节点,被赋予的关系权力越大,从而在网络中所处地位越高或权重越大;反之亦然。一般来讲,这两种权力是相辅相成的,共同在全球化流动或运作中发挥着操控与润滑的重要作用。当然,在某些具体节点中,这两种权力也非完全对称,可能一种权力相对多些,另一种权力相对较少。例如,东京的跨国公司总部数量最多,从而具有较大的控制权力,但由于开放度还不是很高,从而关系权力相对较弱。总体上讲,这两种权力相互作用支撑起全球化战略空间的基本构架。

　　既然这一双重权力与传统的国家权力及其赋权不同,那么其权力构成的基础结构是什么呢? 换言之,构成全球化战略空间的基础结构是什么呢? 我们认为,这一基础结构是由特定的产业、机构、平台、制度性规则等要件组合构成的。

　　在全球化战略空间中所集聚并起主导作用的产业部门,显然不是单一的部门,而是产业综合体;同样,也不是一般的产业综合体,而是特定的产业综合体。这一特定的产业综合体是以面向全球的现代产业高端化为主导的。首先,它是与全球化发展趋势相一致的、具有高增长特征的现代产业部门,例如现代服务业和先进制造业。然而,这些现代产业部门在许多城市和地区都可能存在,尤其是进入后工业化时期,这些现代产业部门都会逐步成为主导部门,因此它只是构成全球化战略空间的一般产业基础。其次,这些现代产业部门是以面向全球市场为主导的,与全球化密切相关,或者说,已成为全球化的一个组成部分。同样是这些现代产业部门,有不少是面向国内市场的,其不构成全球化战略空间中的特定的产业综合体。但仅限于此,还是不够的。这一特定的产业综合体更要突出面向全球的现代产业部门的高端化或高能级,即战略产业的先导性、产业发展的引领性、产业创新的策源性、产业链的管控性、产业资源的集成性等。正是这些面向全球的现代产业部门的高端化或高能级，才与全球化战略性功能连接在一起，要么在全球资源要素流动中发挥着引领功能，要么在全球产业链中起着控制、管理作用，要么在全球网络连接中具有协调、润滑功能。这不是一般城市和地区所具有的，唯有在全球化战略空间中存在。当然，作为一个特定的产业综合体，这些面向全球的现代产业部门的高端化或高能级在发挥全球化控制、管理、协调等职能过程中，需要有相应的一般产业部门乃至现代产业部门低端工作的协同配套。从这一意义上讲，后者也是全球化战略空间中特定的产业综合体的一个组成部分。

与这种特定的产业综合体相联系，是特定机构（公司）的高度集聚。例如，跨国公司总部、全球商务专业服务公司、国际金融和投资机构、全球研发中心、国际组织等。与一般机构（公司）的不同之处，它们是全球功能性机构（公司），主要从事全球业务，而且主要从事全球资源配置的运作。正是它们所开展的全球业务或全球化运作，促进了全球化发展，并通过它们分布在世界各地的内部网络缔造了全球城市网络，因而它们高度集聚之地便成为全球化战略空间。从这一意义上讲，这些全球功能性机构（公司）是构造全球化战略空间的重要主体。当然，在这些全球功能性机构（公司）中，虽然以高级管理人员和"金领""白领"等高端专业人才为主导，但也包括了相当部分为其配套工作的一般办事员、辅助人员、维护人员，甚至保洁、保安等。更宽泛地讲，还包括为这些高级管理人员和高端专业人才的独特生活方式提供一系列服务的人员，例如保姆、高档餐厅服务员、精品专卖店服务员等。

当全球功能性机构（公司）集聚在一起开展全球业务或全球化运作时，势必需要相应的运作大平台，包括各种类型的国际市场（尤其是金融、贸易等大市场）、全球网络平台、信息交互平台、交通枢纽平台等。这些面向全球的大平台，既是全球功能性机构（公司）赖以开展业务的基础设施，也是吸引全球功能性机构（公司）高度集聚的基础性条件。全球化的控制、管理、协调职能正是在这些大平台上得以实施和发挥的。因此，这些运作大平台是全球化战略空间基础结构的重要组成部分之一。

最后，处于现代高端产业部门的全球功能性机构（公司）借助全球大平台开展全球业务活动，是在与此相适应的商务环境中得以实现的。这种商务环境则是由制度性规则塑造的，其中包括权益保护、准入与退出、竞争属性、透明度、便利化等。全球化战略空间赖以存在的制度性规则就是通行"全球村"标准，按照国际惯例办事,甚至在个别情况下,实行与国内不同的特殊制度安排,如自由港、自由贸易区等特殊政策。这种特定的制度性规则不仅促进了各种要素的跨境流动,更是支撑了全球资源配置功能。因此,制度性规则是全球化战略空间基础结构必不可少的组成部分。

　　基于这种基础结构的全球化战略空间,与一般空间相比,具有明显的特征。一是基于各种要素组合的大规模流量。相对于其物理空间规模,容纳了不成比例的流量规模。更重要的是,超越其物理空间,主导着大部分全球流量,决定资本、商品、人力、信息等要素在全球的流向及流动。当然,根据全球化战略空间的不同类型及特点,各种要素组合的大规模流量中会有主导性的流量。二是承载大量机构、人员集聚及密集频繁重大活动的空间高密度。这种空间高密集与所承载的全球化战略功能密切相关,是充分发挥全球化战略功能的必然要求,也是其必然结果。全球化战略空间的高密度,通常表现为空间上不成比例的单位机构及人员集中度、单位高产出水平、单位人均高产出水平,以及单位平均高收入水平等。三是充满创新创业活力。全球化战略空间高度浓缩了知识与信息的多重交互、多元文化的共存与融合、富有弹性的社会网络关系以及便捷高效的营商环境,从而能不断迸发出活力,激发出新奇创造,领时代之风,行潮流之先。

6.2　不同空间尺度类型及其作用

　　根据类型学,全球化战略空间类型可以从不同角度进行划分。我们这里主要依据全球化空间尺度来划分全球化战略空间类型。所谓全球化空间尺度,并不是指单纯以流动范围为基准的空间尺度,如全球、国内、地区等,而是指"全球地方化"的空间尺度。也就是,着眼于全球化流动频频"落脚"的地方,或者全球化职能高度集聚的区位。以此空间尺度为基准,全球化战略空间可划分为三种类型:(1)全球化微环境,通常在某一领域、某一方面发挥着全球化控制、管理、协调的专业功能,强调了小尺度空间在全球联系中的作用。(2)全球城市本体,通常在多个领域、多个方面发挥着综合性的全球资源配置功能,强调了其处于全球城市网络体系中的主要节点位置。(3)全球化城市区域(包括全球城市区域和巨型城市区域),通常在更广泛领域和诸多方面发挥着全球化操作平台的功能,强调了全球城市及其紧密联系的腹地作为一个空间整体在全球联系中的作用。

　　全球化微环境是最小尺度且高度浓缩的全球化战略空间,往往承载着全球化某一方面或类型的战略职能,通常表现为由资本等要素跨国流动所产生的若干类型的国际交易场所。全球化微环境的特征包括:(1)全球跨度:是全球城市网络的一部分。这些网络给予它即时的远程跨度。(2)场所化的物质性:本地的实体。可以体验为本地的、紧靠的、接近的,并由此能在地貌表征中被捕捉到。(3)数字网络正在促成新型互连的产生。公司和市场运营的全球化和数字化程度越来越高;各类组织往往越来越多地使用数字网络来追求各种目标。全球化微环境的主要类型包括中央商务区(CBD)、中央活力区、出口加工区、自由贸易区、高新技术区、离岸金融中心、国际街区(社区)等。这些典型的国际活动的战略场所,具有高度单一、专业化的特征。例如,中央商务区、离岸金融中心等主要承载资本跨国流动及金融等专业服务生产的战略职能;出口加工区、自由贸易区等主要承载全球贸易的战略职能;高新技术区主要承载全球科技创新策源及高端产业引领的战略职能。同样,在全球化微环境中,也会凸显某种流量的重要性,例如离岸金融中心凸显金融流量,出口加工区凸显贸易流量,高新技术区凸显科技流量等。然而,这些全球化微环境的共同特点是高度全球化、具有强烈的全球市场导向。从历史上看,许多全球化微环境的形成,固然有其传统基础,但无一例外与政府放松特定管制和给予特殊制度安排有密切关联。因此,这些全球化微环境虽然嵌入或根植在更广泛的本地化空间中,但与周边地区及环境可能不同,有其特殊制度安排、特有基础结构以及独特运作方式,从而能够承载起某一方面的全球化战略职能。

在当今世界经济中,全球城市是核心的全球化战略空间。与全球化微环境相比,全球城市把正在出现的各种各样的全球化现象及其各种不同形式(社会、文化、空间)汇集在一起,在先进的主导部门产生复杂的组织和管理的基础结构以处理全球业务的运行,从而是一种更复杂的全球化战略空间。全球城市基于全球功能性机构(公司)的高度集聚及其全球业务操作,不仅具有管理全球经济的指挥和控制功能(Friedmann and Wolf, 1982),而且也是金融和专业服务的生产基地及其跨国市场(Sassen, 2001),为管理全球经济提供关键投入,从而具有强大的连接与协调功能。因此,全球城市能够满足公司和交易所全球运营产生的更复杂需求,提供从经济到文化和政治等越来越多的全球化活动和流动的大平台,承载着全球资源配置的战略职能,具有全面、综合性的特征。另外,全球城市主要立足于跨国公司、全球金融交易所、全球贸易路线和全球商品链的全球网络,具有广泛、密集、高频的网络连通性,是全球城市网络中的基本(主要)节点。目前,全球经济体系中的大部分管理和服务,都是在这个日益增长的全球城市网络中进行的,主要是通过全球城市的基本节点的连接实现的。随着越来越多的公司走向全球和进入越来越多的外国经济体,全球城市网络也在不断扩大。现代信息技术及其网络发展将进一步加深空间极化,有助于主要中心城市或高度专业化的中心城市与先进经济体系的连接。因此,全球城市的基本节点功能和作用也将不断趋于增强。

在当代全球化条件下,随着全球化领域的拓展,经济、科技、文化的融合,合作与竞争的多元化等发展,全球化城市区域①作为更大尺度和关键性的全球化战略空间显得日益重要。全球化城市区域作为更大、更具竞争力的经济单元,正在成为全球经济的真正引擎(Scott, 2001),在全球化深化进程中发挥着日益巨大的作用。例如,世界上最大的40个巨型城市区域,只覆盖了地球表面居住的小部分及不到18%的世界人口,却承担了66%的全球经济活动和近85%的技术和科学创新。全球化城市区域呈现出来的强大生命力和活力,关键在于城市间全球生产(价值)网络的高度功能连接与集成,形成所引领的全球范围内"产业都市集中"的扩张和扩散。因此,这一全球化战略空间的特点,不仅在于规模尺度更大,能够承载更多全球化操作功能,更在于区域内全球城市与其他各类城市之间的多维度集成,诸如全球城市中的现代服务业与二线城市中其他类型服务活动的分工以及更广泛的产业链分工;由现代服务业日常活动引起的各种有形和无形流动;以不同方向、不同尺度连接的区域内城市组织(网络);区域层面存在的战略与规划、政策,乃至协调机制等。这种多维度集成导致网络密度,即由不同中心之间经济互补性引起的连接。如果没有它们之间的联系,城市系统中心之间的协同作用将无法实现(Meijers, 2005)。

上述不同尺度的全球化战略空间,有其各自独特构成,发挥各自不同作用,又具有内在关联,相互支撑和衬托,集成协同。总体上讲,这三种不同尺度的全球化战略空间具有内在关联性,呈现分布上的基本对称性。尽管全球城市本体是一个全球化战略空间,但在其内部并不是所有地方都是全球化的,往往是在一些特定区位高度集中了全球化力量。因此,在全球城市中,必定存在若干独特的全球化微环境,例如纽约的曼哈顿、伦敦的金融城、东京的中央商务区(千代田、中央区、港区和新宿)等。任何一个全球城市,内部都存在若干高能级的全球化

---

① 我们这里所讲的全球化城市区域,包括全球城市区域和巨型城市区域。虽然全球城市区域和巨型城市区域在地理空间尺度上有所不同,后者主要是由两个或两个以上的城市系统结合成一个更大的、单一的城市系统,从而其基本特征之一是有若干核心节点城市存在,但从全球化战略空间尺度上讲,两者没有太大的本质性区别。

微环境,并起着非常重要的支撑作用。这意味着,建设全球城市首先要形成若干全球化微环境,至少两者发展是同步的。与此同时,全球城市为寻求更大的全球化操作平台,其空间拓展必然向郊区、大都市区乃至巨型城市区域延伸,日益融入区域一体化之中。例如,纽约已深度融入了大都市区,并向巨型城市区域延伸。伦敦通过在英国、欧洲和全球的生产者服务业务流动显示出高度功能连接,在英格兰东南部地区呈现一个功能多中心的城市间关系。东京也与都市圈里的千叶、埼玉和神奈川等,以及大东京地区的许多次要的经济中心形成了紧密联系。因此,全球城市与全球化城市区域之间有着共生共荣的关系。这意味着,当今全球城市崛起与发展不再是独自成峰,而是寓于区域一体化发展之中。

然而,由于不同尺度全球化战略空间有其独特构成及基础结构,发挥的战略功能有所侧重,其各自特征只是部分重叠,因此在某些时点上也可能出现分布不对称的情况。全球化微环境不仅是小尺度空间,而且也是较早发展起来的,并呈现相对广泛的散落分布状态。例如,第一个出口加工区是在 20 世纪 60 年代末设立的,随后在 80 年代大量兴起,成为国际化生产的一个关键机制。从这一角度讲,全球化微环境先于全球城市本体而发展起来。而且,全球化微环境并不一定存在于全球城市之中,也有一些散落在全球城市之外。例如,一些自由贸易区、离岸金融中心是相对独立存在的。特别是离岸金融中心分布在世界各地,甚至在百慕大群岛、开曼群岛、巴哈马群岛等地。此外,全球化微环境也处于动态演化之中。例如,许多中央商务区是从中心商业区演化而来的,而现在又进一步演化为中央活力区等。同样,全球城市本体与全球化城市区域之间也可能呈现分布不对称。例如,像巴黎等一些全球城市,目前尚未融入全球化城市区域,或还处于"进行式"状态。

6.3 战略空间优化配置

全球化战略空间是一个"自然"形成过程,取决于一系列内外部条件(周振华,2017)。但在其形成过程中,要特别注重这一战略空间的优化配置,提高空间使用效率,提高空间品质,使其发挥更大的作用。

6.3.1 提升空间能级

物理空间总是有限的,即使扩展也有一定限度,关键是这一空间中承载的内容决定了其战略地位。全球化战略空间优化配置首要的是主导产业及核心功能的不断强化和升级换代。

从横向来看,这一战略空间必须重点承载或高度集中全球化的高端或高能级功能,具有最广泛、最密集的全球网络连通性。值得注意的是,不能用全球化高端功能构架或基础结构等同于或取代高能级水平。我们在现实中看到,一些园区、城市或区域等空间确实已集中一大批全球功能性机构(公司),建立了各类市场运作平台,甚至也拥有了大规模的全球流量。然而,结构性分析显示,跨国公司地区总部在全球产业链中的指挥、控制作用较小,数量有限的本国跨国公司总部难以发挥控制力和影响力,许多市场尚未拥有全球定价权和话语权,对全球航运资源配置起主导作用的高端航运服务发展仍较为滞后,等等。因此,这只能说已初步具备了全球化高端功能构架或基础结构,但能级水平并不处于高位。全球化战略空间优化配置,就是要在高端功能构架或基础结构的基础上进一步提升能级水平。

从纵向来看,这一战略空间承载的全球化高端功能是动态的。随着全球化版本不断更新,全球化战略空间承载的全球化高端功能必须迭代升级。例如,在20世纪70—80年代,全球化主要集中在制造部门和金融领域,表现为全球投资贸易的大规模存量和流量,这一战略空间通常承载全球化经济的高端功能;而在20世纪90年代和新世纪头十年,全球化不断向服务领域(特别是医疗保健、教育培训和文化创意等)拓展,表现为全球服务贸易的迅速增长,这一战略空间主要承载基于经济与文化协同的高端功能;2010年以后,全球化又进一步向科技、信息与数据等方面拓展,表现为技术服务、跨境信息与数据交易等迅速发展,这一战略空间则主要承载起基于经济、科技、文化融合的高端功能。这种迭代升级固然会在原有功能基础上增加新功能,但值得注意的是,这不是多元功能在空间上简单叠加或排列组合。否则,不仅不能提升能级,反而造成这一有限空间"过度拥挤",甚至相互排斥。因此,关键在于多元功能的融合,形成代表最新形态的全球化高端功能。在此过程中,一方面要注重新增功能的能级水平,注入高能级的部分;另一方面要对原有功能进行结构性调整,把低能级的部分疏解出去。

从能级提升来讲,不同尺度空间配置优化是有所区别的。这种区别有两个层面。一是高端功能密度程度不同,根据尺度大小递增或递减。全球化微环境的高端功能密集度最高,其次是全球城市本体,然后是全球化城市区域。因此,在普遍提升高端功能能级的基础上,重点提升全球化微环境的能级水平。二是高端功能类别属性不同,根据规模尺度有不同分布。全球化微环境通常具有专业性高端功能,全球城市本体具有综合性高端功能,全球化城市区域更具全面性高端功能。因此,在提升能级上要区别对待,全球化微环境追求"高、精、尖"提升,全球城市本体讲究"综合平衡"提升,全球化城市区域注重"系统集成"提升。

6.3.2 增强空间密度

增强全球化战略空间密度,固然是增加单位产出及总产出的重要途径之一,但更主要的是与所承载的全球化战略功能密切相关,是充分发挥全球化战略功能的必然要求,也是其必然结果。

显然,空间的低效使用,势必带来较低的单位产出,且空间密度不高。增强空间密度,首要的是提高集约化利用程度。一般情况下,这种集约化利用程度是通过市场机制(租金)来实现和保证的。但在行为主体对市场机制没有反应,甚至根本不按市场机制进行运作的情况下,就会出现空间低效使用的现象。例如,一个单位往往独自使用一幢大楼,人均办公室面积很大,地均产出不高,但反正是自己的房产,不计成本,低效使用也无所谓。即使出租一些楼层,也只是为了一点租金,而不管引入机构(公司)的业绩。当这种现象不再个别而是较为普遍时,势必会在一定程度上造成空间低效使用,而与空间大小无关。因此,这是我们在增强空间密度中必须解决的一个难题。

在其他因素既定条件下,提高建筑容积率,容纳更多机构及人员和承载更多的重大活动,无疑是增强空间密度的重要方式。国际经验表明,全球化战略空间,特别是全球化微环境(中央商务区、中央活力区等)都有较高的容积率,从而有较高的单位产出。因此,对于原有容积率相对较低的全球化战略空间来说,提高容积率是增强空间密度的一个重要举措。值得指出的是,提高容积率并不是简单的高楼林立,以牺牲绿化和公共空间为代价。因为这些绿化和公共空间是全球化战略空间的标准配置之一。因此,在一定的空间尺度内,提高容积率(向空中或地下发展)要保证相应的绿化和公共空间,或者在绿化和公共空间相对不足的情况下,通过提高容积率腾挪出更多绿化和公共空间。此外,在提高容积率中,要避免楼宇"孤岛化",强化楼宇间的物理连接(地下通道、连廊等),以便于人们面对面接触。

更为重要的是,增强空间密度必须进行动态空间置换,不断引入高附加值、高产出的机构及业务活动来替代低附加值、低产出的机构及业务活动。提高容积率往往是一次性的,且有各种限制,而不断由更高附加值、更高产出的机构及业务活动取代原有机构及业务活动,则能持续保持全球化战略空间的高密度。

国际经验表明,这种动态空间置换主要靠市场机制,通过租金等价格手段以及资产证券化、并购等方式。但其前提,是要有一个健全、规范、相对稳定的市场。

尽管不同尺度的全球化战略空间都具有高密度特性,但在程度上还是有所差异:全球化微环境的空间密度最高,其次是全球城市本体,然后是全球化城市区域。因此,在增强空间密度中,不管是提高空间集约化利用和容积率还是空间置换,都要予以分类指导、区别对待。特别是全球化微环境,要对标纽约的曼哈顿、伦敦的金融城、东京的中央商务区,有更高水平的空间集约化利用、更高的容积率和更大力度的基于高附加值的空间置换。

6.3.3 动态空间更新

除了少数全球化微环境是在新开发地区外,全球化战略空间通常是在原有建成地区,甚至历史悠久地区的基础上形成的。因此,都是有一个对原有主导经济的基础结构及空间形态进行更新改造的过程。从历史上看,不论是自由贸易区、离岸金融中心等全球化微环境,还是纽约、伦敦、东京等全球城市本体,都是经历了原有基础结构及空间形态的大规模更新改造后才成为全球化战略空间的。同样,随着全球化发展,特别是主导部门发展和多元功能融合,即使现有的全球化战略空间也必须进行动态更新。

这种动态空间更新,首先表现为城市(园区)更新。但我们关注的,不是一般的城市更新(那是任何城市在发展过程中都面临的共性问题),而是作为全球化战略空间的城市(园区)更新。尽管这在形式上可能也是旧区改造、旧工业园区转型、旧厂房开发利用等,但更新改造后的用途则完全不同。也就是说,这种城市(园区)更新是为了装入新的内容、赋予新的功能,而不简单改善生活品质,提高城市品位,更不能"新瓶装老酒"。因此,这种城市(园区)更新要有更高标准和要求,既保留历史遗产,凸显深厚文化底蕴,彰显独特个性,又能适应全球化战略空间的需要,富有全球化元素,具有国际化范式,以便于更好集聚全球功能性机构(公司),引入先进的产业部门,构建和完善全球业务平台,吸引全球高端人才等。在此过程中,城市(园区)更新的规划及设计显得十分重要,要有先进理念指导,高起点,高标准,具有超前性,注重功能开发,兼顾形态完美。特别要强调基于创造性的差异化、特色化,避免一种模式的简单复制,避免功能与形态千篇一律。这种城市(园区)更新通常要循序渐进、错时交叉展开,不宜集中搞"运动化",因为这往往会导致城市更新呈现同一风格,缺乏时间流逝自然遗留下来的错落有致。与此同时,在逐次展开的城市更新中,也要防止"碎片化",避免零敲碎打、互不关联,从而沦落为一个个独立的更新景观。要加强城市(园区)更新的统筹,加大各个更新单元的系统集成,强化更新单元与现有空间单元之间的协同。

其次,运用先进技术改造基础设施及其他配套设施,提升这一战略空间的智力化、智能化、智慧化程度。由于全球化战略空间高度集聚了全球资源配置的高端职能,对现代信息技术及人工智能等新技术的广泛运用显得最为迫切,而且反过来也能为这些新技术运用提供理想的场景。因此,要将更多新技术用于构成战略空间的核心系统中,实现全面透彻的感知,实行宽带泛在的互联,实现更高层次的智能融合,为各类主体随时、随地、随需、随意应用提供基础条件。值得指出的是,这不仅仅是信息等新技术在城市建设中的简单应用,更重要的是改变传统城市运行及管理服务模式,因此在此过程中要注重城市功能提升,促进城市各个关键系统和谐高效地运行,促进经济社会的和谐发展,为在全球化战略空间中实施全球资源配置等高端职能提供更为高效、更具韧性的基础条件。

6.3.4　保持空间可持续性

全球化战略空间的高集聚、高密度、高流动性,以及高低职业并存、收入差距较大等,凸显了空间较大张力。从某种程度上讲,全球化战略空间是比较脆弱的。因此,保持这一空间的可持续性是空间优化配置的重要内容之一。

首先,保证空间的安全性。通过完善基础设施和强化城市生命线,建设智能交通、智能化园区、智慧社区等,提高空间承载力安全性。通过加强安全意识,编织网格化安全管理,消除各种安全隐患,增强空间运行安全性。

其次,增强空间的包容性。通过空间功能科学规划,采取产城融合、宜居宜业、职住平衡等措施,提高空间功能合理使用。通过各种开放式、交互式平台,以及更多的公共空间建设,提高空间共享程度。通过多元主体混居模式、多元文化共存、多种业态并存等,丰富空间多样性。

最后,优化空间生态。通过城市更新、历史遗产保护、环境改善、品牌打造等,提高空间品质。通过城市精细化管理,提高人员素质和文明程度,增强空间和谐度。通过提高城市心智,激发创新,增强空间活力。

7 全球化城市资产[*]

全球城市在其演变和发展过程中,往往会形成和累积起一种特殊属性的全球化城市资产。这是一种全球城市发挥全球战略性功能的基础性特殊资源,又是会给其所拥有或控制的全球城市带来预期收益的重要资源。深入研究与揭示全球城市发挥其独特作用所必备的资源条件,系统梳理城市资产规模,构建合理的城市资产结构,提高城市资产运营效率,对全球城市建设有重大的理论意义和现实指导性。

7.1 全球城市研究的新命题

现有全球城市理论更多关注和研究全球城市所处全球网络中的主要节点地位及全球战略性功能,并在实践指导中注重培育基于专业化功能的特色及核心竞争力,实行动态的迭代升级等。在此过程中,却忽视了一个重要问题,即这些是靠什么来支撑和维系的,以及采取什么样的主要形式。我们发现,这要从全球化城市资产的角度进行研究和解释。因为全球化城市资产作为全球城市所拥有的特殊属性的城市资产,是发挥全球战略性功能的基本要素,其有效管理和运营是增强专业化特色及核心竞争力的重要保证。

7.1.1 全球城市拥有特殊属性的城市资产

我们知道,城市在日益发展过程中不仅消耗着资源,更是不断沉淀并积累起

---

* 本章原载周振华、张广生主编《全球城市发展报告 2021》总论,格致出版社、上海人民出版社 2021 年版。

庞大的资产。城市资产的字面意思是指当地居民为其个人、社会、经济或文化需求和利益而使用的人、物质结构或地点、业务、服务或其他可获得的资源（Ford，2004），包括实体形态和非实体形态。这些城市资产的累积及运营构筑起城市运行和发展的重要基础。

全球城市作为现代全球化的产物及其空间表达，是一种具有全球战略性功能的特殊城市形态。它既有一般城市的共性，又有不同于一般城市的特殊性。同样，全球城市资产也表现为共性与个性的统一，即常规性城市资产与全球化城市资产。

作为城市的共性，全球城市拥有一般城市的常规性资产，具有明显的地方（当地）属性，并在不断有效运作中获得收益，实现具有"马太效应"的自我循环积累和增强，即随着城市发展，城市资产趋于扩张和积累，规模不断扩大，质量逐步提升，成为城市运行和发展的重要基础。

作为有别于一般城市的特殊属性，全球城市的资产并不仅仅表现为具有更大规模和更高质量的城市资产（尽管这有可能成为其所具有的附属特性之一），而在于其中一部分城市资产与全球化高度关联。或者，直白地说，其中一部分城市资产因全球化而生，并直接为全球化所用。例如，基于国际金融市场的金融资产、基于国际航运的基础设施、基于国际商务的写字楼、基于国际惯例的知识资产等。仅就金融、基础设施、写字楼、知识等资产本身来说，一般城市都可能拥有和实际控制，属于常规性资产，但它一旦作为全球化的用途及功能就具有了全球化城市资产的特殊属性，成为全球城市发挥全球战略性功能的基本要素。只有在此基础上，更大规模和更高质量的资产作为全球城市附属特性之一，才具有意义。

因此，我们把这部分与全球化高度关联的城市资产定义为全球化城市资产。这种全球化城市资产主要为全球城市所固有，并成为全球城市的关键（核心）资产，因而成为全球城市立身之本和发展壮大的战略性资源。它不仅对全球城市发挥全球战略性功能是不可或缺的，而且对全球城市的经济、科技、文化、社会、环境的可持续性发展也至关重要。从某种意义上讲，如果不具备这种全球化城市资产，就不可能成为全球城市；如果不具有强大的全球化城市资产，就难以进入一流的全球城市。因此，全球化城市资产变动态势就成为衡量全球城市兴衰的重要标志之一。全球化城市资产积累规模趋于扩张及资产估值上升，表明全球城市繁荣发展；反之则反是。与此相联系，全球化城市资产质量也就成为全球城市竞争力的一个重要组成部分。

当然,全球化并不发生在全球城市中的任何地方。因此,全球城市既具有全球化城市资产,也有部分常规性城市资产(即与全球化弱关联或无关联的城市资产),但前者是居主导地位的,被定义为全球城市普遍认可的特有属性。同样,对于一般城市来说,只要融入了全球化进程,也总会有一部分城市资产与全球化关联,从而拥有一定程度上的全球化城市资产,但这种全球化城市资产并不居于主导地位,因而不成为其特有属性。

我们知道,城市资产一般不存在于社会或心理的真空中,而是根植于基于某种空间的城市结构中。从深层次的学理上讲,常规性城市资产与全球化城市资产之间的区别和关联就在于根植于不同空间的城市结构中。

常规性城市资产通常根植于地点(场所)空间的城市结构中,具有明显的本地化属性。不管是基础设施、建筑物和土地等有形资产还是品牌认知度、知识、文化、价值和政治权力等无形资产均形成于地方,有明显的地方烙印。正如Relph(1976)指出的,地方是人类生存的深刻中心,它戏剧化地表现了个人和群体生活的愿望、需要和功能节奏。所以地方不仅仅是城市形式。它是人们日常生活的文本和背景(Aravot, 2002),但它依赖于居民(城市内部人士)和游客的想法与规范,以及更广泛的社会规范和包含其中的文化表征(Morse and Hardoy, 1992)。Lawrence和Low(1990)在谈到建筑形式时指出,"作为象征,场地浓缩了强大的意义和价值;它们构成了沟通系统中的关键元素,用于表达社会关系"。

全球化城市资产则根植于"地点—流动"双重空间的城市结构中,具有明显的"本地全球化"属性。也就是,全球化城市资产形成于地点空间与流动空间的交互过程中,并在这双重空间交互过程中被加以使用(投入)及获取相应收益(资产增值)。例如,一个国际性的博物馆,尽管是在本地,但其资产价值则是在越来越多外来人员(包括大量外国游客)的游览中体现出来的,并在这一过程中不断获得资产增值。

至此,我们首先可以把常规性城市资产与全球化城市资产加以一定区分。前者在用途及功能上具有明显本地化属性;后者则具有明显的"本地全球化"属性。因此全球化城市资产不同于常规性城市资产的特殊属性,主要表现在:(1)它是服务于全球化的,并在全球化进程中加速累积及扩张。(2)它作为发挥全球战略性功能的重要资源,在全球化过程中起重大作用,其收益也主要来自全球化。(3)它不是由本地市场而是通过国际市场进行资产估值,通常具有更高的"含金量"。同时,其资产价值也容易受国际市场影响而发生较大波动,资产升值与贬值都比较快。

当然,我们也不能把全球化城市资产完全对立于常规性城市资产,形成两个截然不同的板块。因为全球化城市资产并不是根植于单一"流动空间"的城市结构之中,而是在"地点"与"流动"双重空间互构过程的城市结构中形成的,所以在"地点"空间上与常规性城市资产具有同一性,并表现为一定程度的动态关联性。这主要表现为:(1)全球化城市资产并不是凭空产生的,也许是长期历史沉淀的结果,这些资产初始形成和累积通常是本地化属性的资产(即常规性城市资产),只不过与全球化高度关联后,才转换为全球化城市资产。(2)全球化城市资产的实在(包括实体和非实体)并非飘浮在空中,总是基于一定地点的存在(即本地的),只不过它更加在全球化进程中发挥重要作用。(3)全球化城市资产并不能单独在全球化进程中发挥作用,必须依赖和借助于其他常规性城市资产的配合,或者说寓于整个城市资产系统中。

这种两者之间同一性基础及动态关联性完全打开了全球化城市资产与常规性城市资产相互转换的"通道"。也就是,常规性城市资产在一定条件及媒介(全球化)下可以转换为全球化城市资产;全球化城市资产在与全球化"脱媒"的情况下则会转换为常规性城市资产。因此,对于崛起中的全球城市来说,关键不在于刻意塑造全球化城市资产本身,而在于融入全球化的广度与深度,并随之改造原有的常规性城市资产。对于既有的全球城市来说,防止"沦落"的侧重点并不在于设法保持全球化城市资产本身,而在于随着全球化进程深化实行全球化城市资产迭代升级以及提升质量,否则原有的全球化城市资产便会衰落成为常规性城市资产。

7.1.2 全球化城市资产识别及遴选方法论

对于全球城市来说,在种类繁多、复杂交织的城市资产中识别及遴选出全球化城市资产是很有必要的,有助于更好地管理和运用这类资产,发挥全球战略性功能。然而,正如上面所述,全球化城市资产与常规性城市资产并不是截然不同和完全割裂的两个系统,全球化城市资产是寓于整个城市资产系统之中发挥独特作用的,因此对其进行识别及遴选是十分困难的,需要采取相应方法进行剥离和重组。

我们知道,城市资产是由若干子系统构成的一个完整系统。全球化城市资产运作及发挥作用是基于这一完整系统的。因此从资产运作的角度,难以分离出哪些属于或不属于全球化城市资产。我们倾向于从资产主要用途的角度,即基于哪些城市资产与全球化进程有更高关联性的事实,采取相对模糊的排序方法来识别作为内生性的主要全球化城市资产。为此,首先要设计一系列全球化指标,例如世界城市网络连通性、各种资源要素全球流量规模、反映国际市场定价程度、全球化使用频率、国际知名度等,然后通过定量和定性方法分别测度各类资产与全球化的关联程度,最后通过相对模糊排序识别和遴选出主要的全球化城市资产(表7.1)。

表 7.1　各类资产的全球化关联性测度

指标　　　　　资产	各类资产		总得分
	定量测度	德尔菲法打分	
世界城市网络连通性	××	☆☆☆	××
要素全球流量规模	××	☆☆	××
反映国际市场定价程度	××	☆☆☆☆☆	××
全球化使用频率	××	☆☆☆	××
国际知名度		☆☆	××
……	××	☆	××

资料来源:作者编制。

采取这种相对模糊的排序方法,首先对城市资产分类提出了相应要求,既不能太粗略,也不能太细分。目前,城市资产有多种分类,适合于不同研究目的和对象。最为通常地分为两大类:一是有形资产(具有物理形态的资产),如基础设施、建筑物和土地等;二是无形资产(具有非物理形态的资产),如文化、知识、品牌认知度等。也有人从另外的独特视角将其分为两大:一是金融资产,包括股票、债券、银行存款等,并不一定具有实物价值,可以被视为象征性资产;二是非金融资产,它们的价值是基于其物理属性(ESA,1995)。Docherty 等人(2003)则把城市资产划分为三大类:(1)现有经济基础的有形资产(如通信、城市景观、人才);(2)无形资产(形象、文化、参与当地公众社会);(3)组织资产(如当地机构的结构和能力、领导)。显然,这些大类划分不适于相对模糊的排序方法,无法从中识别和遴选出哪些是全球化城市资产。但另一个极端——过于细分的城市资产类别,也会把问题搞得更加复杂化,许多是难以定量测度或者要综合起来定量测度的,实际操作起来很困难。而且,对于相对模糊排序方法来说,这种过于细分也没有必要,毕竟不是搞什么资产负债表要求有细目。我们认为,要有一个基于主要领域、主要门类的城市资产适度分类。

从这一适度分类的角度讲,Friedmann(2006)提出的 7 个资产集群是可以加以借鉴的:(1)人力资产,包括人以及他们的生活质量和地点。(2)社会资产,指城市地区的社会资本质量和公民机构独特的组织能力。(3)遗产和文化资产,包括保护具有历史意义的建筑环境,以及文化生活的独特性和活力。(4)自然资产,指对未来城市发展来说城市地区中更为脆弱的重要自然设施和资源。(5)环境资产,涵盖对维持生命至关重要的城市地区自然环境的质量。(6)基础设施资产,指运输、能源、通信、供水、污水处理和固体废物处置,以及卫生、教育、文化基础设施和服务方面的所有基本设施和服务。(7)智力资本或知识资产,指城市区域知识资源和制度的质量。然而,Friedmann 的资产分类主要是用于城市区域发展的研究,旨在说明如果没有这些坚实的有形和无形战略资产基础,城市区域不可持续发展,缺乏竞争力。这与我们所要进行的全球城市研究,并用全球化城市资产来解释全球城市的全球战略性功能是不同的。因此,我们可以借鉴Friedmann 城市资产分类的适中尺度,但不完全照搬这一资产分类,而是根据我们研究目的和对象(全球化城市资产)进行相应调整,并重新设置城市资产分类。

另外,采取这种相对模糊的排序方法对全球化城市资产识别及遴选,既要着眼于现实状况,也要体现动态性,并把握好两者之间关系。随着全球化进程的日益深化,全球城市处于不断迭代升级中(周振华,2019)。20 世纪 70—80 年代,全球城市突出全球性经济功能;20 世纪 90 年代后,全球城市呈现经济与文化协同;2008 年以后,全球城市强调经济、科技、文化融合发展;而面向未来,全球城市也许更加重视生态功能。这种由全球城市迭代升级导致的全球化城市资产动态变化具有以下特点:(1)一些城市资产上升为新的全球化城市资产并不是简单取代或替换原有某些全球化城市资产,而往往是在原有基础上的新发展,意味着全球化城市资产范围扩展;(2)这将使各类全球化城市资产之间的地位和作用发生相对变化,意味着全球化城市资产结构变化;(3)新的全球化城市资产的加入,并不是与原有全球化城市资产的简单排列组合,而是有机叠加或融合,意味着产生全球化城市资产的新功能。因此,除了根据相对模糊排序方法列出现实中与全球化进程高度相关的城市资产外,还要适当考虑当前排序位置较低但具有未来发展潜力的全球化城市资产。

根据上述方法,我们初步梳理出可大致覆盖全球化城市资产的基本分类(表 7.2)。这一组全球化城市资产是一种强大的资产集群,支撑和维系着全球城市发挥全球战略性功能。在促进溢出效应方面尤为重要,而溢出效应对长期经济繁荣至关重要(Lever, 2002)。虽然它们对全球城市发展同等重要,且需要相互配合和融合使用,但在属性和特点方面有所区别,有些是基础性资产,有些是运作性资产,还有一些属于结果性资产;有些是重要性较稳固的资产,有些是重要性上升较快的资产,还有一些是日益显得重要的资产。

表 7.2　全球化城市资产主要类别

资产类别	主要资产形式	属性与特点
身份性资产	城市品牌、地理商标、标志性建筑、特有动植物	结果性的,重要性逐步上升
人力资产	人的工作能力和技能、教育和培训中心、劳动力市场的厚度	基础性的,重要性相对稳定
文物及文化资产	历史和考古遗址、手工艺品、美食、民族志、外语、开放和包容	结果性的,重要性相对稳定
基础设施资产	机场、港口等交通基础设施、信息与数字化基础设施、商务、社交等平台	基础性的,重要性相对稳定
金融资产	提供给人们的金融机构和资源	运作性的,重要性稳固
知识资产	知识产权、研发中心、大学	运作性的,重要性上升很快 *
空间资产	地理区位、中央商务区、中央活力区、科技园区、自贸区、国际社区等全球化微环境,城市本体空间结构、密度等,以及区域腹地	结果性的,重要性相对稳定
生态资产	公园、绿化、清山、绿水、蓝天等自然设施和资源	结果性的,重要性逐步上升
商务环境资产	便利、自由公平、规范、权益保障、信任、合作和创造力	基础性的,重要性相对稳定

注:* 这一重要性上升背后的主要原因是知识资产在吸引投资和人才到全球城市方面发挥的作用。参阅 Reichert(2006)。

资料来源:作者整理编制。

7.1.3　不同全球城市的资产异质性

作为理论抽象意义上的全球城市,通常拥有上述基本分类的全球化城市资产,从而带有普遍性或资产同质性。然而,现实中的全球城市并不是一个模式塑造,而是具有不同类型和层级,呈现出各种各样的差异性。有些是全球性、综合性的全球城市,如伦敦、纽约等;有些是全球性、专业性的全球城市,如芝加哥、旧金山等;有些是区域性、综合性的全球城市,如法兰克福、新加坡等;有些是区域性、专业性的全球城市,如香港、迪拜等(周振华,2017)。因此,不同全球城市就会有不同的全球化城市资产组合和构成,从而呈现全球化城市资产的异质性。

从发展趋势看,综合性的全球城市将是少部分,大部分全球城市朝着专业性功能方向发展。尽管这些全球城市的基本功能也是综合的(成为全球城市的必备条件),但它们在此基础上更强调和专注于某一方面全球战略性功能发展,形成自身特色和核心竞争力,并在全球化进程和全球城市网络中扮演特定角色。因此这些全球城市在拥有普遍性全球化城市资产的基础上将突出和强化某一方面的全球化城市资产,从而呈现与其他全球城市不同的全球化城市资产异质性。

另外,随着全球区域化发展及跨国公司全球产业链"近岸"布局调整,越来越多的全球城市将会在区域层面发挥全球战略性功能。尽管这些全球城市仍保持着全球尺度上的网络连通性,但它们将更多在区域尺度上具有更密集、更频繁的连通性强度,成为区域网络中的主要节点。与此相适应,这些全球城市拥有的全球化城市资产也将在数量和质量上作相应调整,更加注重基于区域层面的全球战略性功能的资产管理和运营。

更进一步讲,即使处于同一类型和层级的全球城市,由于自身发展基础、路径依赖等特点,以及不同的面临外部环境和对未来发展的不同预期及目标愿景,在全球化城市资产重点培育和发展方面也会有不同选择,并会对全球化城市资产作具体细分。例如,伦敦十分突出"金融科技资产、精细化金融资产、高素质人才资产和文化遗产转化资产";纽约强调以"气候环境资产"和"科技资产"为核心,要取得"世界第一"的领导地位;东京则把"文化与旅游资产""创新科技资产""高素质人才资产"和"全球金融中心资产"放在首位,以营造一个充满活力的全球城市。这些全球城市由此将形成其各自不同的特点,并赋予其全球化城市资产以异质性。

因此,我们在分析全球化城市资产时,要特别注意两个不同层面:(1)在与一般城市的常规性城市资产相比较的层面上,全球化城市资产是一种具有特殊属性的城市资产。这主要与全球城市功能相关,是全球城市普遍具有或必备的;(2)在不同全球城市相比较的层面上,这种全球化城市资产仍呈现出异质性资产特征。这与全球城市不同类型和层级及个体化差异相关,是不同全球城市独自拥有或享用的。

7.2　全球化城市资产管理的重大意义

全球城市发挥全球战略性功能,某种意义上是基于其所拥有的全球化城市资产。全球城市形成自身特色和核心竞争力,很大程度上依赖于其拥有的具有独占性的全球化城市资产。因此,全球化城市资产管理对于增强全球城市功能及核心竞争力意义重大。

7.2.1　促进全球化城市资产培育及积累

对于全球城市来说,全球化城市资产是一种稀缺的战略性资源。这种战略性资源除少数属于自然禀赋(如地理区位的空间资产等)和历史沉淀(如城市、文化遗产等)外,大部分要在一定条件下加以培育并不断累积,而不是一个自然过程。当然,这里的"一定条件"很重要,是必要前提,包括全球化发展态势、是否处于全球化中心(或全球化经由之地)、所在国在世界舞台上的地位、是否得到国家战略的支持,以及自身必要的发展基础和面临的现实条件等。但在这些条件基本具备的情况下,能否培育和逐步累积起全球化城市资产,则取决于主观努力的结果,特别是与此直接相关的全球化城市资产管理成效。

全球化城市资产管理是培育和逐步累积全球化城市资产的重要手段。具体讲:(1)这种战略性资源的培育和逐步累积无疑要以大量投入为前提,而其中相当部分具有很强的外部性(如城市基础设施、城市品牌与形象等),是基于私利的市场机制难以解决的。因此,需要有强大的动员机制和组织管理,才能保证这种大规模投入。即使有了这种大规模投入的来源和保证,也不意味着就一定能培育和累积全球化城市资产,因为这种投入需要通过一定的组合和结构化才能形成全球化城市资产,必须依赖于全球化城市资产管理。(2)投资和培育这种战略性资源并非"一朝一夕"之事,通常需要很长时间。在此过程中,如果缺乏全面规划,缺乏前、后投入的有机衔接,缺乏相互之间的协同,势必影响投资和培育这种战略性资源的效果。只有实行前后一贯、有序推进的"过程管理",才能保证取得良好效果。(3)从路径上讲,尽管大部分全球化城市资产是通过常规性城市资产转换而来的,但这不是自然转换,需要经过加工与改造。例如,作为常规性城市资产的地方机场要转换为作为全球化城市资产的国际机场,势必要增加国际航线、扩建机场跑道、扩大航站楼,以及增加维修、服务等配套设施。因此,资产能级提升的管理是实现这一转换的重要保证。(4)这种培育和累积出来的战略性资源也不是一劳永逸的,而需要维护、保养和合理使用。这种战略性资源作为资产属性是有折旧的,从而需要科学的资产折旧管理,对其合理使用。否则,会在闲置、低效使用中加速折损和大幅贬值。

因此在全球城市建设中,全球化城市资产管理十分重要,直接关系到全球城市的发展及其全球战略性功能发挥。对于崛起中的全球城市来说,全球化城市资产管理为其提供了培育和逐步累积这一战略性资源的重要手段,并实现了这一过程的可持续发展,从而促进全球城市功能发展。否则,全球城市崛起也就成为一句空话。即使对于既有的全球城市来说,尽管这种战略性资源已经形成和存在,但如果缺乏有效管理和使用,或者说不能有效配置,那么不仅造成稀缺资源的浪费,而且还会导致这一战略性资源趋于萎缩。其结果,直接影响全球城市的全球战略性功能发挥。

总之,不管是全球城市崛起还是全球城市发展,只有通过对这一战略性资源的有效管理和使用,强化全球化城市资产基础,扩大全球化城市资产规模,提高全球化城市资产质量,才能形成和增强全球城市在全球资源配置、科技创新策源、高端产业引领、开放门户枢纽等方面的战略性功能,从而在全球化进程中发挥更大作用。

7.2.2 保证资产预期收益最大化

我们知道,资产的基本特性之一是可预期带来收益;而预期收益的大小,则取决于资产的有效管理和使用。全球化城市资产可预期带来的收益不仅表现为资产增值和财富增加,更在于带来全球城市的全球战略性功能及核心竞争力的增强。正如 Cities Alliance(2007)指出的,管理有形资产(即有形基础设施和建筑,如交通、财产、公用事业和文化设施)和无形资产(即知识、信任、合作和创造力)有助于城市区域的竞争力。

在全球城市发展中,人们通常高度重视对与此功能建设相关的基础设施、土地开发利用、商务环境改善以及人才和知识等方面的投入,以积极培育和累积全球化城市资产,但往往忽视对全球化城市资产的有效管理和使用,从而未能获取资产收益最大化。其结果,尽管有大量的投入并累积起庞大规模的全球化城市资产存量,但在增强全球城市的全球战略性功能方面的效果并不显著。这种典型的"重投入、轻收益"的思想认识根源,在于没有把这种投入的"产出"视为可预期带来收益的资产,从而未能重视对其进行有效管理和使用。事实上,投入是有硬约束的,增量资产收益也是有限的,最大的潜力在于通过存量资产的有效管理和使用获取资产收益最大化。

此外,对全球城市的全球战略性功能而言,全球化城市资产收益具有正负效应。因此,全球化城市资产管理和使用是否得当,直接关系到是增强还是削弱全球城市的全球战略性功能。例如,城市形象或品牌的塑造,一旦形成就很难改变,这些形象经久不衰,如果该资产管理和使用得当,取得成功,就像纽约、伦敦等全球城市在世界上享有盛誉的城市形象或品牌一样,有助于提升全球城市能级和核心竞争力;但如果该资产管理和使用不当,则会带来负面效应,就可能难以吸引新居民和/或经济投资。因此,通过全球化城市资产的有效管理和使用,可保证获取预期收益的正面效应,避免负面效应。

获取预期收益最大化的全球化城市资产的有效管理和使用,包括以下主要内容和步骤:(1)资产运作,获取预期收益最大化的前提条件。资产不加以运作,只是"死资产",不仅收益低,而且有大量折旧和贬值。因此,在盘清全部资产的基础上,规划和计划资产使用,通过相应的运作机制盘活存量资产。(2)资产设计,获取预期收益最大化的重要基础。例如,独特的城市形象或品牌的塑造和推广,主要不是靠媒介传播(广告、宣传片、推介手册等),也不是单纯靠某些产品、建筑物、团体知名度的影响力(毕竟城市形象或品牌是与产品、服务及企业等品牌不同),而是要通过利用现有全球化城市资产的设计元素来增强。这种资产设计要通过深入研究、统筹考虑、精心策划,最终形成一个目标明确、可操作的资产运作"蓝图"。(3)资产组合,获取预期收益最大化的基本保证。例如,塑造和推广城市形象或品牌,不是靠单一资产运作(如历史遗产或文化地标等)所能实现的,而是要通过不同资产有机组合来完善或翻新城市结构,并在保持地方特色和提供一系列安全、愉悦的吸引力之间取得平衡,从而塑造和推广独特的城市形象或品牌。(4)资产增值,获取预期收益最大化的主要表征。从动态看,资产只有在不断增值中才能获取预期收益最大化。这种资产增值是广义的,除了自身资产增值外,还表现为一种"溢出"价值。例如,在上述塑造和推广城市形象或品牌的例子中,通过资产设计及不同资产组合来完善或翻新城市结构,除了城市形象或品牌资产增值外,这种得以完善或翻新的城市结构也有助于培养创新型人才和吸引高端人才,以及吸引大量外来投资和全球功能性机构(公司)集聚,从而成为促进全球城市发展的关键。

7.2.3　防止全球化城市资产无序开发

为了增强全球城市功能,全球化城市资产开发是必需的。而且,对于全球城市来说,从来不乏全球化城市资产开发的动力。因为这些关键资产有较高的潜在价值和获得未来收益的较大空间,从而具有较大的开发利用价值。然而,一味强调的单纯资产开发和自发性资产开发并不是一种全面方法,会带来阻碍全球城市可持续发展的重大挑战。

我们知道,资产化发展具有高度选择性,注重于特定资产的特色和动态。全球城市资产作为一种具有高度选择性的资产集合,其中那些有较高潜在价值的资产(特别是全球化城市资产)自然成为首选对象,获得大力开发;而那些有较低潜在价值的城市资产则很少被选择并加以开发。这种基于单纯逐利性的任其选择下的城市资产开发势必带来两大后果:(1)城市资产结构失衡。被深度开发的城市资产得以价值倍增,并形成自我良性循环的增值,而被忽视的城市资产在使用中不断折损,并形成自我恶性循环的贬值,从而造成"强资产"与"弱资产"并存的双重结构。这表现在城市形态和功能及空间上,便是繁华与衰弱并存,形象化表述为:一些地区像"欧洲",另一些地区像"非洲";"高大上"的优质场所(Graham, 2004)背后,则是"矮小低"的劣质场所;一些领域(部门)"长腿",另一些领域(部门)"短腿"等。(2)社会两极分化。这正是 Castells(2000)提出的"双重城市"命题,即与被深度开发的城市资产相关联的社会经济群体,在某种程度上享有了"特权",并在这一进程中获益最多,但代价是没有享受到城市资产开发好处的不利群体的处境变得更加脆弱。

虽然资产的相对价值可能会因地区而变化,但有些资产被认为是至关重要的,例如自然资产和遗产资产等,它们需要很长时间的演变。如果被不加考虑地开发、"多头"开发和碎片化开发,很容易被分割、破坏和消失。显然,这种资产损失将是难以弥补的。但在现实中,这种情况却屡屡发生。另外,有些无形资产(如知识和创意资产等)具有高度流动性。如果对这些城市资产未有意识地采取相应措施,缺乏相应的检查和支持系统加以维护和加强,就很难将其留住,造成资产流失。

全球城市是一个高度开放的城市,势必会有许多外国投资者来直接开发和利用当地的全球化城市资产。这不仅是必要的,而且也是必然的。但问题是"全球资本具有高度的流动性,并不忠诚于某个地区",而且"全球资本的目光主要集中在股东利益上,而不是地区财富的创造"(Friedmann, 2006)。在许多情况下,它只是消费了一个城市最好的资产,而不是投资和关心有价值的资产。因此,Friedmann(2006)指出,通过牺牲地区资产来吸引全球资本,只会导致一种虚幻的发展。

可见,加强全球化城市资产的有效管理和使用,防止和纠正单纯城市资产开发带来的弊端,实现城市资产健康发展,是促进全球城市内生性增长和可持续发展的内在要求。

7.3   全球化城市资产的有效管理和使用

接下来的问题是,全球城市如何有效管理和使用全球化城市资产,以确保长期的可持续发展和具有竞争力的经济。尽管这还是一个需要深入研究和实践的问题,尚无明确答案及实践中的成熟模式,但已有各种自觉或不自觉探索的实际案例提供了相应的做法及经验。

7.3.1   城市资产管理战略及其设计

全球化城市资产管理战略具有长期性、统领性的指导。它与全球城市发展战略高度一致,并服务于全球城市发展战略。

在全球城市建设中,人们普遍重视战略性城市规划和决策。因为全球城市发展必须基于时代特征、国家特色和地方特点,立足于世界大格局和发展大趋势,要有前瞻性的战略谋划及目标愿景。然而,这种发展战略的实施必须有相应的"抓手",否则就成为挂在墙上的"蓝图"。目前,人们更多采取土地规划、空间整治、财政、重点项目投资等政策作为实施全球城市发展战略的主要抓手。这虽然也起一定作用,但明显呈现分散化、缺乏配套、难以协同等问题。事实上,长期被人们忽视的城市资产综合管理才是实施全球城市发展战略的主要抓手。如果抓住了全球化城市资产管理这一关键环节,把资产视为解决方案的基础,将促进各领域之间的合作治理和其他政策措施的协同,从而使全球城市战略性规划和决策更好"落地"。因此,全球化城市资产管理战略旨在促进全球城市发展战略的成功实施。

在全球城市发展战略指导下,全球化城市资产管理战略的主要理念,则基于资产属性。不管资产具有何种形式和属于哪一类型,基本属性表现为:(1)收益性——资产是一种由某一实体拥有或控制的具有经济价值的资源,并期望它能提供未来的利益。(2)可持续性——希望为子孙后代保留、建设和维持的资源。(3)积累性——可以获得、开发、改进和跨代转移的金融、人力、自然或社会资源的存量。它产生流量或消费,以及额外的存量(Moser,2006)。因此,在对全球化城市资产有效管理和使用的过程中,必须贯穿收益性、可持续性和积累性的主要理念。

全球化城市资产管理战略涉及的主要内容:(1)确立资产管理愿景。通过有效的资产管理及风险管理,确保全球城市发展的可持续性,同时优化资产价值。(2)确定资产管理目标。确保达到资产管理的法律要求(前提是资产管理的立法);优化资产生命周期成本,同时实现预定的资产效益;不断寻找机会提高资产运营、维护和更新的效率;确保现有和未来的资产需求得到优先考虑;通过资产管理知识和能力的培训、发展等,营造进行有效资产管理的良好基础和环境条件。(3)确立资产管理主要原则。例如,整体性原则——着眼于城市资产组合的规模和重要性,兼顾各类城市资产之间的内在关系,并考虑管理资产生命周期的所有方面的相互关系和综合影响;系统性原则——采用正式的、一致的和综合的方法来管理城市资产,集成使用所有与资产管理相关的空间和土地规划、财务和预算计划、投融资政策、城市更新等;创新性原则——通过推动流程、工具、技术和战略开发中的创新,持续改进城市资产管理实践;可持续性原则——保持城市资产使用和营运的良好态势,实现城市资产可持续发展。

在全球化城市资产管理战略指导下,加强城市资产的科学设计至关重要,直接关系到"地点—流动"空间营造的城市结构。进行城市资产科学设计的前提,是清晰了解和全面掌握全球化城市资产"家底"。正如 Lee(2008)指出的,要清楚地了解自己的特殊情况,以现有的情况为基础,以便充分利用其宝贵的资产。一个好的城市资产设计不仅在建筑和发展方面表现卓越,而且还能产生环境效益,响应当地特色和需求,具有适应性,与过去形成联系,并将其效益广泛地分配给人们(New Zealand Ministry of Environment, 2005)。为此,在全球化城市资产设计中,要注重以下几方面:(1)既考虑增强全球网络连通性,又尊重和支持地方特色,以扩大全球影响力和增强人们的认同感。这有助于塑造城市形象,增加该地经济价值,并有助于吸引高价值企业和人员。(2)实现内外连接和互联互通,确保市域内以及与其他区域(周边、国内和全球)之间的畅通,以促进当地经济、科技、文化等活动和对外交流,加强网络连接的安全和保障。(3)提高经济密度和增强辐射力,以降低商务和基础设施成本,扩大外溢效应,促进网络化连接和绿色空间节约。(4)鼓励功能混合使用,以提供更大便利和多样化选择,鼓励融合与创新,并促进社会公平。(5)增强适应性程度,以增加空间的用途和使用者的多样性,提高城市的承载力和包容性。(6)通过公共结构和空间的创造和维护,创造高质量的公共领域,以促进人们的交流和参与,提高公共安全,改善城市形象。(7)用户参与设计过程,以增强社区和地方民主意识和综合决策,确保效率、透明度和公平。

7.3.2 城市资产管理框架

在上述基础上,构建全球化城市资产管理系统,形成一套具有相互关联、相互作用的完整要素的资产管理框架,包括城市资产管理计划、城市资产管理政策、资产管理流程、工具、数据和其他实现资产管理目标所需的资源,以及组织保障制度等。

1. 全球化城市资产管理计划

制定覆盖不同规模和时间段的资产管理计划,是为了促进在整个组织内采用一致和综合的方法进行城市资产管理,并促进与其他城市目标、计划和政策的协调。

这一资产管理计划的主要内容有:(1)资产识别,特别是对全球化城市资产的识别。通过资产识别,掌握全面准确的资产数据。但在这种资产识别中,更多关注的不是问题,而是通常呈现积极发展前景的机会(Cities Alliance, 2007)。(2)资产评估。通过不同的定性评估(即衡量重要性、关系权重、质量、可持续性等)和定量评估(即衡量经济价值、使用寿命、投资价值等),详细说明城市资产的特征和状况,阐明城市资产期望的性能及其水平。(3)借助于风险和临界模型来分析城市资产全生命周期管理,选择最能赋予城市竞争力和可持续发展的实施项目。(4)制定覆盖资产生命周期和实施项目的财务、融资及其他策略,处理与预算约束和财政资源分配有关的问题。(5)组织项目实施及绩效监控。按照确定的标准,实施和检查项目,并通过反馈,分析和评估项目实施所产生的影响,调整其决策框架,创建未来项目的选择和实施标准。

城市资产管理计划要按照相应规定的时间进行更新、调整和充实,并对执行情况进行年度审查,主要是报告资产管理计划实施情况,分析影响资产管理计划实施的因素,以及提出解决问题的相应措施;同时积极开发有实际意义的绩效指标及报告工具,以透明的方式向公众传达城市资产管理状态。

2. 全球化城市资产管理政策

从各国经验看,实施上述计划的城市资产管理政策通常不是单独设置的(除少数其他现有政策不能涵盖外),主要是在现有相关政策中嵌入以集成、系统和协调方式进行资产管理的原则性和强制要求,从而与城市资产管理实践进行对接。

这一管理政策的嵌入主要表现在:(1)在投资政策,特别是基础设施以及城市无形资产投资决策(包括收购、更新、维护和处置等)中,要求考虑资产的总生命周期成本,并确保新资产收购和维护现有资产基础之间的适当平衡。(2)把资产管理计划中的信息整合到财政预算及流程中,使资产管理内容成为财政预算的一个组成部分。(3)资产管理计划与土地使用规划框架对接,使资产管理与土地使用政策保持一致。(4)考虑到生态环境变化对城市资产的影响,例如气候变化对市政基础设施资产的风险、脆弱性和影响以及采取相关的调整等,将城市资产管理纳入生态环境政策框架。(5)在科技、文化、教育、医疗等政策以及城市管理、治理等政策中,也注入相关城市资产管理的内容。

3. 全球化城市资产管理的组织体系

为了促进全球化城市资产的有效管理,要构建职责分明、协同作用的组织体系。如果没有体制和组织能力及机制,上述的城市资产管理战略、计划及政策等很可能只是好主意,但得不到有效实施。

这一组织体系大致包括:(1)地方立法机构审议并通过决议批准城市资产管理计划及政策,明确城市资产管理战略方向和确定优先事项,通过年度预算程序批准资产资金。(2)地方政府具体负责资产管理战略、计划和政策的实施,分析和报告全市范围内资产管理实施及持续改进的进展情况,进行资产管理计划的审核和更新,并对各相关部门及主要代理机构提供必要的指导,以确保跨部门、跨组织的城市资产管理的协调和集成,以及通过资源分配、金融支持、员工能力提升、业务流程重组、数据和综合信息系统完善等支持城市资产管理的实施和最佳实践。(3)主要管理部门为具体城市资产管理提供业务指导,跟踪、分析和报告相关资产管理实施及资产持续改进的进展情况,支持资产管理实践和跨组织协作。(4)主要代理机构和公司在确保城市与公司的目标和计划相一致的情况下,具体实施相关城市资产管理计划,跟踪、分析和报告资产管理实施及其持续改进的进展情况,并开展跨机构的资产管理实践和协作。(5)利益相关者的积极参与,包括参与城市资产管理规划制定、城市资产管理政策咨询、城市资产管理实施情况评估等,从不同角度提出意见和建议,实现公共、私人及学术领域的协同作用。在区域一体化发展情况下(还包括其他城市的利益相关者),通过寻求与邻近城市和共同拥有资产的市政机构的合作机会,协调拥有独立所有权结构但相互关联的市政基础设施资产的资产管理规划等。

8 全球城市数字化转型[*]

我们正处在一场大变革的时代,其根本特征是以物理(物质)层面为主转化为以数据、信息、知识层面为主,一系列的经济发展、价值创造、服务内容、价值交换形式、管理方式等都将更多地以数据信息内容为主,而物质更多地变成载体。在这一时代背景下,世界上不少城市,尤其是全球城市,自觉顺应发展潮流,主动开启城市数字化转型。这将使以城市为主体的经济发展、生活服务、政务管理、交往方式等运作模式、流程、规则等实现数字化转换,从而改变传统的发展动力,改善一系列基础设施、工业和服务部门的运营,为增长、可持续性和治理引入新的方法,成为创新和可持续增长背后的重要力量。

8.1 城市数字化转型的本质、基础与关键

城市数字化转型作为一种新型的战略和目标取向,确实是一种不同于以往的新阶段标志。然而,它并非凭空而起,是建立在以往发展基础上自然演进的产物。首先,数码化(digitization),即将物理信息转化为数字格式的过程(UNDP,2019),反映的是"信息的数字化"。例如从模拟电视到数字电视、从胶卷相机到数字相机、从物理打字机到 word 软件等。其变革的本质,都是将信息以"0—1"的二进制数字化形式进行读写、存储和传递。它通常是通过专注现有过程的自动化来提高效率的技术驱动的。其次,流程的数字化(digitalization),即使用数字技术来改变组织的业务模式,包括创建新的或改进的交付服务的方式,并提高

　　* 本章原载周振华、张广生主编《全球城市发展报告 2022》总论,格致出版社、上海人民出版社 2022年版。

交付的质量,产生新的收益和价值创造机会(UNDP, 2019)。例如企业资源计划(ERP)系统、客户关系管理(CRM)系统、供应链管理(SCM)系统等。在上述基础上,进一步推进数字化转型(digital transformation),即开发数字化技术及支持能力以新建一个富有活力的数字化运作模式。数字化的焦点是任何与我们的业务、工作流程和个人生活相交叉的东西。这种数字化转型不是关于设备的进化(尽管它们会进化),而是关于将智能数据整合进我们所做的一切(Reinsel, et al., 2018)。

城市数字化转型以信息数字化和流程数字化为基础,并超越其发展,着力于城市运作模式数字化的实现。对于城市数字化转型,人们有不同角度的解读和诠释。有人认为,它是一种更高级的城市信息化。也有人认为,它是智慧城市的升级版。但不管怎样,对其定义都必须把握或抓住本质内涵。我们把城市数字化转型定义为:借助数字技术或按照数字技术要求,通过思维方式、行为方式、组织方式以及行事规则的转变,进而实现城市运作构架、流程和模式的转换,实现包括以数字技术、数字技能和数字创新为指导的城市智能增长。这种城市智能增长以技术创新、互联网和万维网为中心地位,将数字基础设施与人类技能、机构和物理空间连接起来,自下而上、用户参与、协同设计和协作(Antonelli and Cappiello, 2016),以及创造了新的数字经济流通形式的数字平台(Panori, et al., 2018)和数字化支持的生态系统(Jacobides, et al., 2018)。

一个城市的数字化转型和增长过程可以由四个主要驱动力推动。这包括:(1)领导和协作,以智能治理本地数字生态系统;(2)数字化人才和创业者加快数字化转型;(3)获取数据和技术,以应用解决当地挑战;(4)数字化的关键基础设施和投资(Komninos, et al., 2021)。

显然,数字技术在城市数字化转型中扮演着重要角色。数字技术极大地扩大了信息库,降低了信息成本,创造了信息产品。这促进了信息的搜索、匹配和共享,促进了主体之间更大的组织和协作,以及新的互动方式。同时,数字技术通过克服信息障碍、增强因素和改造产品,使发展更具包容性、效率和创新性(World Bank, 2016)。因此,城市数字化转型首先要经历一场技术变革,发展数字技术,并进行数字技术的"全副武装"。

我们知道,数字技术的力量不在于某单一技术,而是众多技术的集合运用,以促进城市运行方式转变。这就要求数字技术是一个完整的技术体系,包括:基础性的数字技术,如网络通信技术、物联网技术、数据存算技术等;中枢型的数字技术,如智能计算技术、数字孪生技术、大数据技术与基础型人工智能等;应用场景类数字技术,如应用类人工智能技术、智能制造技术、数字体验技术等;以及数字保障及相关技术,如标准规范技术、信息安全技术等。任何一个数字技术的"短板"都将制约城市数字化转型。因此,致力于开发数字化技术及支持能力是实现城市数字化转型的前提。

更为复杂地,数字技术是一个动态发展过程。自20世纪七八十年代的信息和通信技术(ICT)兴起,经历了初期的家庭计算机(PC)和"信息高速公路"发展;然后进入互联网时代,数字技术得到广泛运用。现在,越来越多、越来越快的互联网连接、卫星数据和图像传输,传统数据中心向云计算转变,加上机器学习和人工智能(AI)的进步,数字技术在可用性、可及性和影响方面正在迅速变化。未来,数字技术将进一步往高端化方向发展,包括5G/6G、量子计算、全息影像、脑机交互、人工智能、数字孪生、物联网、区块链等,并强化与非数字技术的交互和融合,通过多技术的叠加兼容、交互融合、合力凝聚,进一步深化对整个现实社会的模拟程度,促进数字经济与实体经济的深度融合,形成一种超越目前互联网的虚拟现实网络世界。因此,不断更新和升级数字化技术是城市数字化转型的内在要求。然而,在数字技术动态发展中,各种技术变化(进步)速率是不同的,一些数字技术率先突破并获得新发展,另一些数字技术发展相对缓慢。尽管技术配套性的内在要求会促进和带动"短板"技术发展,但有一个时间滞后问题。而且,在动态发展中,数字化的技术路线往往是不确定的,存在多方向演化的可能性,且演化方向大相径庭。因此,在城市数字化转型中,从技术层面来讲,有一个动态配置的复杂问题。如果忽视这一动态技术配置,盲目追求某些所谓的尖端数字技术,争相计划实现跨越式发展,往往会导致"技术错配"。

特别值得指出的是,在城市数字化转型中,人们通常只关注数字技术,强调数字技术的支撑作用,而忽视一系列与此相关的非数字技术的重要性。这些非数字技术,有不少是某些领域和行业的专用技术和核心技术,并非数字技术所能替代。数字技术往往要通过与非数字技术的交互和融合,才能在城市数字化转型中发挥主导作用,两者是不能对立或割裂的。严格意义上讲,城市数字化转型的技术基础是由数字技术及相关非数字技术共同构成的。另外,城市数字化的程度,不仅取决于数字技术,也取决于当前的基础设施、所生产的产品(私人与公共)以及整个生产流程。否则,即使采用了所谓的尖端数字技术,因其相应配套跟不上也难以发挥作用。例如,相应的基础设施及设备陈旧落后,难以实时抓取和传输数据,以及数据分布较为分散,难以获得城市数字化所需的全生命周期的系统性数据;同时,也使标准的制定变得更加困难。因此,这里还有一个数字技术与非数字技术,以及与技术应用的基础条件之间的合理配置问题。

尽管如此,但这并不意味着在城市数字化转型中要减少数字技术采用,或降低所采用的数字技术的水平。试图通过减少数字技术采用,或降低所采用的数字技术的水平,从而降低转型计划实施的复杂程度,减少失败的机会,是一种消极的办法。成功转型的实践表明,要部署更多的数字技术采用,使用更复杂的数字技术,例如人工智能、物联网和先进的神经机器学习技术等,关键在于避免把数字技术本身作为追求目标,要对城市数字化转型中的技术进行全盘考虑,合理搭配。

数字技术固然是城市数字化转型的重要基础,但它仅仅是一种带来价值创造的手段。我们必须看到,这种新的价值创造的基本元素不是技术本身,而是由数字技术带来(产生)的数据。数据是有价值的,是一种无形资产,并是专利和商誉等其他无形资产的基础。今天,数据的使用正在改变我们的生活、工作和娱乐的方式。我们作为消费者,数据正在帮助我们建立同产品和服务更多、更深层次的联系,让我们在选定的时间和地点更快捷、更容易地访问产品和服务。我们作为企业,数据正在帮助我们开拓新的市场,更好地服务现有客户,简化运营,并将原始数据和分析数据货币化。城市也在利用数据改变着自己,使自己变得更加敏捷,改善居民体验,引入新的运作流程,并开发竞争优势的新来源。因此,数据是数字化转型的核心,是数字化进程的命脉(Reinsel, et al., 2018)。

然而,技术的力量和数据的价值是由使用该技术及数据并从中受益的人们的力量驱动的。数字变革(颠覆)主要与人有关。这些数字技术的最好利用在于人。而在高度互联的数字化世界,为人类创造的价值源于人的连接性。只有人们采取正确的方法,才能最好地利用这些数字技术,利用数据进行价值创造。否则,即使有先进的数字技术和规模庞大的数据,也无济于事。例如,数字技术对政府能力的影响取决于现有政府机构的质量(World Bank, 2021)。任人唯亲的官僚机构抵制电子政府,因为它减少了自由裁量权和寻租机会的空间。在不负责任的机构中使用数字技术,增加了精英捕获和在有限的电子政府项目上浪费公共资源的风险(World Bank, 2016)。因此,实现城市数字化转型的最佳方法是改变人们的观念与文化,改变组织动态和运作方式,使其更加敏捷、更具风险承受能力和更具实验性。对于成功实现城市数字化转型来说,将人置于中心地位是至关重要的。

从这一意义上讲,以人为本的创新是城市数字化转型的关键。它借助数字技术赋能于人,从而创造城市活动和运行的新方式。它将人的创造力、由信息衍生的智慧与结合万物和流程的连接性这三大关键价值驱动因素汇集起来，创造新的经济与社会价值。而城市数字化转型的最终目的是为人提供价值，使人们能够过上丰富多彩的生活。

8.2 城市数字化转型面临的挑战及风险

城市数字化转型给城市发展带来重大机遇，并将产生深远影响，但必须高度关注不断变化的环境带来的各种挑战和风险。尽管各个城市情况不同，面临的挑战有所侧重，但具有共性的挑战，大致有以下几方面。

8.2.1 缺乏整体性的战略规划

城市数字化转型不仅是一个系统工程，而且是一个补强赋能的升级过程，因此要从战略层面上规划和推进城市数字化转型。我们看到，不少城市确实制定和颁布了战略规划。但问题在于，这些所谓的战略规划究竟有没有很好地解决一些根本性战略层面问题，或者说有没有很好地指导城市数字化转型的实际操作。例如，一些战略规划只有"放之四海皆准"的方针和原则，对未来数字化的具体需求不甚明晰，对城市当前数字化水平认知不足，从而无法客观地判断两者间的差距，难以确定所需补强的能力。又如，一些战略规划更多从操作层面考虑，特别是从数字技术及其设备和基础设施的角度考虑城市数字化转型，依靠内部经验丰富的工程师和专业人员与外部供应商合作，通过对各类解决方案的整合来实现城市特定领域的经济数字化、生活数字化和治理数字化。此举虽然也会有所成效，但在很多情况下并未解决"为什么要建设数字化城市"这个根本性的战略层面问题。再如，一些战略规划注重于寻找切入点和突破口，突出某些特定领域重点数字化建设。这固然是必要的，但由于缺乏整体性的战略规划指导，在实际操作中往往趋于分散化和碎片化，也容易忽视城市数字化基础性建设，如消除数字鸿沟和数字障碍、防范数字化风险、制定数字化标准和规则等。

这种缺乏现实性、根本性、整体性的战略规划，归根究底，在于缺乏对城市数字化转型的深度认知，往往只凭借对发展潮流的敏锐直觉，或者唯恐掉队落后而对别人进行模仿，甚至有"赶时髦"或"标新立异"之嫌。在这种情况下，制定出来的所谓战略规划往往缺乏对城市数字化转型的清晰、完整、深刻认识，并没有真正弄清城市数字化转型到底要解决什么问题（目的何在）、症结何在、往什么方向或在哪些方面转型、如何转型等根本问题,也难以从战略目标、发展路径、项目设计、基础建设、运营模式变化等整体的角度考虑问题。在没有彻底搞清楚、想明白的情况下,推进城市数字化转型势必具有较大盲目性,甚至出现战略性误导。

8.2.2　陷入数字困境

通常,人们认为新的数字技术能带来更多的福利增进,城市数字化转型可以实现多重目标——增强竞争力,促进市场包容和融合等。事实上,新的数字技术不应该被单一地看待,因为它们的终态因其效率增益的潜在来源不同而不同。例如,数字电子商务平台和区块链等交易技术,通过降低信息不对称,更好地匹配供求关系,促进了市场交易;商业管理软件、云计算、大数据分析和机器学习等信息处理技术,利用了数据的指数增长和计算成本的降低;智能机器人、3D打印和物联网等操作技术,将数据与物理自动化结合起来,降低了生产成本。这种技术变革的经济驱动因素的差异化意味着机会的不同程度的扩散或集中(World Bank,2020)。因此,在城市数字化转型中往往呈现所谓的数字困境。例如,数字化增强了竞争力,却不利于促进市场包容和融合,因为最具竞争力的技术是那些将利益集中在大型公司和已建立的中心的技术;数字化促进了市场包容和融合,却不利于增强竞争力,因为那些最有潜力促进包容和融合的技术往往是那些最没有竞争力的技术。

如何走出数字困境? 这是城市数字化转型面临的一大挑战。这一问题处理不好,往往导致城市数字化转型发生偏差,影响其绩效,甚至沦为失败。然而,要解决这一问题,却十分复杂,需要进行技术区分,确定其优先事项,并使不同数字技术之间相互促进。例如,加强具有最强包容性和融合潜力的技术的竞争力,同时扩大获得技术机会的范围,加速和平滑更广泛的技术扩散和采用,使这些原本倾向于将利益集中在更大的公司和领先地区的技术更广泛地散播数字红利。

8.2.3　新标准与规则滞后

城市数字化转型作为一种城市创新与变革,自然要有新的标准和规则。然而,新旧标准和规则的更替涉及重大利益关系调整,往往导致新的标准和规则滞后。在这种情况下,城市数字化转型根本无法改造旧的城市机体及其运作模式,至多是在原有城市机体及其运作模式中添加一些"数字化"成分或手段。例如,在新冠肺炎防疫中,尽管运用了不少数字化工具和手段,如传感技术、互联网、大数据、人工智能等,并起到了一定的积极作用,但如果仍然沿袭旧的标准和规则,仍会造成信息混乱、沟通不利、交互不畅，同时也凸显数字鸿沟、数字障碍等问题，难以体现城市数字化转型的实际效果。

这种新的标准与规则滞后，实际上反映了我们并没有把城市数字化转型的重点放在"转型"上，而只是在"城市数字化"上做文章。这从根本上违背了城市数字化转型的本意，并将误入歧途。然而，确立新的标准与规则，往往要通过大量的博弈，其中有摩擦、有冲突，甚至可能"伤筋动骨"。

8.2.4　难以走出效益的狭义误区

城市数字化转型的目的之一，是提高城市绩效（经济效益和运行效益）。但这是需要投入和支付相应成本的，除了实际投入的调整成本外，还有机会成本问题。从成本效益角度考虑，两者在时间上是不对称的，收益回报往往需要很长一段时间。面对这一问题，政府和企业都难以走出效益的狭义误区，但两者的侧重点及其表现方式则完全不同。政府提供公共产品，主要涉及治理数字化和生活数字化，更多考虑社会效益，甚至为推进数字化转型而不惜成本。但事实上，政府受财政预算硬约束，此举是不可持续的。另外，政府也往往注重数字化转型的重点项目，追求尽快出数字化"形象"和"政绩"，而忽视数字化转型的基础性工作，如消除数字鸿沟、软环境建设等。企业提供私人产品，主要涉及经济数字化，更多从投资回报的角度考虑经济效益，而且更多考虑即期效益，从而使企业在面对数字化转型时踌躇不前。显然，这都将使城市数字化转型陷入困境。

因此，政府如何在推进城市数字化转型中量力而行，节约成本，讲究实效，避免搞"形式主义""形象工程"，并立足当前，注重长远发展，是一个迫切需要解决的重大问题。此外，企业如何在可持续发展日益受到重视、生产安全不断规范、劳动力红利逐步消失的情况下，看清经济数字化所实现的节能减排、人机交互、远程控制等带来的显著效益，并指导业务工作，解决其自身痛点，也迫在眉睫。

8.2.5　人才仍是瓶颈

城市数字化转型实现城市运作模式改变和运营流程高度一体化，由此对人才提出了更高要求。过去单一领域的专才将不再适用，取而代之的将是横跨多领域、学习能力更强、懂得数字化交付的复合型人才。尽管目前已有越来越多的人熟悉数字化，可以进行数字化工具的实际操作，但具有数字化开发能力和场景运用能力的人，仍为数不多。今后随着城市数字化转型的实现，现实与虚拟的交互将越来越普遍，需要更多的新型人才。人才的缺乏，将成为城市数字化转型的严重制约。

人才缺乏背后的深层次问题是教育培训。如果不能很好改革传统的教育机制,不能将课堂教育与职业教育体系相结合,制定数字化培训项目,通过产教融合和资源互补,为数字化建设定向培养和输送人才;如果不能对职业培训课程作出重大调整,加大数字化课程培训,并在商业、人文科学与自然科学、工程等传统领域加大人才培养力度,培育出熟练掌握数据分析、数据开发、项目管理、IT架构或者信息安全的跨学科数字化工程师,那么,人才缺乏的问题就难以解决。

此外,在城市数字化转型中,还存在着一系列超越传统的风险。人们普遍对城市数字化转型的风险认识不足,或者还停留在传统风险的认识水平上。如果缺乏对这一风险的认识,事先没有风险防范的相应措施,在城市数字化转型中,就可能出现各种问题,并措手不及,防不胜防。这种风险视图大致如下。

(1)技术风险。这涉及数字技术本身,包括因数字技术失败或数字技术过时,采用不适当的数字技术或不适用于不同流程的正确数字技术,以及所实现的技术在可伸缩性、兼容性和功能的准确性上有问题或欠缺而可能造成的损失。也包括网络系统缺乏机密性和完整性,应用程序缺乏安全性,存在管理漏洞、缺乏数字环境保护,受未经授权的访问/使用,缺乏安全监视等带来的风险。还包括技术和网络弹性,因高度依赖紧耦合技术而产生操作中断或服务不可用,发生网络灾难而难以恢复等带来的风险。

(2)情景性风险。例如,战略研究不充分,战略方向有偏差,目标不清晰,重点不突出,路径选择不当,措施不力等所产生的影响,以及可能带来的混乱。又如,在实施过程中,由于操作程序控制不足、缺乏纠偏调整、半途中断等而产生的风险。

(3)治理风险。包括在数字化转型中,因无法确保跨部门之间的协同,不能消除因流程相互依赖而产生的风险;数据管理不足造成的数据滥用、隐私泄漏,以及第三方操作环境的不适当控制而产生的风险;监管过度或者监管不利,缺乏在数字环境中发生欺诈或安全破坏事件时进行调查和取证的能力等导致的风险。

尽管城市数字化转型为增长和价值创造带来了无与伦比的机遇和能力。然而,如果不处理相关的风险,任何机会都无法实现。因此,在城市数字化转型中,从战略层面设置风险管理原则,开发和更新基于风险的数字化架构,嵌入持续的监管流程,通过有效工具识别和管理不断演变的数字风险,显得十分重要。

8.3　城市数字化转型的战略思考

城市数字化转型首先要确定战略思想,其主要解决一些根本性问题,如为什么要推进城市数字化转型,要设定一个什么样的目标愿景,涉及哪些主要问题及其范围,采取哪些基本原则等。

8.3.1　为什么要推进城市数字化转型?

这一问题看似简单,其实不然。这涉及一系列非常核心的思想和洞见。比如,不推进城市数字化转型,行不行? 有那么迫切吗? 又如,推进城市数字化转型意味着对哪些现存(现实)的否定、扬弃和改进? 这是边际改善,还是根本改造(颠覆性创新)? 再如,城市数字化转型要达到什么目的? 而达到如此目的,需要有多大的投入(成本)或付出什么样的代价? 这些投入或代价能否承担得起? 如果不把这些方面考虑清楚,并有明确的答案,那么尽管讲了一大堆“重要性”“必要性”和“迫切性”,其实还是没有回答这一根本问题。

另外,对于这一问题的解答,似乎是一个多项选择,可以有不同的“正确”答案。例如欧盟委员会倡议的“数字城市挑战”(European Commitment, 2016)旨在帮助欧洲城市制定和实施数字化政策,改变居民、企业、工人和企业家的日常生活,受益于数字化转型带来的好处。该倡议的具体目标包括:帮助欧洲城市提高市民的生活质量;以先进技术为市民服务;转变生产和服务,提高生产力,创造增长;创造并吸引人才和企业家;推动对关键基础设施、技术和开放数据的投资。显然,这些答案都是正确的。实践也证明,推进城市数字化转型,确实能带来这些效应。但如果我们结合前面提出的若干深度思考,就会发现,在不推进城市数字化转型的情况下,仍可通过一系列边际改善达到提升城市绩效、促进城市可持续发展、让城市生活更美好、使城市更具连接性等目的。尽管这可能在效果上不及推进城市数字化转型,但要考虑到,推进城市数字化转型也是要支付额外成本或相当代价的。推进城市数字化转型,难道仅仅是为了达到这些目的吗? 这让我们重新思考一个问题,即推进城市数字化转型是不是具有更“内核”的目的性。

我们认为,从战略角度讲,推进城市数字化转型是为了在数字化变革的影响下创造不可替代的城市独特竞争优势。我们知道,城市独特竞争优势是由一组独特的属性或条件(内核)决定的。确立和保持城市独特竞争优势不仅是城市发展的立身之本,而且也是使其能级提升和地位提高,更好代表国家参与全球合作与竞争,在全球网络中发挥更大作用的重要保证。纽约、伦敦、东京、巴黎、新加坡等全球城市之所以能立足于全球城市网络的顶端,上海、北京、迪拜等城市之所以能迅速崛起为新型全球城市,无不依靠其独特的竞争优势。然而,随着社会和技术变化,城市独特竞争优势会发生更替。

长期以来,城市的独特竞争优势主要基于物理(物质)层面,包括区位、交通、市场、资本、人才等。当然,也有非物理(物质)方面的要素,如政策、营商环境、文化等在起着重要作用,但其也是建立在相应物理(物质)基础之上的。当前,数字化作为一场伟大的变革,使一系列的经济发展、价值创造、服务内容、价值交换形式、管理方式等更多地以数据信息内容为主,将彻底改变城市独特竞争优势的基础,使其更多依赖基于数据、信息、知识层面的创新。这势必带来城市独特竞争优势的更替,形成以数据、信息、知识层面为基础的创新的动态比较优势。显然,这将导致全球城市网络的重新"洗牌"。一些积极创造新的独特竞争优势的城市,在网络中的地位和重要性将日益上升;一些固守旧的独特竞争优势的城市,在网络中的地位和重要性将趋于下降。这种替换是不可避免的。即便是当前处于全球网络顶端的全球城市,如果不积极创造新的独特竞争优势,也将跌落"神位";要想保住和巩固其地位,唯有积极创造新的独特竞争优势。对于那些新型全球城市来说,如果能积极创造新的独特竞争优势,那是一次实现超越的绝好机会。对于一般城市而言,也增大了其跻身于全球城市行列的可能性。因此,对于积极进取的城市来说,必须为培育新的独特竞争优势而推进城市数字化转型。而且,转型还具有紧迫性,因为在同一起跑线上,要抓住先发优势效应。

如果出于积极创造新的独特竞争优势的目的而推进城市数字化转型,那么就要对阻碍其创造新的独特竞争优势的体制机制、规则与政策、思想理念、发展模式、运作流程、交互方式等进行否定、扬弃和改进。而且,由于城市独特竞争优势的基础性改变,意味着城市数字化转型就不是一种边际改善,而是要对基础性的架构、流程、运作方式等进行根本性改造(颠覆性创新)。在原有基础上推进城市数字化转型,虽然也有某种效率改善,但难以创造出新的独特竞争优势。因此,要发展一个更先进的城市数字化战略,最好的办法是把传统的发展战略过程从头改变。

这里,又涉及一个新的问题,即城市数字化转型战略是否应该与其他现有的本地战略相联系?我们认为,城市数字化转型战略应与所在城市或地区的现有发展战略明确挂钩。这样,就能清楚地说明城市数字化转型战略与现有发展战略有何不同,以及它提供了哪些额外价值,从而明确对现有发展战略的改造在何处。同时,也能挖掘出现有发展战略中有哪些可以被吸纳进或包括在城市数字化转型战略中。这种重叠并不一定是坏事,只要这对双方都产生了杠杆效应。例如,现有发展战略中提升城市能级和核心竞争力的内容,可以包含在城市数字化转型战略中。又如,现有的城市智能专业化战略包含数字组件,也要确保将其包含在城市数字化转型战略中。当然,新制定的城市数字化转型战略与其他现有战略的联系,在于提出了一个不同的角度,即数字化的重点是经济发展和城市核心竞争力。

既然如此,推进城市数字化转型不仅需要巨大投入,而且需要长期投入。对于城市数字化的投入,人们通常更多考虑数字化基础设施、数字平台建设、数字化工程和项目、设备购置与更新、人员培训等方面投入。固然,这方面投入是重要的,投入规模也不小。但我们要看到,也许更大的投入在于支付一系列制度变革、构架重塑、模式转换、流程再造等直接和间接费用。因为对于城市数字化转型来说,不是沿原有轨迹的平滑,而是"大道转换",通常存在较大的"摩擦系数"。尽管在数字化基建方面也存在"沉没成本"之类的摩擦系数,特别是在数字技术尚处于日新月异变化中时更为明显,更替性投入也更大;但在一系列制度变革、构架重塑、模式转换、流程再造等方面,由于涉及众多利益关系的重大调整,利益黏性及其利益硬化等将造成"数字障碍"等更大的摩擦系数,会发生许多无形损耗,支付更多无法量化的成本。这方面的摩擦系数取决于制度、构架、模式、流程等弹性大小。如果原有的制度、构架、模式、流程等越缺乏弹性,其摩擦系数就越大,所需支付的成本也越大;反之亦反是。因此在各城市数字化转型中,如果说数字化基建投入方面还存在一定的可比性和可预测性,那么在制度变革、构架重塑、模式转换、流程再造等投入方面是有很大差异且难以预估的。从战略角度讲,就要全面分析这两方面的投入,特别是在"软性"方面的投入上,充分评估是否承担得起这些投入或成本,并有统筹考虑和安排。

8.3.2　设定什么样的目标愿景?

城市数字化转型战略必须提出目标愿景。现实中,人们往往认为,目标愿景是"虚"的,也很容易提炼和确立,只要凭借丰富的想象力,力争"高、大、上"就可以了。固然,未来是不确定的,数字技术发展本身也不确定,我们很难确立一个明确的目标愿景,只能大致勾勒出城市数字化转型的终态轮廓。这种目标愿景的作用,就在于我们要基于对未来的愿景进行逆序工作,而不是基于现有的能力制定下一步计划。如果目标愿景完全是虚幻、朦胧、不着边际的,就无法让我们逆序进行工作,从而也失去其价值。

从这一角度讲,提出目标愿景的步骤不是直接憧憬未来,而是首先查明现有城市数字化水平,或诊断城市的数字化成熟度水平,确定讨论战略发展的起点。这将引导大家共同为城市定义一个长期的数字转型愿景,在踏上数字化转型之旅时充当"地平线上的点"。而且,在此过程中,并不是仅仅由战略规划者提出目标愿景,而是在利益相关者共同参与下提出目标愿景。为此,要使用城市数字化自我评估工具,收集数字关键绩效指标信息。例如,从治理与领导力、支撑服务、融资、社区、基础设施、数字访问、数字技能、公司数字竞争等不同维度设计关键绩效指标,通过在线社调工具等对受访者(可以包括在城市数字生态系统中扮演重要角色的所有利益相关者,如公用事业公司、行业代表、教育、研究及金融部门等)进行广泛社会调查,从而获取城市数字化成熟度水平信息,并确定数字转型战略中需要解决的问题和要点。而且,这种调查结果是可以进行跨城市比较的。在此基础上,制定一份全面评估报告,展示通过社会调查收集到的见解,以及用于与当地利益相关者社区的互动。通过这种互动,收集他们对现有瓶颈的看法,以及城市数字化转型应该朝哪个方向发展,共同定义城市数字化转型的共同愿景和抱负倡议,即希望实现的长期变化,构建城市数字化转型的基本框架。

另外,这一目标愿景必须落脚在城市发展这个本源问题上,并与创造新的独特竞争优势的目的性高度契合。在这方面,首先存在一种偏向,即把目标愿景仅仅设定为城市数字化达到何种程度或高度,这固然需要,但不是唯一内容。城市数字化转型本身不是目的,而是手段,最终是为了促进城市发展,其本源问题是创新引领的智能城市增长,只不过这种增长驱动力在智能系统、新商业模式和大规模网络效应的影响下发生了变化。因此,在目标愿景的设定中,更要阐明这种城市数字化水平将带来什么样的城市发展,以及达到什么样的城市发展水平。此外,存在更严重的问题是,各个城市数字化转型的目标愿景似乎是同一、"标准化"的,可以相互照搬照套。实际上,城市数字化转型所要创造的新的独特竞争优势是异质性的,要根据各城市的具体条件来创造。因此,目标愿景设定要与各自具体情况结合起来,体现创造新的独特竞争优势的异质性要求,应该是差异化的。

8.3.3　如何创造一个可实施的战略?

在现实中,一些人认为,目标愿景无非是给出一个大致方向,起着指引和导航作用。更有甚者,认为目标愿景可望不可及,因而可以模糊化或淡化,甚至只是"图上画画、墙上挂挂"。我们认为,城市数字化转型的"目标愿景"不仅是用来指引方向的,更是用来界定所涉及的主要问题及其范围的。城市数字化转型战略的力量在于其范围和目标。

当然,这里有一个重要的转化,即将目标愿景转化为一个可实施的实际战略,或者说设计一个具有短期实施潜力的战略,但它仍与长期目标相关。作为这一过程的一部分,需要为实现远大的目标愿景而设定短期实施的运营目标。在此过程中,就要考虑与现有发展战略的关系,并与相关领域的现有战略(如智能专业化或经济发展)相比较,正确识别数字转型战略与其他现有战略之间的潜在协同效应,从而引导出为数字化转型战略确立明确的价值主张,确定城市数字化转型战略将要填补的"利基"(缝隙)及其重点。这一可实施的战略应该被视为一个"活文档",可以通过强有力的监测和评估,以及短期实施试点行动等进行动态修正或调整。

另外,这一实际战略应嵌入所有利益相关者网络,在负责实施的利益相关者的支持下集体制定。这就要求制定2—3个战略方案(即不同的替代方案),与本地利益相关者进行讨论和探讨。每个场景都建立在不同的假设或优先级上。例如,在一个场景中,可能主要关注构建技能;而在另一个场景中,可能希望主要关注基础设施。优先部门(如信息通信技术、交通运输、主要产业部门等)也可用于定义不同的场景。在利益相关者的广泛讨论中,通过不同战略方案比较,并选择一个战略方案来进行实施。最后,应根据其可能产生的影响和可行性来选择具有可操作性的若干业务目标(手段),以支持这一战略的实施。这些具有可操作性的若干业务目标(手段)不是固定不变的,而是能够迅速适应新变化,具有灵活性、调整能力、适应能力和创造新机遇能力。

8.4　城市数字化转型的有效途径与路线图

8.4.1　城市数字化转型的有效途径

城市数字化转型,因不同的目标取向、发展基础、进入时点、制度环境、人文条件等,呈现出多元化的发展路径。但不管具体路径如何,实现城市数字化转型的有效途径,基本上是趋同的,具有共性特征。

首先,开放式协同创新。在城市数字化转型中,除此之外,别无其他捷径可走。城市数字化转型,核心在于创新。任何创新不足、创新不力,都将使城市数字化转型步履艰难。创新是贯穿于城市数字化转型的一条主线。与此同时,城市数字化转型,既是技术创新,更是模式创新,因此协同创新化是实现数字经济时代"技术创新＋模式创新"双轮驱动的核心引擎。如果能够将应用端最为敏感的"模式创新"与研发端最为敏感的"技术创新"进行强耦合,有意识地引导"技术创新＋模式创新"双轮驱动,形成协同创新化的新局面,则将有力牵引城市数字化转型。构建开放式创新生态系统,才能借助数字化技术更好地形成一种价值共创、共建、共享的能力,一种开放价值生态共建的能力。

其次,生态系统数字化集成,促进外部性溢出效应爆炸式增长。城市数字化转型涉及所有城市生态系统,并将适应每个生态系统的特殊性及其增长和可持续性动态,从而提高其有效性。然而,在推进城市数字化转型中,人们往往习惯于对城市生态系统逐个进行梳理,分别设计和安排数字化转型的相关事项。其实,这是不可取的。因为城市,特别是大城市,由数百个经济和生活生态系统构成,每一个生态系统又由不同的行动者、业务和基础设施构成,都有其特殊性,因而有许多不同的数字化转型解决方案。而且,数字化转型的步伐也因生态系统而异:一些发展迅速,而另一些发展缓慢。针对每个不同生态系统进行数字化转型战略及其解决方案的设计,不仅非常分散,协调起来也很困难,要花费大量的精力和财力,事倍功半。城市数字化转型的有效途径选择,是依据城市各生态系统高度相互联系和共同进化的特点,充分发挥其外部性的溢出效应。城市各生态系统作为空间共生活动的集群,共享其运行环境的共同要素,譬如拥有共同的基础设施、文化和制度背景,以及相似的创业和融资环境等,从而形成相互依存甚至共生的关系,存在着大量空间外部性。这些外部性在生态系统形成中发挥着关键作用,并与构建城市竞争优势高度相关(Asheim, et al., 2011)。因此,城市数字化转型应该投资于更横向和整体的行动,为更广泛的城市生态系统创造多重效应,从而促进城市生态系统空间外部性的爆炸式增长。

再则,充分发挥数字空间平台作用。城市生态系统处于城市的物理空间中而发展、演化和运作,因而它们被定义为复杂的自适应系统,其治理和转型动力基于网络、多重螺旋治理和制度环境。尽管人们一直以来感兴趣的主要领域是物理空间,但进入数字化时代,万物互联与大数据智能技术的出现,使日益发展起来的数字空间也开始发挥互补作用,提供新的沟通/协作和运营方式,并使城市各生态系统更大规模地相互依存与协同的成本大为降低,效率大为提高。例如,人们使用新型数字技术,如在线应用、虚拟集群、电子基础设施和电子服务等,其目的就是要以非物理空间方式连接参与者并创造协同效应。因此,重点在于构建城市部门生态系统赖以相互依存、可共同操作、进行交互作用的数字化平台,或颠覆性平台生态系统(Komninos, et al., 2021)。在这一生态系统的数字化平台上,可以更好地组织不同生态系统的相关行动者,增强它们之间的有效沟通/互动,并建立新的合作或价值创造方式,从而改变创新生态系统的运作。同时,也可以利用城市部门生态系统中所有参与者(无论在哪个部门)的技能、创造力和创新,促进参与者之间的互动。在交互操作过程中,包含了它们结合数字化和非数字化特征的能力,从而触发了额外的交互层,因而提高了它们的整体功能和效率,放大数字化转型的有效性。

最后,注重于人的"赋能"。城市数字化转型可以带来多方面的"赋能",但如果关注各方面的"赋能",并分别实施数字化转型的方案,则将分散力量,难以很好兼顾。因此,城市数字化转型的有效途径是注重人的"赋能"。因为在城市垂直生态系统的共享资产中,最为重要的一项,就是城市的劳动力资源和市民的技能。这些技能既包括数字化技能,也包括非数字化技能,如可用于不同行业的技术及其相关技能、研发技能,以及一些影响企业家精神的通用技能(批判性思维、冒险精神、适应能力和创造力等)。而那些中级和高级数字化技能(数字营销、社交媒体、网页和应用程序开发、电子服务设计和开发、数据分析和人工智能等),则是任何生态系统中改善商业运营、商业智能和新商业模式创建的基础。在数字时代,这种能力或技能更容易从组织上和人身上剥离出来,用一种形式化的方式去承载无差别化的传播。这种承载能力的形式,有可能是数字化平台,也有可能是大量被形式化的"大数据+人工智能"的各种载体。其构成一个个小的生态圈,可以给人赋能。其中,能够被形式化的一部分技能,被无差别化传播;还有一部分不能被形式化的,可以通过人工智能加以弥补,从而不断增强人的能力或技能,让每个人变成"多面手",并降低每个领域的门槛,以便更灵活地发挥每一个人的价值。只要抓住了人的"赋能",其他方面的"赋能"问题也就迎刃而解了。

8.4.2　城市数字化转型路线图

城市数字化转型不仅只是考虑各项数字技术的采用,而且还定义了这些技术如何在整个城市运行和生态圈中相互配合。另外,鉴于城市数字化转型中存在的机会不定、经济效益不明、投资代价不菲等因素,不仅需要一套清晰的目标愿景,更需要一张切实可行的数字化路线图,以成功应对城市数字化转型中的各项挑战。数字化转型路线图是贯彻该战略的具体方式方法,描述了该战略的实际实施情况。在制定数字化转型路线图过程中，关键要素之一是确定为实现战略目标而应实施的优先活动（重点），及其治理框架，以及实施重点项目的潜在资金来源等。

（1）确定应实施的优先活动，可以是一份长长的潜在活动清单，包括正在进行的活动，以及尚未执行的新倡议。这些优先活动有开始和结束，并伴随具体的目标和执行它的相应资源。通常，这些优先活动的选择基于以下方面进行：成本、立即实施的潜力、可行性和相关性。我们认为，从能力的角度出发考虑这个问题可以带来更大价值。城市数字化转型的目标并非实施最酷炫的新装置，而是要达到提升效率、改善质量或增强业务本身等特定目标。因此，首先要从组织、人才、流程和技术四个战略维度，结合城市发展战略和整体目标，详细勾勒出城市数字化转型所聚焦的能力以及运作体系的架构。在确定所需能力的基础上，再结合成本、立即实施的潜力、可行性和相关性等因素，选择应实施的优先活动。

（2）城市数字化转型的治理框架可以因城市而异，如不同的治理结构、不同的治理模式、各具特色的治理方法等。但治理组织架构的基本要件，可能具有同一性，主要解决谁拥有或负责战略实施，由谁监督战略的推行，谁在滚动的基础上推进战略实施，谁负责战略的日常执行和具体活动等问题。由此，需要设立负责战略总体实施的组织或机构、战略督导委员会、专题工作组，以及负责执行活动或项目、监测结果、向督导委员会报告的业务团队等。

（3）在推进城市数字化转型的项目实施中，最重要，却往往被忽视的是监测与评估。这不仅是为了衡量项目推进和实施的进度，更主要的是为了及时发现问题，并进行动态修正和调整。为实行监测与评估，首先要确定个性定制的绩效指标。这种监控指标应该在制定战略的同时建立，从而确保选定的指标与目标具有较高的相关性。这些绩效指标通常是分层的，分别衡量战略成果（5—10年）、中间结果（3—5年）和近期产出（1—3年）。同时，为进行有效评估，需要通过收集数据、进行调查研究等，事先建立反映当前情况的可靠基线。现在的许多评估都是事后拉出一条基线，使评估具有很大随意性。而且，不仅要注重评估项目的直接绩效，还要注重间接绩效，甚至间接负面效应。

（4）在项目推进中，通常要设立试点项目。因为数字化的经济效益，特别是社会效益有时并不容易量化，而且在初始阶段，也只能提供非常有限的技术概念和演示，因此可能导致难以争取到资金和利益相关方的认可。通过试点，能发现最适合自身的方式，将迅速取得的成效展现出来，并获得大众的认可，进而争取到更多的资金、人力和物力用于大规模的推广。试点可以有不同类型。例如,某些领域纵向整合从数字化工程设计到以实时数据为支撑的运作流程,在特定的行业和企业中实现特定生产流程的数字化,将其作为不断学习和优化的契机等。但更多有意义的是横向数字化整合试点,这是城市数字化转型的难点。当横向整合数字化功能时,就有可能打造出一系列活动将抽象的数据转化成具体的价值。运作流程本身也能通过多种途径将收集起来的数据转化为收入。在此深远影响下,各城市单元能够拓展甚至是彻底改变目前的运作模式,不再只是注重某一环节,还能有机会在更大的场景运用中扩大份额,并进军全新的业务领域。有些试点工作,要由普通民众广泛参与。一些试点单位可以考虑与初创企业、高校或行业组织等外部的数字化领先者合作,加快数字化创新的步伐。当然,这些试点要可复制、可推广。

(5) 数字化环境的培育。在城市数字化转型中,市民的广泛参与是成功的关键。这种参与来自战略执行中的两个重要组成:文化与教育。文化与教育推动技术应用,文化与教育引领技术的应用。因此,要大力培育良好的数字化环境,营造激发新思想、敢于冒险且能够接受风险、合作共享的氛围,并使之成为一种文化常态。通过培训和继续教育,消除数字鸿沟和数字障碍。

(6) 实行多源数据汇聚共享。完善数字制度体系,实行公共数据统一管理和应用,制定完善重点领域公共数据专项标准,健全公共数据分层采集体系,依托大数据资源平台实现公共数据的实时归集和同步更新,拓展公共数据开放清单,健全公共数据按需共享授权机制,加强公共数据安全管控,加强个人信息保护。

(7) 强有力的领导力。城市管理者必须将城市数字化转型战略视为工作的重点,应充当数字转型之旅的推动者,确保利用现有能力和资源,确保本地数字生态系统的集体动员。不仅在各领域内部的数字化纵向整合上,需要有强有力的领导力推动,而且在各领域横向数字化整合时,更需要有强有力的领导力。然而,由于自然垄断性,政府在鼓励信息共享方面几乎没有来自竞争市场的压力(Moore and Hartley, 2008)。多个机构收集的信息无法通过一个网络连接起来。信息孤岛降低了组织和服务提供商利用跨部门和内部数据革命潜力的能力。由于对政府机构如何使用其所持有的个人信息缺乏全面的规定,安全问题也会阻碍数字化计划的实施。政府机构的"搭便车"倾向也会影响信息的获取和吸收。官僚主义也可能限制公共部门对数据的广泛使用。管理公共机构的这些经典特征往往成为政府官员是否利用数据革命的关键决定因素(Arizti, et al., 2020)。因此,增强领导力的首要条件是政府自身革命。

9 基于网络的竞合关系

全球城市之间是什么关系,不仅是一个理论问题,也是实践中经常遇到的一种困惑。我们认为,基于网络的全球城市之间是竞合关系,且合作大于竞争。这种竞合关系是一种非零和博弈,有利于全球城市发展。巩固和完善全球城市的竞合关系,在于发挥不同参与者的协同效应。

9.1 问题的提出

在研究全球城市的过程中,势必涉及全球城市之间的关系。因为这涉及一个深层次问题,即全球城市发展到底由什么力量来驱动。

9.1.1 一个争论已久的问题

全球城市之间的关系,在理论和实践上一直存有争议。早期研究中,由于比较注重全球城市的属性特征,更多强调城市之间的竞争关系。20 世纪 90 年代美国学者 Kresl 先后发表了《城市竞争力:美国》《城市竞争力决定因素:一个评论》《竞争力和城市经济:24 个美国大城市区域》三篇论文,对美国城市竞争力的一些问题作了开拓性的探索。英国就此论题出版了一系列"白皮书"。OECD 针对"城市竞争力",特别是"新经济"对城市竞争力的影响,提出了相关的报告。世界银行和世界议会于 2000 年 5 月在华盛顿举办了"城市竞争力全球会议",探讨了提升城市竞争力在经济全球化潮流中的作用。伴随这些研究,也曾一度流行所谓经营城市的思潮。

这些城市竞争力研究通常把城市视为建立在地方空间基础上,是由大量投资堆积或要素凝固化而形成的生产和生活高度集中的空间体,从而主要考虑要素条件、企业战略、结构和竞争对手、需求条件以及相关产业、支柱产业等之间的关系。许多研究文献认为,城市竞争力概念是在一个城市内部特征的功能上形成的,城市竞争力源自地方区域的生产簇群。

美国学者 Kresl(1995)认为,城市竞争力是城市创造财富、提高收入的能力,并由此提出 6 条衡量标准:能创造高技术、高收入的工作,能生产有利于环境的产品和服务,生产集中于那些收入需求弹性高的产品和服务,保持经济增长与充分就业的能力,掌握未来事业发展的能力,以及提升城市在城市等级体系中地位的能力。Gordon 等人提出,城市竞争力是指一个城市在其边界之内能够比其他城市创造更多的收入和就业。Webster 和 Muller(2000)也认为,城市竞争力是指一个城市能够生产和销售比其他城市更好的产品。它是由城市活动和场所两类要素共同决定的。城市活动(如金融、旅游、计算机制造、非正式部门角色、科技、创新等等)是城市在现实世界中竞争的表现、过程和结果;而场所具有不可交易性(non-tradable),其中的人力资源、区域禀赋、制度环境等都决定了城市活动的选址和定点、扩展或者压缩等。在他们看来,场所要素决定活动要素发挥作用的空间和方式。这一表述强调了城市竞争要素的强弱是城市竞争力的核心问题,而其竞争要素的强弱取决于比较优势和综合潜力。

英国的 Begg(1999)通过一个复杂的"迷宫"模型,说明了城市绩效的"投入"(自上而下的部门趋势和宏观影响、公司特质、贸易环境、创新与学习能力)和"产出"(就业率和生产所决定的生活水平与生活质量)的关系。这在很大程度上取决于其过程能力的大小。Deas 和 Giordano(2001)综合考虑了经济活动要素与场所特质要素,并从动态过程出发把城市竞争资本和潜在竞争结果两者结合起来分析,建构了线性投入产出式的结构体系。他们把城市竞争力视为竞争资本与竞争结果的统一。尽管竞争资本是获得竞争结果的前提条件,而竞争结果是竞争资本实际运用的体现,两者之间有一个转化过程,但两者之间是互动的、互为影响的,从而形成一种过程的可持续能力。

上述这些城市竞争力的界定及其模型建构,尽管在方法和具体内容阐述上有所不同,但都基于工业经济主导时代以"中心地"等级体系为主要构架的旧世界城市体系。因为城市等级模型是建立在一系列竞争关系之上的,正是基于此竞争,其基本结构才得以形成并复制。各城市之间的竞争关系,决定了它们都试图通过努力以升至该结构的更高一个等级位置上。实际上,这是一种等级分析方法。正因为如此,这些研究都将视线集中于内部因素上,着眼于内部诸元素之间的结构状态,强调其内部"产出能力""要素能力"和"过程能力"的提升及整合。

到 20 世纪 90 年代,许多研究者认识到,在现代全球化发展趋势下,传统城市竞争力理论已不再适用,并对以此为根基的所谓经营城市、增强城市竞争力等思潮进行了批判和摒弃。Krugman(1994)认为,Kresl 建立的城市竞争力多变量评价体系没有充分吸收国际贸易理论的成果。在他看来,为了城市的繁荣,最佳的选择是让城市积极参与国际分工。Hubbard 和 Hall(1998)对 Kresl 的观点提出了批评,认为这是一种把竞争与合作分割开来的目光短浅的研究。越来越多的学者也开始注意到外部联系因素对城市竞争力的影响。Cox 和 Mair(1988)指出,城市竞争力明显来自外部影响。因为,通过当地社会关系的价值流的提升,会涉及处于不同分离空间的机构、制度和实践的合作。尽管这些观点尚缺乏关于城市之间关系的经验主义证据,但却已意识到互相联系才是城市竞争力的核心。

更有个别学者针对传统城市竞争力理论的缺陷与不足,试图构建新的城市竞争力模型。如 Sotarauta 和 Linnamaa(1998)在建构城市竞争力模型时,把城市作为一个整体来看待,特别重视了网络及其管理的作用。他们认为,城市的各类功能和活动以网络的方式来组织,而不是以纯粹的科层方式和市场方式来完成。在此过程中,城市之间既有激烈的竞争又有紧密的合作。城市的发展模式越来越建立在合作与网络的基础之上,网络管理越来越成为城市竞争力的一个要素。

进入 21 世纪后,随着研究视角的转换,越来越多的学者开始强调全球城市的关系特征。特别是 Taylor(2001)提出全球城市网络后,更多的学者将全球城市置于全球网络之中,作为网络中的主要节点,从而倾向于全球城市之间的合作。这已日益成为主流的学术观点。

9.1.2 现实中的问题

然而,这一争论已久的理论问题,在现实中并没有完全解决,并有将城市间竞争片面化、绝对化的倾向。城市政策制定者普遍奉行"思考全球,行动本地"的思潮,形成一种基于地域基础的实践行为,即强调当地经济增长战略的重要性,全球竞争优势被认为是当地经济增长战略的结果(Senbenberger, 1993)。为此,主要通过基于资源驱动型战略的发展(通常是大规模的基础设施及建筑项目的建设),来以提升城市在全球城市等级中的位置。在实际操作中,城市政府往往把注意力集中在城市资本存量增大、物质财富积累、城市环境改善等方面,强调城市竞争来自当地所依赖的利益(例如土地所有者、银行、公司等),使其城市显现出比对手城市有更大的全球投资吸引力。也就是,通过运作"当地财产"来最大限度地增强城市对资本流动的吸引力(Savitch and Kantor, 1995)。

　　特别是近十几年来,媒体上不断发布的全球城市排名,数量越来越多,类别日益丰富,有的是综合排名,更多的是单项排名。这些排名的次序,也不断发生变化,有的上升,有的下降。这不仅让人眼花缭乱,更给人一种感觉:全球城市之间存在激烈竞争。这种感觉累积往往误导人们的认知。许多城市决策者为提升国际竞争力而实施积极的推进活动,设计和塑造自身所谓的国际化比较优势。老牌的全球城市,为保持和巩固领先地位,进一步加强竞争优势;崛起的全球城市,为提升名次,不断培育和创造竞争优势。于是,大家都在强调全球城市间的竞争,呈现出一种你追我赶、不甘落后的竞争场面。

　　在竞争主导的潜意识下,城市决策者往往更加强调"人为"作用的因素。特别是主观设定的目标以及参照性设计与推行的政策措施,将全球城市竞争演变为城市政府间的政策竞争。在此过程中,由于认识不清和掺杂着较多的主观臆想,竞争政策的落脚点往往发生偏差。例如,城市政策设计者通常参照全球城市排名所用的各种指标来找差距,并加以改进。然而,大部分用来衡量全球城市的,均为属性指标,如 GDP、交易量、各种要素流动量、产业结构、就业结构、收入与消费水平、受教育程度、人力资本、机构数目、基础设施与社会设施规模等。少数关系指标,如网络连通性等,由于难以深入挖掘其背后的影响因子,在政策设计中无法参照。又如,在政策设计中,更多依赖于对一流全球城市的感性认知,如城市空间布局、城市形态、建筑风格、城市形象、生态环境、人文习俗、城市运行,以及发展战略、政策措施等,并将其作为标杆。在这种情况下,由政府主导的全球城市竞争中,更多的是规模、实力的比拼,"高、大、上"的攀比,"零和博弈"的追求。显然,这与全球化和信息化背景下的合作趋势大相径庭,是不利于全球城市建设与发展的。

　　这就给我们提出了值得深思的问题:如何认识基于网络的全球城市,其具有什么样的基本属性? 如何准确理解全球城市之间的竞争与合作,赋予其什么样的基本内涵? 如何看待全球城市竞争,将其放在什么样的位置,竞争的重点在何处? 因此,我们有必要深入研究与探讨基于网络的全球城市竞合关系,赋予城市竞争与合作的真实含义,促进全球城市健康发展。

9.2　基于网络的竞合关系

　　研究全球城市的竞合关系,首先要明确,这是无法在旧世界城市体系中加以阐述的。全球城市的竞合关系完全不同于旧世界城市体系中的传统竞争关系。因此,必须立足于现代全球化带来的全球城市网络,在网络视角下考察全球城市的竞合关系。

9.2.1 网络视角下的全球城市

在现代全球化进程中,跨国公司日益成为主要力量。我们知道,跨国公司运作超越了国家界限,主要空间载体是城市单元。从这一意义上讲,全球化进程对所有城市都有重大影响(Marcuse and van Kempen, 2000; Scott, 2001)。一些"中等城市"(medium cities)同与其毗邻的大城市一样,也必然对全球化趋势作出反应(Knox, 1996)。这些城市通过全球化的资金流、劳力流、商品流、服务流等,与外部其他城市建立起广泛联系。正如 Castells(1996)指出的,世界经济将由"地方空间"(space of place)转向"流动空间"(space of flows)。流动空间的特征是跨越了广大领域而建立起功能性连接,却在物理性地域上具有明显的不连续性。Beaverstock、Hoyler 等人(2001)开展了一项实证研究,通过相关数据描述了 Castells 的"流动空间",并且抓住构成全球城市网络的城市之间的联系和关系。也就是,城市之间的联系和关系是基于以"全球—地方"垂直联系为原则的全球城市网络体系。因此,对于任何一个融入全球化进程的城市来说,都面对着一个具有规范的外部世界,是不可以脱离全球城市网络的。从这一意义上讲,"城市被视为是多方面的连接"(Short and Kim, 1999),是通过网络而具有与外界更广泛的连通性,凸显城市价值流的功能与价值取向。

这就形成了一个与旧世界城市体系不同的颠覆性观点:一个城市的机遇更多取决于全球网络中结构严密和联系紧密的互相作用,而非其自身的规模、实力及功能。按此观点,就不能简单将城市视为一个经济或政治的"中心地",不应该把城市过多渲染为贸易场所、港口、金融中心或工业重镇的角色,而是要作为资本等要素循环和积累的复杂网络的必要组成部分。也就是,要把城市定义为"过程和相互作用"的地方,将其视为相互作用的社会竞技场,而不仅仅是包含如建筑之类东西的一个地方(Amin Massey and Thrift, 2000)。在此基础上,进一步的逻辑推断就是:一个城市在网络中的重要性,取决于与其他城市之间的关联程度,取决于"它们之间交流什么,而不是它们那里有什么"(Beaverstock, Smith, Taylor, et al., 2000)。也就是,与其他城市之间流动的水平、频繁程度和密集程度,决定了它们在全球经济中的地位。显然,"作为相互作用的地方的城市",其社会关系和活动在地理意义上是密集的。Massey 等也持有类似的观点,即把城市看作社会关系的密集场所(Massey, Allen and Pile, 1999; Allen, Massey and Pryke, 1999)。

在这样一个全球城市网络中,存在着许多相互关联的节点。凡是融入这一网络的城市,都是作为节点的存在。但与一般城市不同,全球城市具有与其他城市之间更高、更频繁、更密集的关联程度,从而成为网络中的主要(基本)节点。因此在全球化与信息化背景下发展起来的全球城市,作为各种要素全球流动的主要空间载体,更是内化于全球城市网络之中的;其在全球经济中举足轻重的地位与作用,正是通过全球城市网络来体现的。建立在网络结构的基础之上的全球城市,其外部连接的网络化特征比以往任何时候更为明显,也更为完善,因而其协调功能的实现方式及表现特征发生了重大变化。这样,全球城市的详细阐释便同"全球城市网络"的界定建立了相关性(King, 1990)。

从历史上讲,尽管一些贸易大都市、制造大都市也有较广泛的外部连接,但绝不能与当前全球"流动空间"中的网络化相比拟。全球城市具有明显的外部连接的网络化特征,其具有的全球战略性功能是通过全球连通性程度来体现的。从这一意义上讲,如果一座城市不处于全球网络中的主要(基本)节点地位,其全球战略性是有限的,就难以成为全球城市。因此,我们要从全球城市网络的中心节点的角度,围绕全球连通性来揭示全球城市的特质。

全球城市作为全球城市网络及世界经济的中心节点,控制与承载着互相依赖的资源要素、金融和文化的流动,并共同推动全球化的发展。它们也提供了全球与地区交互的平台,包容着经济社会文化和机构的设置。这些都促进着地区的和大都市的资源的整合并推动着全球化的进程。同时,它们调整着全球化对地区政治经济的推动力。因此全球城市作为一种新的都市化集中形式和空间组织,已超越了国家城市体系的范围,其中心区位功能及协调功能更多地表现为跨国界的城市与城市之间的联系。

9.2.2 全球城市联锁网络

首先,我们要搞清楚,全球城市网络是一种什么样网络? 显然,这里讲的不是类似基础设施的物质网络,如交通网络等,而是指社会关系的网络。一般社会网络,如社团网络、社区网络等,通常直接由参与其中的行动者构成。与此不同,全球城市网络并不是一种纯粹的网络组织,而是一种由有不同角色和不同重要性节点构成的网络结构,是混合形式的网络组织。

Camagni(1993)比较全面地阐述了全球城市网络是一个联锁网络,提供了一种发掘城市间"合作"关系的方式。在此基础上,Taylor(2001)把全球城市网络定义为:由世界经济中先进服务者服务部门的公司内部流所构成的城市关系相互连接的网络,具体揭示了这一网络中机构(先进服务者服务部门)与城市关系如何联锁的机理。在这一联锁网络中,城市尽管是构成网络的主体,但本身并不是行动者。因为城市只是一个空间载体,不像个人或组织那样可以作为行动者。城市政府作为一个组织,尽管可充当行动者,但不像国家那样拥有主权,行动范围是有限的,并不是典型意义上的行动者。在这一联锁网络中,落户于这些城市中的企业(机构)才是行动者。这些企业(机构)通过其分布于世界各个主要城市的分支机构及业务联系,才将这些城市联结起来。也就是,城市之间的网络关联是通过这些企业(机构)的内部网络关系实现的。Taylor 等人将每个城市与网络"连接"的程度称作"全球网络连通性",并使用了两种测量方法:一是计算城市作为网络体系中一个节点的规模,用城市内的网络机构的数量来表示;二是度量这些城市网络机构与其他城市的连接,以测量城市网络体系的通达性。通过这些测量,表明一个城市在我们定义中的网络体系中的地位和条件特征。

这一联锁网络表明,企业(机构)是行动者。因此,了解这一全球城市网络是如何构成的,就要从企业(机构)分析入手。显然,企业(机构)之间是相互竞争的。特别在经济全球化背景下,企业均面临着全球化与地方化的压力,不管其所处的产业部门的市场特征有何不同。这种全球化—地方化的压力,促生了企业在组织结构、知识创造、运作与区位选择等方面的一系列矛盾。

(1) 企业跨越地理空间在国际市场上的扩展,会引起企业的合并和联合,以使企业组织合理化,并保持有效的经济竞争力。同时,企业也强调保持核心业务(通过非核心业务的外包)和在市场中体现其灵活性,从而又会对打破传统的企业纵向组织结构产生反向作用力。这种促使企业在产业上下游找到一个合适市场位置的压力,可能会推动不同城市之间商业关系的不断重构。

(2) 商务服务的知识产品也有类似矛盾性。技术人员及其商务知识都是企业的核心资产。企业之间在劳动力市场和市场份额方面的竞争,既会导致专业化,也会产生多样性。只有这样,企业才能将其提供的服务与竞争者加以区分。这种知识技能的竞争,促使城市之间新商业模式、战略联盟和市场多样化的形成。

(3) 在企业运营方面,存在着分散化与集中化的两种倾向。一方面,控制风险和降低成本的压力使其趋于集中化;但另一方面,IT 技术的发展使得一些功能几乎可以置于世界的任何一个地方。这就使企业逐渐把其重要的全球功能放在某些少数主要城市,但同时又必须在每一个地方都使用大量的人员以实现企业目标。

（4）在企业的区位选择上,也有类似的矛盾性。一方面,竞争使企业从成本（劳动力成本和空间成本）昂贵的国际性城市分离出一部分功能到成本相对较低的地方去;另一方面,面对面直接联系的经济集聚和知识在世界城市间的传播,都对地理集中具有较大的推动力。

上述这些由全球化—地方化引发的一系列矛盾,对企业形成了双重压力。一方面,跨国服务的需求赋予企业以扩大其市场覆盖范围的动力。如果在这方面失败了,将会严重影响其业务发展及竞争能力。为此,在其他国家城市设立分支机构是绝对必要的。另一方面,全球化市场竞争使企业也明显感到要接近客户、积极参与当地市场的压力。这种双重的压力导致企业规模的扩大,在各主要城市分设机构,形成业务网络,以便服务于"全球和当地"两个市场并能够为其客户提供综合的"无缝"跨国服务。可见,企业间在跨国市场中的竞争对区位选择及其对不同城市之间网络空间产生的重大影响,引致了城市之间不断增长的互相依赖性。

因此,城市间联系主要是以不同城市的企业间联系为基础的,城市间流量主要是由不同城市的企业间经营活动和业务往来所构成的,从而许多城市竞争与合作项目都是市场机制作用下在企业层面展开的。因为企业之间通常存在着较为紧密的业务联系,特别是在全球生产链的环节中,与国外的企业也有着较为固定的业务关系。尤其是先进生产者服务公司,其业务范围通常超越其所在地域,在外面从事其"自身"的市场活动。由于许多服务难以远距离地交易,大多数生产者服务公司实际上扩展进入外国市场,通过广泛的地区和分支机构向其当地客户提供服务,从而使城市之间形成连接。

另外,在成熟的市场经济条件下,政府作为"守夜人",并不直接干预企业的经营活动,也不直接管理企业活动。对于企业间的经济联系和业务往来及其相互之间的竞争与合作,政府并不能施加特别的影响。在这方面,通常是由各种行业协会等机构提供管制框架及产品（服务）的专业标准,以管理企业的活动。在先进生产者服务中,这类机构的重要性特别明显,税务、标准和业务活动受到行业协会,特别是专业性机构的管理。不同的生产者服务部门,由于其属性不同,因而有不同的"进入"门槛。律师事务所是在不同于保险公司的专业范围内进行运作的,广告公司是在不同于会计的专门范围内进行运作的。一般来讲,与金融体系（如会计、法律、投资银行等）、房地产开发和提供金融相关专业服务直接相关的部门,既受制于自身的公司章程,也受到行业成员标准的严格管理,但其他一些生产者服务,像广告、行政查询和不动产代理等部门,则更多地依赖于行业自律,按照相对较松的国内和国外的规则进行经营活动。因此,每个行业中的正规与非正规的进入资格、惯例、规则、习惯与传统,影响行业内的每个企业的行为,灌输给其特殊的价值观及特性。由于这类机构对企业跨地区、跨国界的经营活动有较大的影响(即有利于或阻碍企业的跨地区或全球化经营),所以在某种程度上也是城市竞争与合作关系的重要参与者。

因此,在这一联锁网络中,企业,特别全球公司是城市竞争与合作关系的重要参与者。正是企业的全球业务网络提供了城市网络得以运作所必需的相互依赖的基础。

值得指出的是,联锁网络虽然揭示了全球城市之间的本质关系,但把城市政府这一主体完全排斥在外,有一定的缺陷,至少是不全面的。在现实中,全球城市之间不管是竞争还是合作关系,城市政府都起着一定的作用,表现为城市政府之间的竞争与合作。

从竞争角度讲,表现为对全球资源配置的战略争夺。我们知道,经济全球化从空间上讲是各种经济资源在全球范围内的一种重新配置过程。这种全球化的资源配置打破了国家界限(即意味着国家的边界及地位作用的削弱),并使城市作为全球网络的节点直接参与全球经济,从而各国为了促进自身经济增长而产生的竞争往往转变为城市和城市、区域和区域之间的竞争。在此过程中,人们开始意识到,城市竞争力决定着对全球资源实现战略争夺的力度。为此,世界各国与城市政府积极致力于培育和提高其城市竞争力,以此来期待对全球实现最有利的战略争夺。

这一竞争主要体现在产业、企业地理集中性的效应上。由于全球化与生产、交通和通信等方面的技术变迁使经济活动的空间关系发生了巨变,造成了市场要素的新的固有特点——高度的全球流动性,使一些对城市发展起决定作用的要素(如高质量的人力资本、资金、技术与知识等)更容易向城市集聚,同样也更容易通过"用脚投票"方式来影响城市。同时,企业也可以随时按照其发展战略的制定,更改和变动其所在城市或区域的地理位置。因此,城市政府在未来战略规划制定、基础设施建设、投资环境、综合服务功能等方面,对产业的集聚、新企业形成的支撑、中小企业的健康发展,以及促进高校、研究机构与企业之间有效的技术交流联系等各个方面有着重大影响作用。特别是通过改善环境条件等,吸引更多全球功能性企业(机构)集聚。这直接关系到城市具有更大程度的全球网络连通性,意味着在网络结构中具有更大的关系权力,决定其在全球城市网络中的地位与作用。不可否认,城市政府在营造和改善营商环境,创造更多发展机会,以吸引外来投资及全球功能性公司(机构)入驻、促进资源要素流动等方面,确实存在着竞争,而且主要是政策性竞争。

然而,从严格意义上讲,城市政府间竞争只是服务于全球各市场中的企业间竞争,并不是真正意义上的市场竞争。正如 Krugman(1994)指出的,经济竞争的概念应该限于直接参与市场竞争的主体。真实的竞争只存在于当失败意味着事实上从市场上消失的情况(通过破产而绝对失败,通过被接管而相对失败)。显然,市场不会使国家消失,也不会迫使城市破产。从这个角度讲,只有企业在世界市场上竞争,真实的竞争是发生在企业之间的。城市只是为其企业在世界市场上的成功提供有利的条件,其本身并非市场竞争的独立组成部分,而仅仅是现实市场的附属部分。Sassen(1994)更明确指出,如果城市之间在全球商务活动上仅有彼此之间的竞争,它们就不能构成跨国界的体系。她从城市在金融、投资中扮演的不同角色的角度描述了伦敦、纽约和东京之间合作的一种模式,表明城市之间并非为简单的商务竞争。因此在全球城市网络中,城市(节点)之间更多的是相互依赖,可能只存在一种微弱的"附属性的竞争"。

与此同时,为改善环境和促进城市发展,城市政府也在环境治理、交通、信息、科技等方面积极开展城市间合作,包括缔结友好城市、参加城市联盟等。而且,日益形成各自不同的城市间合作网络。从发展趋势看,城市政府之间的合作领域越来越广泛,合作方式日益多样化,合作机制不断完善,合作成效趋于增强。应该讲,城市政府在这方面发挥了重要作用。

9.2.3　网络中的竞合关系

在上述分析基础上,我们要提出的另一个重要问题是:这一网络的基本属性是什么? Thompson(2003)指出,网络只能在节点之间相互关系的基础上运作。对于网络来说,其核心是基于信任的相互关系,而不同于基于习惯与规则的官僚逻辑凝固等级结构和基于得到法律支持的市场契约关系。如果没有这种基本的相互关系,任何网络都会失去其功能并遭受失败。同样,全球城市网络也是基于协作关系而构建的。网络结构中的节点之间是平等的合作关系,水平式的相互依存。从这一意义上讲,全球城市发展与繁荣并不是由其超过对手的"竞争优势"所决定的。在竞争的同时,更多的是合作。对于全球城市来说,这种合作显得更为重要。只有通过合作,才能建立起更多外部的网络连接,从而界定全球城市的成功和确定全球城市的地位。换言之,全球城市的成功及地位依赖于全球城市网络中的连接(Beaverstock, Doel, et al., 2002)。

然而,正如 De Filippis(2001)指出的,网络包含层次结构的权力;否则,它们不会首先构成网络。因为,如果从网络参与中只获得不成比例的好处,更强的行动者继续留在网络中就不会有动力(Christopherson and Clark, 2007)。当然,这种层次结构的权力不是官僚逻辑赋予的等级权力,也不是市场逻辑赋予的实力权力(如垄断权力等),而是一种网络逻辑赋予的关系权力。这种关系权力取决于节点之间的链接数量与程度。不同的链接数量与程度赋予节点在网络结构中的不同角色和重要性,从而有主要节点、次节点或一般节点之分。更为主要地,作为全球城市网络节点的城市由于具有不同的链接数量与程度,其能够为所在的生产商提供的结构性优势——控制和协调经济交换的能力是不同的,特别是提供给生产商进入全球经济中的优势是不同的。

总之,全球城市网络的基本属性内在规定了全球城市的竞合关系。一方面,基于信任的相互关系强烈驱动相互之间广泛、深度的合作;另一方面,层次结构的关系权力促进相互之间的竞争。因此,基于网络的全球城市,它们之间的竞争越来越具有全球化竞争的性质,同时它们之间也越来越趋于广泛的合作。特别要指出的是,基于网络的全球城市竞争与合作,并不是一般的市场竞合关系,而是一种特殊的竞合关系。按照城市网络分析的方法,城市竞争力应被视为一种体系化的现象,是建立在全球城市体系互通性的基础上的。全球城市的竞争力是由其在超越了特定地区、国家的全球城市网络中的作用及功能决定的(Coe, Hess, et al., 2003)。也就是,这种城市竞争是内化于全球网络的合作之中的。而且,尽管城市间竞争也是全球城市网络形成过程的一部分,但仅仅是整个过程的一小部分。

从动态来看,这种城市间竞争往往最终走向基于专业差异化的合作。也就是,它们可能一开始是竞争对手,但竞争促进它们发挥各自的比较优势,导致专业差异化。最后,它们正因各自的专业差异化而日益加强联系和合作。例如,香港和上海这两个中国领先的金融和商务中心之间的复杂关系,说明了竞争和专业差异化(合作)之间相互作用的转变。悉尼和墨尔本的情况也发生了类似的演变,从 20 世纪 80 年代的竞争,到 90 年代更稳定的专业化分工。因此,Sassen(1994)认为,这是全球城市之间关系的一个关键方面:(1)竞争远没有人们通常所说的那么重要;(2)城市之间的专业差异化,比人们通常理解的更为重要。

全球城市的竞合关系,特别是竞争向合作的转变,很大程度上是因为现实中的异质性的存在,包括不同的区位、交通条件、经济基础、人文环境、人力资本等。这种异质性为城市间的专业差异化奠定了基础。

这种异质性有一部分是自然形成的结果,如地理环境、不同时区等;更多的是人为作用的结果,如交通方式迭代升级导致区位变化,经济基础改变,人文环境改善,人力资本增强等。但这些都不是短期现象,而是长期发展和累积的结果。例如,纽约的城市异质性(雄厚的资本力量、开放包容、人文荟萃等)是百年历史不断积淀和持续创新的结果。另外,值得注意的是,这种异质性并不直接决定城市间的专业差异化,只是为其奠定了基础。城市间形成专业差异化,还需要有重大的机遇,如重大历史事件发生、全球经济结构调整以及发展区域重心转移等,并且是在竞争中扬长避短的结果。

城市间一旦形成专业差异化,在对外连接中,便有了明确的专业化功能定位。例如,纽约、伦敦、东京等是具有综合性功能、面向全球的全球城市,拥有全球性交易的要素市场,较多的世界跨国公司总部或地区总部,多样化的国际性服务支持能力,具有全球影响力的文化创意等。巴黎、芝加哥等也是面向全球的全球城市,但前者更具文化和时尚之都的专业性功能,在阅读文化、表演艺术、影视作品的生产和推广以及艺术院校数量等方面遥遥领先,后者的金融中心则更具有期货交易的专业性功能。法兰克福、新加坡、香港等是主要面向大洲区域的全球城市,在联系世界、联结区域中发挥着重要作用。

在具有明确的专业化功能定位的情况下,全球城市之间形成错位发展,在不同层面上运作,根植于不同的空间经济网络(尽管有所重叠),从而较少相互竞争。例如在美国,就同时存在若干占支配地位的全球城市。纽约是金融方面的主要全球城市,旧金山是高科技方面的主要全球城市,洛杉矶是文化产业方面的主要全球城市。这三个城市都能够成为占支配地位的全球城市,是由于其更多地在全球经济/文化中的清晰定位,形成了一种基于全球城市网络的向全球扩散与辐射的经济系统(Abu-Lughod, 1999;Scott, 2000)。即使在相同专业功能的情况下,只要其面向不同层面的市场,也会有较大的互补性。例如,伦敦是全球金融中心,法兰克福是欧洲金融中心。伦敦相对于法兰克福的竞争优势,并不会对法兰克福在欧洲空间流中的地位形成危害。伦敦并不是以牺牲法兰克福为代价而获得成功,因为它们都是构成欧洲世界城市网络的完整部分。相反,伦敦高度集中的市场、技术及经验等,对法兰克福的商务活动是有益的。法兰克福加强与伦敦的联系,对法兰克福的跨国商务活动发展也十分重要。同样,法兰克福作为一个从伦敦到欧洲大陆市场的"要塞"的重要性不断增强,对伦敦也是有利的。因此,基于网络的全球城市竞合关系,相互间的合作将大于竞争,是一种非零和博弈。

9.3　合作与竞争的主要表现

全球城市之间的合作与竞争,涉及各领域,表现于众多方面。特别是随着全球城市迭代升级,合作与竞争的范围不断拓展,形式多样化,并向纵深发展。我们这里选择一部分较新内容的主要方面予以阐述。

(1) 全球城市政策流动性。随着全球化的深入,全球城市之间的政策交流已成为常态。越来越多的城市正在通过大大小小的会议、论坛、网络以及实地考察活动等,学习彼此的经验。全球城市典范、模式、示范和标杆相关的政策在全球范围内被迅速模仿、学习和复制,这个过程形成了全球城市政策的合作效应,与此同时,各城市根据自身历史,现实基础、文化特征、本地现实在政策交流网络中进行政策改进与个性化创新,努力成为新的全球城市标杆。这种日益频繁的城市间跨国政策转移正深刻改变着全球城市的治理模式,将地方治理机制连接至全球城市政策共同体。

与过去常说的政策扩散、经验吸取、政策转移等不同,全球城市之间更多的是一种全新的政策流动状态。Roy(2012)认为,"城市政策流动性"的核心是两个相互关联、相互重叠的议程。一个重点是政策及有关专门知识的流动性;另一个重点是参与者及其实践,政策通过其而流动。在政策流动框架下,地方决策的制定是不断与全球其他地方发生联系的动态过程,城市政策也随之成为全球要素的集成。政策知识、资本、资源和人力都是政策在全球范围内流通的载体,其流通贯穿于不同地方的政体间。政策转移的过程不再被简化为从 A 地到 B 地的线性过程,而是动态的学习、转译和流动等社会空间的建构过程(Peck and Theodore, 2010)。同时,这一跨国政治过程被定义为具有全球关联性、社会性和空间性的过程,城市在其中被联系和建构起来(McCann and Ward, 2011)。

在流动性路径下,政策制定获得了更加动态而意涵丰富的空间性。(1)政策制定的空间范围有所拓宽。围绕政府机构、智库、专业机构、NGO、学者等建立的跨尺度政策网络给了政策制定者一个超越城市范畴的更为广阔的政策学习空间。(2)不同的政策制定空间之间建立了连接。政策在全球范围流动中不断进行交互、集成,并借此塑造出不同的政策制定场景间关系。(3)政策制定过程涉及复杂的技术和人员空间转换。政策活动家通过国际会议、实地调研、顾问工作等途径将政策知识传播到世界各地,促进治理共同体的形成,并借此践行现代性赋予个体的主体性和流动性。(4)流动性总是和固定性共生共存的。政策知识的流动本身更需要建构在特定的内在制度基础和规则之上。

同时,城市政策流动性也为政策创新增添了新内涵。政策创新不仅包括向其他城市学习最佳实践经验,而且包括政策流动所引发的全球政策知识、专家、资源、资本在城市的汇聚和扩散。后者是一种深度全球化下的城市政策创新动力机制,以要素的流动和组合推动着本地政策创新。

(2)城市联盟。尽管全球城市总体上朝着差异化专业方向发展,但都面临着一系列共同问题及挑战,如结构转型、科技发展、环境治理等。而且,全球城市在很多方面可能比国家与地方层面率先遇到一系列新问题与新挑战,显得更为紧迫。因此,全球城市之间通过跨国的城市联盟形式来共同应对面临的挑战,率先解决它们首先遇到的新问题。为此,一系列世界城市联盟相继建立与发展,如世界城市和地方政府联盟(UCLG)、世界大城市气候领导联盟、欧洲能源城市协会、世界科技城市联盟等。尽管这些城市联盟规模不等,组织构架各异,方式方法多样化,但都通过建立合作伙伴关系以及国际合作与竞争机制,推动了全球城市在经济、创新、环境、科技等领域的相互合作及竞争力,弥补差距、促进共赢。在此过程中,跨国的"城市联盟"也成为全球城市参与全球治理的一种重要形式和途径。当然,这些城市联盟在实际运行中表现不一,成效有较大差异,还需要不断地改进。

(3)全球证券交易所合并与联盟。证券交易所是全球城市重要的金融基础设施,其合并与联盟在很大程度上影响着资本的全球流动格局,决定着全球城市的金融与资源配置地位。全球资本市场开放合作的发展趋势下,一些主要全球城市的证券交易所呈现合并与联盟的网络化格局,从而构建起全球城市资本流动新网络,改变了全球城市金融中心的格局特征。国际金融中心的内涵从过去强调空间区位的金融集聚逐渐演变为强调对全球金融网络的节点控制作用。现代意义上的国际金融中心越来越履行着国内资本和国外资本进出流通的通道门户功能,这种门户功能成为它们融入全球金融市场的主要机制。这将对全球城市网络发展产生重大影响,促进全球城市之间的合作与竞争。

(4)互联互通背景下全球海空枢纽的竞争与合作。基础设施网络是全球贸易和流通的核心载体,以港口和机场为代表的基础设施枢纽发挥着连接全球城市的门户和纽带作用。在当前复杂的国际形势和疫情影响的双重冲击下,全球主要海空枢纽发展面临"互联更少"的严峻挑战。越来越多的全球城市开始尝试从航运枢纽、物流中心向全球供应链中枢的转型。在功能定位上,货运的功能开始弱化,而全球资源要素的配置平台、物流服务交易中心、商务和信息咨询中心功能开始凸显。在发展形态上,以全球供应链管理和控制中心的形态出现。在功能特点上,通过优越的营商环境吸引高端服务型企业总部加盟,从而带动供应链上下游企业的集聚,通过相互协作,发挥集聚经济效应,建立起全球供应链的金融中心、信息中心、方案研发中心等。依托现代数字和信息技术,建立跨境电商这类新型智能在线平台,向供应链上下游环节不断延伸,提供综合物流解决方案,成为全球货物贸易和服务贸易的高地。建立具有全球影响力的物流运输和供应链管理标准规则,例如全球物流护照的推行,利用无形力量来影响全球物流和贸易体系以及全球供应链的运行,从而建立卓越的供应链管理能力。

(5)信息网络化推动全球城市的合作与竞争。移动化、社交化、云计算和大数据等趋势推动了信息技术的发展,城市间的合作与竞争也从物质基础设施为基础的物理空间逐步拓展到信息资源为核心的网络空间。

(6)科技创新网络下的全球城市竞合新模式。创新全球化加快了创新的全球传播速度,但高度本地化的创新生态系统主要集聚在全球城市地区,并通过本地创新网络融入全球创新网络。随着全球经济重心由欧美发达国家向新兴经济体转移,部分研发和创新活动逐渐向新兴经济体转移。亚洲成为全球高端生产要素和创新要素转移的重要目的地,特别是东亚将成为全球研发和创新密集区,未来很可能产生若干具有世界影响力的创新中心。

(7)全球城市文化网络。"以本土文化链接全球网络",是文化古城乃至现代城市获得长足发展的重要途径。随着世界各国人民对文化多样性的重要性越来越有所认知,拥有文化IP的地域具有唯一性和不可替代性,因此对传统文化的保护、增强和传播,是以独特鲜明的文化特征形成世界印象的前提。同时,与现代文化或流行文化的结合,也是传统文化被世界接纳的重要渠道。为此,越来越多的全球城市十分重视文化产品与文化服务的国际交流与合作模式,切实发展具有全球链接作用的文创产品或文创空间,重点培育"催化剂"类别的创意空间,关注跨国公司的隐性文化传播,增强国际文创人才的流动性,建构城市形象,扩大国际文化影响力。

9.4　完善全球城市竞合关系

完善基于网络的全球城市竞合关系,主要在于不同参与者的行为方式,其能否形成协同力,充分发挥协同效应。

9.4.1 基于参与者之间的协同力

提起完善基于网络的全球城市竞合关系,人们也许首先想到的,是城市政府的作用。例如,政府城市通过制定战略导向及发展政策等。其实不然。这也大量涉及包括企业、行业部门和国家等参与者的行为方式。Beaverstock、Doel 等人(2002)提出一个包括四类参与者(城市、企业、部门和国家),通过两个纽带(即城市—企业、国家—部门)和两个团体(即国家中的城市、部门内的企业)而创造、支撑和改变全球城市网络的协同效应模型,强调了四类参与者是通过协同效应来促进全球城市网络的。所谓协同力是指各行为主体通过特定文化、经济、社会和政治关系的组合紧密联系在一起,并相互作用而产生大于个体能力之和的能力。

借鉴该模型,我们看到,城市、公司、部门和国家是一种异质性结合,其各自在创造和支撑全球流动空间中相互交错。由此,我们可以进一步推论:这些参与者之间的关系,直接影响城市竞争与合作的基本格局,最终决定城市在全球经济中的成败。这些参与者之间的协作,将有助于共同参与全球城市网络,完善全球城市竞合关系。其协同力的大小,直接关系到能否或多大程度上完善基于网络的全球城市竞合关系。

显然,在这一协同效应中,企业起着特别重要的作用。因为在全球城市联锁网络中,它是主要行动者。行业部门在这里起的作用,主要是对企业自律提供管制框架及产品(服务)的专业标准,以管理企业的活动。城市政府在改善投资环境和营商环境等方面,也起着十分重要的作用。这些在前文的分析中都有一定的阐述。这里主要讲一下国家在其中的作用。

一些学者认为,在全球化进程中,跨国公司跨越国界的运作,淡化了国家在全球经济中的作用,并出现权力下移城市的趋向,从而使城市政府拥有更多可支配资源,包括土地、基础设施等物质资源和政策资源等。不可否认,这种变化是客观存在的。但我们要清醒认识到,"城市经济"并不是具有自治权的"国民经济"。国家设定了可以做或禁止做的管制框架,从而使城市按特定的方式运行。即使在西方发达国家,不同的管制框架赋予其城市不同的运行方式。例如,英国伦敦是在一个不同于美国纽约的环境中运作的。因此,具有不同制度体系及组织的国家,在全球城市形成的过程及治理方面发挥着至关重要的作用。Brenner(1998)在对欧洲全球城市形成的研究中指出:如果不考察其国家的作用,就不可能充分理解全球城市的形成。Douglass(2000)也提出类似观点：国家与全球城市相互作用的模糊性与一个更神秘的问题有关，即目前所确定要建成为全球城市的中心地区如何真正成为全球城市。总之，国家参与全球城市建设的能力十分明显，并能够对城市竞争与合作关系的变化作出反应，因而国家不仅是参与者之一，还发挥着重要作用。

9.4.2　发挥协同效应

在完善基于网络的全球城市竞合关系中，如何形成这种协同力，发挥协同效应？根据国际经验及针对中国的现状，大致有以下几方面。

从国家政策对城市直接影响的角度讲，主要有两方面内容。(1)充分利用全球城市来促使一国经济嵌入世界经济之中，用非常强的政治和制度意志将全球城市建设列为国家战略，予以持久性支持。国家经常对全球城市建设进行实质性的资源配置，将引起调整性的变革(Robinson, 2002)。这是促进全球城市发展和完善基于网络的全球城市竞合关系的关键条件。(2)更多授权于城市政府，以创造国家与城市之间的合力。在现代经济社会里，基于对公众的责任，政府行为必须满足地方要求，并适应地方资源和地方机遇的特点。清晰的地方分权，为展开更实际和义务性的服务、提高生活质量和地方竞争力都提供了可能(世界银行，2003)。因此这种权力从国家下移至城市的再地区化主义，在某种程度上是国家为促进全球城市建设完善基于网络的全球城市竞合关系的重要举措。

从国家体系与行业部门之间的相互作用来讲，主要有两方面内容。(1)国家法律、法规及政策，直接塑造了行业部门的运作体制与机制，也许是促进全球城市之间流动的关键；相反，它也能起到损害城市之间流动的作用。例如，与英国的银行体制不同，日本的金融体系是一个非常紧管制的典型，在与较少管制的欧洲和美国等市场的交往中，外国金融机构的活动受到较大限制。因此，在保证国家安全的前提下，行业部门的运作体制与机制要有更大的灵活性、更大的开放度，以促进全球城市之间的流动。(2)国家经济政策的变动，特别是市场交易的立法框架的修正，对行业部门的制度性文化及业务产生重大影响。例如，国家政策制定旨在鼓励特定的经济行为模式，以及国家经常有条件地支持具有外部性的项目，也许对商业文化及业务形成冲击。因而，一些评论家界定了国家扶持政策潜移默化影响特定行业部门企业文化的重要性(Beaverstock, Taylor and Smith, 2000)。因此，要尽量减少行业保护政策，确立竞争中立原则，实行事前与事后国民待遇，促进更大的流动性。

从城市管理当局来讲，其竞争政策的制定，应该基于每个全球城市都是全球城市网络一个组成部分的认识（Taylor，2001），着力于有关改善商务条件的一般性政策，而不是针对其他城市的某些竞争性措施，并向中央政府游说以取得支持。事实上，跨国公司总体上对牺牲 A 城市而推销 B 城市可能并没有兴趣。对于城市管理当局来说，最主要的事情，是营造一个良好的环境，为国内外企业提供世界上屈指可数的一流舞台，让一流"演员"（即企业）来表演或参赛，而不管获得奖项的是来自本地、国内还是国外的"演员"。因为只有一流"演员"的集聚和参与，才能使一个城市显得更为重要，具有突出的地位。同样，只有这些一流"演员"的流动，才能完善基于网络的全球城市竞合关系。

从企业的角度来讲，关键在于构建起公司内部网络，并在全球城市网络中形成连接，即在世界主要城市设有分支机构。越是具有广泛内部网络的企业，在基于网络的全球城市竞合中越是发挥重要作用。一些不具有广泛内部网络的企业，尽管其有很强的经济实力，也许能为城市创造 GDP 和税收，但在完善基于网络的全球城市竞合关系中作用有限。因此，国内企业要"走出去"，在国内外主要城市设立分支机构，建立起全球性的企业内部网络。引进国外企业，要优先考虑其公司内部网络的广泛性和覆盖面，而不是注重于投资规模及带来多少产值和税收。一些具有全球网络的企业或机构，尽管其投资规模不大，但能带来全球性联系以及大量信息、知识、人员等流量，极大地促进城市在全球流动空间中的地位。同时，这些企业与所在城市之间形成一种互惠关系。例如，美国专业服务公司在伦敦的分支机构，也许在伦敦的全球城市网络中得以很好运作，在促进伦敦继续保持原先卓越的全球城市地位中获得自身的较大收益。

总之，企业、部门、城市及国家是通过有关的连接而相互作用的。尽管在此过程中也许有矛盾与冲突，但借助于全球城市网络的一致性是联合行动。基于网络的全球城市竞合关系是通过企业、部门、城市和国家的协同效应来维持和完善的。

10 全球城市内城更新

全球城市内城(中心城区)通常是一个具有满目历史刻痕的老城区,又是全球城市战略性功能的核心承载区。在时代变迁的沧桑下,陈旧老化的"内城悲剧"时有发生。随着全球城市功能迭代升级,内城的功能承载也发生重大变化。因此,迫切需要通过城市更新,重塑一个全球城市强有力的内核。然而,内城更新将涉及更为复杂的政治、经济和社会利益关系,受到更多因素的制约,面临更为严峻的挑战。这在全球城市发展中成为一个值得深入研究和探讨的重大理论和现实问题。

10.1 内城特殊性

全球城市内城(即中心城区)作为全球城市的最小空间单元,承载着全球城市最为核心的战略性功能。内城更新已成为全球城市发展中的一个有机组成部分,极其重要。然而,内城更新的空间修缮与翻新,也十分复杂。这一切均与全球城市内城的特殊性有关。

10.1.1 高密度空间

我们知道,任何城市空间体的发育和发展均是从一个中心点开始,然后往外扩展与延伸,通过蔓延式延伸或跳跃式扩展的不同方式,从而便有了中心城区(内城)空间尺度的自然划分。在这一空间单元中,通常呈现人口集中,要素流动密集,经济、政治及社会活动异常活跃等空间特征,具有更多繁荣、繁华的城市景象。

当然,在城市发展过程中,中心城区越来越受到交通拥挤、住宅紧张、环境污染等"大城市病"的压力,一度出现"郊区化"及"逆城市化"趋向,人口及工业活动往外转移,甚至导致中心城区"空心化"。但进入后工业化社会,出现了"再城市化"趋向,人口以及经济、政治、社会活动,特别是以服务经济为主的经济活动不断向中心城区回归。

一些全球城市尽管也经历了"郊区化"及"逆城市化"进程,有一定程度的居住人口往外疏散,但中心城区是承载全球城市战略性功能的核心空间。在全球城市内城,各种各样的全球化现象及各种不同形式(社会、文化、空间)高度汇集,面向全球的各种主要(核心)经济、文化、科技活动等高度集中,全球功能性机构(公司),特别是高端专业服务机构(公司)不成比例地集聚,并具有各种类型的全球市场(交易所)及全球业务操作大平台,成为发挥全球城市战略性功能的运转中心。

随着全球城市发展,尽管其战略性功能的空间载体趋于拓展并往外延伸,如郊区化新城—全球城市区域—巨型城市区域等,但内城始终处于核心地位。首先,全球城市空间拓展是以内城为基点向外不断延伸的。没有这一基点的强大及发展,全球城市空间难以往外拓展和延伸。其次,在全球城市空间拓展的情况下,由郊区化新城、全球城市区域、巨型城市区域等承载的部分战略性功能,也大多要借助或通过内城这一运转中心得以实现。

同时,全球城市内城是信息来源和信息传递的中心,具有高密度、高频率、泛在化的信息流动;也是全球知识交互、文化交融的中心,具有大量的知识创造和深厚的文化沉淀,从而成为知识资本生产所场,即知识空间。这在很大程度上是由内城高度集聚的全球功能性机构(公司)所内生的。无论跨国公司总部还是全球先进生产者服务公司均是知识资本密集型的机构(公司),其运作本身便是知识资本的生产过程。

在现代信息化条件下,互联网运用尽管在一定程度上导致信息流动、知识交互、文化交融的空间分散化,但隐性知识仍需要通过"面对面"的接触和互动。正如 Garcia(2002)指出的,电信不能取代这些人际网络。特别是那些全球功能性机构(公司)开展全球业务,涉及资本的巨量化、参与每笔交易的公司的多样性、多种专门知识类型的交叉以及交付时间的加速等,具有高风险、高复杂性、知识不完善和投机性等许多特征,增加了"面对面"接触与互动以及空间集中的重要性。在这方面,内城具有一种内在优势,提供了多种面对面接触与互动的可能性:公共空间的活动、咖啡馆的交流、酒店的鸡尾酒会和餐会、会议中心的外部和内部会议,以及健身俱乐部等。这些都提供了定期或不定期与许多关键人物会晤的机会,业务交往中与潜在合作伙伴建立(某种特定类型)信任的机会,以及就并购或合资企业等方面提出创新建议的机会。显然,这更容易触发知识资本的创造与生产。因此,在现代信息化条件下,全球城市内城仍然是知识资本的重要生产场所。

这就构成了全球城市内城极其鲜明的高密度空间特征,具体表现为:(1)建筑高密度,并具有极高的级差地租。内城占地面积虽不大,但建筑容积率高,且"寸土寸金",表现为高房价、高租金等。(2)人员及其流动密集。不仅居住人口相对密集,更有大量工作人口。即使职住非平衡(即内城居住人口少于内城工作人口)情况下,也有大量工作人口在内城集聚和流动。(3)高附加值创造。受级差地租驱动,内城通常集聚了大量创造高附加值的机构(公司)及工作职位,而将创造低附加值的机构(公司)及工作职位往外转移,因而内城的人均产出、地均产出等通常是最高水平的。(4)高水平、高密度的消费。内城作为国际消费中心,集聚了大量高端消费和消费人流,因而有较高的人均消费水平、日均消费量,以及大量的体验消费。(5)具有高度浓缩的形象地标,如纽约的第五大道、巴黎的香榭丽舍大街等。

总之,全球城市内城空间特征凸显了内城更新的重要性。如果内城空间布局不合理、物理性设施陈旧、环境趋于恶化等,将极大影响全球城市战略性功能的发挥和知识资本的创造与生产。

10.1.2 关系复杂性

全球城市作为全球城市网络的基本节点,处于资本、劳动力、商品、原材料、商人和游客等跨境流动的交汇点。全球城市内城虽然地理空间不大,但作为全球网络基本节点的中心城区,具有最为综合和密集的网络连接性。这使全球城市内城呈现出关系复杂性特征。

(1)内城的主要活动高度面向全球市场。全球城市内城集聚了大量全球功能性机构(公司),其主要面向全球市场,开展全球业务,同时也涉及国内及地区市场,特别是在国内及地区也融入经济全球化进程的情况下。因此,这些全球功能性机构(公司)对全球资源配置,既是离岸(近岸)的,也是在岸的。例如,金融机构(交易所)把国际金融与国内金融连接起来,投资机构把境外投资与境内投资连接起来,贸易机构把国际贸易与国内贸易连接起来,研发中心把全球研发与国内研发连接等。与此相适应,就需要基于连接起国际惯例与国内法律法规的营商环境,基于连接起人类共同体文明与民族传统、地方习俗的人文环境。因此在全球城市内城,最集中反映了时代特征、国家特色与地方特点的有机统一,从而使内城的关系更加复杂化。

(2) 上述内城的特点,也使内城本身成为国际市场的一个组成部分。特别是由于房地产日益成为国际机构投资者青睐的对象,而成为国际房地产市场的组成部分。例如,20 世纪 80 年代,日本一些具有强大经济实力的机构投资者纷纷在曼哈顿或伦敦市中心买卖房产。在 20 世纪 90 年代,更多来自德国、荷兰、法国和美国的公司也在伦敦市中心和其他主要城市大举投资房地产。甚至在 2001 年 9 月的恐怖袭击和 2008 年的金融危机之后,由于美元疲软等原因,仍有越来越多的外国投资者购买纽约市中心的房地产。这些实力雄厚的投资者和买家之间的竞争,通常抬高了全球城市内城的房价。而且,由于其主要目的是盈利出售,而不是实际使用该物业,从而进一步提高了房价。因此,全球城市内城的房地产主要是由国际房地产市场支配的,其房地产价格与其他全球城市内城的房地产价格联系更紧密,而与其周边地区的整体房地产市场联系不大。

(3) 全球城市内城是一个人口高度集聚与人员频繁流动的地方,其人员构成极其复杂,既有当地原住民,又有大量外来(国际和国内)移民;既有相当多经济条件富有、受过教育、拥有较多创业技能和经验的专业人士,又有大量收入相对较低、受教育程度较低、从事专业辅助工作的普遍劳动者;既有正规就业的工作者,又有大量非正规就业的自由职业者等。由这些多元化人员构成的社区组织也具有较大的混杂性,例如亮丽、时尚、繁华街区的旁边,可能是陈旧不堪的街区;高档住宅的背后,通常藏着贫民窟等。

这种内城关系复杂性特征对内城更新有重大影响。也就是,它将使内城更新涉及多重约束条件、更多方面的内容、更加广泛的利益诉求,以及多元化主体的利益关系,从而使内城更新变得更为复杂化。

10.1.3　新旧更替频繁

全球城市内城通常是最先发展和建设起来的地方(当然,也有个别新开辟的内城),历史悠久,朴实古老,被称为"老城区"。随着时间推移,内城中的布局不合理、住宅拥挤、交通拥堵、城市基础设施陈旧老化等问题日益变得十分普遍和突出,酿成所谓的"内城悲剧"。Stegman(1995)指出,内城的悲剧影响着每一个人,而且大都市地区的整体表现与其市中心区的表现有关,城市困境从核心向外扩散。因此,这是关系到整个城市及大都市区发展的重大问题。对于全球城市来说,解决"内城悲剧"问题,显得十分突出和紧迫。否则,它就很难承载全球资源战略性配置的核心功能。内城更新或重建,是唯一的出路。这是由普遍的城市积累制度的要求或城市经济的主导空间组织模式所决定的。尤其在内城布局不合理或不适应新变化时,更需要大规模更新或重建。例如,纽约和芝加哥等全球城市内城已经被重建了很多次。

内城更新中,一个突出特点就是有大量需要"旧改"的住宅,以及工业化过程中遗留下来的已经不再使用的"棕地",不仅包括旧工业区,还包括旧商业区、加油站、港口、码头、旧机场等,以及闲置的或者未充分利用的商业或工业不动产,其破败会造成土地闲置、社区衰退、环境污染、生活品质下降、城市空间破碎等不良后果,对城市经济、社会、环境等产生不利影响。在旧改的住宅方面,由于不少旧住宅已失去保留价值(实用、经济、历史的价值),要拆除重建或改为其他用途,从而涉及大量人员重新安置和动迁及相关费用。在此过程中,将面临一系列利益关系调整,极其复杂,难度很大。"棕地"治理改善以及再开发利用,涉及废弃和污染土地,清理场地和提供新的基础设施的成本高昂,以及整合场地困难等相关问题(Adair, Berry, et al., 2002),也是十分复杂和难度极大的事情。例如,20 世纪 80 年代被视为废弃边缘地带的纽约时代广场,到 90 年代改造为主要的办公、商业和娱乐场所(Fainstein and Judd, 1999),就遇到一系列复杂问题。

因此,实现内城更新所需要的远不止传统的土地利用规划;它必须包含一个更广泛的与"投资、物理干预、社会行动和战略规划相关的城市管理战略,并与其他相关政策领域联系起来"(Roberts, Struthers and Sacks, 1993)。

10.2　动力学分析

内城更新动力学分析涉及两方面内容:一是经济社会层面的动力学,揭示经济社会变化导致内城更新的驱动力;二是制度与组织层面的动力学,揭示参与内城更新活动的内生动力。

10.2.1　经济社会动力学

这一分析主要从经济社会变化角度来解释"为什么要进行内城更新""内城更新的驱动力是什么"等问题。根据国际经验,我们归纳了以下几方面。

(1) 经济转型与就业变化。随着城市发展,特别是演化为全球城市之后,其经济活动的结构、盈利能力和所有权发生了许多深刻变化。全球城市内城最受影响的原因,是其经济基础结构的固有弱点,以及它们无法适应新的贸易和基础设施的需求(Robson,1988)。而且,全球城市经济转型与就业变化如此之快,驱使内城不断快速更新,以适应新的功能及基础设施的需求。

在 20 世纪 80 年代,研究人员考察了内城更新的各种因果因素,包括"城乡"转移(Fothergill and Gudgin,1982)和"劳动空间分工"(Massey,1984)等。在这一去工业化阶段,城市产业结构"退二进三",工业区及大量工厂从中心城区往外迁移,以跨国公司总部、大型商业银行为主的生产者服务企业进驻了中心城区,从而导致城市土地价值改变,以及中心城区遗留下来的原先生产空间及设施与新经济变化不相适应。而且,在经济转型中,由于缺乏适当的技能和经验,导致劳动力的大量"社会排斥"(McGregor and McConnachie,1995),引起中心城区人员流动和重构。这些都构成了这一阶段内城更新的内生驱动力。

然而,在这一轮之后,内城更新并没有趋于减弱,更不要说停滞了,反而处于不断更新之中。这主要是内城作为全球城市战略性功能的核心空间,集中体现了全球城市动态演化的结果。随着全球城市迭代升级,从单一经济功能的 1.0版升级到经济与文化协同发展的 2.0 版,乃至升级到目前的经济、文化、科技融合发展的 3.0 版,内城最为明显地形成与之相适应的新型经济结构和新的城市经济核心,即高级管理和专业服务活动,以取代传统的、典型的以制造业为导向的办公室核心。大型商业银行、保险公司和公司总部从内城往外迁移,同时在内城出现更为明显的规模较小、高度专业化和高利润的公司,特别是金融服务、文化创意、科技服务等公司快速增长。尽管这些部门及其公司可能只占城市经济的小部分,但对其他经济部门有着广泛和重大的影响。这意味着全球城市内城中经济的国际化部门已急剧扩大,并带来了一种新的稳定动力,即一套评估或定价各种经济活动和成果的新标准(沙森,2020)。因此,全球城市迭代升级对内城这一核心空间有重大影响,主要是:(1)功能叠加及增强,导致原有空间不足,或"空间拥挤";(2)功能优化及升级对城市经济中大多数部门产生了毁灭性的影响,有许多经历了相当大的降级或取代。因为与功能升级相适应的国际化部门及其附属活动(如顶级餐厅和酒店)的昂贵价格和利润水平,使其他部门在内城越来越难以争夺空间和投资。例如,为满足当地需求而设计的社区商店已经被面向新的高收入城市精英的高档精品店和餐馆所取代。(3)全球城市迭代升级对内城的空间布局、基础设施以及楼宇建筑等提出新的要求,如公共空间、智能楼宇、绿色生态等。

(2)社会人口趋势的演变、传统家庭和社区结构的调整和崩溃、城市政策的性质和结果的变化,以及社会观念和价值观变化等。从全球城市发展来看,大量人口流入,特别是专业人员和移民的流入,导致社会人口结构变化。这种社会人口结构变化导致人口分散化,使人口总体上远离老城区。Lawless(1989)指出,这种人口分散化既是有计划的,也是无计划的。一些家庭由于城市综合再开发而迁移到周边的住宅区,而另一些家庭则被有计划的城市扩张和新城镇建设所吸引,决定离开老城区,搬到新的住宅地区。这种搬迁的动机是多方面和复杂的。但总的来说,包括了更便宜和更有吸引力住房的可用性,寻求提高生活质量和获得更好服务的愿望等原因(Hall, 2014)。此外,这种居住偏好调整也反映了就业机会地点的变化,为了节省通勤时间和精力。当然,也有一些是为了"逃离喧闹拥挤的内城,寻求相互之间留有间隔"(Fowler, 1993),或享有更好的生态环境等。在国外,许多城市的内城,一度不再是富人的首选居住点;相反,呈现越来越多社会贫困和弱势群体的集中。在国内,情况有所不同。尽管内城人口总体上迁出大于迁入,呈现净流出的人口分散化,但更多的是不同社会群体混杂居住。另外,在传统就业来源消失、旨在重新安置城市居民的政策影响、基础设施和商业地产开发的影响、环境恶化以及缺乏适当社会设施等因素的综合作用下,传统的社区和家庭亲属结构趋于"崩溃",削弱了许多城市社区的凝聚力(Couch, 1990)。一些移民较多的全球城市,例如纽约、伦敦等,种族问题也已成为中心城区的一个重要问题。因此,通过内城更新来增大居住吸引力、增强社区凝聚力、解决种族问题等,就成为一种必要的选择。

　　(3)物理陈旧及其新要求。随着岁月的消磨,内城的物理性陈旧问题日渐明显,如建筑功能陈旧、场地废弃、基础设施过时以及道路、交通不便等。特别是以商业、住宅和传统制造业混合用途为特征的市中心老城区的社会衰落模式较为明显。这种物理性的自然老化(恶化)是由使用寿命决定的,到了一定时候,必须加以更新。更主要的是,随着向服务业的转变和与之相关阶层结构的转变,以及提供消费和服务机构的私有化,城市土地和住宅使用者的要求发生了变化,中产阶层化成为这种转变的一个可见的空间组成部分。这在滨海地区的重建、市中心酒店和会展中心的兴起、大型豪华写字楼和住宅的开发以及时尚、高价的购物区等方面表现得很明显。另外,土地所有权和控制机制的市场失灵等,也是造成物理问题的原因之一。例如,经济活动的区位选择在许多内城往往受到空间限制(Fothergill Kitson and Monk, 1983),从而使许多公司离开市中心寻找新的更低运营成本的空间。

　　(4)环境质量和可持续发展。从许多方面看,城市地区产生的环境成本与收益是不相称的。这些成本包括能源过度消耗、原材料低效利用、对开放空间的忽视以及土地、水和大气的污染等。虽然传统的"垃圾和黄金"哲学曾被视为通向繁荣城市的道路,但研究表明,人们的态度和期望已经发生了重大变化。正如Acheet、Bremm 和 Kunzmann(1990)指出的,一个成功的未来城市越来越可能以其环境表现和外观来评判。人们日益关注环境效益,包括公共交通网络的存在,发展积极的废物管理模式使之成为合理的人口和经济活动的门槛,以及有助于"棕地"重新开发的大量地区的存在等。因此,以一种着眼于未来和可持续发展方式更新自然和建筑环境就显得至关重要。

10.2.2 制度和组织动力学

这一分析主要回答"由谁来推动内城更新""以什么方式来推动内城更新""内城更新需要什么样的体制结构""采取什么样的手段"等问题。

众所周知,内城更新本质上是一种干预活动,是人们对内城现状,特别是陈旧、过时、不合理、存有较多弊端的现状进行积极、主动的空间重塑、修缮与翻新的活动。通过这样的干预活动,达到预期目的和目标。这种干预活动涉及众多利益相关者,如城市政府、企业、社区、居民等部门。它们之间既有共同利益,也有各自的利益诉求。城市政府往往将其作为政治抱负的重要组成部分。通过内城更新,与城市高端定位相一致,提升城市能级,增强其作为经济、科技、文化和政治中心的特色;提高品质生活,增强城市吸引力;实现城市精细化管理等。如果在国家所有的城市建设用地条件下,土地收入由地方政府直接征收(收取土地使用费和其他行政费用),就等同于更高的税收收入,可以成为地方财政的很大一部分,用于进一步发展基础设施、美化城市景观等。对于开发商、金融家和房地产经纪人等来说,内城更新是一个新的重大商机。对于动迁居民来说,可能意味着住宅改善,或获得一笔额外补偿。对于当地居民来说,将是一种环境改善,其住宅的级差地租提高等。因此,这是一种诸多利益驱动下的干预活动。

然而,这种干预不是传统的国家主导形式,完全由政府来推动和组织,而是一种跨公共、私营和自愿部门的活动。当然,政府在内城更新中起着十分重要的作用,特别在战略规划、制定标准、出台相关政策、组织动员、监督检查等方面,是无人可替代的。但政府在内城更新中要兼顾社会正义,需要有居民部门的积极配合和参与。事实上,当地居民也越来越多地要求在确定和实施最适当的更新政策、应对当地面临的挑战方面有发言权。为此,志愿者和社区部门的广泛参与越来越受到鼓励(Holman, 2013),并通过诸如"大社会"政府的政策得以加强。

另外,面临城市地区权力集中化与职责和组织分散化相关的困难,多元主体参与将有助于跨越传统政策边界进行协调活动。因此,其他主体的积极参与,也发挥着重要作用,是必不可少的。多元主体参与将代表更大范围的利益,其中应包括私营和公共部门以及当地志愿和社区组织的相关利益(Department of the Environment, 1995)。

为了保证多元主体共同参与,形成协商一致的意见,并使其发挥作用,必须有相应的体制结构。总的来说,这是一种基于伙伴关系的体制结构。多元参与主体在共同利益、相互支持和互利的基础上形成伙伴关系。每个参与者根据各自的资源、优势及专长领域作出贡献。每个参与者的不同诉求必须予以承认,比如政府需要对公众负责,私营部门组织需要盈利,志愿者需要个人效用满足。同样,在一开始,就应认识到合作伙伴在实力和资源方面是不平等的(Diamond and Liddle, 2005),这影响了他们参与的能力,因而要确定和落实补偿措施,以处理可能出现的任何不足。这种体制结构要显示出适应不断变化的政治、经济和商业环境的能力,具有成功组织的"松—紧"特征:清晰地追求确定的战略目标,同时保留战术上的适应能力,以克服困难和障碍(Boyle, 1993)。在这种体制结构下,最有力的伙伴关系是那些尊重每一个伙伴作用及其贡献的合作关系;最富有成效的是那些灵活和深思熟虑的工作;而最有益的是那些超出特定规划要求的可持续项目(Roberts, 2008)。当然,这种体制结构不存在单一模式,并可能随经济、社会、环境和政治情况变化而发生相当大的变化。但不管怎样,它都要起到如下作用:(1)形成协同效应。通过结合多元参与主体的知识、资源、方法和运营文化,能够取得比其单独工作更多的成果。换句话说,整体大于部分之和。(2)通过共同努力,各参与主体将获得各自无法获得的额外资源和收益。(3)在相互学习中激发创新。通过让不同的合作伙伴接触和了解其他合作伙伴的设想和工作方法,互相取长补短,并从中激发新思想、新设想和新方法,作为持续发展和变化过程的一部分。Mackintosh(1992)认为,成功的伙伴关系总是会带来这种转变。

在相应的体制结构下,具有不同类型的伙伴关系组织模式(Stewart and Snape, 1995)。(1)促进型伙伴关系。合作伙伴对内城更新具有一致的广泛目标,而不局限于或注重与自身利益相关的个别目标。所有参与者都关注和设法解决内城更新中的深层次问题,而不是停留在一些表层问题上。它们通常对内城更新中有争议或政治敏感问题进行协商,努力争取达成一致意见。针对合作伙伴的不同观点,求最大公约数。因此,这种伙伴关系通常由强大的利益相关者所构成,相互之间的力量平衡至关重要。(2)协调型伙伴关系。其主要是召集合作伙伴来监督合作伙伴本身或独立机构采取的行动;处理相对较新的和无太大争议的问题。因此,它通常由一个合伙人领导或管理,力量的平衡没有那么微妙。(3)实施型伙伴关系。其有具体目标和时间限定,主要负责实施商定的更新项目,通常涉及获得更新所需的资金和资源。对于实施的更新项目,给出明确界定。因此,合作者之间没有太多的权力关系。

最后,内城更新中采取的手段必须符合以下属性。(1)一种动员集体努力并为协商适当解决办法提供基础的手段。(2)一种确定政策和行动的手段,旨在改善城市地区状况和发展必要的体制结构,以支持拟订的具体方案。(3)一种以正式和非正式安排的活动为重点的手段。(4)一种发展和维持可持续和有弹性的城市系统的手段(Pearson, Newton and Roberts, 2014)。

10.3　内涵界定、原则及战略

内城更新中出现的一系列问题,很大程度上与其认知有关,即没能深刻认识内城更新是来自城市问题及其机遇的历史过程,以及这一历史过程中蕴含的一系列主题。因此,要科学界定内城更新内涵,确定内城更新的原则,以及制定和实施内城更新的战略。

10.3.1　内涵界定及原则

在实践中,全球城市内城更新并不是什么新事物,反而是反复进行并习以为常的事情。然而,这并不意味着对内城更新已有一个完整和准确的理解和认知。我们更多地看到,内城更新往往被视为"本质上物理变化过程"的城区改造(Couch, 1990);具有一般使命但目标不甚明确的内城开发(或重建);虽提出采取行动的必要性,但未指明一个确切方法的内城活化(或重建)的目标、愿望和成就,等等。概括起来讲,内城更新呈现被动化、表面化、短视化、碎片化。究其原因,就是没能深刻认识内城更新是来自城市问题及其机遇的历史过程。

在这一历史过程中,蕴含着一系列主题:(1)内城的物理条件与经济社会变化的适应性问题。这是一个动态过程,既是挑战,又是机遇。(2)内城结构的许多元素尽管可以加以调整与完善,但仍然需要物理上的替代。在这种情况下,与其被动替代,不如主动作为。(3)内城更新的出发点和立足点是促进经济发展,这是内城高质量繁荣和提升内城生活品质的基础。(4)内城更新要高度集约化,尽可能充分利用城市土地,避免不必要的扩张。(5)内城更新要着眼于长期发展,体现可持续发展的优先事项,考虑更具战略意义的目的。(6)内城更新是一个系统工程,更新政策要充分反映当今社会主流习俗和各方政治力量的平衡与协调一致。

因此,以这些历史过程的一系列主题为基础,我们把内城更新界定为:旨在解决内城问题和持久改善已发生变化或提供改善机会的内城经济、物理、社会和环境状况的全面、综合的愿景及其行动。这里有几层含义:(1)内城更新是一项针对内城问题及抓住变化机遇,积极主动进行持续改善的活动,而不是被动应对存在的问题,或只是物理变化的城区改造。(2)从内城系统作为一个整体的功能及其长远发展的要求出发,有一个整体的内城发展战略框架,克服基于短期化、碎片化、临时性和工程项目的更新方式。(3)针对内城面临的经济、物理、社会和环境等问题,采取以协调一致的方式关注问题和集中解决问题的新方法。(4)从系统工程角度出发,强调更新政策的配套性,要在所有相关政策领域采取行动。

与此同时,从内城的整体功能出发,更新的主要目标是追求收益最大化的产业结构调整。形态改变和环境改善只是追求收益最大化产业结构调整的附属物,是为内城整体功能提升服务的。例如,20世纪80年代,伦敦、纽约和东京的市中心区逐渐专业化,成为具有一定规模和与早期特点明显不同的公司和住宅的高价地段。对于这三个城市来说,大型、高成本的豪华写字楼和住宅区的发展至关重要。内城更新涉及经济、社会、物理和环境过程的运作,主要解决土地和建筑物等可用性的一系列限制因素或不适用性;改观内城地区真实的或感觉上的吸引力和影响力的式微;以及完善内城地区的社会构成等。

为此,内城更新要把握如下基本原则:(1)以内城地区详细、深入分析为基础,准确把握存在的主要问题和挑战,抓住变化的机遇。(2)通盘考虑,统筹兼顾,使内城更新同时适应物理结构、社会结构、经济基础和环境条件的任务。(3)制定和实施一项全面和综合的战略,并符合可持续发展的目标,以平衡、有序和积极的方式解决问题。(4)内城更新战略及其实施方案与当地的其他举措(如保健和福利活动)相协调,确保更新战略及其实施方案的顺利推进及有效性。(5)充分利用自然、经济、人力及其他资源,包括土地及建筑环境既有特征,设定明确的操作目标,尽可能加以量化,以及监测和评估实现具体目标的进展情况,并根据所发生的变化对执行方案进行修订和完善。(6)通过伙伴关系或其他工作模式,并通过居民的积极参与,使所有具有合法权益的利益攸关方尽可能充分参与和合作,寻求达成共识。(7)充分认识推进过程中的非平衡性,即一项更新战略的不同要素可能以不同的速度取得进展,要动态调整资源分配或提供额外资源,以便在各项目标之间保持广泛的平衡,并使所有战略目标得以实现。(8)处理好内城更新阶段性与长期管理的关系,需要一个连续性战略和进展安排。

当然,在内城更新中,要充分考虑地方的独特性,根据其运行的环境进行调整,创造适合于自身的更新模式。同时,要确保内城更新对提升全球城市战略性功能和实现一系列其他社会、环境目标作出积极贡献。

10.3.2　战略过程

在实践中,特别是在早期阶段,许多全球城市内城更新及其政策具有缺乏战略眼光和长期眼光的特点。过分强调小范围、分散化的更新项目以及与产出有关的资金投入,没有给更广泛的考虑留下什么空间,而且很少对内城更新提出战略性观点。其结果是,以一种零碎化方式来解决内城面临的问题,头痛医头,脚痛治脚,并出现重复性的更新努力。然而,内城的荒废和贫困问题却不断重新出现和加深(Turok and Shutt, 1994)。

Healey(1997)指出,不再可能通过孤立地促进城市改造项目来实现城市更新,重点应放在为经济、社会和环境更新创造条件上。而实现这一目标的关键,是要有一个长期战略框架,以促进更新问题与有关问题之间的联系,使各种政策得以组织和整合,并有助于确定不同的措施在不损害长期经济发展的情况下多大程度上可以达到环境和社会目标。在这样一个长期战略框架下,内城更新空间规划就从纯粹的物理规划和土地使用问题转向更广泛的社会、经济、环境和政治问题,并将这些主题整合到一个更全面和更复杂的空间规划形式中。因此在内城更新中,战略决策的水平具有重要意义(Alden and Boland, 1996)。许多城市和地区已经使用战略远景方法来帮助更新规划和城市改造。

Hickling(1974)认为,所谓的战略过程是通过战略选择的使用来管理决策。Roberts(1990)将其具体化为:(1)明确更新的预期结果,即设定战略愿景和目标。(2)提供一个具体计划和项目能被设计和执行的战略框架。(3)在更新政策与其他相关政策之间建立起联系,并在实施中保持协调。(4)确定参与更新的行动者和组织的不同角色和责任。(5)在多元化参与者之间形成共同目标和合作意识。

内城更新战略的主要内容,大致包括以下几方面:(1)有一个内城更新的清晰愿景和战略;在这一更新战略下整合并明确不同的经济、环境和社会等优先事项;合理选择有助于实现长期目标愿景的作用机制及资源;明确城市更新政策与其他住房、教育、交通、保健和财政等方面的关联,并加以协调实施。(2)确定更新战略实施的预期受益者及其受益方式和预期受损者及其受损方式;详细说明公共、私人和社区合作伙伴将在内城更新中所发挥的作用和贡献;大致划分和确定私人、公共部门和社区在规定时间内所承诺的资源投入(以资金和实物形式)数额;将这些合作伙伴的政策、活动和资源在纵向和横向上整合为一项全面的实施方案。(3)在进行政策干预之前,确定经济、社会和物理基础条件,以便对随时间的变化进行评估;明确短期、中期和长期目标之间的关系,避免不同目标的冲突;在共识的基础上,达成更新进展的时间表,明确不同阶段的目标任务;建立相应的衡量指标体系,监测更新战略的实施和结果,并评估其效果。正如 Parkinson(1996)指出的,这代表了一套令人生畏的标准,在现实的政策世界中是极其难以实现的。尽管如此,作为评估实际战略发展的理想模型,它们还是很有用的。

　　国际经验表明,在制定和实施更新战略中,人们进行了多种尝试和反复实践,其中有许多重要的经验教训。例如,在构建基于战略愿景的(资源)管理方法时,要充分了解其中涉及的复杂性,不能"拍脑袋,想当然",而要进行前期的深入调查研究,掌握一手资料,摸清"家底",梳理出可利用资源和约束条件;鼓励所有的利益相关者尽可能广泛参与目标制定,形成一个或多个目标愿景,保持短期目标与长远目标的一致性,并确定和取得必要的资源,以及管理执行工作,执行进程要坚持共同商定的目标;建立一个能够自我维持的战略愿景和管理制度,定期监测、评估和广泛传播关于议定战略的进展情况,有必要对所要实施的政策进行调整和微调。

10.4　解决两大难题

　　由于内城更新的特殊性,有两大问题是比较突出的:一是动迁的复杂性;二是建立伙伴关系。现实中,这两大问题处理并不理想,从而增加了更新工作的难度,降低了更新工作的绩效。因此,在内城更新中要着力解决这两大难题。

10.4.1　动迁的复杂性

　　内城更新涉及诸多方面,如旧区改造、旧厂房开发利用、住宅翻新、豪华办公楼建造、城市综合体与公共空间开发、生态景观营造等,但核心是动迁问题,有相当一部分企业和居民要往外动迁。这是内城更新的前提条件,即没有一定的动迁,无法进行老城更新。因而,它也是内城更新的一个重要组成部分,直接构成内城更新的成本之一。

由于内城的高密度、高价值等特征,不仅涉及的动迁规模大,而且动迁难度高。内城作为繁华繁荣的"黄金地段",商业环境条件较好,交通便利,医院、学校等设施齐全,通常有较高的级差地租,从而动迁成本也高。更主要的是,它涉及动迁者的直接利益,凸显了动迁的复杂性。

然而,一些城市政府把动迁简单化了,仅仅视为原居民的重新安置,把住宅改善作为动迁的单一标准,忽略了动迁对原居民带来的压力和负面影响,低估了动迁产生的波及效应,甚至采取简单粗暴的动迁方法等。事实上,动迁涉及动迁者利益是多维度的,要全面估算动迁规模及内城更新成本。

从时间维度看,动迁是一个过程,具有连锁性特征。首先,动迁时钟何时开始很难确定,也许早在官方正式发出动迁通知之前就开始了。因为当地居民已看到老城更新趋势,或同类型地块的动迁,预感到他们在原居住地的归属感和安全感也将受到威胁,就已开始承受巨大的生理和心理压力。这是一种主观感受,即动迁不仅仅是对特定空间的物理置换,还包括将在精神、观念和情感上与原居住地的疏远或改变,即使居住者仍待在原地。从这一意义上讲,尽管实际的动迁并没有到来,他们的动迁感就已经开始了。但动迁过程中承受的真正压力是在动迁条件谈判变得越来越困难的时期,特别是在动迁者的谈判地位处于弱势,并受到强迁等法律力量的高压时,往往会带来极大的压力,使其处于身心崩溃。此外,停电、停水等强行措施,甚至各种类型的暴力拆迁,对动迁者身心健康也有持久影响。在快速或浓缩的城市化进程中,动迁也极有可能在一个家庭中迭代相传(Shin,2014)。例如,原市中心居民在创建一个中央商务区的内城更新中迁移到市中心周边街区。但随着城市的快速增长,为这些周边地区带来了吸引过剩资本进行房地产和基础设施开发的机会,他们就可能面临新一轮的动迁。那些曾经是全新的(重新开发的)社区也可能在到达设计年限之前便很快经历新的士绅化过程,因为它们面临着"过时"的问题,从而导致租金差距扩大(Weber,2002)。在这种情况下,他们又要被动迁。

从空间关系看,内城更新是一个士绅化过程,越来越高级和豪华,生活费用随之提高,因而关涉一个以前穷人负担得起的街区的士绅化问题,以及这种士绅化对其他地方穷人生活的影响。这就使动迁具有排他性,即负担不起这一士绅化的原居民被排除在外,不得不往外迁移,落户到生活费用较低的动迁定居点。如果这些动迁定居点(所谓"大居")很偏僻、交通不便、配套设施不全,便会导致许多动迁家庭寻找替代住房。比如考虑到工作的邻近性和子女受教育条件等,动迁家庭往往最终会在市中心周边地区找一处住宅,而这些周边街区因为新来的动迁者而密度增加,并经历租金上涨的压力。简而言之,大量动迁会产生"气球效应"。

从主体性角度讲,动迁将导致位置感、环境感等丧失,有一个动迁者如何适应动迁后的生活和新环境的问题。动迁并不是对原居民的简单安置,还包括采取包容性措施,使已安置的原居民有归属感,而不会因环境的改变而被疏远。即使是"原拆原建",也要考虑在重建后原有居民会保留多少归属感。因此,把住房条件改善作为评价被拆迁人满意度的标准可能是有限的。

因此,在相关政策设计中,要把所有的动迁维度都考虑进去,并在设计更新方案的早期阶段就应该听取和采纳原来居民的意见。具体来讲,确保动迁透明化和阳光化,体现动迁者集体意愿;充分沟通,依法动迁,防止暴力动迁;适当提高动迁成本,给予动迁居民较好条件的安置,并有相应选择;改善重新安置点的周边环境(包括配套设施等),减少动迁户的环境疏远感;实行混居模式,不搞专属的空间等。

10.4.2　建立伙伴关系

在内城更新中,建立伙伴关系是首要工作方法。研究表明,伙伴关系质量和城市更新战略质量之间存在共生关系(Carley, 1995)。然而,在内城更新的实践中,往往是城市政府单一主导,提出更新方案,制定更新政策,安排更新项目,管理更新过程等。在此过程中参与更新的开发商、建设方等只是充当配角,承担相应的更新与重建任务。涉及动迁的居民部门则被作为工作对象。尽管也听取他们的意见,但并未真正参与到更新活动中来。即使建立了伙伴关系,也往往徒有形式,而无实质性的运作或真正发挥作用。这将导致内城更新中利害冲突加剧,难以形成全力;容易出现偏差,难以兼顾各项目标;资源和力量分散,影响更新进度,甚至重复建设等。因此,建立伙伴关系,并使其有效运作,是内城更新得以顺利进行的重要保证。

建立内城更新的伙伴关系,首先要让适当的利益相关者或利益集团参与,共同应对城市更新的复杂挑战,并认识到所有伙伴关系的外部环境和基本社会经济现实,考虑到现有的实力和资源,使伙伴关系的目标是现实的和可实现的。有效和负责任的伙伴关系具有所有相关参与者和组织的平等代表权。除了确定所涉及的关键利益相关者之外，还需要确保他们能够获得信息、管理程序、决策权以及专业技能和培训。

Carley(1996)认为，"垂直"和"横向"集成是可持续城市更新的先决条件。垂直集成是在国家、区域、地方、社区和家庭等适当空间层次上的有益联系以及政策和行动协调。横向集成是各级政府部门之间的跨部门联系，以便对多重贫困和可持续更新的要求作出更有效反应。在此基础上，形成基于网络关联的伙伴关系。Skelcher、McCabe 和 Lowndes(1996)认为，成功的伙伴关系在很大程度上取决于网络质量。有效的网络可以通过与其他机构的联合来增强单个机构的实力。特别是，它们提供了在不同群体之间进行更多信息交流和发展共同观点的可能性。由那些受更新规划影响的人群组成的网络，增加了其对当地需求更加敏感的潜力。

这种伙伴关系要具有领导力和创造力，以便产生共同的目标感和发展共同愿景。否则，就不可能很好地利用资源。其中，一个有效的先决条件是政府部门的政治意愿及支持，以及对伙伴关系的积极参与。如果没有政府部门的基本支持，伙伴关系的能量很容易被内部冲突和持续的额外资源争夺所吞没。在这方面，重要的是，政府部门多个机构要尽早参与这一进程，不同部门的伙伴要相互了解对方的战略。然而，伙伴关系的管理不是由现有行政机构负责，这似乎是最有效的伙伴关系安排，其需要超脱单一部门利益，并代表所有的利益相关者。同样，伙伴关系需要有自己的资源预算，以便通过谈判、项目选择和杠杆作用对其他伙伴施加更大的影响。

同时，要对伙伴关系能力进行监测和评估，以便了解其工作成就及存在的问题，并通过评估来促进学习(Holden，2007)。特别是评估这一伙伴关系能否提供附加值，例如评估通过伙伴关系应用的资源是否比通过在其他地方单独使用而获得更多额外性，两个或更多伙伴相互激励能否产生"2＋2＞4"的协同效应等。但这方面存在的主要问题是对态度改变、提高认知、形象改善和能力建设等缺乏令人满意的定性测度，以及难以对目标进行量化测度，这些已成为必须解决的关键问题(Stewart and Snape，1995)。

根据国际经验，建立成功的伙伴关系，通常要遵循一些政策原则：(1)伙伴关系是由多元主体构成的，特别是包括作为平等伙伴的本地居民和社区组织，确保他们充分致力于实现共同确定的目标，并确保他们是采取任何更新行动的主要受益者。当然，也需要各级政府机构的支助。(2)伙伴关系应建立在共同利益、共同理解和共同行动的基础上,特别是在内城更新战略愿景和框架下统一思想,围绕预期目标作出各自的适当贡献。(2)地方性、利益相关者和既得利益的特殊性决定了合作伙伴关系的结构、构成和运作方式,因此要因地制宜地发展伙伴关系。(3)伙伴关系应结合"自下而上"和"自上而下"的更新方案,增强相互理解和能力建设,需要有组织内部明确的责任分配,同时要有足够的资源、时间和结构,以确保伙伴关系能够有效开展工作。

在实际操作中,有步骤地加以组织和引导(Wilson and Charlton, 1997)。首先,要让参与者通过相互承认共同的需要,或为共同努力获得公共资金走到一起,而不是简单指定哪些主体参与,或简单把不同利益主体召集在一起。即使这些参与主体为共同的需要走到一起,由于他们以前没有一起合作过,也还需要克服不同背景和行为方式上的差异性,建立起相互信任和尊重。这可能需要进行培训,培养每个合作伙伴在这一新组织中有效运作的能力。其次,通过对话和广泛讨论,使他们建立起共同基础,努力争取对更新规划愿景和使命达成一致意见,并制定将需求评估工作所产生的资源投入与目标及任务说明结合起来的更新倡议,形成评估需求和量化承担任务规模的机制,以拟订行动纲领。再则,设计和搭建伙伴关系的正式框架及组织结构,并制定与行动议程相联系的具体目标、指标和任务。在适当的情况下,合作伙伴的执行部门会选择或任命一个管理团队来监督项目的工作。再次,合作伙伴通过提供服务或其他功能实施其行动计划。执行部门寻求让所有合作伙伴参与,制定政策决定,并确保考核、评估和完善伙伴关系的运作的持续过程。最后,在适当的情况下,合作伙伴应该规划他们的未来战略,特别是以某种形式为该更新规划的生存和后续工作制定一套新的目标,以及把合作伙伴积累起来的资产用于其他更新项目,促进可持续内城更新。

11

全球城市郊区化及新城建设

郊区化是全球城市空间拓展的首要过程,也是全球城市空间向全球城市区域、巨型城市区域拓展的基础。郊区化过程中的空间集聚点(即郊区新城)不仅构建起全球城市"多中心、多核"的空间布局,也日益成为全球城市功能运转的主要操作平台(景观)。如果全球城市郊区化及新城建设滞后,在其"地点空间"与"流动空间"互构中留下一个"低谷"或"洼地",将严重束缚全球城市功能发挥,制约全球城市对外辐射能力。因此,这是全球城市研究中值得深入探讨的重大议题之一。

11.1 全球城市郊区化

在全球城市发展中,特别是经过工业化转型,郊区化已成为全球城市空间拓展的历史过程之一。郊区化既是城市化的一种方式,又是一种新型的城市发展阶段,具有特定的空间价值,构成全球城市战略性空间的一个重要组成部分。

11.1.1 郊区化的基本认识

对于大多数全球城市来说,郊区化作为空间拓展的首要过程,都是既成事实的存在。同时,郊区化也日益成为全球城市功能运转的重要平台之一。作为对现实的回应,一些有关郊区化及新城建设等的研究文献陆续问世。但总体而言,对于这样一个重要的问题,相关研究是不够系统和深入的,成为全球城市研究中的一个明显"短腿"。

全球城市郊区化研究的不足,可能有许多原因。但不可否认,其在很大程度上受到传统学术的影响和束缚。长期以来,"郊区"处于主流城市分析的阴影中。

郊区研究只是主要与实证研究有关的一个分支学科,并未纳入城市研究主流。其中一个重要原因,是对郊区化的认识上的偏差。例如,郊区化被认为是一种对城市化的偏离,一种资本转移的策略,一个将贫困阶层从中心城区驱逐出去的产物;或者相反,是一个"大城市病"导致精英逃离市中心的产物,一个中心城区文化和生态萎缩的过程,等等。显然,这些负面东西经常是以一种防御的策略来应对。另一个重要原因是,郊区化研究停留在狭义的传统中产阶层化概念上。在西方国家的逆城市化过程中,中产阶层家庭纷纷迁移到郊区别墅居住,将其视为私人生活的领地。因而,郊区化只是一种过私人生活的集体努力。这项私人生活的权利被写入了约束性规定的持久制度中。这是一项以邻里为基础、由自我定义的社区订立的契约,限制他人进入某个假定的家园。但现实中,这种对私人生活的权利最终更像是一场噩梦,而不是美好的"梦想"。这使郊区化研究具有更多症状性批判(予以否定上)的色彩。为此,城市主流研究采取了将城市化与郊区化相对立的二分法。尽管郊区化已形成大量住宅、购物中心和写字楼、公园等组成的"郊区城市"(Hayden, 2003),并已成为一种常态化形式,但常常被忽视。尽管对郊区化已有许多历史和实证的研究,但仍然被排除在城市研究主流之外。

当然,也有学者从传统的郊区化研究中脱颖而出,将他们对郊区历史多样性的观察转化为对城市理论更普遍的探索(Walker and Lewis, 2004)。他们把城市化与郊区化的二分法合并成辩证综合,对郊区化持有一种系统性批判,将郊区化和郊区主义作为具有系统意义的过程和关系(与资本积累、国家形成、新自由主义化、种族化等矛盾相关)来研究,认为郊区化是城市化过程中产生的矛盾的产物,并与城市化过程内在地交织在一起。Keil(2018)指出,郊区不仅仅是未来城市,而且是我们可以从郊区中学习及研究的更一般东西,甚至是普遍性的。对城市整体而言,不研究郊区,只是回到政治经济逻辑的城市经济发展理论。Walks(2013)更明确指出,郊区在概念上是城市主义的延伸,但与此同时,由于郊区化已成为一种普遍现象,它变成了一个新的、更全面的城市理论,并最终是城市社会理论的基础。因此,要将城市和郊区的变化置于一个发展框架,并且认识到城市化大部分都是郊区化的形式及过程。

Keil(2018)指出,郊区化是一个全球性的过程,涉及各种各样的现象,从封闭社区到棚户区,从单户住宅小区到郊区高层中心。Drummond 和 Labbé(2013)认为,对郊区日常生活的研究"将需要关注郊区各种场所和形式的实践和社会交往空间"。这种现象在世界各地越来越普遍,尤其是在发展中国家,城市正在经历非正式的城市周边地区、新的商业开发、工业综合体和中产阶层住宅区的建设。

11.1.2　郊区化形式和进程

郊区化如何定义？这是非常重要的，涉及我们对郊区化形式及进程的深刻认识和全面把握。

狭义的定义往往把郊区化视为人口从中心城区迁移到郊区居住。早期主要是指中产阶层迁移到郊区寻求私人生活；后期主要是指中心城区的动迁户迁移到郊区居住。这一狭义定义只是指出了郊区化的一种主要形式和进程，即人口外迁，并不能涵盖郊区化的全部形式及进程。这种狭义定义在实际指导中往往导致郊区"卧城"的大量出现。

郊区化的宽泛定义则指出了多样化内容，包括工业、商业和其他形式的郊区化（Lang and LeFurgy，2007）。从这一视野出发，将更多在郊区化中看到，工作场所、家庭、基础设施和商业构成了城市的经济和生活（Walker and Lewis，2004）。为此，Walks（2013）将郊区概念化为"城市生活的一个固有方面，两者既不同又不可分割，其内在对立一直存在，以辩证的方式处于生产紧张状态，产生了交错的'城市—郊区主义'维度"。更重要的是，Walks认为，郊区生活是城市生活中一个不断波动和脉动的多维进化过程，其相关形式在空间中不断变化和重叠。从宽泛定义出发，郊区化主要包括三种外迁过程：一是人口外迁，主要是因城市中心的巨大人口压力而引发的；二是商业外迁，人口的外迁导致为城市居民提供服务的商业服务部门随之外迁；三是工业外迁，主要原因在于市中心以外的土地价格低廉、税收差异等因素吸引企业向郊区外迁。

因此，郊区化并不是城市化的反向，而是城市化的一种方式，使郊区变为具有市区多种职能的城市化地域的过程。作为郊区生活方式的郊区主义是城市结构扩展、郊区基础设施和郊区土地形成不可分割的一部分。事实上，郊区是所有城市形态的综合体，因为它们逐渐发展成为后郊区综合体。也就是，通过复杂的后郊区化过程，城市将自身折叠起来，作为中心和外围的共同感知，而密度和形态则是相反的（Charmes and Keil，2015）。郊区治理形式结合了国家、资本积累和私人威权主义的模式，这是城市治理的一部分（Hamel，et al.，2015）。总之，郊区化是塑造21世纪城市体验和生活的首要过程。

11.1.3　郊区化的空间价值

对于郊区化，人们总是将其与中心城区联系在一起，仅仅视为中心城区的空间延伸与拓展。这是比较狭隘的,并低估了郊区化的空间价值。

郊区化虽然与中心城区紧密关联,但不是中心城区"摊大饼"式的蔓延,而是形成一种新的城市空间布局。大约自 20 世纪 50 年代开始,美国城市学者和规划师就意识到,当时正在进行的不再仅仅是传统意义上的郊区化,而是一种新型的城市发展阶段。这样一种认识要从动态过程来看,而不是仅仅停留在郊区化早期阶段。现代城市郊区化进程大致可划分为三个阶段:早期表现为现代城市郊区化的加速发展和波动,中心城区人口及经济活动开始往郊区迁移,并带来郊区城市基础设施、住宅、商业、制造业等大量兴起和发展;中期表现为郊区化爆炸式增长,产城融合发展,各类产业配套程度明显提高,甚至许多跨国公司总部及专业服务公司入驻郊区,郊区人口逐步居于主导地位;后期进入后郊区化过程,主要表现为郊区新城已成为具有自主功能和自我循环的独立城市,且异质性特征逐渐增强。因此,郊区化最终是改变了传统的城市"单中心"格局,形成了新型的"多中心、多核"的城市空间布局,从而将城市发展推向了一个新阶段。纵观所有的全球城市,都是经过郊区化形成了"多中心、多核"的城市空间布局,并承载起更多的全球性战略功能。

不仅如此,在新的驱动因素作用下,郊区化日益与跨市域的周边区域(城市)形成重要连接,从而为大都市区发展奠定了基础。我们可以观察到,郊区化的驱动因素不是固定不变的,而是发生了重大变化。从历史上看,推动郊区化的主要因素包括:(1)交通和通信技术的飞跃,如私家车、轨道交通等发展;(2)工业化引起的经济结构变革,产业规模扩大,地区结构变迁等;(3)早期中产阶层化,富裕阶层逃离中心城区"大城市病"的折磨;(4)后期中产阶层化,导致低收入阶层往外动迁。然而,当前的郊区化则由一套不同的动力所驱动:(1)后工业化的区域经济发展;(2)全球化导致基于流动空间的资源配置;(3)网络化的节点连通性;(4)强调城市化的本质不是集中本身的状态,而是由此产生的地理上相互依存状态的星球城市化(扩展式的城市化)。这些驱动力本身就是开放的过程,与早期郊区化驱动因素有本质上的差异。因此,郊区化和郊区主义将随着这些变化动力而发展和被阐明。也就是,当前郊区化表现出来的主要特征是,城市经济进入后工业化阶段,面临全球化的市场,各种资源要素在跨市域的流动空间中配置,人口和产业在区域尺度上重组,开始逐步形成以核心城市为枢纽,多中心的、功能联系紧密的大都市区。从这一意义上讲,郊区化的空间价值在于对外拓展的连通性。最直接的影响就是成为大都市区发展的重要基础,乃至促进巨型城市区域发展。

对于全球城市来说,郊区化就显得十分重要。因为全球城市发挥全球战略性功能通常以大都市区(全球城市区域),甚至巨型城市区域为空间单元。如果全球城市的郊区化,特别是后郊区化发展不利,只剩下中心城区的对外连接和辐射,就很难成为大都市区(全球城市区域),甚至巨型城市区域的核心,并作为发挥全球战略性功能的空间单元。以上海为例。尽管上海的中心城区的能级很高,但由于郊区化发展不足,其经济实力及能级低于毗邻的外省市城市,成为中心城区与毗邻外省市城市之间的"洼地",因而上海与毗邻外省市城市的网络连接被大大削弱,并阻碍了上海中心城区高能级的对外传递。因此,只有通过郊区化(特别是后郊区化),改变传统的城市"单中心"格局,形成"多中心、多核"的城市空间布局,才能对周边城市形成全方位、广辐射的深度连接,建立以全球城市为核心的大都市区(全球城市区域)或巨型城市区域,从而发挥全球战略性功能。

11.2 郊区新城

全球城市郊区化既有空间的扩散性也有空间的集聚性。前者改变了郊区传统农业、农村的属性及面貌,后者则形成郊区新城这一特殊形式。郊区新城作为郊区化的产物及重要标志,在促进城市空间布局调整中起着不可替代的重要作用。然而,郊区新城同时处于网络外部性两种不同效应之中,有借用规模的正面效应,也有集聚阴影的负面效应。因此,郊区新城能否健康发展取决于一系列条件。

11.2.1 网络外部性的两种效应

新城是一个具有特定产业综合体,城市功能多元化,相对独立的节点城市,是一个新的城市空间价值集聚点和高自立性的城市。《英国大不列颠百科全书》将"新城"定义为:一种规划形式,其目的在于通过在大城市以外重新安置人口,设置住宅、医院和产业,设置文化、休憩和商业中心,形成新的、相对独立的社会(徐惟诚,1998)。因此,郊区新城既不同于基于"同心圆"理论的"新区",也不同于基于"同心圆—扇形"理论的卫星城。它作为一个相对独立的城市,以"多中心"理论为理论基础。

新城作为郊区化的产物,其形成与发展同样可以用郊区化动力学来大致解释。一方面是由于扩散的动因,如中心城区缺乏足够发展空间,技术进步使产业空间选择性增强,居民追求高质量生活环境,以及政府政策诱导等;另一方面是由于集聚的动因,如人口向新定居点集聚,产业规模效应导致集中,基础设施配套性集合等。当然,也可以用土地配置理论来解释,即通过解析区位、地租和土地利用之间的关系,指出不同地价导致不同的土地使用等(Alonso,1964);或者用资本流动理论来解释新城形成的内生动因,即新国际劳动地域分工导致城市空间结构变化(Harvey,1989)。

按理讲,郊区新城具有最大的 Alonso(1973)所说的"借用规模"效应。因为它最能满足"借用规模"的两个前提条件:不同空间位置的距离(可访问性)和关系(网络嵌入性)。(1)郊区新城与中心城区的地理距离,特别是可访问性(通达)的时间距离较短。这使得位于郊区新城的企业仍然可以保持与中心城区许多"面对面"接触,同时可访问中心城区的专业劳动力市场和信息外部经济(Phelps,Fallon and Williams,2001)。Phelps(1998)指出,由于劳动力代表最不移动的生产要素之一,(专业)劳动力市场一体化是借用规模的一个重要原因。(2)通过企业关系、市场渗透以及相当重要的信息和通信网络(Hesse,2014),郊区新城与中心城区之间关系更为紧密。Alonso(1973)认为,一个在网络中处于有利地位的城市,也许被允许有"借用规模"效应。显然,相比于其他城市,郊区新城在网络中处于更有利地位,通过这些来自中心城区的网络连接,其可能补偿相对不足的规模或集聚,而被很好地嵌入城市网络。如果这样,集聚外部性变成或辅以城市网络外部性(Camagni and Capello,2004;Johansson and Quigley,2004)。这些可能会取代或补充传统的区位外部性。

为此,郊区新城通常呈现规模与功能之间分离的明显特征,并保持对集聚的效益与成本之间的出众平衡。它们既保留了许多较小规模的优点,如低水平的拥堵、较低的租金、更舒适的环境等,又可以通过对中心城区的便捷访问而享有大规模优势。例如,当地居民可以使用中心城区的购物和娱乐设施以弥补郊区新城的不足;商人可以共享仓库等设施和商务服务;劳动力市场享有范围更广、更灵活的需求与供应。也就是,在城市网络中共享集聚效益。另外,郊区新城可能得益于中心城区"挤出效应"过程的影响,即对工资和土地成本敏感的中等技术、具有空间广泛性的行业迁移到郊区新城(Polese and Shearmur,2006),从而比周边一些同样规模的小城市,对行业更有吸引力。也就是,郊区新城具有更多使用中心城区集聚效益的机会,实现当地优势与通过商务交易和交互获得的来自中心城区的优势之间的互补,因而可能更具活力和增长性,如更快的人均收入和人口增长。正如 Partridge、Rickman 等人(2009)指出的,小城市人口增长与其接近一个较高层级的城市中心是正相关的。

然而,由于竞争的缘故,网络连接也可能产生负效应,即集聚阴影。我们在现实中看到,一些郊区新城不仅没有共享更多的集聚效益,反而处于集聚阴影之中得不到很好发展。如果中心城区把郊区新城作为低附加值、高能耗、高污染企业的转移之地,主要是利用其物流基地,而不是相反(Burger, Meijers, et al.,2015),就会给郊区新城蒙上一层阴影,其增长将是有限的(Dobkins and Ioannides, 2001)。Meijers、Hoekstra 等人(2012)也认为,事实上,更大的连通性和访问大城市的好处,也可能带来企业和家庭更加激烈的竞争。一项研究表明,强劲的区域网络嵌入性一般会对某些城市功能产生竞争效应,导致区域范围内的聚集阴影主导而不是借来规模(Meijers, Burger and Hoogerbrugge, 2016),出现"灯下黑"的现象。

总之,借用规模效应与聚集阴影效应是网络外部性"一枚硬币的两面"。前者表现为网络连接的积极效应,后者表现为网络连接的负面效应。如果网络连接使郊区新城取得比预计规模更多的城市功能,它是获得了借用规模效应;而当其取得低于预期给定规模的功能水平,便可能是一个集聚阴影的竞争效应。

11.2.2 郊区新城发展的基本条件

由于郊区新城同时受借用规模效应与集聚阴影效应的影响,其发展取决于两种不同效应的力量对比,即借用规模效应大于或小于集聚阴影效应,因此郊区新城的健康发展取决于一系列基本条件。

(1) 城市规模。郊区新城要有一定规模尺度,以保证形成新城的自足性和独立性。规模尺度太小,不仅在产业、基础设施等方面达不到规模经济,提高相对成本,而且难以形成健全的基本城市功能,从而增大对中心城区的依附性,沦为卫星城或卧城,更容易受集聚阴影效应的影响。一项研究表明,区域网络连接性对城市功能存在的平均边际效应,对 50 万以上居民的城市是正的,对不到 25 万居民的城市一般是负的。因此,在 50 万—100 万人口的规模尺度下,不仅具有规模经济,而且更容易形成集商业功能、休闲功能、便利的出行功能、舒适的居住功能于一体的新城。这是许多市区人口往新城迁移的主要原因。

除了在规划上确定合理的规模尺度外,更主要的是产城融合发展,通过宜居、宜业、宜人来实现规划中的城市规模。其中,就业和住房增长是郊区新城发展的基本保障。例如,伦敦的凯恩斯新城注重于产业发展,为居民提供足够的就业机会。一般情况下,确保每户家庭拥有 1.5 个就业机会。同时,凯恩斯新城的住房增长将超过就业增长。因此,在就业与居住关系方面保持了稳定趋势。凯恩斯新城计划在 2016—2031 年间,每年提供 1766 套住房和 2649 个工作岗位。[①]又如,新加坡把住房设施的稳定提供作为实现郊区新城集聚人气的重要前提。各大新城大规模住宅开发项目旨在实现自给自足,包括公共住房单元、城镇中心以及其他教育、医疗、卫生、娱乐设施,并伴有一系列商业开发项目和就业机会。近年来,11000 多座公共住房建筑中绝大部分分布在 23 个新城和 3 个住宅区,且住宅开发面积占总面积比重均较高。

(2)连接尺度。郊区新城的网络嵌入性,特别是与中心城区的可访问性要适度。连接太松,难以享有借用规模效应;连接太紧,尽管有借用规模效应,但也可能被聚集阴影的负面影响所抵消,导致微不足道的整体效果。一般来说,郊区新城必须具有大约 45 分钟时间距离的可访问性,不仅是对中心城区,而且对其他新城。

郊区新城的网络嵌入性涉及诸多因素,包括产业关联、企业关系、员工通勤、信息交流等,但基础性的因素是交通。因此,便捷交通是新城发展的基本条件。例如,多摩新城开发建设过程中,政府采用以铁路(轨道交通系统)为导向的新城发展计划。政府通过补贴方式来增强新城对公共捷运的依赖性,同时进行以铁路捷运系统为中心的交通网络和节点整合,保障交通节点地区的强大辐射力和吸引力(王宇宁、范志清,2016)。郊区新城沿轨道交通呈带状布局,在新城内规划的三个轨道交通站点周边进行高强度开发,建设新城商业中心及居住区中心。这种公共交通引导开发的模式,使交通的功能和服务业的功能高度重合,带动了地价升值并增加了就业机会(张贝贝、刘云刚,2015)。又如,新加坡在新城建设过程中采取站点布局、站城一体的方式。[②]新城的空间布局是以地铁站为中心、主干道为边缘的分散式为主,城内数个副中心与中心城区之间则由轻轨相连。新城站片区实行因地制宜的综合开发,保证一定比例的公共服务设施、公园和开放空间等,实现土地经济、环境和社会的可持续发展(Niu, Hu, et al., 2019)。至 20 世纪 90 年代后期,由于地铁站的功能不断聚集,"灯塔式"的集聚发展模式逐渐成为主导。大巴窑新城的"商业体搭配公交转换枢纽"模式取得成功,并得到广泛推广与应用。这种模式既能促进周边人口的就业与稳定,又能发挥其商

---

① 数据来自 Milton Keynes Council, 2017, "Milton Keynes: Economic Growth and Employment Land Study", gva. co. uk。

② 参见每日经济新闻 2019 年 9 月 17 日发布新闻《新城生长记:从不宜居走向"最宜居"》,https:// view. inews. qq. com/a/20190917A0MDB700?tbkt=D&uid=100046395268&refer=wx_hot。

业便利性进一步有效吸引人口定居。

（3）功能分工。郊区新城必须具备异质性，有自身的特色，才能与中心城区和其他新城形成错位竞争与互补，从而有较大的借用规模效应。否则，容易形成同质竞争，增大聚集阴影效应。事实上，这在很大程度上已成为新城发展的主导性问题。因此，新城发展必须与中心城区及其他新城之间形成功能分工，具有自身的主导功能特色。Hesse（2014）观察到，主要大都市地区的一些小城市已经能够专注于一组功能，尤其是在金融和企业服务部门获得高份额的职业。

当然，这不仅仅是新城自身考虑的问题，还要从整个城市系统来进行功能集成。城市系统之间更高程度的功能集成，有利于覆盖竞争的负面影响。同一地区城市之间的进一步功能、制度和文化整合过程，将是解决这个占主导问题的方法之一（Meijers，Hoogerbrugge and Hollander，2014）。例如，日本1986年出台的《第四次首都圈基本计划》提出了发展"业务核都市"的概念，1988年颁布的《多极分散型国土促进法》提出了促进业务核都市发展的支持措施。此后，1999年出台的《第五次都市圈基本计划》更是明确了以业务核都市为中心，以平衡的方式安排各种职能，并通过相互合作与交流，实现首都圈内外业务核都市的职能共享。例如，多摩新城为大学、商务职能，千叶市为国际空港、港湾与工业集聚职能，茨城为科学城等职能。又如，中国香港地区的8个新城也有明确的职能分工：荃湾、屯门以货柜码头与仓储运输为主；元朗、大埔新城以制造业为主；将军澳新城依托香港科技大学向高科技园方向发展；大屿山北部的东涌、大壕新城以临空产业为主，等等。

总之，在相当城市规模、适应连接尺度和明确功能分工的情况下，郊区新城才能最大限度地享有借用规模效应，并健康发展。在进行新城规划及目标定位时，就要明确其城市规模、连接尺度和功能分工，以避免走弯路和瞎折腾。

11.2.3　充分发挥借用规模效应

相当的城市规模、适度的连接尺度和明确的功能分工，不仅对单个新城的发展来说是重要的，而且对所有郊区新城的共同发展，乃至中心城区的发展都十分重要。

因为"借来规模"并不是一个单维、单向过程，即郊区新城借用中心城区的规模。我认为，借来规模是一个多维、双向的过程。只要在相当城市规模、适度连接尺度和明确功能分工的情况下，郊区新城可以更好借用中心城区的规模，中心城区也可借用郊区新城的规模。当然，两者借用规模的基点是不同的。前者借用中心城区规模以弥补其某些功能不足；后者借用郊区新城规模以疏解非核心功能。同样，具有同等尺度的郊区新城之间也可以彼此借用规模，从而使现代经济的功能达到足够规模(Alonso，1973)。这将形成新城之间的良好关系，产生新城之间的协同效应，促进所有新城的健康发展。

当彼此借用规模时，势必呈现一个规模与功能的分离(一些与当地规模不对称的特征)，其背后实际上是相互之间的互补。这既可以表现在功能上，也可表现在绩效上。为此，Meijers 和 Burger(2015)把借用规模效应细分为"借用功能"和"借用绩效"。前者是指一个城市借用邻近、连接城市的支持基础，从而支撑起在其规模中不常出现的更高层次功能；后者是指支持其能够使用这些功能及其他集聚效益，从而使它比处于孤立时有更好表现。两者可能同时发生。在这种情况下，借用功能也经常意味着借用绩效。当然，两者也可能在中心城区和郊区新城分布上不一致。中心城区通常更多表现在借用功能上：一方面，中心城区的借用规模比郊区新城能够更好，在某种意义上是它们具有更多(借用)的功能(Burger，Meijers，et al.，2015)；另一方面，中心城区借用郊区新城规模得以非核心功能疏解，比单一(无郊区新城)的中心城区更有机会提升城市能级。郊区新城比较典型的是借用绩效，获得高于当地规模的集聚效益。Camagni、Capello和 Caragliu(2015)发现，二线城市在借用规模中获得并不存在于本地的这些功能以及一流城市网络，将导致其有高于当地规模的平均收益(即"借用绩效")。

11.3　国际经验及其借鉴

郊区化及其新城建设已成为一个全球现象。当然，世界各地的城市郊区化是丰富多彩的，有不同的郊区化模式，不存在单一的全球郊区主义，研究全球郊区化要有经验的包容性。但其中一些是具有共性意义的经验，值得学习和借鉴。

11.3.1　郊区新城发展定位

郊区新城要作为一个独立的城市进行建设，否则将沦为依附于中心城区的卫星城或卧城；但又不同于一般城市发展，特别是通过对周边地区的极化效应、虹吸效应等。因此在发展定位上要明确：郊区新城发展要成为整个城市的新的增长极，形成具有特定功能集聚的核心，发挥区域性节点城市的作用。

郊区新城的特点(作为多中心空间布局的产物，以及连接中心城区与周边城市的节点等)决定了其主要是吸收中心城区及整个大都市区的快速增长,并在促进郊区发展过程中形成新的增长极。例如,巴黎地区主要推进 5 个郊区新城。这些新城主要是为了吸收巴黎地区的快速增长,进而强化 30—40 公里之外郊区的发展并形成新的增长极。新城人口占比从 1968 年的 1.9% 增加到 2010 年的 7.0%。①

与此同时,新城要作为郊区的中心以及广域节点。以新城为轴带或区域的重要增长节点来推进知识密集型走廊以及区域多核心联动发展,已经成为郊区新城规划的重要空间定位。例如,伦敦的米尔顿・凯恩斯新城拥有建立业务网络关系的自然环境,并拥有一系列吸引和留住员工的便利设施②,并逐步转向知识密集型产业集聚,着重提升其全球竞争力,以确保本地的高质量环境和急需的住房或工作,且日益发展成为区域的中心城市。凯恩斯新城通过区域战略叠加来凸显其廊道节点功能,成为"剑桥—米尔顿・凯恩斯—牛津"知识密集型走廊的重要组成部分。该走廊既不是功能性的交通走廊,也不是单一的经济地理区域,而是定义为一系列高速增长的新城或城市。该走廊的空间叠加体现在各自交叉区域、跨界增长走廊、倡议、战略方面。

11.3.2　新城内部的功能分区

郊区新城不仅要形成一组独特功能,具有鲜明特色,而且在其内部要有更具导向的功能分区,体现不同的空间价值。这种功能分区不是形式上或行政化的,而是空间资源的合理配置。合理的功能分区将有助于新城提高城市能级,保证新城的有序运作。与老城区不同,新城内部功能分区受到历史遗留的束缚较少,调整成本较低,从而更容易实施。

例如,多摩新城的功能分区有:(1)国际交流促进区,主要集聚大学和研究机构,保障大学周边对海外研究者和留学生的住房供给,通过磁悬浮中央新干线提升通往国际机场的交通便捷性,围绕车站周边整合各类功能,形成充满国际氛围的区域。(2)中央枢纽区是集中各类文化、娱乐等设施,商务、商业、文化、娱乐等功能集聚的节点区域,是中心片区。(3)更新重点区主要是根据时代的需求调整土地功能,促进车站周边土地的复合利用,更新老旧住宅,建设高品质住宅片区。(4)商务和商业活力提升区。这是距离新干线神奈县站最近的地区,在车站周边

---

① 参阅 Grand Paris Sud, http://www.newtowninstitute.org/pdf/INTI_NTAC_GPSfinalreport_small.pdf.

② 参阅 Milton Keynes Council, 2017, "Milton Keynes: Economic Growth and Employment Land Study", gva.co.uk.

及新干线沿线集聚商业设施和创新企业。(5)先进企业整合区,主要是南多摩尾根干线沿线地区,通过改变干线沿线的土地利用方式,吸引追求交通便利和环境宽松的尖端企业。(6)住区环境保护区主要是整合各类生活服务和商业功能,建设具备大量绿化环境的高品质住宅片区。

11.3.3 高品质生活环境

新城建设要有高起点、高标准,着力打造高品质生活环境,特别在智慧、绿色、文化、健康等方面具有领先性和超前性,引入和提供包含着规划、物业、环境、生活与社区等在内的智慧化、绿色化、健康化等城市解决方案,以便集聚多样化创新价值,具备与周边城市密切合作交流和可持续发展的能力。这不仅是新城加大对企业、居民吸引力的重要方面,也是增强其城市竞争力的重要内容。

例如,在汉堡的港口新城建设中,特别注重于节能降耗和绿色环保。作为电动车示范区,要求建筑开发商建设地下停车场时确保电动汽车停车位比例不低于30%;电动车停车位用蓝色或绿色标识,以防侵占;兴建公共充电桩等,而且必须参加提高电动车比例的汽车共享系统的开发与实施。全面采用低排放的供暖网络。港口新城西部,所有的建筑物都连接到集中供暖网络。该网络通过高效的能源混合技术,结合太阳热和地热设施,实现了二氧化碳低排放,比一般环境标准降低25%之多。港口新城东部则通过分散式、模块化的本地供热网,其二氧化碳排放值,仅为传统标准的1/3左右。为了鼓励建筑开发商合理利用资源,降低企业运营成本,提高用户的使用舒适度,建立可持续性认证体系(包括使用环保的建筑材料,使用节水、节能的公共设施,高效地利用公共区域,采取有利于健康和舒适性的回音和噪声防护措施、遮光措施和空调房内的换气措施,凭借较低的维护费用以及高使用寿命的材料以及保持建筑物连续的畅通性实现建筑物的可持续使用等),要求住宅达标率为100%。港口新城的公共区域占到总土地面积的38%,并要求这些公共场所建设须满足两个层面:一是从城市空间、社会、文化、政治方面融合全球化和地方特色,以形成一个多样化的、充满活力的城区。二是通过提供较大的社交容量以达到高度开放性。[①]这些公共空间融合地方特色,开辟了极具吸引力的滨水和水上景区。此外,完善公共场所的功能,配套相关设施,满足不同年龄、不同性质的人群的需求。港口新城形成了教育、医

---

① 参阅 Bruns-Berentelg, Jürgen, Diskussionspapier zur HafenCity 1. Öffentliche Stadträume und das Entstehen von Öffentlichkeit, Feb, 2010, https://www.hafencity.com/upload/files/files/Oeffentliche_Stadtraeume.pdf。

疗、文化等综合配套,并且提供的住宅形式极具多样性。

11.3.4 紧凑型空间布局

相对于中心城区,新城的土地空间较大。为此,在一些新城建设中,一改中心城区高密度模式,采取低密度开发,并以此来显现新城的特色。实践证明,这不仅大大降低了土地利用效率,而且会带来一系列城市发展问题,特别是低密度的交通问题。例如,伦敦的凯恩斯新城尽管取得了诸多成功,但它作为低密度的以汽车为主导的郊区新城,也面临着新的发展困境。这种低密度的交通模式使得有吸引力的公共交通服务难以持续运营,而大量的步行和自行车道只能满足短距离出行的需要。低密度布局和间接路线产生的长距离通勤,加之偏僻路线缺乏安全感,对潜在居民很难产生足够吸引力。当然,新城也不宜高密度开发。尽管高密度发展模式会带来一系列的生活便利,但较高容积率则会降低人们的幸福感。经验表明,新城的成功模式是采取了规整而分散的分布格局,即紧凑型城市。例如,汉堡的港口新城通过合理规划提高土地利用率。在 127 公顷陆地中,建筑区域、交通区域、公共开放区域(不包含私人开放区域)比例约为 4∶3∶3,这三项的比重占新城陆地面积的近 80%,其中交通面积仅占总土地面积的24%,远低于汉堡老城区内 40% 的道路占比。新城各区域的容积率在 2.7—5.6之间,平均容积率约为 3.75,基本相当于其他成熟欧洲城市中心的建筑密度。同时,采取混合土地利用模式,突出功能多样混合性。一方面是片区的功能混合,融合了居住、工作、文化、休闲和商业中的两个或两个以上功能,并充分利用细小空地增加绿色的开敞空间。另一方面是建筑本身的功能混合(商业与办公混合、商业与居住混合、办公与居住混合等)。尤其在核心商业区(如沙门码头/达尔曼码头区内),功能混合型建筑比例更高。

11.3.5 多元主体协同开发

新城建设需要大量投入,特别在早期阶段的基础设施及住房建设方面。政府除了进行新城规划外,在资金投入上也是十分重要的。但新城建设不能完全由政府主导和推动,而要有多元主体参与,加强合作,形成协同开发机制。例如,首尔新城建设的经验是:多元化融资解决新城建设资金难题。初期的新城建设,政府提供关于基础设施建设的支持资金,并针对低收入人群的住房建设提供一些资金支持,以及相应的减免税收等支持措施。但除了少部分的政府支持以外,韩国土地住宅公社通过市场行为,采取多元化的市场化融资手段,解决资金的难题。

12 全球城市大都市圈的同城化发展

大都市圈作为全球城市空间拓展的一个重要连接过程,是产业(企业)对全球化的战略性反应以及城市地区面对全球化压力所做出选择的产物。由于地理邻近、网络结构及功能集成等组织形态的特殊构造,全球城市大都市圈具有同城化发展趋势,表现为高度城际流动性、在同一个市场中运作、合理分工的地区功能结构、各具特色的产业集群及产业链分工等特征。促进大都市圈的同城化发展,必须有实用的战略规划的指导、适宜的治理结构运作,以及有效的政策干预支撑。

12.1 重新界定的基本内涵

都市圈是一个早就提出来的概念,并为大家所熟知。今天,我们研究全球城市大都市圈,当然可以借用这一概念,但不能沿袭这一概念的内涵界定。因为这一概念内涵是基于传统城市理论而界定的,与全球城市理论格格不入。因此,要对其进行理论性改造,重新界定全球城市大都市圈的基本内涵。

12.1.1 全球城市空间拓展的特定产物

许多人也许从字面上解读,全球城市大都市圈无非就是以全球城市为核心,有别于以中心城市为核心的都市圈。因此,"内核"是都市圈,其内涵是统一的。但问题是,全球城市与一般中心城市并非规模、等级数量上的差别,而是异质性的区别。我们知道,全球城市作为全球化的产物,具有全球战略性功能,与一般中心城市有本质的区别。因此,如果要说全球城市大都市圈"内核"的话,应该是全球城市本身,而不是都市圈。都市圈只是包裹在这一内核上的形式。正是全球城市的异质性,决定了全球城市大都市圈的全球化基本特征及其动力学,并赋予其特定网络结构与功能形态(在下面具体分析)。因此,我们要立足于全球城市来重新界定全球城市大都市圈的基本内涵。

这里,我们首先从全球城市空间拓展的角度来定义全球城市大都市圈。在全球城市空间拓展中,大都市圈处于一个极其特殊的地位,且发挥着重要作用。大都市圈是继郊区化之后,全球城市空间拓展的又一深化过程。与全球城市郊区化不同的是,它突破了全球城市本体边界,以自身为核心,与地理邻近、具有发达的联系通道、功能上紧密联系、相互依存的一系列不同性质、规模、等级的中小城市形成一种特殊的网络化地域空间组织形式。与此同时,大都市圈又是全球城市空间进一步向城市群(巨型城市区域)拓展的基础和前提条件。尽管都市圈和城市群都是区域一体化发展问题,但这是两种不同类型的空间组织结构形态。城市群(巨型城市区域)由区域内若干都市圈的网络关联所构成,是支撑全国经济增长、促进区域协调发展、参与国际竞争合作的重要平台。都市圈则是城市群内部以超大特大城市或者辐射带动功能强的大城市为中心,以 1 小时通勤圈为基本范围的城镇化空间形态。从两者的逻辑关系来讲,都市圈是城市群(巨型城市区域)发展的逻辑起点和重要基础,从而呈现从都市圈发展到城市群(巨型城市区域)一体化的历史演变。尽管在实践中都市圈建设与城市群发展可以同时推进,且两者之间有一定交叉和相互促进作用,但缺乏一个个成熟的都市圈,是难以形成城市群(巨型城市区域)一体化发展的。反之,如果一个区域出现若干都市圈之间的不断相互发展,最终城市群(巨型城市区域)也就自然形成了。

因此,对于全球城市空间拓展来说,大都市圈发展是连接郊区化与城市群(巨型城市区域)的中间性过程。这一中间性或连接性过程的特殊性就在于:一方面,相较于郊区化,它突破了城市本体边界,涉及更为复杂的经济、政治、社会关系,例如同一市场及产业链分工,不同行政管辖权、规划及政策、社会福利等。因此,从全球城市郊区化向全球城市大都市圈的空间演化,是一个质的飞跃。另一方面,相较于城市群(巨型城市区域),它是由核心城市及外围社会经济联系密切的地区所构成的城市功能地域,圈内城市之间存在密切的互动关系,不同城市形成一个有机整体,具有更为紧密的经济(产业)、社会、文化等联系。

这一中间性或连接性过程的重要性就在于:一方面,城市的经济功能已不再是在一个孤立的城市体现,而是由逐步融为一体的城市集合的都市圈来体现。因此,它是最能体现全球城市功能及其核心竞争力的重要空间单元。另一方面,只有在大都市圈发展和成熟起来的基础上,全球城市才能向更大范围、更具战略性的空间进一步拓展,与更大区域尺度的其他都市圈实现空间耦合。如果这一中间性或连接性过程缺乏或薄弱,全球城市向城市群(巨型城市区域)的空间拓展将会受到严重制约。

国际经验表明,纽约、伦敦、东京等全球城市空间拓展过程中,都首先经历了大都市圈过程,形成了纽约大都市圈、伦敦大都市圈、东京首都圈等,然后再进一步向城市群(巨型城市区域)拓展,在更大区域尺度上发挥全球城市功能。对于上海来说,在长三角一体化发展中发挥龙头作用,不是仅靠上海本身,而是基于上海大都市圈的实力与功能。只有通过上海大都市圈,才能更好融入长三角一体化发展,在区域层面发挥全球城市的核心功能,并带领长三角地区成为参与国际合作与竞争的重要单元。

但在国内,这一逻辑关系似乎被颠倒。一谈起区域发展,人们首先想到的是更大尺度的城市群(或巨型城市区域)发展,如长三角一体化发展、粤港澳大湾区发展、京津冀协同发展等,而大都市圈建设没引起足够重视,将其放在应有位置。这样,也就把全球城市空间拓展跳跃式地置于这一大尺度区域发展中。例如,上海在 20 世纪 80 年代就开始探索和尝试建立覆盖长三角主要城市的"上海经济区";在难以推进的情况下,又搞了一年一度的两省一市(后扩展到三省一市)首脑峰会、市长联席会议等。在长三角一体化发展上升为国家战略后,进一步实施了顶层设计,搭建基本构架,建立运作机制,落实重大合作项目等。显然,这是十分必要和重要的。但问题是,对上海大都市圈建设重视不够,采取的实质性举措较少,成效欠明显,造成上海势单力薄、功能紊乱、与周边城市的内耗加剧,不仅难以在长三角一体化发展中起龙头作用,也不能很好发挥全球城市功能。当然,近期情况有所改观。2017 年,《上海市城市总体规划(2017—2035)》初步提出了上海大都市圈的设想。2019 年,中共中央印发的《长江三角洲区域一体化发展规划纲要》明确提出"推动上海与近沪区域及苏锡常都市圈联动发展,构建上海大都市圈"。2020 年,印发的《上海市贯彻〈长江三角洲区域一体化发展规划纲要〉实施方案》中则进一步强调了上海大都市圈"1+8"区域格局。上海都市圈建设也已起步,例如成立了都市圈空间规划协同工作领导小组,推动大都市圈规划及临沪地区规划,以及推进长三角一体化示范区建设、虹桥国际开放枢纽的"一核两带"建设、G60 科创走廊以及各种类型的双向飞地等。

12.1.2　全球化的基本特征及动力学

尽管全球城市大都市圈具有一般都市圈的共同属性,但从全球城市空间拓展角度来分析,更要揭示全球城市大都市圈的基本特征。这一基本特征背后,实际上蕴含着全球城市大都市圈不同于一般都市圈的动力学。

传统的都市圈研究,主要基于区域化角度,从中心城市集聚与扩散的动力学来揭示其特征,如围绕大都市形成由邻近不同规模城市紧密联系起来的城市地区等。然而,这对于全球城市大都市圈来讲是远远不够的。如果按此逻辑线索来分析全球城市大都市圈,根本无法揭示其不同于一般都市圈的基本特征。

前面我们已分析,全球城市大都市圈的"内核"在于全球城市,是全球城市空间拓展的一种特殊的地域空间组织形式。因此,它更接近于 Scott(2001)提出的"全球城市区域"的概念。这一概念的理论渊源直接来自 Hall(1966)和 Friedmann、Wolff(1982)的"世界城市",以及 Sassen(1991)的"全球城市"。它是在全球城市理论的基础上,扩展了概念在经济、政治和领土方面的意义,并揭示出全球城市区域越来越作为全球经济的重要空间节点和世界舞台上独特的政治参与者所发挥的作用。这与全球城市作为全球化产物的逻辑是一致的,只是进一步拓展到全球城市区域单元,并赋予了全球化基本特征。

全球化对全球城市大都市圈的推动和塑造,既来自产业(企业)对全球化的战略性反应,也来自城市地区面对全球化压力所做出的选择。

在经济全球化背景下,各种类型的产业部门(无论是制造业还是服务业、高技术产业还是低技术产业)都以前所未有的超地域的广泛联系而生存与发展。这种联系程度的强弱,有时甚至可能决定一个产业的市场竞争力。在这种情况下,单纯以城市为单元,已经无法充分解释全球化时代下的产业竞争与发展现象。各种经验分析表明,全球化的影响并不限于城市本身,而是波及很广泛的城市地区。也就是说,很多全球化活动是在通常所说的主要全球城市之外开展的。现阶段全球化的最显著特征是将世界各地城市区域作为全球生产网络当地锚固点,形成全球范围内的"产业都市集中"的扩张和扩散。Hodos(2002)在费城的研究中,认识到大都市地区更为广泛的活动是全球经济的一个部分。

事实上,城市区域并不是解构了全球化过程的社会和地理对象,而是越来越成为现代生活的中心,并且正是全球化(结合各种技术变化)重新激活了它们作为各种生产活动的基础的意义,无论在制造业还是服务业,在高科技行业还是低技术行业。因为随着企业之间的竞争不断加剧,以及竞争的不确定性增加,企业将其业务常规化或简化的能力受到严重限制,特别是在相互作用方面。这就使它们必须依赖对各种信息和资源的高水平访问,以便知道可供使用的不同种类的供应商和(转移的)市场机会。

与此同时,在经济专业化和灵活性很强的地方,潜在的交易网络会发生迅速变化,呈现高度的不确定性、不稳定性和复杂性,从而使交易成本随着距离的增大而大幅上升。因此,生产者在地理上的分散化势必导致效率低下现象。然而,通过在密集区位的集群,这些行业的生产者在密集的交易网络中获得了显著的竞争优势。例如,降低交易成本,提高经营灵活性;通过面对面接触的隐性知识交流,更容易产生新奇的见解和/或经济上有用的知识,增大创新的概率,增强经济创造力和创新;更容易接触到更多样化的供应商和商业机会,并获得密集区位的先进生产条件(便捷获取大都市企业生产的中间投入品,方便接入大都市巨大而又旺盛的消费市场)等。总之,这种基于集群的密集交易网络使企业能够通过提高经营灵活性和提高创新能力来应对全球化挑战,从而使其充满对密集区位相互接近性的内在追求。这在很大程度上是企业对全球化竞争加剧的一种战略反应,并成为全球城市大都市圈的强大凝聚力。

同样,城市地区也面临着更大的跨境竞争压力,特别是在吸引和集聚各类产业和企业方面。由于企业的区位选择是一种"用脚投票",能否达到和满足上述企业应对全球化挑战的需要,直接关系其能否繁荣发展。因此,它们面临着选择,被动地屈服于这些全球化压力,还是积极进行地区整合,努力使全球化尽可能对它们有利。作为一种积极应对的选择,就是探索和建立迎接全球化挑战和机遇的区域联盟,发挥全球城市大都市圈的地域平台作用,让集中化的公司网络在此参与全球市场的竞争。

因此,正是全球化影响下的两股力量结合在一起,推动和塑造了全球城市大都市圈。全球城市大都市圈是在全球化高度发展的前提下,以经济联系为基础,由全球城市及其腹地内经济实力较为雄厚的二级大中城市扩展联合而形成的一种独特空间现象(Scott, 2001)。全球城市大都市圈从两方面提高了生产力和绩效。首先,集中保证了经济系统的整体效率。其次,它加强了创造力、学习和创新,因为它使生产者的灵活性增强,同时在本地化的产业网络中,随着交易环节的出现,形成思想和知识的大量流动。此外,全球城市大都市圈的经济越来越多地同世界市场联系在一起,从而刺激进一步的增长,鼓励更多的专业生产者出现在任何特定的网络中。也就是说,动态的本地经济关系网络卷入更广泛的全球区域间竞争和交流网络中。

12.1.3　网络结构与功能形态

全球城市大都市圈的内涵界定还涉及一个重要方面,即结构与形态。尽管传统城市理论对都市圈的结构和形态有详尽阐述,但已不适用新的变化,特别是对全球城市大都市圈的解释。因此,要有新的理论予以阐述。

长期以来,都市圈研究以传统的"中心—外围"模型为依据,从而将都市圈视为一个较为合理的城市规模等级体系。其中,大都市处于中心位置,以生产者服务业和高新技术制造业为主;其他大中小城市和小城镇则处于外围,以一般技术和传统的工业为主。依托于发达的交通、通信等基础设施,大都市向外辐射,为其他城市提供生产者服务和高新技术制造产品;其他大中小城市和小城镇接受大都市的产业转移,为大都市进行配套生产和提供最终消费产品和生活性服务产品,从而形成紧密的经济社会联系。

我们前面已分析过,全球城市大都市圈的"内核"是全球城市。全球城市的基本属性已不再是单纯基于地点空间的中心地,而是成为基于流动—地点空间的网络核心节点。不论在全球尺度、国家尺度还是地区尺度,都是如此。全球城市作为大都市圈的核心节点,与周边各类城市形成网络化的结构关系。也就是,全球城市以及邻近的大中小城市和小城镇均是大都市圈网络中的节点。由于连接程度的差异化,各个节点具有不同的网络中心度,从而呈现主要节点、次主要节点和一般节点的结构关系。然而,网络中的各节点(不管大小、主次)之间,则是一种平等关系。各个节点既有"入度"中心度,也有"出度"中心度的网络连接,尽管两者之间可能不平衡。但不管怎样,这从根本上改变了"中心"向"外围"的单向辐射和"外围"一味接受"中心"溢出的局面,形成了全球城市与周边城市,以及周边城市彼此间的双向互动和双向辐射格局。这是对人们习以为常的"中心"认知的颠覆。过去,上海的周边城市积极提出"接轨上海,融入上海",主动接受上海的溢出,而从来没有想过其对上海的溢出和辐射。上海也自居为中心,对此感到理所当然。如果我们把全球城市大都市圈视为一种网络化结构关系,那么就要认真考虑上海与周边城市双向接轨和融入、彼此接受溢出的问题。

与"中心—外围"结构关系的逻辑相一致,传统城市理论对都市圈的阐述主要强调规模形态,即基于城市规模排序的合理搭配。在地理空间上,主要表现为:以大都市为核心,形成由大都市周边的大中小城市和小城镇组成的两个或多个圈层。其圈层形状受到自然地理条件和交通基础设施,尤其是重大交通基础设施的限制和影响,不一定是规则的圆形,也可能是放射状、带状、扇状等。

然而,与网络化结构相适应,全球城市大都市圈更多表现为功能(连接)形态,即基于城市功能连接的合理搭配。全球城市大都市圈的区域一体化过程,主要是指全球城市与周边城市高度功能连接与集成,成为具有全球化经济功能的空间单元。相比规模形态,都市圈的功能形态是更核心和重要的。因为,若干城市彼此区位邻近,并不意味着它们可以聚合起来形成一个更大、更连贯和更具竞争力的全球城市大都市圈。例如,英国的利物浦和曼彻斯特是相隔不到50公里的城市,但它们没有群聚效应来形成全球城市大都市圈。同样,彼此邻近城市的规模形态再完美,如果相互之间功能不连接或搭配不合理,对于全球城市大都市圈来说也没有意义。从根本上说,全球城市大都市圈是由其外部与内部功能联系确定的,有一个可变的几何结构和地理的功能性定义,被描述为一系列物理上独立但功能网络化的城市和城镇之间围绕一个全球城市的大集群。

从功能形态来看,全球城市大都市圈的关键是形成基于比较优势的区位功能专业化。一些区位擅长于生产加工,另一些区位擅长于配送,还有一些区位适合于总部活动,并围绕区位功能专业化形成新的产业集群。这对于大都市圈中的全球城市来说,也是如此。尽管全球城市功能比较综合,但也并非"全能",而是发展和提升核心功能,向周边城市疏解非核心功能。因此,很可能出现周边城市某一功能更具独特性,能级也高于全球城市的状况。正由于这样,才能优势互补、资源共享,实现资源要素在更大范围内的优化配置,提高资源要素的利用率。

值得指出的是,全球城市大都市圈的功能形态,不仅表现为各城市间的功能连接,而且连接是非常紧密的。另外,这种区位功能专业化不仅被细化和深化,而且是被高度集成的,浑然一体。事实上,这种城市间的高度功能连接与集成也只有在都市圈尺度上才有可能并合适的。在更大的城市群尺度上,都市圈之间虽然也有功能连接,甚至功能分工,达到一定的功能互补,但连接程度不会非常紧密,也难以达到功能集成的如此深度。从这一意义上讲,高度功能连接与集成是全球城市大都市圈所独有的。

12.2 同城化发展趋势

由于地理邻近、网络结构及功能集成等组织形态的特殊构造,全球城市大都市圈具有同城化发展的基本条件及可能性。这种同城化发展不仅将大大提升全球城市大都市圈的空间价值,迸发出更大的地区活力和发展潜力,而且将造就全球城市大都市圈独特的核心竞争力,形成不同于其他区域一体化发展的特殊标识。

12.2.1　基本条件

1. 地理邻近及高度联通是同城化发展的前提和基础

这里的地理邻近不是通过地理距离来衡量的，而是指时间距离的远近，其取决于交通方式，从而是动态的。在不同交通方式下，地理邻近的空间范围是不同的，具有很大的弹性。例如，以轨道交通（地铁）等为出行工具，1小时通勤圈的半径最大约50—70千米；而以高铁为出行工具，1小时交通圈的半径可达300千米。因此，选择以哪种交通方式为主导是确定地理邻近的空间范围的首要问题。

然而，选择以哪种交通方式为主导的主要依据，则要从适合和有利于都市圈同城化发展的要求出发。都市圈同城化发展势必伴随大量工作人员的通勤，以及频繁的商务活动，更多要求的是1小时通勤圈和2小时商务圈。显然，地铁由于停靠站点多、站点之间距离短等需要花费较长时间，满足不了这一要求。高铁虽速度快，但发车间歇长、停靠站点少等，也不太适合。只有发车较为频繁、停靠站点适中、速度较快的城际快速交通，才比较适合都市圈内通勤及商务活动的要求。以城际快速交通为主导，1小时交通圈的半径大致为200千米，是比较有利于同城化发展的。

因此，要加快以城际快速交通为主导的多层次轨道交通建设，利用既有线与新线发展城际铁路和市域（郊）铁路，打通国家公路和省级公路"瓶颈路"以及省际"断头路"，加快构建都市圈公路和轨道交通网，实现都市圈的交通高度联通和一体化。

2. 基于网络结构关系的紧密连接是同城化发展的必要条件

同城化发展不是发散性的，而是围绕核心城市展开的。核心城市首先要具有高度网络连通性，与其他各类城市形成紧密连接。这是同城化发展的基础和基本保证。核心城市通常具有强大的辐射力和辐射半径。如东京都2018年人口规模为1300多万人，其辐射半径超过100千米。因此核心城市的网络连通性水平以及与其他各类城市连接的紧密程度，在某种意义上决定了都市圈同城化发展的进程。当然，其他各类城市之间也要形成紧密连接，如大中小城市之间、大城市之间、中小城市之间的紧密连接。这也是同城化发展不可或缺的条件。

其实，大都市圈的范围并没有一个固定标准，关键取决于基于网络结构关系的连接程度；否则，都市圈范围即使调整，也无法实现同城化发展。只有在基于网络结构关系的连接程度不断提高的情况下,都市圈范围的扩大才有实际意义,在更大范围内可以推进同城化发展。例如,第一版日本首都圈规划所划定的范围只是东京都 30 公里范围内的"一都三县"(神奈川、千叶、埼玉),面积为 1.35 万平方千米(占全日本的 3.5%),人口为 3661 万人(占全日本的 28.9%);第二至第五版首都圈规划中划定的范围扩大了,在"一都三县"基础上增加了四个县(茨城、栃木、群马及山梨),总面积为 3.69 万平方千米(占全日本的 9.8%),人口为 4383 万人(占全日本的 34.5%)。

3. 处于一个城市系统中运作是同城化发展的充分条件

在一个都市圈里,各自在不同城市系统中运作,尽管也会有协同效应,但很难形成相互耦合。然而,同城化发展的含义并不是各城市之间的联动和协同发展,而是耦合到一个城市系统之中运作及发展。这是一个难度很大的问题。因为都市圈内的各类城市具有不同的行政管辖权,特别是跨省的都市圈有两个层级的不同行政管辖权,更为复杂化。

在这种情况下,如何能使不同行政管辖权的邻近城市耦合到一个城市系统之中运作呢? 当然,一个简单办法是调整行政管辖权。在都市圈层面,设立一级行政管辖权。例如,在伦敦都市圈层面,设立大伦敦市政府,拥有直接民选的市长和议会,主要负责交通、警务、经济发展、消防和应急服务、土地利用规划、文化、环境和卫生;而 32 个自治市有独立的市长和委员会,负责教育、住房、社会和卫生服务、地方规划等。这样,至少将一些主要工作纳入一个城市系统之中进行运作。撒切尔政府甚至还试图将两级政府合并成一级政府,让伦敦都市圈完全处在一个城市系统中运作。但由于引起社会各界强烈的反响和广泛不满,尤其是来自工商界的压力,后来又变回了两级政府。

在不调整行政管辖权的情况下,主要通过不同城市之间的功能分工,并使这种功能分工具有内在关联性和同一性,耦合到一个城市系统之中运作。其中,中心城市的非核心功能向邻近城市疏解,以及区位功能专业化等,显得特别重要。例如,纽约大都市圈的主要城市错位发展,相互独立又彼此联系,缺一不可,在不同的领域发挥着各自的功能优势,充分体现了耦合到一个城市系统之中的运作。纽约作为国际金融、经济中心,在经济、文化、工业、交通等方面的地位举足轻重。华盛顿作为美国的政治中心,以政治产业为其发展核心;波士顿以"大学产业"而闻名,是名副其实的"有思想"的城市,拥有 100 多所大学,如哈佛大学、麻省理工学院、波士顿学院、东北大学和波士顿大学等;巴尔的摩和费城则是现代化工业。依托密集的铁路和公路网络,费城的重工业和巴尔的摩的冶炼工业具有相当强大的竞争力。显然,这种状况是在市场机制和政府推动两种合力作用下,经过长时间演化的结果。因此,这一充分条件的形成是比较艰难和漫长的。许多大都市圈尽管具备了其他较好条件,但由于缺乏这一充分条件而难以推进同城化发展。

12.2.2 表现特征

1. 高度城际流动性

高度城际流动性主要来自两方面:(1)基于职住分离的通勤流;(2)基于产业配套的商务流。

国际经验表明,就业机会及高薪工作的空间分布是非均衡的,不成比例地集中在中心城市和大城市。这些城市的金融及专业服务公司的高度集聚,不仅提供了相对较多的专业人员就业机会,也提供了大量为专业工作进行服务、辅助和配套的就业机会。例如在伦敦,办事员和蓝领服务工作数量也显著增加。而且,这些金融及专业服务公司的专业工作是高收入工作,即使同类工作也比其他地方收入更高。例如,伦敦金融城 IT 专家与伦敦其他地区以及东南部地区 IT 专家之间的工资差别估计为 66%。如果与其他行业相比,这一差距更大。例如,金融服务 IT 专家的收入是其他行业 IT 专家的 4 倍(Corporation of London,1999:16—18)。因此,在纽约都市圈,高薪工作不成比例地集中在曼哈顿;在伦敦都市圈,高薪工作不成比例地集中在伦敦,而不是东南部其他地区。然而,居住的空间分布则有所不同。Brint(1988)发现,收入最高的专业人士是那些在公司总部和生产者服务公司工作并住在曼哈顿的人,而其他组别的专业人士平均收入要低得多,他们更可能住在城市外围地区[①],每天通勤往返于曼哈顿的高薪工作岗位。在伦敦,也是如此。许多专业人士通勤前往伦敦上班。至于那些为专业工作进行服务、辅助和配套的工人,由于收入更低,中心城市住房费用昂贵,更是大量住在城市外围地区。例如,对于东京大多数工人来说,所居住的经济适用房离工作地点较远,上班路程越来越需要两个小时。通勤距离一直在增加,即使是偏远地区的房价也使拥有住房变得越来越不可能。因此,这种职住分离势必导致城际常态化的大量通勤流。

另外,随着中心城市和大城市能级提升,在地价等市场机制作用下,在大都

---

① Brint(1988)使用了纽约 1980 年人口普查数据中 5% 的样本。这一样本中包含的人口和就业信息使我们能够确定专业人员之间在就业的机构部门方面的差异。

市圈空间尺度内的产业转移、企业管理与操作平台分离、金融及专业服务公司的前后台分离等成为支配性的趋势。这就带来城际大量商务流，如基于交易的服务流、基于业务的信息流、基于产业配套的商品流和技术流等。而且，这种城际商务流是日常化的，极其密集、频繁。

当然，这些都是以城际快速交通为前提的。在某种程度上，我们也可以把发达、便捷的城际快速交通视为高度城际流动性的一个组成部分，或一枚硬币的另一面。例如，旧金山湾区陆地面积18040平方公里，人口超过760万。共有9个县，城镇多达101个，主要城市包括旧金山半岛上的旧金山、东部的奥克兰和南部的圣荷西等。旧金山湾区的轨道交通系统不断完善，很大程度上促进了高度城际流动性。湾区的城际轨道交通已达10条，主要包括湾区捷运系统（BART）、半岛通勤列车（Caltrain）、旧金山市区的城市铁路（Muni）、圣何塞市区的圣克拉拉县轻轨列车（Vallcy Transportation Authority）、从圣何塞通往萨克拉门托的省会走廊列车（Capitol Corridor）、从斯托克顿市通往圣何塞的通勤列车（ACE），还有沟通南北、延伸内陆的四条铁路等。快速交通系统总长为167千米，有效解决了湾区内旧金山、奥克兰、圣何塞、伯克利、戴利城等各个城市间的交通需求。第二个湾区跨海湾交通枢纽的建设将实现从萨克拉门托到旧金山和从东湾到半岛以及奥克兰的连接。

实际上，这种高度城际流动性是大都市圈空间资源合理配置的结果。这是在其他空间尺度（城市群）上所没有的，从而构成了同城化发展的主要表现特征之一。

2. 在同一个市场中运作

大都市圈的市场是高度统一的，消除了一切行政性的市场障碍及进入门槛，从而使大都市圈内不同行政管辖权的邻近城市能够共享以中心城市为核心的同一个劳动力市场、生产者服务市场、科技服务市场、房地产市场等，充分发挥市场在大都市圈的资源配置作用。

从城市之间来说，借助于同一个市场的平台，实现相互之间的"规模借用"。邻近中小城市借用中心城市的市场、人才、资金、科技、门户枢纽等；中心城市借用邻近中小城市的空间、土地、生态等。

从企业之间来说，借助于同一个市场的运作，实现跨地区的大中小企业协同。这不仅能够形成大企业与中小企业之间的合理分工，而且能带动技术上的相互促进。例如，日本首都圈大中小企业协同的基础是在同一个市场中运作，主要机制是大型企业通过"下包制度"实现向中小企业的技术转移。中小企业与大企业之间通过长期合作,建立起了在生产交流、信息传递、人员交流等方面的互动基础;中小企业之间存在"面对面的竞争"以及替补者的竞争压力,也会促进其提升自身的技术水平。

3. 基于合理分工的地区功能结构

大都市圈各个城市地区依据其自身区位条件、比较优势、发展潜力来构建其独特功能,并在整个大都市圈内形成相互配套的功能集成。

例如,在纽约大都市区形成了多个功能差异化的圈层。曼哈顿主要集聚金融和保险业、专业和科学技术服务业、信息服务、艺术娱乐业等全球城市功能,形成全球城市的控制中枢;纽约市(除曼哈顿4县)的主导功能是房地产、建筑、交通运输及仓储、医疗等配套功能;50千米及以外圈层基本集聚一般的地方性功能,其中,50千米圈层的金融和保险业,以及建筑业、公用事业、专业和科技服务业等配套服务功能区位商较高,50—100千米圈层的农业、制造业和公用事业区位商较高。

4. 各具特色的产业集群及产业链分工

都市圈内产业体系比较完善,城市间具有较为合理的产业分工,并形成产业分工网络,大都市与周边城市和小城镇之间的分工结构以垂直分工为主,而周边城市和小城镇间的分工结构则以水平分工为主。

例如,旧金山湾区三大核心城市的产业结构形成了差别化定位:旧金山市侧重于金融业、生物制药业和旅游业;奥克兰市倾向于制造业和港口经济;圣何塞市重点发展信息科技、电子制造和航天航空等高新技术产业。这种多元而互补的产业结构也增强了区域发展的可持续性。纽约大都市圈也充分发挥各自优势,形成了各具特色的产业集群:纽约形成了金融业、文创业、新闻业等集群,哈德逊河谷区是二战后纽约制造业溢出的重点承接区,目前已实现产业向高新技术的转化,形成了半导体研发、计算机硬件、纳米技术、集成电路等高端制造业集群;康涅狄格地区在航空航天装备制造及运输、绿色能源等领域具备较大优势,是美国重要的高端装备制造业集群;新泽西地区的制药行业高度发达,拥有超过1000家制药和生物技术公司;而长岛地区则因临近海域环境优美,形成了总部经济、科技研发与娱乐休闲产业集群。此外,纽约大都市区完善的产业分工格局带来了明确的产业链分工。以电子信息产业为例,半导体及相关设备制造主要集中于长岛地区和新泽西州的东部沿海地区,电子计算机整机制造主要位于康涅狄克州。另外,电力输送线设备制造、磁储存和光盘储存载体制造、电子计算机储存设备制造等行业在新泽西州内部也表现出明显分工。这些地区通过强化都市圈内的产业配套、产业集群以及发展新产业综合体等，充分发挥了都市圈的规模效应、溢出效应、网络效应。

12.3　同城化发展的政府干预

全球城市大都市圈的同城化发展中，市场推动是基础和主要力量。但这毕竟是跨行政区的整体发展，政府的参与及干预显得特别重要。但这种政府参与及干预能否应对市场化和分散化缺陷，而又不损害市场力量的作用？现实中，比较突出并亟待解决的问题，主要是战略规划实用性、治理结构适用性及政策干预有效性。

12.3.1　战略规划的实用性

鉴于大都市圈是跨行政区的区域整体，且趋于同城化发展，基于各方共识，对大都市圈建设具有总体指导性的战略规划是必不可少的。这将使各种零散、孤立的政府干预得以整合，特别是避免各地政府无序干预产生的内耗。为此，一些大都市圈建立了由各级地方政府领导人组成的半官方的综合规划机构，负责制定大都市圈的战略规划。例如，1961年成立的旧金山湾区政府协会（ABAG），以区域统筹规划为目标，强化地方政府间的合作与协调，搭建各城市间的沟通桥梁，促进各城市间的协调发展。然而，我们也看到，一些地方尽管也制定了大都市圈发展战略规划，但只是墙上挂挂的宏伟蓝图，既缺乏现实问题的针对性，又缺乏实施和执行上的实操性，难以在促进同城化发展方面发挥指导性的作用。因此，不仅仅是制定出一个战略规划，更要讲究战略规划的实用性。

首先，战略规划要有很强的现实问题针对性。确定大都市圈发展所要解决的问题是什么，哪些是核心问题等，是战略规划的首要任务。然而，有一些战略规划花了很大笔墨来阐述国际、国内、地区等不同层次的背景条件，分析面临的机遇与挑战，强调大都市圈建设的必要性、紧迫性以及重大意义，而对大都市圈发展所要解决的问题，讲得比较笼统和模糊，也不分轻重缓急。国际经验表明，一个好的战略规划必须在深入调查研究和系统梳理问题的基础上，针对当前大都市圈发展面临的主要瓶颈，明确提出当前最为迫切、最为核心的问题。纽约大都市区规划在这方面提供了典范。第一版区域规划（1929年）主要针对纽约及周边地区非结构化的爆炸性增长（被视为是没有计划的市场力量起作用的结果);第二版区域规划(1968年)主要针对郊区化和"蔓延的城市"带来的土地消耗量猛增、环境恶化和旧城区衰落等问题;第三版区域规划(1996年)主要针对"面临危机的区域"(经济衰退、日益严重的贫富差距和种族隔阂等社会分化)的可持续增长和全球地位挑战;第四版区域规划(2017年)主要针对金融危机、自然灾害造成巨大破坏,增长模式变化带来的区域发展失衡、收入不平等,以及机构体制制约韧性可靠的公共服务供给等问题。可见,每一期战略规划都针对某一特定发展阶段所面临的矛盾与问题,具有明确的问题指向。

其次,战略规划要有聚焦的主题、明确的目标及切实可行的路径。针对现实问题,确定大都市圈发展的目标愿景、所要达到的发展程度和可供选择的路径是战略规划的核心和灵魂。然而,一些战略规划由于缺乏现实针对性,所制定的目标愿景往往十分宏伟且高度抽象,以至于难以确定所要达到的发展程度。同时,因无法把握约束条件(约束条件只存在于特定阶段之中),也难以确定可供选择的路径。这样的战略规划成了可望不可即的东西。国际经验表明,针对特定阶段的具体问题,战略规划确定的目标愿景应该是聚焦式的、可触摸的。这样,既可以明确所要达到的发展程度,又能通过相应约束条件分析来确定可供选择的路径。我们仍以纽约大都市区为例。第一版区域规划聚焦"再中心化",旨在为以纽约为中心的大都市区物质建设活动提供空间框架,采取建设区域层面的交通体系、强化金融和商务中心、疏解住区和制造业布局、保护和培育开放空间等措施。第二版区域规划聚焦"再集中"(recentralization),旨在将无约束的蔓延集中到一个区域城市群中,采取重构交通网络、建立新中心、促进混合居住和保护开敞空间、公众广泛参与等措施。第三版区域规划聚焦"经济、公平和环境",旨在促进繁荣和可持续发展(基于社会和环境成本收益的经济增长和提高生活质量),采取"五大方略"——绿地、区域中心、通达、劳动力和管制,以及通过再绿化(re-greening)、再连接(re-connecting)、再中心化(re-centering),重新赋予大都市区活力。第四版区域规划聚焦"重建公共机构",旨在促进"公平、繁荣、健康和可持续发展",采取"机构改革、气候变化、交通运输和可负担性住房"4个领域共61项具体的行动计划。可见,每一期战略规划的主题都很聚焦,目标十分明确,可供选择的路径也切实可行。

再则,战略规划要有强有力、实操性的抓手。根据目标及路径,筛选出促进大都市圈发展的重大工程和具体实施项目,以及制定项目推进过程的执行程序和进度表,是战略规划的重要内容。尽管一些地方的战略规划也筛选出一大批重大工程和具体实施项目,但往往与某一阶段确定的目标及路径相"脱节",或重点不突出。更大的问题在于,缺乏项目推进过程的执行程序和进度表,从而难以保证项目预期完成。实际上,重大工程和具体实施项目的筛选,具有很强的"功利性",即解决大都市圈面临的主要矛盾和问题。例如,日本首都圈"第 1 次基本计划"(1958 年)提出的设立绿化带、开发卫星城等重大工程,用以解决东京都无序扩张、人口产业大量集聚、大城市病等问题。"第 2 次基本计划"(1968 年)提出的构建城市建成区功能,开发近郊整备区,推动科研和教育外迁等重大工程,用以解决人口规模突破规划限制,产业与功能向东京都集聚,绿带政策失效等问题。"第 3 次基本计划"(1976 年)提出的打造多中心城市的广域城市复合体、大都市外缘地域开发等重大工程,用以解决人口、经济、政治职能向东京都"一极集中"的问题。"第 4 次基本计划"(1986 年)提出的构建多核多圈域型地域结构、地域连协强化和自立、管理功能外溢等重大工程,用以解决政务管理、企业管理、生活服务职能向东京都集聚的问题。"第 5 次基本计划"(1999 年)提出的建立广域据点城市、形成分散型网络格局等重大工程,用以解决功能"一极集中"、自然灾害威胁、老龄化和"空心化"等问题。而且,对这些重大工程和具体实施项目的推进,都有相应的执行程序和进度表。

最后,要把衡量、监测、评估及所实施的步骤纳入战略规划之中,并设定相应的机制。对大都市圈建设的效果怎么样、进展怎么样、产生的后果怎么样、影响怎么样等开展监测和评估,是战略规划不可或缺的组成部分。然而,不少战略规划往往缺少这部分内容,或者只是原则性提出监测和评估,特别是缺乏相应的监测和评估机制。即使按要求进行定期的监测和评估,更多也是"走过场",起不到真正的作用。战略规划中,应该明确衡量标准如何制定,由谁来监测和评估,监测和评估的主要内容和重点是什么,如何评估产生的后果及影响,监测和评估的结果如何反馈,如何根据监测和评估的结果进行修正或调整等。这些都是战略规划得以实施和执行的重要保证。

12.3.2 治理结构的适用性

大都市圈的特点是中心城市与周边地区(邻近城市、农村)在经济上相互依赖,这种联系超越了行政区划。大都市圈治理是一种跨越行政区划的治理,要在许多跨行政区域的相关事宜上发挥重要作用。例如,协调跨城市边界的交通运输(联结就业与服务),以及交通和区域土地利用;协调跨管辖区的河道等管理;协调跨地区边界的犯罪活动打击行动;协调减少大都市区圈的不良竞争,以及提高地方办事机构效率、降低业务成本;需要决定社会服务、健康和教育的支出水平,以及如何在不同财政能力的管辖区之间共享成本等。因此,大都市圈治理显得十分重要,关系到是否有一个大都市圈区同城化发展的愿景。

目前,我们更多是通过不同政府间及部门间的沟通和协商(大多是一事一议的性质),以及政策层面的协调来解决问题,基本上属于一种分散的地方政府治理结构。国际经验表明,特别在经合组织(OECD)国家,大都市圈治理比分散的地方政府表现更好,主要体现在更高的人口密度和人均GDP,更具吸引力,更高的公共交通满意度,以及较低的空气污染水平。

大都市圈治理的核心问题,是建立一种制度性的利益协调机制,并具有可操作性。也就是,一方面整个地区的服务提供是协调的,成本是共享的;另一方面地方政府具有可及性、响应性和问责性。因此,要有表达各自利益诉求的机制和渠道,识别和确定不同利益和共享利益的办法和标准,进行利益交换的机制和方式(比如,排污权交易、碳交易等),以及在利益不能市场化交易情况下的利益补偿机制等。总之,在大都市圈形成一个基于地方政府有可及性、响应性和问责性的利益共享机制。

国际经济表明,大都市圈治理有不同模式,并呈现出不同的特征。单层制分散治理结构的地方政府可及性和问责性比较强,但缺乏制约,难以解决公平问题。双层治理结构可以较好获取正向外部性、规模经济、区域协调以及更大范围的公平,但会导致协调成本增加。因此,采取哪种大都市圈治理结构,要根据各国和各地的实际情况,如大都市圈的人口规模、行政体制、发展程度等,以适用性为基本原则。例如,伦敦都市区人口约870万,采取典型的双层治理结构,分别是大伦敦市政府、32个自治市委员会加上伦敦市法团。大伦敦市政府拥有直接民选的市长和议会,主要负责交通、警务、经济发展、消防和应急服务、土地利用规划、文化、环境和卫生;而各自治市有独立的市长和委员会,负责教育、住房、社会和卫生服务、地方规划等。多伦多都市区人口约260万,1998年通过省级立法,合并了一个上层政府和六个下层政府,形成了单层制综合治理结构(单层制分散治理与双层治理模式的折中)。

另外,还有一些"变通"的治理结构。例如,纽约大都市区通过建立各种协调地区事务的专门机构,构成了跨行政区域的协调组织运行模式。如纽约港务局负责哈德逊河口流域的港口及相关交通设施的规划、建设和管理;纽约区域规划协会(作为非营利团体),负责制定相应的发展规划;大都会运输局服务纽约市、长岛、纽约州东南部和康涅狄格州等区域;区域沿海委员会采用长期、多管辖区和战略方法来管理海岸的适应性建设。

12.3.3　干预政策的有效性

在促进都市圈建设、增强同城化效应过程中,肯定要采取许多干预政策。但不是干预政策越多越好,而是要注重干预政策的有效性。

一是政策干预的功效。这主要表现为政策取得的实际成效以及对其他方面带来的影响。在都市圈建设中,特别要关注或避免以下三类政策:(1)"无谓"政策。在推进都市圈建设中,政府会出台一系列政策,但其中有一些是无关紧要的政策,"不痛不痒"的政策或可有可无的政策,并不能产生实际成效,或只有微弱的成效,只会产生更多负面效应。(2)"替代"政策。一些政策在某些方面取得实际成效,但以造成另一些方面的损失为代价。如刺激了都市圈的经济增长,但牺牲了都市圈的生态环境。(3)"换置"政策。一些政策在某个地方取得的成效是以牺牲其他地方的利益为代价的,并没有产生净政策成效。如增强了都市圈中心城市的集聚,却给周边城市和地区带来了更大的"集聚阴影"等。

二是政策干预的效率。政策干预不仅有制定成本,而且有实施成本。提高政策效率,要特别关注各种政策之间、政策原则与实施细则之间的配套、协同,并进行动态监测和评估,及时调整政策干预过程。

中　编

全球城市：国家战略与上海行动

13 导论:当今世界体系中的全球城市

不断深化的经济全球化塑造了以城市为核心的经济空间关系,日益普及的信息化进程构建起新的城市"流的空间"。这两大浪潮交互作用引起原有资源集聚与扩散空间格局的重组,以及世界城市体系的变革,使传统的"核心—外围"结构转变为"全球—地方"为特征的垂直结构,导致了多级、多层次的世界城市网络体系的形成。在这一世界城市网络体系中处于基本或主要节点的城市,便是全球城市。

13.1 城市:全球化与信息化背景下的重要单元

20 世纪下半叶,世界城市化开始进入"加速"进程。1950 年当时居住于城市的世界人口约为 7.5 亿,到 2000 年已经上升到近 30 亿,50 年中增加了 3 倍。[①] 进入 21 世纪,世界城市化的发展趋势并没有减弱迹象,反而大有增强之势,成为当今世界处于第一位的重大事件。[②]据预测,到 2015 年全球城市化水平,发达国家将达到 84%,发展中国家为 57%。这至少在数量上已确立了城市在经济、政治中的绝对主导地位。然而,真正赋予城市这种主导地位的力量,来自经济全球化与信息化两大潮流交互作用下,各种经济资源的全球流动增长,打破了国家的界限,使城市的经济空间成为主要载体,并使越来越多的城市通过相互连接而形成的经济网络开始主宰全球经济命脉。

(1) 经济全球化塑造了以城市为核心的经济空间结构关系。经济全球化是

---

① 中国市长协会、《中国城市发展报告》编辑委员会编著:《中国城市发展报告(2001—2002)》,西苑出版社 2003 年版,第 5 页。

② World Bank, 2000, *Cities in Transition: A Strategic View of Urban and Local Government Issues.*

由地区经济扩展为推动力,促使新的国际劳动地域分工的形成,并导致文化、政治乃至环境在全球范围内交互影响的一种过程。从空间上来讲,这一过程是各种资源在全球范围内的一种重新配置。经济全球化的兴起及其不断推进,引起了国际劳动地域分工的变化,在经济和空间两个方面给世界经济带来了深刻转变,从而重新塑造了以城市为核心的经济空间结构关系。

自 20 世纪 80 年代以来,经济全球化进程呈现加速趋势,并带来了一系列全球经济的新变化。在传统的"核心与外围"空间结构中,一些非核心国家的工业化开始兴起,形成了所谓的"新兴工业化国家",如亚洲"四小龙"等。与此同时,随着发达国家跨国公司的发展及其跨国经济活动的蓬勃兴起,在世界经济和国际分工中扮演了举足轻重的角色。这种大规模的跨国经济活动的内容本质和组织也发生了根本性的变化,国家间贸易日益被跨国公司内部之间的商品、资本和信息流动所替代。[①]进入 21 世纪后,这一经济全球化浪潮继续推动着世界经济的发展和繁荣,并继续影响着世界经济和政治格局。在此过程中,还出现了两方面新的重大变化,即跨国公司(transnational corporations)向全球公司(global corporations)转型,以及发展中国家的跨国公司或全球公司的兴起。因此在新的国际劳动分工基础上,日益形成了以产业内贸易和企业内贸易为主的全球贸易格局。这给世界经济带来了两个主要的深刻转变:一是不管距离因素是否被简单地消除,全球化已经重新勾画了其相互作用的空间约束;[②]二是全球化导致了人才、货物和服务流动的解放,而与此相关的国家和地区界限的日益消除。[③]这两方面的深刻转变直接引起了在世界经济层面上的国家及其城市、企业关系的变化,即国家在世界经济层面上作为独立的经济单元的重要性下降,而城市作为经济单元的重要性迅速上升。

在经济全球化加速进程中,城市(特别是大城市)重要性的日益凸显并不是偶然的,而有其内在的逻辑性。因为这种经济全球化在地域上产生了一种复杂的二重性:经济活动在地域上的高度分离与全球范围内的高度整合。由此,就导致了对高度分散化的经济活动进行控制与管理的需要。而城市,特别是在区位上具有独特优势的大城市,无疑是进行这种控制与管理的最佳空间节点。因此

①　Castells, M., 1996, *The Rise of the Network Society: The Information Age: Economy, Society, and Culture*, Vol. I, Oxford: Blackwell.

②　Cairncross, F., 1997, *The Death of Distance: How the Communications Revolution will Change Our Lives*, MA: Harvard Business School.

③　Markusen, A., 1999, "Fuzzy Concepts, Scanty Evidence, Policy Distance: The Case for Rigor and Policy Relevance in Critical Regional Studies", *Regional Studies*, 33(9), pp. 869—994.

在经济全球化力量的驱动作用下,"国家"要素较以前作用有所下降,权力重心向城市下移。从某种意义上讲,城市的实力往往代表着国家的实力,国家与国家间的竞争在很大程度上被具体化为以城市为核心的区域间的竞争。①

(2) 信息化赋予城市"流的空间"上的集中。在经济全球化加速进程的同时,20世纪80年代以来的信息化正通过其信息技术的广泛应用及网络效应在全世界范围内展开。这种信息和通信新技术及海陆空的快速运输,使人类有可能克服地域的限制,将活动重新整合在一起。然而,距离的消失并不会使区位模式变得没有区别或导致城市消失。因为尽管大量信息可以通过电缆或太空在瞬间实现低成本的传播,但有许多隐性知识是无法通过编码来传输的,许多活动仍需要人们进行面对面交流。其结果,在人类活动和居住地分散化的同时,也出现了空间上的集中。但与通常的地点意义上的空间集中不同,信息化赋予城市"流的空间"上的集中。

在城市的"流的空间"中,是以信息流动为核心的,其特征表现为跨越了广大领域而建立起功能性连接,却在物理性的地域上有明显的不连续性。建立在"流的空间"基础上的城市经济流动性,将是围绕信息流动而展开的。信息像磁石一样吸引经济要素向这些节点城市集聚,而通信技术则使节点城市对信息网络覆盖范围具有强控制力,加之信息技术发展与投资之间的互动效应,使节点城市具有非同寻常的意义,②从而通常成为各类跨国公司总部及服务公司选址的热点。因此,城市定位不是根据过去的任何模式,而只是取决于它们创造、处理和交换信息的能力,特别是颇有专业化和特别享有的高端信息。尽管具体真实的地方或地点并未消失,但这种地方或地点已被吸纳进网络之中,因此每个时期里的高端中心的真实区位所在对世界财富与权力的分配非常重要,但从城市"流的空间"角度来看,更重要的则是网络的变通能力。

(3) 城市在全球经济中凸现重要地位,国家要素的作用趋减。经济全球化与信息化是交互作用的。由跨国公司或全球公司的全球贸易、投资和生产的国际化,以及金融主导经济一体化所推动的全球范围(除部分非洲国家)的国际经济、政治、文化的交流,正是借助于日益发达的电子信息技术、交通工具及其网络才提升到了一个历史空前的程度;反过来,现代信息技术的广泛运用及其网络化,也正是借助于资源要素大规模全球流动而得到迅速推广与普遍。在此过程

---

① 郝寿义:《增强城市国际竞争力与城市治理》,《开放导报》2002年第9期。

② Pelton, J., 1992, *Eutnes View: Communications, Technology and Society in the 21st century,* New York: Jonhson Press, pp.58—65.

中,不断增强全球与地方的经济、文化和政治的联系,并形成不断一体化的全球生产和服务网络,而城市日益成为全球生产和服务网络的空间载体,在全球经济中凸现其重要地位,国家要素的作用趋减。

13.2　全球城市:世界城市网络体系的基本节点

在经济全球化与信息化交互作用下,许多城市主动或被动地卷入全球经济关系之中,通过资金流、劳动力流、商品流、服务流、信息流等与外部发生依赖性的关系。这就使以前形成的世界城市体系发生重大变革,由等级体系转变为网络体系。

13.2.1　网络体系中的节点城市

世界城市网络是一个诸多节点内在连接而成的页面。这一"节点"的概念,意味着城市之间持续的相互作用。所有与外部发生联系的城市,均是其网络的一个节点。每一个卷入其中的城市都将成为全球体系中的一个完整的部分,既是全球商品和服务的生产者和市场,同时也是人员、资金、技术和信息、知识流动的核心环节。尽管其流动的规模有大小,作为核心环节的流量有高低,但这些城市都直接参与全球经济,融入到全球的概念框架之中,成为重要的国际性舞台;同时,又是作为连接国际经济与国内经济(全球—地方)的重要桥梁或界面。与传统的世界城市体系的等级模式不同,它们之间不再按照所谓的"重要性"或规模大小等因素来排列,形成"核心—外围"的结构特征,而是作为不同的网络节点而发生扁平式的联系。在这当中,它们作为全球城市网络的一个节点,均为"全球—地方"垂直联系,只存在节点连通性程度、节点规模及作用大小的差异而已。

在这种世界城市网络体系中,由于这些城市的内部组织构造特征及其与外部连接的网络化水平不同,这些网络节点并不是匀质的,表现为在整个全球城市网络中的地位和作用的差异。根据全球网络连通性或网络化联系的程度,我们可以将全球城市网络中的节点归纳为以三种不同的方式联系在一起的:一是具有一个高等级全球连通水平的城市,例如纽约和伦敦等;二是具有较强世界同一地区连通性的城市;三是既有一定全球连通性、又有一定地区连通性的城市。伦敦拉夫堡大学(Loughborough University)地理系的学者们从国际会计、广告、银行、法律服务等方面主要功能及其网络化联系,对 122 个城市进行分析,得出了三个层次的体系结构。第一层次的 10 个全球城市，在这四个服务功能中都有全球性的突出表现。其中，最高分的是伦敦、巴黎、纽约和东京。第二层次的 10 个全球城市，在其中的三个服务功能方面中有全球性的突出表现，如旧金山、悉尼、多伦多和苏黎世等。第三层次是 35 个全球城市，在其中的两个服务功能方面有全球性的突出表现，包括阿姆斯特丹、柏林、迈阿密、大阪、罗马和华盛顿等。

13.2.2　全球城市：世界城市网络的基本节点

全球城市网络中的非匀质节点的组合，便构成了相应的层级结构：①一些城市充当了基本节点的角色，一些城市是次中心节点，而大部分城市则是一般节点。全球城市就是世界城市网络中处于基本节点的城市，其基本特质就是表现在与其他城市广泛而密集的相互作用上，是全球经济系统的中枢或组织节点，是全球经济活动协调过程的节点。

所谓全球城市就是在经济、文化资本及创新方面最有实力的，并通过全球城市网络中的广泛联系而体现其在全球经济活动中举足轻重的战略地位，在全球经济协调与组织中扮演超越国家界限的关键角色，成为全球资源要素大规模流动及其配置的基本节点城市。

这个界定有三层涵义：首先，全球城市不仅仅是一个地点更是一个处于相互作用的过程，即把生产中心、消费中心、服务中心以及从这些中心的地方社会融入全球网络的过程，其所蕴含的是灵活生产系统的"快速流动"的网络节点和复杂深奥的消费模式。其次，它是在全球城市网络体系基础上，具有广泛连通性和大规模资源要素流动及其配置功能的网络节点。再则，它是以全球经济的协调和组织功能为基础的，集中了控制和指挥世界经济的各种战略性的功能，具有全球影响力与作用力的网络化枢纽。

13.2.3　全球城市的主要特征及其类型

全球城市的主要特征表现为：(1)全球经济体系的连接点，高度集中化的世

---

① 值得注意的是，这种网络的层级结构与传统等级划分是不同的。传统的城市等级划分是从城市内部组织构造及其属性的角度出发的，过于注重现代城市的本身内容，而忽视了其在全球城市体系中的相互联系与影响。全球城市网络结构的层级划分，既注重城市本身属性，又考虑城市间相互联系，将全球城市体系作为全球化环境下的总体来对待。过去曾经在城市学科中占统治地位的那些通过基于此类经济实力、竞争力等标准的重要指标对城市地位进行的静态排位已经远远不够了。相反，通过观察节点之间的流动来分析其相互作用的方法显得更为重要。

界经济协调与组织中心,各区域经济通过全球城市的连接而成为一个有机整体。(2)公司总部、金融及专业服务公司等功能性机构的主要所在地,全球资本、信息、商务服务、高端专业人才等要素的汇聚地和流动地。(3)引领全球创新思想、创意行为、创业模式的主要策源地,包括创新生产在内的主导产业的生产场所。(4)经济与社会、文化的互动程度非常高,能创造更多工作机会和更加富裕的程度,而社会极化现象也更为突出。(5)融入全球城市区域中的核心城市,具有多核心城市空间结构和中心城区商务服务高密集布局的明显特征。

全球城市有两种类型:一种是综合性的全球城市,具有全面发展的组织构造,不仅银行/金融、生产者服务的全球网络联系性较强,媒介/文化联系性等方面也都处于前列,因而在全球网络总体联系性上会趋向靠前的位置。另一种是专业性的全球城市,具有重点方面发展的组织构造,可能在银行/金融业方面表现卓越,有较强的银行/金融全球网络联系性,但在其他商务服务领域却没有相应的地位,从而在总体联系性上会趋向于排在相对较低的位置。

13.2.4　全球城市与国际大都市等概念的区别

全球城市的特殊属性,使之明显区别于其他一般城市。全球城市具有一般的城市功能(如集聚与辐射、服务功能等),但又具有明显高于一般城市功能的全球性协调、组织功能。全球城市通常也是大城市或巨型城市,但其基本特质则表现在与其他城市广泛而密集的相互作用上,而不在于城市人口规模或地域大小。全球城市必定是一个国际化城市,但其地位远在一般国际化城市之上,是具有全球连通性的城市。

这里特别要对全球城市与国际大都市这两个概念作一区分。国际大都市是一个较早使用的概念,主要是指那些在世界商业活动中占有不成比例数量(占主导地位)的城市。在历史上,一些曾经作为世界商业活动中心的城市都被称为大都市。考察国际大都市,通常沿用传统功能主义(和构造主义)的方法,偏重于其内部特征及其功能分析,过于强调城市功能的差异性,突出其"中心"地位及等级结构。因此,国际大都市通常指是基于等级模式的国际中心城市。与此不同,全球城市是当今经济全球化与信息化条件下的新国际劳动分工的产物、金融国际化的产物,也是跨国公司网络的全球战略的产物,以及国际非政府组织(NGOs)和跨政府组织(IGOs)激增影响的产物,具有鲜明的时代特征。更为重要的是,全球城市是置于世界城市网络中的基本节点城市,强调与世界城市网络的连接和可塑性,以及外部连接的网络化特征的新变化。因此,在内涵规定性上与国际大都市有较大区别。即便我们通常冠以现代化国际大都市来与传统国际大都市相区别，但并没有揭示出类似全球城市那样的时代特征涵义。否则，便要对现代化国际大都市的内涵规定性进行根本调整，并补充其时代特征的涵义。显然，在目前情况下，使用全球城市这一概念来得更为准确和便利。

13.3　崛起中的全球城市：全球网络次节点

在全球城市网络中，其节点的形成及其变化，是与信息、资本和投资等要素流动密切相关的。而从长期看，这些信息、资本和投资等要素的流动具有内在不稳定性。每当历史上出现一些重大变化，主要是新的生产结构和组织，以及新的技术条件，特别是运输和通信方式的进步等，信息、资本和投资等要素流动就会发生改变，形成新的流向、新的流量，甚至经常是不规则的、突变性的变化。这就导致网络节点的形式及特性，都因其新的流向与流量的出现而发生重大变化。

（1）世界经济变化是引起全球网络节点重新分布及其变化的主要原因。从客观趋势来讲，世界经济的变化是影响网络结构中城市节点变化的主要因素。具体来讲，大致有如下几个方面：一是世界经济发展水平的变化，如总体经济实力水平的提高，从工业经济时代转向服务经济时代，世界贸易、投资规模扩大及其结构变化等；二是世界经济全球空间拓展的变化，如国际产业转移，全球商品链的空间延伸，世界市场空间分布变化；三是世界经济格局的变化，如增长"引擎"的替换，增长重心的转移，增长平衡力量的改变等。这些变化都将引起全球资源、要素及商品与服务等流动方向及路径的改变，引起全球网络节点的重新分布及其变化。一般来讲，那些位于全球资源、要素等主要流向及流动经过的城市节点，其连通性程度会越来越高，所处的地位也越来越重要；而那些偏离于全球资源、要素等主要流向及流动经过的城市节点，其连通性程度相对较低，所处的地位趋于下降。

（2）内部因素对节点城市地位变化也起着积极作用。但在此过程中，同样受到世界经济中心转移影响的若干城市谁能成为新的要素流动的主要通道或控制管理中心，或者在新的要素流动中这些城市扮演各自不同的角色，则较大程度上与其所处的地理区位、发展基础以及历史因素有关。但必须看到，主要是通过参与者所付出的努力才能取得。因此，网络节点本身的内部因素对其地位的变化也起着积极作用，其大致有四个方面：一是内在政治环境的变化。例如约翰内斯堡,由于国际社会对南非实行种族歧视政策采取制裁,加上城市内部持续的动乱和政治不稳定,失去了其在南部非洲的领先地位。又如,里约热内卢曾一度在世界城市体系中上升到相当高的位置,但政府迁都到巴西利亚后,它在与圣保罗的竞争中失去了优势,其所处的地位明显跌落。二是城市面对全球经济调整等外部变化的创造性反应能力。许多 19 世纪末和 20 世纪在汽车、钢铁、煤炭、金属制品等重工业方面具有重要地位的老工业地区的城市,如曼彻斯特、埃森、底特律,由于缺乏这种创造性反应能力,在知识经济时代就再也难以恢复以前作为"世界工厂"的重要地位。三是城市的竞争与合作能力。一个城市既能保持自身竞争优势,又具有对外较强的合作能力,将对全球资源要素的流动形成强大的吸引力。四是城市的可持续发展能力。只有那些环境优美、具有可持续发展能力的城市,才能成长为全球城市。

(3)崛起中的全球城市。崛起中的全球城市就是指那些纳入全球城市体系之中已经具备相应基础条件,并正朝着全球城市方向发展的潜在全球城市。它所要具备的基本特质是与全球城市一致的,只不过程度不同而已,是一个次节点或一般节点的网络化联系程度。与此相适应,崛起中全球城市的内部组织构造特征还不像全球城市那样鲜明,但已开始具备相应的基本雏形。例如,全球城市高度集中的是跨国公司总部和国际性组织机构;而作为崛起中的全球城市,更多的是集中了跨国公司地区或国内总部和大公司总部,或者是跨国公司和大公司的研发总部、营销总部等。又如,作为崛起中的全球城市,也已开始成为个别全球性市场的所在地,或者已集中了一批对全球有一定影响力的各类大市场;同时,也已开始成为聚集各种高级专业商务服务的所在地、各种国内外商贸及其他行业协会高度集中的所在地,以及各类非政府组织的集中地。作为崛起中的全球城市,在新闻传媒、信息服务及文化等方面同样也集中了不少相关组织机构。总之,作为一个崛起中全球城市,其组织基础是朝着能够支撑国际性活动的方向发展的。

崛起中全球城市作为全球网络的次节点,在一定程度上控制与承载着互相依赖的资源要素、金融和文化的流动,并共同推动全球化的发展。它们也提供了全球与地区交互的平台,包容着经济社会文化和机构的设置。这些都促进着地区的和大都市的资源的整合,并推动着全球化的进程。同时,它们在一定程度上调整着全球化对地区政治经济的推动力。因此,崛起中全球城市已超越了国家城市体系的范围,其节点区位功能及其协调功能更多地表现为跨国界的城市与城市之间的联系。

14 重要前提：以国家战略展开全球城市建设

在世界经济格局大变动中，特别是 2008 年全球金融危机后世界经济重心东移趋势日益明显，世界城市网络体系将呈现新的变动格局，亚洲地区的全球城市崛起势在必行。而中国全面参与经济全球化进程，并在世界经济及亚洲地区的地位与作用日益凸显，势必要求具备相应条件的上海作为全球城市而崛起，成为中国经济对外延伸的主要空间载体，日益融入全球的概念框架之中，成为重要的全球性舞台。因此不管从全球战略角度出发，还是从国家发展战略来讲，上海全球城市建设都已成为中国经济发展以及在全球经济网络中占据一定位置的迫切要求。

14.1 世界经济中心东移及亚洲地区争夺

全球城市作为全球城市网络体系的基本节点，很大程度上是经济全球化进程不断深化的产物，同时它反过来又成为推动经济全球化进程的重要力量。这也就从根本上规定了全球城市崛起不可能游离于经济全球化进程之外。但作为全球城市崛起来讲，其母国高度参与和融入经济全球化进程并凸显重要作用只是一个必要条件，而非充分条件。一些城市尽管高度参与和融入了经济全球化进程，但由于其并不位于全球资源要素主要流向及流动经过区域，从而也未必能作为全球城市而崛起。历史经验表明，每次世界经济中心的转移，都将伴随着一些全球城市的崛起。而这些全球城市又必然出现在处于世界经济中心地区具有核心地位的国家之中。在工业革命时期，世界经济中心在欧洲，英国的伦敦成为全球城市；二战以后，随着世界经济中心转向北美，美国的纽约成为全球城市。

因此,世界经济中心的转移及其母国因素在全球经济中的凸显,是其全球城市崛起的充分条件。

14.1.1 "中国因素"凸显

从世界经济格局变动来看,特别是 2008 年全球金融危机后,世界经济中心向亚洲转移已日渐明显,亚洲正在作为重要的政治和经济角色以及全球经济的引擎而重新兴起。目前亚洲占世界人口的近 1/3,占全球产出约 1/4,生产全球出口商品约 1/4,持有世界上 6 万亿外汇储备的约 2/3。亚洲跨越至关重要的海上交通线,世界上最大的 6 个港口位于亚洲,且亚洲高度全球化,影响全球市场。亚洲的地区经济一体化更多地由私人角色推动,有助于促进地区内贸易和提高经济的相互依存度。根据亚洲开发银行比较乐观的估计,在未来的 40 年里,预计亚洲的总增长率将达到 5.6%的均衡水平。在 2050 年之前,亚洲的全球 GDP 份额(以市场汇率计算)将从 2010 年的 27%上升到 51%,几近于翻番(见表 14.1);亚洲的贸易额和投资额的份额可能超过一半;亚洲的全球金融资产份额将从 2010 年的 23%提高到 45%。世界经济增长重心东移,意味着世界流动性东聚、机构与人员东迁,以及国际产业转移,从而使亚洲成为世界经济活动高度密集和活跃的地区。

表 14.1　2050 年亚洲经济增长及其在全球所占比重预测

	2010 年	2020 年	2030 年	2040 年	2050 年
全球产出(市场汇率,美元万亿)	62	90	132	195	292
亚洲占全球的比重(%)	27.4	33.5	38.9	44.5	50.6
全球增长(prior decade ending in column year)(%)		4.0	3.9	3.8	3.6
亚洲增长(%)		5.8	5.2	4.8	4.4
亚洲在全球增长中的份额(%)		55.7	59.3	62.8	66.0
全球人均 GDP(PPP,美元)	10700	14300	19400	26600	36600
亚洲人均 GDP(PPP,美元)	6600	10600	16500	25400	38600

资料来源:亚洲开发银行,《亚洲 2050:实现亚洲世纪》,2011 年 5 月。

在此过程中,随着中国对外开放不断深化,融入经济全球化进程,已具有高度开放性的显著特征,其经济活动越来越与国际市场密切相关。从横向比较来看,中国的经济开放度不但高于印度、墨西哥等发展中国家,而且高于美国、日本、英国等发达国家。目前，中国贸易占全球市场份额达到 11％。特别是出口，从 1980 年的 181.2 亿美元增加到 2004 年的 5933.6 亿美元，2010 年达到 15779.3 亿美元。中国的出口额已经从 1979 年占世界出口总额不到 1％上升到 2004 年的 6.5％，居世界第三位。更为重要的是，这种大规模贸易是建立在新的国际劳动分工基础上的。目前中国工业制成品出口比重已超过国际平均水平，与德国处在同一水平上。而且，工业制成品的贸易顺差较大，初级产品则有较大的逆差。另外，在中国贸易结构中，由跨国公司等外资主导的加工贸易占很大比重，其中大部分是产业内贸易和企业内贸易。因此，这种大规模贸易及其贸易结构在更大程度上是全球商品链向中国延伸和中国参与国际产业分工的表现形式和反映。

此外，在 2003 年，中国就已超过美国成为世界最大的资金流入国。FDI 总量占中国 GDP 的比重已经超过了 40％，大大高于发达国家、亚洲国家和地区。这种大规模引进外商直接投资，不仅仅是为了获得我们发展中所缺的资金、技术和销售网络等要素条件，促进中国制造业体系的配套能力提升及其产业升级，更主要的是引入了全球商品生产链，促进中国产业能比较便捷地融入了全球生产体系。目前，中国已加入了国际产业分工的总体格局，其组装和一般加工业已成为国际产业链条中的重要环节。中国作为世界"工厂和市场"的双重基地，已成为全球最具吸引力的投资东道国。随着对外开放的深化，近年来中国实施"走出去"的力度进一步加强，对外投资及海外并购发展较快，在全球的排名迅速上升。

在对外开放和融入世界经济进程中，中国经济保持了 30 年平均 10％的增长速度，经济总量规模已位居世界第二，占世界经济的份额由 1978 年的 1.8％提高到 2011 年超过 10％。中国经济高速增长及其总量规模的迅速扩大，对世界经济的影响越来越大。据世界银行资料，2000 年至 2004 年，中国经济增长对世界经济增长的平均贡献率为 15％，仅次于美国，已日益成为世界经济增长的一个重要助推器。而国际货币基金组织 2007 年发布的世界经济展望报告已指出，2007 年中国将首次超越美国成为对全球经济增长贡献最大的国家，中国经济发展对世界经济的贡献将占到 1/4 左右。[①]

由于中国经济仍处在成长型阶段，未来中国持续缩小与发达国家差距的潜力仍然存在，有可能再维持 10 多年较快的经济增长。据美国政府的官方估计，中国的实际国内生产总值现在大约是美国的 2/3。如果按中国 10％的实际速度

---

① 参见 www.ce.cn/xwzx/gnsz/gdxw/200707/27/t20070727_12326203.shtml。

增长,美国按 3% 增长的势头下去,6 年内就将超过美国。即使中国增长率下降至 7%,美国增长率加快到 4%,2025 年中国也将赶上美国。2008 年中国的人均 GDP 在 4000 美元左右,而美国为 50000 美元,中国仅为美国的 8%。如果按照购买力平价(PPP)计算,2008 年中国的人均 GDP 已经相当于美国的 21%。估计到 2030 年,中国的人均 GDP 按照官方汇率计算能够达到美国的 25%,按照 PPP 计算则能够达到美国的 50%。由于中国的人口是美国的 4 倍多,届时中国的整体经济按照 PPP 计算就会达到美国的两倍,市场规模是美国的两倍。即使按照官方汇率计算,经济规模也会与美国相当。显然,这将使中国因素对世界经济的影响和作用进一步增强,产生具有主导性的影响力。

在亚洲地区,中国不仅作为重要的经济增长引擎之一,发挥着重要的作用,而且中国已日益成为新的经济集成国家。1990 年,在亚洲外国直接投资总额中,中国吸引外国直接投资额只占其 18.7%,而东盟占到 66.4%;但到 2004 年,中国在亚洲外国(地区)直接投资总额中的份额已上升到 58%,而东盟的份额缩减到 22.2%。而且,随着中国成为世界制造业基地,中国在亚洲已取代美国成为韩国、新加坡的最大出口市场,并成为东亚制造业网络的关键。1992—2002 年,中国与日本的双边贸易增长了 300%,与韩国的双边贸易增长超过 700%,与泰国的增长超过 800%,与印度的增长约 1100%,与菲律宾的增长约 1800%。中国出口增长及经济增长的增减,对这些国家贸易及其经济的影响日益增大。

总之,中国在世界经济中心东移过程中,随着经济规模急速增大和经济实力增强,在世界经济中的地位及其作用日益凸显,从而对主要城市充当全球经济网络的主要空间载体提出了新的战略要求,即代表国家参与国际竞争、具有全球资源配置功能的全球城市。

14.1.2　亚洲地区的全球城市争夺

随着世界经济增长重心向亚洲地区转移已成定局,该地区的全球城市兴起及其竞争日趋激烈,上海全球城市建设的国家战略显得更为紧迫。

按照传统"中心—外围"的城市等级体系,世界经济增长重心所在地区,通常只是形成一个"中心"的全球城市。但在经济全球化与信息化背景下,按照全球城市网络体系的要求,伴随世界经济增长重心转移而崛起的全球城市已并不具有"唯一性",在未来的亚洲地区可能会出现若干个全球城市。国外学者曾通过对环太平洋地区的 28 个城市、46 个全球服务公司的主成分因素分析,得出其解释 74.2% 变异量的 5 项主因素,从而整理出亚洲环太平洋地区的世界/全球城市层级体系(见表14.2)。其中,除了已经列入不同层级的全球城市外,如东京、新加坡、香港、首尔、台北、曼谷以及北京、上海等,还有一些具有成为"全球城市"条件的城市。这说明,亚洲诸多城市在未来发展中都有可能崛起为全球城市,但最终哪些城市能真正成为全球城市还是一个未知数。

随着世界经济增长重心向亚洲地区转移,中国在世界经济中的地位及其作用日益凸显,这就从国家层面提出了全球城市建设的迫切要求,即通过全球城市这一空间载体建立起广泛的全球性联系,在全球经济网络中充分发挥全球性协调功能,同时代表国家参与国际竞争,提升在世界经济中的地位及其影响力。

表 14.2　环太平洋地区的世界/全球城市一览表

α级世界/全球城市	东京、洛杉矶、新加坡、香港
β级世界/全球城市	旧金山、悉尼、首尔
γ级世界/全球城市	雅加达、墨尔本、大阪、圣地亚哥、台北、曼谷、北京、科伦坡、马尼拉、上海
具有成为"世界/全球城市"条件之其他城市	奥克兰、布里斯班、胡志明市、利马、西雅图、温哥华、阿得雷德、广州、河内、提华纳、威灵顿

资料来源：Taylor, P. J., Docl, M. A., Hoyler, M., Walker, D. R. F. and Beaverstock, J. V. 2000, "World cities in the Pacific Rim: A New Global Test of Regional Coherence", *Singapore Journal of Tropical Geography*, Vol. 21, No. 3, 236.

14.1.3　中国更具有条件形成综合性、高层级功能的全球城市

在未来的亚洲地区,尽管可能会形成若干专业性的,或者是较低层级的(如地区性)全球城市,但出现与纽约、伦敦相类似的具有综合性功能的高层级全球城市也许只是极个别的。从中国在未来世界经济中地位(经济总量将居世界第一)及其在亚洲地区的作用(新的经济集成国)来看,我们所要追求和争取的目标,无疑是形成具有综合性功能、高层级的全球城市。而在未来的亚洲地区,哪个城市将成为具有综合性功能的高层级全球城市,则是不确定的,势必将存在激烈的竞争。因此在未来的亚洲地区,特别是综合性功能的高层级全球城市的争夺是具有战略意义的,容不得半点怠慢。

从目前条件的比较分析看,我们所追求的这一目标还是有可能性的。尽管东京已经是全球城市,集聚了最多数量的跨国公司总部,但主要是本国的跨国公司总部,外国的跨国公司总部并不多,所以其对外连通性和全球性协调功能并不很强。更主要的,由于日本经济"没落的 20 年"大大削弱了东京全球城市的地位

和影响力,而且在未来 10 年中也难以预见将会出现强劲的经济增长势头。新加坡、首尔等城市由于受其国家经济总量较小,在世界经济中的影响力有限等局限性,一般难以成为综合性功能的高层级的全球城市。印度的孟买和新德里等城市的发展,将得益于印度作为大国经济,又是新兴经济体国家,经济增长处于上升势头,且未来有较大的发展潜力,但目前还不具备成为综合性功能的高层级全球城市的相应条件。

　　问题在于,如果我们不能及时部署并实施全球城市建设的国家战略,没能明确提出建设具有综合性功能的高层级全球城市的目标以及具体落实到某个城市,而让国内城市自发、无序地发展,或者目标不集中、资源分散,导致过度竞争、互相牵制,那么就会丧失机会,错过时机,到时候处于被动之中,大大削弱中国在世界经济中的影响力及其作用。

14.2　全球城市建设是国家战略体现

　　全球城市在世界经济中的独特战略地位,决定了它是一个国家参与国际竞争的重要载体。布伦纳(N. Brenner)在对欧洲全球城市形成的研究中指出,如果不考察其国家的作用,就不可能充分理解全球城市的形成。[1]在全球城市形成过程中,国家的作用是非常重要的。[2]目前许多国家对全球城市建设都相当关注和支持,其意图是利用这些城市来促使一国经济嵌入到世界经济之中,并发挥相应的战略性作用。为此,通常是用非常强的政治和制度意志将其列为"国家战略",经常对其配置实质性的资源,引起调整性的变革。[3]上海全球城市建设,自然也就成为一个重要的国家战略,要充分体现国家的强大意志,并是由国家层面来统筹规划和推进发展的。与一般城市建设不同,上海全球城市建设首先是作为一个国家战略而展开的,其次才是地方行动。置于国家战略框架之中的地方行动,既要按照国家的战略目标要求及其战略步骤,又要根据自身发展阶段的特

---

　　① Brenner, N., 1998, "Global Cities, Global States: Global City Formation and State Territorial Restructuring in Contemporary Europe", *Review of International Political Economy*, 5(1), pp.1—37.

　　② Brenner, N., Jessop, B., Jones, M., and MacLeod, G.(Eds.), 2003, *State/Space: A Reader*, Oxford: Blackwell; Peck, J. and Yeung, H. W. C.(Eds.), 2003, *Remaking the Global Economy: Economic-Geographical Perspectives*, London: Sage.

　　③ Robinson, J., 2002, "Global and World Cities: a View From off the Map", *International Journal of Urban and Regional Research*, 26(3), pp.531—554.

点，以及遵循全球城市自身发展规律，坚持创新驱动、转型发展。

全球城市建设作为国家战略，首要的推动者在于国家及其部门，而不是城市政府。国家层面的决策及其支持，是上海全球城市建设的前提保证，从而是比城市政府更为重要的实施主体。上海全球城市建设，对于一个城市来讲，无疑是自身发展的需要；但从国家层面来讲，更是促使一国经济融入世界经济并在世界经济中更好发挥主导性作用的战略要求。

（1）明确的战略定位及予以持久性支持。全球城市建设作为一项国家战略，从国家层面来讲，首先涉及的问题是：确定哪些城市作为全球城市建设，并明确作为哪种类型的全球城市建设，予以持久性的支持。国家对这些特定城市的战略定位，以及予以持久性的支持，是将其发展成为全球城市的关键条件。这种明确的国家战略实际上也是给出了一个信号，在很大程度上可以避免国内城市发展定位不清而引起的相互间的恶性竞争。同时从国家层面制定区域发展规划，把全球城市建设放在区域发展中进行指导性的协调和引导，以促使城市错位发展基础上的更大合作。

固然，全球城市的形成要有一定的竞争性，不能完全靠国家层面的"钦定"和"温室"保护；否则，将会缺乏活力和动力。但如果国内许多城市都将其定位于全球城市的目标，那么相互间存在着更多的潜在竞争。而这种竞争的结果，往往只有极少数城市能够作为全球城市崛起。因为在一定程度上，某一全球城市的竞争力是由其在超越了特定地区、国家的全球城市网络中的作用及功能决定的。[①]一旦当其形成这种强大的竞争力，本国的其他城市也就很难再成为具有支配地位的全球城市。例如在英国，只有伦敦能成为全球城市，是因为它形成了如此强的影响力，适合作为全球经济的战略节点。在这种情况下，英国其他城市实际上是不可能与伦敦竞争的。因此在一个国家内，通常只有一个占支配地位的综合性功能的全球城市，尽管它与该国其他城市有着重要的联系。同样，在一个国家内，几乎没有能同时存在若干相同类型的专业性功能的全球城市。

我们知道，全球城市建设毕竟是要有大量资源及其投入的，不仅要从国内，也从国外吸取重大的资源及其投入。如果听任这种"自由竞争"的全球城市建设，将导致资源及其投入的分散化，削弱城市间的合作发展。这势必会延迟一国全球城市建设的进度，而这在全球城市地位的国际争夺中恰恰是贻误战机。事

---

① Coe, N., Hess, M., Yeung, H. W., Dicken, P. and Henderson, J., 2003, "'Globalizing' Regional Development: a Global Production Networks Perspective", *GPN Working Paper*, No. 4, http://www.art.man.ac.uk/Geog/gpn.

实上,有相当部分的城市,其本身的基础及其发展条件,并不具备成为全球城市的潜在可能性,如此的资源及其投入,从总体上讲是浪费的,或低效的。

因此在国家层面,要从国际竞争的角度出发,通过科学的评估和比选,确定一些城市作为全球城市来进行打造,并对其全球城市建设给予明确的功能定位,即哪些城市是综合性功能定位,哪些城市是专业性功能定位,并在专业性功能定位中要错位发展。这样,就能引导那些来自全球经济/文化的资源流动在进一步地转向和(或)分配到该国其他城市以前,往往流向这些特定的正在建设中的全球城市。而且在全球城市建设中,这种综合性功能与专业化功能定位的差异,或者有明显的不同专业化功能的定位,也将使其相互间的合作大于竞争。因为在错位发展的情况下,其在不同层面上运作,根植于不同的空间经济网络(尽管有所重叠),从而较少地在国内相互作用(竞争)及其资源要素流动,但都有可能发展成为具有不同功能的全球城市。例如在美国,就同时存在若干不同功能的全球城市,纽约是综合性的高层级全球城市,旧金山是高科技方面的主要全球城市,洛杉矶是文化产业方面的主要全球城市。[1]这三个城市都能够成为占支配地位的全球城市,是由于其更多的在全球经济/文化中的清晰定位,形成了一种基于全球城市网络的向全球扩散与辐射的经济系统。[2]

一般来讲,综合型全球城市的形成和发展需要一个相当长的积累过程,如纽约成为全球城市,是百年历史不断积淀和持续创新的结果。当然,重大历史事件的发生、全球经济结构调整以及发展区域重心的转移等,往往是后起的有一定基础的大都市加快综合型全球城市崛起的重要机遇。因此,中央政府早已明确上海建设"四个中心"和现代化国际大都市的战略定位,并从各个方面予以持久性的支持,从浦东开发开放到国际金融、航运、贸易中心建设等,迅速提升上海在全球网络中的战略地位,正是为了抓住这一重要机遇,将上海打造成一个具有综合性功能的高层级的全球城市。相对来说,专业功能型全球城市的崛起并不需要如此长时间的积累,尤其是在经济全球化加速的今天,城市某个方面、某种功能的国际化可以在短时间内快速起步,迅速形成。但不管是哪种类型的全球城市崛起,都要进一步加大对外连接,加强与国内城市合作,特别与其周边城市的紧密合作,形成较强的国际竞争力,力争成为全球城市区域的核心城市。

① Abu-Lughod, J., 1999, *New York, Chicago, Los Angeles: America's Global Cities*, Minnesota: University of Minnesota Press; Scott, A.J., 2000, *The Cultural Economy of Cities.* London: Sage.

② Hill, R.C., and Kim, J.W., 2000, "Global Cities and Developmental States: New York, Tokyo and Seoul", *Urban Studies*, 37(12), pp.2167—2195.

（2）更多授权于全球城市建设。在明确全球城市建设的战略定位基础上，进一步要解决的问题是：目前所确定要建成为全球城市的中心地区如何真正成为全球城市。[①]从国家层面来讲，就是更多地授权于这些城市政府，以创造国家与城市之间的合力。

我们知道，不管经济全球化进程中的权力下移城市趋向如何，"城市经济"并不是具有自治权的"国民经济"。国家制定的区域和城市发展战略以及设定的可以做或禁止做的管制框架，将使城市按特定的方式运行。犹如英国的全球城市，是在一个不同于美国全球城市的环境中运作的。不同制度体系及其组织的国家，在全球城市形成的过程及其治理方面发挥着至关重要的作用。

因此，更多地授权于这些城市政府，使城市将有更大的发展空间和潜力，是国家为促进全球城市建设所采取的重要举措。在上海全球城市建设中，国家更多地授权城市政府显得特别重要。国际经验表明，发达国家的全球城市兴起通常是处于整个国家经济发展进入后工业化阶段的大背景下，与整个国家经济发展进程有较高的同步性。然而，上海全球城市建设，相对于整个国家经济发展进程则具有明显的超前性。中国目前仍处在工业化中期阶段，以工业经济为主，但上海全球城市建设，构建全球网络平台及流量扩展，则要求形成高度发达的以服务经济为主的产业基础，从而与整个国家经济发展阶段及其进程有较大落差，甚至是某种程度的"断裂"。在整个国家围绕工业经济发展而设置的战略及政策框架下，对上海全球城市建设就要给予一些制度和政策上的突破。例如，上海全球城市建设中构建网络平台及流量扩展，必须实行符合国际惯例的税制、管制、法制等制度安排，而在全国范围内还不能全面调整的情况下，就需要中央授权地方进行先试先行，力争有些突破。

---

① Douglass, M., 2000, "The Rise and Fall of World Cities in the Changing Space-economy of Globalization: Comment on Peter J. Taylor's 'World Cities and Territorial States under Conditions of Contemporary Globalization'", *Political Geography*, 19(1), pp.43—49.

15 首要问题：明确战略目标与核心任务

全球城市建设的首要问题是战略目标定位，这不仅关系到全球城市建设的基本方向，也关系到全球城市建设的重点内容及其任务安排，从而决定了全球城市建设的成败得失及其效率。由于战略目标定位的意义在于对全球城市建设实践的引领与指导，因此这并不仅仅是提出一个远景式目标，更不能停留在标签式口号上，而要遵循全球城市一般发展规律，深入挖掘目标定位的内涵，确立战略目标定位的基本取向，明确建设的核心任务和重点。

15.1 战略目标：成为主要网络节点

全球城市的战略目标定位，除了立足于国家利益和国家战略需要外，更核心的问题是要深化对其目标定位内涵的认识，准确把握全球城市崛起的发展方向，不断充实和完善其战略目标的核心内容。

15.1.1 不断探索和深化全球城市战略目标的内涵

早在 20 世纪 90 年代，上海就已提出了建设"四个中心"和现代化国际大都市的发展目标，并始终在朝着这一方向努力，进行了大规模城市基础设施更新改造、产业结构调整、城市功能提升等，取得显著成效。但作为一个探索过程，由于缺乏实践的基础和经验积累，我们对全球城市的认识更多来自对发达国家全球城市的实际观察及其体会，而这往往又是以零星印象和感觉为基础的，或者是通过相关文献中对全球城市表面性描述以及所谓国际比较而加以认知的。因此在战略目标定位上，我们通常是以发达国家的全球城市（更多的是传统意义上的国际大都市)为标杆,参照其相关指标,并尽可能综合全球城市内部组织构造的特点来加以设定的。

实际上,这种对全球城市特质及其功能缺乏全面深入理解基础上设定的战略目标定位,往往会发生偏差。例如,人们往往把全球城市简单界定为高水平的世界一流大城市,并片面地从外表化的物理空间来理解所谓的世界一流水平;把全球城市单纯理解为具有雄厚经济实力、人口众多、市域面积广大的规模巨型城市;片面认为全球城市就是在许多方面都处于中心地位的综合性城市,并单纯从功能主义来理解所谓的综合性城市,从而将其简单视为全能城市,等等。这种在战略目标定位上出现基本取向性的模糊与偏差,势必带来实际建设中较大的盲目性,诸如一味追求城市规模扩大、城市形态"现代化"、经济实力增强、城市经营及其竞争等。

在上海全球城市建设中,尽管并没有出现如此糟糕的情景,但不可否认的一点是,在指导思想上更多强调中心城市的等级概念及其竞争关系,更加侧重于集中控制功能的培育。因此上海在过去十多年的发展中,凭借独特的区位优势、历史基础,以及浦东开发开放等有利条件,形成强大的集聚力,吸引了国内外的大量资源要素流入,但在此过程中上海对外辐射功能的培育及其作用相对不足。例如,在对外产业转移以及技术、资金、人才、管理、品牌等要素对外输出、外部网络构建、面向全国与全球的服务流出等方面,缺乏足够强大的能力,存在较大的差距。因此上海全球城市建设在战略目标的内涵上,还需要进一步的深化及其修正和完善。

事实上,这种情况也是较普遍的。即使是那些已经成为"全球城市"的城市,也在根据时代发展变化的新要求不断深化对其内涵的认识和理解,并对其目标定位进行充实和完善。例如,日本以2050年为目标所制定的东京发展规划,已不把原先那些城市规模、经济实力等数字作为追求的目标,而是侧重于从量向质的转换、从单一目标向多元化和个性化方向转换,力争成为一个在世界处于领先地位的富有魅力的繁华的国际大都会。在这个总目标下,规划确定了五大方面的发展目标观念:一是保持并发展具有国际竞争力的城市活力;二是创造和发展能够保持持久繁荣的环境;三是创造有特色的城市文化;四是创造安全、健康、舒适的高质量的生活环境;五是形成市民、企业、民间团体等多样化相互协调的发展主体。

15.1.2　明确全球城市建设的基本目标取向

对于上海全球城市建设而言,并不是谋求一般常规性的城市发展,从而有着特定的战略目标定位。这种战略目标定位，其基本内涵总是通过相应的形式表现出来的，特别是表现为某种具有代表性的发展趋向。因此我们可以在实践中逐步加深对全球城市战略定位的全部内涵，但一开始就必须紧紧抓住其基本的目标取向。一旦目标取向出现偏离，在全球城市建设中就会"失之毫厘，差之千里"。

从网络角度看，城市作为一个节点的价值在于它和其他节点之间的相关性。正是这种旧的和新的联系维系着城市，并决定了城市的地位。因此一个城市在网络中的重要性，取决于"它们之间交流什么，而不是它们那里有什么"。①卡斯特尔(M. Castells)更是强调，城市不是依靠它所拥有的，而是通过流经它的来获得和积累财富、控制和权力。当一个城市与其他节点之间的联系越多，其越有可能获得频繁流动的信息和知识，以及各种资源，并通过生产、分配和消费方面的创新来抓住经济发展的机会。在世界城市网络体系中，城市间的联系是城市发展的核心问题，其直接关系到城市的兴衰。随着时间的推移，一个城市所处地位的变化是由它与其他节点的相互作用所决定。一般来说，城市的成长与发展是建立在联系扩展的基础之上的；而衰退的城市，其联系也在减少。当一座城市与周围没有联系时，也就意味着其死亡。可见，在当今世界城市网络中，城市的崛起或者衰落，并不必然由其自身的物质属性(如规模、设施、物质财富等)所决定。一个城市的发展机遇，更多取决于节点之间的结构严密和联系紧密的互相作用，而非其自身的一般功能。当然，某些历史事件或特殊机遇也可能触发一些城市独特的发展进程。

继而言之，在世界城市网络体系中，其联系性的强弱程度也决定了城市节点的不同能级水平。也就是，联系性较弱的城市，只能在其所在地区形成区域性的地位与职能；联系性较强的城市，会超出其所在地区形成全球性的地位与职能。因此，一个城市与外部的联系越广泛，连通性和协同性越强，其节点的能级水平越高，在世界城市网络体系中的位置就越高；反之亦然。当经济活动的全球扩散和全球一体化促进经济活动最高层管理与控制逐步在空间集聚时，一些基础设施和区位条件好、能级水平高的大城市就可能进一步演化为各种要素极度集聚的基本节点(即全球城市)，在地区乃至全球经济发展中具有举足轻重的地位，越来越主宰着全球经济命脉。

---

① Beaverstock, J. V., Smith, R. G., Taylor, P. J., Walker, D. R. F. and Lorimer, H., 2000, "Globalization and World Cities: Some Measurement Methodologies", *Applied Geography*, 20, pp. 43—46.

因此对于一个崛起中全球城市来说，其关键在于融入世界网络体系的程度。一旦进入这个网络，并且有较深程度的融入，与外部建立起广泛的经济联系，具有大规模的经济流量，就为其提供了更大范围、更有效率的资源配置的可能性空间，增大了可利用资源（包括信息、知识等）的来源与渠道，从而有助于提升其调动与配置资源的能力，更大地发挥全球性协调功能。不仅如此，对于崛起中全球城市来讲，还必须争取在这一网络体系中处于较高的位置。一个城市的外部联系越广泛，所连接或被连接的城市数量越多，其在网络中的中心度或权力潜能越大。如果一个城市能接受更多外来的联系（即高内向度），表明其本身比较杰出或具有优越性，从而被其他城市所追求；如果一个城市能对外发出更多联系（即高外向度），表明其具有影响力，从而具有较大的网络权力，并可能在网络体系中占据有利地位。

因此我们要把全球城市建设的基本目标取向明确为：在网络化和集约化基础上，大幅度提高城市的网络节点能级，增强全球性的协调功能，为全球资源要素流动及其配置提供一个广域平台，同时也为全球和当地之间的资源要素流动提供一个友好界面（包括经济的、文化的和组织机制上的），在全球经济、文化发展中发挥其重要作用。

15.1.3　全球城市建设所要打造的是网络城市而不是"中心地"城市

依据全球城市建设的基本目标取向，上海建设全球城市所要打造的不是一个"中心地"城市，而是网络基本节点城市；其城市能级的提升不是朝着传统的"中心地"极化的方向发展，而是朝着经济网络化的方向发展。在这一网络化过程中，城市发展将发生两方面的重大转变：一方面，由于经济网络的本质要求是互通、互联，特别是处于网络中重要节点，更需要有广泛的外部联系性，从而要求城市必须具有更大的开放性，从注重于自身内部发展转向与外部建立广泛的联系；另一方面，城市作为经济网络中的一个重要节点，将更多地承担起各种资源要素在网络体系中流动的功能，从而越来越显示出城市平台经济与流量经济的发展模式。因此，网络节点城市与"中心地"城市有着明显的差别（见表15.1），它是以承载基于网络空间的经济流动性，以全球连通性为基本特征，不能简单视为一个经济"中心地"，不应该过多地将它设想为一种贸易场所、港口、金融中心或工业重镇的角色，而是要作为资本等要素循环和积累的复杂网络的必要组成部分。

表 15.1　网络城市与单一中心城市特征比较

中心地系统	网络系统
中心功能	节点功能
依赖城市规模	不依赖城市规模
主从关系趋势	弹性与互补关系趋势
商品与服务的单一化	商品与服务的多样化
垂直通达性	水平通达性
单向流动	双向流动
交通成本	信息成本
对空间的完全竞争	对价格歧视的不完全竞争

　　资料来源:Batten, D. F., 1995, "Network Cities: Creative Urban Agglomerations for the 21st Century", *Urban Studies*, 32(2), p.320.

　　对于上海全球城市建设的基本目标取向而言,所要打造的还不是一般网络城市,而是在全球网络中具有全球资源流动及其配置功能的基本节点城市,本质上所强调的是基于网络的对外广泛联系及其竞争合作关系,突出的是全球性协调功能。这种基于全球连通性的协调功能,通常是以远距离的互动为特色的,其具体表现为三个方面:其一,这种协调活动是无形的、个性化的、全球化的以及信息密集型的,高度集中了先进专业服务,具有较高水平的协调与服务功能;其二,自身开始形成多极化以及各极专业性的空间结构,即中心城区高度集中了高级专业服务,而在其外围创造出了新的专业化服务带;其三,在全球网络系统中逐步占支配地位,其协调功能本身更多是全球性的和全球同步的。因此,这种全球性协调功能是内含于全球连通性之中的;其协调功能的大小是通过全球连通性程度来体现的。[①]

　　我们知道,城市凭借其独特的区位优势会吸引各种资源要素向其集聚,但如果不能对这些资源要素进行大规模集约化配置,至多只是形成城市规模的扩大或城市存量资本的大量堆积,而难以形成对外强有力的辐射能力和协调性功能。

　　① 　Taylor 等人将每个城市与网络"连接"的程度,称作"全球网络连通性"。从理论分析的角度讲,这可以从两个维度来衡量:一是关联密度,即互相关联的层次越多、越密集,节点所能完成的吸收、传递和处理的功能就越强,该城市也就显得越为重要;二是关联广度,即与其他节点的联系越广泛,其相互作用越大,该节点在网络结构中就越处于中心位置。当然,这种理论分析的测度,受其数据不足或可获得性差等影响,实际的可测性较弱。Taylor 等改用另外两种方法来加以测量:一是计算城市作为网络体系中一个节点的规模,用城市内的网络机构的数量来表示;二是度量这些城市网络机构与其他城市的连接,以测量城市网络体系的通达性。这种测量方法具有较大的可测性和实用性,但仅仅通过某些网络机构及其对外连接的测度来衡量一个城市的全球网络连通性有一定局限性。

因此在全球城市建设中，全球性协调功能的提升势必要求以经济集约化配置能力为其重要基础。在经济集约化配置过程中，城市发展也将发生两方面重大的变化：一方面，由于城市在超越其本身市域范围内实行的大规模的资源配置，要求将分散的功能相对集中，以促进产业集群，形成良好的产业经济生态圈。同时，要求深化与强化主要的城市功能，突出其特色，形成核心竞争力；另一方面，要求进一步增强经济运行的集约化，如提高资源要素的利用程度，降低资源要素的耗损，降低运作成本，提高资源配置效率，并促进资源要素的高效流动。

因此对于上海全球城市建设来讲，能否进入全球网络，进入到何种程度，以及在这个网络中处于什么样的位置，是否具有大规模可供配置的经济流量等，都是十分重要的战略性问题。这将最终决定上海能否崛起为全球城市的命运。从这一意义上讲，上海全球城市建设的战略目标的内涵实质，就是建立具有全球广泛连接的网络，处于全球城市体系的主要网络节点上，并通过全球连通性发挥其重要的全球性协调功能。

15.2 核心任务：打造全球网络平台

根据全球城市建设的战略目标定位，上海要成为全球网络中具有全球性协调功能的基本节点城市，必须形成能够承载全球网络经济流动性的功能载体。因此全球城市建设首要的核心任务，就是构建具有全球资源配置功能的网络平台。在这一全球网络平台上，各种资源要素的大规模密集流动，并通过更高效率的重新组合与配置扩散至全球，从而具有流量扩展的显著特征。

15.2.1 功能性机构集聚：打造全球网络平台的关键

在全球网络平台基本构架中，功能性机构是核心构件，是控制这种网络关系的首要行动单位。这些功能性机构的大规模集聚，本身就带来了大量经济流动性，大大扩展了市场规模，而这些功能性机构在推动要素流动中又提供了大量新产品和新品种，极大丰富了市场交易和扩大市场范围。因此打造全球网络平台，最为关键的是功能性机构集聚。

我们认为，在全球网络平台的网络关系中，唯有全球功能性机构，包括跨国公司和大型全球服务公司等才是关键性主体或行动单位。这是由其业务或活动的特殊性所决定的，即基于网络化的公司业务活动。这些高度集聚于主要城市的功能性机构,由于其服务对象(公司)已经全球化了,所以它也别无选择,必须与此相适应来提供全球化服务,并需要及时了解何时何地向其客户提供相应的服务。这就促使那些服务大公司必须在世界各主要城市建立自己的办公网络,以便提供全球化服务。与此同时,为了有效地运作并战胜其竞争对手,它们处于各地的办公点不能互不相关、各行其道,而必须作为其全球活动中的一个协同细胞而运作,从而就形成了它们相互之间的各种信息、知识、思想、计划、指令和其他方面的内部交流。正是这种所有功能性机构的内部流(包括信息、知识、指令、战略、计划、人员等方面的流动),提供了一个网络联系的基础。而在其内部联系的背后,还有更宽泛形式的关系网络,如知识流网络、管制网络、文化网络、能量网络等对城市之间的关系起着重要的影响作用。从这一意义上讲,这些全球功能性机构是城市网络中的"联锁者",正是通过其业务活动才将各个相关城市连接起来。全球网络平台的网络关系,实际上是各种各样跨国功能性机构的办公点之间网络的复杂混合体。

　　因此,我们可以将全球网络平台的网络关系定义为:由世界经济中功能性机构和部门的公司内部流所构成的城市关系相互连接的网络。由此,我们可以在城市节点层的基础上增加了一个由这些功能性机构组成的次节点层,并以此来定义城市节点层,从而建构起由三个层次组成的内部相连的全球网络平台的网络关系结构(见图 15.1)。其中,世界经济——网络在其中运作以散播服务;城市——知识在其中集聚以便于服务的生产;全球功能性机构——生产服务。

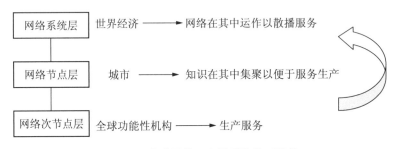

图 15.1　全球网络平台的网络关系结构

　　在网络分析中,这种三层次结构是比较特殊的,属于一种边界渗透关系链接的网络类型。在这一环环相扣的联锁网络中,城市节点是通过次一级要素(功能性机构)连接的。也就是,在世界经济这种城市间的联锁关系中,节点(城市)自身组成重要的促进环境,但其本身并不是三层次结构中关键的决策层面。尽管城市政府可以通过"促进"政策吸引和留住"领头羊"公司,从而影响节点之间的关系，但却不能控制这种网络关系。在这三层次结构中，跨国公司和全球服务公司等功能性机构才是首要的关键性行动单位。

在全球网络平台中，这些功能性机构组织与网络平台特定功能具有高度匹配性，越是网络化平台，越是需要有功能性机构和组织；而这些机构组织本身也是网络化的，是网络经济流动性扩展必不可少的、具有特定性的主体。

我们知道，"新的国际劳动分工"是大公司为拓展新的"全球范围"而采取的世界性生产策略的结果，[①]而跨国公司总部则发挥着组织新的国际劳动分工的功能。一旦跨国公司把地区总部或投资机构设在某一中心城市，那么这一中心城市就会成为这些国外组织或机构向这一地区甚至是更大区域范围进行投资的基地，大量投资于这一地区的资源要素会先行进入这一中心城市，然后再流向其他地区；其中有一部分资源要素还会在中心城市进行重组和整合，在产生更大的经济能量之后向外辐射；特别是这些大型组织和机构在全球建有投资和销售网络，它们的进入对要素流动空间的拓展和推动流量经济向国际范围发展具有积极的作用。例如全球500强大企业超过60％在香港设有办事处；跨国公司在香港设有办事处的达3200多家，还有多个国际采购机构云集香港，这些都对香港承载大规模经济流量起了重要作用。就国内机构而言，企业集团总部进驻以后，一般都会把企业的管理、技术和营销等功能部门带来，这样就会有资金、人才、技术、信息和部分实物的流入；由于企业的生产加工基地大多会选择在区外其他比较适宜的地方，这样就会自然产生要素向外扩散辐射的流动；再加上企业集团规模比较大，相对应的资源要素流动规模也比较大，这对推动所在城市发展流量经济就会产生比较明显的效果。

在现实经济生活中，为要素交易和流动提供配套服务的高级专业商务服务机构，特别是国际金融、会计、广告、房地产开发、法律服务、咨询评估等，都有其广泛的网络关系，并主要依赖于网络关系开展业务，从而对促进资源要素流动和提高整个市场体系的运作效率有着重大的影响，是网络平台及其流量扩展不可缺少的组织机构。从全球城市的功能性机构集聚看，相比公司总部，这类机构的功能在不断增强。因为随着现代信息技术及其网络的发展，新的通信技术不再要求总部功能仅仅在这些大城市中向外传送。另外，20世纪90年代那种绕开西方城市的公司总部而在所谓"新兴市场"中的资本流显得越来越重要。其结

---

① Fröbel, F., Heinrichs, J., Kreye, O., 1980, *The New International Division of Labour*, Cambridge: Cambridge University Press.

果,跨国公司总部经常被分散化,寻求新的(比较便宜的)区位。[①]而高级专业商务服务机构则相反,是更加密集地汇聚在全球城市之中。因为这类高级专业商务服务是高度专业化的,其本身也需要由其他生产者服务公司来提供服务,即需要互相提供服务,所以这类面向全球的先进生产者服务比跨国公司的"全球服务"更为深化。由于这些先进生产者服务公司所提供的更多、更新的服务产品,包括新的金融产品、新的广告包装、新的多样化的法律文本等,是基于专业的知识和通过综合不同专业知识的方式生产出来的,所以为了能够把这些综合专业知识融合在一起,其势必要求在一个知识密集的环境中运作。那些全球城市通过个体知识的密集集聚,则提供了这样一个环境,便于其专业人士面对面的交流。

各种国内外商贸机构与外部有着广泛的业务联系,其业务活动本身就产生了一定的经济流量,特别是商品流和原材料、中间产品及产品等货物流,也包括相应的资金流、信息流、技术流等。大型、综合性的行业协会本身拥有大量会员,形成广泛的行业性联系,特别是在专业知识传播、行业标准制定等方面具有较强的功能性。例如 2008 年成立的海事英国(Maritime UK)是由位于伦敦的波罗的海交易所、英国港口协会、英国航运协会、英国皇家特许船舶经纪人协会、海事伦敦和英国主要港口集团等航运组织联合组建的,不仅以简报形式提供立法者有关航运业问题的综合清单,涉及安全航运、航运减排、低硫燃油和船员培训等内容,同时也提供有助于航运、港口及航运服务部门快速发展的一系列建设,还寻求与业界相关的政府部门以及利益相关者进行合作等。一些国际性的行业协会有遍布世界各地的分支机构及其会员,更是具有强大的联系和协调功能。截至 2010 年,位于伦敦的英国特许船舶经纪人协会(ICS)在全球拥有 24 个分会、3500 位个体会员和 120 个公司会员,代表了遍布世界各地的船舶经纪人、船舶管理者和代理商;海损理算师协会(AAA)拥有来自 26 个国家的 350 个会员,包括海上从业人员、保险经纪人、索赔理算师和律师等;皇家造船师学会(RINA)的会员遍布 90 多个国家,广泛代表了全球航运业、科研院校和海事组织,参与各种船舶的结构设计、建造、维修和运营;轮机工程及海事科技学会(IMAREST)在世界各地拥有超过 15000 名会员、50 个国际分支机构。

各类非政府组织和跨政府组织,尽管有相当部分是非经济组织(当然,也有

---

① Castells, M., 1996, *The Rise of the Network Society: The Information Age: Economy, Society, and Culture*, Vol. I, Oxford: Blackwell.

像世界银行、货币基金组织等经济组织），但其极为广泛的国际网络联系，自然会带来大量的信息流和人流，直接和间接地促进网络流量的扩展。另外，那些具有国际影响力的媒体组织通常也具有广泛的网络联系，且业务量较大，能带来大量的信息流，同时也促进相应的资金流和人流等。例如，香港的地面卫星及有线广播营运商通过 170 多个频道提供各种类型的广播服务；130 多个国际传媒在香港设有办事处。

一个城市的全球网络连接度，主要取决于该城市的功能性机构与其他城市相应机构的联系程度。这意味着功能性机构集聚越是多，其办公点规模越大和越是重要（服务值），其业务量就越大，从而与其他办公点之间的各方面联系也就越多。因此全球网络平台及其流量扩展，取决于对外联系的范围扩大和内涵深化（即相关度提高）。功能性机构集聚促进全球网络平台及其流量扩展可以有两个方向及途径：一是通过功能性机构数量规模增大来扩大外部联系范围，增加更多的网络连接点，从而促进网络平台及其流量扩展；二是通过功能性机构外部联系的深化（即相关度提高）来扩大对外业务量，从而促进网络平台及其流量扩展。

尽管功能性机构集聚是构建网络平台及其流量扩展的核心，但这些机构集聚是以其网络平台的流动势能提高为前提的，是在这一基础上展开的。如果缺乏良好的基础性设施、具有相当规模且有效运作的市场交易系统、高效率的配置服务体系，以及公平有序、宽松适宜的环境，是难以吸引大量功能性机构集聚的。因此在实际操作中，不能一味通过优惠政策来吸引功能性机构集聚，而忽视对网络平台流动势能的提高。实际上，一系列的优惠政策只有在网络平台流动势能提高的基础上，才能吸引功能性机构的集聚。在上海全球城市建设中，提高网络平台的流动势能是一项基础性工作，相当复杂与艰难。

提高网络平台的流动势能，关键是完善运作载体，其中要处理好规模与效率之间的关系。运作载体的规模大小，直接决定了网络平台的流动势能高低。从网络平台及其流量扩展的进程看，运作载体的规模有利于协调功能的集中，特别是当这些功能的运作处于报酬递增的状态。因为运作载体规模扩大带来的经济活动的集中和经济流动性增大，有助于促进高层次业务活动的兴起（因为这些高层次业务活动可在那里找到扩展了的市场）。其结果，就能够创造新的其他地方少有的活动，这反过来则增加了网络平台功能的多样性。因而，规模越大的运作载体，其功能越多样化。这种功能多样性意味着无数活动的集中和交易的复杂性，从而使网络平台主要的协调功能得以发展，其流动势能得以提高。同时，功能多样性也是网络平台运作稳定的一个条件。

然而，一味追求运作载体规模扩张而忽略其自身的效率提高，对提高网络平台的流动势能只是起到事倍功半的效果，甚至犯方向性的错误，与提高网络平台的流动势能背道而驰。因此在实际工作中要注重改善运作载体的效率，尤其在运作载体规模扩张已达到一定阶段性的临界点时，更是如此。运作载体的效率改善，将有助于大幅提升网络平台的流动势能，起到事半功倍的效果。而且，相对于运作载体规模扩张的阶段性，运作载体的效率改善是长期持续不断的过程。运作载体的效率改善，远比其规模扩张来得复杂，其中关键问题是提高内部运作系统协同化以及与外部的协作性。如果内部运作系统缺乏协同性，就会出现流动通道的"梗阻"，或者资源要素得不到有效重组、整合与提升，从而大大影响经济流量扩展；如果与外部缺乏良好的协作性，资源要素流动的来源与去处就会成问题，从而在根本上造成经济流量的萎缩与枯竭。因此不管是基础性设施，还是市场交易系统，或是配套服务体系，都要提高内部协同化和外部协作性的水平，保证大规模经济流量顺利通过城市这一节点而得到更有效率的配置与利用。

此外，提高网络平台的流动势能，必须营造良好的环境条件。除了完善符合国际惯例的税制、管制、法制等制度环境外，就是形成良好的文化环境。全球城市不仅文化积淀深厚、文化存量积累高、文化设施先进，而且形成了在市场经济机制下良性运行的城市文化产业，带动旅游业等相关产业的发展。它们不仅承载着本土的传统文化，而且也善于吸纳和融合其他地区的文化元素，在成为世界文化汇集中心的同时，从城市文化资源中也获得了最大的利益。而在中国，全球城市建设中存在注重实物资本和物质财富积累，忽视历史、文化等软实力构建的倾向，城市建设与发展中置于首位的是生产或单一商业目的，甚至住房建设都放在第二位；城市建设与发展的模式及其政策，通常只是为了要承接跨国资本流入而设计的。其中，最为典型的是一些经济特区的发展模式。这种国际都市形态模式是功用性的，在氛围、空间和精神方面都显得生硬和严酷。事实上，城市文化对吸引跨国资本流入，特别是相关人才的流入已越来越重要。在现代技术条件下，不论市场是在 A 城市还是在 B 城市、或是在 C 城市，这些都没有关系。但人总要住在什么地方。而公司专业技术人员的生活意识在逐渐增强，甚至一些重要的公司决策者也会有一些个人动机（公司也一样），认为他们应该在哪里生活和工作。例如伦敦的一些管理咨询公司认为，从服务客户的观点看，在伦敦设立一个办事机构并不重要。但从咨询团队的角度，从感情因素、社会原因来看，他们则希望迁入伦敦。[①]显然,在公司专业技术人员及其决策者希望居住的地方,就会形成重要的劳动力市场和办公场所。这就强化了城市作为消费场所的重要性,从而凸显出城市文化的魅力。

因此在上海全球城市建设中,要将城市的活力、创新能力与文化创造力结合起来,将文化思维始终贯穿在城市创新活动中。城市决策者要把握住文化的发展动向,从文化的角度考虑和制定各类公共政策、在文化资源和公共政策之间建立一种相互影响、相互协同的关系,开展城市创新决策。在政策实施过程中,要关注城市发展中的不同重点和选择不同的方法,把文化资源置于创新实施的中心,来整合城市的各种资源,达成城市的和谐发展。最后将城市文化的进步,反映、融会和固化于城市景观、产业传统、社会网络、个人技能等方方面面,为集聚高能级功能性机构创造优良环境。

15.2.2 货物流为主导的阶段性重点

在全球网络平台建设中,上海要根据经济发展阶段的要求和现有的基础条件及体制环境,确定其阶段性的重点,寻求发展的突破口。

作为崛起中全球城市,上海在中国经济高速增长及对外开放深化的过程中已具有一定程度的对外联系性,并形成了较大规模的网络流量,但其本身发展尚处于工业化后期向后工业化的转变阶段,现代服务业的发展尚不充分和成熟,再加上国内整体经济发展水平较低以及金融体制等方面制约,尚不具备以资金流、服务流为主导的发展条件和环境。总体上讲,目前尚处在以货物流为主导的网络平台及流量扩展的初级阶段。

对于货物流为主导的流量扩展来讲,上海不仅已具备相应的基础,而且具有得天独厚的有利条件。从目前情况看,中国仍处在大规模的工业化阶段,特别是沿海发达地区在接受国际产业转移的过程中日益成为世界制造业加工中心,形成了大规模的商品和实物流动的需求。尽管目前中国对外贸易的价值量仅占其世界总量的7%,但对外贸易的物流量却占到世界总量的40%。除了大规模的外贸流量外,国内省际贸易的流量也很大。这种大规模货物流的需求,为上海网络平台及流量扩展提供了强有力的支撑。

与此相适应,上海物流运输的基础设施等条件也逐步具备和完善。例如深

---

① Beaverstock, J. V. , Hoyler, M. , Pain, K. and Taylor, P. J. , 2001, "Comparing London and Frankfurt as World Cities: A Relational Study of Contemporary Urban Change", Anglo-German Foundation for the Study of Industrial Society, August.

水港的泊位不断增加,国际航线日益增多。世界最大的集装箱班轮公司之一的马士基公司,5 条亚欧航线中的 4 条、7 条太平洋航线中的 6 条都直通中国。目前,世界前 20 大航运企业在上海港均已开通航线。2006 年上海港新增国际航线 30 条,覆盖范围遍及全球 200 多个国家和地区的 300 多个港口。空港的跑道不断增多,航班起落架次迅速增加。目前,上海空港每天起降国际航班就已超过 300 架次。按照新的规划,浦东机场将最终建成 5 条平行跑道,由三座航站楼共同组成"U"字形航站楼综合体。另外虹桥机场再添一条跑道,西航站楼则与一座高复合度的大型交通枢纽相连接,把航空、高速铁路、长三角城际轨道交通、城市地铁等汇聚一体。与此同时,地区间的交通条件日益完善,形成便捷通达的交通网络。例如长江三角洲区域际间的交通流量走向,已由原来封闭的以省会城市为中心,调整为强化与上海联系,注重城市间的联系。

随着交通运输条件的改善,货物流动能力明显增强,上海已越来越成为国际物流的重要通道。经过 10 年的努力,目前上海港的集散功能已经达到世界先进水平。从 1978 年到 1998 年,上海港用 20 年时间迈上了吞吐量 300 万标箱的台阶。从 2000 年起,仅用三年时间就从 500 万标箱提升至 1000 万标箱。2004 年至 2006 年短短的三年时间里,又实现了"一千万大关"到"两千万大关"的跨越。上海港集装箱吞吐量已超过 3000 万标准箱,居全球第一;货物吞吐量自 2005 年以来一直保持全球第一。

固然,上海全球城市建设,在现阶段的网络平台及流量扩展中,要以货物流扩展作为重点,但在现代经济发展中,各种经济流量相互渗透、相互覆盖,日益呈现出经济流量融合性的趋势,从而为确立以货物流扩展为重点,资金流、信息流等融合发展的混合型新模式提供了可能性。因此在上海全球城市建设中,应该通过货物流的快速扩展,带动资金流、信息流等的培育;通过金融市场发展和信息资源开发等其他要素流的发展,推动货物流的规模扩大和层次提高,形成"多流"并进、相互推动的发展格局,从中培育城市的集散功能、服务功能、产业功能、管理功能,并提升资源配置功能。同时,以周边地区流动为起步,向国内和全球不同层次集散各类资源要素;以外流带动内流分层次推动流量经济的发展。

首先,要着力于货物流主导的网络平台能级与水平的提高,特别是加快与此直接相关的国际贸易中心与国际航运中心建设。从目前的贸易方式看,上海主要以一般贸易和加工贸易为主,是传统意义上的贸易集聚城市。为此,要促进向现代多元化贸易方式的转型,大力发展服务贸易、转口贸易和离岸贸易等,拓展上海国际贸易中心的深度与广度。除了依托深水港、航空港、信息港的口岸优势和专业服务领先发展优势，凸显实体贸易网络的基础性作用外，更要注重创新贸易方式，充分利用信息技术及其网络，加强虚拟网络的功能性构建，吸引电子商务企业在沪高度集聚，促进贸易营销网络从实体向虚拟发展，从区域向全球延伸。依托上海已有的资源或传统优势，进一步形成和完善各种交易量大、辐射面广、功能完善、管理先进的专业交易市场，大力发展以信息发布、网络交易为主，并实行会员制运作模式的现货或期货交易所，逐步形成中国内贸与外贸的"订单中心"和"发货中心"、建立全球采购与配送中心、国内外商业资本运作的管理控制中心。在此过程中，关键是要集聚一批实力强大、功能完善、经营灵活的商贸企业群体，包括能真正实现内外贸一体化，具有很强的网络控制能力的国内商贸企业集团；国外主要商贸企业的区域总部、采购中心、配送中心以及跨国公司的营运中心；以订单吸纳和分拨为主要业务的中介型企业。同时，更新和改造包括信息网络系统、越洋会议系统、现代化办公设施、现代化交易市场、现代化会展中心以及商贸集聚区等硬件设施。在国际航运中心建设中，要提升船队拥有和船舶注册的吨位规模，增加国际航运线路与班次，提高国际中转比例，促进航运服务发展等。

其次，加快发展与货物流相配套的商贸服务、航运服务以及专业服务和信息服务业，构建贸易网络平台和港口综合信息平台。集聚各种高效率、多功能，并相互有机衔接的贸易服务机构和航运服务机构，高效开展诸如商检、报关、货运代理、货款结算、货币兑换以及商务会议、商务通信等一系列贸易辅助活动，以及船舶登记、船舶代理、船舶经纪、船舶检验、船员培训、海事法律等航运服务活动，为货物流主导的要素流动提供快捷、便利的通道和条件。吸引国际上最有影响的展览公司和展览活动进入上海，开展各种层次较高、影响力大、稳定性强的国际大型展览会、展销会，设立某些专业产品或技术的常年展示厅，及时展示和反映国内外最新研究成果和新产品，建设具有全球影响的大型商品博览展示和商业信息中心。在此过程中，关键是要打造贸易、航运服务信息资源集成运用的平台。例如新加坡、釜山和汉堡通过网络信息平台，有效整合了中下游航运产业信息资源，成为地区性的海运货物中转地。

再则，促进货物流在与资金流、信息流等的融合中不断提高能级，增强对其他资源要素流动的带动作用，特别是对金融服务发展的带动作用。大规模的货物流量必定带来大量的资金流、信息流等，并促进相互之间的融合。例如随着离岸贸易的发展，要求有相应的离岸金融配合。上海外高桥保税区等区域的大量跨国公司普遍具有开展离岸贸易的需求和能力。保税区内 6500 多家企业,开展进出口贸易业务的 3220 多家,其中有不少企业正在筹备或已不同程度地参与到离岸贸易运作中,特别是 140 家跨国公司运营中心更为突出。资料显示,外高桥保税区 2006 年离岸贸易项下商品销售额已达到 175 亿美元,2008 年增加到 269 亿美元,2009 年受金融危机影响有所回落,但仍然达到 206 亿美元。离岸贸易催生大量利用离岸平台开立信用证、出口议价、出口托收、担保等贸易结算便利和离岸出口押汇等离岸金融需求。但目前金融体系尚未形成促进离岸贸易发展的充分支持,很多跨国物流和贸易公司即使进入保税区运营,也仅局限在该区域内租赁仓库进行物流运作,其资金结算等金融服务却在周边新加坡、香港等地进行。因此要加快建设由政府推动、专门为非居民交易创设的内外分离型离岸金融中心,提供便利的结算、融资平台,提高资金的周转效率。又如,为促进航运能力扩展,要有船舶租赁、船舶融资、海事保险、运价指数衍生品等航运金融的支持,而我们目前缺少大型国际一流的专业航运融资、保险、租赁、国际航运结算机构。从市场表现看,上海航运保险费规模递增速度低于航运市场发展速度,航运保险费率逐年下降,年费率均值下降比例在 10% 以上。而且,上海航运保险业务集中在市场准入要求低的货运险,很少参与对技术要求高的承运人责任险、码头责任险、船舶险等业务。目前上海的船舶融资市场几乎被国外银行垄断,其中份额最大的是巴黎银行,中资银行船舶融资品牌优势不强。另外,针对航运发展的外汇交易品种不全,主要是现货交易,远期交易和互换交易还未开发。因此,要大力发展航运金融,扩大航运融资规模,提高航运保险水平,开发外汇远期交易和互换交易等品种,创造条件在国外建立广泛的航运金融、航运保险、航运租赁、国际结算、物流金融等航运网络分支机构,以推动上海航运融资、保险的全球服务体系的建立。

最后,要改善以货物流主导的贸易、航运等管理,有效整合货物流的运作环境,促进贸易便利化。调整贸易管理机构,加强各管理部门和层次之间的协调,减少对各种商贸活动的障碍,增加促进商贸活动的动力;整理和修订商贸管理方面的相关政策法规,积极向中央有关部门争取在上海地区先行先试的政策,包括诸如设立自由贸易港、增设免税商店等政策。同时,要改善货物流主导的要素流动环境,提高整体效率。例如货物贸易方面,要逐步提高口岸效率,首先要做到"单一窗口",以电子技术为依托,实现电子政务的一体化与无纸化;然后实行口岸公共环境整合,实现口岸公共管理实体简化与整合;最后实行"口岸商务综合环境整合",把所有涉及进出境的公主体与商务主体(银行、口岸、贸易商、物流商与公共管理)整合到电子商务平台上。上海市《贸易便利化工作规程》附有《贸易便利化指标框架》,已在这方面走出了坚实的一步,需要进一步加强落实与推进。

　　总之,通过加快推进以货物流主导的网络平台及流量扩展,会进一步发挥和增强资源要素集聚与辐射作用,带动和加快各种要素流动速度,提高全球性协调功能,并经过若干年后将会适时转向以资金流主导的网络平台及流量扩展阶段。

16 路径选择:探索合适有效的发展模式

国际经验表明,尽管全球城市发展的目标追求或定位可能趋于相同,但由于所处的背景条件、自身基础、区位因素、历史过程等不同及其构成的特定路径依赖,通常呈现多样化的不同发展形态。按照凯尔(R. Keil)、道格拉斯(M. Douglass)的观点,全球城市的形成有着不同的路径,犹如全球城市分布是一个镶嵌图案。①目前世界上已有的一些较为成熟的全球城市,如纽约、伦敦、东京等,其绝大多数位于发达国家,而且大多是在 20 世纪战后逐步发展起来的。中国作为发展中国家,其全球城市崛起的现实基础及时代背景,与之截然不同,从而也就决定了不能简单仿效这些全球城市的发展模式及其路径。因此,要根据中国及上海的实际情况,探索符合时代特征、中国特色、上海特点的发展模式,选择合适、有效的演化路径。

16.1 特定约束:卷入性、中转性、分散化

融入经济全球化进程,是全球城市形成与发展的基本前提。中国作为后起发展国家,总体上是卷入性参与经济全球化进程的。这在很大程度上构成了上海全球城市建设的特定条件约束性。

① Keil, R., 1998, "Globalization Makes States: Perspectives of Local Governance in the Age of the World Cities", *Review of International Political Economy*, 5(4):616—646; Douglass, M., 2000, "The Rise and Fall of World Cities in the Changing Space-economy of Globalization: Comment on Peter J. Taylor's World Cities and Territorial States Under Conditions of Contemporary Globalization", *Political Geography*, 19(1):43—49.

16.1.1　卷入性参与经济全球化进程

到目前为止，经济全球化进程仍是由发达国家所主导的。尽管我们实行对外开放政策，主动融入经济全球化进程，但作为后起发展国家参与经济全球化进程，无论在起始基础、时间空间、环境条件等方面，以及在经济全球化进程中扮演的角色，均与发达国家大不相同。我们是在一个较低经济发展水平的基础上，卷入性参与经济全球化进程的。

首先，在新的国际劳动地域分工的条件下，中国主要是通过吸引外国直接投资而承接由跨国公司主导的全球商品链的拓展和延伸。在此过程中，呈现出十分明显的基于直接投资的资本流动非对称性，即外商直接投资的大规模流入与中国对外直接投资的极少流出。

其次，在国际产业转移中，输出国凭借着产业技术水平领先优势，掌握着较为主动的选择权，即转移什么样的产业或生产链中的哪部分环节，以及转移的次序和时间安排，而作为承接产业转移的国家，通常是处在被选择的位置，带有较明显的被动接受的特征。

再则，中国基于全球生产体系的大规模对外贸易活动，在很大程度上也是由跨国公司主导的全球商品链向中国延伸的结果。外商直接投资往往采取"两头在外"的生产流程，即大部分技术含量比较高的零部件和技术都由国外提供，而大量的产成品则集中出口到欧美等其他国家，因而我们承接的生产环节更多是加工组装性质。

最后，中国全球制造生产基地的形成及其空间布局的特征，在很大程度上也是由外国直接投资的区位选择所设定的，是跨国公司安排的全球商品链空间布局的结果。在外国直接投资向主要经济区域集中的同时，其流向城市的分布则趋于分散化，不仅流向该区域中大城市或主要城市，也有相当部分流向中小城市或一般城市。

尽管我们是卷入性地参与经济全球化进程，但在大量承接全球商品链的空间延伸以及日益成为世界制造业基地的过程中，已充分感受到世界经济全球空间拓展的变化。更主要的是，外国直接投资通过就业岗位创立和直接参与彼此之间的内部经济活动使得双方的经济与社会发生直接的联系。因此随着中国参与国际产业分工体系的程度不断加深，内部经济与外部经济的渗透与互动态势日益明显，不仅在国内的联系上，而且在与外部的联系中都产生了巨大的经济流量。更何况，这一巨大经济流量又是与中国日益成为世界经济增长"引擎"和全球经济增长平衡力量之一的因素紧密联系在一起。显然,随着中国内外经济联系中的流量规模迅速增大,作为其中转和交汇的重要载体的中心城市,势必要求在内部经济与外部经济之间渗透与互动中充当起重要角色,发挥桥梁和通道的重要作用。这不仅将极大地促进城市发展,而且也将深刻改变城市功能,使城市在连接内部经济与外部经济的交互作用中不断拓展对外经济联系,提高经济外向度和国际化水平,并逐步转变为面向全球的城市,融入全球城市网络之中,越来越多地承担起全球网络节点的功能,进而为中国全球城市的崛起提供了必要的条件和现实基础。

16.1.2　条件约束性的主要表现

必须看到,这种卷入性参与经济全球化进程的属性,对于崛起中的全球城市依据在全球城市网络中的定位来寻求新的经济功能和形成新的城市系统,有着重大的影响和特定的约束性。

中国主要是通过吸引外国直接投资,使全球商品链向中国延伸,从而承接国际产业的转移。而在此过程中,每一次国际产业转移的升级,总是表现为外部移植的产业水平要高于国内水平,进而促进国内产业发展水平的提升和产业结构升级。因此,作为国内制造业中心或加工基地的大城市,原先封闭经济条件下保持的较高产业发展水平的优势就不复存在了。在这种情况下,通过直接从国外引进先进技术、设备,接受来自外部的技术创新扩散,便可以迅速站立在高于国内水平的新的起点上。而且,即使是那些原先没有什么工业基础的地方,通过此捷径,都有可能在高于国内水平的新起点上迅速推进制造生产活动的发展。显然,这对于崛起中全球城市的功能转型具有重大制约性。

另外,以外国直接投资单向流入,并辅之以大规模贸易活动的方式参与经济全球化进程,通过外国直接投资促进基于全球生产体系的大规模贸易活动发展的环境条件,对于全球城市的崛起及其在全球城市网络中的定位,也有重大的影响和特定的约束性。由于我们主要是引进外部的技术、资金、设备、管理等资源要素,接受全球性的资源配置,所以城市在全球联系中更多地充当外部资源流入与产成品流出的桥梁作用,甚至是扮演外部资源(资本、技术等)与本地资源(劳动力)相结合的生产加工集聚地的角色。这种城市外部联系的建立是嵌入式的,更多地依赖于外部输入的联系,而不是主动向外(全球)输出及其延伸的结果。因此相对于发达国家的全球城市来说,它只是有限地连接全球经济。当然,伴随着这种资源要素的单向内流,也会形成相应的服务流,如投资信息服务、中介服务、咨询服务、会计与审计服务、法律服务等,但其服务流的扩展则是比较缓慢的。由于缺乏这种资本(直接投资)要素的交互式流动,即使像上海等中心城市也难以成为全球经济协同中的一个交互式节点,而只是在全球范围内施加影响的重要"中转"节点,充当负责接受或运送内向流动的协调/运送中心。

还有,外国直接投资向主要经济区域集中且流向城市分散化的格局,并通过外部流入促进当地经济发展和增强全球联系性的环境条件,对于中国全球城市崛起及其路径依赖也有重大的影响和特定的约束性。首先带来的是该地区及其城市的全球性联系增强。这一方面意味着更多的城市趋于国际化,建立起全球性联系;另一方面则意味着这些城市都只是建立起有限的外部联系,而没有一个城市能建立起非常突出的全球性联系。与此同时,在外部资源流入的区域集中化及区域内城市的分散化的情况下,也势必形成同一区域内诸多城市快速发展,各自具有较大经济规模和较高发展水平的基本特点。这些城市在其国内联系并不十分紧密的基础上呈现出全球联系性的不断增强,客观上形成一种对国内中心城市的离心力,驱使其相对摆脱或游离于国内城市之间的依赖性联系,特别是相对弱化与国内中心城市的依赖性联系。这种状态甚至会发展到一种极端的情况,即这些城市的国际联系程度超过或强于国内联系程度。显然,这种全球联系性的泛化效应将对中心城市地位极化有着重大影响。

16.2　全球城市发展模式的选择

中国卷入性地参与全球化进程对全球城市崛起形成的特定约束性,意味着我们不可能完全按照发达国家全球城市兴起之时的经济功能转换的逻辑过程,也不可能完全复制像纽约、伦敦、东京这类全球城市所具有的流动空间的构造方式,更不可能模仿这些全球城市单极化发展的格局。这些特定的约束性,在很大程度上决定了中国全球城市发展模式的选择。

16.2.1　城市功能转换的逻辑过程:借助于全球商品链

在全球城市形成与发展中,城市系统的各个组成部分都卷入了一个摈弃旧活动、获取新活动的过程。例如,像纽约、伦敦等全球城市均经历了这一经济功能转换和城市系统更新的过程,主要是通过制造生产活动及其企业向外(国内外)转移,同时保留及集聚了大量与其分散化的制造生产活动有直接关系的管理与服务机构,从而实现了从制造业中心向金融商务服务中心的转变。

与发达国家的城市功能转换是一个自然演化过程不同,在中国卷入性参与全球化进程中,外部移植产业对国内产业的冲击,引发大城市制造业的"孤岛沉没"效应,使其逐步丧失对外辐射和转移的能力。在此过程中,显然也就不复存在所谓对制造生产活动分散化的控制与管理的职能,从而与此相配套的生产者服务发展也就丧失了坚实的基础。这意味着,在城市旧的经济功能丧失的同时,并没有内生出新的经济功能可用以替代。其结果,只能是经济实力下降,城市趋于衰退。如果这些大城市不甘心由此沉没,势必也要通过引进外来先进技术、设备、管理等来提升制造产业水平,提高制造业的竞争能力。上海在"十五"期间提出构筑工业新高地,实际上是对其制造业"孤岛沉没"效应的一种强烈回应。显而易见,这只能是进一步强化其原有的制造功能,在较长一段时间内形成新旧经济功能相对峙的局面。

因此中国全球城市的崛起,一方面必须经历一个以新的经济功能替代旧的经济功能、以新兴经济活动替代传统经济活动的过程,最终形成以服务经济为基础的产业结构体系和城市综合服务功能体系;但另一方面,受到外部移植产业的"孤岛沉没"效应冲击及其"倒逼"机制的特定约束,城市新旧经济功能的转换不具有自然演化的内生性。在这种情况下,可能要借助于日益延伸到中国的全球商品链来实现城市经济功能转换。

首先,在城市旧的经济功能丧失中无法内生出新的经济功能的情况下,一个可弥补的办法就是从外部移植新的经济功能进行替代。具体讲,就是吸引跨国公司地区总部及研发中心、外资金融机构及各类生产者服务公司(如会计师事务所、律师事务所、中介咨询公司等)入驻城市。这些机构的进入,自身就带来了大量新的经济活动(主要是服务活动),而且这些机构在全球或地区具有广泛的网络,由此也带来了大量的人流和信息流。因此当这些机构的进入及其活动达到一定的程度,并带动本地服务活动的兴起(大量是与其配套的服务活动),便能赋予城市新的经济功能。当然,这些管理、服务机构并不是凭空、随机进入的,而是伴随其大量直接投资,并已形成大规模生产活动的基础上才选择进入某些大城市的,即全球商品链的空间延伸是这些机构进入的前提条件。此外,一个更为重要的充分条件,就是城市的环境条件能否满足这些外来管理、服务机构的有效运作。除了城市的区位、基础设施、交通与通信、办公楼宇、专业人才、生活居住等环境条件外,更重要的是管制程度、经济政策、市场秩序等软环境。如果缺乏相应的环境条件,这些机构就不会轻易进入,即使进入了(出于长远考虑的战略性布局),也无法有效地运作。

其次,在城市旧的经济功能丧失中无法内生出新的经济功能,且缺乏相应软环境条件从而影响外部植入新经济功能的情况下,一个不得已的选择就是:借助于全球商品链提升制造业水平,培育制造产业部门的创新领导性企业和形成创新生产簇群,并通过自主创新增强制造业向外转移的能力,逐步转向服务经济。这里的关键,不在于要不要制造业,而在于如何发展制造业。支撑现代国际大都市建设的制造业发展,是高度集中于适合城市特点的少数先进产业部门,并且是在创新基础上的不断能级提升,最终演变为具有中枢管理功能的部门。

16.2.2 流动空间的构造方式:依赖于大规模贸易流量

从发达国家的全球城市形成与发展来看,主要是通过服务流的扩展而与外部其他城市建立起广泛的联系。高度集中于全球城市的跨国公司总部对全球商品链的控制与管理,主要是通过技术、设计、品牌、销售网络等服务流来实现的;同样,大量集中于全球城市的专业商务服务的提供,也是通过信息、知识等服务流来实现的。事实上,在整个全球城市网络中,服务流在节点的连接中起了主要的作用。而作为外部连接最广泛、最密集的全球城市,自然是服务流最为频繁的重要节点。但这里的一个前提条件是,发达国家具有全球性资源配置的能力,既有大量的向内流入,又有大量的向外流出,特别是金融的双向流动。外国直接投资的双向流动,通常会形成深度的、双边的经济一体化。因此,在这种资源要素交互式流动中,不仅形成大规模的服务流,而且使承载这些服务流的城市自然而然地成为一个交互式节点,并向全球城市的方向演化。

与此不同,中国在卷入性参与全球化进程中,外国直接投资的单向流入难以直接形成大规模的服务流。在这种情况下,中国的城市更为频繁地依赖全球城市的外来输入,而较少有相互之间的交流,更不会(或不能)像那些主要全球城市那样促进服务于全球经济发展的资本(或信息)的外向流动。但必须看到,外国直接投资的"两头在外"加工组装的生产流程所带来的大规模商品贸易流,却是中国全球城市崛起中一个不能忽视的重要变量。

与传统的世界贸易格局(核心与外围)不同,现代国际贸易是建立在全球商品链基础上的,其本质的区别就在于:这种新模式不仅是降低劳动成本,体现比较优势,更重要的是存在着复杂的知识流动。因为"跨国公司在发展中国家的当地合伙人是按国际生产标准从事生产的——(而且)这种知识流动及伴随的经验将对那些'去地方化'活动产生重要影响"(如重新部署到欠发达国家)。在这些关联中,通过学习和从一个产业到许多其他产业的知识运用,使简单的贸易效应得以丰富。这意味着一些国家和地区能够通过全球商品链以及在此过程中获得开发项目而发展起来。同时,由于商品贸易流量主要是通过作为贸易中心和航运中心的城市节点而实现的,所以基于全球生产的大规模的商品贸易流量,将使这些城市在全球经济贸易活动中起到重要的作用,同时也将使这些城市极大地扩展对外联系。贸易在当地的外部联系产生中起了重要作用,从更广的意义上说明贸易起到了全球关联的通道作用。

一般而言,城市外贸依存度与城市国际化程度之间存在着高度的相关性。外贸依存度高,与国际市场的联系更紧密,对周边国家、地区的辐射力和经济拉动力也越强。因此,一些全球城市除了有较高的服务流量外,也就具有较高的外贸依存度。纽约、伦敦、东京的外贸依存度都在 500% 以上。中国香港 1990 年的外贸依存度为 220%,1998 年升至 352%;1995 年新加坡外贸依存度为 180%,1998 年升至 230%。近年来中国一些主要城市的外贸依存度迅速提高,且与全国的差距逐渐拉大,明显高于全国水平。上海外贸依存度呈现加速提高的态势。1996—1999 年外贸依存度由 62.6% 稳步上升到 76.3%;2000—2001 年外贸依存度保持在 95% 左右;2002—2004 年外贸依存度由 104.8% 迅速提高到 164.1%;2006 年上海外贸进出口总额 2274.89 亿美元,比上年增长 22.1%,外贸依存度已达 174.9%,比全国 63.86% 高出 111 个百分点。

可见,中国全球城市的崛起,并不具有发达国家主要城市基于资本双向流动的服务流迅速扩展的环境条件,而是要更多依赖于外国直接投资的单向流入及其带来的大规模贸易流量,通过商品贸易流来扩展对外联系,与全球的流动空间发生联系,并借助于商品贸易流来扩展服务流,形成商品贸易流与服务流的互动,更深层地融入全球城市网络之中。

16.2.3　发展形态:寓于全球城市区域

在发达国家主动推进全球化或主导性地参与全球化进程中,通过生产的全球分散化和管理、控制中心及其相关生产者服务的高度集中化,完全有可能使某些中心城市单独演化成全球城市。尽管其地域邻近的周边城市,外向性程度并不高,全球联系较少,仍然以国内联系为主,但这并不影响这些城市凭借传统因素或特定的区位不断地极化发展,进一步走向全球城市。例如纽约、东京各自成为美国和日本的经济中心,具有难以撼动的核心地位。这些中心城市与其周边城市乃至国内其他城市相比,明显处于更高层级。纽约人口占纽约大都市圈的

61.6%,GDP 占 60.3%,是周边地区合计的 1.2 倍多;东京都的人口比重虽然较低,但 GDP 占东京大都市圈的 54.9%,第三产业占 60.8%(2002 年)。因此 20 世纪 70—80 年代出现的全球城市(如纽约、伦敦等),在城市关联性上可谓"鹤立鸡群",具有"外强内弱"的明显特征,即具有十分强大的全球联系,却与其周边城市及国内城市的联系性相对较弱。

在当今全球化与信息化进程不断深化的背景下,发展中国家承接全球商品链的拓展与延伸,首先促进的是区域的全球化城市发展,以及以此为基础的全球城市区域的不断兴起。中国承接了大规模的跨国公司全球商品链的拓展与延伸,特别是长三角、珠三角和环渤海湾地区形成了高度外向型经济。在外部资源大规模流入从而使中国城市嵌入式地形成全球性联系的情况下,不仅将促使该地区的诸多城市国际化,而且也将形成多点并重快速发展格局,更多地表现为区域内城市多极化发展趋向。由于融入或参与全球化与信息化进程的方式不同,发展中国家并不具备通过生产全球分散化和管理、控制中心及其相关生产者服务的高度集中化,从而使某些中心城市演化成全球城市的路径依赖,不可能复制发达国家早期全球城市单独形成的发展模式。

中国全球城市的崛起,其外部联系性增强及其地位极化,将受到地区全球性联系泛化效应的特定约束,必定产生于这一区域的全球化城市之中,而不是独立于其外的。从这一意义上讲,发展中国家的全球城市崛起依赖于全球城市区域的发展,与全球城市区域是一种共生性关系。如果能够自觉意识到这一点,加强全球城市区域中的合作与协调,积极组建地域联盟(无论自上而下或自下而上),促进其协作规定的集体秩序,共同谋求提高处理行政和政策问题的区域能力,形成一些可利用的新的空间范围,即充当了企业参与全球市场竞争的地域平台,以适应不断变化的世界体系,将提高整个全球城市区域的竞争能力和促进其经济效益。而在此过程中,崛起中的全球城市将以经济联系为基础,扩展联合其周边经济实力较为雄厚的二级大中城市,一方面将充当全球城市网络的重要节点;另一方面又将担任地区经济发展中心的角色,起着协调、整合城市区域资源和强化区域内城市经济联系以融入全球化网络的重要作用。

17 必然趋势：构建服务经济主导的产业基础

　　全球城市的产业基础不具有传统沿袭或主观臆想的随意性，而是与全球经济发展特征紧密相关的，由其城市特定功能及其在全球城市网络中的地位所规定的。上海全球城市建设，同样面临着产业基础转换的问题，其核心问题是要以成本最小化的特殊路径实现产业基础转换，构建高端化、集约化、服务化的新型产业体系，促进基于产业融合的服务经济发展，支撑网络平台及其流量扩展，发挥全球性的协调功能。

17.1　产业基础转换是必然趋势

　　全球城市的崛起，依赖于什么样的产业基础？从那些已经形成或成熟的全球城市的参照系来看，这一答案似乎是显而易见的，即依赖于服务经济主导的产业基础。上海全球城市建设中，特别是在网络平台及其流量扩展中，势必面临产业基础转换问题。然而，由于存在一系列的机会成本及其实际支付的成本，以及成本支出与收益获取在时间上的非同步性，往往给人们带来较大的困惑。但不管怎样，构建服务经济为主导的产业基础是其唯一的选择。

17.1.1　全球城市产业基础的唯一规定性

　　从一般城市来讲，其产业基础可能是多元的，即城市并非完全是服务业的集聚地，也可能是制造业的集聚地，因为城市有一个产业定位与产业分工问题。但对于全球城市来讲，服务经济主导的产业基础是其唯一的规定性。

　　与一般城市不同，全球城市首先要体现全球先进性，充分反映全球经济发展先进水平的基本特征。目前世界经济实际上转向以服务商品的生产和消费为主,已经步入了"服务经济"时代。2008年,世界服务业平均比重已达70%,发达国家服务比重更是高达74%。随着服务业的发展及其产出增长,服务消费规模也越来越大,世界服务消费已占到所有消费的1/2左右。在这种背景下,经济服务化趋向已成为影响企业区位选择决策的一个重要约束条件,促使城市中原有制造企业向外转移,而在城市中心地区集中越来越多的公司总部和服务机构。特别是全球城市,更是以其独一无二的区位优势、环境条件以及丰富的人力资源和信息资源等,成为现代服务部门高度密集化的地理空间。因此全球经济向更高水平的发展,赋予了全球城市全新的内涵和时代特征,对其产业基础提出了基本规定性。

而且,以服务经济为主导的产业发展是全球城市经济增长的主要驱动力。随着服务业在经济活动中的地位日趋上升,其对经济增长的贡献越来越大,不仅表现为服务业增长速度超过其他部门以及在经济总量中居主导地位,也同样反映在产业关联的乘数效应上,服务业提供的服务正成为其他部门生产的一个越来越重要的中间投入,对整个经济产出的影响越来越大。因此,现代城市的经济增长主要是源于现代服务业发展。对于那些处于全球城市网络体系中较高层级的全球城市,其经济增长更是依靠高度专业化的服务和金融产品的生产。例如,伦敦就业比重高达82%的服务业,其服务出口就为英国国际贸易收支平衡作出了突出贡献,仅律师、医疗服务、文化娱乐业带来的净收入高达27亿英镑,保险业对英国经济的贡献更高达40多亿英镑。

更为重要的,在整个全球城市网络中,服务流在节点的连接中起了主要的作用,现代服务部门支撑着跨区性协调功能,特别是全球性协调功能,例如专业化商贸服务功能、公司总部及国际组织的管理功能,以及科技、教育、金融、信息、咨询等服务功能和创新功能等。作为外部连接最广泛、最密集的全球城市,自然是服务流最为频繁的重要节点,同时也具有全球性协调功能。

与此相比,制造经济主导的产业基础,尽管也体现某些产业部门的先进性,如先进装备业、高科技制造业、战略性新兴产业等,但其并不成为影响企业区位选择决策的一个重要约束条件,进而引导大量制造企业进入城市之中。而且,现代制造业尽管也能成为一个城市经济增长的主要驱动力,但随着土地资源稀缺、劳动生产成本上升、环境资源等约束条件的趋紧,是难以持续发展的。更为重要的是,制造经济主导的产业基础是以生产平台为主,形成以产品与能源、原材料等为主的要素流动,基本上是传统的"点对点"或"点对面"的经济流动性,而不是网络化的经济流动性,从而难以形成跨区域性、全球性协调功能。

因此,几乎所有全球城市(如伦敦、纽约、东京、巴黎等)在其形成与发展中,都经历了一个产业基础转换的重要过程,即作为制造中心的历史性转变。例如,1971—1989 年,伦敦制造业失去了 70 万个岗位,运输业失去了 4 万个岗位,而金融保险和其他商务服务则获得了 46 万个岗位。在 1984—1987 年间,伦敦中心城区的生产者服务部门在总就业中的比重从 31% 上升到 37%,到 1989 年达到 40%,而其他行业就业人数则出现相对或绝对下降的趋势。纽约的制造业就业比重从 1950 年的 29% 下降到 1987 年的 10.5%,生产者服务业却从 25.8% 上升到 46.1%。其中,法律服务、商务服务、银行业增长最快。1977—1985 年,法律咨询服务的就业人数增长了 62%,商务服务的就业人数增长了 42%,银行业的就业人数增长了 23%。东京也是如此,服务业部门迅速扩张。1983—1988 年东京的事务所和银行用地面积,从 112.9 万平方米扩大到 281.6 万平方米,增长了近 1.5 倍。①通过这一产业基础的转换,这些全球城市均形成了以服务经济主导的产业结构,金融业、高级商务和专业服务业、文化艺术和娱乐业、通信和传媒等行业成为驱动经济发展的主导力量。

17.1.2　产业基础转换成本

全球城市建设,势必要求产业基础转换,但现实中的产业基础转换是十分困难的,要付出相应的成本。一般情况下,即便制度环境条件都具备,从而可以保证服务业内生性的发展,仍然有一个机会成本问题,即服务业比较劳动生产率较低所带来的成本支付。

在产业结构转换中,产业收入弹性与相对成本是决定性的自变量。通常,收入弹性递增而相对成本下降的产业部门将替代收入弹性递减而相对成本上升的产业部门,而在产业结构中居主导地位。例如,在转向以工业经济为主的产业基础时,制造业不仅收入弹性递增,远高于农业收入弹性,而且由于技术进步的推动,相对成本明显下降,劳动生产率不断提高。因此,以工业经济为主的产业基础转换,有可能在保持和促进经济较快发展的同时而得以实现。

但在转向以服务经济为主的产业基础时,情况有所不同。尽管服务业的产业收入弹性是随着人均收入提高而递增的,较高的产业收入弹性使其将在产业结构中占较大的份额,但服务业的相对成本下降并不显著,部门比较劳动生产率

---

① 俞文华:《战后纽约、伦敦和东京的社会经济结构演变及其动因》,《城市问题》1999 年第 2 期。

较低。有关数据表明，发达国家服务业就业比重普遍大大高于服务业产值比重，因而服务业劳动生产率水平普遍低于其他产业。例如，英国、加拿大、法国和澳大利亚等比较劳动生产率指标系数都低于 1(见表 17.1)，这意味着服务业与其部门规模比较而言，对于整体生产率的贡献是有限的。服务业部门比较劳动生产率较低的特性，对城市的产业基础转换带来的影响，就是因"成本病"而导致的经济增长减缓，以及由此产生的就业等问题。

表 17.1　部分国家服务业比较劳动生产率　　　　　　　　　　(%)

	1980 年	1985 年	1990 年	1995 年	2000 年
美　国	0.97	1.01	0.99	0.99	0.99
英　国	0.92	1.00	0.95	0.94	0.96
加拿大	0.88	0.93	0.92	0.89	—
法　国	1.07	1.10	0.97	0.97	0.97
澳大利亚	0.89	1.00	0.96	0.94	0.97
德　国	—	—	1.07	1.08	1.06
意大利	1.10	1.15	1.07	1.10	1.10
墨西哥	2.38	—	1.60	1.24	1.24
日　本	1.04	1.04	1.00	1.07	1.06
韩　国	—	—	1.02	0.94	0.87
印　度	—	—	2.41	2.20	—
高收入国家	1.04	1.10	1.00	1.00	1.01
中等收入国家	2.47	—	2.04	1.96	2.29
低收入国家	—	—	2.05	1.50	—
世　界	—	—	2.07	1.88	—

资料来源：根据世界发展指标数据库(World Development Indicators Database)数据计算。

17.1.3　崛起中全球城市的产业基础转换是一个更加复杂过程

如果说发达国家的城市产业基础转换大致是一个自然过程，那么发展中国家的崛起中全球城市的产业基础转换则是一个更加复杂过程，往往面临更大的困惑。

从上海产业结构变动看，服务业增加值占 GDP 的比重从 20% 上升到 30%，用了 10 年时间(即 1981—1990 年)；从 30% 到 40% 用了 5 年时间(即 1990—1995 年)；从 40% 到 50% 用了 5 年时间(即 1995—2000 年)，特别是 1999 年服务业增加值所占比重达到 49.59%，首次超过第二产业，高出 1.16 个百分点，打破了"二、三、一"的产业格局。我们知道,在发达国家的城市产业结构变动中,一旦服务业比重超过制造业比重,就会持续拉大其比重差距,很少出现两者比重处于胶着状态。但在以后的若干年,上海服务业发展呈现相对减速态势。2001—2005 年,服务业增加值年均增长为 10.9%,不仅远低于 1996—2000 年的平均年增长率 15.5%,还低于 1991—1995 年的平均年增长率 12.8%。与此同时,第二产业发展明显加速。2001—2005 年,第二产业增加值的平均年增长率高达13.3%,远高于 1996—2000 年的平均年增长率 9.7%,比同期服务业增加值年均增长率高出 2.4 个百分点。特别是 2001 年,第二产业、工业的贡献率大幅反弹,甚至超过了 1995 年的水平,而服务业贡献率却大幅下降(见表 17.2)。2002 年,第二产业和工业的产值比重轻微下降,服务业略微上升,但前两者的贡献率下降幅度大于其产值比重下降幅度,后者的贡献率上升幅度却大于其产值比重上升幅度。到 2006 年,第二产业增加值增长率(12.8%)及其对经济增长贡献率(51.7%)仍分别高于第三产业 1.3 个百分点和 3.4 个百分点。在此期间,服务业增加值占 GDP 的比重并没有继续呈递增趋势,而只是略高于第二产业比重,总体上二、三产业比例处于胶着状态。直至 2008 年受全球金融危机的冲击,因制造业增速大幅下降,才使服务业比重迅速跃升至 2009 年的 59.4%,但随后又回落到 2011 年的 57.9%。

表 17.2　上海产业的经济增长贡献率　　　　　　　　　　(%)

年份	第二产业	其中工业	第三产业	其　　中			
				交通运输仓储电信	批发零售贸易餐饮	金融保险	房地产
1990	49.4	43.1	45.9	22.9	0.5	14.8	
1995	55.2	49.2	43.8	3.8	9.8	3.7	21.5
2000	42.3	41.0	57.0	9.1	11.3	21.5	7.4
2001	56.0	51.1	43.5	6.0	16.4		11.4
2002	52.6	49.8	46.9	7.3	10.6	0.3	8.5

资料来源:转引自郑凯捷:《从与香港的比较中看上海产业结构发展》,《上海综合经济》2004 年第 1—2 期。

那么,上海在产业结构变动中为什么会出现这种复杂现象? 有人把这一现象解读为:不是服务业发展太慢,而是制造业发展太快了。细细想来,此话也不无道理。按常规看,服务业年均两位数的增长确实也不算慢,问题是制造业为什么会保持更快的增长速度。因为与发达国家城市产业基础转换的背景不同,我们面临的一个现实背景条件是：现阶段中国正处于工业化和城市化加速发展进程中，且又是在大规模承接国际产业转移的开放经济条件下展开的。

一方面，国内工业化和城市化加速发展对上海制造业形成强大的需求。目前上海工业产品销售中的本地市场、国内市场和国外市场的比例大致为 3∶4∶3，本地市场只占全部市场的 30%，其中还分为消费品市场和投资品市场。而随着西部开发、中部崛起、东北振兴、东部加快发展，在基础设施建设和工业生产等方面形成巨大投入，对上海装备产品等投资品的需求迅速增加，尤其是中西部地区的电力和农村电网建设为上海扩大电站设备生产提供了机遇。与此同时，2008年全球金融危机爆发之前的若干年里，外需也很强劲，特别是机电产品的出口。

另一方面，在中国承接国际制造业大规模转移中，上海作为连接全球商品链的一个重要接口，其本身往往成为吸引外商直接投资的主要基地，引入大量制造业的项目。自 20 世纪 90 年代以来，上海建设了漕泾、临港等一批国家级开发区，引进了巴斯夫等一批大项目，构筑起以六大重点工业行业为支柱的工业新高地。2006 年，电子信息、汽车、成套设备等六大重点工业行业总产值增长 17.9%，比非重点工业行业高出 9 个百分点；占全市比重达到 64.4%。也就是，上海制造业发展有着较好供给条件的支持。

这两方面因素的有机结合，一定程度上促进了上海制造业的迅速发展，进一步强化了制造业贡献率，并导致结构转换处于胶着状态。在这种情况下，如果维持这种"双轮"驱动增长的局面，虽然可以继续保持城市经济高速增长，但产业基础转换则将停滞不前；如果加快产业基础转换，在服务业已经两位数增长的情况下（实际上，服务业增长具有平稳性，不可能产生跳跃式增长），就意味着要放弃制造业的相对比较优势和比较利益，势必导致城市经济的严重滑坡，至少在短期内是如此。更何况，放弃制造业发展，是否能带来服务业的长足发展，或者说服务业的发展能否替代制造业而支撑起城市经济的一定增长水平，还是一个很大的问号。我们知道，服务业的长足发展不仅取决于需求拉动和供给创造，更受制于相应的制度环境，而中国目前的税制、管制、法制、信用制度等对服务经济发展尚有较大的抑制，地方政府改善这些制度环境所起的作用则十分有限。因此，上海全球城市建设中的产业基础转换面临着更大的成本付出，特别是机会成本很大。

17.1.4 尽可能降低产业基础转换成本

从长远来看，上海这种"双轮"驱动增长的局面是不可能持久的，产业基础转换势在必行。从制造业本身发展来讲，其约束条件将日益趋紧：一是土地资源越来越稀缺,受城市用地的限制以及土地级差的支配,地均产出的要求越来越强烈,已成为城市产业的市场选择的一个重要指标。二是劳动成本和商务成本的迅速提高,正在重新调整产业进入门槛,强行驱逐低附加值的制造业部门。再加上国内外及周边地区强有力的竞争挤压,迫使一些缺乏竞争优势的制造业部门逐步消亡。三是环境约束刚性化,严格执行国家下达的节能减排的约束性指标,迫使调整高能耗、高污染、高危险的制造行业和企业。

显然,这将促使主要城市产业部门实行更新换代,或者是更替换新,重点转向内含高度化,即新兴产业部门替代传统产业部门;高端或高附加值产业部门替代低端或低附加值产业部门;高技术、高智力含量的产业部门替代低技术、低智力含量的产业部门。否则,我们将为之付出更大的成本。

因此,上海在全球城市建设中形成以服务经济为主的产业基础,是必然的趋势和努力的方向,为此支付的成本也是必需的。只不过在这一产业基础转换中要更讲究艺术性,把握好转换的节奏,尽可能降低转换成本,使这种成本支付带来相应的未来收益的,即主要体现在城市能级水平的提高上。

17.2   把握服务经济发展条件及问题:为产业转换奠定基础

崛起中的全球城市必须适应全球经济服务化的要求,并通过构建以服务经济为主导的产业基础来提升城市能级,促进网络平台及其流量扩展。为此,要准确把握现代服务经济发展新趋势及其特征,充分认识服务需求的潜力和服务供给条件的变化,深刻认识服务经济发展的制度环境要求,为促进产业基础转换奠定坚实基础。

17.2.1   发展服务经济的潜在需求

崛起中的全球城市形成以服务经济主导的产业基础,是十分必要和迫切的,但并不是主观臆想或人为造势的。我们首先要充分认识上海发展服务经济方面的潜在需求,并审时度势,乘势而为,充分释放潜在需求的拉动力。否则,会加剧产业基础转换的摩擦与增大不必要的成本。

我们知道,服务产品,特别是一些新兴服务产品(包括金融创新、一些社会服务和个人福利服务)与制造业产品相比,收入弹性较大,其需求增长最大可能是居民或企业收入增长的结果。同时,农业和制造业产品的价格相对于服务业产品价格的下降,也是一个主要原因。由于农业和制造业产品的价格弹性小于服务产品,在农业和制造业产品上增加的开支要小于在服务业上增加的开支,从而整体上对服务的需求上升得较快。因此,随着收入水平和生活水平的提高,休闲时间的增加,人的平均寿命的提高等,产品的物质边际效用趋于递减,人们开始逐步转向服务消费,对各种服务就产生了直接而巨大的需求。根据国际经验,在人均 GDP 5000 美元向 8000 美元过渡的阶段,居民消费中的交通通信、医疗保健、教育文化上述三项的服务消费支出比重大约会上升 2—4 个百分点。上海人均 GDP 已达 12000 美元,对此类服务消费需求更为强劲,甚至包括收入弹性较高的城市居民家庭对社区服务的需求都将出现显著的增长。发达国家的统计资料表明,OECD 国家从 1971 年到 1992 年的 20 年间,社区及个人服务占 GDP 的比重从 6.8% 增加到 9.5%,其占服务业的比重从 12.6% 增加到 16.3%。在此过程中,涌现出大量新兴服务形式和各种家务代理服务业,包括各种便利店、家庭餐馆、配菜送货上门服务、婴儿旅馆、万能服务店等,由专业医师为会员提供健康方面的咨询和建议的各种综合性健康管理服务公司,甚至出现了诸如教年轻的父母如何同孩子做游戏这样的服务公司。

除此之外,与工业化高度发展相联系的中间服务投入增加也将带来强烈的服务需求。国际经验表明,工业化发展以及向后工业化的过渡,产生了制造业对服务的大量引致需求。例如在日本 1970—1980 年的高速发展阶段中,制造业对服务业的中间需求年均增长率为 13.4%,要高于对制造业本身的中间需求年均增长率的 11.3%。如果将制造业分解,可以进一步看出以机器装备工业对服务业的中间需求为 20%,运输机械为 19.7%,电气机械为 14.9%,金属初级产品为 12.1,化学制品为 10.8。目前中国工业化进程正进一步加速,逐步进入重化工业发展阶段,从而将使产业间的关联更为复杂,产业链进一步延伸,产业间的交易规模扩大。随着产业间物质产品中间投入的增加,势必促进服务中间投入的增加。因为作为一个中间服务部门,生产者服务与所有其他经济部门有着密切的关系,包括与制造业有着强有力的关联,以及内部服务的关联。这种联系产生了两种不同的效应:一是产品生产的增长自动驱使生产者服务的需求增长,并导致进一步的多重效果。据美国 1997 年的公司调查,美国公司 8000 万美元以上的服务开支增加了 26%。在公司的总支出费用中,信息技术服务占全部费用的 30%,人力资源服务占 16%,市场和销售服务占 14%,金融服务占 11%,仅仅这几项服务支出已经占到总支出的 71%。二是生产者服务是将新的增加值导入商品生产过程的运载工具,这种新的增加值能够引导生产成本降低,促进产品改善和新产品发展,采取更有效的商品配送方法。因此,适应更多商品需求的中间服务投入,反过来促进和改变商品需求的混合。

与此同时,随着市场竞争的加剧,为保持核心竞争力,做强其核心业务,企业活动(特别是其中的配套服务)外置将明显增多。日本通产省在 1997 年的调查表明,工作培训(0.1%)、信息系统(19.7%)、生产方法(17.4%)、会计和税收(14.0%)、研发(13.7%)等服务,也是外部采购的主要项目。更何况,现代制造业发展本身日益呈现"服务化"(servicisation)的新趋向,业务模式将从制造一种产品转向提供一种服务,其附加值中有越来越大的比重来源于服务,而不是加工制造。越来越多的制造业正在变得无形,开始以个人品位而定制,越来越多的服务却开始在远距离提供,开始大规模生产。因此在上海服务经济发展中,这种中间投入服务的潜在需求将是十分巨大的。

17.2.2　影响服务经济发展潜力的特殊因素

与上面分析的因素结合在一起,还有一个对上海服务经济发展潜力有特殊影响的因素,就是在中国工业化进程进一步加速的同时,面临着国际制造业大规模向中国转移的战略机遇,特别是长三角地区、珠三角地区等,在国际制造业转移中承接了众多的投资项目,逐步形成世界制造业基地。这对上海发展服务经济的潜力产生两方面的影响:一是制造业国际转移带来服务业国际转移。一般来讲,发达国家或跨国公司通过贸易和外国直接投资实现了工业生产的国际化,同时也会要求在贸易、金融、会计和法律等领域提供相应的配套服务。因此,工业跨国公司,特别在一开始,建立了许多相关的服务机构。跨国公司提供的许多服务都是中介性服务,表明服务国际化是紧跟工业国际化的。如果说制造加工的国际转移主要分散在某些地区,那么相应的配套服务则趋于集中在主要城市。二是地区制造业大规模发展和高度化带来的对服务需求的溢出效应。实证分析表明,上海本地工业的发展对其自身服务业发展具有负面效应,即"同地区产业交叉系数"为负(分别为-7.497、-0.978、-4.607)。而上海周边地区即江浙两省的工业发展对上海本地服务业发展的影响却都是正面的,即"异地产业交叉系数"为正(分别为 2.447[浙江]和 2.291[江苏]、1.181[浙江]、5.582[江苏])。特别是浙江省的工业发展对上海服务业发展具有十分显著的正面影响。[①]因此,长

---

① 程大中:《上海服务业供需非均衡与江浙沪服务业关联——基于非均衡模型和跳跃式回归方法的分析》,《学术月刊》2005 年第 7 期。

三角地区形成世界制造加工基地将对上海的服务需求产生较大的溢出效应。

另外，深度的城市化，特别是通过相应的制度安排（如提高居住证的含金量等），逐步使大批外来务工人员融入城市，也将引致对上海服务经济发展的巨大需求。随着大量农业过剩劳动力进城就业，农民转变为市民，不仅因其收入水平和生活水平提高而增加对服务消费的需求，而且将彻底改变其自我服务的行为方式，促进服务外部化。尽管这种服务消费需求的增长直接带来的可能是更多的传统服务业的发展，但在一定程度上会促进传统服务部门本身对服务中间投入的需求增加，进而间接推动现代服务业发展。

17.2.3　发展服务经济的供给条件变化

在服务经济发展存在较大潜力的条件下，如果服务供给条件不变，那么其发展路径只能是线性的，至多不过是其发展速率有所不同而已。但我们看到，现代服务经济发展新趋势正呈现出服务供给条件的根本性变化。特别是随着信息技术及其信息基础设施的完善，将为服务经济提供强有力的技术基础，大大增强了服务的供给能力。

当前全球信息化浪潮已进入相对成熟阶段，开始席卷对传统产业部门更深层次的改造。显然，这将对产业经济发展产生实质性的重大影响。例如，过去自然形成的进入壁垒，在服务行业中典型地表现为服务产品时间和空间上的传递障碍。然而，现代电信和传递技术使时间和距离的概念逐渐丧失了其重要性，导致服务的不可储存性和运输的传统特性发生了改变。由此，许多生产和消费原需同时进行的服务现在可以实现生产与消费的分离，越来越多地在远离最终市场的地方提供。目前，诸如金融服务、娱乐、教育、安全监控、秘书服务、会计及游戏程序等都可以在远离最终用户的地方生产销售，特别是远程医疗服务等。另外，信息革命不仅大大提高了服务的可贸易性，而且克服了原先只能提供个性化服务的缺陷，将规模化服务与个性化服务结合起来。

因此现代信息技术及其网络在服务业部门中的广泛运用，使其服务功能更加强化与服务范围更大规模地扩展，并越来越呈现出"非中介服务""虚拟化服务"的新特征。例如，电子商务使交易更为便捷，大大降低了交易成本。2002年世界电子商务交易额比上年增长了73％。①又如，远程教育使其服务范围迅速扩大，有更大的覆盖面。1995年，美国只有28％的大学提供网上课程，到1998年

---

① 联合国：《2002年电子商务与发展报告》。

猛增到 60%。另据统计,60% 以上的企业通过网络方式进行员工的培训和继续教育。

　　现代信息技术运用及其网络化,还改造了服务活动的部分属性,促进了服务活动泛化与独立化。从技术层面讲,现代服务业的大规模发展是基于现代信息技术的广泛运用及网络化。现代技术,特别是信息和计算机技术的迅速发展,为服务部门的技术运用提供了条件,并在很大程度上可改变传统服务的面对面、不可位移、不能存储等属性,大大拓展了服务提供的范围及可交易性。因此,现代信息技术的广泛运用及网络化,使现代服务业也具有"制造化"的新趋向,即像制造业那样的规模经济和定制生产。这不仅导致了许多新型服务(服务品种、种类)的产生,而且赋予传统服务新的内容、改进服务的质量、改变传统服务方式等。①现代服务业日益成为智力密集型部门,处在价值链的高端,其高能量通常是超地域的辐射。不仅如此。随着技术基础的改变,生产价值链日益成为主导性的生产组织方式,服务企业的组织结构也发生了重大变化。由于服务的网络化优势变得十分显著,促使了服务企业向连锁化、联盟化、集成化等方向发展,日益采用松散而富有弹性的网络型组织结构,将进一步改善现代服务的供给能力。

17.2.4　服务供给条件改变的特殊来源与方式

　　对于中国崛起中的全球城市来讲,服务供给条件的改变还有一种特殊的来源与方式,即服务业国际转移。在全球步入服务经济时代的背景下,现代服务业的经营活动正日益国际化、网络化和一体化,对外直接投资已成为拓展服务地域范围的重要形式。20 世纪 70 年代初,服务业 FDI 只占世界 FDI 总量的 25%,但 80 年代后,服务业 FDI 不断升温,于 1985 年达到 42.8%,超过制造业 FDI 比重(38.7%)。进入 90 年代以后,服务领域的国际直接投资在全球直接投资总额中的比重一直保持一半以上。在 OECD 国家的外国直接投资中,服务业投资的总额明显高于制造业投资的总额,主要集中在零售、金融、商务服务、宾馆、饭店和电信业中。目前国际服务业转移步伐正在加快,已经扩展到信息技术服务、人力资源管理、金融、保险、会计服务、后勤保障、客户服务等多个服务领域。随着跨国公司的战略调整以及现代信息技术的迅猛发展,由业务流程外包(BPO)和信息技术外包(ITO)组成的服务外包逐步成为新的服务贸易方式,已经成为全球新一轮产业转移的重要形式之一。世界发达国家和地区是主要服务外包输出

---

① 参见周振华:《信息化与产业融合》,上海三联书店、上海人民出版社 2003 年版,第 58—64 页。

地,在全球服务外包支出中,美国占约 2/3,欧盟和日本占近 1/3。发展中国家是主要的服务外包业务承接地,其中亚洲是承接外包业务最多的地区,约占全球服务外包业务的 45％。中国在服务产业尤其是高技术、新兴的服务产业转移方面,存在着很强的互补效应和转移落差。特别像上海这样的大城市,在吸引服务业的 FDI 上是有较大潜力的。随着中国服务领域进一步对外开放,上海在承接国际服务业转移中将首当其冲,成为吸收服务业 FDI 的首选地。这不仅会带来一系列新的服务项目与服务方式,而且也将使其原有的服务领域得以进一步扩充,从而大大促进服务经济的发展。

17.2.5　服务经济发展的制度性障碍

上述分析的服务经济发展的巨大潜力需求及其服务供给条件改善,为上海产业基础转换和促进服务经济发展提供了良好机会和较大可能性空间。但一些制度性的障碍,却在较大程度上束缚了上海服务经济发展,增大了产业基础转换的摩擦。

我们知道,社会专业化程度以及与此相关的市场化程度的不断提高,才能使大量服务内部化转变为服务外部化,带来服务活动独立化。因此现代服务业发展取决于市场需求的驱动,特别是要由产业部门和政府部门的中间需求来拉动。然而,目前中国社会专业化分工程度还比较低,非服务部门中(除了农业、制造业部门,也包括政府与家庭部门)的许多服务活动内部化,形成部门内的自我服务。在这种情况下,中间服务投入的增长受到一定的限制,部门服务投入率(服务中间投入占部门总投入的比重)较低,致使现代服务业发展并没有建立在与其他产业紧密联系且得到强有力支撑的基础上,不仅难以发展,即使其比重上升了也容易发生逆转。

从表面上看,产业部门的服务活动内部化是社会专业化分工程度的低下,但其背后,实质是市场化程度不高。因为产业部门的服务活动外部化,取决于两方面因素:一是产业部门面临的市场竞争压力。当商业运作的复杂性日益增长以及市场竞争日趋激烈时,制造企业为了保持其核心竞争力,势必调整业务结构,逐渐将非核心业务外包出去,同时也越来越利用分工更为专业,功能更为强大的服务性企业来整合自身的技术平台和服务平台,以便进一步强化自身的核心业务。二是交易成本。如同企业的形成一样,服务活动内部化也可看作为节约交易成本的结果。如果外购服务的交易成本高于其自我服务的成本,就会使服务活动内部化进一步凝固化。只有当外购服务的交易成本低于其自我服务的成本时,企业才会将相当一部分服务活动外部化。可见,前者形成了促进服务活动外部化的强大推动力,而后者形成了促进服务活动外部化的强有力的吸引力,只有当这两方面因素共同起作用时,才能促使服务活动内部化向外部化的转变。与此同时,适应市场需求的变化以及市场中信息与通信成本的下降,现代服务业本身的专业化水平也将不断提高,以满足社会多样化需求。因而,现代服务业的增长,是与出现提供更加细分的中间服务的更专业化公司同时发生的。经验表明,发达国家的现代服务部门都显示出高度的异质性。

目前,随着中国市场化改革的深化以及产品生产供大于求基本格局的形成,物质产品的市场竞争压力越来越大。在企业预算约束硬化的情况下,这在一定程度上对该类企业的非核心业务外置有较大的促进作用。当然,在企业预算约束软化或受行政性保护的情况下,仍会促使一部分企业保持服务活动内部化。相对而言,更为严重的问题是外购服务的交易成本居高不下。这里有三种情况:一是服务供给不齐全而造成的交易成本居高。在世界贸易组织划分的服务贸易的 143 个行业中,目前我们尚有不少服务门类处于空白,例如商业化的税务服务、民意测验服务、安全调查服务、信用查询与分析服务等。而在已有的服务部门中,所提供的服务品种不齐全。这种不能满足企业外购服务需求的供给缺乏,实际上是一种变相的交易成本居高的表现。二是服务体系不完善和服务水平低下而造成的交易成本居高。在有支付能力的前提条件下,却难以购买到高级服务与差别化服务,即反映了服务供给的单一化、简单化;难以购买到优质服务,即反映了服务供给的低水平、粗放式经营;难以购买到复合型服务,即反映了服务供给的分割化、低附加值化;难以购买到连续性的动态服务,即反映了服务供给的短期化、短视化。这种综合配套性差、服务等级低、服务细分度不高的服务供给,直接表现为交易成本居高。三是不良市场秩序而造成的交易成本居高,如服务供给的虚假信息或弄虚作假、服务质量的不稳定性或质量标准模糊化、服务信誉差劣等。

在服务交易成本居高的背后,实际上是价格失灵或非市场定价,不能灵敏反映多层次的服务需求并刺激相应的供给增加;竞争不足或垄断,缺乏提供优质服务的内在动力和外部压力;市场分割或行业分割,难以按照消费者综合性需求对各项服务进行整合;市场营销意识与能力不强,缺乏不断开拓服务创新的能力等市场化程度低下、竞争不充分的制度原因。

从目前情况来看,服务领域的市场化程度不高,主要是由部门的行政性垄断、市场进入、价格等方面的传统管制、缺乏社会信用基础等体制性因素造成的。

而服务业实行营业税出现的重复征税、增值税链条断裂等,也严重影响服务专业化水平提高,导致服务的有效需求与供给不足。

17.3   制定产业发展导向及方针:促进服务经济发展

全球城市建设的产业基础转换,并不是一个简单的服务业比重超过或替代制造业比重的问题,而是一个促进经济服务化的过程。因此上海全球城市建设的产业发展导向及其方针应该是,提升整个产业能级水平,在服务经济框架下重点发展现代服务业和先进制造业;全面构建高端化、集约化、服务化的新型产业体系,促进基于产业融合的服务经济发展。

17.3.1   服务经济框架下的产业发展重点

上海在产业基础转换中,要促进经济服务化的主导性发展,从而支撑起城市强大的综合服务功能和地区性、全球性协调功能。因此,要在提升整个产业能级的基础上,在服务经济框架下重点发展现代服务业和先进制造业。

现代服务部门具有高人力资本含量、高度专业性、高附加值等特征,其服务半径远超出本地区域,可辐射全国乃至全球,具有高度的外部连通性和网络化关联性。大力发展现代服务业,是促进服务经济发展的重要内容之一。从上海实际情况看,一个重要方面是要突破现代服务自我增强的产业内循环发展路径,在全面提升经济服务化的基础上寻求向整个经济系统渗透的发散型发展,在二、三产业融合中找到新的增长点。这不仅要求其他产业,特别是制造业的企业活动外置,大幅度增加服务的中间投入,而且要促进制造业部门的服务化,使其经济活动由以制造为中心转向以服务为中心。同时,应加快发展与制造业直接相关联的配套服务业,如工程装备配套服务和工业信息服务,以及公共性服务业,如技术服务、现代物流、工业房地产、工业咨询服务以及其他工业服务等。

与此同时,通过现代服务的市场深化和市场选择的专业化,促进市场增长的规模和交易成本下降。在现代服务的专业化发展中,既要有外延型的规模扩张,开拓新的服务种类和品种,增加新的服务门类和业务;也要注重内含型的质量提高,用先进理念和信息技术改造传统服务业,提高服务的知识密集度与技术含量,改善服务业的内部结构及其模式,增强人性化、便利化、信誉化的服务特色,增强服务行业运行的稳定性,培育服务新增长点,增强跨区域辐射能力等。

另外,加大对服务业的研发资金的投入力度,利用科技进步提高现代服务业部门的知识、技术含量与发展水平。大力推进服务部门信息化程度,促进现代新型业态和组织方式的运用。全面推进执业资格证书制度,建立服务业职业资格标准体系。拓宽人才培养途径,积极吸引和聘用海外高级人才,专职培养能够适应国际服务业要求、熟练掌握外语的实用型服务人才。加强岗位职业培训,提高服务业从业人员水平。

在此基础上,抓住国际产业转移的机遇,主动接受国际服务业的转移,促进现代服务业跨越式发展。服务业引进外资,要注重其功能性,而不囿于项目及其金额的大小。因此,服务业引进外资的质量标准,一是功能的稀缺性,越是我们缺失的服务功能,越是要引进;二是功能的大小,越是服务功能大的项目,越是要引进;三是功能的集聚性,越是能带来其他服务集聚的项目,越是要引进。

对于上海全球城市建设来说,促进现代服务业发展的一个更为特殊的方面,是发挥现代服务业空间集聚的优势。因为现代服务业具有在中心城市及中心区域高度集聚的特性,其产业集聚带来的互补、共享等外部经济效应十分显著,从而呈现出区位集中的产业集群发展趋势,尤其在大都市中央商务区(CBD)出现了一系列的产业集群。因此,在现代服务业的空间布局上,要加强规划引导,加快商务楼及配套设施建设,促进服务产业群集,形成若干高度集聚高端服务、商务环境优良、综合配套的现代服务业密集区,成为具有示范性和强辐射的服务业核心节点,带动相关服务业的发展。

上海全球城市建设的产业基础转换,不能沿袭传统的路径,即在产业分立的框架下,通过转移或消灭制造业来促进服务经济,完成服务业对制造业的简单替代,而要转变制造业发展模式。对于上海来说,要打破制造业门类齐全、全面发展的格局,选择具有比较优势的重点行业,集中发展适合城市特点的先进制造业。要跳出单纯依赖技术引进与再引进的怪圈,着力于引进消化、模仿创新、创新后改进和集成创新乃至原始性创新,通过增强自主创新能力来提高制造业水平。要摆脱全球商品链中从事低附加值的一般生产加工的路径依赖,走向自创品牌和增强生产者服务功能的价值链的高端,并在创新的基础实现生产向外转移,强化其管理与服务功能。

特别要运用信息化改造传统制造业,促进制造业服务化。信息化生产方式不是传统工业化路径的延续或延伸,也不是在新的条件下对传统工业化路径的改善,而是被赋予崭新内容的重大路径转换。其核心点就在于,服务业和某些经济活动特别是制造业的界线越来越模糊,经济活动由以制造为中心已经转向以服务为中心,体现在制造业部门的服务化上:(1)该制造业部门的产品(例如通信和家电产品)是为了提供某种服务而生产的,服务上升为核心业务;(2)随产品一同售出的有知识和技术服务;(3)服务引导制造业部门的技术变革和产品创新。

17.3.2 基于产业融合的服务经济发展

产业融合发展方针,就是以知识经济为基础,借助于信息化手段,利用生产价值链开展合作,使各自分立的产业演化成一种交叉集合的融合形态,实现生产方式的根本转变。这一产业发展方针的提出,顺应了新形势下产业发展的新趋势,有助于产业发展模式创新。当然,产业融合发展,并不完全排斥产品制造,而是把产品制造与服务提供有机地结合起来,即产品只是一个待发生的服务;而服务则是实际上的产品。在顾客与产品生产者发生密切联系的情况下,只有同时既是产品、又是服务的供应才能满足消费需求。与此同时,产业融合发展要求有形产品中包含越来越多的知识与信息,使其产品的价值越来越多地体现在无形方面,诸如设计与营销等。例如,国外一些传统的冶金企业已逐步转化为服务性公司,其服务的价值已超过其产品价值。因此,产业融合发展方针本身就要求二产与三产相互促进与共同发展,同时也内含现代服务业优先发展的基本思想。

产业融合发展带来的部门间业务交叉、市场交叉等新变化,使其打破了彼此分工的界限,相互介入。公司之间不再讲求垂直整合,而讲求不同功能公司之间的水平整合。企业之间不单纯是一种竞争关系,更是一种协同关系。与过去仅考虑其自身需求的方式截然不同。在产业融合条件下,企业不仅要考虑自身,把业务流程的各个功能串联起来,以实现商务的集成,如客户关系管理、供应链管理、价值管理等,还要考虑与外部结合的一系列连接,完全借助于互联网来完成协同式的商务。因此,产业融合发展将形成一种新型的竞争协同关系,并在信息技术广泛运用形成各类产业自动化、智能化的基础上出现产业结构柔性化的趋势。

产业融合赋予信息竞争不单纯是一个掌握信息来满足市场需求的问题,更是一个运用信息与知识,并将两者融为一体参与竞争的问题。因为产业融合不仅要求把原先不同部门的信息加以交流与整合,而且还要求把这种交流和整合的信息与有关专业知识结合起来加以运用,以争取提供更大信息含量的服务。这实际上意味着信息流动的根本改变,即从权力和商品交易的流动变为知识的流动。为此,一个组织具有与众不同的竞争力的关键,就在于它把新的信息与现有的专业知识融合成一体的能力。在此过程中,知识创造和传播过程就成为其核心问题。因此,产业融合发展方针凸显了产业创新的作用与功能,不仅带来大量融合新产品与服务的涌现,而且其影响也深刻反映在对原有产品与服务的改善上。

因此,上海在构建以服务经济为主的产业基础时,要运用现代信息技术改造传统产业,促进产业的技术融合,在广泛利用电子信息网络平台的基础上,打破了传统产业边界及其各自发展的模式,实行业务交叉和产品融合,拓展新型业务,发展新的产业部门。以知识经济为基础,借助于信息化手段,利用生产价值链进行有机整合,形成"一条龙"的生产服务模式,实现先进制造业与现代服务业的一体化发展。同时,改造传统的产业组织结构,发展网络组织结构,形成以知识共享为基础、纵横相交的既有竞争又有合作的产业活动协调机制。

17.3.3　优化服务经济发展的制度环境

促进服务经济发展,关键是破除体制性障碍,提高市场化程度,引入充分竞争,发挥市场机制对现代服务供求关系的调节。政府在促进现代服务业发展中扮演的角色,是提供基础设施投资;维护一个开放、竞争和透明的商务环境;进一步放松管制;通过更大程度地促进个人积极性和竞争性市场过程探索经济效率改善的机会。

因此,要进一步实行服务领域的对外开放,对服务行业的管制框架进行重大调整,全面清理和废除过时的规章制度及有关文件,制定和实施新的放宽市场准入的政策,消除服务业的行政性垄断,降低服务业进入门槛,并在条件成熟时予以立法。同时,破除各种各样不成文的"潜规则",打破部门分割,减少不必要的环节,简化前置审批,清理不合理收费。在明确行业要求和经营资质的前提下放松进入管制,扩大非公有经济比重,促进服务企业数量和规模的增大,形成多元经济主体参与的充分竞争的格局。调整经营管制政策,特别是价格管制政策,扩大服务市场化经营和促进服务的市场定价。

通过体制机制创新,促进专业化分工,带动服务外部化,从供给与需求两方面激活服务业发展的内在动力。同时,加快原有事业单位的改制。在明确区分并划定服务性质(公益或非公益)的基础上,对原有社会事业服务进行剥离。建立和完善各种类型的服务行业协会,使行业自律管理的主体明确到位,充分发挥行业协会在清理市场准入规定、促进民营经济发展、加强行业自律和监管、编制行业规划、完善服务业统计等方面的重大作用。

积极探索高度稀缺性服务资源的公开招标和拍卖方式,采用市场方式合理配置服务业的社会资源。有关社会事业的行政管理部门要转变职能,从"办事业"转向"管事业",综合运用经济、法律、行政等手段对经营机构、市场实行全行业管理。

在一些相关行业中加快信用评价体系的建设和服务标准的制定,建立服务供给的信誉保证,建立服务规范,优化服务环境。另外,加快推进服务业营业税改增值税进程,对服务业进行结构性减税。

18 空间调整:向多中心城市模式转变

城市空间结构的演化,本质上是人类社会经济活动在空间上的反映。全球城市的空间结构更多地受到经济全球化、信息技术网络化、跨国公司等级体系化等方面的影响,从而具有独特的演化趋向。在上海全球城市建设中,网络平台及其流量扩展带来的社会经济活动重大变化,势必会在城市空间结构演化中反映出来。这就要求我们在把握全球城市空间结构演化趋向的基础上,主动调整和优化城市空间结构,为全球网络平台及其流量扩展创造空间载体。

18.1 从单核心到多中心:调整空间结构,实施功能分解

城市空间结构(urban spatial structure)是城市构成要素关系组合在空间的分布形式,是城市功能组织方式在空间地域上的"投影"。全球城市特有的功能组织方式,在城市空间结构中表现出与众不同的特点,以及独特性的空间结构演化趋向。

18.1.1 全球城市功能组织方式与单核心空间结构的冲突

传统的城市空间结构是将城市承担的为生活、生产、文化、教育、政治服务的多种功能高度地集中在有限的城市空间内,形成明显的城市功能中心,即中心城,并以此单核心为基础不断向外空间拓展。这种单核心城市空间结构的典型类型,就是封闭式的环状放射结构,即所谓的"摊大饼"的模式,表现为人口不断向城市中心集中,城市建成区不断扩大,城市形态从中心向外呈环状圈形扩展。当城市扩张到一定程度后,这种单核心空间布局形态开始不适应城市发展。由于不断向外"摊大饼"式的蔓延,形成了一道道环线,不利于城市日益膨胀的能量

往外扩散,从而容易造成中心区承担的功能负荷过载,集中表现为城市容量超饱和、超负荷,特别是交通、环境问题最为突出。更主要的是,这种缺乏功能分区、高度集中的城市空间结构影响了城市功能的充分发挥,难以将城市集聚转换而来的巨大能量扩散出去。特别是对于全球城市来说,其网络平台构建及其全球性协调功能无法在单核心城市空间结构中施展开来,或者是综合性功能禁锢于中心城的狭小空间而难以强化和增强;或者在中心城的狭小空间中只能增强某种单一功能。

在这方面,一些国际的经验教训是值得借鉴的。例如,东京在二战结束时的人口为 278 万,城区范围大致在半径 10 公里左右。随着战后经济复兴,以东京为中心的城市型土地利用急剧扩张,到了 1997 年东京都核心区达到 625 平方公里,都市圈 17200 平方公里内集聚了大约 3258 万人,占全日本人口的 25.9%。东京的单核心城市空间结构由于不能有效地将城市功能外溢发展,从而导致中心区的城市功能高度集中,并引起地价急剧上升,但日本迟迟不下决心对东京进行城市空间结构调整,实施功能分解。1959 年制定的东京城市发展战略,一开始仍是实行“绿带加卫星城”的一极集中模式,失控后又调整为多心多核模式,但在实施中也难以见效。后来 1987 年《第四次全国综合开发规划》提出构筑多中心分散型国土结构的构想,却又遭到单核心模式受益者——东京都地方政府的抵制,其提出展都方案进行对抗。①其结果,东京的发展严重受制于其单核心城市空间结构的束缚。无独有偶,首尔的教训几乎是东京的翻版,随着其城市规模迅速扩大,也没有及时转换其结构形态,所出现的城市问题症状几乎同东京一模一样。尽管它比东京醒悟得要早一点,最终提出了迁都,但由于韩国已经越过城市化发展的高峰,首尔也已经发展成为一个巨型都市,要想建设与老城中心规模相当的新都心,彻底改变城市空间结构的最佳的时机已经失去。②因此,建设全球城市必须改变单核心城市空间结构,寻找新的城市发展模式;否则,就会丧失发展机会。

18.1.2 城市多中心空间结构演化

从理论发展历程讲,哈里斯(C. Harris)和乌尔曼(E. Ullman)早在 1945 年就提出了城市空间结构的多核心理论。在他们看来,城市中的活动是多样的,且

---

① 谭纵波:《东京大都市圈的形成问题与对策——对北京的启示》,《国外城市规划》2000 年第 2 期。

② 方可:《北京旧城更新:调查·研究·探索》,中国建筑出版社 2000 年版。

有不同的要求,有些活动要求设施位于城市中为数不多的地区;有些活动受益于位置的互相接近;有些活动对其他活动容易产生对抗或有消极影响;有些活动因负担不起理想场所的费用而不得不布置在不很适合的地方。在这四个因素的相互作用下,再加上历史遗留习惯的影响和局部地区的特征,形成了地域空间的分化,从而形成了各自的核心。1981 年,穆勒(Muller)对多核心理论作了进一步的扩展,提出一种新的由中心城市、内郊区、外郊区和城市边缘区构成的大都市空间结构模式,其中在外郊区将形成若干个小城市。

这种多中心城市空间模式的提出,很大程度上是城市发展现实状态高度抽象的真实反映。自第二次世界大战之后,欧美国家的一些城市与区域空间系统开始由单一中心的结构转变为克鲁格曼所描述的"草莓布丁"式的多中心结构。①特别是在近阶段,随着科学技术的新突破,新兴服务部门逐渐取代传统工业而成为支柱产业,基于现代信息技术的全球网络体系形成,更是深刻地改变着城市面貌和城市空间结构形态,推动了向多中心的空间分散的转变,从传统的圈层式走向网络化。在地域上则表现为,分散化的分布取代了工业时代成片工业区的空间形态;信息网络导致流通领域与生产领域的边界日益模糊,工业用地与商业用地兼容的情况日益明显;居住生活与办公生活的融合导致生产用地与居住用地使用兼容化,等等。

在这种情况下,不仅中心城的人口向郊区转移,更为主要的是产业部门也开始向郊区迁移,并且是趋向于郊区的各个中心点集中。一开始也许主要是制造业向郊区迁移,随之物流业、零售业、服务业、文化教育卫生娱乐设施乃至许多公司、金融机构也纷纷出现在郊区,从而使原来集中于中心城的多种经济活动日益分散到郊区的各个中心点上。这样,在郊区又形成若干功能较为完备,却又与原城市中心区相互联系的新城区。当然,这些城市多中心的产生是以轨道交通的连接为基础的,在地域上表现为沿交通干线分布。这一便捷的轨道交通网络满足了城市生活对道路交通、信息传递、享受餐饮娱乐服务等要求,并将各中心串联成为一个有机整体。

18.1.3　全球城市空间结构调整:向多中心城市模式转变

作为全球城市,适应这种城市空间结构变化的要求更为迫切。这不仅是因

---

① ［美］克鲁格曼:《发展、地理学与经济理论》,蔡荣译,北京大学出版社、中国人民大学出版社 2000 年版。

为全球城市更加直接面对和深刻感受到科学技术新突破,新兴服务部门逐渐取代传统工业而成为支柱产业,基于现代信息技术的全球网络体系形成等变动因素的影响,最为核心的问题是,其处于网络主要节点的特定功能内在规定了必须与多中心城市空间结构相匹配。

在全球城市的崛起过程中,其能量的高度集聚势必要转化为强有力的扩散,对周边地区乃至全国形成强大的辐射和影响力,这就要求在空间布局结构上突破行政市域的界限,而放在一个更大的空间范围来安排。也就是,全球城市与其周边地区(包括其城市)的联接,不能只是其中心城区与其周边地区(包括城市)直接的单一联结,这不仅要越过广大郊区而客观上受到一定的空间阻隔(当然,这可以通过城际交通的改善来加以弥补),更主要的是严重影响其辐射扩散功能。相反,多中心的城市空间结构,则能使全球城市与周边地区形成"多点"连接,即有相当部分的外部直接联接是通过郊区的中心点来实现的,进而与中心城形成间接联结。

因此,这就要求中心城的功能向城市郊区拓展,不能采取蔓延式扩散,在郊区形成大范围的平面式集聚,而是向郊区的若干节点集中,形成有重点的立体式集聚。这样,中心城与郊区不再是简单的"核心—外围"的关系,而是"核心—次核心"的关系,即中心城与郊区若干新城的"点射状网络"的布局结构。这种多中心城市空间结构体现了局部与整体协调、分工与整合相统一的城市发展新理念,扩展了原有的城市空间,可以根据地缘特点将城市整体功能分解为相互联系的不同局部的组团功能。特别是在现代交通、通信技术的支持下,不仅可以使高度集中的城市功能进行分区设置,形成明显的分区特色,同时也不影响各分区对城市各种功能的共享,实现城市功能在大空间上的重新整合,由此形成大空间范围内多元功能相互组合的现代化城市。

正因为如此,许多城市,特别是全球城市,纷纷实行空间结构调整,向多中心城市模式转变。例如,洛杉矶在 20 世纪 60 年代出现大城市病后,重新拟定规划方案,提出了建设 56 个中心的设想,其中 37 个在城区,包括社区中心、次级中心和主要中心。巴黎区域指导性规划(1965 年《巴黎地区战略规划》和《巴黎地区国土开发与城市规划指导纲要 1965—2000》)则提出了若干战略性措施:一是在更大范围内考虑工业和人口的分布,沿塞纳河下游形成若干城市群,以减少工业和人口进一步向巴黎地区集聚;二是在巴黎郊区建设 9 个副中心,以减轻巴黎城市中心区的压力;三是沿塞纳河两侧平行轴线建设 5 个新城,共容纳 160 万人口,既疏散了巴黎大区的人口,又打破了传统的环形集中发展的模式。里昂、里尔、马赛等大城市受巴黎经验的启发,也纷纷在各自城市周围开展了颇具声势的新城建设。东京于1956年制定了《东京发展规划》以及《城市改建法》,对东京的改建明确提出"一心"(东京)变多心(新宿、池袋和涉谷三个副中心)、"一极"(东京)变两极(东京、多摩新城)的基本原则,构筑"多心的开敞式城市空间结构"。新加坡则否定了1953年提出的环形放射的城市布局,重新确定了项链式的城市空间结构,即在保持老城区繁荣的基础上,沿南海岸环岛发展8个新城和50个新镇,并形成绿心(水源和旅游休闲胜地)的空间,各城区中心均有快速有轨交通和快速干道相连接,保持交通联系的便捷。此外,变单核心为多中心空间结构的城市,还有开罗、横滨、孟买等等。

对于崛起中全球城市来讲,由于正处于高速成长阶段,更需要多中心城市空间结构来适应其辐射与扩张的要求。在这一空间结构中,城市高速成长的辐射与扩张不再表现为一个连续外溢的波,而是一个个功能相对独立的量子组团在统一的城市空间秩序内的跃迁。[①]另外,城市也不再是由一个"发动机"来推动,而是由几个平行的发动机同时驱动,有利于崛起中的全球城市能够有效地释放所有的成长潜力,并将各种功能的相互摩擦减少到最小。

18.1.4　上海在全球城市建设中必须调整和优化空间结构

长期以来,上海城市发展基本上沿袭了单核心的城市空间结构模式,具有典型的"星形"放射的特征,即以中心城为主体,通过多条发展轴形成"星形"低密度爆炸式扩展。具体讲,上海空间形态表现为:已建成区由中心城突破外环线向四周扩大,呈现出"轴向延伸"与"圈层拓展"并举的局面。其轴向(沿黄浦江南北轴向)延伸,主要是闵行(西南方向)和宝山(东北方向),从而使闵行区和宝山区直接与中心城连成一体而成为中心城拓展区;其圈层拓展,包括浦东[②]、松江、青浦、嘉定等,其中一些地段也与中心城几乎连了起来,而且松江区与闵行区、嘉定区与宝山区之间的间隙也很少,也几乎连成一片。尽管上海城市空间结构在形态上表现为通过多条发展轴形成"星形"低密度爆炸式扩展,但实际上仍然是中心城"摊大饼"式的往外扩展。按照航空遥感图分析,到2005年上海中心城市及外缘相连地区的建成面积增大到898平方公里,其中外环线以外(即中心城以外)面积由1995年的74平方公里增加到305平方公里。

---

① 赵燕菁:《高速发展条件下的城市增长模式》,《国外城市规划》2001年第1期。

② 20世纪90年代的浦东开发开放,虽然是一个新城建设,但实质上是中心城的跨江拓展,只是增加了一个发展轴而已,并没有从根本上改变单核心圈层拓展模式。

我们知道,城市的空间形态和结构的演变过程与时间向量的变化有关,城市发展模式的选择更多地依赖于城市的成长速度,而不仅是发达的程度。[①]上海城市空间的"摊大饼"式的往外扩展,正是在大量外来人口进入、城市以超常规速度发展的背景下展开的。上海户籍人口自然变动从1993年起已连续12年负增长,其常住人口迅速增长主要来源于外来人口的流入,来沪人口总量由1997年的237万人跃增到2005年的581万人、2010年的920万人。在人口净增量上,来沪常住人口净增量占全市常住人口净增量的91.24%,占全国跨省流动人口净增量的25.51%。因此,上海常住人口从1982年的1186万人迅速增加到2005年的1778万人,并进一步增加到2010年的2300万人,与2000年第五次全国人口普查相比共增加661.15万人,增长40.3%,高于同期全国人口5.8%的增长水平。显然,当城市发展速度达到一定临界值时,这种单核心圈层拓展或轴向延伸形态往往无法适应这一迅速变化的要求。

尽管1986年的上海城市总体规划已提出要改变"同心圆圈层式"发展和"见缝插针"的局面,将中心城、卫星城、小城镇和农村集镇作为一个整体来考虑,把形成"多心开敞式"和"组合城市"的布局结构作为重要的指导思想,并确定以中心城为主体,从几个方向,通过高速公路、一级公路及快速有轨交通等把七个卫星城镇和主要小城镇及邻省主要城市联系起来。但具体实施的结果,并没有形成一定规模的卫星城。在20世纪90年代后期,上海也提出了"一城九镇"的构想,并付诸实施。但在实际操作中,由于没有将"一城九镇"建设与轨道交通建设紧密结合起来,从而未能形成以轨道交通为依托的产业集聚和人口集聚的新城镇,只不过是建成了几个有着外国建筑风貌的别墅群和居住区。

因此,上海尽管中心城外的建成面积迅速扩大,但诸新城则相对独立发展不够,更多的是众多开发区、工业区及新城以外的城镇建设,形成了大量漫布性建设的地区。如果把大于1500人/平方公里的连片区,以及低人口密度但成片的工厂、较大的园林绿地及飞机场等建设用地作为建成区用地面积,那么1995年为447平方公里,2000年为616平方公里,2005年增加到892平方公里。其中,外环线以外占34%。这表明,中心城外延出去的已建设用地相当于中心城面积的1/3左右。然而,在人口分布上,仍然是中心城区人口高度集聚和郊区农村人口布局分散的基本格局。2005年,上海市常住人口密度为2804人/平方公里。据市人口计生委专项统计调查表明,上海内环线以内的常住人口密度为3.39万

---

① 赵燕菁:《高速发展条件下的城市增长模式》,《国外城市规划》2001年第1期。

人/平方公里,内、中环线之间为 1.75 万人/平方公里,外环线之外则为 0.14 万人/平方公里,内环线以内的人口密度是外环线以外的 24 倍。可见,这种广域扩散并没有使中心城功能适当向外转移,也没能从根本上改变中心城人口高度集中的基本格局。

因此在上海全球城市建设过程中,面对城市规模已经十分巨大,且处于超常规速度发展的实际情况,必须及时调整城市空间结构和实施功能分解,形成适应于全球城市发展的空间结构形态。

18.2　建设郊区新城:拓展城市容量

城市空间结构由单核心转向多中心是一种"复合"型的过程。也就是,在单核心的老城区的基础上,随着城市的不断向外扩展,外围新城区"叠加"上"多中心"的新空间布局形式。只有当这些在管辖区范围内与中心城区有一定距离,在生产与生活等方面既有联系、又能自成体系拥有相对独立性和一定规模的新城区形成和发展起来了,才能真正实现向多中心城市空间结构的转化。因此,多中心空间结构重塑的关键,是郊区新城的建设与发展。

18.2.1　新城的特定内涵:不是卫星城和新区

作为多中心空间结构的新城建设,首先要明确界定其内涵及其功能。历史上,西方一些大都市都曾实施过"城市区域"发展战略,其中一个重要内容就是选择中心城区周边的适当位置,建设具有综合功能的中小新型城市。例如,英国和欧洲国家战后都有大规模的新城建设。特别是荷兰在 20 世纪 60 年代开始新城建设运动,先后规划了 15 座新城,其中 13 个分布在著名的兰斯塔德地区。但从实践结果看,不乏失败的例子。例如当年英国和欧洲国家的新城建设,因城市高速发展的动力迅速消失而大部分很快停顿下来,甚至半途而废。荷兰新城建设则带来的另一个意想不到的负面效应,即中心城的衰落,至 70 年代末荷兰的几个最大的城市阿姆斯特丹、海牙、鹿特丹等共减少了大约 50 多万居民和 10 万个就业机会,大片的旧城和老工业区被废弃。[①]从这些新城建设的经验教训看,对其内涵及其功能的认识不清是重要原因之一。

----

① 杜宁睿:《荷兰城市空间组织与规划实践评析》,《国外城市规划》2000 年第 2 期。

首先要明确,新城是一个不同于卫星城的概念。作为卫星城,尽管其也具有相应的规模,并形成大量工商业服务设施(超级市场或购物中心),功能开始向综合化方向转变,但它与中心城区仍有紧密的联系和依赖。与此不同,新城是一个具有产业高度化、城市功能多元化的相对独立的"边缘城市",是城市扩散进程中新的集聚中心和边缘经济增长极。另外,新城也不同于我们现在一些地方搞的所谓"新区"的含义。许多新区实际上仍与中心城有很紧密的依附关系,并不是建设一座全新的城市。这种"新区"建设在很大程度上只不过意味着更大规模的外溢,并对中心城产生更为强烈的回波,并没有从根本上改变单核心的空间结构。

作为郊区新城,其本质特性是形成新的城市空间价值集聚点区,成为连接中心城与郊区乃至周边地区的一个重要节点。也就是,新城的建设和发展,主要是为了容纳新产生的城市职能,旨在促进高度密集的单极化城市结构转变为更大区域范围的多核心空间结构,将单一增长核心转变为多个增长核心的发展模式,实现大都市区经济的空间平衡与协调发展。因此,新城一定要形成与新城相匹配的尺度。其最大的特点,不仅仅是分担局部城市职能,如工业或居住的迁移,而且要建立一个稳定的自我依赖的完整社会服务体系。新城区的主导职能不再仅仅是中心城区相应功能的疏解和延伸,而是基于与中心城区差异分工的相对独立的城市职能。否则,它就会沦为母城的卫星城,达不到将城市主要功能分解出去的目的。

与此同时,新城并不是脱离中心城而完全独立的城市,而是作为整个大都市区的有机组成部分。因此,要按照整体性、有序性原则推进新城建设与发展。日本在 1956 年制定的《东京发展规划》中,强调其新城与现有建成区之间保持紧密的联系,始终是区域城市空间的组成部分,旨在促进半城市化地区的集聚发展,加强城市化的空间整体性,促进城市区域的均衡协调发展。这一点在巴黎、东京、新加坡等城市的新城建设中也都表现得较为典型。

18.2.2　新城的功能定位

在新城与中心城之间,有一个合理的功能分区问题。中心城区主要是集聚城市核心功能,高度集中与此相匹配的产业部门及其机构。郊区新城主要分担中心城的部分功能,集中了与部分功能相匹配的产业部门及其机构。但其产业空间布局并不是简单地表现为"服务业集中在中心城区,制造业散布于郊区新城",而是一种按照中心城区与新城区的差异实行的产业空间分布。除都市型工业外,大部分的制造业将集中于若干新城区及其周边地区。商业、旅馆餐饮、娱乐旅游、生活服务等消费者服务业,则按中心城区和新城区的不同人口规模进行分布,以满足当地和外来消费者的需要。生产者服务业,则按其等级及其功能在中心城区与郊区新城区之间进行分布。一般来讲,综合性、高能级的生产者服务业,以及政府、非政府组织、国际组织、传媒、研发和大学等机构通常集中在中心城区;而技术服务、物流、数据处理等后台服务等服务机构通常集中在新城区。总体上,城市产业空间分布将呈现:中心城区以现代服务业为主导,而郊区新城则是制造业与服务业并存。

由于新城只是分担了中心城的部分功能,因而其有各自不同的功能定位,有可能形成自身特色,以便发挥其独特功能。如日本在东京大都市圈内开展的"展都型首都机能再配置"计划,对规划建设的新城都做出了明确的主导功能定位:多摩新城为大学、商业职能;千叶市为国际空港、港湾与工业集聚;茨城为科学城等职能。又如香港的 8 个新城中,荃湾、屯门是以货柜码头与仓储运输为主;元朗、大埔新城是以制造业为主;将军澳新城依托香港科技大学向高科技园的方向发展;大屿山北部东涌、大壕新城则以发展临空型产业、为新机场配套服务为其发展主导职能方向。[①]上海在郊区新城建设中,也已注意到不同的功能定位问题,强调其主导功能及主导产业的发展,如上海明确嘉定新城以汽车产业为主导产业、松江新城以文化产业为主导产业、南汇新城以港口与装备产业为主导产业等。

国际经验表明,明确新城的功能定位十分重要,不仅影响其开发模式的确立,甚至都关系到其与中心城距离的确定。例如,巴黎新城在半城市化地区集聚发展,始终是城市空间的重要组成部分,并以吸纳城乡交错地带的新增人口、避免人口向巴黎市区过度集中为主要职能,所以其新城靠近巴黎(30 公里),交通便捷,在空间上与之连成一体;而伦敦新城则以保持伦敦地区人口规模的稳定为前提,主要容纳来自市区的外迁人口,所以为避免其与中心城市区连为一体,则通过绿化带与之保持相当的距离(50—100 公里)。

特别需要强调的是,突出新城的主导功能及其特色是以其综合功能培育为基础的。一个新城要想发展为相对独立性的新型城市,就必须具有多元化的产业结构体系和就业体系。否则,就无法提供多元、足够的就业岗位,难以真正发挥其"反磁力"效应。如果不能集聚一定规模的人口来新城居住、就业与生活,那么就会出现"新城变空城"的现象。因此,在明确新城的主导功能定位的同时,要

---

① 刘映芳、刘光卫:《参照香港:上海郊区新城建设的目标与对策》,《城市开发》2000 年第 10 期。

把专业化与多元化有机结合起来,积极发展群落化、多元化、配套协作的产业集群,为新城居民提供尽可能多的就业岗位,满足多阶层人群的就业需求。

18.2.3 上海新城建设的指导思想

对于上海全球城市建设来讲,新城建设是改变其单核心城市空间结构,拓展其城市容量与辐射功能,乃至构建全球城市网络主要节点的重要环节。"十二五"期间,上海已把新城建设列入重要议事日程,全市基础设施等建设重点转向郊区新城。值得指出的是,这些郊区新城建设并不是传统意义上的城镇建设,而是旨在跳出各区县各自为政的格局,从整个上海大都市区层面构筑的"现代化国际大都市"。因此,建设郊区新城,首先要从整个上海大都市区的层面出发,做出科学化、高起点、高水平、高质量的大都市区整体规划和新城规划,并要作出不同层次的新城空间体系规划,明确每个新城在整个上海大都市区乃至长江三角洲范围内的职能定位,力争形成职能明确、优势互补、分工合作、错位发展的格局,避免恶性竞争。对于嘉定、松江、青浦等近郊新城,要特别加强内聚式发展,以防止其与中心城联成一片。对于南汇、金山、南桥和城桥等远郊新城,要特别加强其与周边地区城市的连接。

与此相联系,要制定科学的交通发展规划。以轨道为轴线建设发展组团式节点城市,已经成为国内外城市发展的重要模式。例如,法国1970年通过的新城法案中明确规定,新城与母城之间的距离一般在20—40公里之间,其间必须有便捷的多模式的交通联系。又如,在伦敦密尔顿凯恩斯新城的开发过程中,新城与伦敦和伯明翰之间的交通联系被放在非常重要的位置,建成了比较发达的交通网络,极大地缩短了新城与大城市之间的交通时间,从而提升了新城的吸引力。因此上海要从整个大都市区范围内,统一规划新城与中心城之间、各新城之间的快速交通网络和信息网络,为发挥新城疏解中心城产业与人口的功能奠定基础,并依托轨道交通来大力推进郊区新城建设。上海轨道交通架构应形成市区范围内的网络结构和市郊的放射型结构相互贯通的两大结构,从而满足不同地域对轨道交通的不同需求。郊区轨道交通建设,应按流量分为干线和支线两个等级:干线呈放射型,主要连接中心城区和郊区新城;支线则串接新城和有一定人口规模的一般城镇。

18.2.4 上海新城建设的路径依赖

西方发达国家全球城市的新城发展,通常是伴随着城市郊区化展开的,其路径依赖表现为三个发展阶段。①第一是"卧城阶段",主要是在城市近郊建设的、以居住为主导职能的居住型新城,与中心城具有紧密的依附关系。第二是"半独立卫星城阶段",即在原有居住型新城的基础上,进行了大量工商业服务设施(超级市场或购物中心)的配套建设,致使向综合化功能方向转变,逐渐成为中产阶级工作、生活和居住的重要场所,但与中心城区仍有紧密的联系和依赖。第三是"边缘新城阶段",即随着交通通信和网络技术快速发展,高级住宅和办公楼郊区化进程加快,促使其产业高度化、城市功能多元化,并逐步演变成具有相对独立性的"边缘城市"。

与此不同,在中国全球城市建设中,新城发展往往是与开发区建设紧密联系在一起的。这20多年来,大城市郊区出现的一个明显变化,就是各类开发区的大量兴起,而这是由多种力量交互作用,共同推动的。这些开发区作为新的产业空间,其主要功能是促使生产要素,如资本、劳动力、技术、土地等在时空上进行重新组合,并形成相应的产业集聚,包括垂直型集聚、水平型集聚以及交错型集聚等,从而与国外城市郊区化形成的生活居住区是截然不同的。从基本性质上讲,这些开发区是一种制造业的郊区化集聚形态,同时也是作为中国参与经济活动全球化的一个重要空间节点。因此这种开发区的建设与发展,实际上为中心城的功能分解与分散提供了新的空间,在城市经济发展和城市空间结构演进起到了重要的作用。至少在承接中心城部分产业转移方面,开发区起到了类似新城的功能。

显然,中国大城市的新城建设,要尽可能以开发区为依托或结合开发区来进行,这样能达到事半功倍的效果。前面我们已经提到,在西方发达国家新城发展的"卧城阶段"主要是以居住为主导的职能,以后才开始形成相应的产业功能。而开发区作为新的产业空间本身就已具备了相应的产业功能,因此依托于开发区进行新城建设实际上是跨越了西方发达国家新城发展的"卧城阶段",可以直接进入"半独立卫星城阶段"。也就是,以开发区为依托进行新城建设,一开始就已经把居住职能与产业职能有机结合起来,从而更有助于新城发展。

但在实际操作中,也必须看到,依托于开发区进行新城建设,存在某些先天不足,需要进行适当的修补。国内的开发区在最初建立时,主要是用于单一功能的开发,尤其以工业生产用地的开发为主。在开发区规划中,主要是单一的生产布局,而缺乏相应的生活居住及其服务设施配套建设。显然,这与新城建设在性

---

① 陶希东、刘君德:《国外大城市郊区化的经验教训及其对我国的启示》,《城市问题》2003年第4期。

质上是完全不同的。因此,依托于开发区进行新城建设,必须要将其重新定位于建成多功能新城区的综合开发目标,使开发区的规划进一步扩展为包括工业用地、金融用地、贸易用地、居住用地、文教用地、市政用地、绿化用地等合理规划和综合开发的系统工程。

此外,一个更为致命的弱点是,中国开发区发展及其布局比较混乱,有国家级、省市级、地县级乃至镇村级等各类开发区,且大部分具有"小型化与分散化"的特点。虽然经过清理和整顿,取消和归并了一批开发区,但总体上没有改变这一基本格局。我们知道,新城作为具有相对独立性的"边缘城市",要求相对空间集中,而且需要有较强大的产业功能支撑。而这种"小而散"的开发区分布,则无法满足其基本要求的。至少在规划布局上,这些开发区很难与新城建设的区位选择相匹配。因此,依托于开发区进行新城建设,要对其开发区的布局结构进行调整,对可选择作为依托的开发区进行比选,尽可能选择较大规模和较强产业功能的开发区,或者是以若干邻近组合型开发区为其依托。

还有,中国许多开发区的建设,当初仅仅是作为吸引外资的产业(主要是工业)空间来规划的,尽管已经考虑到交通运输的便利性,但主要是基于货物运输的公路交通连接。与此不同,新城虽然是相对独立的"边缘城市",但与中心城则要求形成便捷的连接,其主要是通过轨道交通来实现的。也就是,新城主要是依托轨道交通来形成产业集聚和人口集聚的。因此,依托于开发区来进行新城建设,必须改善其交通连接,建立轨道交通网络。

18.2.5 注重新城发展中的动态结构均衡:产城融合

上海的郊区新城建设,要作为一个生态系统来考虑,从其生态位的变化来把握建设与发展的进度,注重新城发展中的动态结构均衡。新城开发与建设在进入成长阶段时,各方面的增长会比较快,而且有较大的发展潜力,但同时也表现出发展不稳定,波动幅度大的特征。因此,要特别注意着眼于长远,处理好资源时空上的合理分配和生态关系的协调发展,提高复合功能,促进产城融合,防止动态结构失衡。

一方面,要强调整个新城城市功能开发平衡,注重居住、就业、商业、购物、办公、文化娱乐、休闲、公共设施等方面的平衡协调发展,为新城居民提供多元化、综合化的城市服务,满足当地居民多元化需求,促进当地社会经济的聚集发展。否则,将造成功能配置上的失衡,有可能进入恶性循环的开发陷阱。譬如,新城建设中偏重培育产业功能或居住功能,搞了许多产业和房地产项目,而交通设施以及社会事业设施(如医院、学校、文化等)与公共服务设施严重不足,或者是社会事业与公共服务的"软件"方面缺乏优质资源配置,就难以吸引更多的人来此就业和生活居住,从而使已有的大量投入难以产生足够的收益,进一步的投入和开发就难以为继。一旦进入这一开发陷阱,往往会致使新城建设趋于停滞。

另一方面,要注重人口规模与就业容量之间的平衡,防止人口盲目增加,给新城带来极大的就业压力;提供广泛的不同种类的就业以及城市服务,促进不同的社会、经济群体与阶层之间的协调;注重居住分散化和就业岗位集中化之间的协调,尽可能地把生活居住和工作岗位集合在一起,特别是要在微观层次上设法把居住地和工作地混合起来。[①]例如,伦敦新城密尔顿凯恩斯的规划布局就突破了严格功能分区的固定模式,将工业企业和其他企事业在市区采取分散布局方式,将大的工厂较均匀地分布于全市,小的工厂安排在居住区内,而非工业性的大的就业中心,如医疗中心、高等院校等则分散在城市边缘区。这样一方面可以把交通负荷比较均匀地分散开,另一方面也有利于居民就近工作。

此外,要特别注重人与自然之间的生态平衡。国外大多数新城规划都采用了霍华德的"田园城市"理念,注重绿色公园、步行街、林荫道、绿化带等生态廊道的规划建设,尽力塑造建筑与环境景观、人与自然高度和谐的郊外田园风格,创造人与自然和谐共处、绿色生态的新型社区。在新城建设中,还要非常珍视当地的历史文化资源,精心保护和开发利用当地的传统街坊、古建筑、古村落等,增强新城的历史文化积淀和内涵价值,提高其特有的"吸引力"。总之,通过动态结构均衡的开发模式,旨在构建具有相对独立、功能齐全、结构完善、环境良好的"边缘城市"。

18.2.6　新城建设的开发模式

新城开发与建设会呈现不同的模式,但其涉及的核心是开发主体问题。从国际经验看,新城建设的开发模式主要有三种:以政府为主体、事业化运作的开发模式——以伦敦为代表;政府控股、商业化经营的开发模式——以香港为代表;以私人开发商为主体、政府政策倾斜的开发模式——以东京为代表。

从中国现阶段各种约束条件的综合角度看,新城开发模式可能更倾向于以政府为主体、事业化运作的模式。城市规模的急剧扩散及空间结构大幅度调整,非一般市场力量所能承担,更多地需要政府力量的支撑,而中国的地方政府实际

---

① 　汤茂林:《发展中国家巨型城市现状、成因、挑战与对策》,《城市规划汇刊》2003 年第 1 期。

上掌握着相当的社会资源,特别是土地资源和政策资源。此外,传统的行政推动的路径依赖、市场发育不够成熟等因素,也都在不同程度上促使形成政府主导的新城开发模式。

政府在新城开发中,主要运用的手段是土地资源。因为新城建设的增量基础设施投入占有较大的比重,无法完全靠常规的税收来支持。更何况,新城自身的稳定税源尚未形成,实际上要靠转移支付来解决的。在支持新城开发的投入主要来源于土地资源的情况下,土地收益,尤其是一级土地市场的收益,就成为其至关重要的条件。因此,土地收益组织的好坏,在很大程度上决定了新城开发的速度和质量。

但即便中国的地方政府实际上掌握着相当的社会资源,相对于大规模、迅速的新城开发来讲,仍显得可支配的资源有限。因此,城市政府为了加快新城建设,势必借助市场力量和民间资本,让不同经济类型的企业参与新城建设。而为了得到工商业及房地产公司的投资,城市政府就必须满足这些公司的要求,并提供相应优惠条件。例如,减免税、以政府投资改善基础设施来吸引投资等。这样,掌握着权力的城市政府与控制着资源的企业集团就形成了结盟。可见,在政府主导的开发模式下,不管是通过事业化运作还是商业化经营,实际上都要由市场力量的共同参与,政府力量与市场力量的共同参与是加快新城建设的重要保证。但政府在主导新城建设开发过程中,要加强社会的监督作用,培育社会力量参与决策的能力,在"吸引投资促进新城建设"和"让广大市民分享到新城开发的利益"之间找到平衡。

事实上,不管是哪种开发模式,政府的政策支持都是必要的。国外经验表明,政府在土地征用、财政税收、住房建设、吸引人员入住新城等方面制定相应的政策,以推进新城建设计划的顺利实施。例如在土地政策方面,英国制定了"土地强制征用"的法律,即地方政府有权征用城镇或乡村的土地用于"行动地区"的发展,可以强行要求土地所有者出让土地等;法国实行"土地银行储备""预留建设区"制度;美国实行"法定土地征用权"政策;日本实行较为灵活的"保留区"和"规划控制区"政策。①在新城吸引人口和产业的优惠政策方面,伦敦采取开发简单廉价住宅(初期)、住宅供暖免费等措施;法国明确规定了新城与母城之间的距离(20—40公里)、配套大型公共设施等措施;日本一方面提高中心城区的土地价格,限制新建工厂和大学,另一方面全面配套新城的生活设施,创造与中心市

---

① 黄胜利、宁越敏:《国外新城建设及启示》,《现代城市研究》2003 年第 4 期。

区相当甚至更加优越的工作和居住条件,吸引中心市区人口和产业的进入。这些经验,都是可以值得我们学习和借鉴的。

18.3   调整中心城区:提升城市功能

在全球城市空间结构向多中心结构转化过程中,中心城区(内城)的作用并不意味着削弱,反而是要进一步增强。为了适应全球城市发展的新要求,中心城区功能及其空间布局也要相应调整,特别是传统的中央商务区(CBD, Central Business District)要转变为中央活动区(CAZ, Central Activity Zone)的建设模式。

18.3.1   中心城区:地理位置的重要性

在全球城市的空间结构中,中心城区在经过长期开发过后仍将是新的增长点。这与全球城市的网络平台及其全球性协调功能有直接关系。因为在全球网络平台上主要生产和运输的是"思想";而全球性协调功能主要取决于信息、知识等能力。与生产物品离不开规模效应以及需要大量廉价土地不同,信息、思想、知识等生产所需的生态环境是高密度人群,这种不断地进行面对面的接触,能促使思想大量产生并高速度传播。在思想、知识创新中,在专业服务行业中,"面对面接触"的"地理位置"显得十分重要。在这样的生态环境中,产生新思想,并转化成产品和服务的速度要远高于其他任何区域。

而且,从全球来看,人才是越来越趋于集中,而不是越来越分散化。曾有一位世界 500 强 CEO 在上海市市长企业家咨询会上发言说,有些物质会从密集度高的地方向密集度低处转移,人才却永远流向人才最多的地方。这样来看,世界可能是极其凹凸不平的。全球城市的中心城区,仍旧会是未来很长时间人才流向的地方。服装设计师、电脑编程师、金融从业人员中绝大多数仍旧去中心城区上班,因为他们需要与客户和团队建立信任,需要建立一个事业和社会生活的网络,需要在与各色人等的巧遇中交换信息,碰撞思想。可见科技越发达,越需要高密度地集中人才和思想,"地理位置"反倒变得更加重要了。

"地理位置"的重要性不仅仅限于工作地,也适用于住宅。因为对从事"创造型"产业的人来说,生活质量已不仅仅是基本的生活便利,而是要有更多的闲暇。显然,居住于工作所在的中心城区,节省大量上下班花费时间,将为其提供更多的闲暇。美国的 InfoWeek 对全国高科技工作者所作的调查显示，在选择一份工作时，有将近 20％的人把上班时间的长短作为最重要的因素，高于升迁机会和工资奖金。更为重要的是，居住生活在中心城区可以感受每时每刻都在发生的变化，包括最新的思想、最奇特的事物、最大胆的创举等，并享受到各种不同影响的融合，世界各国的美食、前卫和古典皆有的音乐、迥然不同的人群等，都会激发他们开放地思考问题，大胆地尝试事物。

18.3.2 老城区再开发：塑造复合型新功能

一般来讲，中心城区都经过长年开发，具有较强的综合服务功能，为什么在建设全球城市过程中还要进行功能及其空间布局调整？这主要是基于以下几方面原因：一是在单一中心空间结构向多中心结构转化过程中，中心城区的部分功能需要调整与分散至新城，从而使自身功能更加集中和进一步提升。二是随着城市现代化发展，进行旧城区改造与更新，运用城市发展的新理念，注入现代元素（如宜居、绿色、低碳、历史文化等），实现老城区的二次城市化。三是顺应网络平台及其流量扩展的要求，促进产业升级和转型，营造良好的环境条件，更好地吸纳和集聚功能性机构。因此，几乎所有的全球城市建设都经过老城区再开发，以实现中心城区功能及其布局的调整。

从建设全球城市角度讲，老城区再开发并不是简单地拆旧建新，也不是一般的在保持历史遗产的基础上建设城市现代化形态，而是充分利用都市中心部的区域，形成将工作、居住、商业、文化、娱乐休闲等功能以一种新的形态复合在一起的新空间，打造更能适应网络平台及其流量扩展，具有强大全球资源配置能力的复合型新功能。其重点是塑造三大核心功能：一是商务功能，包括商务中枢功能、新兴产业创造功能、国际商务枢纽功能、国际金融节点功能、商务支援功能（如法律、会计、金融等关联服务业）等，实现金融、保险和信息企业的集中，充分发挥该中心地区的经济中枢性；二是生活文化功能，包括居住功能、文化教育功能、健康医疗功能、饮食娱乐功能、购物功能、福利功能（托儿设置等）等，使得商务活动更为便利，提高就业人员和来往人员的便利性、舒适性；三是交流集聚人气功能，包括都市观光功能、国际交流功能（展览、出租会议室、信息中心等）、国际会议功能（会议室、讲堂等）、住宿停留功能、信息节点和情报交流功能、交通枢纽功能等。

在老城区再开发中，日本六本木可谓成功典型之一。改造后的六本木，是一座集办公、住宅、商业设施、文化设施、酒店、豪华影院和广播中心为一身的城市综合体，包括了朝日电视台总部、54层楼高的森大厦、凯悦大酒店、维珍影城、精品店、主题餐厅、日式庭园、办公大楼、美术馆、户外剧场、集合住宅、开放空间、街道、公共设施等，具有居住、工作、游玩、休憩、学习和创造等多项功能，无可争议地成为东京的新地标。这不仅仅是解决生存空间狭小化和市中心旧城区改造的问题，更主要的是为集聚众多功能性机构和流量扩展营造了良好环境条件。六本木办公楼和高档公寓的出租率都接近100%，不仅集聚了世界著名金融大公司，而且集聚了一大批IT公司，已成为东京著名的以IT产业为主的微型CBD。

18.3.3　上海中心城区再开发及其空间布局调整

上海全球城市建设中，也面临着中心城区再开发及其空间布局调整。尽管改革开放以来，上海中心城区已经历了重大功能性调整，原先镶嵌在居住区中星如棋布的工厂大量动迁被商务楼取代，陈旧不堪的基础设施被大量更新和完善，大量功能性机构集聚，商务功能迅速增强，但仍然不能适应全球城市建设中网络平台及其流量扩展的要求，比较突出的问题是：(1)功能布局不均衡，以苏州河为界，呈现"南高北低"的明显反差，杨浦、虹口、闸北、普陀等区不论在经济发展水平、城市设施和社会事业设施、商务商业功能等方面，均低于黄浦、静安、长宁、徐汇等区。(2)空间碎片化情况较严重，居住、工作、生活和娱乐的复合空间不足，公共活动空间显得较为狭小。(3)宜居、绿色、低碳、历史文化等现代元素注入不够，不少地方的城市氛围与色调显得单调与僵硬。(4)城市智能化程度欠高，工作和生活的便利性、舒适性有待进一步提高。

因此，上海在中心城区再开发中，要运用城市发展的先进理念，在城区更新改造中注入宜居、绿色、低碳、历史文化等现代元素，营造更适合于国际化功能性机构集聚的环境条件，促进中心城区转型和功能升级。具体讲：一是在中心城区，建立居住、工作、生活和娱乐的复合空间，通过居住、工作的邻近化来增加人们的自由时间，使个人的生活空间倍增（职、住、商、食、游、息、医、学、育等），实现都市生活的舒适与悠闲的目标。二是大力推进智慧城市建设，构建宽带、泛在、融合、安全的信息基础设施体系，通过数字城管、智能电网、智能交通、智能医疗、智能教育、电子政务等项目实施，为人们提供便捷和实惠的信息通信服务。三是通过扩大公共活动空间，特别是各种类型的广场、公园等，建设各种类型的博物馆、艺术馆、图书馆、会所、剧院等，以及举办丰富多彩的文化娱乐、大型赛事和展览等活动，促进人们的社会活动和文化交流。四是将旧城区的历史特色保留下来，与现代相结合，营造深厚的人文环境，形成自己的区域特点和吸引力。五是通过立体的区域规划，扩大区域内的绿化面积，促进低碳工作与生活，达到人与自然和谐的生活方式。

在此过程中，还需对中心城区商务布局进行调整与完善，形成"一环十字轴"的构架。东西向商务轴从大虹桥至浦东空港，目前只是到了浦东小陆家嘴地区，尚需进一步向东延伸，经花木地区—张江地区—迪士尼国际旅游度假区到浦东空港；南北向商务轴是沿黄浦江两岸的滨江地区展开的，浦西段从杨浦创意园区，经北外滩—外滩—南外滩—浦西世博园区—徐汇滨江至徐浦大桥；浦东段从金融城，经浦东世博园区—后滩—耀华地区至东方体育中心。围绕十字轴的一环是中环商务带，其中包括五角场副中心、真如副中心、市北园区、长风商务区、漕河泾开发区、徐家汇副中心、紫竹园区、张江、金桥等。目前，与此布局调整相关的世博园区开发、虹桥商务区开发、迪士尼国际旅游度假区开发、徐汇滨江开发等都被列入重点开发区，正加快开发建设。这一"一环十字轴"的布局调整，将有助于改变目前商务功能布局不均衡局面，大大提升杨浦、虹口、闸北、普陀等区的商务功能，而且在十字轴的交汇点（外滩地区和小陆家嘴地区）形成中心城区的核心商务区，以及多层次的商务区结构。

18.3.4 发展新趋势：中央商务区向中央活动区的转变

在大城市的中心城区，通常都会形成一个或若干个集中了大量金融、商业、贸易、信息以及中介服务机构，拥有大量办公楼、酒店、公寓等配套设备，具备完善的市政交通与通信条件，便于现代商务活动的区域或场所，即 CBD。在经济发达国家，中央商务区的建设已经比较成熟，纽约、巴黎、东京、法兰克福、多伦多、悉尼、新加坡等大都市已经在 20 世纪后半叶基本形成了 CBD 地区，如纽约的曼哈顿商务区、巴黎的拉德方斯商务区和东京的新宿商务区等。由于 CBD 是一个城市经济的密集区，一般位于城市的黄金地带，有大量的公司、金融机构、企业财团在这一区域展开各种商务活动，所以无论在世界任何一个地方，成熟的 CBD 都是一个国际大都市的商业名片，拥有强劲的跨区甚至跨国的经济辐射力，为城市的发展起着不可磨灭的作用。

CBD 的商务功能高度集聚和升级，一方面推动了城市能级快速提升；但另一方面，也导致了各种新问题的出现：如 CBD 内白天"钟摆式通勤"和夜晚与周末"死城"的现象；城市中心区零售商业比重大幅下降，造成传统 CBD 呈现萧条局面；城市中心区居民人口大量流失，"有商无民"现象加剧，城市中心区出现衰退迹象等。与此同时，随着电子商务、现代通信方式的普及，使得远程办公和远程通勤成为可能,数据处理、快递业务、信用卡服务以及研发、工程服务等商务及活动的"去中心化"趋势非常明显。

这就迫使 CBD 建设思路发生重大转变,从以企业为出发点的传统 CBD 建设理念转向以人的需求为出发点的现代中央活动区(CAZ)建设理念,强调"以人为本",在内城的功能及其空间布局调整中,为适应全球城市网络平台构建及其流量扩展,单一用途的 CBD 开始向地域范围更为宽泛、产业功能也更为综合,多元用途的 CAZ 转变。

CAZ 是一个具有活力的多元化复合功能的核心区:(1)高端的国际化商务区;(2)集聚人群的热闹的有文化的区域;(3)与信息化社会相适应的信息交流和发布区域;(4)风格和活力协调和谐的地区;(5)高度通达和便利舒适的区域;(6)与环境共生的区域;(7)安心和安全的区域;(8)社区、政府和游客合作培育的区域。从 CBD 转向 CAZ 的更新与改造,其着眼点是:不仅要让在该地区工作的人,而且要让经过该地区的人感到安心和舒适,使这些人在这个地区能够更加愉快和充实。它所要达到的具体目标包括:一是经济方面,激发活力,繁荣繁华;二是社会方面,创造企业和居民的参与机会;三是文化方面,创造地区风格;四是环境方面,实现低碳社会。

目前,国外部分城市正在推动传统 CBD 向 CAZ 的转变。例如伦敦作为全球金融及商务中心,也面临着如何满足日益增长的休闲旅游、文化娱乐方面需求,频繁迁移带来的理念、文化上的冲撞与融合,以及环境保护问题、社会分极化等传统社会问题。为此,伦敦政府在 2008 年发布的《伦敦规划——大伦敦空间发展战略》中提出了伦敦 CAZ 的发展战略。伦敦 CAZ 载有极为重要的活动,包括中央政府办事处、总部和大使馆,伦敦的金融和商业服务业和贸易办事处,以及专业团体、机构、协会、通信出版,最集中的独特群集是广告和媒体;其他主要用途和活动包括零售、旅游、文化娱乐,国际购物中心也集中在 CAZ。伦敦中央活动区是个非传统的、多元的、充满活力和创意型区域,具有一定数量的剧院、画廊和博物馆等文化设施,新建一些文化旅游景点和文化休闲场所。此项计划旨在确保这些 CAZ 的品质是建立在效率提高的基础上,使 CAZ 内的增长能带动其成为国家和全球中心,并带动与其角色相关的区域和城市的部分职能,同时也使得伦敦的功能有所扩展。

18.3.5　CBD 转向 CAZ 的重点突破内容

上海在全球城市建设中,要高度关注中心城区中央商务区向中央活动区转变的新趋势,抓紧对原有 CBD 的改造和转型,而对于新开发重点区域则要一开始就规划定位于 CAZ。

例如,陆家嘴 CBD 作为上海的核心 CBD,是金融、贸易、航运以及高端专业服务等产业高度集聚的区域。经过多年培育与发展,陆家嘴 CBD 已成为上海乃至全国最具有经济活力的区域,但陆家嘴 CBD 仍面临着许多不足和困境,亟待解决:一是集聚度有待进一步提高。无论是东京的丸之内和六本木,还是伦敦的金融城,其空间集聚密度均达到每平方公里 100 栋左右高楼,约 20 万就业人口。上海的建筑密度和城市人口与东京不相上下,但陆家嘴 CBD 的建筑和就业密度要明显低于丸之内地区。尽管陆家嘴 CBD 地区集聚了大量的金融和专业服务企业,但有实力的大型跨国公司总部不多,影响了 CBD 中枢功能的发挥。二是综合服务功能亟待提升。陆家嘴 CBD 虽然拥有齐全的商务、商业等核心设施,但文化艺术、展销、酒店、高档公寓、医疗健康、娱乐等配套设施不足。三是与周边 CBD 联动不够。陆家嘴 CBD 的发展与周边的外滩、北外滩、人民广场、南京西路等 CBD 的发展缺乏协调,无法形成有效的产业互动和功能配套,从而使得陆家嘴 CBD 规模和能级难以提高,核心 CBD 功能无法充分发挥。四是交通的通达性和便利性不够。陆家嘴 CBD 地区被多条交通主干道分割,办公楼之间缺乏连通,通达性差,交通不便,步行困难,导致人流稀少,缺乏人气,也直接影响了各种商业和休闲网点的进入。实际上,上述这些问题在其他 CBD 也都有不同程度的反映。

针对上述问题,要推动上海中心城区的 CBD 向 CAZ 的转型发展,重点应在以下四个方面加以改进和突破:

(1) 为了改变传统 CBD 地区人流车流集中,交通拥堵,基础设施陈旧以及生态环境恶化的状况,大力开展基础设施的整治,改善交通和生态环境,提高防灾水平和安全性。进一步规划和完善区域交通系统,包括规划增加区内地铁线路和地铁站点,开辟区内穿梭巴士,增加公共停车位,规划和完善区内步行交通系统,使其拥有成熟便捷的交通网络系统,形成发达的内部交通和外部交通联系,在交通上拥有高度可达性,为当地市民的出行、游客和商务办公人士的到访,乃至货运和物流的往来都提供了有力的保障和更大持续力;形成强大的信息通信功能和智能化运用水平,为频繁密集的商务活动和日常生活提供便利、高效的支持性服务;营造低碳、绿色的生态环境,为商务人员和外来人员的工作、生活提供更加舒适的条件。

(2) 为了改变传统 CBD 地区功能单一,高度集中在商务、商业等方面功能的状况,要增加其复合性功能。在产业体系上,应构筑以金融、航运、商贸、专业服务等高端现代服务业为核心,以人文、教育、休闲以及居住等服务业为拓展的产业生态体系,完善相对均衡的产业结构。在服务功能上,除了继承 CBD 的商业、商务等主要功能外,要适应新经济发展要求,突出强化文化、休闲、旅游以及商务酒店、高品质住宅等其他功能,不仅有大量的商务办公用楼以供金融、商务活动的需要,还应具有行政设施、教育设施、文化设施,以及住宅、购物中心、服务区等配套设施,实现行政、医疗、教育、金融、商务、会展、娱乐、旅行、居住等多项功能的复合化,高度集中了经济、科技和文化等功能性机构,从而成为一个集商业贸易、商务办公、行政办公、文化演艺、旅游休闲、娱乐餐饮、生活居住等功能的"24 小时的活动中心和活力中心",能够尽可能地满足多样化、综合性的需求。为此,要改变传统 CBD 的规划理念,把过去机械划分商务区地块、配套商业区地块、公共服务区地块的平面规划,转变为按楼层分区的哪几层是商业餐饮区、哪几层是办公区、哪几层观光文化区、哪几层是宾馆住宿区的垂直规划,对现有商务楼宇按楼层的功能进行置换与更新。

(3)为了改变传统 CBD 地区商务比重过高,功能单一,导致昼夜人流差距极大,缺乏城市魅力和吸引力的状况,要增加公共活动空间和集聚化的公共活动设施,使其成为集广场、公园、博物馆、电影院、剧院、舞厅、餐馆、酒吧、咖啡馆等大量综合公共设施为一体"集合体",为大量商务人士"面对面"的信息交流和业务沟通提供良好条件,并满足城市居民和外来游客多样化、大规模的市场需求。在其改造过程中,可以通过建筑用途替换的方式,在商务楼中大规模导入宾馆、商场、娱乐、餐饮、剧场和画廊等多样性功能和设施,并在中央活动区内设计浪漫散步、历史探访、艺术散步等步行旅游线路,吸引大量人流。

(4)为了改变传统 CBD 地区过度浓厚的商业氛围,缺乏历史积淀和文化精神的局面,要大量注入历史文化元素,以提升区域的品位。在其改造过程中,高度重视和强调街道与建筑物的历史文化继承,建设历史风貌街,大力推进文化都市化,包括积极保护历史建筑物,大量设置美术馆,举办各种文化活动,提高人们的文化素养,创造地区文化风格等。通过这种改造,使其成为不同民族、不同种族文化开放性交融、展示的平台,提供丰富多彩的休闲娱乐活动组合,以及高质量的娱乐体验品质,从古典歌剧到现代话剧,从街头才艺表演到博物馆精品陈列,从高级会所到休闲吧馆等。

19 发展路径:寓于全球城市区域合作

在全球化和信息化的推动下,城市正通过网络全面融入区域,国家和全球经济的各个层次中。其中,一个明显的发展趋势就是城市之间及与其毗邻的腹地形成了密切的内在联系,呈现出所谓的全球城市区域的现象。全球城市区域越来越明显地成为国际政治与经济舞台上一个独特空间。随着环境条件的变化,上海要作为一个全球城市崛起,也许已不能像发达国家早期崛起的全球城市那样在地域空间中"单独"形成与发展,而是内生于长三角全球城市区域的发展之中。

19.1 基础:全球城市建设与全球城市区域共生

全球城市区域不仅仅是地理邻近的含义,而是基于网络结构的内在联系的空间集聚。如果说发达国家早期的全球城市可以单独形成,以后才逐步融入全球城市区域的话,那么上海全球城市建设已不可能脱离全球城市区域的发展。这是由中国参与经济全球化的方式(承接国际产业转移)所内在规定的,是全球商品链向中国延伸的空间分布特征所引致的。因此,全球城市建设与全球城市区域具有共生性关系。

19.1.1 全球商品链向中国延伸的空间分布特征

一般来讲,全球商品链向发展中国家的拓展与延伸,既根植于国家、地区层面的网络中,也存在于城市网络里。但由于全球商品链不同环节的空间分布取向是不同的,所以这种外部嵌入的全球商品链的空间分布到底集中何处,在很大程度上首先取决于其承接全球商品链的哪个环节。

中国在对外开放中主要是承接了全球商品链中处于"低端"的加工制造环节,其通常是与低工资、低技术与低利润的输入—输出相联系。而且,这种加工制造通常是高度常规化的生产活动,其生产所需的原材料及其要素投入的品种、数量以及在什么时点上投入都相对固定化,可以实行大批量的计划采购,也可以便利地从远距离获得,只要使其单位成本保持在较低水平既可。因此这类常规化生产的区位选择,通常是与廉价的场所、低技术劳工相一致的,有时可能远离大城市中心。特别是"两头在外,大进大出"的加工贸易的生产方式,对场所及环境条件并不具有很高的特定要求,而更着眼于较低工资的劳动力、便宜的土地价格、便利的交通以及享有相应的优惠政策。因此,全球商品链"低端"环节的空间分布具有相当的离散性。与此同时,这些加工制造活动也谋求在空间布局上进一步加强各地经济力量的集中接近,有一个生产配套、规模经济、运输仓储等服务平台共享、信息与知识互补等产业集群效应问题。不同公司和参与者通过部分的紧密连接和空间集中的集群,可降低空间交易成本以及增加生产的灵活性和信息效应,从而有助于提升经济系统的整体效益,使其参与者的工作效率得到提高。而且,在当地产业网络的内部交易联系中会产生巨大的思想和知识流,从而强化经济活动中的学习、创意和创新。此外,与处于远距离分隔的区位相比,公司可以获得更具多样化的供应渠道和商业机会,从而将使企业更加灵活,减少过多的投资存货。因此,全球商品链"低端"环节的空间分布又有相应集中的客观要求。全球商品链"低端"环节的空间分布呈现离散性与相对集中的"悖论"现象,实际上是同时存在的两种内在要求的力量抗衡。其最终导致的结果往往是:更倾向集中于某些区域,且分散于该区域中不同城市的空间分布格局。

中国在接受国际产业转移过程中,虽然总体上是处于全球商品链的"低端"(加工制造环节)位置,但由于这些加工制造活动的顺利进行有赖于相关配套的生产者服务,包括研发、设计、技术咨询、维修、运输仓储、广告、营销以及会计、审计、法律服务等,再加上大规模的区域产业集群以及国内巨大的潜在市场需求,因而也会吸引一部分全球商品链的"中端"乃至"高端"环节的进入,就地提供相应的生产者服务。这类生产者服务通常是非常规化的活动,并要求与其他相关公司形成较为稳定的业务关系。这就决定了此类服务公司必须密切关注市场的变化,及时调整其内部资源要素的配置,要求其具有高度的公司专业程度及其互补性,具有较强的生产者间的生产协作关系以及需要"面对面"信息交流等,因而其业务活动更倾向于在空间位置上靠近对方,向中心城市集聚。另外,一个新的变动趋向是跨国公司全球生产动机的变化，即寻求创造性资产①为目标的 FDI。这种 FDI 较少强调利用既有的所有权特定优势，而更加关注通过并购新的资产，或与外国公司建立合作伙伴关系来扩展自身优势，②从而在区位选择上与早期的自然资源寻求型 FDI 有很大的不同，将更多地集中在主要大城市。

因此全球商品链向发展中国家某些地区的大规模延伸，将按照"高端—低端"的边界构成链条内价值增值和利润获取的不均等的空间分布，形成以高端过程主导的场所（即高端生产区）和以低端过程主导的场所（即低端生产区），并使两者之间具有内在经济联系。

19.1.2　全球商品链拓展与延伸对长三角地区的影响

当全球商品链向发展中国家某些区域大规模延伸时，该地区中的所有城市都可能融入其中。即使它们只是"一般性"城市，在进入的全球商品链中也仅仅扮演着外围的角色，但已处于这种网络空间之中，与世界经济开始发生紧密的联系。也就是，全球商品流分支从这些城市节点中获取价值的增加，并进一步产生出这些城市的利润流。

因此，跨国公司的全球商品链拓展与延伸在长三角地区的集聚，对该区域产生的重大影响及其变化之一，就是带动了整个区域的对外经济联系发展，促进了该区域诸多城市国际化，形成了广泛的全球性联系。因为这种全球商品链的加工制造环节的外部嵌入，在该区域内形成了"两头在外"的大规模加工贸易活动，从而导致了大量的外部资源（原材料与能源、半成品、零部件等）流入与产成品的流出，并使其成为高度外向型经济的区域。而该区域中诸多城市在此过程中不仅迅速实现了高度工业化，也越来越扮演起外部资源流入与产成品流出的"通道"角色，对外经济联系日益广泛和密切，成为国际性活动与交流频繁和密集化的场所，最终从一个地方城市迅速演化为国际化城市。特别要指出的是，这并非个别现象，而是一个集体发生过程，例如苏州、无锡、南京、杭州、宁波等城市也都同时在向国际化城市演进，并融入全球城市网络之中。因此借助于全球商品链的大规模空间延伸，使长三角区域中的诸多城市在较短时间内建立起全球联系，

---

①　创造性资产，也称战略性资产，是在自然资源基础上，经过后天努力而创造出来的基于知识的资产，包括像金融资产存量、通信设施、销售网络等有形资产，也包括信息存量、商标、商誉、智能、技能、才能、关系等无形资产。

②　Dunning, J. H., 1998, "Location and the Multinational Enterprises: A Neglected Factor?", *Journal of International Business Studies*, 29.1. First Quarter.

向国际化城市演进,并在这一区域内形成多点并重快速发展格局,更多地表现为区域内城市多极化发展趋向。

当然,这种由外部推动而迅速促进该区域中诸多当地城市向国际化城市转变的情景,能否进一步促使该区域发展成为全球城市区域,还取决其他各种因素,如区域中各城市之间的联系,以及其中是否具有核心地位的中心城市等。从经验事实看,这种区域内城市的全球联系性泛化,会反过来促进和带动区域城市间的相互关联性。因为这些城市的全球性联系增强,是全球商品链空间延伸和拓展的产物,是区域全球化的反映。作为全球商品链空间延伸而形成的这种城市全球性联系,并不是孤立的、完全分割的,而是有内在联系的。我们可以看到,一些地区已经成为世界工业品的"加工厂",也已逐步形成大量的、密集的、极化的(或多极化)纳入世界体系中的劳动和资本的集群。这些区域内的产业集群,大部分是跨行政区划分布的。例如,长三角地区电子信息产业形成了以上海、南京、杭州为中心,沿沪宁、沪杭甬沿线集中分布的空间架构;装备制造业也将形成以上海为龙头、沿沪宁线、沿江、沿沪杭甬及甬台集聚发展的总体空间架构;跨越上海与浙江的杭州湾两侧的石化产业集群等。这种区域内的产业集群,本身就有增强相关城市间经济联系的内在要求。这种通过外部联系增强反过来促进其内部联系深化,是长三角全球城市区域形成与发展的一个重要的反作用机制。

19.1.3　长三角全球城市区域及上海的地位

在长三角地区,全球商品链按照"高端—低端"的不均等的空间分布结构,通常是与其城市层级体系高度吻合的,即一般中小城市是由其"低端过程"主导的节点,与"低端生产区"相对应;中心城市是由其"高端过程"主导的节点,与"高端生产区"相对应。值得强调的是,上海作为该区域的中心城市,是全球商品链延伸的一个特定的和关键的节点,由先进生产者服务嵌入其生产过程之中。从这一意义上讲,上海是一系列链条中的一个服务节点,并由此获得其综合性的中心地位。这种通过主要城市而提供的生产者服务,不仅支撑了城市网络的连接,而且在连接分散化的生产与消费点方面也是必不可少的,从而对于生产链的顺利运作也是不可或缺的。正因为如此,这些服务中介机构提供了全球商品链与全球城市网络之间的相交点,[1]从而使两者建立起联系。

---

① Parnreiter, C., Fischer, K., Imhof, K., 2005, "The Missing Link between Global Commodity Chains and Global Cities: the Financial Service Sector in Mexico City and Santiago de Chile", in Van Lindert, P., Verkoren, O. (Eds.), *Territory, Local Governance and Development in Latin America*, Amsterdam: Rozenberg.

由此可见,高端、中端和低端生产区的空间结构是由全球商品链来形成和维系的,而全球商品链反过来又通过全球城市网络来形成与维系的。但全球商品链的高端、中端和低端过程的空间分布之间,是具有内在联系的。随着全球商品链向长三角地区延伸的不断深化,特别是"高端过程"的不断转移进来,势必会在区域范围内实现"高端生产区"和"中、低端生产区"的完整化和系统化,形成了"总部与生产者服务—加工制造"的区域功能分工与合作的模式,从而使作为"高端生产区"的中心城市与其地域邻近的作为"中、低端生产区"的一般城市之间形成紧密联系,并使作为"高端生产区"的中心城市地位不断极化。如果没有这种全球商品链大规模延伸所形成的区域广泛分布的加工制造活动,也就不会形成对全面服务的需求,促使全球商品链的高端环节(控制与管理、先进生产者服务等)嵌入该地区主要城市的生产过程,并使其作为全球商品链的服务节点而获得综合性的中心地位。反过来,如果在长三角区域中没有一个能充当跨国公司和国内大公司的特殊节点,那么全球商品链向该区域的大规模延伸也难以顺利进行与持续发展。因为全球商品流基本上都包含在核心形成过程中,而无论其生产位于什么地方。这些核心过程,对于实施生产链的控制是必需的。因此这一区域中广泛的对外经济联系,通常是以全球城市网络的主要节点城市为中介的;区域产业集群而形成的大规模经济流量,也是通过网络体系中的主要城市的服务功能而流动的。

总之,在当今全球化与信息化进程不断深化的背景下,长三角地区承接全球商品链的空间拓展与延伸,首先是促进整个集聚区域的全球性联系,以及该区域诸多城市的国际化发展,并以此为基础的全球城市区域的兴起。在此过程中,上海作为该区域中的核心城市,只有充当了全球商品链拓展与延伸的"高端过程"(诸如先进生产者服务的供给)主导的节点,才有可能向全球城市演化。因此,全球城市建设与全球城市区域发展是一种共生性关系。上海全球城市建设,只有借助于长三角区域诸多城市国际化基础上的广泛对外经济联系,依托于该区域形成的内外交互的大规模经济流量,并在其中发挥连接国内经济与世界经济的桥梁作用,形成基于网络平台及流量扩展的全球性协调功能,才能逐步演化为全球城市网络的主要节点城市。

19.2 前提:推动区域合作,促进区域发展

上海全球城市建设是以促进长三角全球城市区域发展为前提的,而不是以

压制其他城市发展为代价,要建立在区域经济一体化的广泛合作基础之上。

19.2.1   全球城市区域中的合作与竞争

在全球城市区域发展中,城市间合作行动的过程将被置于重要的地位。但长期以来,由于深受以城市竞争为驱动力的流行思潮和传统理论的影响,过于强调竞争对城市发展的推动作用,忽视城市间合作的重要性。

城市之间的竞争与合作,历来就是同时存在的,不能片面强调竞争而忽略合作的重要性。特别是伴随着全球城市网络的形成与发展,融入其网络的城市具有与外界更广泛的连通性,凸显城市价值流的功能与价值取向。尽管城市间的竞争也是全球城市网络形成过程的一部分,[①]但这仅仅是整个过程的一小部分。在一个全球城市网络中,各城市承担着一种互补、协同的作用,这种竞争只是服务于全球各市场中的企业之间的竞争,而不是城市之间的竞争。在竞争的旁边,是合作的运作;唯有合作的运作,才能形成网络关系,并使网络中的流量大规模扩展。从城市网络的角度来观察,城市的繁荣并不是由其超过对手的"竞争优势"所决定的,城市的成功依赖于全球城市网络中的连接。[②]而且,在全球城市网络中,即使我们讲"城市竞争",也要放在一个特定的涵义上加以运用,不能将其等同于或混同于一般的市场竞争。因为国家及其城市只是为其公司在世界市场上的成功提供了有利的条件,但其本身并非是市场竞争的独立组成部分。尽管在吸引外来投资及其公司入驻、资源要素流动等方面也存在着"城市竞争",但真实的竞争却是发生在公司之间的。

许多实证分析也表明,城市间的合作具有较大的互补性。例如,伦敦相对于法兰克福的竞争优势,并不会对法兰克福在欧洲空间流中的地位形成危害。伦敦并不是以牺牲法兰克福为代价而获得成功,因为它们都是构成欧洲世界城市网络的完整的部分。相反,伦敦高度集中的市场、技术及经验,对法兰克福的商务活动是有益的。法兰克福加强与伦敦的联系,对法兰克福的跨国商务活动的发展是十分重要的。同样,法兰克福作为一个从伦敦到欧洲大陆市场的"要塞"的重要性不断增强,对伦敦也是有利的。

---

① Kresl, P.K., 1995, "The Determinants of Urban Competitiveness: a Survey", in Kresl, P.K. and Gaert, G. (Eds.), *North American Cities and the Global Economy*, London: Sage, 45—68.

② Beaverstock, J.V., Doel, M.A., Hubbard, P.J. and Taylor, P.J., 2002, "Attending to the World: Competition/Co-operation and Co-efficiency in the World City Network", *Global Networks*, 2(2), pp.111—132.

在实践中，越来越多的城市认识到，随着进入全球城市网络体系的城市数目不断增加，基于全球化的经济联系的发展将是空前的，科学与信息的交流更是如此，因此城市间的合作必将有助于提高在安全、环境和总体生活质量方面的市民福利。例如，巴黎把与世界其他大城市合作列入全球城市发展战略的重要内容，积极推行与世界各大城市尤其是欧盟城市的文化和技术合作，不断增加交流的次数并使之规范化。为此，巴黎市政府已经与 20 个主要城市签署了合作协议，并与华盛顿、马德里和雅典三个城市订立了友好协议，其核心内容就是积极推进国际合作的行动、加强对话精神并通过巩固动态的伙伴关系开放所有领域、促进文化合作等。

19.2.2 从对抗性竞争转向合作性竞争

对于全球城市建设来讲，外部的合作显得尤为重要，我们首先要从思想认识上解决这一问题，继而在政策措施作出重大调整。对于上海全球城市建设而言，不能一味强调提高城市竞争力，更不能将其简单演绎为对外部资源（特别是外资）的争夺，如通过各种变相的减免税、人为压低地价及租金等优惠政策吸引外来投资，并排斥区际资本流动和产业转移。这往往造成城市间的过度竞争和严重的地方保护主义倾向，使其重大基础设施以及铁路、公路、航运、航空等多种设施之间缺乏有效的配套与衔接，资源浪费与设施短缺并重；缺乏有效空间管制，空间开发和分工秩序不合理；区域政策缺乏衔接，难以建立由市场和企业为主导的区域竞争协调机制等。这种城市间恶性竞争以及此消彼长的零和博弈，并不符合基于全球城市网络的城市发展的要求，也不利于上海全球城市建设。因此，全球城市的崛起要从对抗性竞争转向合作性竞争。这种合作性竞争，强调的是共赢，是一体化、关联度、共同协商制度。①

上海全球城市建设，要融入长三角全球城市区域发展之中，通过借助于长三角全球城市区域的广泛全球联系，才能发挥上海区域核心城市的作用，全力打造全球网络平台及其流量扩展。为此，上海在全球城市建设中，要以经济联系为基础，扩展联合其周边经济实力较为雄厚的二级大中城市，一方面将充当全球城市网络的重要节点；另一方面又将担任地区经济发展的中心角色，起着协调、整合城市区域资源和强化区域内城市经济联系以融入全球化网络的重要作用。在发展方针上，要明确城市功能及其产业的错位发展，立足于"高端生产区"及其网络

① 连玉明：《城市转型与城市竞争力》，《中国审计》2003 年第 2 期。

平台的城市功能及其产业发展导向。同时,加强长三角区域中的合作与协调,积极组建地域联盟(无论自上而下达或自下而上),促进其协作规定的集体秩序,共同谋求提高处理行政和政策问题的区域能力,形成一些可利用的新的空间范围,搭建企业参与全球市场竞争的地域平台,提高整个全球城市区域的竞争能力和促进其经济效益。

19.2.3　区域合作的基本出发点

城市间的合作,当然包括城市政府之间签订的各种经济、文化、社会等方面交流与合作的协议,或缔结为友好城市等。城市政府在区域合作中,也确实起着重要的作用,并往往是被推到"台前"的首要位置。但我们现在一谈地区或城市间合作,好像就是地方政府间的合作,地方政府似乎成了地区或城市间合作的唯一主体或主要参与者,则是错误的认识。事实上,地区或城市间合作,更深层次的基础则在于企业间的网络关系,以及由此所引导的区域经济一体化。只有在以企业为主体的区域经济一体化基础上,才能为城市间广泛合作提供可能。因此我们首先要明确,企业的经济活动是促进区域经济一体化和城市网络关系的核心要素,企业是城市间合作更为重要的参与者。

全球城市区域的发展,以及该区域中城市间网络关系的形成,实际上是企业市场竞争的结果,或者说是由企业市场竞争所驱动的。正是这种企业的区位选择及其分支机构网络式的空间分布,在城市网络中形成连接,提供了城市网络得以运作所必需的相互依赖的基础。也就是,企业间在市场中的竞争,导致了城际不断增长的互相依赖性。事实上,通过企业间市场竞争和资源要素的市场流动,促进城际不断增长的互相依赖性和区域经济一体化,是促进区域或城市间合作最核心的问题。

因此对城市政府来讲,促进区域或城市间合作要围绕企业在市场竞争中的区位选择而展开,其的基本出发点应该是如何营造公平、充分的竞争环境,为企业跨地区网络式空间分布提供便利条件,而不是其他的使地方政府之间获得互利、共赢等目的。如果不是立足于这一基本出发点,地方政府在区域或城市间合作中扮演的角色势必错位,所谓的促进区域或城市间合作,要么是流于空谈,要么是南辕北辙。因此地方政府间关于区域合作的主要议题,应该高度集中在如何形成区域内有助于企业公平竞争、要素充分流动的良好环境上。而在以往的区域合作中,虽然也涉及不少合作内容,并不断扩展合作的范围,但往往在这一核心问题上多有回避,或避重就轻,大多迂回在外围问题上。然而,这一核心问题不取得突破性进展,区域或城市间合作就不可能有实质性的推进。

寓于长三角全球城市区域中的上海全球城市建设,要着力推进区域内市场竞争环境的改善,促进资源要素流动,为企业网络式的空间分布创造有利条件,从而加强区域内城市间联系和提升整个区域的全球竞争能力。从城市管理当局来讲,其政策的制定,应该从基于长三角每个城市都是该全球城市区域的一个组成部分的认识出发,着力于有关改善商务环境条件的一般性政策,而不是针对其他城市的某些竞争性措施,或阻碍企业、人才及其他要素市场性流动的限制性措施。同时,根据企业市场化资源配置的要求,出台更多帮助企业"走出去"对外扩展的政策,如打破行政障碍联合搞开发区,支持企业部分业务转移或在外设置分支机构等,与其他城市网络建立起联系。

在此过程中,为了给企业提供良好的环境,要充分发挥各种行业协会的作用,特别是促进区域性行业协会的发展。在一个较成熟的市场经济体制下,对于企业间的经济联系和业务往来及其相互之间的竞争与合作,政府并不能施加特别的影响。在这方面,通常是由各种行业协会等机构提供管制框架及其产品(服务)的专业标准,以管理公司的活动。在先进生产者服务中,这类机构的重要性特别明显,其税务、标准和业务活动受到行业协会,特别是专业性机构的管理。每个行业中的正规与非正规的进入资格、惯例、规则、习惯与传统,影响其行业内的每个公司行为,灌输给其特殊的价值观及其特性。这类机构对企业跨地区、跨国界的经营活动有较大的影响,因此要充分这类机构在促进区域合作中的重要作用。

此外,要促进区域交通网络化,增强要素流动能力。推动区域内信息平台建设,特别是信用、教育、文化等信息的交流与共享。加强环境整治、生态保护的区域协同。逐步创造条件,推进社会保障、社会事业方面的区域合作,进一步强化同城效应。

20 地方行动：坚持转型与创新

在国家战略指导下，上海全球城市建设的地方行动，现阶段主要任务是创新驱动、转型发展。唯有创新驱动，才能较好地化解这一系列问题，促进转型发展。这种创新驱动则覆盖了经济、社会、文化等各个方面，贯穿于城市发展的各项内容之中。

20.1 转型发展：长期性、艰巨性和复杂性

迈向全球城市的转型发展，是其内部关系及其与外部关系发生一系列重大改变的"脱胎换骨"过程，不仅将遇到来自各方面的多重问题及其摩擦，如经济结构调整、城市功能转变、发展路径转换等，也同样面临一系列的危机性风险，如结构性失业、财政不平衡、社会分化、心态失衡和地方归属感消失等。

20.1.1 克服"转型综合征"

在迈向全球城市的转型发展中，通常会呈现出许多非常规、非线性、非典型的新变化，同时也将给我们带来许多充满悬念、令人疑难的新问题。特别是在这种经济系统的稳态被打破，甚至出现较大经济波动的情况下，很容易出现"转型综合征"，具体表现为：(1)因经济增长速度减缓或增长明显下滑，经济地位的下降，形成严重的失落感，甚至是十分焦虑。(2)因经济转型中存在较大的不确定性，或转型最终结果的预期不确定，心里没底，从而对转型前景感到迷茫、对当前开展的工作感到不踏实。(3)因经济转型中成本投入与收益获取的不同步，难以在短期内见效，容易对已采取的政策措施产生疑惑，从而在工作中摇摆不定。(4)因经济转型中出现许多新情况和新变化，而传统的思维惯性和工作方式难以

适应,过去行之有效的办法难以有效应对,感到无从下手,束手无策,或者是急病乱投医;或者是无所作为。

尽管在转型初期,这种"转型综合征"可能在所难免,但必须及时加以调整和克服。其中,克服"转型综合征"的有效办法之一,就是全面认识转型发展的规律性特征,充分把握转型发展所面临的挑战,准确考量转型发展的态势。特别是通过借鉴国际经验,从伦敦、纽约、东京等大都市的转型案例中,寻找出某些带有规律性的表现特征,以指导我们转型发展的实践探索。

20.1.2 把握转型发展的规律性特征:国际经验

在 20 世纪 60 年代至 80 年代间,伦敦、纽约、东京等大都市先后进入重化工阶段向后工业化阶段的经济转型。尽管这些大都市的历史沿革、基础条件、功能特征等有所不同,但其转型发展的起因及其动力基本相类似,并呈现出一些共性的表现特征,值得我们关注和借鉴。

一是经济增速放慢,潜在经济增长率下降一个台阶。在转型发展阶段,产业增长的重点转向服务业,不仅投资规模明显缩小,对经济拉动作用减弱,同时受产业特征的影响,服务业增长速度通常低于制造业,因此往往伴随着较低的经济增长,突出表现在就业人数绝对量的下降。从 1978 年到 1985 年,伦敦的就业绝对量下降 4%。1985 年的失业人口比 1960 年代中期增长 10 倍数,从 4 万人增加到 40 万人,如果包括未注册的失业人口,这一数字会更大。除了制造业就业人数大幅下降外,公共服务业的就业人数也下降 10%,建筑业、公用事业、运输和通信业、配送贸易等的就业也在减少。纽约从 1970 年到 1980 年,其总就业水平绝对值也趋于下降,从 370 万人降到 300 万人。其中,制造业就业减少 35%;总部办公室职位减少 41%;办公室的就业总体下降 15%。与此同时,公共服务业的就业从 1976 年起也开始减少。

二是结构调整的摩擦较大,经济运行呈现相对不稳定性,容易受到外部冲击的影响。伦敦、纽约和东京在经济转型中,不仅产业结构发生重大变化,而且收入分配结构、人口结构、城市空间结构等也都随之变化,这使得经济运行呈现相对不稳定性的特征,社会问题日益显现。例如纽约,除失业增加外,制造业工资水平也明显下降。在 1970 年前后,纽约的平均工资达到相对最高水平,制造生产领域的平均小时工资是全美的 101.2%,但到 1982 年纽约的制造生产领域的平均工资降到全美平均工资的 87.6%。另外,与产业结构调整相联系,在 1945—1980 年间,约有 200 万中产阶层居民迁出纽约市,这种人口空间迅速为北上的非裔人和拉美人所添补,使纽约日益贫困。

三是由于转型的成本与收益不同步,均出现了"间歇性"财政危机。纽约在经济转型中,由于经济的衰退、公司总部的大量外迁和人口的流失陷入了进退维谷的境地。更为不幸的是,纽约市政府推行了"赤字财政"政策,到 1975 年 11 月终于引发了纽约历史上最为严重的财政危机,直至 1981 年初才实现预算平衡。东京在经济转型中,也同样带来了财政危机,于 1975—1978 年间出现了 101 万亿日元的财政赤字。为此,成立了一个专门委员会来研究解决财政危机问题。重点措施是政府裁员、压缩工资,如裁员 9255 人,包括服务业裁员,征收消费税,减少或取消津贴等。1979 年财政赤字减少,1981 年已转为有 31 万亿日元的盈余。

四是城区间发展不平衡。伦敦、纽约和东京在经济转型中,总的趋势是制造业部门收缩与服务业部门扩展,这对中心城区与外缘城区的影响是不同的。尽管中心城区在经济转型初期也会受到较大的影响与冲击,不仅有工厂关闭和外迁,而且也会有制造业公司总部外迁及中产阶层人士移居郊区等,从而导致内城衰弱的情况。但随着经济转型的不断深化,大量服务业,特别是现代服务业重新集聚到中心城区,其中最为典型的是纽约的曼哈顿。而另一方面,纽约市外缘的其他四个城区经历了真正的衰落,制造业的衰退与迁移对其的影响是最大的。

20.1.3　充分认识上海城市转型发展的长期性、艰巨性和复杂性

与上述城市转型相比,由于受当前国内外环境变化和累积矛盾的影响,上海转型发展面临着更为严峻的挑战:

第一,当前世界经济复苏缓慢,衰退期延长,使上海城市转型发展面临较大外部冲击。上述三大都市转型时所面临的世界经济背景,总体比较平稳,并未出现重大危机的冲击。而我们现在正面临着堪与 20 世纪 30 年代大危机相比的全球金融危机,其暴露出来的各种深层次矛盾难以解决,呈现主权债务危机越演越烈,发达经济体与新兴经济体面临不同的短期挑战及政策取向,结构调整与短期目标冲突等显著特点,要素市场震荡,贸易摩擦加剧,保护主义盛行的状况将继续存在,使得全球金融危机呈现出长期化趋势,未来数年内难以走出衰退。这对高度外向型经济的上海,有直接的负面影响。

第二,国内经济增长进入下降通道,各种矛盾凸显,使上海转型发展面临着巨大的困难和压力。当前中国经济正处于中周期中的下降期,并受世界经济持续衰退、资源环境约束加剧、产能过剩以及生产成本大幅上升的影响,今后数年

经济增长速度将趋于下降,潜在增长率有可能下降一个台阶。这不仅对上海经济增长的支持和拉动作用将会减弱,而且在当前上海商务成本不断上升和产业梯度转移加快的情况下,全国经济增速下降有可能与上海企业加快外迁形成共振效应,使财政和就业面临巨大压力,将降低和削弱对转型发展的支撑和承受能力。

第三,中国市场经济体制尚处在不断完善之中,使上海转型发展面临着更大的制度性障碍。纽约、伦敦、东京在转型阶段,已经建立起完善的市场经济体制,形成了有利于服务经济发展的税制、管制、法制和信用制度,从而使这些城市凭借区位、竞争优势,比较容易集聚国内外资源,形成现代服务业发展的聚集效应。而中国目前体制机制还不完善,服务经济发展受到较大的制度性障碍,短期内难以实现跨越式发展,而具有地方政府主导色彩的区域竞争激烈,导致资源配置分散,对上海城市功能提升和转型发展带来较大的难度。

第四,传统发展模式的矛盾累积,使上海创新转型面临严重的路径依赖。过去30年上海经济持续快速增长,主要靠大量占用土地等资源和大规模投资拉动。今后,一方面资源环境约束越来越强,传统发展模式已难以为继,传统低端制造业调整和向外转移速度加快;另一方面,新一轮战略性新兴产业和现代服务业尚待培育,产业发展处于新老交替的转型过程中,经济发展缺乏新增长点,从而使上海经济保持平稳转型的难度加大。

当然,上海转型发展也具有一些特定的有利条件:(1)随着中国经济实力增强和国际地位不断上升,将为上海转型发展带来诸多有利条件,如国家更希望将一些城市发展列入国家战略予以支持,国家的日益高涨的声望也有助于这些城市更多地吸引世界资源集聚,从而会给城市转型发展注入强大的推动力。(2)与全国经济发展明显的阶段性落差,不仅使上海制造业向外转移有较大空间,而且国内工业化和城市化的强劲需求对上海制造业升级十分有利。同时,也有利于总部及功能性机构的集聚,构建全球网络大平台和流量扩展。(3)上海处于长三角城市群之中,并作为该地区唯一的核心城市,在都市圈的产业结构和区域分工格局中可以凸显中心城市的资源优势,延长其产业链;可以通过周边城市工业的发展为中心城市生产者服务业发展提供市场空间;可以缓解中心城市发展中产生的"城市病",等等。

因此,一定要充分认识上海城市转型发展的长期性、艰巨性和复杂性,充分估计转型阶段在经济增速、财政、就业、收入分配等方面可能出现的严峻形势,同时抓住有利时机和充分发挥有利条件,以更加坚定的信念和坚韧的努力来推进城市转型发展。

20.1.4   上海转型发展的主要任务

上海全球城市建设,要借助于全球商品链的空间延伸,通过外部移植与内部培育新的经济功能来实现转型发展。首先要集聚参与全球生产链的先进制造业公司,特别是高新技术企业,以及跨国公司地区总部、全球金融机构和专业服务机构、全球研发中心等功能性机构和各种商贸公司、中介服务公司等,通过其数量规模增大来扩大外部联系范围,增加更多的网络连接点,构建全球网络平台及其流量扩展。

要坚持城市功能综合化方向,在进一步继续增强承担国际流量枢纽功能的同时,兼具可持续发展能力、本地居民服务保障能力的复合性功能,促进服务功能、生产能力、创新能力的均衡发展,促进对外要素流动能力与对内保障服务能力的协调发展,致力于形成强大而多样的经济体系。

要在提升产业能级的基础上,形成产业体系的均衡化发展,促进现代服务业与传统服务业以及先进制造业、文化创意产业等均衡发展,促进巨型企业与中小企业协调发展。要充分发挥特大城市所具有的经济体量和空间余度巨大,拥有金融、贸易、专业服务等部门配套支撑,以及高科技企业、高校与研发平台高度集聚的综合优势,大力培育新的增长点,促进战略性新兴产业和高新技术产业发展,促进经济与文化的融合发展,提升城市软实力,特别是向环保、低碳的城市经济转型。

要大力推进社会建设和创新社会管理,调整收入分配,加强教育培训,强化住房保障,缓解新旧二元结构问题,逐步解决城市社会两极分化的难题,促进城市社会转型。

20.2   考量标准:新视角、新维度

上海迈向全球城市的转型发展,要用新视角、新维度来考量,不能拿以往经济系统处于稳态下的轨迹线路来比照今天转型发展的情况;也不能用传统(惯用)的经济指标来简单分析今天转型发展的新变化;更不能简单用基于常态发展的地区(省市)情况与转型发展作所谓的横向比较,而要从能够比较集中反映转型发展基本内涵的城市功能、经济结构、运行质量、发展环境等方面来进行衡量

与判断。目前,上海创新驱动、转型发展的推进工作正全面展开,已出现了一些新变化和新气象,呈现良好的发展态势。

20.2.1   城市功能进一步高度化

前面分析已指出:城市功能的层级取决于网络平台及其流量扩展水平。近年来,上海在枢纽型大平台建设上取得重大进展,如上海银行间市场贷款转让交易平台、上海股权交易托管中心、全国性信托受益权登记中心及转让市场、航运运价衍生品交易市场、中国物流资源交易中心、中国技术进出口贸易中心、中国服务外包交易中心、国别商品交易中心、中国会展中心等已经建成或正加快建设。在这些枢纽型大平台上,各种类型的功能性机构加快集聚。截至 2011 年底,跨国公司在上海设立地区总部 353 家、投资性公司 240 家和研发中心 334 家。全球十大国际集装箱班轮公司、九大船级社均已在上海设立了总部、区域总部或分支机构,1000 多家国际海上运输和辅助企业集聚上海。

依托网络平台,在功能性机构有效运作下,要素流量规模迅速扩大。作为中国的主要资本市场,上海承担着国内全部融资的大约四分之一;2010 年,上海证交所交易量居全球第三,银行间债券托余额位居全球第五;上海期货交易成交合约数量位居全球第二,并成为全球三大有色金属特别是铜的全球定价中心;上海黄金交易所的黄金现货交易量位居世界第一。2005—2010 年,上海贸易总量以每年约 15% 的速度增长,2010 年达到 3689 亿美元,贸易额已超过全国四分之一,其中服务贸易进出口额达到 1000 亿美元。自 2005 年以来连续 5 年货物吞吐量排名世界第一,2010 年集装箱吞吐量达到 2907 万标箱,跃居世界第一。两个机场旅客吞吐量和货邮吞吐量由"十五"期末的 4134 万人次和 221 万吨增长到 2010 年的 7188 万人次和 371 万吨,浦东机场连续三年货邮吞吐量位居全球机场第三。

20.2.2   经济结构合理化

产业结构进一步朝着服务经济主导的方向演化,服务业继续保持较快增长,2011 年第三产业增加值增速快于第二产业增加值 3 个百分点,且比重不断提升,2012 年第一季度已接近 60%。现代服务业发展呈现新亮点,供应链管理、电子商务等新兴业态和商业模式正成为第三产业的重要增长点。以研发服务、信息服务、商务服务和金融服务为代表的知识密集型服务业占第三产业的比重达到 50% 左右,生产性服务业占第三产业的比重达到 30% 以上。与此同时,经济增长对房地产业的依赖度降低,房地产增加值占 GDP 的比重从 2010 年的 5.8%下降到 2011 年的 5.3%。2011 年,高新技术产业(制造业部分)现价增长 12%,高出全市工业现价增幅 2.8 个百分点,战略性新兴产业产值现价增长 11.5%,高出全市工业现价增幅 2.3 个百分点,而高耗能和加工组装型产业占比总体呈下降态势,全年电子信息产业制造业产值仅增长 3.2%,增幅比上年下降 31.5 个百分点;五大高载能产值仅增长 1.1%。

外贸发展方式加快转变,外贸结构进一步优化。2011 年,上海服务贸易增长快于商品贸易,全年服务贸易额突破 1200 亿美元,占全国服务贸易总额的比重超过 30%。在商品贸易中,全市进口增长快于出口 5 个百分点。在外贸商品出口中,一般贸易出口增长快于加工贸易 13.3 个百分点;以东盟和拉美为主的新兴市场出口增长 16.8%,高出以欧美、日本为主的传统市场增速 3.5 个百分点。

投资结构进一步优化。2011 年前三季度,高新技术产业化投资增长 33%,高于全市工业投资增幅 32.9 个百分点,高耗能行业投资大幅下降;民生投资力度明显加大,保障房投资快于市场化商品房投资。全市国有投资下降 15.6%,民间投资增长 36.7%,占全市固定资产投资比重上升到 40.9%。

区域增长结构进一步优化,区域发展更趋协调。2011 年前三季度,上海中心城区和郊区中相对落后的杨浦、闸北、虹口、普陀、金山、奉贤、崇明等区县发展速度明显加快,地方财政收入增幅高于各区县平均增幅 4—16 个百分点。

20.2.3 经济质量集约化

过去上海通常是以 20%左右的投资增长支撑 10%左右的 GDP 增长,2011年在投资增长仅 0.3%的情况下实现了 8.2%的 GDP 增长,表明消费需求引领经济增长的迹象开始显现,社会消费品零售总额在 2010 年首次超过固定资产投资总额的基础上,2011 年继续扩大;同时也表明全要素劳动生产率提高和效益提升。与此同时,能源消耗持续下降。2011 年 1—8 月,全市单位工业增加值能耗同比下降 9.4%,五大高耗能行业能源消费量占全市工业比重比上年下降 8 个百分点左右,公共交通行业能耗总量由增转减,同比下降 0.9%,实现了在经济增长基数上能耗强度持续下降。

在经济质量集约化基础上,地方财政收入增长较快,2011 年增长 19.4%。其中,三产收入占比达到 72%,同比提高 2 个百分点,其贡献进一步加大。而城市和农村居民家庭人均可支配收入均比上年增长 13.8%,扣除物价因素后增长

8.2%,与 GDP 实现同步增长。

20.2.4　发展环境优质化

民生保障力度加大,社会保障体系进一步完善。退休人员养老金、最低工资、最低生活保障、失业保险金等一批保障待遇标准继续提高,廉租房准入门槛降低,全年新开工建设和筹措保障性住房达 1700 万平方米,供应面积 1240 万平方米。就业形势总体平稳,全年新增就业岗位 64.16 万个,其中农村富余劳动力实现非农就业 13 多万个,城镇登记失业率为 4.2%,连续 7 年控制在 4.5% 以内。

进一步整顿市场秩序,规范市场行为,市场运作环境更趋规范化。通过对消防、交通、生产、食品药品等实行专项整治,进一步加强城市运行安全和生产安全,保持良好的社会治安。大力推进大都市文化建设,弘扬上海城市精神和“公正、宽容、责任、诚信”价值取向,加强和创新社会管理,营造良好的社会环境和文化氛围。

良好的发展环境对外资形成较强吸引力,尽管 2011 年整体环境不甚理想,外资进入中国步伐放缓,但全市外商直接投资合同金额增长 31.3%,实际到位金额增长 13.3%。其中,第三产业实到外资金额增长 18.1%,占实到外资总额的82.8%。

上述情况表明,上海经济发展方式出现了积极的变化,城市发展开始进入全面转型的新阶段。这一变化与中央加强宏观调控和贯彻落实科学发展观的要求是一致的,与上海建设“四个中心”和现代化国际大都市的战略目标要求是相符合的。上海坚持“创新驱动、转型发展”,将工作重心从保速度转向调结构,适度放慢速度,为转型发展创造空间,在转变发展方式上占据了先机、赢得了主动,为下一步加快推进创新转型奠定了良好基础。

20.3　创新驱动:全球城市建设之灵魂

在全球城市建设中,外部力量的推动固然十分重要,但地方行动能否对外部环境条件作出积极反应,及时抓住发展的契机,则在于其内部的反射能力及调整适应能力,特别是这种能力背后蕴涵的创新活力和动力。因为城市处于不断的演变之中,在经济、文化、社会等方面发生一系列重大变化,需要不断更新、重塑自身。而城市发展的活力,则在于是否有足够的创新能力和灵活性适应这样变化多端的环境。对于上海全球城市建设来讲,其转型中面临的问题更多,也更为复杂,更加需要创新驱动。

20.3.1 增强创新意识及共同价值取向

创新驱动,首先要增强创新意识,使其成为自觉行动。这种创新意识主要来自两方面:一是强烈的危机感;二是城市主体的知识特征、价值取向以及知识更新的程度。由于上海自20世纪90年代以来发展迅速,在经济增长、城市建设、社会保障与社会管理等方面取得较大成效,对城市现状及发展有着良好的自我感觉,容易沾沾自喜,而缺乏强烈的危机感。同时,对城市的发展和建设往往停留在过去的认识水平上,而缺乏对迈向全球城市的转型发展的清晰认知,受较大的传统习惯束缚,安稳守旧,按部就班。因此,要提高发展危机感的认同度,时刻认识到城市发展中的不适之处或不满之处,催发创新的意识,激发创新的灵感,不断迸发出迎接更多、更大挑战的力量,使创新能持久下去。同时,通过学习和知识扩散,提高上海转型发展紧迫性的认识,使不同主体之间形成一种有共同目标、认同和信任的感受,培养起创新意识及其共同的价值取向,进而成为一种创新城市的驱动力量。

20.3.2 营造创新环境和协同作用机制

由于创新存在于某种无形的氛围之中,从"新思想"到"新产品"和"新价值""新财富"的转变过程不会呈线性发展,因而良好的有利于创新的社会系统环境是创新的基本元素之一。[①]在上海迈向全球城市的转型发展中,实现创新驱动的关键是营造鼓励创新的政策和人文社会环境,使创新行为能够通过相关行为主体的相互协调作用而发生。创新环境就是指城市中的各行为主体在文化与制度基础上建立起信任和承诺,在频繁的人际互动中实现技术、信息和知识等资源的共享,并彼此之间形成高度协同的合作关系的基本秩序和氛围。它是建立在城市社区文化基础上、有利于创新行为发生的一种协同作用机制,从而是深深镶嵌于社会结构和人际关系网络之中的。

必须指出的是,这种创新环境并不是政府刻意追求、人为营造的均衡状态的基本秩序和氛围,而是借助于转型发展之势,形成有利于创新的协同作用机制。

---

① Rogers, E.M., 1976, "New Product Adoption and Diffusion", *Journal of Consumer Research*, Volume 2, March, pp.290—301.

在上海转型发展中,结构处于不稳定性状态,运行存在着不确定性,经验性需求与实际机会之间也通常是不平衡、多样化的,从而创新环境具有非均衡的明显特征。经验表明,拥有高度创造性的城市,在很大程度是那些旧秩序正遭受挑战或旧秩序刚被推翻而新秩序尚未完全建立的城市,即那些经济社会变革中的城市。正如平庸不会有创造一样,高度保守、极其稳定的社会或所有无序已消失殆尽的社会,都不是产生创造力的地方。从这一意义上讲,上海转型发展本身就是在营造一种创新环境,会提供更多的创新机会和激发起更大的创新动力,政府所要做的不是另起炉灶,而是因势利导地推进形成有利于创新行为发生的协同作用机制。

因此,这种创造性环境在尺度上是广大的,但又具有文化多样性,在内部和外部都有着良好的文化交流,从而有助于创新活动的共同参与及其有效组织。创新的内在动力来自鼓励城市内部的创新思想,激励城市的自我意识和独立性,所以要让每个人都有参与感和责任感。这种参与不只是一个口号,而是激发创新思想和利用各种资源的方法。正是这种共同参与,使聚集在一起的行为主体之间注重集体共享资源,并相互交流隐含经验类知识,产生学习和知识溢出效应,促进信息、知识的流动和新思想的创造。与此同时,从个人到机构的每一个层面,都需要培养综合集成和实践的能力,把创新想法付诸实践。这就意味着要把创新元素贯穿到城市决策的每一个过程,无论是公共的还是私人机构,无论是是经济领域,还是社会、文化领域的。这种有效组织的机制及其能力,是上海转型发展的关键能力,也是创新驱动的基本能力要求。

20.3.3　现阶段创新驱动的重点

上海全球城市建设中,创新驱动涵盖了技术、制度和经济以及社会等方面的创新,以及它们之间互动和综合作用的创新。在现阶段,为促进迈向全球城市的转型发展,创新驱动要注重文化艺术与现代技术的结合,形成以互联网技术为物质基础,以新的含有附加价值的服务业为支撑的城市发展驱动力。在信息网络革命条件下,生活环境的质量、文化服务的层次、信息/知识的可获得性等因素已成为重要的区位要素。与此同时,城市也获得更多机会来发挥自己的主动性和培育自身快速反应的能力,通过创造有吸引力的区位环境来改善自己的网络地位。因此在创新城市过程中,政策制定的范围必须从强调信息技术(IT)的研究开发方面扩展到经济增长和社会发展中更为广泛的信息的生产、采集、传播、应用诸多方面,城市发展的战略重点将集中在城市如何最大限度地利用信息技术发展经济和社会,并通过与文化艺术的结合来获取全球竞争力。

在创新驱动的诸多内容中,其深层的、最为核心的是制度创新(包括正式的制度和文化、习俗等非正式制度),以及在有效的制度供给基础上的结构升级与效率提高。制度作为社会的游戏规则,或规范人类行为的人为设计,鼓励或阻碍导致经济变革的交流和各种各样的互动,在很大程度上规定和限制着经济主体的一系列选择,以及决定着经济组织的形式。在上海全球城市建设中,制度创新首要解决改革内在动力不足问题,如安于现状,缺乏紧迫感;有较大畏难情绪,缺乏改革激情和冲劲;忙于日常事务,缺乏对改革深入系统的谋划;各行其是,各得其所,缺乏对改革的高度共识和强大合力。制度创新,关键要在制度建设上下功夫。要在中央精神的统领下,结合上海的实际,加强改革顶层设计,突出综合配套改革,既要强调改革的系统性,防止改革"碎片化"和"翻烧饼",又要安排好改革时序,重点突破,滚动推进。当前,要着力推进五个方面的制度创新。

一是创新服务经济发展的制度环境。要积极利用国家开展增值税改革试点和服务业综合改革试点契机,推进深层次改革,重点突破制约服务经济发展的管制、税制、法制、信用制度等瓶颈。要积极准备实施国家服务业税制改革在上海的试点,大力推进各区县服务业配合配套试点改革,积极探索建立与服务经济和新兴产业发展相适应的统计体系,在服务经济制度环境建设上率先取得重大突破。

二是创新高新技术产业化的体制机制。要进一步实施科教兴市战略,加快推进科技体制改革创新,建立形成有利于自主创新和战略性新兴产业发展的体制机制,完善创新创业的制度环境,充分释放全社会创新动力和潜力。要聚焦张江国家自主创新示范区建设,着重在管理体制和政策上进行创新,充分发挥张江国家自主创新示范区在全市创新转型中的带动和引领作用。

三是创新统筹城乡发展的体制机制。要以实现基本公共服务均等化为主线,建立和完善覆盖城乡的基本公共服务体系,引导社会资源加快向郊区布局,逐步建立促进城乡统筹发展的制度。重点要建立统筹推进新城开发的体制,创新新城发展机制,加快中心城区优质社会资源向新城辐射,带动城乡一体化发展。同时,要以进一步完善居住证制度为抓手,探索条件管理积分化的户籍政策,创新外来人口管理制度,建立人口管理、社会管理和公共服务供给"三位一体"的联动机制,实现公共服务分层、分类、有梯度的供给,破解城乡新旧二元结构。

四是创新社会管理体制。要进一步强化政府社会管理职能,深入推进社会组织管理体制改革、社会事业管理体制改革、社区管理体制改革和文化体制改革,建立以块为主的基层社会管理和以条为主的社会政策管理有机结合的社会管理新体制,积极构建社会协商对话机制,稳步推进社会协同共治,创新社会管理方式。重点是推进社会事业单位分类改革,实现政事分开、事企分开、管办分开,促进公益事业发展,鼓励社会力量兴办社会事业,逐步形成多元参与、公平竞争的格局。

五是创新政府行政管理体制。要以转变政府职能为主线,以政府管理创新为重点,以建设服务型政府为核心,深化大部制改革,建立政府决策、执行、监督既相互制约又相互协调的行政权力运行机制,完善"二级政府、三级管理"体制,理顺各级行政组织的职能职责分工体系,进一步推进政企分开和政事分开,健全政务公开制度,强化行政问责制,完善政府财政预算管理制度,加快推进行政审批制度化、标准化、信息化,加大信息公开力度,建设"两高一少"政府,创新政府经济和社会管理方式,加大公众参与力度,依法行政,依法治理,依法办事,提高行政管理效能,加快建设服务政府、责任政府、法治政府和廉洁政府。

20.3.4　创新驱动的社会基础及其创造性人力

创新驱动,固然需要城市政府的积极引导和推进,但不能只靠政府的力量,而要有广泛的社会基础及其创造性人力。在上海全球城市建设中,增强创新驱动的力度,最为重要的环节之一就是要吸引大量创造性人才的汇集。在转型发展处于重大变革的环境下,人们易于接受新思想、新事物,有助于创造性人才在解决现实性问题中脱颖而出,也有助于吸引大量创造性人才为研究、探索新问题从四面八方汇集而来。为此,要营造基于多极社会结构的宽松环境。弗洛里达(R. Florida)教授认为,宽容是衡量一个城市开放、包容和多样性的概念,[1]有魅力的城市必须具有宽容性和多样性等都市风格。这对于创新行为和创造性人才的脱颖而出具有积极的作用,而且有利于吸引人才和促进多元文化交流。同时,创造和提供具有广泛影响力的活动舞台,吸引创造性人才进入。一个城市越是能提供产生较广泛社会影响力的活动舞台,其对创造性人才的吸引力就越强;而创造性人才的集聚,其本身产生的规模效应、互补效应、溢出效应等,反过来又促进其活动舞台影响力的增大。

---

① Florida, R., 2005, *Cities and The Creative Class*, New York: Routledge.

下　编

卓越的全球城市：国家使命与上海雄心

本编原为周振华著《卓越的全球城市：国家使命与上海雄心》，格致出版社、上海人民出版社 2019 年版。

21 何谓卓越的全球城市

全球城市作为 20 世纪 70 年代现代全球化的产物,其生成与发展的时间并不长。尽管纽约、伦敦、巴黎、东京等全球城市兴起及展现的风采有目共睹,但全球城市作为一个特定概念和特殊城市功能形态,并不为人们所熟知。建设卓越的全球城市,是上海面向未来、面向全球的战略新目标,并将作为行动指南统领各项工作。因此,必须首先对全球城市的内涵、功能、结构、形态及发展规律等有充分认识与深刻理解,从而准确把握和瞄准战略新目标。

21.1 "卓越的全球城市"还是"全球的卓越城市"?

这一问题的提出,也许并不具有实质性,却具有普遍性。在谈及上海战略新目标时,常常会被说成"全球的卓越城市",甚至在一些媒体上也时有如此报道。这也许是一种口误或随意性表达,但从一个侧面反映了对全球城市认识上的偏差与误解。

国家赋予上海战略新目标是:建设卓越的全球城市。这里讲的"全球城市"是一个特定概念(本书后面会具体展开释义),而"卓越"作为形容词修饰用来表明全球城市所要达到水平与能级的程度。

"全球城市"作为一个具有特定内涵的概念,如果从类型学角度讲,表明的是一种特殊类型的城市属性。因此,"全球城市"并非指"全球的城市"。如果我们所讲的"全球城市"是暗指"全球的城市"时,实际上已偷换了概念,即用城市空间尺度替换了城市特殊类型。"全球的城市"并非一个特定概念,只是表明一种空间尺度下的城市,犹如我们通常所说的一个国家的城市、一个地区的城市那样,无非是一种更大的空间尺度而已。然而,在实际运用中我们很容易将两者混为一谈,甚至学术界也经常如此。例如,社会上颇有影响的"全球城市竞争力指数",实际上是用来衡量全球范围内所有城市的竞争力水平,而不是衡量特定的"全球城市"竞争力水平。它所讲的全球城市,仅仅是空间尺度下的"全球的城市",既包括了特定类型的全球城市,也包括大量非全球城市。从类型学角度讲,"全球城市"不过是"全球的城市"这一"大家庭"中的重要成员之一,并不能代表所有的全球的城市;反过来,"全球的城市"也无法表达"全球城市"这一特定概念。而"全球的卓越城市"提法中,"全球"作为形容词也只是表明一种空间尺度,从而实际上把"全球城市"等同于"全球的城市"来看待,是有较大偏差的。

　　"卓越"用来修饰全球城市表明其所要达到的程度(在后面论述中会专门讲到全球城市的卓越标志),是相对于"一般"等而言的。而所谓"全球的卓越城市",其中的"卓越"修饰的是城市,不是全球城市这一特定对象。"卓越城市"这一概念,且不说目前国际上尚未有明确定义,即使有的话,也无非如活力城市、宜居城市、智慧城市、机遇之城等一样,仅仅反映了一般城市属性的特征或程度。我们知道,"全球城市"作为一个特定概念,是指在全球网络中居于基本节点地位,具有全球资源配置特定功能的城市。而"卓越城市"尽管在各方面或某些领域表现优异,但并不一定具有全球资源配置的特定功能。例如,我们可以罗列出一批世界上充满活力、富有创新、生态宜居、高度智慧化、历史遗产丰厚、人文环境良好的卓越城市,但其未必能进入全球城市的行列。

　　值得指出的是,这里并不仅仅是厘清概念和避免混淆的问题,而是涉及对全球城市内涵的理解与把握,因而进一步关系到能否对上海城市发展进行准确的战略定位。如果把"卓越的全球城市"误解为"全球的卓越城市",那么在建设过程中的一系列思路举措、政策及其策略的切入视角、重点内容、路径选择都将会发生较大偏差。因此,必须正名上海战略新目标是建设"卓越的全球城市"。

21.2　全球城市与一般城市的联系与区别?

　　全球城市作为一种特殊类型的城市,毕竟还是一个城市。那么,它是如何源自城市,从而具有城市的基本属性,但又超越了一般城市,从而具有自身独特属性的?从城市的角度讲,全球城市的共性与个性是一个重要的关系问题。

　　从静态来看,全球城市是基于一般城市基本属性发展而来的具有独特属性的城市,有其特殊构造。

全球城市作为一种城市现象,具备了一般城市的所有基本属性。例如,它具备城市建构的所有必备要素与构件以及系统运行体系。城市是由多种复杂系统所构成的有机体,包括城市各类主体,如居民和外来人员、企业、各种组织、政府机构等;城市客体,如基础设施和公共服务设施、各类用途的建筑、绿地和公共空间、自然生态环境等;维持城市居民生活和生产活动所必不可少的城市生命线系统,如供水、供电、供热、供气、交通、消防、医疗应急救援、地震等自然灾害应急救援系统等。又如,它具备城市的一般功能。城市功能是由城市的各种结构性因素决定的城市的机能或能力,是城市系统对外部环境的作用和秩序,也是城市发展的动力因素。城市主要功能有生产功能、服务功能、管理功能、协调功能、集散功能、创新功能等。同时,按城市成长的基础划分,既有基本职能(也称基本活动),主要指满足城市外部需求和为外部地区服务的活动;也有非基本职能(又称非基本活动),主要指满足城市内部需求和为本市范围服务的活动。通过基本—非基本比率,可表明城市功能结构。城市的性质和发展规模,主要取决于其基本职能。还有,它具备城市的基本效能。城市作为人类“最伟大的发明”[1],通过空间集聚使人有可能学习其他聪明的人而变得聪明,并通过连接起聪明的居民彼此加快了创新,从而释放了人类潜能。这是一个无与伦比的城市内部和城市之间沟通密切的非凡结果。[2]上述城市的基本属性,全球城市全都具备,而且某些方面表现更为突出。例如,城市主体中有更多的外来者及其组织机构,基础设施更加互联互通,公共服务设施要求更高;具备更多的商务楼宇和公共活动空间,更强大的城市生命线系统,更大的经济密度,更强的服务、集散、协调、管理、创新等功能,更高的基本—非基本比率以及城市效能,等等。

然而,全球城市在一般城市基本属性基础上又发展出自身的独特属性。例如,在具备城市建构所有必备要素和构件以及系统运行体系的基础上,突出了某些方面而形成特殊构造。在城市各类主体中,突出了高度集聚全球功能性机构(公司)的重要性和唯一性。在城市客体中,突出了全球业务运作大平台的基础设施和公共服务设施、商务楼宇和公共活动空间等基本要素。在城市生命线系统中,突出了满足大规模要素流量的基本要求。又如,在城市一般功能的基础上,更加突出了全球资源配置功能,更加突出了满足全球需求和为全球服务的基

①　Glaeser, E., 2011, *Triumph of the City: How Our Greatest Invention Makes Us Richer, Smarter, Greener, Healthier and Happier*, London: Macmillan/New York: Penguin Press.

②　Taylor, P.J., 2013, *Extraordinary Cities: Moral Syndromes, World-Systems and City/State Relations, Cheltenham*, UK: Edward Elgar.

本职能。还有,在具备城市基本效能的基础上,突出了全球范围的空间集聚和全球城市网络的密切连接,突出了基于全球连接的创新活力及人类潜能的释放。

从动态过程看,全球城市是从一般城市发展基础上变异演化而来的一种新物种与新形态,有其特殊的演化路径。

全球城市并非从石头缝里蹦出来,而是基于一般城市的发展而来。一般城市发展与演化主要基于两种维度:一是依据人口和地域面积的规模形态,从小城市演化为中等城市、大城市乃至超大城市;二是依据产业及机构属性的城市功能,从商业城市演化为工业城市继而演化为以服务经济为主的城市等。全球城市的"前世"历程,同样也是如此;而且必须经过如此的城市发展达到一定高级的演化程度,形成相对较大的城市规模和容量,形成强大的城市集聚与辐射功能,形成以服务经济为主的产业结构,形成较高基本—非基本比率的城市功能结构等。例如,全球城市由于对外广泛连接,需要有相应体量和容量的基础。因为大城市或超大城市的规模效应,通常更容易吸引跨国公司总部和地区总部以及全球服务公司等机构。佩雷拉(R. Pereira)和德鲁德(B. Derudder)的研究表明,全球服务公司已经越来越位于世界特大城市。[①]同样,全球城市对外广泛连接是以先进生产者服务为重要媒介的,因而通常是服务经济为主的城市,其服务业占比高达 80%—90% 以上。从这一角度讲,全球城市是从一般城市发展基础上演化而来的,不能切割两者之间的血脉关系。

然而,全球城市是在一般城市发展进程中发生变异演化的产物。在现代全球化这一外部选择环境的作用影响下,一些城市的发展出现变异演化,其遵循着独特的演化维度,即依据对外连接的空间尺度,从连接周边腹地的当地城市演化为连接国内的国内城市,乃至演化为全球网络连接的核心节点城市。这一变异演化的最终结果是形成了一种城市新物种和新形态,赋予其特定的功能。例如,全球城市的对外连接延伸到全球,且大大超越其他空间尺度(地区、国家)的连接;其集聚与辐射的主要对象是世界腹地;其要素流动与资源配置具有全球性功能,等等。因此,全球城市与一般大城市、服务型城市等不能简单等同或混为一谈。例如,欠发达国家有一些具有绝对人口规模的超级城市(例如达卡和喀土穆),但在全球城市网络中却是很难连接的"黑洞"。它们由于缺乏广泛对外网络连接,因而并非全球城市。又如,服务经济为主的城市也不一定能成为全球城

---

① Pereira, R. A. O. and Derudder, B., 2010, "Determinants of Dynamics in the World City Network, 2000—2004", *Urban Studies*, 47(9).

市。有些被誉为旅游胜地的城市,尽管服务业比重很高,但其主要是生活性服务,对外连接的媒介作用有限,从而不能成为全球城市。即使是以先进生产者服务为主的城市,如果其规模较小、容量有限,限制了对外网络连接的程度,也难以成为全球城市。

总之,全球城市与一般城市之间既有内在联系又有本质性区别。我们既不能把全球城市当作完全有别于城市的"另类",也不能将其作为对所有城市适用的一个普遍性概念,或者是已经和正在演绎的全球化背景下的一般城市主题。认识与理解它与一般城市之间的内在联系和本质性区别,是准确把握全球城市这一概念的关键。

21.3　全球城市的基本内涵是什么?

在辨析了"卓越的全球城市"与"全球的卓越城市",以及厘清了全球城市与一般城市的关系后,读者也许迫不及待地想要了解与知道"什么是全球城市""怎么定义全球城市"等问题。按理,要真正理解全球城市,必须了解"它从何而来,依何而生,为何而特",然后才能给出其内涵及定义。但为了满足这种求知"好奇",我们不妨先提纲挈领地阐述全球城市基本内涵要点,然后再讲述它的"前世今生"。也许,这同样可达到异曲同工的效果。

(1)全球城市是现代全球化的产物,是一种新型世界体系的空间表达。全球城市作为世界城市网络中的主要节点,是基于网络流动的联结。它正是通过网络的广泛连通性,才体现出在全球经济活动中的重要地位。具体讲,就是通过使城市和系统相互依存、互为支持而行使城市控制力;通过嵌入密集网络或社会与物质关系之中而发挥城市影响力。从这一意义上讲,没有网络连接,全球城市的概念就没有意义。全球城市存在的合理性及其重要性,取决于与其他城市(节点)之间的关联程度。因此,全球城市的本质属性,既不是自身拥有的超级规模与强大经济实力,也不是跨国公司和全球先进生产者服务公司集群的存在,而是"协调和专业服务于全球企业和市场是否正在发生"的网络联结。这种网络空间组织的主要节点,具有明显"地点—流动"空间的过程统一性。

(2)全球城市的关键功能在于把不同地理尺度的经济活动联结到世界经济中去,实现全球资源要素流动和合理配置。一般城市作为地点和实体的中心,具有集聚与扩散功能。其主要集聚周边地区或国内的资源要素,通过城市这一"搅拌器"转化为财富或价值创造,其中有相当部分沉淀下来,一部分扩散和辐射出去。这种通过集聚与扩散在城市实体中直接配置资源的作用是相当有限的。与此不同,全球城市充当网络的基本节点,发挥着全球枢纽、门户和通道作用,是全球资源要素,特别是高端人力资本、先进知识和技术,以及信息等大规模流进与流出的必经点,并通过汇集各种公司专业化服务以及各地资源成为全球经济的控制点,以及作为位于其中的生产商融入全球经济的进入点,由此促进全球资源要素大规模流动及其配置。或者说,它们作为跨境经济活动的治理点,对世界经济进行控制、管理和服务。全球城市正是通过基于网络的全球资源流动与配置,而在全球经济中处于重要地位。

(3)全球城市呈现多层次的空间权力关系,在多尺度连接中扮演重要角色。全城城市的空间权力是在网络组织的流动中被赋予的。在这一网络组织的流动中,全球城市实际上经历了两个进程:一方面,去领土化过程。这是由全球金融部门、跨国企业、全球生产者服务公司,以及交通、通信信息部门的技术革命所实现的。因而,全球城市具有强烈的跨境关系,打破了传统基于中心地理论的城市—外围腹地关系,侧重于跨大洲的内陆世界联系,在空间权力上超越了国家范围。另一方面,国家体系对全球城市形成的影响过程。尽管流行观点通常认为目前跨国公司可以在全世界设立生产工厂,地理因素变得无关紧要了。但事实上,跨国公司认真选择其总部及子公司区位仍然基于国家的属性特征。因此,全球城市呈现多层次的空间权力关系:首先,是它们作为领土权利的坐标和国家制度体系的图层;其次,它们是全球体系网络中的节点。全球城市在多尺度连接中扮演重要角色,从而作为一个重要单元,往往代表国家参与全球合作与竞争。

(4)全球城市在全球事务中产生的重大影响力与作用力,随其在世界网络中发生联结的重要性而动态变化。全球城市的网络连通性水平,其绝对和相对提升或下降的变化,都会影响和决定其在全球事务中的影响力与作用力,改变其在世界网络中的地位。此外,随着经济领域和行业在世界经济中的重要性变化,以及相应的"引进来"与"走出去"、平台方面的全球连接方式变化,全球城市在世界网络中的重要性及其地位也会发生结构性变化,从而其在全球事务中的影响力与作用力将明显不同。

上述四个方面的内涵构成了一个全球城市范式。实际上,这也给全球城市下了一个分析性定义:全球城市作为全球化的空间表达,是世界城市网络中的主要节点,具有世界网络联结的多层次空间权力关系,在多尺度连接中实现全球资源要素流动与配置功能,并随其联结重要性程度动态发挥影响力与作用力。值得指出的是,这是高度提炼的要点,以下一系列阐述将为其提供理论支撑和经验佐证。

21.4　全球城市是何种历史背景下的产物?

前面已经提到,全球城市是在一般城市发展基础上变异演化的城市新物种与新形态。其发生变异,是有条件的,受一定外部选择环境的作用影响。这一外部选择环境就是现代全球化与信息化进程。因此尽管城市早已存在并延续至今,有着悠久的历史,但全球城市作为一个新生事物,则是在 20 世纪七八十年代以后才逐步兴起和发展的。我们首先要分析全球城市形成和发展的背景条件。

任何一个新事物出现都是诸多内外变量交互作用的结果,全球城市也是如此。其中,现代全球化进程无疑是全球城市兴起和发展的最主要影响因子,是推动其发展的基本动力。

国际货币基金组织 1997 年 5 月发表的《世界经济展望》把全球化定义为“跨国商品与服务贸易及国际资本流动规模的形式增加,以及技术的迅速传播使世界各国经济的相互依赖性增强”。这里指的是 20 世纪七八十年代以来的现代全球化进程,以区别于传统全球化。现代全球化进程的主要标志是跨国公司蓬勃兴起,其在全部经济活动中所占的比例发生了决定性的改变①,在世界经济和国际分工中扮演了举足轻重的角色。跨国公司不仅掌握着全球 1/3 的生产和70%的技术转让,更掌握着全球 2/3 的国际贸易和 90%的外国直接投资。当今最重要的工业(如汽车、电子、航空、石化等)以及重要的服务业(如金融、保险、电信等)都已纳入跨国公司的全球化国际生产和服务网络体系。从这一意义上讲,与以往不同,现代全球化是企业全球化。

现代全球化进程不仅具有更大的广度与强度,而且其跨国经济活动的内容本质和组织也有了决定性改变。特别是全球经济活动的组织形式及其空间结构逐渐进入一个深化转型的时期,形成了新的国际劳动的地域分工,即从基于国家的不同产业部门全球分工进一步发展到基于企业的产业内、企业内的全球分工。与此相适应,国际贸易中传统的稀有材料和工业制成品的国家间贸易日益被跨国公司内部之间的商品、资本和信息流动所替代,从而导致了跨国公司内部贸易在全球贸易中的份额日益增大。

---

① Sassen, S., 1997, *Losing Control? Sovereignty in an Age of Globalization*, Chichester: Wiley.

这一时期的全球化,以跨国公司对外投资形成的全球商品链和价值链为载体,是一个产品、交换和消费在全球范围内融合的过程,以及与之相关的协调和服务在世界范围内被融合的过程,因而是以全球市场的创造、资本的快速流动、全球制造业的转移、复杂生产链在全球范围的延伸,以及全球消费者市场的内在联系为特征。跨国公司的全球商品链和价值链的全球化生产与消费,使全球经济的地域分布及构成发生变化,塑造了世界经济新地理。与此相关联,全球化也促使了新世界观和文化感知的结合,对全球资源和环境的生态关怀,以及全球治理体系的建设。这无疑加强了全球的联系程度和世界的一体化结构。

以跨国公司及跨国经济活动蓬勃发展为标志特征的全球化进程加速,给世界经济带来了两个主要的深刻转变。一是全球化生产与消费,导致了人才、金融、货物和服务等跨国流动成为可能和更加频繁,而与此相关的是国家和地区界限的日益消除。二是跨国公司对外投资形成的全球商品链和价值链布局,产生一种空间分散化而全球一体化组织的新格局。跨国公司的这一资源配置方式,打破了国家的界限,更多地依托于世界各大城市进行并向各地扩散。因此,不管距离因素是否被简单消除,已经重新勾画了其相互作用的空间约束,城市成为其实施全球一体化组织的重要空间载体。这两方面的深刻转变,引起了国家及其城市、企业竞争关系的许多新变化。其中,在世界经济中,国家作为独立的经济单元,较以前的作用有所下降,权力重心向城市下移,而城市作为经济单元的重要性迅速上升,发挥着代表国家参与全球合作与竞争的作用。克雷斯(P. Kresl)指出,城市有能力运作基础性资源以及吸引全球投资,而这一特性非常适合于一个高度竞争的全球经济的需要。[1]从某种意义上讲,城市的实力往往代表着国家的实力,国家与国家间的竞争在很大程度上被具体化为以城市为核心的区域间的竞争。[2]

在这样一种新的外部选择环境下,一些具有独特区位优势和相当发展基础的主要城市,对此作出积极反应,其发展演化出现变异,进入新的演化轨道,日益成为跨国公司控制管理集中化的集聚地,以及跟随跨国公司而来具有全球协调功能的全球先进生产者服务公司的集聚地,从而被赋予了指挥、管理、协调全球分散化生产的一种新的战略角色,即成为国内外企业运作的跨国经济空间,并通过复杂的全球城市体系成为整合全球生产和市场的指挥者和协调者(Friedmann,

---

①　Kresl, P.K., 1995, "The determinants of urban competitiveness: a survey", in P.K. Kresl and G. Gaert(eds), *North American Cities and the Global Economy*, London: Sage, 46.

②　郝寿义:《增强城市国际竞争力与城市治理》,《开放导报》2002 年第 9 期。

1986)。于是,这些主要城市就被贴上了"全球城市"的特定标签。这些全球城市的关键特性和功能,在于把不同地理尺度的经济活动联接到世界经济中去,实行全球资源的战略性配置。这不再与传统全球化的帝国力量或是贸易组织有关,而是与跨国公司、国际银行和金融行业、超国家的政治,以及国际代理机构的运作有关。①

与此同时,全球化伴随着从工业社会过渡到一个新的信息社会②,即"全球网络社会"的崛起。世界信息化的发展,嵌入全球化进程之中,助推了全球城市形成和发展。因此,信息化是影响和决定全球城市的一个重要协变量。

通信革命及其信息化从根本上改变了时间和空间之间的关系,使以前人们通过在同一时间、同一个地方汇聚一起相互作用激活的空间组织,如今无需人们走到一起就能在全世界同时激活。因此,信息通信技术,包括互联网及其骨干网在世界经济中扮演着重大且越来越重要的角色,生产、分配和交换的过程都越来越依赖它们。电子基础设施为企业提供了增强的全球能力,促进了物流、人流、技术流和资金流等聚集和扩散的强度与速度,并通过各种"流"将空间上距离遥远的地域联系在一起。这与全球化形成了强大的交互作用。由跨国公司或全球公司的全球贸易、投资和生产的国际化,以及金融主导经济一体化所推动的全球范围(除部分非洲国家)的国际经济、政治、文化的交流,借助于日益发达的电子信息技术、交通工具及其网络,提升到了一个历史空前的程度;反过来,现代信息技术的广泛运用及其网络化,也正是借助于资源要素大规模全球流动而得到迅速推广与普及。当今,两大浪潮的交互作用,加强了全球连通性和世界一体化结构,至少对于实际上与世界生产交换体系及全球通信和知识网络密切联系的那部分世界人口来说影响重大,对其作为既是生产者又是消费者有了深刻的重新定义,同样社会生活的时间和空间被深刻地重新安排。其中,一个重大变化是,在原有"地点空间"基础上引入了一个关键的空间维度——流动空间,作为我们当代世界的特色。

由于城市本身就是产生和处理信息、聚集和交流信息的主要场所,因而信息化及互联网活动在地理分布上具有明显的"城市偏好"③,对城市,特别是大城市

---

①　Knox, P.L., 2002, "World Cities and the Organization of Global Space", in Johnston, R.J., Taylor, P.J. and Watts, M.J. (eds), 2002, *Geographies of Global Change*, 2nd edition, Oxford: Blackwell, 328—338.

②　Castells, M., 2009, *Communication Power*, Oxford: Oxford University Press.

③　Gorman, S.P., 2002, "Where are the Web Factories: the Urban Bias of E-business Location", *Tijdschrift Voor Economische en Sociale Geografie*, 93:522—536.

有较强的依附性。例如,马莱茨基(E. Malecki)利用全球主要城市所拥有的互联网骨干网络带宽与网络数量等数据,发现全球范围的网络空间分布倾向于全球城市。[①]智能建筑、电信港、光纤以及其他关键技术,已成为城市基础设施的重要组成部分。反过来讲,信息化也将赋予城市新的资源依赖及其比较优势,明显改变稀缺自然资源竞争性配置中的不稳定性,呈现明显的报酬递增趋向,对其发展产生重大和深刻影响。同时,信息化正迅速改变城市的政治、经济、文化景观等各个方面,对原有的城市要素及构件进行快速的重新塑造与组合。例如,通过信息化,促进物流、人流、技术流和资金流的聚集和扩散的强度与速度,明显增强城市服务功能和对外连接功能。又如,通过信息化,深刻改变传统工业时代留下的城市功能,使城市的发展向适应信息社会的生产方式和生活方式的方向转变。由于信息化的发展速度是非线性的,因而凡是已经进入信息化的城市,其发展速度将越来越快,呈现加速度发展,最终确立所处的枢纽和主干信息节点的地位;反之亦然。因此,信息化发展及水平提升,对一个城市未来的经济增长以及在全球城市体系中的地位将起到决定性的作用。[②]特别是那些全球城市,其发展及其功能发挥,日益依赖于先进的远程通信网络和服务。因为全球城市对外连接关系极少是有形的,其间的无数流动是来自商务的思想、信息、知识、计划、指令、建议等。在这样的流动空间中,信息化起着关键性作用,使全球城市能与远程生产中心之间产生交互。因此在以通信联系为基础的世界资本市场交易中,如何获得信息空间的进入权和对信息空间主要节点的控制权,是能否在国际资本积累博弈中取得最终胜利,并成为全球城市的关键之所在。从这一意义上讲,远程通信网络促进了全球城市的形成和发展。

总之,在全球化与信息化交互作用过程中,由于不断增强了全球与地方的经济、文化和政治的联系,并形成不断一体化的全球生产和服务网络,从而在地域空间上产生了一种复杂的二重性:经济活动在地域上的高度分离与全球范围内的高度整合。在这种情况下,城市(特别是大城市)的重要性日益凸显。因为全球化和信息化现象在地域空间的集结点(城市)中表现得最为明显,特别是信息成为世界经济新的战略性资源,电信系统成为城市关键性的基础设施,通过建立全球性的具有"瞬时"通达性的网络,推动城市之间的国际连接,加速了社会经济

①　Malecki, E. J., 2002, "The Economic Geography of the Internet's Infrastructure", *Economic Geography*, 78(4):399—424.

②　Moss, M. L., 1987, "Telecommunication, World Cities and Urban Policy", *Urban Studies*, 24(6), 534—546.

要素在城市空间的集聚性增长。因此,全球城市网络日益成为全球生产和服务网络的空间载体,其中的全球城市日益成为对高度分散化的经济活动进行控制与协调的最佳空间节点。许多变化都是通过全球城市被处理和传达的,这些城市是维持当代世界经济多种连接与互连的节点。①

除此之外,在全球化与信息化交互作用过程中,那些日益全球化的城市,其功能、组织及体系结构也随之发生剧烈的变化,如服务业逐步取代制造业而成为城市发展的支柱行业;创新能力的高低成为城市发展的决定性因素,从而使城市成为创新基地;与此同时,城市也成为消费中心及产品销售市场,等等。这些城市通过一系列的质变,也就逐步演化为全球经济网络结构中的主要节点,即全球城市。

因此,全球城市作为一种新的城市形态,是在全球化与信息化交互作用的特定背景下应运而生的,并成为这一特定背景下一种新型世界体系的空间表达。

21.5 具备什么条件才可能成为全球城市?

国际经验表明,在新的外部选择环境下,虽然大多数城市受其影响,自觉或不自觉地卷入与融入全球化与信息化进程之中,但并没有出现变异演化,只有部分主要城市往全球城市的方向发展。这就提出一个问题:要具备什么条件才有可能成为全球城市。为此,我们来分析这些使其成为全球城市的基本条件。

(1) 取决于是否处在全球化中心或世界经济重心。②对于全球城市这一物类演化来讲,它是现代全球化与信息化交互作用的产物;但对于个体群或个体全球城市演化来讲,是否处于全球化中心或世界经济重心是一个决定性的影响因子。

全球化不是平的。全球化进程对所有相关城市的影响程度是非均衡的,有核心、半核心、外围、边缘等不同层圈。全球化的核心和半核心层圈,作为世界经济重心,是全球经济最发达,全球资本流动最密集,外国直接投资(FDI)最活跃,国际贸易增长最快,科技创新最前沿,人员、知识、信息等要素流动最频繁的地区和国家。在全球化的外围、边缘层圈,相对来说是经济发达程度较低,全球资本流动不怎么密集,外国直接投资并不活跃,国际贸易增长较慢,科技创新较弱,人

---

① Hall, P.G., 1996, *The World Cities*, Weidenfeld and Nicolson, London.

② 在现代世界,世界经济重心几乎是全球化中心的同义词。处于世界经济重心的地区,不仅在世界 GDP 中占较大比重,而且在国际投资和国际贸易方面也占较大比重,从而也成为全球化的中心。

员、知识、信息等要素流动不怎么频繁的地区和国家。显然,处于全球化核心、半核心地区和国家中的主要城市,更能吸引全球功能性机构的集聚,也有更多资本、人才、知识信息等要素流动,易于形成广泛的全球网络连接,成为连接世界经济的经济空间。而处于全球化外围、边缘地区和国家的城市,虽然也进入全球化进程,但更多是被连接到世界经济中去,其吸引全球功能性机构的集聚程度较弱,各种要素流动相对较少,对外的网络连接有限。正因为如此,全球城市作为现代全球化的产物,只是在全球化中心生成的。这些全球化中心地区将成为全球城市崛起相对密集的地方。我们可以看到一个有趣的全球城市地理分布,即在全球化中心或世界经济重心区域,会有一批全球城市涌现,而在其外围和边缘地带,几乎没有全球城市崛起。目前,全球城市主要集中在北美、西欧和亚太三大区域。

当然,从长期看,这些信息、资本和投资等要素的流动具有内在不稳定性,全球化中心或世界经济重心是动态变化的。世界经济重心的每一次转移,同时伴随新的生产结构和组织以及新的技术条件,特别是运输和通信方式进步等一些重大变化,势必导致信息、资本和投资等要素流动方向及其规模发生重大改变,形成新的流向或发生改道,以及增加新的流量,其有时经常是不规则的、突变性的变化。每当出现这一重大变化时,全球城市的地理分布就会因其新的流向与流量的出现而发生重大变化和调整。原有的全球城市会因要素流动的改道而轻易丧失其地位;同时新兴的全球城市也可能形成与出现,并处于持续的变迁之中。一些地区作为个体群的全球城市趋于衰弱,而另一些地区作为个体群的全球城市趋于兴盛。

(2) 取决于城市所在的国家因素。任何一个城市总是位于一定国家和地区之中,即使像新加坡这样的城市国家也是如此。"在考察全球化过程对全球城市的影响中,我们不能忽略其国家背景、环境和文化。"①国家因素起着重要作用,是全球城市演化发展的协变量。

首先,城市所在国在世界体系中的地位和作用。有一种形象的说法,如果美国不是一个全球范围内占支配地位的参与者,纽约将不是(全球城市的)纽约。全球城市崛起和发展离不开其国家竞争力,其中的国家财富水平、市场规模、军费开支和一些软实力等指标被确定为对全球城市的相关解释变量。例如,国家

---

① Dieleman, F. and Hamnett, C., 1994, "Globalisation, Regulation and the Urban System", *Urban Studies*, 31, 357—364.

的经济实力和规模,与全球城市形成过程的分布之间存在一个正相关关系①;以GDP 增长率来衡量的市场潜力,对全球城市崛起也有解释性的价值。一个城市对于全球网络连接的进化,是由其国家在全球经济中的地位所决定的。②这对其城市的"走出去"连接和"引进来"连接都有高度的积极意义和显著的影响,尤其对前者影响更大。③因此,只有当一个国家日益走进世界舞台中心,其城市才能建立起高度的全球网络连接,才有可能崛起为全球城市。

其次,在现代世界,国家定义了"经济管制的空间",决定了"经济开放"水平。如果一个国家有更大的经济开放度,具有商务友好的国内政策和贸易友好的对外政策,对其城市经济活动的对外扩展将是至关重要的,可吸引更多全球功能性机构(公司)和更加紧密地融入全球化进程。

再则,一个国家的宏观经济安排及国民经济类型,以及制度安排的国内空间布局,对其城市融入全球网络的形式和途径也有重大影响。④例如,中心化组织、空间布局不平衡的法国,以一个占主导地位的全球城市(即巴黎)为特征;而分散化组织、空间布局较平衡的德国,则有 5 个全球城市,总体上显示了一个更高的网络总连接。⑤

最后,国家的战略选择及倾斜性支持,对全球城市形成与发展有很大影响。即便在所谓的自由资本主义条件下,也常常有政府"看得见的手"在助推着全球城市发展。凯尔(R. Keil)和布伦纳(N. Brenner)指出,伦敦的全球城市形成是一个各种国家行政力量(保守派和自由派政府)的持续努力。20 世纪 80 年代早期自由化政策诱导了伦敦金融业的崛起(1986 年的金融大爆炸),以及通过新的公共部门(港区当局)、开发区和新的治理结构(大伦敦管理当局)支持外资对伦

①　Taylor, P. J., 2000, "World Cities and Territorial States under Conditions of Contemporary Globalization", *Political Geography*, 19, 5—32.

②　Alderson, A. and Beckfield, J., 2007, "Globalization and the World City System: Preliminary Results from a Longitudinal Dataset", in Taylor, P. J., Derudder, B., Saey, P. and Witlox, F. (Eds.), *Cities in Globalization: Practices, Polices and Theories*, pp. 21—36. London: Routledge.

③　Wall, R. S., Burger, M. J. and Knaap, G. A., 2008, "National Competitiveness as a Determinant of the Geography of Global Corporate Networks", http://www.lboro.ac.uk/gawc/rb/rb285.html.

④　Ma, X., and Timberlake, M., 2012, "World City Typologies and National City System Deterritorialisation: USA, China and Japan", *Urban Studies*, 1—21.

⑤　Taylor, P. J., Derudder, B., Hoyler, M., Pain, K. and Witlox, F., 2011, "European Cities in Globalization", in Taylor, P. J., Ni, P., Derudder, B., Hoyler, M., Huang, J. and Witlox, F. (Eds.), *Global Urban Analysis, A Survey of Cities in Globalization*, 114—136, London, Washington: earthscan.

敦的房地产投资。①特别是在资源有限的条件下，国家选择某些城市作为全球城市来建设，并予以倾斜性的支持，对个体全球城市演化的影响更大。

（3）取决于城市扮演的特定角色。这在一定程度上是历史赋予的，与其地理区位、发展基础以及历史因素有关。地理区位具有城市类型的传代特征。一些城市因特定区位而成为整个地区的门户和通道，对全球功能性机构（公司）具有独特的吸引力，从而使其变成重要网络节点，具有较高的全球服务强度。历史传统是城市心智（知识）长期沉淀和持续传承下来的结果，并在新的条件下通过人们的行为方式而不断显化。一些具有开放、创新、融合等历史传统的城市，更适合建立外部连接和融入全球城市网络；而一些具有保守、平稳、相对封闭等历史传统的城市，则往往在行为方式上自觉或不自觉地对外部连接不主动、不积极甚至有排斥倾向。在发展基础条件中，城市基础设施是对外连接的重要载体，在全球功能性机构（公司）区位选择中扮演了一个重要角色，拥有发达基础设施的城市通常吸引更多（重要）的全球生产者服务公司。②特别是航空运输被认为是解释世界城市网络形成的关键变量。③航空网络及其相关基础设施是全球城市形成最明显的表现。④另外，信息基础设施的影响和作用日益凸显，对一个城市未来的经济增长以及在全球城市体系中的地位将起到决定性的作用。⑤另外，城市实力对于吸引公司的跨国控制与服务活动的集聚有重大影响。GDP 总量及其增长率反映了一个城市的经济活动扩展程度，各种经济流量规模则是全球网络连接的直接指示器，人力资本成为全球化控制与服务活动集聚的基础条件之一，具有雄厚人力资本的城市对跨国公司及全球生产者服务公司更有吸引力。城市首位度对跨国公司和全球生产者服务公司的存在也有影响，能吸引更多全球生产者服务公司网络中办公室的数量。

①　Keil, R., and Brenner, N., 2003, "Globalisierung, Stadt und Politik", in Scharenberg, A. and Schmitke, O. (Eds.), *Das Ende der Politik? Globalisierung und der Strukturwandel des Politischen*, 254—276, Münster: Westfälisches Dampfboot.

②　Warf, B., 1989, "Telecommunications and the Globalization of Financial Services", *Professional Geographer*, 41(3), 257—271.

③　Keeling, D. J., 1995, "Transport and the World City Paradigm", in Knox, P. L. and Taylor, P. J. (ed.), *World Cities in a World-System*, 115—131, Cambridge: Cambridge University Press.

④　Smith, D. A., and Timberlake, M. F., 2001, "World City Networks and Hierarchies, 1977—1997: An Empirical Analysis of Global Air Travel Links", *American Behavioral Scientist*, 44, 1656—1678.

⑤　Moss, M. L., 1987, "Telecommunications, World Cities and Urban Policy", *Urban Studies*, 24(6), 534—546.

（4）取决于城市自身的反应程度。在上述条件充分具备的情况下，一个城市能否抓住机遇，对此积极作出更快与更大的回应，以及所付出的艰辛努力程度，就成为关键因素。只有及时抓住机遇，不断适应其环境变化，才有可能使城市结构和组织形式发生根本性重组，扩展对外网络连接性，不断促进网络节点的发展和多样化以及空间影响力的增长，从而崛起为全球城市。从这一意义上讲，全球城市不仅是现代全球化的产物，而且应当作为对此作出积极回应的产物。

总之，一些主要城市最终演化为全球城市，是"天时、地利、人和"的综合结果。缺少其中任何一个条件，都难以成为全球城市。

21.6　全球城市依附于哪种城市体系？

全球城市并不是孤立存在的，总要依附于相应的城市体系。然而，全球城市作为一种城市演化的新物种与新形态，虽源自传统城市体系，但又不能依附于传统城市体系而生存，必须有与之相适应的新的城市体系。认识全球城市依附于什么样的城市体系，将有助于我们加深对全球城市属性特征的理解。

传统的城市体系，无论是国家层面还是世界层面，均为一种基于地点空间的"中心—外围"模型。在传统国家城市体系中，城市是中心，周边腹地是外围。在传统世界城市体系中，发达国家的城市是中心，发展中国家的城市是外围。依据"中心—外围"模型，城市之间形成一种等级体系。在这种传统城市体系中，只能培育出具有中心功能的"中心地"大城市或超大城市，而不是全球城市。换言之，全球城市不能依附于这一传统城市体系而生存，只有依附于新的世界城市体系而存在。也就是，全球城市的出现，必定伴随着传统城市体系向新的世界城市体系的转换。而促使传统城市体系转换的主要动力，与推动全球城市兴起与发展的动力是高度一致的，即全球化与信息化交互作用进程。

在全球化与信息化的交互作用下，发生了国家及其城市、企业竞争关系的许多新变化，从根本上改变了传统世界体系的"中心—外围"空间关系。基于全球产业链和价值链的全球化生产与消费，几乎影响到所有相关城市，使其成为众多全球产业链构成的一个个节点，而所有全球产业链都是通过这些相关城市进行运转的。①

---

① Brown, E., Derudder, B., Pelupessy, W., Taylor, P., Witlox, F., 2010, "World City Networks and Global Commodity Chains: Towards a World-systems' Integration", *Global Networks*, 1, 12—34. Parnreiter, C., 2010, "Global Cities in Global Commodity Chains: Exploring the Role of Mexico City in the Geography of Global Economic Governance", *Global Networks*, 1, 35—53.

这说明了"全球经济过程是如何影响所有城市的"。[①]为此,不仅是主要的大城市,一些"中等城市"也与其毗邻的大城市一样,必然对全球化趋势作出反应,即在空间利用方面取得更大的选择性和适应性,通过资金流、劳动力流、商品流、服务流、信息流等,与外部众多城市形成稳固的联系和协作关系。因此,越来越多的城市主动或被动地融入全球化进程,城市主要活动的日益全球化成为一个趋势性变化。与此同时,信息化进程对所有城市也都有重大影响,正改变着城市空间逻辑,转向"流动空间"为基础的城市功能展现。在这种情况下,全球化空间从基于"中心—外围"的关系日益转向网络化联结方式。也就是,全球经济表现为一个城市和大都市地区的全球扩展网络,城市被广泛连接而成为一个庞大、复杂的世界网络。这导致传统世界城市体系发生重大变革,形成一种新的世界城市网络体系,并成为全球经济的操作"脚手架"。[②]

从动态角度看,随着全球化进程不断深化和在世界范围内的扩散,使越来越多的城市融入其中,促进了日益一体化的世界城市网络持续扩展。实证研究表明,2000—2008 年间,世界城市网络的连通性水平具有整体上升的明显特点。世界城市网络平均连通性从 2000 年的 0.20 上升到 2008 年的 0.22;城市连接度大于 20% 的主要城市数量,从 110 个上升到 125 个;在 307 个城市中,有 179 个城市比 2000 年更为连接到世界城市网络。这表明,从 2000 年到 2008 年,全球城市结构变得更加水平化。

在这一世界城市网络中,卷入其中的所有城市都直接参与全球经济,融入全球的概念框架之中;同时,又是作为连接全球—地方的重要桥梁或界面。卷入这一网络体系中的所有城市,都将成为全球体系中的一个完整部分,既是全球商品和服务的生产者和市场,同时也是人员、资金、技术和信息、知识流动的重要节点,并均是作为网络节点与外部发生全球联系,是作为该网络系统的组成部分而存在的。这一"节点"的概念,意味着有强大的非本地关系,城市之间建立顺畅的内部联系并持续地相互作用。尽管这些城市之间的联系程度有所不同(或强或弱),但都连接在世界城市网络之中。这一网络体系中的所有城市,都以"全球—地方"垂直联系为原则,它们相互之间则是水平(横向)联系,只是节点的规模、连通性程度及作用大小不同而已。

---

① Robinson, J., 2006, *Ordinary Cities: Between Modernity and Development*, London: Routledge.

② Sassen, S., 2001, *The Global City*, 2nd edition, Princeton.

因此,作为世界城市网络中的节点城市,尽管在地点空间上彼此分离、相对独立,但在网络中彼此连接,存在着功能的潜在互补性,具有实现经济合作、达到范围经济的显著效果,与传统世界城市体系中的"中心地"城市有重大区别(见表 21.1)。全球城市是世界城市网络的主要节点,从而是一个网络化的概念,与"中心—外围"模型是格格不入的,不可能依附于传统世界城市体系上。我们既不能把全球城市视为传统国家城市体系升级版,即上升到全球空间尺度的"中心地"城市(对应于"外围"),也不能把全球城市视为传统世界城市体系的"中心地"城市。

表 21.1 节点城市与"中心地"城市的特征比较

中心地系统	网络节点系统
中心功能	节点功能
依赖城市规模	不依赖城市规模
城市间主从关系趋势	城市间弹性与互补关系趋势
商品与服务的单一化	商品与服务的多样化
垂直通达性	水平通达性
单向流动	双向流动
交通成本依赖	信息成本依赖
对空间的完全竞争	对价格歧视的不完全竞争

资料来源:Batten, D. F., 1995, "Network Cities: Creative Urban Agglomerations for the 21st Century", *Urban Studies*, 32(2):320.

从这一意义上讲,全球化与信息化作为全球城市的内生动力,也是通过改造传统世界城市体系和形成新的世界城市网络体系来促进全球城市形成和发展的。因此,全球城市不能脱离世界城市网络体系而独立存在并发展;相反,其举足轻重的地位与作用恰好是在世界城市网络中体现出来的。全球城市通过使城市和系统相互依存、互为支持而行使控制力:如果没有被嵌入密集网络或社会与物质关系之中,城市影响力是不存在的。世界城市网络是全球城市形成和发展的基础,没有这一世界城市网络体系,也就没有所谓的全球城市。如果割裂了与世界城市网络体系的内在联系,就难以全面准确地界定全球城市。

21.7 全球城市是何种节点城市?

我们已经知道,在全球化进程中所有卷入这一网络体系的城市均是节点城市。显然,节点城市并非都是全球城市。这要取决于其在这一网络体系中的重要性及所处地位。为此,接下来我们就要分析处于何种地位的节点城市才成为全球城市。

从网络的角度看,城市作为一个节点的价值,在于它与其他节点之间的相关性。由此,一个节点的价值大小或在网络中的重要性,取决于它与其他节点之间的关联程度,以及所凸显的城市价值流的功能与价值取向。也就是,节点城市的价值大小,取决于"它们之间交流什么,而不是它们那里有什么"。它并不依靠自身所拥有的,而是依靠流经它的,来获得和积累财富、控制和权力的。因此,它所感兴趣的,不是其在内向而稳定系统中的固定位置,而是其中的流进与流出的途径,加速与减速的收缩和扩张。在世界城市网络中,对于每个节点最重要的测量就是其连通性。一是关联密度,即互相关联的层次越多、越密集,节点所能完成的吸收、传递和处理的功能就越强,该城市在网络中也就显得越为重要。二是关联广度,即与其他节点的联系越广泛,其相互作用越大,该节点在网络结构中就越处于中心位置。一个城市与外部的联系越广泛,连通性和协同性越强,其能级水平越高,在世界城市网络体系中的位置就越高;反之亦然。

我们知道,全球化与信息化交互作用进程对所有相关城市的影响是非均衡的。处在全球化中心且受其影响较大的节点城市,通常与其他节点有更大范围的联结,有更高程度的全球网络连通性;反之亦然。因此,它们在网络中所发挥的作用及其地位是不一样的。只有部分城市,由于与其他城市有更广泛、更密集的相互作用且具有高度网络连通性,在全球资源配置中起着更重大的作用,并能影响和规定一般城市的节点作用,因而才可作为网络中的基本节点或主要节点,发挥全球网络连接的核心作用,从而被赋予一种新的战略角色,成为全球城市。其他许多城市,虽也融入了全球化进程,有一定数量的全球功能性机构集聚和全球化资源要素流动,但网络连通性相对较低,所发挥的网络连接作用有限,只是作为一般或普通节点。这些城市可称之为"全球化城市",但不能贴上"全球城市"标签。

全球城市作为世界城市网络中的基本或主要节点,具有强大的外部网络关联功能,其全球功能性机构(公司)的集聚度更高,全球化的资源要素流动规模更大、更频繁。这不仅带来了生产组织的地理区位及市场网络的变化,还要求形成确保对这种新型生产和组织进行管理和控制以及提供相关服务的新的生产形式。因而,这些主要城市通常集中了全球商品链和价值链中的指挥、控制功能,以及由全球化先进生产者服务公司增添的全球协调功能。这些基于外部网络关联的功能发展,通常具有"马太效应",会带来更多全球功能性机构集聚及专业化功能发展,形成累积性的循环,并对这些结构—功能进行锁定,形成更强大的网络连通性。

全球城市作为世界城市网络中的基本或主要节点,处于网络连接的中心性位置。在世界城市网络中,其网络联结表明了位于一个城市的生产商有直接进入另一个城市的市场机会。因此,一个城市在网络中连接水平越高或越是处于中心性位置,对生产商寻求开拓全球市场越是处于一个有利区位。从这一意义上讲,全球城市的广泛网络连接及其处于中心性位置,意味着高度集中了进入世界市场的机会,即其他城市通过与其联结进入世界市场。尽管世界城市网络不存在等级权力,但这种高度集中的世界市场进入机会则赋予其强大的网络权力,这是因其他城市要借助它所提供的市场机会而产生的某种权力。

全球城市作为世界城市网络的主要节点,扮演着全球资源要素流动的通道或枢纽角色。我们知道,全球产业链的网络活动覆盖整个所在地的范围,处于地方、国家和全球的广泛空间尺度之中。然而,这种全球产业链中所发生的一系列服务需求,是通过在全球城市中的生产者服务提供被连接起来的。因此,全球城市是无数全球产业链的关键节点。尽管其他相关城市作为网络一般节点,在网络互补性的基础上,通过网络连接也有自身一系列的角色和功能[1],但最终都是被整合到全球城市提供的中介服务连接中。从这一角度讲,全球城市在促进全球资源要素流动与配置中发挥着重大作用。

当然,网络中的节点功能及其地位是动态变化的。随着全球化进程深化,某些一般节点可能跃升为主要节点,会有更多的全球城市涌现。随着全球化中心的变迁,一些主要节点可能蜕化为一般节点,即一些传统全球城市可能衰弱下去,而原先的一般节点可能上升为主要节点,即一些新兴城市可能崛起为全球城市。

21.8　全球城市高连通性通过何种媒介实现?

全球城市作为全球网络的主要节点,就在于具有网络的高连通性。那么,这

---

① Taylor, P. J. and Pain, K., 2007, "Polycentric Mega-city Regions: Exploratory Research from Western Europe", in Todorovich, P. (ed.), *The Healdsburg Research Seminar on Megaregions*, Lincoln Institute of Land Policy and Regional Plan Association, New York.

种网络高连通性又是如何形成的？弄清这一问题，也许是我们揭开全球城市面纱的一个关键环节。

　　这里，首先涉及一个更一般性问题，即城市之间是靠什么建立起网络连接的。显然，各种资源要素在城市间的流动，使其形成了相互连接。谈到资源要素的流动，也许人们自然会想到支撑其流动的交通、通信等各类基础设施。确实，基础设施网络对支撑世界城市网络来说，不仅是重要的，而且必需的。如果缺乏这些基础设施网络，各种资源要素就难以广泛、快捷地流动。特别在信息化时代，如果缺乏信息基础网络，天文数字般的信息将无从即时传递、有效处理和利用。然而，真正促进各种资源要素在城市间流动的，是各种各样的交易、交流及其组织机构等。这是一种社会网络、一种组织形式。从完整意义上讲，世界城市网络是由物理性和非物理性关系所构成的。由于世界城市网络的社会关系的经济性，尤其是城市间的关系从地理空间意义上建构了世界经济，因此我们更为关注和强调其是作为一种社会网络。

　　作为一种社会网络，其节点是行动单位，其连接则是社会性的。一般社会网络通常是由网络运作的系统层面和组成节点的行动单位层面构成，作为节点的行动单位活动则决定了连接本身。值得注意的是，世界城市网络与一般社会网络不同，有其特殊性。如果按一般社会网络的标准来看，世界城市网络运作的系统层应该是世界经济，而节点层则是城市本身。但问题在于，城市本身只是一个空间环境，而非行动单位。显然，缺乏行动单位及其一系列相关活动，城市之间的连接是建立不起来的，从而城市作为网络节点的说法也就不复存在。正因为如此，世界城市网络便成为一个特殊而且很难定义的社会网络。既然作为一个网络，其节点的行动单位是不可缺少的，因而世界城市网络能否成立的核心问题就是其行动单位或关键性主体为何物。

　　也许有人会说，这一个行动单位是城市政府，通过其活动来实现城市间的网络连接。不可否认，通过城市政府之间的协议或合作等方式，确实可以在城市间建立起某些或部分的网络连接，例如建立友好城市的关系。但这种由城市政府活动所建立起来的城市间连接是极其有限的，不可能实现城市间的广泛网络连接。城市政府的主要职责及其活动是制定有关政策并加以实施等，这类活动至多是影响城市本身的环境，诸如完善城市形态功能、优化投资与营商环境、改善生态环境等，而不可能决定城市之间的本身连接。因此，城市政府并不能被合理解释为世界城市网络生产和再生产的关键主体。

　　同样，一般组织机构（公司）也不能成为这一个行动单位或关键性主体。因为它们从事的主要活动（或业务），其范围有限，特别是局限于本地区或国内，从而无法在全球范围内建立起城市间连接。即使这些组织机构从事某些跨出国门的活动（或业务），也大都是"点对点"的活动，并不具有组织机构自身覆盖全球性的内部网络，难以建立起城市间的广泛网络连接。

实践证明，能建立起城市之间连接的首要角色或主体，是跨国公司和大型全球服务公司。这些功能性机构（公司）从事的是全球业务活动，其跨国经营则是通过分布在世界各地的公司内部网络进行操作的，并导致和促进了各种资源要素的全球化流动，从而构建起城市之间的网络连接。因此，这类全球功能性机构（公司）才是促进世界城市间连接的行动单位或关键性主体。

但这样一来，就必须在一般社会网络的两层次结构基础上增加一个层次，即由跨国公司和大型全球服务公司等跨国机构组成的次节点层。世界城市网络的特殊性就在于建构了由三个层次组成的内部相连的联锁结构（见图21.1）。其中，系统层，即世界经济，世界城市网络在其中进行运作以承载全球资源要素流动；节点层，即城市，全球资源要素在其中集聚以便于进行配置；次节点层，即全球功能性机构（公司），其进行全球资源要素的配置。

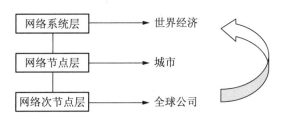

图 21.1　世界城市网络结构

在这一环环相扣的联锁网络中，城市节点是通过次一级要素（全球功能性机构）联结的。因为这些全球功能性机构对全球客户的服务，是通过其在世界各地城市中的广泛办公室网络运作的。在此日常业务运作过程中，大量思想、知识、信息、计划、指令、人员等在城际流动，形成城市之间的连接。正是这些跨国机构的内部办公网络的混合性流动，联锁了世界城市间连接。因此，世界城市网络可以定义为：由世界经济中跨国机构的内部流（其在世界各地的分支机构之间的流动）所构成的城市关系相互连接的网络。

在了解了世界城市网络是一种联锁网络模型后，我们就可以清楚地看到，城市之间的网络连接是以全球功能性机构运作为媒介而建立起来的。这些全球功能性机构，包括跨国公司（全球公司）总部和地区总部、全球生产者服务大公司、金融和投资机构、全球研发中心，以及各类国际组织和非政府组织等。显然，全球城市之所以有高强度网络连通性，是以全球功能性机构高度集聚为前提条件的。全球功能性机构的高度集聚，是全球城市的一个共同特点。而且，越是有高能级全球功能性机构高度集聚的全球城市，越是处于网络节点的顶端位置。当然，更本质的问题是这些全球功能性机构所执行的功能及发挥的作用。正如沙森(S. Sassen)指出的，全球城市的基本特质并不是(全球)先进生产者服务(相当大)集群的存在，而是协调和专业服务于全球企业和市场的行动正在发生。①因此，准确的说法是，全球城市之所以有高强度网络连通性是这些全球功能性机构依托其内部网络进行全球资源流动与配置的结果。显然，这不仅仅是机构集聚问题，更需要有开展全球业务的相应运作平台、营商环境、人力资本、创新创业活力等条件的配合。

21.9　全球城市空间结构有何特殊？

　　城市作为有机体，有其自身的生存和活动空间，即城市空间。全球城市作为全球网络的主要节点，其城市空间与传统城市空间有何区别，是否表现为一种特殊的空间结构，是我们理解全球城市具有主要节点属性的一个重要方面。

　　长期以来，我们共同经验的城市空间是所谓的地点空间，即表现为有着相对固定边界的具体地域或场所等。在以往的城市发展中，均是围绕这种地点空间展现城市的组织形态及其规模与功能的。尽管城市都有不同程度的经济流动性，特别是对外的经济流动性，但均是在一个有着相对固定边界的具体地域或场所上展开的，因而更多赋予其生产或交易地点、场所的空间特性。这种基于地点空间的资源要素流动，不过是集聚与扩散范围大小的差异，通常在其腹地范围内。因此，传统城市空间结构的形式化描述，就是中心位置理论。按照这一理论，城市空间的被构造，其地域是有界限的，即"中心—外围(腹地)"。而在这些有界限的地方中，城市空间中存在着具有空间等级的垂直联系。

　　在全球化与信息化交互作用的背景下，城市化包含了一个城际交互过程，一个城际网络形成过程，城市在不同地区联结在一起：它定义了一个广泛的世界腹地(hinterworld)，超越了当地的腹地。这种动态化的城市网络，正在创建一个世

---

① Sassen, S., 2001, *The Global City*, 2nd edition, Princeton.

界性经济发展的空间组织。这种空间组织可以通过密集网络的城市活动列表，很好地说明现代世界体系的经济扩张是通过它的存在而实现的。因而，这也赋予网络中城市的"流动空间"属性。

与"地点空间"不同，"流动空间"是通过流动而运作、共享时间的物质组织形态。卡斯特尔(M. Castells)将流动空间分为三个层次：第一层次是物质支持，由电子交换环路所构成，它是信息社会关键过程的战略性物质基础设施；第二层次是由节点和核心所构成，即电子网络背后的特定场所，每个节点都需要生产系统和生活配置以维持秩序；第三层次是占据支配地位的管理精英的空间组织，精英们通过行动(活动)将空间组织结合起来。流动空间的特征表现为：跨越了广大区域而建立起功能性的连接，却在物理性地域上具有明显的不连续性。也就是，在流动空间中，连接性(linkage)弱化了物理的邻近性。城市"流动空间"的经验证据表明，地理上的分散性反而带来了网络结构更高的效率。

与"地点空间"下的经济流动性不同，"流动空间"下的经济流动是围绕信息流动的核心而展开的，依赖于其创造、处理和交换信息的能力，特别是颇为专业化和特别享有的高端信息。这种流动不仅是通过信息和通信技术以及信息基础设施手段实现跨越地球空间的流动，而且始终依赖于相当程度的近距离"面对面"交流，是正式与非正式接触、面对面与虚拟接触相混合而发生的。因此，这种对外的经济流动性完全超越了当地的腹地，向世界腹地延伸。

正如我们看到的，信息化并没有导致分散化，削弱城市的作用，反而加剧了向城市，特别是大城市的集中。这些基于"流动空间"特性的城市，实际上是信息网络传输的节点。信息像磁石一样吸引经济要素向这些节点城市集聚，而通信技术则使节点城市对信息网络覆盖范围具有强控制力，加之信息技术发展与投资之间的互动效应，使节点城市具有非同寻常的意义，从而通常成为各类跨国公司总部及服务公司选址的热点。各类高水平管理、服务机构向这些信息节点汇聚，势必带动全球各种经济性流动。从这一意义上讲，城市作为节点的定义，在这里仅仅是主导全球流动的作用，其主要功能是处理日益网络化社会的多方面流动，由于通常超越传统城市边界，从而是一种"去领土化"的流动。

这种基于"流动"的城市空间结构，其形式化描述就是中心流动理论。按照这一理论，城市空间的被构造，其水平网络是无限的。在城市之间的网络连接中，由于社会权力现在主要驻留在流动之中，而不是物理性的地方，从而其空间权力更分散(见表21.2)。

表 21.2　中心位置理论与中心流动理论的特征比较

中心位置理论	中心流动理论
空间层次	空间网络
垂直联系（权力的内在不平等）	水平连接（权力更分散）
地域场所是有界限的	水平网络是无限的

资料来源：根据相关理论整理。

　　显然，全球城市作为全球网络的主要节点，其空间结构超越了单一的地点空间，而更多地被赋予流动空间的特征。正如卡斯特尔在《网络社会的崛起》中指出的，全球城市应该界定为"流动空间"日益网络化的过程，而不是传统意义上所指的某些特定的地方。全球城市的大规模网络化，促成了空前的城市"流动空间"的超级聚集，把相距遥远的地点联系起来，并将其纳入全球功能空间。[①]全球城市不仅处理最多数量的流动，而且也处理最多类型的流动。全球城市作为全球网络的主要节点，不仅仅是流动的结果，而且也是流动的主要来源，在它那里会产生与形成许多新的全球流动。因此，我们不能把全球城市视为一个国际经济的"中心地"，也不应该过多将其设想为一种国际贸易场所、港口、金融中心或工业重镇等角色，而是作为基于流动空间特征的主要节点城市，通过多种连接与当前世界经济保持着密切的联系。

　　当然，这种城市空间逻辑的转换，并非完全否定地方或场所的存在，更不意味着"地理位置的终结"。全球城市的具体真实的地点或场所并未消失，否则，便成为虚幻的存在。流动空间不能脱离地点空间而单独存在。事实上，"流动空间"是建立在电子信息网络基础之上的，而这一电子信息网络则连接了特定的地点或场所。也就是，这种流动的虚拟世界需要接入于"特定地点"，在那里发生必要的协调和控制功能、创新和发展过程。不仅如此，尽管横向的网络联系已成为全球化发展的关键，但中心位置过程仍然重要，甚至在更大空间尺度上也很重要。特别是高端中心的真实区位所在，对世界财富与权力的分配非常重要。但必须看到，这种中心的地点或场所已被吸纳进网络之中。从全球流动的角度看，更重要的是网络的变通能力。因此，基于城市网络体系的全球城市，有其独特的空间结构，即"地点"与"流动"的双重空间结构。

　　也许人们会问：这种空间的双重性是否二元对立？我们认为，这是一种过程

---

① Castells, M., 1996, *The Rise of the Network Society*, Blackwell, Oxford.

的二元性,而过程可以交织在同一时间、在同一个地方。

首先,全球城市是全球化与本土化的统一。全球城市固然高度全球化,有更多的全球网络连接,但它在国内、地区的连接中也同样强劲。因为,在此高度集聚的各类全球功能性机构依据全球产业链而展开的业务活动,是覆盖地方、国家和全球等不同空间尺度的,从而全球城市内生地具有连接不同空间尺度网络的强大能力。从这一意义上讲,全球城市是多重空间尺度网络联结的综合体,具有经典的"地方—全球"联结的特征,可称之为全球本土化。

其次,全球城市是静态过程与动态过程的统一。全球城市通过巨大的高楼大厦及基础设施的物质性代表,形成了地标性的城市形态轮廓。但这些看似强大的静态结构中,却发挥着作为动态节点结构的功能,例如这些写字楼里的机构(公司)正与其他城市的相应机构(公司)进行着一系列电子信息等交换,包括对内的创意策划、管理指令、团队计划、财务信息、客户管理等,对外的业务洽谈、合约准备与签署、合同履行、款项交付等。因此,全球城市是静态地点与动态关系的混合体,具有"静中有动,动寓静中"的表现特征。

再则,全球城市发展是内向集群化与外向网络化两个轨迹的有机重叠。全球城市因大量全球功能性机构的内向集群,其外部网络化才得以扩展;反过来,其广泛的外部网络关系,也成为全球城市吸引全球功能性机构集聚的重要因素之一。两者之间,具有内在同一性。而且,内向集群化与外向网络化过程都具有各自的外部性。例如,集群化的供给方规模经济效应、知识溢出效应、产业配套效应等外部性,网络化的需求方规模经济效应、互补协同效应等外部性。这些外部性是相互补充的。很明显,全球城市之所以能处于全球经济增长的前沿,就是因为其集群外部性和网络外部性提供了关键性的市场优势。

因此,全球城市是一个"流动空间"融合"地点空间"的一体化结构。

21.10 全球城市的"四梁八柱"是什么?

通过上述的分析,我们可以大致理解全球城市为什么具有全球资源配置的特定功能,以及这种特定功能是如何实现的。下面我们就可以围绕这一实现媒介进一步总结归纳出全球城市"四梁八柱"的特定构造。虽然全球城市因其历史背景、约束条件等差异而有不同的发展路径和模式,但其"四梁八柱"的特定构造则是同一的。

（1）全球功能性机构（公司）不成比例的高度集聚，特别是全球生产者服务公司的高度集聚。跨国公司总部大部分集中在全球城市，但也有一些散落在其他城市，尤其是其诞生地的城市，并有一些迁移到邻近的边缘城市。但全球生产者服务公司主要机构基本上都集中在全球城市，这不仅因为其主要客户（跨国公司）集中在全球城市，而且是不同行业的生产者服务公司之间相互提供服务的集群需要。这些全球功能性机构（公司）是全球城市特定构造中的关键性主体。因为它们是全球价值链的主导者与推动者，正是通过它们直接的或交叉的全球价值链治理体现了对全球价值链的管控功能。它们也是全球城市网络的制造者，正是通过其内部网络开展的全球业务活动才实现了城市间网络连接。它们更是促进全球资源配置的主要操作者，正是通过其相互依赖和交互作用的日常业务活动及其运作才控制、协调、引领全球资源流动及配置。因此，一个城市中这些机构（公司）集聚的规模（数量）越大，表明对全球价值链的管理与控制能力越强，全球网络连通性程度越高，全球资源配置功能越大。

（2）协同作用的网络化全球大平台。不管是由上游位置还是由下游位置的领头公司所构造和规定的不同类型价值链条，总是由核心种类生产要素来管控其他种类要素，在治理结构中处于主导地位。因此它们对全球价值链的管控与治理集中在基于核心要素的某些特定活动上。而且，它们对全球价值链的管控与治理还体现为具有强大的网络辐射功能，实现全球价值链之间的互补优化。这必须依托协同作用的网络化全球运作平台。一是海量、泛在、快捷、便利的信息与知识大平台，如互联网、大数据、云计算等。二是高效、透明、规范的产品与要素交易平台，如各种大型交易中心、金融市场、人才市场等。三是配套齐全的专业服务平台，如市场调研与广告策划、融资与账务管理、税务及人力资源管理、科技服务等。四是便捷、通达的产品与要素移动的物理平台，如基于交通运输、信息传输等基础设施的大枢纽、大门户和大通道等。这些大平台是全球城市的重要组成部分。正是通过这些大平台实现全球资源流动与配置，才使全球城市在世界事务中处于重要地位。

（3）高频率、密集化的流量规模。高度集聚的全球功能性机构（公司）对全球价值链的管控与治理也体现在价值链要素的专业化配置功能上，导致价值链中不同活动的区位多极化分布。这势必带来资金、商品、信息、服务、人才等资源要素通过全球城市在世界范围内大规模、高频率地流动。这种大规模流量并非旨在促进城市内部的财富积累和资本沉淀，而是服务于全球资源的配置。全球城市正是通过流经它的大规模流量来实现全球资源的有效配置，并从中获得控制和权力以及自身财富积累。因此,这种流量规模与其自身系统的积累需求是不成比例的。

（4）盛行"全球村"的标准交互作用模式。在全球城市从事全球业务活动,各类参与主体之间的交易与交换主要基于全球事务的信息,从而导致其所携带的知识体系日益全球化,更多运用全球语言。同时,必须遵循国际通用惯例,按照多边与双边投资贸易协定的标准处理各种事务,例如实行国民待遇、竞争中立、市场透明度、权益保护等规则。还有,比较普遍地采取共同参与、协商共治的方式,按照制度化的框架协调社会经济活动中的相互关系,充分发挥各类参与者的积极性和潜能。

（5）充满活力和创新的全球引领示范。全球城市通常提供了一个令人兴奋的环境、多方面的发展前景,为信息、知识和创造性贯穿于全球资源配置之中提供了巨大机会,从而带来旺盛的创业活力和更多工作机会以及富裕程度提高的可能性。更主要的,全球城市凭借广泛的网络联结,在与其他城市交流中不断输入新信息与能量,持续开发其创新力量,实现革命性的变革。而且,全球城市具有综合与系统集成的比较优势,更容易形成创新集群并迅速扩散,从而成为引领全球创新思想、创意行为、创业模式及新型主导产业的主要策源地。

上述"四梁八柱"作为全球城市的特定构造具有共性,支撑了全球城市发挥全球资源配置作用的特定功能。

21.11 全球城市动态演化到什么阶段？

全球城市虽然发展时间不长,但也处于动态演化之中。上海建设卓越的全球城市,显然所要对标的是全球城市最新发展成果。因此,我们要了解全球城市演化过程,分析其目前已发展到什么程度,达到了什么样的发展阶段。

全球城市从 20 世纪 70 年代开始兴起。当初主要是与世界经济联系在一起的,即全球城市作为跨国公司跨境经济活动的治理地点,对世界经济进行管理和控制,扮演了跨国公司控制和协调新国际体系的新战略角色。为此,弗里德曼将其定义为:通过跨国公司的权力和控制,成为经济全球化日益增长的经济地理复杂性需要的有限数量的相互关联的控制点,其具有全球经济的控制功能。[①]沙森

---

① Friedmann, J., 1986, "The World City Hypothesis", *Development and Change*, 17, 69—83.

则从先进生产者服务的战略功能角度,强调了其充当生产商进入全球经济的接入点,其具有全球经济的协调功能。①因此,这一时期(70—80 年代)的全球城市是高度聚焦于战略性的经济功能,诸如跨国公司总部的指挥和控制功能、国际资本市场、全球商务服务及投资贸易、全球航运等。我们把这称为 1.0 版的全球城市。

20 世纪 90 年代以后,伴随着一大批跨国公司管理者及专业人士的"跨国性质"工作,以及"跨国阶层"消费带来的全球都市化,全球城市中率先生成了新的文化结构和过程,不仅包含着文化的均质性、同步性和收敛性,也包含着文化的多元性、分化性和扩散性。另外,以现代信息技术和互联网为标志的新媒体发展,促进了全球文化交流以及流行文化迅速崛起,促进了全球文化的大众化和共享化,促进了文化创意产业发展和全球文化市场的深度拓展,促进了文化资源的全球性配置。在此过程中,全球化所带来的新的文化感受在这些全球城市中不断沉淀和累积,并物质化为相应的建筑风格、文化设施、文化团体、文化产业、文化市场等。因此,全球城市在继续巩固战略性经济功能的同时,也越来越成为全球文化传播、交往、融汇、创新的中心。

更为重要的,这些文化艺术与经济活动之间具有高度的"共生关系"。文化艺术可以通过吸引外来游客直接创造就业机会和促进经济发展;通过活跃的艺术环境促进地方品质来吸引知识工作者、公司以及对城市的投资;有助于提升城市品牌,增强其文化认同,确定其在全球城市体系中的身份和地位。同时,全球城市的经济活动也为文化艺术发展繁荣提供了强大支撑,高端服务业的高收入及高端人力资本不断生成对文化艺术的强大需求,先进服务部门的公司也可能倾向于作为文化艺术的赞助者来赞助文化艺术活动。

因此,这些全球城市开始在经济功能基础上大力发展和增强文化功能,将文化作为城市保持活力与魅力的核心内容,纷纷制定了城市文化发展战略。例如,伦敦立足建设"榜样式的、可持续发展的世界级城市",将文化战略作为大伦敦发展的八大战略之一,着力打造卓越的创新文化国际中心;东京在《首都圈规划构想》中将"具有深厚魅力的文化城市"作为 21 世纪首都发展愿景的重要内容。其结果是,这些全球城市不仅在数量和质量上拥有一般城市难以企及的文化设施、文艺团体、文化创意产业,而且拥有庞大的文化市场、广泛与频繁的文化活动和

---

① Sassen, S., 1991, *The Global City: New York, London, Tokyo*, Princeton: Princeton University Press.

多样化的受众。相当一部分的全球城市,既是世界上主要的金融中心,同时也是全球艺术中心。特别是伦敦、纽约和东京不仅是顶级全球金融中心,它们也是重要的全球艺术城市[①]。伦敦在金融上排名第一、在艺术上排名第三,纽约在金融上排名第二、在艺术上排名第一,东京分别为第六和第四。旧金山、蒙特利尔、巴黎、爱丁堡、苏黎世、日内瓦、法兰克福和慕尼黑等城市,也同样在这两个排名中同时靠前。在 20 世纪 90 年代至 21 世纪头十年,全球城市已升级为经济与文化融为一体发展。我们称之为 2.0 版的全球城市。

2008 年全球金融危机之后,一些全球城市,尤其是金融中心受到金融风险较大波动性的冲击,于是深刻反思这一影响并寻求城市稳定性、可持续发展。但更主要的,开始认识到新科技革命正给全球城市发展带来重大机遇。基于现代信息技术的新技术革命的兴起,经济全球化进程的不断深化,以及知识社会创建和知识经济发展,这三大历史过程的相互作用催生了基于知识的城市,形成了以新知识生成和分布为特征的经济生产和管理的新形式,从而深刻改变了全球城市的结构及其增长动力。人力资本、知识和创新能力的高度集聚日益成为全球城市功能结构的重要部分,科技创新日益成为全球城市增长的主要驱动力,生成和扩散新知识的能力以及科技创新能力日益成为全球城市提升全球竞争力的一个关键组成部分。

与此同时,学术全球化兴起及全球知识流动,全球科技创新网络的形成及扩展,正在生成科技创新的动态中心。全球城市凭借其固有的综合服务功能及全球网络连通性,更容易搭建全球创新资源流动与交互的空间载体与网络节点,成为全球创新资源配置中心。全球城市在全球化合作的创新网络中充当主要节点,扮演着双重角色:首先,作为新知识、创意思想、新技术等网络流动的枢纽,有效配置全球创新资源;其次,作为前沿科学发现和颠覆性科技创新的策源地,引领进入全球知识网络的科学知识与技术发展。

另外,基于 IT 的科技创新,如大数据、人工智能以及智能制造等,可以分散化地嵌入到全球城市的街区、商务楼、创意园区之中,与其城市形态特征高度吻合。而且,还能得到基础雄厚的高校、科研机构及专业人力资本的强大支撑,以及原已存在的金融、商务等综合配套的生产者服务的有力支持。

在此背景下,越来越多的全球城市开始在经济、文化功能的基础上纳入科技

① Currid, E., 2006, "New York as a Global Creative Hub: A Competitive Analysis of Four Theories on World Cities", *Economic Development Quarterly*, 20(4), 330—350.

创新的功能。纽约、伦敦等全球城市不约而同地制定了科创中心建设的战略规划,要将其建设为全球创新网络的主要节点,发挥其与外界创新资源交流、交互及诱导有效配置的作用。纽约凭借其独特的金融及相关产业优势,为初创企业找到投资者和适合自身发展的业务模式提供便利,聚集全美乃至全世界最优秀的科技人才,大量涌现科技新公司和创业孵化器,形成"硅巷"模式的全球科技创新中心。同样,伦敦也通过大量跨国公司总部为其科技创新营造良好氛围,发挥国际大都市的人才集聚效应,凭借金融和科技专业服务优势配置全球创新资源,形成"硅环"模式的全球科技创新中心。因此,当今全球城市的最新发展,已进入经济、科技、文化融合发展的 3.0 版。

展望未来,全球城市还将继续发展演化,升级到新的版本。从今后新科技革命可能取得的重大突破,以及目前城市发展初露端倪的迹象来看,绿色智慧可能代表着全球城市发展的新趋势。

21.12　全球城市空间扩展过程是什么?

全球城市的动态发展,另一个重要方面是空间扩展过程。这种空间扩展过程是内生的,有其必然性。而且,正是这种空间扩展支撑和增强了其全球资源配置的特定功能。然而,这又不同于一般城市规模扩张,更不是作为"地点空间"的扩展过程。因此,我们要分析全球城市空间扩展的性质及其具体过程。

首先要明确,全球城市空间扩展主要是指其城际关系的扩展,因而不被自然边界所定义,与现有区域行政和政治单元边界不相一致。全球城市关系的两个关键特性是尺度改变和复杂性,其在全球城市空间扩展的功能构造中起关键作用。斯科特(A.J. Scott)认为,全球化正导致"尺度改变——国家层面的社会实践正在消散,向上是全球,向下是本地"[1],而且当代城市的全球经济关系变得越来越由组织网络的连接性和流动来表示,变为全球功能交互联系的尺度。所谓复杂性,是指全球网络赋予的城市关系是多标量和流动的,它们是由市场和跨国、动态的组织运作所决定的。例如,生产者服务网络是一种灵活结构,在其中的人员和知识动态流动,它们在不同尺度上使用城市来参与市场竞争。因此,城

---

① Scott, A.J., 2001, "Globalization and the Rise of City-regions", *European Planning Studies*, 9 (7), 813—826.

际功能关系是由不同网络组织的交叉尺度构成的。显然,这种城际的跨境网络关系不能用基于"地方空间"的传统统计数据(如人口、就业、通勤等)来反映。例如,基于传统统计数据的地区分析,会把伦敦描述成单中心地区的首位城市,但如果从全球功能交互联系的角度看,伦敦杰出的全球连通性与周边地区服务网络的功能联系,正在形成一个覆盖英格兰南部的多核城市形态中的"功能多中心"。①

全球城市空间扩展的主要驱动力,与经济全球化有关。经济全球化赋予全球城市在发达的、知识密集型的商务和专业服务的相互连贯流动中的关键角色,使其成为全球网络中生产和贸易的主要节点。与此同时,全球化也将覆盖到其周边城市化区域,使其成为一个全球化的区域。这个区域中的其他城市也具有外向型经济,并有着或多或少的外部网络连接。在这种情况下,随着交通的改善及信息和通信技术的广泛应用,扩大的、全球化城市腹地得以形成,从而促使一些全球城市角色扩张到邻近城市化区域。正如海克(G. Hack)等所阐述的,这些空间单位围绕全球城市中心商务区将郊区及地区城市合并进来。②这些地方的活动,可能包括更广泛的全球经济力量。从这一意义上讲,经济全球化赋予全球城市的这个角色,也同样赋予了扩大的城市地区。因此,全球城市的空间扩展过程,最终是形成全球化中的一个功能城市地区。这被称为全球化进程在地理景观上新尺度的结晶③,其构成"全球经济的空间节点"。

这种全球城市空间扩展,以及所形成的全球化中的功能城市地区,是一种"地区概念的重构"。它完全有别于传统大城市的物理性扩张,即"摊大饼"式的向外蔓延。同时,它也不同于传统的城市群和城市连绵区。其主要是基于高度的地区城市化,从而形成一定规模的城市集群,推动的活力在于地区的社会再生产及资源配置效率,优先考虑当地社会和经济的事项。尽管也有当地功能连接性和流动的明显标记,如地区的日常通勤上班、购物等,但并不体现地区全球化程度。因此,其关联仍然是由地点空间支配的。全球城市空间扩展,不仅基于地区高度城市化,更基于地区全球化的活力,优先考虑当地被链接到

① Pain, K. and Hall, P., 2006, "Flows and Relationships: Internal and External Linkages", in *The Polycentric Metropolis: Learning from Mega-city Regions in Europe*, Earthscan, London, 104—112.

② Hack, G., 2000, "Infrastructure and Regional Form", in Simmonds, R., and Hack, G(eds), *Global City Regions. Their Emerging Forms*, London, Spon Press, 183—192.

③ Scott, A. J. (ed), 2001, *Global City-Regions: Trends, Theory, Policy*, Oxford: Oxford University Press, 11—30.

"全球环路"中①,因而不只是一个长期城市化过程的新规模,而是变得越来越全球构成和集成,逐渐由流动空间支配。由全球城市空间扩展所形成的全球化中的功能城市地区,是一种"多功能、多核"空间结构,其经济活力来自全球城市作为全球网络主要节点的角色,从而使其构成密集和强烈的生产商地区网络,具有日益强大的内生增长机制和全球市场延伸。

因此,地方网络连接的全球化、城市外部关系的全球化发展以及由此定义和构造的全球化中的功能城市地区,是决定全球城市空间扩展的关键。

国际经验表明,全球城市大致经历了三个连续的空间扩展过程。

第一个过程是所谓的"郊区都市化"。最初,全球城市的对外网络连接及其核心功能源于和集中在中心城区。中心城区集聚了大量跨国公司总部和全球生产者服务公司等全球功能性机构,具有便捷的国际可达性(包括物理的和虚拟的)和高标准的生活质量。这一中心城区,高度服从于全球市场供求变化的投入(劳动力和资本),主要从事于高附加值的创造,因而要把低附加值活动排斥在外。这导致了原先中心城区的部分经济活动的有限分散化,即往郊区转移。卡斯特尔 Castells(1989)称之为商业活动"市郊化",佛罗里达(R. Florida)和乔纳斯(A. Jonas)称之为公司组织的分散化(即总部从中心城区搬迁到郊区)②,霍尔(P. Hall)和佩恩(K. Pain)称之为"边缘城市"地方的分散化③。这使郊区开始在经济中扮演一个积极角色④,并使城市郊区网络发生重大变化:在郊区涌现出一系列的新城,并与中心城区形成网络化联系,构成一个多中心模式的大型通勤—工作区域。这一空间扩展的结果,是形成了一个内部互联非常强且具有足够持续性的"多核"城市系统。由于其本身被视为一个系统,所以这是一个具有多个经济中心引力的巨大城市综合体。这一全球城市空间扩展过程,是由单中心城市系统转向多中心、多核城市系统的过程。

第二个空间扩展过程是所谓的全球城市区域。全球城市异常强劲的全球多

---

① Sassen, S., 2002, "Locating Cities on Global Circuits", *Environment and Urbanization*, 14(1), 13—30.

② Florida, R. and Jonas, A., 1991, "U.S. Urban Policy: The Postwar State and Capitalist Regulation", *Antipode*, 23(4), 349—384.

③ Hall, P. and Pain, K. (eds.), 2006, *The Polycentric Metropolis: Learning from Mega-city Regions in Europe*, London: Earthscan.

④ Garreau, J., 1991, *Edge City*, Doubleday, New York. Brenner, N., 2002, "Decoding the Newest 'Metropolitan Regionalism' in the USA: A Critical Overview", *Cities*, 19(1), 3—21. Ross, B. H., Levine, M. A., 2012, *Urban Politics: Cities and Suburbs in a Global Age*, M. E. Sharp, New York.

部门网络连接,不仅产生了自身密集的跨国网络集聚,也生成了与邻近小型的多部门产业集群互补全球功能的交互联系,从而对这类集群向周边地区扩大有重要影响。[①]与此同时,全球城市的周边地区,其基础设施、创造力以及劳动力市场密度等条件也较好,不仅已有一些企业、教育单位和其他机构在空间上集中,还嵌入到密集的交易和非交易相互依赖的网络中[②],从而对全球性公司在集群的全球区位选择中有一定吸引力,尤其是行业专业化程度较高的企业偏好选择这样的区位。因此,全球城市周边区域主要提供专业化的全球功能,并与全球范围内的其他地方保持复杂的关系。

在这一空间扩展过程中,全球城市不仅强化了全球范围内的外部网络化,作为全球功能运作的重要节点,而且形成了区域范围内的内部网络化,作为全球功能扩张的配套。这样,全球城市的功能性经济超越传统行政边界,获取了物理上分离但功能网络化的周边腹地,进入到一个功能多中心的大城市区域,即全球城市区域。它通常是由一组(数量不等)城市和城镇围绕全球城市而形成物理上独立但功能网络化的城市集群。斯科特等人首次列出了世界上30个全球城市区域。[③]值得指出的是,这种全球城市区域并非地理邻近或1小时通勤圈的概念,而是由其外部和内部功能联系所确定的[④],是功能主导型的区域。例如,英国的利物浦和曼彻斯特两个城市相隔不到50公里,但它们没有功能群聚效应来形成城市区域。而一些城市即使与全球城市地理不邻近或不在1小时通勤圈内,但有较强的地区与全球功能联系,成为新的功能分工的一个组成部分,也将列入全球城市区域内。因此,全球城市区域并不构成一个完整的通勤—工作区域,只是其中可能有一部分是通勤—工作区域。同样,基于功能主导,这个区域内也并非是全球城市的单中心,而通常是功能多中心结构。

全球城市区域的形成,是全球城市主导的全球性功能在与当地空间衔接过程中发生技术、经济和监管等一系列变化的结果。全球城市区域由于监管改革

---

① Pain, K., 2006, "Policy Challenges of Functional Polycentricity in a Global Mega-City Region: South East England", *Built Environment*, 32(2), 194—205.

② Boschma, R.A., 2005, "Proximity and Innovation: A Critical Assessment", *Regional Studies*, Vol.39, 61—74.

③ Scott, A., Soja, E., Agnew, J., 2001, *Global City-regions: Trends, Theory, Policy*, Oxford University Press, Oxford.

④ Hall, P., 2001, "Global City-regions in the Twenty-first Century", in Scott, A.J. (ed.), *Global City-regions: Trends, Theory, Policy*, Oxford: Oxford University Press, 59—77.

和快速下降的运输和通信成本,大大扩展了生产和消费的空间领域,已经成为跨境资本、商品和服务、信息和人的流动的产生、传递和接收的关键,成为促进创新的动态安排,从而赋予其在基于全球流动和知识驱动经济中的巨大优势。因此,这些全球城市区域正成为日益复杂化和广泛化的全球社会、经济和信息交换网络的核心组件(元素)。

第三个空间扩展过程是巨型城市区域。全球城市空间扩展至巨型城市区域的一个重要条件是,这些区域高度城市化,并形成基于全球化的城市化。随着全球化网络连接的增强,全球功能性机构(公司)的知识密集型活动不仅集中在全球城市,而且遍布其他主要城市,从而使其(尽管不是全球城市)也成为连接地方进入全球流动的地点。[1]这促进了区域中城市系统功能相互关联的发展,其有效运行需要区域一体化。

巨型城市区域作为围绕全球城市的网络化区域发展,表现为由一组基于复杂分工的物理上分离但功能上相互关联的城市及其周边郊区构成的内陆地区。它通常是由两个或两个以上的城市群结合成一个更大的、单一的城市群。因而,其基本特征之一是存在若干核心城市。例如,在世界上最大的 40 个巨型城市区域中,有 24 个是通过两大城市联合命名来标志一个区域的。这种巨型城市区域,与传统的大城市群、城市连绵带、大都市区不同,其不在于邻近距离和当地联系,关键在于城市间全球生产(价值)网络的高度功能连接与集成,形成区位功能的专业化分工。例如,美国东北部大西洋沿岸巨型城市区域,之所以被视为美国经济的中心,对世界经济产生巨大影响力,不在于纽约的百年积淀,也不在于华盛顿是世界政治中心,而是归功于城市区域内完善的产业分工格局,被形容为"九大行星围绕一个太阳"。例如波士顿,为了维护纽约的金融中心地位,自动寻求产业转变。如今,曾经极为兴盛的金融业只占到波士顿经济结构的 8%,而高科技研发、教育、商业、贸易等产业则占据了半壁江山。费城的国防、航空、电子产业,巴尔的摩的冶炼工业和航运业,都举世闻名。

正因为如此,巨型城市区域呈现出强大的生命力和活力,正在快速"成为全球和地区经济的新引擎"[2]。目前,世界上最大的 40 个巨型城市区域只覆盖了地球表面居住区的一小部分,人口不到世界人口的 18%,然而,其承担了 66%的

---

① Halbert, L. and Pain, K., 2009, "PAR-LON-Doing Business in Knowledge-Based Services in Paris and London: A Tale of One City?", http://www.lboro.ac.uk/gawc/rb/rb307.html.

② UN-Habitat, 2010, "Urban Trends: Urban Corridors—Shape of Things to Come?", *UN-Habitat Press Release*, 13 March, Nairobi: UN-Habitat.

全球经济活动、约 85％的技术和科学创新。①同时,随着全球竞争领域和范围扩大,呈现全方位竞争和综合实力竞争(经济、科技、文化、生态融合发展,经济中不仅包括金融、贸易,也包括研发与制造),以及网络化竞争的新态势(取决于连接节点的数量及质量),以全球城市为核心,内部高度功能连接与集成的巨型城市区域正成为全球化条件下更具竞争力的更大单元,成为人类发展的关键性空间组织,在一国的政治经济生活中发挥着日益巨大的作用。为此,这已引起各国的高度重视。例如,欧盟专门立项研究 9 个欧洲巨型城市区域。又如,美国启动的"美国 2050"规划研究中,为了美国在 21 世纪上半叶的平衡、可持续增长,确定了 11 个新兴巨型城市区域的发展。②

总之,全球城市空间扩展过程使其寓于地区发展之中,并在其中发挥引领和核心作用,在更大空间范围和平台上实现全球资源配置功能。

21.13　如何衡量与测度全球城市?

全球城市作为一种城市新物种与新形态,不仅要给予内涵的定义,而且也要量化的可衡量与可测度。然而,这种衡量与测度是很困难的。首先是缺乏完整系统的城市统计数据,不少国外城市是不作统计的。更主要的,全球城市作为全球网络的主要节点,本质上是一种网络关系,而这种"关系"很难量化,"关系"数据更为缺乏。为此,在无法用直接的指标和数据来反映全球城市的全球资源配置功能的情况下,一些全球城市研究学者经过艰辛探索,转而用间接的指标和数据来衡量和测试全球城市。

目前,一种比较通用和公认的衡量方法是 GaWC 的全球网络连通性指数。这种方法把先进生产者服务(APS)公司作为全球城市联锁网络中的关键经济主体,关注其在不同尺度下连接城市经济的作用。这些先进生产者服务公司(金融服务、广告服务、法律服务和商务服务等行业)在世界各地许多城市设有办事处为客户提供优质全球服务。当两个城市拥有相同先进生产者服务公司的办事处时,它们可能是相互联系的。因此先进生产者服务公司的分支网络创建了(潜在

---

① Florida, R., Gulden, T. and Mellander, C., 2008, "The Rise of the Mega-region", *Cambridge Journal of Regions, Economy and Society*, 1(3), 459—476.

② http://www.america2050.org/images/2050_Map_Megaregions_Influence_150.png.

的)A 地生产商与 B 地和 C 地市场之间的经济联系,或更抽象地表述为城市 A 与城市 B、C 之间的经济联系。另外,考虑到这些办事处的规模有大小,因而设定不同的等级(1—5 级)。然后,选取进入全球 500 强的先进生产者服务公司,统计分析其分支网络遍布于哪些城市之中(网络连接分值的城市间分配),以及某一城市中全部先进生产者服务公司网络联系分值(按不同等级计算),借助"city-by-firm"数据集来估计单个城市是如何通过公司网络被连接的。一个城市获得的分值代表了其全球网络连通性的程度,即高分值代表了高连通性,反之亦然。显然,由于先进生产者服务公司办事处在世界各地广泛分布,或多或少具有这种全球网络连通性的城市不在少数。为此,根据网络连通性的分值高低,进行了 Alpha、Beta、Gamma、Sufficiency(+/−)划分,以表明城市在全球化经济中的位置及融入度。严格意义上讲,这种全球网络连通性指数只是表明世界城市体系排名,其中包括了全球城市和非全球城市。然而,全球城市作为全球网络的主要节点,必定具有高网络连通性,因而排在 Alpha++、Alpha+和 Alpha 位置上的一些城市,在某种程度上被视为全球城市(见表 21.3)。

表 21.3　2018 年世界城市体系排名(Alpha 等级)

	城　　　市
Alpha++	伦敦、纽约
Alpha+	香港、北京、新加坡、上海、悉尼、巴黎、迪拜、东京
Alpha	米兰、芝加哥、莫斯科、多伦多、圣保罗、法兰克福、洛杉矶、马德里、墨西哥城、吉隆坡、首尔、雅加达、孟买、迈阿密、布鲁塞尔、台北、广州、布宜诺斯艾利斯、苏黎世、华沙、伊斯坦布尔、曼谷、墨尔本
Alpha−	阿姆斯特丹、斯德哥尔摩、旧金山、新德里、圣地亚哥、约翰内斯堡、都柏林、维也纳、蒙特利尔、里斯本、巴塞罗那、卢森堡市、圣菲波哥大、马尼拉、华盛顿、布拉格、慕尼黑、罗马、利雅得、布达佩斯、休斯敦、深圳

资料来源:GaWC(2018)。

　　GaWC 测量世界城市网络的方法,由于只把先进生产者服务公司作为全球城市网络中的关键经济主体,所以只是测量了全球城市发展中的一个过程:全球资源配置的服务。而且,其连接分值是基于生产者服务公司办公室的规模,其不能直接反映服务于全球资源配置的重要性和权力关系。作为补充与完善,可以引入制造业跨国公司、全球研发机构等关键经济主体。用制造业跨国公司治理的所有权链接来定义城市网络,因为公司总部与其子公司的所有权联系,代表了总部所在城市与子公司所在城市之间的直接互动。通过编制基于制造业跨国公司、全球研发机构地理分布的"city-by-firm"矩阵,得出城市网络连接的分值。这样,可能更全面反映城市的全球网络连通性程度。

另外,这种全球网络连通性指数只是一个总量概念,反映网络的点度中心度,难以说明其结构。事实上,网络连通性结构更能反映全球城市的全球资源配置功能。在网络连接中,通常分为"入度"连接(由引入或外来的全球功能性机构带来的网络连接)与"出度"连接(由本地外出的全球功能性机构带来的网络连接)。前者连通性强,说明该城市具有较大吸引力;后者连通性强,说明该城市具有较大影响力和控制力。从全球资源配置角度讲,后者比前者发挥更大作用。而且,像纽约、伦敦等城市,既有高"入度"连接,同时又有高"出度"连接;上海、北京等城市虽然全球网络连通性水平也进入世界前十位行列,但却是高"入度"连接与低"出度"连接的不平衡结构,显然在全球资源配置的能级上与纽约、伦敦等不能等同。因此,在全球网络连通性上要增加"入度"与"出度"结构性测量,以及辅助性的接近中心度、中介中心度、特征向量中心度等测量[①],才能更全面反映全球城市的全球资源配置状况。

然而,不管全球网络连通性指数如何补充与完善,只是一种衡量与测度全球城市的投影法,只能间接反映全球城市的全球资源配置功能及其程度。一种更直接的方法,是通过相应的要素流量来测度其全球资源配置功能及其程度。全球资源配置是在流动中实现的。一个城市的要素流量规模越大,反映其配置资源的活动越多、配置资源的能力越强。过去,有过一些流量测度的研究,但大部分集中在较狭窄范围。例如,帕尼特(C. Parnreiter)通过主要海运航线和港口的流量来研究城市门户作用[②],祖克(M. Zook)和布伦(S. Brunn)、泰勒(P. J. Taylor)等、奥康纳(K. O'Connor)和福尔哈特(K. Fuellhart)研究全球航空网络的流量等[③]。崔

---

①　接近中心度通过计算一个城市由媒介性先进生产者服务公司提供间接进入市场的数量(其在世界城市网络中的间接连接数量),识别了城市提供给生产商"间接进入"全球市场的程度,表明该城市提供其生产商间接参与全球经济的能力。中介中心度通过计算一个城市在城际连接中作为中介连接的数量,识别了城市充当城际交易经纪人为生产商提供"经纪进入"全球市场的程度,表明该城市作为一个网络中所有其他城市连接的交叉节点位置。特征向量中心度表明该城市与外部联系紧密的那些城市是否也具有很高的连通性水平。

②　Parnreiter, C., 2002, "Mexico: The Making of a Global City", in Sassen, S. (ed.), *Global Networks, Linked Cities*, London, New York, 215—238.

③　Zook, M. and Brunn, S., 2006, "From Podes to Antipodes: Positionalities and Global Air Line Geographies", *Annals of the Association of American Geographers*, 96(3), 471—490. O'Connor, K. and Fuellhart, K., 2012, "Cities and Air Services: The Influence of the Airline Industry", *Journal of Transport Geography*, 22, 46—52. Taylor, P. J., Derudder, B. and Witlox, F., 2007, "Comparing Airline Passenger Destinations with Global Service Connectivities: A Worldwide Empirical Study of 214 Cities", *Urban Geography*, 28(3), 232—248.

(J. H. Choi)等利用两个年度的互联网地理报告编制了一个 82 个国际城市的网络,这个网络可以捕获一对城市之间信息的流动,测量带宽的每秒兆位(Mbps)。[①]然而,反映全球城市全球资源配置功能的要素流量测度,必须是综合性的,涉及人流、物流、商流、金融流、信息流、科技流等。目前,由于这种基于城市要素流量数据的"欠缺",这种综合性要素流量指数的测度极少,也相对欠成熟。如果有要素流量指数的测度,与全球网络连通性指数交互验证与相互补充,可能会更准确地衡量与测度全球城市。

上述两种互为补充的测度方法,只是用来测量即时全球城市的静态,至多反映一个时间序列中的动态变化。为了反映全球城市的动态演化,预测全球城市发展态势,似乎要增加一个发展环境(成长性)指数。在这一指标体系中,除了城市自身的基础设施、人力资本等发展基础,营商、宜居等发展环境,以及发展水平及潜力外,也应该包括对全球城市发展起重要支撑的国家的综合实力及在世界中的地位、区域一体化水平等潜在发展外部环境。这一成长性指数反映全球城市的发展潜力,可用来更全面地衡量与测度全球城市。

---

① Choi, J. H., Barnett, G. A. and Chon, B., 2006, "Comparing World City Networks: A Network Analysis of Internet Backbone and Air Transport Intercity Linkages", *Global Networks*, 6, 81—99.

22 上海迈向全球城市基本逻辑何在

上海迈向卓越的全球城市，作为一种战略目标取向，必是人为之作。但从某种意义上讲，这并非人们主观愿望所使然。也就是，这并非我们美好希望的强烈意愿，甚至付出艰辛努力的结果。上海迈向卓越的全球城市，很大程度上取决于是否存在这一发展逻辑，即上海为什么一定要且能够迈向卓越的全球城市。如果不存在这一发展逻辑，那么再美好的愿望也是空想，再艰辛的努力也将徒劳。这一发展逻辑存在于面向未来的战略环境、战略资源、战略驱动力等主要变量的交互作用中。尽管世界处于急速变化之中，这些变量具有高度不确定性，但我们可以基于发展趋势的科学判断，抓住不确定中的相对确定性，寻找出上海迈向全球城市的基本逻辑。

22.1 全球城市的战略驱动力是否趋于衰减？

上海迈向卓越的全球城市，首先基于全球城市发展趋势的基本判断。如果全球城市发展趋于停滞或没落的话，那么上海瞄准全球城市的目标或迈向全球城市就没有任何意义了。我们在前面已经指出，全球城市是现代全球化的特定产物，全球化进程主导着全球城市演化。因此，判断全球城市发展趋势，关键抓住全球化这一战略驱动力是否衰减。

与2008年全球金融危机之前的全球化迅速推进和深化形成明显反差，目前全球化进程似乎严重受挫，贸易保护主义重新盛行，贸易摩擦增大，特别是中美贸易摩擦日益加剧，世界贸易、投资增速明显下降，从而使"去全球化"或"逆全球化"日益成为一种影响越来越大的思潮及策略行动。也许，这种状况还会持续下去，并有可能越演越烈。但我们今天所看到的并非全球化过程的最终结果；相反,是一个正在发生的持续过程,只能作为一个横断面进行分析。因此,我们要从持续动态进程来研判全球化基本态势。

不可否认,2008 年全球金融危机对全球化进程形成强大冲击,导致全球化处于停滞不前的状态。但从某种程度上讲,这只是对过去全球经济"恐怖平衡"遭受冲击的一种本能避险反应和暂时回调现象。在这之前的 20 多年全球化进程中,新的国际分工导致技术资金主导国家、生产主导国家与资源主导国家之间的全球资源配置格局,并形成了技术、资金主导国家过度依赖高消费、高入超、高债务,而生产主导国家与资源主导国家过度依赖低成本、高出超、高债权的世界经济"恐怖平衡"。2008 年全球金融危机标志着这一"恐怖平衡"的破裂,对各国经济形成强大外部冲击。在各国政府应对这种外部冲击采取的一系列重大措施中,不乏大量的应急"救市"政策、贸易保护政策、量化宽松政策等,导致贸易保护主义重新抬头、"货币战"时隐时现等。但更主要的政策基调是各国纷纷实施"再平衡"措施,如美国的"再工业化战略"和"制造回归",德国的工业 4.0,以及中国的供给侧结构性改革等。这应该被看作旨在使世界市场产能过剩"出清",建立全球化"再平衡"的一种回应。包括目前的中美贸易摩擦,其中一个重要因素就是"再平衡",其次是新旧大国之间的博弈。这种情况在历史上也曾发生过,但并未影响全球化持续进程。

另外,全球金融危机曾造成 2009 年世界贸易大崩溃,随后两年虽然贸易增速有所回升,但一直在 3% 水平上徘徊,不及前 30 年增长率的一半,勉强跟上世界 GDP 增长,且贸易增长放缓的范围广泛。这种状况甚至可能在今后一段时间里延续。但从更长的历史视野来看,贸易低迷也并不是新现象。在 1913—1950年间,世界贸易增速明显低于 GDP 增速。其中,在 1929—1938 年的大萧条中,世界贸易平均增速则是负数。当然,目前世界贸易增速放缓背后的原因比以往更为复杂。以限制性贸易政策为代表的保护主义重新抬头和全球价值链收缩确实抑制了贸易增长,但世界贸易增长率显著放缓也与周期性因素相关。2012 年以来全球实际进口年增速降低了 1.75 个百分点,其中四分之三归因于全球经济增长疲软,尤其是投资领域的不佳表现。另外,贸易增长放缓在一定程度上可能还反映了过去推动贸易增长的超常势头进入了自然成熟期。因此,即使贸易收入弹性(贸易增速与 GDP 增速之比)小于 1,也并不表明"去全球化"的作用机理,而更多是与宏观经济不景气和经济复苏曲折艰难有关。

还有,"逆全球化"和"去全球化"的重要依据之一是全球化导致深刻的收入再分配效应以及不可避免的外部冲击。这是一种消极副产品。事实上,关于全球化现象的意义及其影响,一直存在不同看法。即使在全球化进程顺利推进的快速发展时期,也存在着尖锐的争论。一种消极的观点是全球化导致世界两极分化。另一种积极的观点是全球化带来了最终改善一般生活条件的机会。还有一种折中的观点是全球化既没有导致世界两极分化,也没有带来最终改善一般生活条件的机会。实践证明,尽管全球化进程并不意味着给各国及其国内不同阶层带来相同的利益,势必存在利害冲突,但也带来共同利益的存在。全球化形成世界大市场以及更好发挥市场机制对生产力成长的刺激作用,是任何其他因素无法替代的。全球化通过生产要素的跨国流动,使不同国家潜在的生产要素结合在一起发挥出实际的效能,增大世界作为一个整体的生产总量,从而使参与国际分工的国家均能从中分享到不等利益。全球化加速技术跨国转移,将促进各国经济结构持续不断地调整。全球化带来全球经济治理的制度性安排,对于促进当前和今后的经济制度演变具有深远影响。对于发展中国家而言,需要在融入全球化进程中发挥后发优势,实现经济起飞。对于发达国家而言,则需要在全球化进程中来解决发展问题。不管主观的意愿如何,任何国家都不可能摆脱全球化深化的影响,只能在全球化进程中寻找自身的定位。

因此,我们不能因为今天正在发生或面临的贸易摩擦、投资贸易增速减缓及全球化带来的消极副产品等轻易否定全球化的持续过程。展望未来30年,我们判断,全球化的方式、构造、路径等也许会有所调整和变化,但全球化的持续进程仍将继续并不断深化。

全球化进程是在一定时空中展开的,受到共时和历时的世界发展变化(如长周期、科技革命、城市化等)的影响,从而其进程的速率、方向、深度等方面将呈现波动性、非线性的态势特征。全球化波动性,在很大程度上与世界经济发展趋势有关。世界经济发展迅速时,全球化进程加快;世界经济发展减缓时,全球化进程放慢。当前,世界经济已走出持续10年的低迷期,呈现复苏现象。未来30年,世界经济长周期将伴随着新科技革命和新产业革命到来,从下行通道走向上升通道,进入复苏与繁荣阶段,全球化进程也将转向新一轮的高潮期。经验表明,越是经济扩张,越是跨地区、跨国界的对外联系扩大,越是日益增强的相互依赖。与此同时,重大科技革命带来的经济方式大变革,不仅将导致新的国际分工方式,促进资源要素的全球性配置需求和能力,强化在更大空间尺度的合作协同,而且技术进步本身也将进一步压缩时空,为更大范围的流动与交互创造条件。这种基于全球经济扩张的经济联系进一步加强和密集化,势必促进基于更多"资源"开发的网络规模扩展。

面向未来 30 年,全球化作为一个展开的过程,有其独特的时空模式,将增添许多新的内容,发生许多新的变化,呈现与以往不同的新特点和新形态。我们从三个维度来预测全球化未来进程。

(1)全球化程度加深。我们知道,跨国公司是形成全球生产及其一体化的基本单位,其跨国互动的地理范围及其网络分布对各国经济融入全球化的程度产生重大影响。2008 年全球金融危机以来,跨国公司发展战略呈现新的变化,并预示着未来发展方向。跨国公司全球生产链"近岸"布局的战略调整致使全球供应链缩短,同时跨国公司通过基于模块化、集成化的分工细化导致全球价值链的"长度"进一步延伸。另外,"逆向创新"成为跨国公司的普遍战略。与以往基于发达经济市场需求进行创新性产品研发、生产,进而销往全球市场的模式不同,跨国公司越来越注重新兴经济体的崛起,并随之调整其全球价值链分布策略,将更多的创新活动转向和置于新兴经济体,然后将创新性产品再销往包括发达经济体在内的全球市场。目前已加快了一些与之相配套、联锁的产业转移,并将呈现研发、制造和营销一体化转移的态势。其结果,全球生产网络日益密集化,其覆盖面越来越广泛。联合国贸发会议 2013 年开展的一项研究显示,全球贸易中的 80% 属于全球生产网络内的商品贸易,并且这一趋势仍在继续发展。

因此,跨国公司的新发展,不仅预示着跨国公司全球版图的重新绘制,而且势必带来全球产业转移和一体化生产的新形态和新特点。其中,有三个重要的相关性趋势。一是来自发达国家跨国公司与来自新兴经济体跨国公司的共生与交织,将改变传统的发达国家向发展中国家单向产业转移格局,形成双向互动的世界产业转移格局,从而导致更大规模的全球化贸易、资本流动、移民和信息交换,形成互联程度越来越强的世界和一个复杂且覆盖全世界的网络。互联的复杂性和速度将全球化带至一个新水平,并提供了意想不到的机会——但也带来巨大风险。二是在一定程度上弱化跨国公司网络的不对称分布,从而调整不同国家之间的劳动分工,在世界各地形成更多的全球价值链节点以及更紧密的生产网络连接。三是将使全球生产网络更加密集化,负责全球化投资贸易的主要网络节点将明显增多,而不再集中于少数几个中心。

因此,未来 30 年的全球化进程深化,尽管仍然会有较大的外延性扩展,把更多国家和地区纳入其中,但更主要的是相互依赖性程度的日益加深,更多表现为新兴经济体和发展中国家参与全球化程度的不断提高,从全球化边缘逐步走向外围,从外围走向次核心,甚至从次核心走向核心。总之,新兴经济体和发展中国家日益深度融入经济全球化,将驱动全球化程度不断深化。

（2）全球化领域拓展。过去的经济全球化主要是制造、金融部门的全球化，表现为大量全球货物贸易和全球资本流动及其投资。由此，也促进了国际贸易中心和国际金融中心数量大幅增加，区域分布更加广泛。目前，经济领域的全球化越来越表现为"非物质化的全球化"（dematerilization globalization）。其中，突出反映在两个方面。一是全球跨境数据流通激增。根据麦肯锡的报告，仅在2013年至2015年间，全球数字信息流通量就翻了一番多，达到每秒290兆字节；到2016年底再增长1/3，这意味着全球企业和个人发送的跨境数据量比2008年增20倍。这种新型全球化的经济价值已经显现。2014年，资本、商品、服务和数据的跨境流通给全球经济创造了7.8万亿美元的附加值。其中，仅数据流通创造的附加值就达到2.8万亿美元，略高于全球商品贸易创造的价值（2.7万亿美元）。二是新兴服务贸易的快速发展。全球性产业的不断升级换代和国际分工的细化使原来隶属于生产过程的服务被剥离出来进行专业化的分工和合作，新技术的运用和信息技术进一步高级化和智能化的发展也创造出很多新的服务业态和形式。随着发达国家政府试图通过科技创新来建立新的实体经济的基础，与这些新兴的科技行业伴生的生产性服务行业，比如研发分包、营销、咨询、技术支持和售后服务、专利与专门技术贸易等迅速发展。与此同时，现代信息技术的发展，极大压缩了时空，也增强了"服务的可贸易性"。而各国公众的消费真正进入了国际化时代，特别是中产阶层新的生活方式，从节俭消费行为演变为消费驱动行为，将极大促进不断扩张的全球服务需求。因此，全球服务贸易将获得新的发展空间，特别是教育培训、医疗保健、文化创意、媒介等新兴服务贸易发展代表着未来全球化趋势。

经济全球化的领域拓展，带来的另一个新变化将是劳动力全球化的兴起。相比其他要素来说，劳动力要素流动受国界限制是相对凝固的，因而其全球化程度相对较低。未来30年，在若干新因素的推动下，劳动力全球化程度将明显提高。（1）围绕人力资源的全球性竞争，正成为所有国家实现战略目标的主要因素。人力资源的质量与国家的竞争力紧密相关，占据主导阵地的将是那些最能吸引精力充沛的人才的国家，国际竞争的主战场将转向人力资源。这种不断加剧的人力资源竞争，必将促进人力资源的全球性流动。（2）高速可靠的互联网已经对全球劳动力市场产生深刻影响，并将继续改变发展中国家劳动力融入世界经济的能力。互联网为全球信息环境提供支撑，使人们比以往任何时候都有更多交流、更多共享、更多创造并能更快地组织起来，从而以较低成本就能获得较高素质的全球劳动力。与此同时，一些国家正在利用信息共享来开发自己的先进能力，也将便利劳动力要素在更大范围内流动。（3）世界范围内教育水平的提高,提升了劳动力流动的周转率,也增大了人们移民国外的可能性。(4)这些变化由于不断改变的人口结构而被放大。人口老龄化成为 21 世纪的时代特征。到 2050 年,世界老年人占总人口比重将达到 21%。其中,发达国家的老年人占比将高达 30%。而年轻人口在非洲和中东地区正迅速增长,这在一定程度上将促使年轻人口越来越多地跨越国界和海洋迁移。

上述全球化拓展主要限于经济领域,但未来 30 年,在技术、学术、教育、文化、生态乃至部分政治领域的全球化趋势也将越来越显现。例如,现代信息通信技术的迅速发展使人力资本流动和劳务流动相脱离(如服务外包等),而且这一发展趋势可能进一步增强。通过创造人力资本与劳动力分体的可能性,现代信息通信技术进一步增加了相对于人的技术流动性。这预示着未来的技术全球化也将有进一步发展并达到新的水平。又如,学术全球化趋势,特别是在生物技术、纳米技术、信息和通信技术、信息系统、物理、生物医学研究、计算机科学、心理学、医学和生物医学研究、数学等众多领域,国际合作科学研究数量迅速增长。再如,教育培训服务贸易发展和教育全球化的兴起和发展,未来,这种教育全球化的空间分布趋于更加广泛和密集,更加双向流动和循环流动。从更宽泛的角度讲,基于全球市民社会的全球化进程也将有所推进,特别是对全球资源和环境的生态关怀以及跨文化世界交往。

(3)全球化构造复杂多样化。在全球化过程中,始终存在着一体化与区域化、多边与双边等并存的基本构造。在过去 30 多年,更多表现为发达国家主导的多边体系,诸如世界贸易组织、国际货币基金组织和世界银行等,其通常被称为"三驾马车"。而且,在进入 21 世纪之前,大多数国家其实都是维护 WTO 多边框架的,签署自由贸易协定(FTA)的数量并不多。应该讲,这种多边框架的制度性安排总体上在过去发挥了重要作用。目前,区域化浪潮汹涌兴起,建立地区经贸联盟的进程趋于加强,导致双边自由贸易协定数量猛增。特别是发达经济体争相制定 FTA 战略,并试图形成巨型 FTA。新兴经济体国家也开始建立自己的制度体系和经济联盟,试图制定贸易投资的新规则和新制度。这种全球化构造及制度性安排的新变化,绝非偶然,实际上是与跨国公司网络结构高度相关的。跨国公司 FDI 动机及其方式,不仅构造了要素、商品与服务全球流动的联结方式,而且也带来了某些重要的全球性制度安排。这种全球化构造及制度性安排的新变化也预示着世界未来经济结构化的雏形,即全球化过程中的新区域化。当然,这并不意味多边体系的消亡或被完全替代。因此,在未来 30 年,全球化构造及制度性安排将趋于复杂多样化,呈现"WTO 的多边体系+各种区域性双边投资贸易"的复杂格局。在此过程中,可能会酝酿形成全球化新的长期

"游戏规则",特别是全球化规则趋于高标准。

22.2 全球化驱动的全球城市发展呈现哪些趋势?

未来 30 年全球化进程的深化势必促使世界体系联系更加广泛和密集,带来世界城市网络的重大变化。这将直接影响全球城市一般演化进程及其方向,不仅关系现有全球城市未来的发展和提高,更是直接关系到新兴全球城市崛起的重大问题。那么,全球化驱动全球城市演化将呈现哪些趋势?

(1) 在世界城市网络规模扩展基础上增加全球城市群体数量。未来 30 年,随着全球化进程的不断深化,日益增长的经济部门在许多城市扩展了办公室以及办公室网络扩展到新的城市,必将带来世界城市网络规模扩展。世界城市网络扩展意味着更多开发和维护全球化空间关系的资源投入,即更多的国家和地区将参与经济全球化以及越来越多的城市融入其中。在此过程中,也日益加深它们之间相互依赖性程度。从未来发展看,全球化进程导致世界城市网络规模扩展,其主要力量来自发展中国家的城市越来越多地融入其中,表现为增量扩展的明显特征。因为在市场竞争机制、技术变化和时空压缩的驱动下,全球市场竞争优势的转变将提高经济活动的全球性覆盖。[1]特别是新兴经济体,不仅呈现较快经济增长速度,而且通常通过对外开放来发挥其后发优势和比较优势,所以较快地融入经济全球化进程,其城市也大量进入世界网络之中。

世界城市网络规模扩展,提供了全球城市数量增多的可能性。因为新崛起的全球城市作为一种增量,并不意味完全取代原有全球城市。当然,个别全球城市趋于衰弱会被替代,但更多的全球城市只是相对地位变化与调整。例如,芝加哥在 2000—2008 年间尽管保持了相同的连通性水平,但由于其他城市已经变得具有更多的连通性,从而有一个相当大的连通性水平相对下降值。[2]显然,这与绝对水平下降是完全不同的性质,并不意味被新的全球城市所替代或退出了全球城市行列。因此,在世界城市网络规模扩展基础上,全球城市群体数量将呈现

① Cerny, P.G., 1991, "The Limits of Deregulation: Transnational Interpenetrations and Policy Change", *European Journal of Political Research*, 19, 173—196.

② Derudderb, B., Taylor, P.J., Ni, P., De Vosa, A., Hoyler, M., Hanssens, H., Bassens, D., Huang, J., Witlox, F., Shen, W. and Yang, X., 2010, "Pathways of Change: Shifting Connectivities in the World City Network, 2000—2008", *Urban Studies*, 47(9), 1861—1877.

逐渐增多的态势。

(2)全球城市的节点功能趋于提升,在全球资源配置中发挥更大作用。世界城市网络规模扩展是以网络连通性总体水平提高为标志的,既表现为新进入网络的城市数量增多,也表现为原有网络中城市连通性水平的提高。后者对于提升全球城市的节点功能起着重要作用,即便在发达国家也是如此。例如英国在2000年的世界网络连通性测量中,伦敦全球排名第一,而英国其他城市没有进入100强的。[1]但2004年世界网络连通性测量表明,英国一些城市经历了全球网络连通性的快速提升:爱丁堡、布里斯托尔、卡迪夫和利兹在这方面特别引人注目。[2]在2008年世界城市网络测量中,则显示出17个英国城市具有高于0.05的网络连通性指数值,其中曼彻斯特、伯明翰、爱丁堡至少具有伦敦最高连通性的1/5。这一变化带来的结果,不是伦敦的节点功能地位下降,反而是进一步提升。一方面,由于英国各地城市网络连通性都有不同程度提高,创建了一个以网络关系为特点的密集城市空间。伦敦作为主要节点的全球城市,在越是密集的城市网络空间中,其联结越广泛(联结长度增大)、越频繁(联结密度增大),从而其节点功能越强大。另一方面,当全球城市周围涌现越来越多的网络节点城市时,其空间扩展将形成以其为核心的全球城市区域或巨型城市区域,全球城市在这一空间平台上将发挥更强的网络功能作用。因此,全球化进程深化将进一步提升全球城市的节点功能,发挥其在全球资源配置中的更大作用。

(3)赋予全球城市多样化特质,呈现不同类型的全球城市特色。随着全球化部门、领域的不断拓展,全球化构造趋于更加复杂多样,世界城市网络节点本身也表现为不断多样化、复杂化以及在空间上的不断延伸化。在此过程中,将形成许多其他类型的城市网络,并随之涌现出大量非经济类别的新型全球城市。例如,具有新的未来优势的以文化、科技、媒介、教育、全球治理等为主导的全球城市。

当然,这些"新类别"也有可能部分叠加在原有全球城市上,使其更具综合性。例如,纽约、伦敦原先承载更多经济网络功能,现在趋向于全球科技创新、文化等非经济网络功能的叠加,成为一个更加综合性的全球城市。同时,这也为新崛起的全球城市提供了直接向综合性网络功能全球城市演化的可能性。然而,

---

[1]　Beaverstock, J. V., Beaverstock, J. V., Hoyler, M., Hoyler, M., Pain, K. and Taylor, P.J., 2001, "Comparing London and Frankfurt as World Cities: A Relational Study of Contemporary Urban Change", Anglo-German Foundation, London.

[2]　Taylor, P.J. and Aranya, R., 2006, "Connectivity and City Revival", *Town & Country Planning*, vol.75, 309—314.

由于不同类型网络有其各自分布及延伸,其交集与渗透相对有限,更多将是增加不同类型网络的新的主要节点。而且,从总的演化趋势看,综合性全球城市发展数量将相对较少,更多的是专业性全球城市的发展。因此,这些新类别的全球化将带来更多新的全球城市,特别是具有鲜明专业化特色的新型全球城市。这一演化路径代表着未来方向,是全球城市日益增多和丰富化的重要途径。

因此在全球化推动下,日益扩展的世界城市化,使城市在世界体系中的地位和作用更加突出,使世界城市网络更加密集化,节点城市趋于增多且更加广泛分布。其中,作为全球网络核心节点的全球城市作用更加显著,其种类和形态更加多样性,特别是促进一批新兴全球城市的崛起。这意味着未来仍存在着全球城市发展的巨大动力和发展空间,特别是新兴全球城市崛起的巨大潜在可能性。因此,上海迈向卓越全球城市的基本前提条件是存在的。

22.3 世界格局大变革将带来什么机遇?

全球化进程不断深化,将扩展到更多的地区覆盖,融汇更多城市进入世界网络,但全球城市则更多集中在全球化中心地区兴起和发展。未来 30 年,随着新旧力量的对比和更替,世界格局将发生重大变革,其意味着全球化中心转移或流经路线"改道",从而在结构上影响和决定个体群的全球城市演化。也就是,世界格局大变革预示着未来全球城市演化的区域性分布及其结构性特征,从而为我们透露哪些地区或国家更有可能发生全球城市兴衰起伏的重要信息。上海迈向卓越的全球城市,世界格局大变革能为其提供可能性机会与生存空间吗?

(1)新兴经济体的群体性崛起,世界经济增长多极化。在世界经济长周期交替之际,一个重要新变化是新兴经济体的群体性崛起,且在世界经济中的作用日益增大。新兴经济体在过去 20 年已取得巨大进步,崛起为有影响力的地区角色。新兴经济体在全球 GDP 中所占份额从 1993 年的约 35% 增长到 2013 年的约 50%,对全球 GDP 增长的贡献度几乎与七国集团发达国家相当。其持有的外汇储备相对发达国家从 2000 年的接近 1/2 增长到 2015 年的大约两倍。新兴经济体不仅是世界上获得外国直接投资最多的国家之一,而且对外直接投资也迅猛增长。另外,全球金融体系的管理已经不再取决于由工业化国家组成的七国集团,而是受到二十国集团的支配,其中新兴市场国家占大多数。这些新兴经济体还在气候变化、移民、人权和知识产权等其他全球问题中发挥重要影响。即使在 2008 年全球金融危机冲击下,新兴经济体增长不如过去那么"显眼",但总体上讲,其在全球经济格局中的上升态势并未根本逆转。据 IMF 报告,2013—2018 年,新兴经济体 GDP 的年均增长速度约为 5.9%,远高于发达经济体 2.3% 的年均增速,在全球经济总量中的占比进一步上升到 55.1%。更重要的是,新兴经济体是具有一定抗冲击能力的。很多新兴经济体不仅从两次大型危机(1998 年的亚洲金融危机和 2008 年全球金融危机)中存活下来,而且经历每次危机后都可能变得更强大。从更深层次的角度讲,新兴经济体的形成及其崛起,其基础并非"偶然因素",而是基于深刻的历史规律。首先是"历史钟摆不断摇动"理论,文明进步的中心开始向南、向东转移。其次是新一轮康德拉季耶夫周期拉开帷幕。经过这次危机后深度结构调整的新兴经济体,随着世界经济转向长周期上行通道,将再次焕发出巨大的活力和能量。

　　未来 30 年,新兴经济体还有很大的发展潜力,并有强劲表现。麦肯锡咨询公司预测,到 2025 年,全球消费者将增加 18 亿,总数达到 42 亿,总消费能力将达到 64 万亿美元,而其中接近一半将发生在新兴经济体。届时,新兴经济体将成为全球商品、服务、资金、人才和数据的重要生产地和消费地。另外,在当前全世界约有 8000 家大公司(年收益在 10 亿美元以上)的基础上,到 2025 年将新增 7000 家,大公司总收益将翻一番,达到 130 万亿美元。其中,最引人注目的变化在于,这些新增大公司的 70% 将位于新兴经济体。届时,位于新兴经济体的大公司数可能是现在的 3 倍以上,从目前大约 2000 家上升到 2025 年的大约 7000 家。新兴经济体大公司的全球占比,有望从 2010 年的 27% 上升到 2025 年的 46%;同时,全球收益占比将从 24% 上升到 46%。因此,新兴经济体将在世界经济增长中扮演越来越重要的角色。普华永道咨询公司认为,2009 年 G7 的 GDP 总量为 29 万亿美元,E7[①] 的 GDP 总量为 20.9 万亿美元;而到 2050 年,G7 的 GDP 总量为 69.3 万亿美元,E7 的 GDP 总量将达到 138.2 万亿美元,远远超过 G7。IMF 也预测到 21 世纪中叶,金砖国家将在所有指标上超越 G7,成为 21 世纪新型、公正国际秩序的孵化中心。而且,除了"金砖五国"外,"灵猫六国"(CIVITS)[②]、"金钻 11 国"[③]等经济体也将成为亮点,其中"薄荷四国"[④]有可能成为

---

　　① E7 即"Groups of Emerging 7",包括巴西、中国、印度、印度尼西亚、墨西哥、俄罗斯和土耳其。

　　② "灵猫六国"即指哥伦比亚、印度尼西亚、越南、埃及、土耳其和南非。

　　③ "金钻 11 国"即指墨西哥、印度尼西亚、尼日利亚、韩国、越南、土耳其、菲律宾、埃及、巴基斯坦、伊朗和孟加拉国。

　　④ "薄荷四国"即指墨西哥、印度尼西亚、尼日利亚、土耳其。

微型强国。未来 30 年,新兴经济体的群体性崛起,将改变传统世界经济增长单极化格局,使世界经济呈现多极化增长格局。

（2）世界经济重心继续东移。随着世界经济增长的多极化,世界经济地区格局也进入了一个调整分化期,世界经济与地缘政治力量的轴心已经开始从西方和北方向南方和东方转移,并呈现继续转移的态势,从而亚洲将成为世界经济增长最快的地区,东亚又是亚洲的增长核心。展望未来,中国和印度将在 2050 年引领全球,分别成为世界最大经济体和第二大经济体。普华永道《2050 年的世界》预测,到 2050 年,中国按购买力平价计算经济总量将达 61 万亿美元;印度将从 2014 年的 7 万亿美元增长到 2030 年的 17 万亿美元,到 2050 年则增长到 42 万亿美元,超过美国的 41 万亿美元。受中国、印度强力崛起的拉动,全球经济实力向亚洲转移的基本方向和变化的历史特征是明确的。而且,在亚太地区,印度尼西亚将从 2014 年的第 9 位经济体上升到 2050 年的第 4 位,经济总量达 12 万亿美元;巴基斯坦从第 25 位上升到第 15 位,经济总量达 4 万亿美元;菲律宾从 28 位上升到第 20 位,经济总量达 3.5 万亿美元;泰国上升到第 21 位;孟加拉国从第 31 位上升到第 23 位;马来西亚从第 27 位上升到第 24 位。但日本将从第 4 位下降到第 7 位,韩国从第 13 位下降到第 17 位,澳大利亚从第 19 位下降到第 28 位。根据 2011 年亚洲开发银行发布的《亚洲 2050——实现"亚洲世纪"》报告,该地区到 2030 年可能会占全球 GDP 的 36%,至 2050 年占全球产值的比重将升至 50% 左右,在全球贸易和投资中的比例也将达到 50%。到 2050 年,亚洲人均 GDP 将达到 38600 美元,超过全球人均 GDP 水平(36600 美元)(表 22.1)。

表 22.1　2050 年亚洲经济增长及其在全球所占比重预测

	2010	2020	2030	2040	2050
全球产出(市场汇率,万亿美元)	62	90	132	195	292
亚洲占全球的比重(%)	27.4	33.5	38.9	44.5	50.6
全球增长(%)	—	4.0	3.9	3.8	3.6
亚洲增长(%)	—	5.8	5.2	4.8	4.4
亚洲在全球增长中的份额(%)	—	55.7	59.3	62.8	66.0
全球人均 GDP(美元)	10700	14300	19400	26600	36600
亚洲人均 GDP(美元)	6600	10600	16500	25400	38600

资料来源:亚洲开发银行,《亚洲 2050:实现亚洲世纪》,2011 年 5 月。

当然,亚洲地区也存在自身的缺陷,面临着各经济体改革的失败、跌入中等收入陷阱、人口老龄化、经济活力衰减乃至停滞、政治动荡、解决地区共同问题的体制困难以及可能引发新战争等重大风险。这无疑将给亚洲地区发展及世界经济重心东移带来不确定性、不稳定性，甚至严重的困扰。但这并不意味着如奥斯林(M.R. Auslin)所说的"亚洲世纪的终结"[①]。一些可以相对预见的重要因素将是支撑世界经济重心东移的基本面。(1)届时亚洲地区将新增30亿人口，成为世界人口的主要聚集地区。(2)亚洲将成为世界城市化的迅速发展地区，预计2050年亚洲城市居民比例将为65％。(3)亚洲将成为中产阶层迅速崛起的主要地区。经合组织估计，全球中产阶层(定义为按照2005年购买力平价计算人均日开支为10—100美元的家庭)将从2009年的18亿增长到2030年的49亿，其中亚洲的中产阶层将占2/3(2009年的比例仅为28％)。(4)亚洲将成为全球最大的消费市场。到2030年，除了全球中产阶层有2/3生活在亚洲外，全球17亿富豪中有超过60％生活在亚洲，从而将把这个以全球制造业中心著称的地区彻底改变为消费发动机，构成一个价值约7万亿美元的零售市场。(5)亚洲将成为全球资本存量最高的地区。未来几十年，全球资本存量净增量的约45％都属于亚洲，资本存量绝对增量也随之提高，在2050年之前将上升到占全球3/4。除此之外，亚洲是全球供应链分工最为充分和有机联系的地区，具有较高经济协同程度。尽管亚洲从未形成有效的地区共同体，亚洲经济体的相互依赖主要是通过全球贸易制度而不是双边或区域贸易安排得到加强的，但从另一个角度讲，这将有助于区域或次区域经济合作的空间得到进一步拓展，加快区域内经济一体化速度。当前提出的《区域全面经济伙伴关系协定》(RCEP)，其独具一格的特征是允许该地区的发展中国家根据合理时间表作出符合高标准的承诺，而不会因为这些国家一开始未能达到其标准就被排除在外，因而其涵盖的国家更为广泛。RCEP的经济合作议程以及实现地区共同目标的中心任务，将成为亚洲在实现下一次重大结构转型的过程中建立经济和政治信心的重要工具。与此同时，RCEP集团也将成为全球经济活力的来源。

(3) 全球治理体系变革。随着全球化进程不断深化，全球治理体系变革的重要因素之一，是城市作用增大以及大量非政府组织积极参与。一方面，全球化对个人的赋权进一步推进，主体趋于多样化，世界也向多中心方向发展。技术高度发展及其普及，使个人、集团、组织的能力得到飞跃性提高，使国家这一主体的各种垄断性受到冲击。另一方面，全球化也使一些乍一看很小的问题可以快速跨

---

① Auslin, M.R., 2017, *The End of the Asian Century: War, Stagnation, and the Riske to the World's Most Dynamic Region*, Yale University Press.

越国境形成大问题,导致所谓的"统治的鸿沟",即统治主体的目标期望与其可以调动能力之间的较大距离,令国家的统治能力被打上问号。这种基于全球化的世界流动性导致国家边界的重要性日益降低,甚至国与国之间的边界也可能会发生变化,并使其作为重要载体的城市作用日益凸显。从这一意义上讲,城市日益代表国家参与国际竞争,城市政府的影响力增大。这一过程已在进行之中并将成为21世纪最重要的发展动态之一。当然,这绝不会降低国家的重要性。因为目前国家主权是不可动摇的,其他主体不可能拥有国家所掌握的资源和统合能力。而且,越是跨越国界形成的大问题,就越需要各个国家分工应对。但在其过程中,将有更多的非政府机构参与全球治理,推进全球标准和规则的制定。例如在会计、审计、保险等领域,官民合作推进制定全球化标准和规则。在跨国相互影响加深之中,环境、安全、健康等广泛领域都会有越来越多的官民合作制定全球标准的尝试。

还有,全球治理体系未来变革的一个重要趋势,将是更加注重特定地区的治理,可能形成各不相同的地区治理模式。尽管基于多边协商的全球治理机制依然存在,并将继续发挥重要作用,但随着全球区域化发展,地区性治理将越来越重要,其地位更加突出。欧盟是这种区域性治理的典型代表,并形成了其独特的治理模式。从未来发展看,其他地区也许根本复制不了欧盟的治理模式,但一定会创造适合自身的地区治理模式。特别是亚洲,很可能是孕育世界治理新模式的空间。

世界格局大变革将对全球城市演化的区域性分布及其结构性特征产生重大影响,世界城市网络子集变化趋势可能表现为两大特征。

一是进一步强化城市网络连接区域向亚太地区集中,西欧的核心区域将减弱。亚太地区是全球经济中最动态发展地区,中国成为一个受关注的焦点[1],而欧洲遭受全球金融危机最严重影响[2],欧洲国家的主要城市以停滞为特点。在亚太地区,主要经济体的主要命令和控制功能集中在中国的北京—上海—香港[3]、日本的东京—大阪—名古屋[4]和印度的孟买—新德里—加尔各答[5]。相比之下,欧

① Lee, E. K. S., Zhao, S. X., Xie, Y., 2012, "Command and Control Cities in Global Space-Economy before and after 2008 Geo-Economic Transition", *Chinese Geographical Science*, 22(3), 334—342.

② Derudder, B., Hoyler, M. and Taylor, P. J., 2011, "Goodbye Reykjavik: International Banking Centres and the Global Financial Crisis", *Area*, 43(2), 173—182.

③ Lin, G. S. C., 2004, "The Chinese Globalizing Cities: National Centres of Globalization and Urban Transformation", *Progress in Planning*, 61(3), 143—157.

④ Hill, R. C. and Fujita, K., 1995, "Osaka's Tokyo Problem", *International Journal of Urban and Regional Research*, 19(2), 181—193.

⑤ Panagariya, A., 2008, *India: The Emerging Giant*, Oxford University Press, Oxford.

盟只是伦敦—巴黎主导①。当然,欧盟比亚太地区的主要经济体有一个更复杂的系统,一些二线城市,如阿姆斯特丹、马德里、米兰、慕尼黑、斯德哥尔摩和苏黎世等,也有重要的全球和区域指挥和控制功能。

二是分散游离的节点将更多整合为全球城市小集团。随着新兴经济体的迅速发展,诸如"灵猫六国""金钻11国"等经济体,其将涌现出更多的城市节点,与原有分散游离的城市节点合成整体。这将使城市网络连接的区域集中得以扩展,从而使世界城市网络子集的地理分布更加多元化。

在世界经济重心继续东移,以及全球化流经渠道与路线向亚洲转移的重大改变下,亚洲地区势必成为全球资源要素流动与配置的重要战略空间。这意味着亚洲地区将有更多城市融入全球城市网络,并将崛起一批新兴全球城市在世界体系中发挥更大的节点作用。这将为上海迈向卓越全球城市提供区域性分布的必备条件。

22.4　是否中国走近世界舞台中心的战略需要?

全球城市作为现代全球化的空间表达,超越了民族国家的界限,但其总是位于某一特定民族国家之内,受国家尺度约束条件的影响,仍然遵循国家公共机构和领土安排的逻辑。因此,一个国家参与全球化程度及其在世界地缘政治经济中的地位和作用,构成全球城市演化的选择环境重要组成部分。国际经验表明,引领和主导经济全球化的国家通常在全球经济中处于重要地位,并成为其全球城市崛起与发展的重要支撑。反过来讲,全球城市崛起也是一国走近世界舞台中心的战略需要。

面向未来30年,尽管中国崛起将面临许多外部摩擦以及内部中等收入陷阱、经济转型升级等严峻挑战,但只要坚持全面深化改革,创新驱动发展,有力推进"一带一路"建设,实现中华民族的伟大复兴将势不可当。

中国目前已是世界第二大经济体,但人均GDP水平仍较低。按照经济收敛理论,这意味着理论上还存在着较大超常增长潜力。比较乐观的估计是,中国还有15—20年经济超常增长的可能性。当然,一些约束条件会发生变化,如人口结构变化、成本提高、需求变动、生态环境约束等。但中国仍然存在相应的比较

---

① Halbert, L. and Pain, K., 2009, "PAR-LON-Doing Business in Knowledge-Based Services in Paris and London: A Tale of One City?", GaWC Research Bulletin, No. 307, http://www.lboro.ac.uk/gawc/rb/rb307.tml.

优势,如深度的城市化、丰裕的人力资源、完备的工业化体系、较好的基础设施、潜在的巨大消费市场等。只要深化改革开放,创新驱动发展,极大释放增长潜能,提升全要素生产率,尽管增长速度趋于自然下降,也能继续保持良好的发展态势,中国经济强势崛起势在必行。在世界和平与发展的前提下,中国将成为世界最大经济体几乎是没有疑义的,只不过在具体到达时点上有不同测算和预测(见表 22.2)。仅就此而言,巨大的经济总量规模也足以在世界上产生重大影响,包括对全球化进程、世界城市网络建构、全球城市演化等深远影响。

表 22.2　OECD、CEPII、PWC 对未来世界 GDP 份额的预测

预测机构	经济体	2025 年 世界 GDP 份额(%,PPP)	2050 年 世界 GDP 份额(%,PPP)
经合 组织 (OECD)	中　国	17	16
	美　国	16	12
	欧盟 27 国	16	11
	日　本	4	2
	印　度	8	14
	俄罗斯	3	2
	巴　西	3	3
	其　他	33	40
法国 国际 经济 中心 (CEPII)	中　国	22	28
	美　国	15	10
	欧盟 27 国	15	10
	日　本	5	3
	印　度	8	12
	俄罗斯	3	4
	巴　西	3	2
	其　他	29	31
普华 永道 (PWC)	中　国	19	21
	美　国	16	13
	欧盟 27 国	16	12
	日　本	4	3
	印　度	8	15
	俄罗斯	4	3
	巴　西	3	3
	其　他	30	30

资料来源:根据各机构预测的汇总。

　　随着中国成为全球最大的经济体,中国对世界经济增长的贡献及其影响力增大。科技创新也将从"跟随"逐步转向"同步",甚至部分领域进入世界前列"领跑"。文化"软实力"将不断增强,得到世界上更大的认同。因而,中国的国际地位将不断提高,具有更大的全球存在影响力。与此同时,随着对外开放深化,加快"走出去"步伐,中国的跨国公司将在世界版图中占有重要地位。随着人民币国际化进程的推进,人民币将成为国际储备货币之一。通过"一带一路"建设,将引领更多发展中国家融入全球化进程。通过参与和制定各种投资贸易规则,在全球治理中越来越具有较大话语权。中国将日益走向世界中心舞台,不仅主动参与并将开始引领全球化进程。

　　在世界经济重心东移的背景下,中国深耕亚太,并将成为亚洲地区的核心国。中国目前已经是亚洲地区的经济集成国,对亚洲各国经济有重大影响。随着中国综合实力增强,将在亚洲地区发挥更加重大的作用。特别是,20世纪那种大型政治或意识形态同盟的亚太地区治理主要特点将不复存在,使国家之间的双边关系有可能多维度发展,在合作与竞争的边缘找到平衡点将成为新的长期规则。现在已涌现出一批这类治理模式的产物,如金砖国家开发银行、亚洲基础设施投资银行、TPP、上海合作组织、欧亚经济联盟、各种围绕东南亚国家联盟的组织和亚太经合组织等。这种相互之间靠近但不融合,彼此协作但不结盟的模式,在其复杂的相互关系中将形成阻止地区滑向大规模冲突的网络。在这种21世纪亚洲治理模式中,中国将发挥更大的作用。

　　在中国日益走近世界舞台中心的过程中,迫切需要能代表国家参与全球合作与竞争的全球城市。首先,全球城市具有全球资源配置功能,把国内和国外两种资源、两个市场融为一体,将适应和服务于中国综合实力的提升。其次,全球城市作为世界体系的节点和枢纽,成为联结"走出去"与"引进来"的桥头堡,将有助于中国主动参与及引领全球化进程,特别是服务于"一带一路"建设。最后,全球城市通行"全球村"标准和规则,成为全球治理的重要载体,将促进中国在全球治理中具有更多的话语权。为此,国家也将把建设有与之世界地位相适应的卓越全球城市作为重要战略加以实施和推动。

　　因此,上海建设卓越的全球城市,不仅仅是自身城市发展的问题,更主要的是承载国家战略。与一般城市不同,全球城市作为全球网络的主要节点,具有全球资源配置战略性功能,代表国家参与全球合作与竞争。尤其在全球资源配置权重新分配与调整的情况下,上海建设卓越的全球城市直接关系到中国对全球资源配置权的掌握程度。

22.5　国家为何赋予上海建设全球城市的重任？

国务院正式批复《上海城市总体规划（2017—2035 年）》，明确上海到 2035 年基本建成卓越的全球城市，到 2050 年全面建成卓越的全球城市。国家赋予上海建设卓越全球城市的重任，不仅出于对上海的信任，更主要是基于综合权衡和高瞻远瞩的战略布局。

首先，上海处于重要的战略区位。从空间（地理条件）因素结构来看，上海北界长江，东濒东海，南临杭州湾，处于"一江一海"交汇处，位于中国南北弧形海岸带的中心点，具有广袤的腹地。这种沿江靠海、腹地纵深的优越地理位置，决定了上海发展的门户城市、中心枢纽等主导功能和空间布局。一般来讲，区位条件的遗传性相对来说是较弱的，往往随时间推移而变化，如主导性交通方式变革、经济格局变革和经济重心转移等都会导致区位条件发生重大变化，但上海区位因素决定的主导功能和空间布局却具有很强的遗传性，穿越不同时空而延续下来。不论是何种交通运输方式主导（内河、公路、铁路、远洋、航空等），上海始终是重要门户和枢纽；不论在什么经济发展阶段和何种经济体制下（新中国建立之前、传统计划经济体制、社会主义市场经济体制等），上海始终是最重要的中心城市。因此，上海的区位条件极其特殊，其区位的优越性始终没变，至今仍在发挥着重要作用。这表明上海区位条件具有多样性及其自身转换性，同时也反映了上海的战略区位具有较大弹性及扩展性。

更为重要的是，上海在中国日益走近世界舞台中心过程中具有不可替代的战略区位地位。上海处于东部沿海地带与长江经济带的交汇点。东部沿海地区是中国对外开放时间最早、规模最大的地区，也是中国经济最发达地区。经过这几年的经济转型，东部沿海地区围绕创新发展，在新技术、新产业和扩大国际合作和出口方面不断取得新突破，新的增长动力正在增强，经济运行质量提高。东部沿海地区将在转型升级的基础上，进一步借助东部沿海快速铁路通道、公路沿海大通道、港口和国际枢纽机场等重大设施，形成开放程度高、经济实力强、辐射带动作用大的东部经济发展带。而横贯中国核心腹地的长江经济带，覆盖 9 省 2 市，约 205 万平方公里的地域面积，人口和经济总量超过全国 40%，经济增速持续高于全国平均水平，经济带动作用强、辐射范围广。长江经济带建设将以优化为主线，调整产业存量、做优产业增量，完善现代产业体系；以创新为动力，依托科技创新、制度创新双轮驱动,构建全方位创新发展体系;以融合为导向,推进科技、产业、教育、金融深度融合发展,建立要素资源联动机制;以协同为抓手,打破地区封锁和利益藩篱,形成全面合作的发展机制。到 2030 年,长江经济带的创新驱动型产业体系和经济格局全面建成,创新能力进入世界前列,区域协同合作一体化发展成效显著,成为引领中国经济转型升级、支撑全国统筹发展的重要引擎。上海处于这样一个在中国发展大局中具有举足轻重战略地位的纵横两大主要经济发展带的交汇点上,是中国发展大格局中独一无二的战略制高点。在未来全球化进程和世界格局大变革中,这一战略制高点必将成为变化中的全球化流经渠道和路线的主要位置。因此,上海内外广泛、高度贯通的特定战略区位,不仅将增大上海迈向全球城市的几率,而且将导致上海在世界城市网络中城市节点的功能及地位变化。

其次,上海有更高质量一体化发展的长三角区域支撑与依托。在全球城市空间扩展及日益融入全球城市区域和巨型城市区域的情况下,区域因素已成为直接影响全球城市崛起与发展的重要条件。上海的区域因素(长三角)在国内也是得天独厚的。长三角地区是中国经济发展的重要地区,也是高度开放型经济地区,并且是世界第六大城市群地区。长三角地区有较好的基础,经济腹地广阔,拥有现代化江海港口群和机场群,高速公路网比较健全,公路铁路交通干线密度全国领先,立体综合交通网络基本形成。随着区域一体化的深化以及各层次区域合作的全面推进,区域合作内容不断更新,区域合作模式趋于多元化。长三角已形成政府层面实行决策层、协调层和执行层"三级运作"的区域合作机制,确立了"主要领导座谈会明确任务方向,联席会议协调推进,联席会议办公室和重点专题组具体落实"的机制框架。目前设立了交通、能源、信息、科技、环保、信用、社保、金融、涉外服务、城市合作、产业、食品安全等重点合作专题,并将在区域范围内进一步复制推广自由贸易试验区、自主创新示范区等的成熟改革经验,在政府职能转变、体制机制创新等方面先行先试,推进金融、土地、产权交易等要素市场一体化建设,开展教育、医疗、社保等公共服务和社会事业合作。长三角城市群将形成"一核五圈四带"的网络化空间格局。"一核"的上海,主要提升全球城市功能;南京、杭州、合肥、苏锡常、宁波等五个都市圈,主要是促进同城化发展;沪宁合杭甬、沿江、沿海、沪杭金等四条发展带,主要是促进聚合发展。长三角发展目标是,建设面向全球、辐射亚太、引领全国的世界级城市群,成为最具经济活力的资源配置中心、具有全球影响力的科技创新高地、全球重要的现代服务业和先进制造业中心、亚太地区重要国际门户。未来 30 年,长三角地区在中国参与及引领全球化进程中仍处于特殊区位,是中国"东进"连接发达国家与"西进"（"一带一路"）连接广大发展中国家的核心枢纽。在当前全球城市发展寓于全球城市区域之中的新态势下，上海深耕于长三角地区，借助于长三角区域优势，将具有更好的条件来建设卓越的全球城市。

最后，上海具有较好的发展基础。改革开放以来，上海以开放促改革、以改革促发展，不断冲破传统计划经济体制的束缚，发挥市场在资源配置中的决定性作用。特别是 20 世纪 90 年代以来，以浦东开发开放为契机，大力推进要素市场化，促进市场体系建设，通过土地批租、混合经济与股份制等制度安排大力引进外商直接投资，极大解放了生产力，在 1992—2007 年连续保持 16 年的两位数经济高速增长。更为重要的是，通过建立完整的市场体系，吸引与集聚了国内外大量资源要素，并具有明显的内敛型与沉淀化特征，从而使城市规模迅速扩张，凸显出较强的经济实力与静态配置效率。通过明确"三、二、一"产业发展方针，在"调整中发展"、在"发展中调整"，服务业打破长期滞后局面而快速发展，产业结构迅速高度化，形成服务业与制造业"双轮"驱动的格局。通过结构调整，实现城市的复兴与再生，城市面貌焕然一新，城市设施基本配套，城市形态大为改善，具有较强的经济集聚功能，形成大量的财富创造活动。通过吸引大量跨国公司地区的总部、金融机构和研发中心入驻，形成了具有鲜明特色的产业集群和一批具有较强实力和竞争力的企业集群。通过对周边地区的辐射作用，与周边地区的合作与竞争程度增强，推动长三角地区经济增长，并通过自身的金融和贸易领域把中国连接到全球经济。①因此，上海从工商业城市逐步演化为以金融、贸易和航运为支撑的多功能国际经济中心城市，并在联结中国经济融入经济全球化过程中扮演了重要的桥头堡作用。

在近十几年中，上海发展进入一个重大关键性转折，即进入创新驱动、转型发展的轨道，促进发展理念、发展战略、发展模式、发展动力、发展路径、发展方式、发展空间等一系列重大转换。特别是进一步推进"四个中心"建设和实施供给侧结构性改革，率先进行了"营改增"试点，通过行政区划调整加强浦东新区在"四个中心"建设中的主承载区地位，通过"一区八园"扩大到"一区十三园"加快张江自主创新示范区建设，大力推进虹桥商务区和国际旅游度假区（迪士尼）等重点开发区建设等。同时，加快结构调整，减少对重化工业增长、房地产业发展、加工型劳动密集型产业和投资拉动的依赖，采取强有力措施淘汰高能耗、高污染、高危险、低效益的企业及落后工艺产品，提升战略性新兴产业在上海工业总

---

① Yusuf, S. and Wu, W., 2002, "Pathways to a World City: Shanghai Rising in an Era of Globalisation", *Urban Studies*, 39, 1213—1240.

产值中的占比,并聚焦柔性制造、精益制造、虚拟制造等先进生产模式,提高企业生产智能化水平,推进产业高端化。经过"十二五"时期的努力,上海的"创新驱动,转型发展"已初见成效,服务经济为主的产业结构基本形成,消费对经济增长的拉动作用进一步增强,投资拉动的外延型增长转向质量效益提升的内涵式增长,城市创新能力进一步提高,经济发展的质量和效益不断提高。

22.6　上海何来建设全球城市的内在化追求?

全球城市演化,其选择环境固然重要,但还要内因起作用,即取决于一个城市心智积累及对外部条件变化的反应能力。其中,迈向全球城市的内在化追求是重要条件之一。这不仅仅是当代人所设定的目标追求,更是基于历史形成的城市发展特质,以及作为历史沉淀下来的认知、行为惯例的城市基因。这种历史性的城市发展特质及基因携带着信息与知识,一直在不断延续与不断自我复制,实现着它的遗传功能,从而预设了城市发展的潜力,指引未来发展方向。从这方面看,上海建设卓越的全球城市是具有较强内在化追求的。

上海这座城市虽然历史并不很悠久,但通过历史过程选择保留下来两条重要遗传信息:一是上海作为中心城市的功能和地位始终未变,在不同的历史发展时期均在国家乃至全球经济社会发展中发挥重要作用。二是上海这座城市洋溢着基于开放的全球化"天性",与全球化有天然的联系。

上海自开埠以来,利用独特的区位优势,在当时国内所有通商口岸中是发展较快的,因港设县、以商兴市,逐步进入国际化行列。至20世纪30年代,上海充分利用自身港口城市的全球交汇作用,一举奠定了在全球格局中的地位,成为远东地区的贸易中心、商业中心、金融中心以及交通和信息枢纽、文化重镇,成为当时全球范围内屈指可数的大型城市。因此,这座城市一开始就被赋予最著名的功能标签:上海是一个世界级的商业城市,商业和贸易自始至终扮演至关重要的角色;上海是亚洲最发达和重要的金融中心,以其善于接纳国际资本、人员和思想而著称。[①]

在传统计划经济体制下,上海凭借其强大的工商业功能,在国内的中心地位仍然十分显著。1977年,上海生产总值占全国的 7.19%,财政收入占比为

---

①　Wei, B. P.-T., 1987, *Shanghai: Crucible of Modern China*, Hong Kong: Oxford University Press.

17.43％,进出口总额占比为15.68％。尽管这一时期受封闭经济严重束缚,上海的国际贸易、航运和金融功能被大幅调整,一度脱离了全球化进程,但并未完全扼杀掉全球化的"天性",一旦环境条件发生变化,上海便表现出对外开放和参与全球化的强烈意愿和能力,并对外来全球机构(公司)和人员以及文化等具有很强的"亲和力"和包容性。

改革开放以来,上海再次融入全球化浪潮,对开放表现出极大的热情和强烈的冲动,以开放引领促进改革和发展,释放其特有的动态比较优势。通过结构调整,实现城市的复兴与再生,拓展城市综合功能,从工商业城市逐步演化为以金融、贸易和航运为支撑的多功能国际经济中心城市,并不断拓展全球连接,在联结中国经济融入经济全球化中扮演了重要的桥头堡作用。

因此,上海始终未变的中心城市功能及其地位,以及基于开放性的全球化特征,已成为自身的一种城市特质,并已深深嵌入基于建筑环境和基础设施的城市形态和城市格局之中,更为深刻地渗透在行为方式、运行惯例、组织方式以及对外联结方式等制度框架方面。

正是在这些城市特质的张力下,上海逐步形成了独特的城市文化、价值观和认知模式,并以一种不明确的记忆形式逐渐累积沉淀于城市系统中,成为独具魅力且一脉传承的城市基因和品格,即"开放、创新、包容"。

上海的地理区位优势,经济和商业中心的重要地位,近代中国最为自治、法治、安全和自由的制度环境,极富冒险精神的创业发展机会,以及便捷的交通网络、领先的文化事业和市政设施、舒适和惬意的都市生活等条件,为各种资源要素向上海流动和集聚提供了相对优越的生态环境。因此,大量的中外移民、大量的外国资本和民族资本、各种中外文化与制度等,纷纷在上海这座城市交汇。在此过程中,形成了对城市高异质性、多元文化、高流动性、快速变迁等的强烈认同,并使长期生存在这样一种时空环境下的上海人,通常保持一种开放心态,见多识广,眼界开阔,怀有对新鲜事物好奇与尝试的情结,更易接受环境的变迁。

多元、异质的交汇与融合,为上海持续不断的创新提供了肥沃土壤和适宜环境。上海这座城市不仅迸发出强大的创新活力,而且更是流行"崇尚科学、崇尚现代化"的创新。这种创新的文化、价值观和认知模式是基于"敢为天下先"的探索尝试和与时俱进的不懈追求。在上海发展历程中,无论是在思想观念、科学技术还是在城市治理、组织机构等方面,都表现出不因循守旧、不安于现状,而是善于接受新事物、勇于变故易常、不断推陈出新的明显特征。在此相联系,对世界发展新趋势、新动向、新思潮、新理念等极其敏锐,识时达变,处于创新前沿。正是这种基于敢为天下先和与时俱进的创新，上海能够处处领先一步，占居先机，发挥动态先发优势，维持和巩固其独特的中心城市功能及地位。

在开放、创新的基础上，上海还深入到一种过程中的"包容"境界。既有"海纳百川"的吸纳，使来自不同地域、不同种族、不同背景的生产方式、生活方式以及思想文化、习俗等得以交汇、互为补充和吸收；又有"大气谦和"的同化，大量多元、异质、差别化的事物更多通过"和风细雨、润物细无声"的方式相互渗透与交集，而不是发生强烈的冲突和摩擦。正是在这种高度接纳和包容的基础上，产生了大量"混搭"的新奇点和新的事物，带来新的城市生机和强大活力，同时也增强了这座城市的吸引力和凝聚力。

总之，上海长期以来形成的城市特质及城市品格，正通过各类载体影响着城市的运行节奏，还通过不断继承和传递默默指引着城市未来的前进方向。这种城市特质及城市品格在新的历史条件下将得到淋漓尽致的展示和发挥，内化为建设卓越全球城市的目标追求。

22.7　上海建设全球城市具备哪些现实基础？

全球城市不是从天上掉下来的，也并非空中楼阁，全球城市崛起与发展要有相应的现实基础，否则就是一句空话。上海通过 20 世纪 80 年代的城市振兴、90 年代的浦东开发开放，在迈向新世纪中提出建设"四个中心"和现代化国际大都市。经过 20 年的努力，在改革开放的强有力推动下，到 2020 年可以如期建成"四个中心"和现代化国际大都市。这为上海迈向卓越的全球城市奠定了坚实的基础。

第一，上海已经具有较大的经济规模和综合实力，形成了以服务经济为主导，现代服务业与先进制造业为支撑，产业高度融合发展的现代产业体系。特别是已高度集聚了一大批有国际竞争力和行业影响力的全球功能性机构（公司），形成了对外广泛网络连通性。上海是中国内地吸引跨国公司地区总部最多的城市。截至 2017 年 7 月底，外商在上海累计设立跨国公司地区总部和总部型机构已达 605 家，投资性公司 339 家、研发中心 416 家。

第二，上海建立和健全了国内外投资者共同参与，国际化程度较高，交易、定价和信息功能齐备的多层次市场体系，形成了各类基于网络化的功能性大平台。例如，已集聚了股票、债券、货币、外汇、票据、期货、黄金、保险等各类金融要素市场，成为国际上金融市场体系最为完备、最为集中的城市之一。随着市场建设的推进,市场运行趋于规范化,市场环境得以改善,市场功能日益增强,市场产品和工具不断丰富和多元化,市场新业态层出不穷,基于 IT 和互联网的商业模式日新月异,交易范围不断扩大,交易规模迅速增大。

第三,上海已具备良好的城市基础设施,如现代化深水港、国际航空港、国际信息港、高铁和城市铁路枢纽、城市快速道路系统、轨道交通系统和生态绿化系统等,形成了规模化、集约化、快捷高效的流量经济发展。例如,集装箱吞吐量从 2000 年的 500 万标准箱迅速上升为 2003 年的 1000 万标准箱、2006 年的 2000 万标准箱、2011 年的 3000 万标准箱,2017 年已高达 4032 万标准箱,成为全球首个集装箱年吞吐量突破 4000 万标准箱的港口。其中,国际航线集装箱吞吐量占上海港集装箱吞吐总量的 73%。上海货物吞吐量位居世界第二位。2017 年,上海航空旅客吞吐量达 1.12 亿人次,世界排名第四,是全球第五个航空客运量过亿的城市。空运货邮吞吐量上是全球第三个超 400 万吨的城市。邮轮旅客吞吐量达 297 万人次,成为全球第四大邮轮母港。因而,上海日益凸显节点的枢纽与门户作用。

第四,上海已基本形成具有世界一流水平的现代化城市格局,社会协调发展、生态环境优化的城市生活体系。调整、改造和发展中心城区,调整和完善中心城区东西发展轴两侧用地的功能,规划建设沿黄浦江濒水南北发展轴,使之成为中央商务区的辐射区。优化新一代中央商务区,形成一个由主中心和若干个副中心组成的不同层次、各有侧重、分工合理的空间布局,其中主中心向综合性功能为主方向发展,副中心向具有专业特色为主方向发展。加快郊区城镇建设,使上海拥有一个地域宽广、经济发达、城镇水平较高的"大郊区",由中心城区的单一空间结构扩展为由中心城区和多个郊区新城构成的"多中心、多核"空间结构。

第五,上海已基本形成与国内外有广泛经济联系的全方位开放格局,主动对标最高标准和最好水平,日益强化与国际通行规则接轨。通过加大开放力度,率先试行"营改增"税制改革,建设自贸试验区,进行制度创新,实施准入前国民待遇和负面清单,推进商事制度改革,实行事中、事后监管,促进投资贸易便利化,基本形成符合国际惯例的社会主义市场经济运行机制。

因此,上海建设卓越的全球城市,具有较好的现实基础。应该讲,这一基本条件是具备的。

22.8 目标取向:建设哪种类型的全球城市?

作为全球网络的主要节点是全球城市的共同属性,发挥全球资源配置作用是一种基本功能,但全球城市还是有不同类型的区分。上海建设卓越的全球城市,终究脱离不了其中的一种类型。确定某种类型,实际上就是设定一个目标愿景。然而,这一目标愿景并不是纯主观设定的,必须依据全球城市类型学,从网络连通性覆盖和连接种类范围、位置战略性和网络流动性程度、网络关联结构中不同位置等维度来考察,并结合现实的潜在可能性来加以推测,从而预见上海建设的全球城市是哪种类型或目标愿景。

22.8.1　全球综合性的全球城市

全球城市的节点属性主要表现为网络连通性覆盖范围和连接种类范围。前者大小决定了全球城市是全球性导向还是区域性导向;后者大小决定了全球城市是综合性的还是专业性的。两者的组合,形成全球城市的不同类型,即全球综合性的全球城市、全球专业性的全球城市、区域综合性的全球城市、区域专业性的全球城市。一些全球城市以全球性连接为主导,表明其对全球资源配置更广泛和更深刻,比地区性连接主导的全球城市具有更大的资源配置范围与规模。一些全球城市有多方面、多领域的强大的对外连通性,表明其对全球资源控制与协调是综合性的,不仅要求产业部门众多,而且要求大部分产业部门具有较强指挥控制功能,其中还要有一个主导产业部门。例如,纽约是美国唯一的其公司出现在福布斯数据库所有 GICS(全球行业分类标准)部门的城市,其金融和医疗保健行业还是全球排名第一,是典型的综合性全球城市。显然,这比那些由少数几个具有指挥控制功能的产业部门构成的功能专业性的全球城市具有更高资源配置能级。显然,全球综合性的全球城市是连接层级最高和连接种类最多的全球城市。在世界城市网络中,这是为数不多、但处于网络核心地位的全球城市,因其有最广泛的全球性覆盖和最多样化的网络连接,从而在世界网络连接中具有强大的全球影响力和控制力。

未来 30 年,中国将崛起为世界最大经济体,并将在经济、政治、科技、文化等方面全方位崛起。与此相适应,需要有自身的全球综合性的全球城市。可以预见,在中国大地上必定会有这样一个全球城市崛起。当然,现在定论"花落谁家",可能为时过早。但从国内来看,目前能够同时具备全球性覆盖和功能综合性潜质的城市并不多,相对来说,上海总体表现是比较突出的。

从世界城市网络连通性水平及覆盖范围来看,上海总体上呈迅速提升态势,点度中心度(与某个城市相连接的城市数量)目前已进入全球前十位。更为重要的是,上海同时具有特征向量中心度的较高水平,更多是与那些也具有很高连通性水平的城市相连接,特别是与伦敦、纽约这些城市的连接特别紧密。这种既有高水平的点度中心度,又有高水平的特征向量中心度的网络连接,正是全球性取向的连接特征。这在国内城市中是首屈一指的。即使与全球网络连通性排名世界第四的香港相比,从网络连接的取向来看,上海的全球性取向程度要高于香港,而香港更多是亚太地区城市的连接[1],北京则与香港、新加坡、亚太地区的城市连接更紧密。泰勒(P. J. Taylor)等人还比较研究了上海与北京的双城连接之间的主要地理区别,表明两者明显不同。北京涵盖了除香港之外的所有太平洋城市连接(包括澳大利亚的两个城市),而上海更趋向于广大美欧地区城市的连接。欧洲城市紧密连接上海的多达13个,而连接北京的只有6个。美国前五大城市加上迈阿密(在美国排名第七)共6个城市偏好于连接上海;只有其他4个城市偏好于连接北京。在上榜的4个拉丁美洲城市中,有3个偏好于连接上海,其中圣保罗与上海有特别强大的链接。[2]因此,上海目前全球网络连通性已表现出明显的全球性取向,具有网络连通的全球性覆盖潜在发展态势。

　　从网络连通性的种类尺度来看。在广义功能(包括经济、政治、文化等)综合性方面,上海在政治方面的网络连接与北京有较大差距。世界上政治维度的首都城市更倾向强烈连接北京(如华盛顿、布鲁塞尔、马德里、莫斯科等),而上海双城连接中趋向于更多经济维度下的全球城市,显示了全球商务功能的战略地位。但上海拥有的跨国组织数量在国内是排第二位的,且与其他城市远远拉开了距离。从结构上看,上海与北京的差距主要在于综合性跨国组织(大使馆和领事馆)上,北京有381家,上海只有153家。在外国商会方面,其差距并不大,北京和上海分别为20家和15家。在当前的全球治理体系中,除了正式外交网络外,国际组织、非政府组织、民间外交等非正式外交网络的作用越来越大,非政治首都的城市只要具有这些非正式外交网络的大量机构,同样可以在全球治理中承担重要角色。尽管上海不是政治首都,但并不影响其吸引更多非正式外交网络的跨国组织,以向广义功能综合性方向拓展,犹如纽约等城市那样。在狭义(经济)功能的综合性方面,上海明显占优,集国际金融中心、贸易中心、航运中心、经济中心、科创中心于一身,既有门类齐全的金融市场体系、各种贸易投资平台,又有大量跨国公司地区总部、外资投资性公司、外资研发中心,还有大量的各种类

　　[1]　Taylor, P.J., 2006, "Shanghai, Hong Kong, Taipei and Beijing within the World City Network: Positions, Trends and Prospects", http://www.lboro.ac.uk/gawc/rb/rb204, html.

　　[2]　Taylor, P.J., et al., 2014, "City-Dyad Analyses of China's Integration into the World City Network", *Urban Studies*, 51(5), 868—882.

型的专业服务公司等,因而多样性网络连接特征十分明显。这是国内其他城市所不能比拟的。泰勒的实证研究表明,上海的金融全球网络连通性排名世界第7,法律排名第11,广告排名第8,会计排名第14,管理咨询排名第23。[①]

从综合评估看,上海已经是国内全球性取向连接最高水平的城市,在连接种类上也具有综合性倾向。尽管其内部结构尚不均衡,但总体上讲,上海具有较强的全球性取向和功能综合性发展的潜质。而且,与其他全球城市不同,上海除了服务经济发展外,还保留着先进制造业,并着力促进先进制造业与现代服务业的融合发展。这意味着上海未来不单纯是服务经济功能的综合性发展,而是工业经济与服务经济立体功能的综合性发展。从动态角度讲,适应经济、科技、文化融合发展趋势,上海也需要经济功能与非经济功能网络连接的均衡发展。随着上海加快建设具有全球影响力的科技创新中心和国际文化大都市,在文化、艺术、科技、教育、城市治理等方面的国际交流和全球网络连接也已有较快增长,越来越多的国外机构和国际非政府组织进入上海,增强了上海网络连接功能综合性发展态势。

22.8.2　高流动高战略性的全球城市

全球城市的全球网络连接功能,主要表现为位置的战略性程度和网络的流动性程度。前者决定了全球城市配置全球资源的能级;后者决定了全球城市配置全球资源的规模。两者的组合,构成全球城市不同类型,即高流动高战略性的全球城市、高流动低战略性的全球城市、低流动高战略性的全球城市、低流动低战略性的全球城市。一些高度战略性的全球城市,由于集聚了更多关键性公司,有更多的总部功能,表明有更大的全球价值链的治理与管控功能,因而比低度战略性的全球城市有更多的资源配置的指挥权力。一些高网络权力的全球城市,在网络中处于高中心度地位,其作为枢纽和门户具有更大流动性,并提供更多进入全球市场的服务,比低网络权力的全球城市在全球资源配置中发挥更重要作用。显然,高流动高战略性的全球城市,具有最强全球资源配置功能,并通过城市网络全面融入各个层面中。融入区域层面,通过其将各区域连接成为一个有机整体,进行高度的地区交流与合作,包括高度发达的资本、信息以及人力资源流动,与其毗邻的周边城市形成强大的内在联系,并全部整合在全球经济体系之

---

① Taylor, P. J., 2011, "Advanced Producer Service Centres in the World Economy", in Taylor, P. J., Ni, P., Derudder, B., Hoyler, M., Huang, J. and Witlox, F. (eds.), *Global Urban Analysis: A Survey of Cities in Globalization*, London: Earthscan, 22—39.

中。融入国家层面,通过其将国内市场与国际市场连接起来,将国内更多的地区与城市融入经济全球化进程。融入全球层面,通过其将世界各地的城市连接成为网络化关系,成为新型世界体系的空间表达。

从目前发展基础以及发展态势看,上海在网络连接的位置战略性和流动性程度上已有相当出色的表现。一些实证研究表明,上海在战略性网络连接中排名第11(见表22.3)。从战略性办公室数量来说,上海达23个,只比纽约、伦敦少了2个,超过巴黎、香港、新加坡、东京等城市。当然,上海每一战略性办公室连接水平较低(261.70),与纽约(438.04)、伦敦(372.64)、新加坡(360.35)等有较大差距。如果进一步对战略网络连通性与全球网络连通性进行回归以及记录残差(进行标准化,0为平均值和1的标准差),上海在平均值之上属于战略性高连接,排名第19位,排在东京之前。北京虽然紧随其后列22位,但在平均值之下(-0.02),香港排名第27位,也为负数(-0.32)。这说明上海在全球网络连接中处于战略性位置。

表 22.3 战略性网络连接

排名	城市	战略性网络连接	办公室数量	每一办公室的连接
1	纽约	10951	25	438.04
2	伦敦	9316	25	372.64
3	芝加哥	7629	24	317.88
4	巴黎	7023	22	319.23
5	香港	6744	20	337.20
6	旧金山	6484	24	270.17
7	洛杉矶	6325	23	275.00
8	悉尼	6219	18	345.50
9	新加坡	6126	17	360.35
10	东京	6110	22	277.73
11	上海	6019	23	261.70
12	米兰	5731	19	301.63
13	法兰克福	5613	20	280.65
14	北京	5581	22	253.68
15	莫斯科	5201	17	305.94

资料来源:Taylor, P. J., Derudder, B., Faulconbridge, J., Hoyler, M. and Ni, P., 2014, "Advanced Producer Service Firms as Strategic Networks, Global Cities as Strategic Places", *Economic Geography*, 90(3), 267—291.

　　另一个表明战略性较高程度的指标是全球网络连通性的双城连接情况。考察全球网络连通性前 20 名城市的前 40 个双联体情况,结果表明上海有 8 个双联体城市伙伴,比排名第一的纽约少 2 个,比伦敦少 1 个,与香港持平,排名第 4。而且,上海的双联体连接中,更多的是全球网络连通性前 20 名的城市(11 个),包括伦敦和纽约。[①]这说明上海趋向于以一个更集中的城际连接模式构成其全球网络连通性,具有特别是与一些主要城市连接的特征,比一般融入网络中更具有战略性的地位。从 2000—2010 年间双联体连接性的变化态势看,上海处于动态增长,与纽约和伦敦的连接增长变化分别为 38.84% 和 37.91%,而伦敦与纽约之间的连接增长是下降的,为 -12.65%。

　　与此同时,上海的网络流动性程度也较高,连接比较广泛,流量规模也较大。但还存在一定的结构性缺陷。从点度中心度的内部结构看,上海目前主要是“入度”的中心度较高,也就是外面进来的全球公司、跨国公司带来的网络流动性程度较高;但“出度”的中心度偏低,也就是本国跨国公司到境外所带来的网络流动性程度较弱。这表明上海对海外跨国公司有很大吸引力,各种各样的机构纷纷集聚到上海;但缺乏对外的强大影响力和控制力。

　　从未来发展态势看,上海连接功能的流动性程度和位置战略性程度将进一步强化和提高,这主要是基于上海作为连接世界经济与中国经济的纽带和桥梁。一方面,随着世界经济重心东移和跨国公司供应链“近岸”布局的重大调整,跨国公司地区总部的战略重要性趋于增强,而上海已集聚了大量跨国公司地区总部无疑将提升其战略性位置程度。与此相配套,具有较大战略性价值的律师事务所、管理咨询公司等功能性机构也将加大在上海的集聚。另一方面,随着中国大国经济崛起以及中国“一带一路”建设推进,有更多中国企业“走出去”设点和海外并购,也将借助上海国际金融、贸易和航运中心以及科技创新中心的全球网络平台,把其总部功能转向上海,特别是中央国有企业很可能采取“双总部”策略,把市场运营的总部功能放置在上海。这些都将使上海与世界更多城市建立起网络连接,提高其流动性程度,同时大幅度提升上海位置战略性程度,强化与世界一流全球城市的连接,特别是与发达国家一流全球城市的紧密连接。

　　因此,从基于连接功能的类型划分看,上海未来全球城市演化将以高流动战略性全球城市为战略目标愿景,即以控制与服务全球资源流动与配置的中枢功

---

　　① Taylor P. J. et al., 2014, "City-Dyad Analyses of China's Integration into the World City Network", *Urban Studies*, 51(5), 868—882.

能为核心,集广泛多样的全球资源大规模流动与配置平台为一体,通过集聚一大批具有控制与协调功能的跨国公司和全球公司总部,特别是本土的跨国公司和全球公司总部,在全球资源配置中引领和主导全球资本、信息、商务服务、高端专业人才等要素汇聚和流动,并成为全球创新思想、创意行为、创业模式的主要策源地,在全球治理和国际事务协调中发挥重大作用。

22.8.3　枢纽门户型的全球城市

全球城市的网络关联结构,主要表现为基于"接近中心度"的中心性位置和基于"中介中心度"的权力性位置。网络的接近中心度(即城市互相之间接近的距离)越高,表明更具枢纽型特征;网络的中介中心度(一个城市作为中介,有多少城市要由此进行流转的程度)越高,表明更具门户型特征。两者的组合,构成全球城市的不同类型,即枢纽型的全球城市、门户型的全球城市、枢纽门户型的全球城市等。枢纽型的全球城市表现为强大的集聚和扩散能力,形成大规模的经济流量,具有较强的对外部网络分享资源的能力,但它并非必经之路,资源要素也可选择通过其他枢纽进行流动,从而具有较小指挥和控制的权力性。门户型的全球城市由于其他城市资源流动须经由它方可进入世界市场,从而具有较强的对国外城市资源流动指挥和控制的能力,但其流量规模相对较小。显然,枢纽门户型的全球城市,同时具有这两种较强能力,对全球资源配置的作用力更大。

从目前发展状态看,上海不仅与亚太地区城市有广泛的连接,而且与欧美发达国家主要城市(纽约、伦敦等)有较强的连接,已形成大规模流量,特别是货物流、人流、资金流等,更具枢纽型城市特征。相对而言,门户(通道)作用还较小。特别是在全球空间尺度上,不像纽约、伦敦那样对国外城市资源流动具有较大指挥和控制权。这主要是由于上海目前还缺乏全球价值链管控功能以及基于"出度"的全球连接。当然,从国内空间尺度看,上海门户城市的特征还是比较明显的,已成为国内城市连接世界经济的重要通道之一,国内不少城市往往通过上海这一门户进入全球资源流动,从而有较大的影响力(权力)。从未来发展态势看,上海除了继续保持枢纽型的地位外,全球空间尺度上的门户型特征也将进一步提升。这一演化可能性将是有条件地予以实现。其中,有三个主要变量在起作用。(1)随着中国的跨国公司或全球公司的发展,特别是借助上海"走出去",除进入欧美发达国家,还将进入非洲、拉丁美洲等发展中国家,特别是"一带一路"途经国家和地区进行海外投资。与这些国家原本不良连接的城市建立起新的连接,意味着专注于打造战略联系,将大大提升上海在关联结构中的高权力性,发挥全球门户的作用。(2)未来30年,一个新变化将是国内有相当一批城市进入全球城市行列,其与上海连接的性质也随之变化,从而将改变上海面向国内城市门户作用的性质,转换为更多面向全球的门户作用。事实上,纽约的全球性连接约有60%—70%是与美国国内的全球城市连接,从而凸显其全球门户作用。(3)最重要的是,人民币国际化,进而成为举足轻重的国际储备货币之一。上海建成与中国经济实力以及人民币国际地位相适应的国际金融中心,是以人民币产品为主导的全球性人民币产品创新、交易、定价和清算中心。未来30年,一旦人民币与美元、欧元一并成为国际三大货币,在国际货币体系中形成三足鼎立之势,上海必将成为世界银行业和金融业别无选择的经由地之一,从而凸显上海作为全球门户的重要地位。

因此,从基于关联结构的类型划分看,上海未来全球城市演化趋向于以全球枢纽门户型城市为战略目标愿景。届时,上海作为高中心度枢纽型城市,既有大量直接连接,也有来自更遥远的间接连接,从而强力吸引各方资源要素汇聚,并有效扩散到世界其他地方。同时,上海作为"高权力"门户城市,又能将连接延伸到那些很少连接性的城市,使这些城市通过这一唯一的门户(通道)才接入世界城市网络,从而控制和影响网络中某些部分的要素流动。这意味着上海将作为全球化的主要前哨站,具有资源集聚/扩散以及资源流动控制的结构性优势,不仅为本城市中的行动者(如跨国公司、政治领袖、文化组织、社会运动)的战略和创新提供更大机会,而且为其他城市中的行动者进入全球市场提供更有效的路径。

上述从不同维度提出的上海全球城市目标愿景类型,有各自的特定含义和侧重点,但它们不是截然分开的,实际上有一定的交集或统一性。首先,它们都基于全球网络连接,作为关键性的网络节点。其次,它们均为各自全球城市类型演化的最高级别。这意味着它们在网络中对外连通的范围、频率、强度以及种类都是最强大的,在连接功能上的位置性和流动性处于高端,在网络关联结构上的中心性和权力性是最强的,从而所起的作用是最大的。再则,基于以上条件,它们都表现出对全球资源流动与配置的战略性功能作用,即影响和决定全球资源流动尺度、主要流向、配置重心、配置方式的功能。最后,与全球资源流动与配置战略性功能作用相配套,它们必定具有全球综合服务功能。从其统一性来看,在不同全球城市类型中能够同时达到最高能级的城市,必定是具有强大吸引力、创造力和竞争力的全球城市。

22.9　标准要求：全球城市的卓越标尺是什么？

上海要建设的全球城市，是卓越的全球城市，应该体现全球城市最新发展，代表全球城市最高水平发展。因此确定"卓越"的具体标尺，直接关系到我们按照什么标准来建设全球城市。

首先，具有全球资源流动与配置的广泛吸引力，影响和主导全球资源的流量及配置范围。

卓越的全球城市必定呈现高度全球网络连通性，具有强大的吸引力。这是其核心内涵和基本特性。这种高度的网络连通性，基于其高水平和全方位的开放互动，不仅带来生活在不同经济环境，具有不同文化、不同行为规范、不同处事方式的各类经济主体之间的互动，也带来更多经济主体之间的交流以及更为复杂和不确定的交流，从而成为一个城市进入全球城市网络和上升为主要节点城市的强有力成因。这种不断积累的过程，则导致了一个有利于提升城市网络节点稳定性的锁定机制。同时，高水平和全方位的开放互动，不仅带来大量近距离的交流或流动，更是促进远距离的交流或流动，这意味着更大范围和更大规模的资源要素流动与配置。因此，这也构成卓越全球城市拥有全球资源战略性配置功能的前提条件和明显标志。

上海迈向卓越的全球城市，必定表现出更为开放互动的连通性：(1)成为世界城市网络的关键性节点。这一节点趋向于全球取向的网络连接范围，不仅向发达国家和地区延伸，而且向广大发展中国家和地区延伸，特别是向"一带一路"的沿途国家和地区延伸。这一节点立足于战略性位置的网络连接，特别是与发达国家的卓越全球城市紧密联结。这一节点覆盖综合性的全球网络连接，不仅是投资、贸易、金融等方面的全球网络连接，而且也是科技、教育、体育、文化等方面的全球网络连接。这一节点具有相当密度和流动频率的网络连接，形成较大规模的流量。(2)成为中国及发展中国家连接世界的重要枢纽与关键门户。依托海港、空港及其集疏运体系和互联网的强大能力，提高通关便利化水平，成为货物、人员、信息高密度流动的集散中心。在"一带一路"建设中发挥支点作用，成为发展中国家企业进入全球市场的主要通道。通过增强上海对内对外两个扇面的辐射能力，发挥中国接轨世界和世界连接中国的重要中介角色，充当中国企业"走出去"的战略基地。(3)成为长三角全球城市区域发展的核心平台。通过全球城市空间扩展过程融入区域发展,在相互"借用规模"效应基础上,形成基于紧密网络联结的长三角全球城市区域或巨型城市区域,充分发挥同城效应,促进协同发展,引领长三角世界级城市群发展。

其次,具有全球资源流动与配置的内生创造力,影响和主导全球资源的流向及配置方式。

卓越的全球城市必定具有源源不断的内生创造力,呈现充满生机、欣欣向荣、蓬勃发展的繁荣景象。这是其内在的规定性和基本表征。这种繁荣发展基于其内在迸发和不断涌动的强大创新活力,通过不断推陈出新、新旧更替而超越商业周期性法则支配和基于产业生命周期支撑的局限,从而得以持续保持和实现新的飞跃。这种创新活力通常由选择环境变化所诱导,但更来自行为主体基于智力的活跃程度和创造力。激发行为主体的创新冲动和创造力发挥,需要富有挑战性的环境和崇尚和谐的氛围。这意味着要主动打破超稳态,制造失衡的危机感,创造更多的发展机会,让各种新奇不断普遍涌现,同时又有系统性的激励以及可行有效的协调,从创新无序走向创新有序。这种强大创新活力带来的不是生物学中的突变(类似于创新),而是持续不断的高速创新,具有不受限制的智力演化的特征;同样地,也不是一般对选择环境新变化作出被动反应的创新,而是基于城市心智演化对选择环境变化作出积极反应,并能主动改变其选择环境的创新。另外,这种强大创新活力表现在经济、科技、文化、社会、生态、政治等多领域的创新,市场、企业、社会组织、城市治理等多层次的创新,且相互作用、融为一体。

上海迈向卓越的全球城市,必定表现出更具创新活力的繁荣发展:(1)广泛而活跃的全球资源战略性配置。全球公司、跨国公司及种类功能性机构高度集聚,全方位、多层次功能性平台上密集开展全球交易,各类资源要素大规模全球流动,以及众多进入全球市场的机会和无缝衔接的服务得以提供。(2)全球科技创新策源和引领。具有联结广泛、高中心性的全球创新网络,基于全球流动的创新资源的高度集聚和有效配置,基于强大自主创新能力的广泛国际交流与合作,良好的科技创新环境和完善的科技服务体系;以及引领科技前沿的创新成果持续涌现,科技产业化应用富有成效。(3)全球多元文化交汇。国际文化交往广泛、密集,全球多元文化汇集与交融,文化传播力具有全球认同感,国家文化软实力充分展示,富有深厚的城市历史文化内涵,涌现一批具有国际影响力的城市文化地标,拥有兼具国际时尚与东方底蕴的城市文化形象。(4)全球治理倡导与推进。是中国参与全球治理的重要平台之一,各种国际组织和非政府组织办事机构集聚,包括世界城市日等重大事件活动的常设机构,具有正式和非正式对话机制,形成一些有国际影响力的世界性论坛、国际会议,开展一系列全球治理内容的重大活动。

最后,具有全球资源配置的高效竞争力,影响和主导全球资源的流速及配置效率。

卓越的全球城市必定在全球资源流动与配置中更具合理性和高效率,呈现强大的竞争力。这是其自身良好品质的集中表现。这种竞争力源自对以人为本、创新、和谐、合作共享、绿色等新发展理念的追求,代表着历史进步和文明发展,从而使其具有强大的生命力。这种竞争力立足于网络合作体系,注重互联互通的网络效应,强调多元主体共同参与和协同,是一种合作共赢中的竞争,有助于发挥促进包容发展、共同发展、和谐发展的正效应,从而使其更具可持续性。这种竞争力建立在城市集约、绿色、智慧、和谐、安全等一体化协调发展基础上,是城市综合实力和优化系统的集中反映,从而具有强劲的支撑力。

上海迈向卓越的全球城市,必定表现出强劲、高效的竞争力:(1)具有坚持新发展理念的强大竞争力。充分体现作为新一代文明的典型代表,在新技术、新产业、新业态、新模式等方面对全球其他城市的发展形成引领和示范能力,成为推动全球城市发展的模式示范者和经验传播者。(2)代表国家参与全球合作与竞争。更加注重基于全球网络化的发展,更加重视基于网络连接的城市群作用和区域发展的力量,占据全球价值链、创新链、创意链和治理链的高端环节和核心环节的管控,形成高能级的管控能力,对全球的经济、科技、文化、治理等活动形成高端话语权和规则制定权。(3)构筑协调发展的新兴城市形态。在网络化的基础上实现人与自然的和谐,成为高密度超大城市可持续发展的典型城市。通过信息化与城市化的高度融合,成为高效互联的智慧之城。通过打造更加便利舒适、充满关怀的人居环境,具有多元活力的环境品质,高效运作的公众参与、各方协商、多元复合的机制,成为不断增强居民幸福感、认同感和归属感的和谐城区。通过构建强有力的产权保护和人身财产安全保障,良好的社会治安与公共秩序,完备的城市生命线系统的风险防范能力、应急能力和恢复能力,成为保障有力的安全城市。

总之,全球城市处于动态演化之中,不断推陈出新,历经兴衰交替。一些全球城市因固步自封、陈旧保守、缺乏适应性和张力而落伍,在全球网络中的地位趋于下降,全球资源配置功能减弱。而卓越的全球城市则能顺应历史发展潮流,积极应对面临的各种挑战,不断开拓发展新路,保持良好的发展态势。因此,卓越的全球城市应该充分体现发展新理念和多样化最佳实践,将整个城市系统调整至和谐状态,将城市运行提高到高效状态,将城市环境改善成良好状态,促进城市的高质量发展和高品质生活,起到引领城市未来发展的示范作用。

23 建设卓越的全球城市如何破题

建设卓越的全球城市，是上海面向未来的战略新目标，也是上海发展面临的一个时代新命题。尽管这是一个相当长且充满各种不确定性的过程，需要付出巨大的不懈努力，但千里之行始于足下，要朝着战略新目标出发。这一新征程的起步，能否找准方向与踩在点上，对今后建设卓越全球城市的进程有十分重大的影响。因此，准确破题，迈出建设卓越全球城市的坚实步伐，是成当务之急。

23.1 战略新目标：一个时代新命题？

上海建设卓越全球城市的战略新目标，即 2035 年基本建成卓越的全球城市，2050 年全面建成卓越的全球城市，是在新的历史条件下，顺应全球化与信息化潮流，服务于实现中华民族伟大复兴"中国梦"的宏伟目标，跻身于世界一流全球城市行列而提出来的战略定位。这里首先提出的一个问题是：与上海过去 20 年建设"四个中心"和现代化国际大都市有何不同？或者说仅仅是过去目标的延续，还是赋有时代新内涵的新目标？

为此，我们有必要作一历史回顾与比较。20 年之前，经过"迈向 21 世纪的上海"发展战略研究和大讨论，在国务院批复的《上海城市总体规划（2000—2020年）》中，明确了上海建设"四个中心"和现代化国际大都市的战略目标。应该讲，这是在当时历史背景条件下适应国家发展战略需要的目标定位。2000 年前后，正值经济全球化快速发展之际，跨国公司蓬勃发展，形成全球产业链的密集布局，国际产业转移加速，国际投资和贸易迅速增长，世界经济形成"技术国—资源国—生产国"三极大循环的基本分工格局。与此同时，世界经济增长重心正在向亚太地区转移，成为全球产业链的重点布局地区，促进了大量国际资本及生产要素流入与集聚。为此,一些国家和地区的主要城市纷纷争夺亚太营运中心地位。中国经过前 20 年的改革开放,正在成为亚太地区经济增长最快、经济动力最强、经济潜力最大、经济发展最具活力的国家之一,且具有巨大的市场规模、丰裕的人力资源等优势,对国际资本及生产要素具有强大吸引力。并且,中国积极准备加入 WTO,主动并更大规模融入经济全球化进程。在这种历史背景下,上海建设"四个中心"和现代化国际大都市,主要是作为一个国际经济中心城市发挥资源集聚与辐射的功能,成为连接国内经济与国际经济的重要桥梁,充分发挥利用"两个市场、两种资源"的作用,适应"两头在外,大进大出"的出口导向发展战略要求,从而促进中国参与国际产业分工及获取全球化红利。

今天,世界经济发生深刻变化,全球投资贸易格局发生重大变革,并将在未来 30 年进一步延续和发展。2008 年全球金融危机后,原有基于"技术国—资源国—生产国"分工循环的世界经济平衡被打破,各主要国家纷纷在"再工业化""制造回归""工业 4.0""启动内需"等调整中寻求新的再平衡。跨国公司纷纷调整全球产业链布局策略,从"离岸"布局主导转向"近岸"布局主导,实行产业链收缩,形成以大陆(洲)为主的供应链。由此,双边或区域性投资贸易协定谈判风生水起,并对投资贸易提出了更高标准的规则,以及要求对多边体系的 WTO 规则进行改革,使全球化走向更复杂、更多元、更深度的进程。与此同时,新兴经济体迅速崛起并已成为世界经济增长重要一极,世界经济重心继续东移的势头不减,亚太地区仍然保持着良好的经济成长性,使世界经济格局发生重大变化以及全球治理结构的变革。中国经过 40 年的改革开放和发展,已成为世界第二大经济体,并在经济全球化中占据了产品数量的优势,成为世界经济增长重要引擎之一,对世界经济增长的贡献度持续增强。中国不仅已成为经济全球化的主要参与者,而且提出和实施"一带一路"人类伟大工程建设,也日益成为经济全球化的重要引领者之一。在亚太地区,中国已经成为主要经济集成国,并具有潜在的市场规模、齐全的产业配套能力、良好的基础设施等优势,将成为跨国公司在该地区"近岸"布局的首选之地及产业链掌控功能的锚定点。在这种新的历史背景下,上海建设卓越的全球城市,成为全球网络中的核心节点,充分发挥全球资源配置功能,代表国家参与全球合作与竞争,是为了适应中国日益走近世界舞台中心的战略需要。

因此,上海建设卓越全球城市,是面向新时代、肩负新使命、开辟新征程的战略新目标。当然,这一战略新目标是在原有基础上提出来的,与原有的目标定位有密切关系。从这一意义上讲,是过去"四个中心"和现代化国际大都市建设的一个升级版。但它并不是简单延续"四个中心"和现代化国际大都市的建设,而是一个具有特定内容的时代新命题,必须实现一系列根本性的转变。

(1)新内涵:从国际中心城市转向全球网络核心节点城市。过去建设"四个中心"和现代化国际大都市,是将其作为一个中心城市打造的,即一种贸易场所、港口、金融中心或工业中心的角色,其核心是突出国际经济中心城市的构架。这源于传统城市学中心空间分布理论,强调的是"中心地"概念。这种中心城市基于地理边界的"地点空间"(space of place),具有连接物理性地域上有明显连续性的广大腹地。与此不同,全球城市内生于世界城市网络之中,作为网络中的主要节点城市。这一"节点"的概念,意味着有强大的非本地关系,城市之间建立顺畅的内部联系并持续地相互作用。全球城市不单纯立足于地点空间,更是作为"网络节点"的流动空间(space of flows),表现为与其他城市更广泛而更密集的相互作用上。因此,建设卓越的全球城市,是要立足于构建全球城市网络中核心节点城市构架,强调城市间弹性与互补关系、水平通达性、双向流动、信息成本依赖等。

(2)新功能:从集散、生产等主要经济功能转向全球资源配置的多元融合发展功能。过去建设"四个中心"和现代化国际大都市,注重于国际经济、金融、贸易、航运中心的经济性功能,主要集中于经济领域建设。而且,主要强调培育服务全国、面向世界的集散功能,成为商品和要素流动的中心;充分利用现有的工业基础,从数量的扩张转向质量的提高,着重强化技术创新、产品开发和加工制造功能。其他的管理功能、服务功能及创新功能,主要是为集散、生产功能配套的。与此不同,全球城市是经济、政治、科技、文化等全球化的原因和结果,具有多重维度和多元功能。建设卓越的全球城市,要注重于培育经济、科技、文化融合发展的多元性功能,涉及经济、科技、文化诸多领域的全面建设。因此在原有"四个中心"基础上,要增加建设具有全球影响力的科技创新中心,形成全球科技创新策源功能。目前,全球创新网络将成为全球生产网络之外连接全球的全新网络体系,形成经济要素与创新要素"双重网络叠加"的格局。上海要成为全球创新网络的主要节点,通过建立更广泛的对外交流与互动的平台,发挥其与外界创新资源交流、交互及其诱导有效配置的作用。另外,现代社会中,城市成为文化传播的主要空间,全球城市在文化传播中的融汇引领作用更为突出,尤其成为卓越、一流全球城市的必备功能。上海建设卓越的全球城市,必须增强全球文化融汇引领功能,体现全球城市对"文化繁荣是发展的最高目标"的追求,并反映在全球城市具有鲜明的文化特征以及文化品格的共性上。这种全球文化融汇引领功能,具体表现在文化汇聚力、文化交融力、文化创造力、文化影响力等方面。更为主要的,是把经济、科技、文化融合发展集中于培育和增强基于网络流动与交互的全球资源配置功能上。这种配置功能强调的不是资源吸纳,也不是单纯作为"码头"的资源集散,而是对资源要素进行重新组合(创新),既可对流经此地的资源要素进行配置,也可以通过网络流动在别处进行配置。

(3) 新模式:从吸纳型低水平存量扩张转向流动型高配置价值增值。过去建设"四个中心"和现代化国际大都市,中心城市的集聚更像一个"黑洞",大量吸纳外部资源要素的单向流动,而其扩散效应有限,更多是基于梯度转移的低能级扩散,呈现明显的不对称性。而且,通过外部资源的大量吸纳,以粗放型方式进行加工制造和配置,在中心地以物质资本及财富形式沉淀下来和实行积累,并在这一循环中不断促进低水平存量扩张。这种大量物质资源和资本的投入势必导致边际产出收益递减。因此,这种发展模式注重于依靠它所拥有的(如独特的区位、各种基础设施、经济实力等)来获得和积累财富、控制和权力。通常采用经济实力、市场规模、竞争力等指标来静态衡量其城市功能。与此不同,全球城市作为网络中的一个核心节点,其本质属性就是外部网络连通性。从这一意义上讲,全球城市获得和积累财富、控制和权力,依靠的不是它所拥有的东西,而是流经它的东西。通常采用网络的流动水平、频繁程度和密集程度等连通性指标来动态衡量。建设卓越的全球城市,更着重于其外部连通性特征及其功能,通过全球功能性机构集聚及其对全球价值链的掌控,在基于网络的全球资源流动中实行有效配置,从中获取高附加值的收益,并在这一大规模流量循环中更多依靠科学技术研发、人力资源(教育与健康)改善、营商环境改善、精细化管理、人文环境和生态环境优化等软投入,从而带来边际产出收益递增效应,促进城市可持续发展。这是一种高质量发展和高品质生活的全新模式。

(4) 新空间结构:从等级空间结构转向网络空间结构。过去建设"四个中心"和现代化国际大都市,实际上基于"中心—外围"的等级空间结构,把长三角地区作为上海这一中心的腹地(外围)。尽管进行了多年的长三角区域合作,并取得了相应成效,但这种等级空间结构本质上是一种对空间的零和博弈的竞争关系,上海这一中心难以融入长三角一体化发展。与此不同,全球城市基于全球网络空间结构,正在改变与其国内及地区内其他城市之间的关系,特别像纽约、伦敦、东京这样的全球城市,正通过城市网络全面融入区域、国家和全球经济的各个层面,寓于全球城市区域发展之中。建设卓越的全球城市,其中一个重要方面就是通过基于平等关系的网络空间结构,形成一种"非零和"博弈的高度地区交流与合作,包括高度发达的资本、信息以及人力资源流动,与其毗邻的周边城市形成强大的内在联系,并全部整合在全球经济体系之中。同时,全球城市通过区域"借用规模"效应,有效疏解非核心功能,优化核心功能,与区域内城市间形成水平分工协同,实现其空间扩展(全球城市区域或巨型城市区域)。

23.2　新旧过程如何过渡与衔接?

既然建设卓越的全球城市是一个不同于以往的时代新命题,那么就有一个新旧过程的过渡与衔接问题。如何实行过渡与衔接? 这是值得我们深入思考的问题。概括起来,无非有三种方式:一是基于路径依赖的提升,即在原有"四个中心"建设框架下进行深化;二是另辟蹊径的开创,即撇开原有建设框架的"重起炉灶";三是路径转换的更新,即改造原有建设框架,使之适应建设卓越全球城市的要求。

首先必须承认,卓越的全球城市并非凭空构造,是存在路径依赖的。尽管建设卓越的全球城市与过去建设"四个中心"有本质性区别,但仍需要从原有基础出发,并借助于"四个中心"建设取得的辉煌成果。某种意义上,这种路径依赖是我们建设卓越全球城市的主要约束条件之一,在一定程度上限定了我们选择未来发展路径的可能性范围。更为重要的是,过去的"四个中心"和现代化国际大都市建设与今天的卓越全球城市建设之间有着内在贯通性。尽管"四个中心"建设集中在经济功能方面,而全球城市则具有全球资源配置的多元性功能,但经济功能仍然是卓越全球城市的主要构件之一,是其需要进一步提升的基础性主要功能。因此,撇开路径依赖而所谓的另辟蹊径,势必造成新旧过程之间的断裂,不利于实行有效过渡与衔接。

然而,正如前面阐述的,建设卓越全球城市具有不同于以往的新内涵、新功能、新模式、新空间结构,是难以在过去"四个中心"建设的构架和层面上实施的。全球城市建设增加的科技、文化等新内涵与新功能,并不是在过去"四个中心"上简单叠加,从而在原有构架里变为"五个中心"和国际文化大都市建设。其核心是经济、科技、文化融合发展,增强全球资源配置功能,这就需要有一个新的建设构架并提升到一个更高的层面。如果仍然停留在过去的建设构架和层面上,实际上是被路径依赖"锁定",新酒装在旧瓶里,必将使全球城市建设受到极大束缚。因此,也不能采取基于路径依赖的提升方式实行过渡与衔接。

实行新旧过程的有效过渡与衔接,宜采取路径转换的更新方式。这种路径转换,既从路径依赖中而来,又不在路径依赖"锁定"之中,而是转向一种新的路径。它不是完全抛开原有建设构架，也不是在原有构架中进行修缮与优化，而是在转型的基础上实行构架再造与重塑。它不是完全撇开原有功能，也不是在原有功能上简单叠加新功能，而是在功能转换的基础上实行新旧功能系统集成。它不是在全新基础上塑造新的功能，也不是在原有基础上挖掘功能潜力的线性提升，而是在动力、质量、效率变革的基础上实行能级跃升。具体讲：

（1）按照"全球城市 3.0 版"，在"四个中心"建设基础上增加科技、文化的新内涵与新功能，并通过促进经济、科技、文化融合发展实行新旧功能系统集成，使经济、科技、文化等功能之间具有内在关联性，相互渗透、相互促进。这将形成全球城市所要求的整体功能，即统一内化为全球资源配置功能。否则，就会出现各个中心建设相互断裂、各行其是、严重脱节、发展不平衡的局面，难以形成增强全球资源配置功能的合力。

（2）按照凸显与强化全球城市核心功能的要求，实行建设构架再造与重塑，增强全球资源配置能力。过去"四个中心"强调集聚与扩散功能，在要素沉淀中实现自身财富积累。支撑其功能的基本构架是：可带来产值、税收的大企业集聚，适应市场运作的基础设施，大规模的存量积累，基于产能的生产实力，差别化的标准与规则等。全球城市则强调面向地区、国家、全球不同空间尺度的流动，在要素流动中实现资源有效配置。支撑其功能的基本构架是：全球功能性机构（公司）大量集聚，有效运作的大平台，大规模流量，创新、创业活力，"全球村"标准与规则等。因此，要对原有构架进行根本性改造，使其适应全球资源配置功能的要求。

（3）按照建设卓越全球城市的标准与要求，通过构建现代化经济体系，促进高质量发展和高品质生活，以提升城市能级和核心竞争力。参照国外卓越全球城市的高标准和高水平，目前上海"五个中心"和国际文化大都市的能级水平欠高，缺乏核心竞争力。然而，在原有发展模式下，更多依靠大量投入来促进规模扩张与外延发展，增长动力趋于减弱，边际收益逐步递减，全要素生产率趋于下降，难以提升城市能级和核心竞争力。因此，必须转变发展模式，实行动力变革、质量变革、效率变革，在新的发展路径上实现城市能级和核心竞争力提升。

23.3 为何重在提升城市能级和核心竞争力？

建设卓越的全球城市，作为一种路径转换，必须实行构架再造及升级，这是一项系统工程。在实际操作中，往往是千头万绪，顾此失彼，需要找到一个切入点,抓住核心要害,纲举目张。从目前情况看,关键是要解决城市核心功能发展不充分、能级水平不高、核心竞争力不强等问题。

上海虽然具有较强吸引力,已集聚了大量全球功能性机构(公司),形成了较高的全球网络连通性水平,但尚未真正成为服务中国企业"走出去"和连接"一带一路"的"桥头堡",对外"出度"连接程度较低,从而缺乏强大的影响力与控制力。经过多年结构调整,上海已形成服务经济主导的产业结构,服务业占比达70%以上,但先进生产者服务业功能尚不强劲,其服务半径覆盖面有限,特别是较少全球性覆盖。上海经济规模和容量已有很大增长,中心城区也有较大空间扩展,但集约化程度不高,经济密度偏低,地均经济活动量和产出水平均较低。

上海虽然已形成门类齐全的金融市场体系,并集聚了大量中外金融机构,但传统业务居多,金融工具和产品单一,业务范围有限。尽管一些金融市场的交易规模庞大,交易也较活跃,但还不具有定价权。另外,还存在金融资源错配、金融风险较大等问题。

上海虽然已具有相当大的交易规模,但仍以货物贸易为主,服务贸易、技术贸易的数量较少;服务贸易虽在国内占较大比重,但仍以传统服务贸易为主,新兴服务贸易比重偏低。上海已经成为具有较大规模和影响力的订单、展示、仓储物流中心,但交易的结算、清算等高端功能仍较为缺乏。

上海的港口运输,特别是集装箱和干散货吞吐量规模等已居于世界首位,但航运服务仍处于低水平发展层次,尤其是海事法律服务和航运金融服务不足,缺乏航运服务竞争力。据统计,上海4000多家航运企业,多为物流和货代等基础性服务企业,从事高端服务功能的企业甚少。上海已成为全球首个集装箱年吞吐量突破4000万标准箱的港口,但国际中转箱量并不多。上海已成为全球第5个航空客运量过亿的城市,但国际旅客中转仅占全部旅客的8%。

上海正在建设具有全球影响力的科创中心,布局了国家综合科学中心、若干科创承载区、G60科技走廊以及众创空间等,科技创新成果增长迅速,每万人口发明专利拥有量已达到40.2件,但与科技创新策源功能的要求还相去甚远,尚未成为全球科创资源网络的枢纽,尚未形成全球科创资源配置功能。

上海建设,国际文化大都市已具备相应的各类文化硬件设施,并拥有各种日益具有影响力的国际文化艺术节庆,吸引和集聚了大量全球文化艺术团体和人员来沪交流与演出,显现了国际文化"大码头"的功能,但缺乏自身的国际文化地标及文化经典,对外显示度还不够明显,对外影响力还不够大。

此外,还有上述各方面功能的发展结构不平衡问题,特别是文化大都市、科技创新中心等方面功能明显弱于经济功能,从而将影响和制约城市能级水平。再进一步讲,还有一个经济、科技、文化三者融合发展问题。目前还是比较恪守传统的功能边界划分,三者处于各自发展的局面,缺少大量的跨界或者是边界模糊的创造创意活动,难以实现科技、金融、文化的深度融合。

从更宽泛角度讲,在城市总体发展方面,同样存在能级水平欠高的问题。上海城市建设的"硬件"条件已相当现代化,为全球城市的高端功能提供了较好基础,但在人力资本、文化创新、服务水平、生态环境、城市形象等软实力方面,还不足以构成高端功能的有机组成部分。另外,尽管上海自贸试验区的制度创新对优化营商环境起了积极作用,但在市场准入、竞争中性、监管、税制、法制等营商环境方面,与最高标准的国际惯例相比,尚有较大差距,还不足以支撑全球城市的高端功能。虽然上海的城市管理比较有序,但现代化的治理体系和治理能力尚未真正成型和成熟,政府职能转变有待深化,公众参与度有待进一步提高,社会组织有待发育成长。虽然上海已从"单中心"转向"多中心、多核"的空间结构,但郊区新城之间及其与中心城区之间尚未网络化,郊区乡村发展严重滞后。上海的城市区域能级也不够高,仍有不少局限于行政边界的痕迹,融入长三角更高质量一体化并发挥龙头作用的程度还达不到高水平。并且,上海对全球事务的参与程度还不是很高,集聚的国际组织不多,有全球影响的大事件、重大活动相对较少,在参与全球治理过程中的作用、地位、影响力较小。

上海建设卓越的全球城市,主要不在于功能齐全,而重在高端能级;主要不在于功能综合性强,而重在核心竞争力及其特色。只有提升城市能级和核心竞争力,才有利于增强高端资源配置能力,符合卓越全球城市的目标定位。

随着人民币国际化进程加快及人民币在国际支付中的地位迅速上升,增强人民币在岸、离岸金融功能,使人民币交易、结算、创新等功能越来越成为上海建设国际金融中心的核心内容;加强服务实体经济的金融产品、金融工具的创新,强化资本和财富管理功能;营造良好的金融生态环境,大力发展科技金融、绿色金融等新金融。

随着投资主导贸易、全球价值链"近岸"布局调整,以及服务贸易、技术贸易、信息与数据贸易快速发展的世界投资贸易格局变动,制度设计上率先与国际接轨,按照高标准投资要求营造良好投资环境,进一步增加吸引外资的能力,促进贸易发展;强化投资贸易功能,特别是增强促进中国企业"走出去"的桥头堡功能;继续深度开放服务领域,扩大服务贸易、技术贸易、信息与数据贸易的规模,促进服务贸易升级。

随着航空日益成为第五冲击波,远洋运输趋于相对稳定,邮轮经济兴起的世界航运格局变化,扩大航空运输容量,进一步开放航权,增强航空运输能力,加快航空枢纽建设;加大航运服务发展力度,创新和深化航运服务,提供更高质量、更多样化的新服务,强化全球航运资源配置能力;加快邮轮母港建设,开辟远洋邮轮航线,拓展邮轮服务经济。

随着国际分工逐渐以全球价值链管理为主导,产业深度融合发展,日益突出新型产业体系功能属性的新变化,加大集聚全球功能性机构,增强全球价值链掌控功能;更加突出基于信息化、智能化、物联化的产业融合发展,大力促进发展"四新"经济;打造各种功能性平台,培育发展供应集成商、资源集成商、创新集成商等机构,提升高效率与高附加值的高端功能,增强新技术、新业态和新型商业模式的引领功能,强化综合配套与系统集成的服务功能。

上海建设具有全球影响力的科技创新中心,要作为全球科技创新网络的核心节点,以更为开放灵活的方式及路径实现动态化、空间跳跃式、模块化、并行式、交叉式的科技创新。要以价值链为纽带,高度集聚创新资源,形成创新集群化与扩散化态势,在空间分布上呈现"小集聚、大分散""交织型、嵌入式"格局,促进"大学校区、科技园区、公共社区、城市街区"融合、空间重合和功能综合的发展,构建以"硅巷""硅盘"为特色的创新城市模式。

上海建设国际文化大都市,要基于全球文化网络并通过网络传递与扩散实现文化融汇引领功能,不仅要有自身的文化特色,还要在文化交流中提高自己的国际知名度,并最终成为重要的文化策源地。

因此,提升城市能级和核心竞争力是建设卓越全球城市的重要切入点,并将成为上海未来一个发展阶段各项工作的"纲"。围绕这一"纲"开展"五个中心"和国际文化大都市建设,优化营商环境,打响"四大品牌",实行城市精细化管理,推进长三角更高质量一体化发展等,才能聚焦在一个共同点上和上升到相同层面,才能在各项具体工作中找到统一的标准要求,才能使各项具体工作有机结合、融为一体。否则,各项具体工作之间就会显得互不关联、杂乱无章,各项具体工作的层面与要求显得参差不齐、标准各异,各项具体工作的"调门"与"鼓点"显得噪音泛起、相互干扰。

23.4 行动策略:"拉长板"还是"补短板"?

前面分析已指出,全球城市与一般城市根本的不同点,在于其特定的全球资源配置功能。提升城市能级和核心竞争力,必须聚焦于全球城市核心功能的培育和发展。这是建设卓越全球城市的核心任务。问题在于,培育和发展这种全球城市的特定功能,应该采取什么样的行动策略?

上海建设卓越的全球城市,显然是一个很高的站位,自然而然会引发人们对城市功能的高标准要求。其潜意识是:作为卓越的全球城市,应该在城市功能各方面比别人更好。受传统管理学"短板"理论的深刻影响,人们通常认为要通过"补短板"来增强整体城市功能。这是对卓越全球城市的一种误解。事实上,全球城市,即便像纽约、伦敦、东京等综合性城市,也不是全能城市,更不是城市功能各个方面都优于他人的超能城市。犹如一个人的手指有长短,全球城市也同样如此。通常,全球城市的服务功能很强大,但生产功能相对较弱。如果进行横向比较,全球城市的全球资源配置功能是别人难以企及的强项,但在生态功能、宜居功能等方面可能不及他人。而且,全球城市的强项与弱项之间有内在关联,其组合是有机生成的。例如,全球城市的全球资源配置功能势必导致高流动性、高密度化、快速节奏、高生活成本、高社会极化、高风险隐患等,从而难以成为最高水平的宜居舒适、绿色生态的城市。从这一意义上讲,全球城市的功能强项内在规定了其他的功能弱项。显然,如果强行"补短板",减少流动性、降低生活成本、提高宜居程度等,则会削弱其全球资源配置核心功能。

因此,我们不能把卓越的全球城市作为一种全能城市或超能城市来建设,并用基于"木桶"原理的补短板方式来达到"全能"或"超能"水平。这只会在补短板中迷失自我,并不能培育和发展出全球城市的独特功能。从根本上讲,建设卓越的全球城市,必须聚焦其核心功能的"拉长板",即着力于构建全球城市的"四梁八柱",力争把核心功能做大做强,做到极致,形成核心竞争力。当然,核心功能的"拉长板",并不意味着其他城市功能或非核心功能不重要,可以置之不顾乃至削弱。城市作为一个有机体,其各项功能之间是内在关联的,并协同作用的。其中任何一项功能都是重要的、必不可少的。缺少某些功能,势必会影响和制约其他功能的发挥。对于全球城市来说,其全球资源配置的核心功能,同样需要其他功能的配合与支撑。但这里有一个"度"的把握,要以是否影响和制约全球资源配置功能发挥为标准。只有在影响和制约全球资源配置功能发挥的情况下,其他城市功能才需要"补短板",使其能够适应全球资源配置功能发挥的要求。例如,一个城市的生态、宜居、社会共治共享等功能太差,直接影响到对机构(公司)及其专业人员的吸引力,就必须"补短板"。在其他城市功能还能支撑其核心功能发挥的情况下,尽管其水平可能不及其他城市,也不宜视为必须补的"短板"。

总之,要以全球城市核心功能"拉长板"为主导,协调和增强其他城市功能发展,而不能本末倒置。

在建设卓越全球城市过程中,核心功能"拉长板",不是随机事件,也不是权宜之计,而应该成为一种基本行动策略。(1)它有助于我们坚持发展方向,沿着增强全球城市核心功能的既定轨道不断向前推进,始终围绕提升城市能级和核心竞争力的重点开展各项工作,并集中有限资源用在最为关键的地方,解决最为核心的问题,获得收益最大化。(2)它有助于我们扬长避短,充分发挥比较优势,形成别人难以模仿复制的特色,并将其转化为别人无法替代的竞争优势。(3)它有助于我们较快形成和增强全球资源配置功能,适应和满足中国综合实力迅速崛起和日益走近世界舞台中心的战略需要,代表国家参与全球竞争与合作,在中国参与和引领全球化进程中发挥重大作用。

23.5　如何构建卓越全球城市的经济体系?

建设卓越的全球城市,提升城市能级和核心竞争力,原有的经济体系已显得不相适应,必须加以再造和重塑。这是一项基础性的工程。这就迫切要求我们贯彻创新、协调、绿色、开放、共享的新发展理念,建设与卓越全球城市发展相适应的现代化经济体系,以实现更高质量、更有效率、更加公平、更可持续的发展,增强全球资源配置的核心功能。

这种现代化经济体系建设,既要着眼于世界潮流和全球发展大趋势,具有鲜明的时代特征;又要立足于中国社会主义初级阶段及社会主要矛盾历史性变化和发展阶段转换的实际情况,具有鲜明的中国特色;还要根据上海建设卓越全球城市的战略定位及其发展的需要,具有鲜明的上海特点。因此,这一现代化经济体系具有丰富的内涵及其特点。

在这一现代化经济体系中,以质量第一、效益优先、功能优化为核心内容和基本指导原则。质量第一,就要把提高发展质量作为主攻方向。效益优先,就要把提高全要素生产率作为关键环节。功能优化,就要把提升城市能级和核心竞争力作为重点。通过推动城市发展质量变革、效率变革、功能变革,显著增强上海全球资源配置的竞争优势。

在这一现代化经济体系中,以实体经济、科技创新、现代金融、人力资源协同发展的产业体系为基本骨架。这里所讲的产业体系,不是人们通常所说的产业部门间的结构体系,而是经济运行中的产业体系,从而侧重于产业要素组合之间的协同发展关系。对于上海建设卓越的全球城市来说,作为发展着力点的实体经济,更多体现为总部经济、平台经济和流量经济等;作为引领发展第一动力的科技创新,更多体现为基于全球创新网络的创新策源功能;作为发展润滑剂的现代金融,更多体现为服务全球资源配置的能力;作为发展主体的人力资源,更多体现为拥有一大批具有国际水平的战略企业家、科技领军人才、专业知识人才和技能型劳动者大军。由此构成并协同发展的产业体系,才能适应建设卓越全球城市的要求。

在这一现代化经济体系中,以市场机制有效、微观主体有活力、宏观调控有度的经济体制为运行基础。上海建设卓越的全球城市,增强全球资源配置的核心功能,立足于有效的市场机制是基本前提。通过完整的市场体系和统一市场,公平竞争的市场环境,规范的市场秩序,完善的市场监管体制,促进要素自由流动、价格反应灵活、竞争公平有序、企业优胜劣汰,才能充分发挥市场机制配置资源的决定性作用,实现全球资源的有效配置。上海建设卓越的全球城市,增强全球资源配置的核心功能,依靠具有创新创业活力的微观主体是关键。通过全面实施市场准入负面清单制度,清理废除妨碍统一市场和公平竞争的各种规定和做法,实现产权有效激励,激发各类市场主体活力,积极开展和从事全球业务,从而使全球资源配置得以实现。上海建设卓越的全球城市,增强全球资源配置的核心功能,有度的宏观调控是重要条件。通过创新和完善宏观调控,发挥国家发展规划的战略导向作用,健全财政、货币、产业、区域等经济政策协调机制,避免经济大起大落,保持良好的发展环境,促进全球资源要素流动。

这一现代化经济体系的基本特点:一是创新为主导,创新驱动发展。创新是这一现代化经济体系的战略支撑。不断增强上海的创造力和竞争力是这一现代化经济体系的重要标志。二是以协调为基调,促进融合发展。强调实体经济、科技创新、现代金融、人力资源协同发展,促进一二三产业融合发展,促进经济与生态协调发展,建立健全城乡融合发展体制机制和政策体系,建立更加有效的区域协调发展新机制。三是以开放为引领。坚持"引进来"和"走出去"并重,遵循共商共建共享原则,加强创新能力的开放合作,形成陆海内外联动、东西双向互济的开放格局。四是富有活力、弹性的系统。经济主体充满活力,经济机制有效运行,创新创业活跃。遇到外部冲击时,能适时适度调整,具有较强的适应性和抗风险能力。

上海建设卓越的全球城市,实现发展构架再造和重塑,必须贯彻新发展理念,加快现代化经济体系建设。

深化以完善产权制度和要素市场化配置为重点的经济体制改革。上海自贸试验区的制度创新,要更加聚焦产权有效激励、要素自由流动、价格反应灵活、竞争公平有序、企业优胜劣汰的体制和机制改革。同时,要进一步完善促进消费的体制机制,增强消费对上海经济发展的基础性作用。深化投融资体制改革,发挥投资对优化上海供给结构的关键性作用。另外,上海还要加大国有经济和国有企业的改革力度,完善国有资产管理体制,改革国有资本授权经营体制,加快国有经济布局优化、结构调整、战略性重组,促进国有资产保值增值,推动国有资本做强做优做大,有效防止国有资产流失。深化国有企业改革,发展混合所有制经济,培育具有全球竞争力的世界一流企业。

加快科创中心建设步伐,尽快建成科创中心基本框架。加快国家综合性科学中心建设,瞄准世界科技前沿,强化基础研究,实现前瞻性基础研究、引领性原创成果重大突破。加强应用基础研究,拓展实施国家重大科技项目,构建关键共性技术、前沿引领技术、现代工程技术、颠覆性技术创新的平台。深化科技体制改革,建立以企业为主体、市场为导向、产学研深度融合的技术创新体系。倡导创新文化,强化知识产权创造、保护、运用。创造良好的创新生态环境,培养和吸引一大批具有国际水平的战略科技人才、科技领军人才、青年科技人才和高水平创新团队。加强对中小企业创新的支持,促进科技成果转化。

推进新一轮上海自贸试验区建设,加快构建开放型经济新体制。中央已赋予自由贸易试验区更大改革自主权并支持建设自贸区新片区,上海要积极作为,与国际投资和贸易通行规则相衔接,加快健全投资管理、贸易监管、金融服务、政府管理"四个体系",实行高水平的贸易和投资自由化便利化政策,全面实行准入前国民待遇加负面清单管理制度,大幅度放宽市场准入,扩大服务业对外开放,保护外商投资合法权益。按照新一轮上海自贸试验区建设的要求和目标,加快建设开放与创新融为一体的综合改革试验区,重点是完善负面清单管理模式,拓展自由贸易账户功能;建立开放型经济体系的风险压力测试区;打造提升政府治理能力的先行区;成为服务国家"一带一路"建设、推动市场主体"走出去"的桥头堡。探索新片区建设,创新对外投资方式,促进国际产能合作,形成面向全球的贸易、投融资、生产、服务网络,加快培育国际经济合作和竞争新优势。

深化供给侧结构性改革,调整和完善经济结构。上海要加快发展现代服务业,提升服务经济能级,瞄准国际标准提高服务业发展水平。按照国家加快建设制造强国的目标,上海要加快发展先进制造业和装备业,提升战略性新兴产业的能级水平,促进产业迈向全球价值链中高端。上海更要推动互联网、大数据、人工智能和实体经济深度融合,在中高端消费、创新引领、绿色低碳、共享经济、现代供应链、人力资本服务等领域培育新增长点,形成新动能。同时,优化存量资源配置,扩大优质增量供给,实现供需动态平衡。

23.6　如何体现高质量发展和高品质生活?

上海建设卓越的全球城市,实行路径转换,要充分体现高质量发展和高品质生活。这是全球城市独特的全球资源配置功能所内在要求的,并成为全球城市的鲜明标识。在纽约、伦敦、巴黎、东京等全球城市,无不让人切身感受到高质量发展和高品质生活的魅力。

高质量发展和高品质生活是内在统一的。只有高质量发展,才有可能实现高品质生活;而日益增长的高品质生活要求,又成为促进高质量发展的强大动力。这种高质量发展和高品质生活,源自创新型生产、高效性流通、公平性分配、成熟型消费之间的高度协同,是一种内生性、生态系和可持续有机发展(organic development)的结果。其基本内涵或关键点在于:首先,如何发展比增长多少更重要。国民经济的估值,不仅要看增长的速度,更要看增长的来源、质量和方式;不仅要看其增长产出多少,更要看其耗费了多少投入,消耗了多少资源。基于大量投入与消耗的高增长,与其说是在成长,不如说是在毁灭社会价值。只有基于全要素生产率提高的增长,才能给社会带来更高的回报。其次,提高生活品质的程度比提供多少产品更重要。经济绩效的衡量,不仅要看产能及产出水平,更要看是否满足生活品质提高的要求。大量生产的低质量、低差异化、低附加值的产出,与其说是供给充裕,不如说是产能过剩。只有高质量、高差异化、高附加值的产出,才能提高生活品质。再则,结构协同性比总量规模大小更重要。发展成效的判断,不仅要看总量规模大小,更要看其建立在什么样的结构基础上。基于结构扭曲的总量规模扩大,通常是"虚胖综合征"。只有社会再生产过程各环节高度协同基础上的总量规模扩大,才是真正的壮大和强大。

高质量发展和高品质生活,贯穿于整个社会再生产过程之中,是生产、流通、分配、消费等环节高度协同所铸就的。

从生产过程看,主要在于生产函数发生质变的创新型生产。这是实现高质量发展和高品质生活的基础。首先,依靠与一定高技术条件相适应的高级要素投入,更多发挥高级生产要素在配置中的主导作用。因为二三流生产线、低质材料和低素质人力资源的投入,生产不出一流品质产品,也难以满足高品质生活的要求。因此,要更多地依靠科技创新,依靠关键装备、关键部件和关键材料等资本品与高素质人力资源投入,以及土地等自然资源的集约化高效使用,从自然资源和投资驱动型"汗水经济"转变为创新驱动型的"智慧经济""智能经济"。其次,是生产要素的有效配置,提高全要素生产率。例如,把资源要素配置到富有活力的部门和企业中去,改变资源要素较多流入虚拟经济以及滞留在僵尸企业的局面。再则,是产出的有效供给,满足多层次、多样化、个性化消费需求。按照消费升级需求,增加产品种类,推出新产品,提升产品品质,改变低水平、低质量产品同质化竞争及产能过剩的局面。

从流通过程看,主要在于降低交易费用的高效性流通。这是实现高质量发展和高品质生活的重要环节。首先,必须依赖全国统一市场。任何有形或无形的市场分割与阻隔,以及市场无序性和不透明等,都将增大流通中的制度性交易成本。这种交易成本往往不直接在流通成本中体现,而是以时间、效率损失为代价。这就要求我们改变各种形式的市场隐性门槛、不公平竞争和无序竞争,以及市场主体权益保护不力的局面,消除地方保护,加强市场行为规范,提高市场透明度,建立健全社会信用体系,加大市场主体合法正当权益的保护,大幅降低流通中的制度性交易成本。其次,借助可靠、快速、低廉的物流体系。合理、高效的物流体系,有利于降低综合运输成本。多种运输方式之间的有效衔接,有助于减少短驳、搬倒、装卸、配送等成本。运输标准化、安全、信息系统等,有利于提高流通效率。

从分配过程看,主要在于合理的初次分配和公平的再分配。这是实现高质量发展和高品质生活的重要保证。初次分配环节,要充分发挥市场机制在要素配置和价格形成中的决定性作用,创造机会公平的竞争环境,逐步解决土地、资金等要素定价不合理的问题,促进各种要素按照市场价值参与分配,维护劳动收入的主体地位,促进居民收入持续增长,提升居民可支配收入在国民可支配收入中的比重、劳动者报酬在初次分配中的比重。再分配环节,要发挥好税收、转移支付的调节作用,以及精准脱贫等措施的兜底作用,提高公共资源配置效率,促进公共资源分配的均等化;加快补齐公共服务短板,注意调节存量财富差距过大的问题,形成高收入有调节、中等收入有提升、低收入有保障的局面,提高社会流动性,避免形成阶层固化。

从消费过程看,主要在于从生存型、价格驱动型消费转向发展型和品质型消费。这是实现高质量发展和高品质生活的主要手段。在现实生活中,由于受到消费观念、甄别能力、消费认知以及缺乏激活消费手段和创新解决方案等限制,仍存在各种盲目消费、从众消费、贪便宜型消费、广告诱导型消费、过度包装消费、非环保型消费等。因此,要正确引导消费,通过创新消费服务方式,整合线上线下资源,利用互联网、大数据实现 B2C 的深度融合,推出多种互联网消费金融模式,用新产品、新服务、新体验来引领新消费,为消费者提供多元化和精准化的解决方案,从而激活和释放消费潜能。要优化和净化消费环境,通过产品严格检验和优先机制,打造产品品牌,取缔虚假广告和过度包装,创新消费维权方式,降低消费维权成本,加强社会监督等,营造安全、放心、便捷的消费环境,不让消费者在鱼龙混杂的市场中迷失双眼。要培育成熟消费者,通过开展多种形式的高品质消费宣传和教育,提高消费者认知能力,帮助大众树立宁缺毋滥的"精品"意识、适合和凸显个性化的选择意识、可持续发展的绿色意识等,形成高品质消费的理念。

23.7　全球城市要求什么样的产业配置?

全球城市的全球资源配置功能,是要由相应的产业配置来支撑的。反过来讲,全球城市的产业配置,是由其独特功能所决定的,从而与一般城市的产业配置有所不同,不能简单用一般城市产业配置合理化和高度化标准来衡量。认清全球城市产业配置的特点,按照全球城市独特功能来进行产业配置,是建设卓越全球城市的重要方面之一。

在全球城市的"一、二、三产"结构中,第一产业比重极小,可忽略不计,主要是制造业与服务业的构成。按照传统的产业部门划分,全球城市通常是以高度服务经济为主导的产业配置格局。因为对于支撑全球资源配置功能来讲,服务业所起的作用远远超过制造业;而在服务业中,消费者服务半径仅限于本市域,主要是先进生产者服务起着支配作用。这种先进生产者服务,不仅包括会计、律师、金融、中介咨询、广告等服务部门,跨国公司总部及地区总部从事的控制、指挥、协调等活动及全球研发中心所提供的技术服务等也是先进生产者服务。正是那些服务半径覆盖全球,且具有全球网络的先进生产者服务对全球价值链的治理与服务,导致全球资源的合理配置。因此,那些全球城市无一例外都是跨国公司总部、全球生产者服务公司高度集聚,先进生产者服务业高度发达的地方。

上海建设卓越的全球城市,在产业配置方面,也正朝着这一方向演化,服务业占比已达70%以上。然而,我们不能简单以服务业占比来衡量产业配置是否适应全球城市的独特功能。例如,有些消费型城市、旅游城市等,本身就没有什么制造业,其服务业占比自然很高,但以消费者服务业为主,显然不能作为全球城市的产业配置。因此,除了服务业占比外,还要深入考察服务业内部结构、先进生产者服务业发展水平及服务半径等标准。上海目前尽管已形成服务经济主导的产业配置格局,但从支撑全球城市的全球资源配置功能来讲,仍有相当的差距。从服务业内部结构来讲,餐饮、旅馆、零售等传统消费者服务仍占较大比重,且增长势头稳定;房地产、金融、商贸(批发)等生产者服务比重虽已增大,但增长不稳定;医疗保健、教育培训、文化创意、技术服务等新兴服务比重极其弱小。从服务业发展水平看,服务创新总体不足,特别是缺乏个性化、精细化、综合化的服务创新,主要是借助规模经济,劳动生产率较低。即使有一些服务创新,更多发生在消费者服务领域,如共享单车、网上购物、快递等,先进生产者服务领域的创新相对较少。从先进生产者服务业的服务半径看,大多数行业和企业服务半径狭小,尤其是本土服务企业缺乏自身外部网络,服务半径局限于市域范围,辐射力不强。显然,这样一种服务经济主导的产业配置难以强有力支撑全球城市的全球资源配置功能。

因此,上海建设卓越的全球城市,在服务业的产业配置方面:(1)不是简单强调进一步扩大服务业占比,而是在服务业内部结构中扩大先进生产者服务占比,大力发展基于总部经济、平台经济、流量经济的现代服务业,尤其是提升高动能、高附加值的新兴服务占比。(2)不是强调仅仅基于规模经济的服务业发展,而是促进服务创新,特别是个性化、精细化、综合化的服务创新,不断推出新技术应用、新商业模式、新业态,着力于提高劳动生产率。(3)不是满足于先进生产者服务企业的数量扩张,而是扩展其服务半径,塑造高端服务品牌,构建全球服务网络,增强全球辐射能力。只有这样,才能支撑全球城市的全球资源配置功能。

在全球城市的产业配置中,颇有争议的是制造业发展,尤其是上海在"十三五"规划中提出保持制造业25%左右的比例。首先要澄清,不能简单拿纽约市、伦敦市、东京市等服务业占比90%以上的标准来参照。上海行政区域包括郊区,其空间尺度相当于纽约、伦敦、东京的大都市范围。从大都市的空间尺度来看,这些城市也有一定比例制造业的产业配置。其次,从动态角度讲,随着全球城市升级到3.0版,科技创新成为全球城市的战略功能之一,势必带动和促进可嵌入城区的智能制造发展,制造业比重可能将有所提高。

其实,问题并不在于全球城市是否要有制造业的产业配置,以及保持多少比重才合理,而是要由什么样的制造业成为全球城市的产业配置并保持相应比例。从上海现有制造业水平及结构来看,要想保持 25％的比例确实很难。一些"高污染、高能耗、高危险"行业和企业将继续加快调整。传统重化工业也呈现生产加工进一步往外转移趋势。战略性新兴产业难以成气候,产值比重较低,市场占有率不高,增加值增长率较低。制造业的外资企业总体上是"只出不进"的局面,有实力的国有企业则纷纷"走出去"布局,民营企业做不大的被调整掉,能做大的也是生产外移。上海虽然有一些工业大项目,如大飞机等,但只是总装而已,并不形成产业集群,配套加工企业大部分在外。尽管上海有较好的研发、孵化功能,也出了不少科技成果,但成果产业化大部分转向外地。上述现象的出现,有其必然性,主要是一般水平的制造业已不能适应上海特有的高成本。当然,我们可以通过政府管理制度改革、提高行政效率、规范市场、优化营商环境等措施降低交易成本。但全球城市特有的土地级差决定的高租金水平、生活成本,从而进一步决定的较高劳动力成本,以及高昂的生态环境成本等,是不可改变的现实。因此,与这种高成本条件相适应的,只有高附加值的制造业才能在上海有立足之地。

上海制造业发展,不仅是"有所为,有所不为"的排序选择,更要考虑高成本的约束条件,选择与此相适应并能充分发挥全球城市比较优势的发展方向。借鉴国外全球城市的制造产业配置,主要有两大发展方向。

(1)上海发展的先进制造业,必须具有产业链的掌控力,其主要表现在掌握关键核心技术、关键设备(部件)和关键材料(简称"三关键")。只有具备这种产业链的掌控力,才能有过硬的质量品质,才能获得真正的高附加值。在此基础上,才能运用国际一流标准,并开发和制订国际一流标准。例如,德国开发的标准,90％以国际通用为目的,绝大部分被世界各国所引用。我们不要被冠以所谓高技术产业、新兴战略性产业或者被打上时髦印记的机器人、人工智能、新能源汽车等产业落地或入驻所蒙蔽。在这些高新制造领域,如果不掌握"三关键",尽管也会有基于规模经济的较大产出,但难以提高质量品质。中低技术,制造不出高端的产品;二、三流的装备,制造不出一流的产品;非优质的材料,制造不出优质的产品。更主要的是,从中不能获得高附加值,从而与上海特有的高成本不相适应。这意味着上海的制造缺乏竞争力,最终将被淘汰。因为这种制造水平在其他较低成本的地方同样可以发展,比上海更有竞争优势。目前,这种"三关键"正是发达国家卡我们脖子的地方,也是中国工业化的软肋。上海只有在制造的

"三关键"上下功夫,解决中国制造业发展中的根本性问题,为国家作贡献,才符合卓越全球城市的战略定位,成为全球城市的产业配置。

当然,制造"三关键"的突破,是"买不来"的,只能靠自力更生、自主创新。但也不能闭门造车,而要以开放姿态,主动参与全球科技合作与竞争。当今,技术创新的全球化趋势日益增强,全球创新网络日益完善,一些学术前沿、重大科技研发越来越依赖广泛的国际合作。尽管中国科技水平总体上与发达国家有较大差距,但仍有一定的比较优势。特别是在新一轮的数据驱动、人工智能等方面,我们有大数据、场景应用等比较优势。因此在科技国际合作方面,我们要发挥比较优势,加快培育自身核心竞争力。这些科技国际合作反过来有助于制造关键核心技术、关键部件和关键材料的突破。另外,一旦我们手中掌握一些高端技术,也有助于促进技术贸易,换取一些我们欠缺的关键技术。上海建设具有全球影响力的科技创新中心,搭建全球创新网络,开展科技创新国际合作等,是上海制造业在全球竞争合作中实现转型升级的重要载体。

(2)上海发展的先进制造业,必须基于技术、市场高度集成的智能制造。这种智能制造将在制造中实行革命性的核心要素更替,围绕数据要素构建智能环境和以此为基础的"智能工厂"。这种作为制造中核心要素的智能数据,恰恰是全球城市的比较优势。而且,这种智能制造可分散化嵌入城区之中,充分利用城区的充裕资源,发挥经济高密度的优势。更主要的是,智能数据形成智能工厂和智能产品的闭环,驱动生产系统智能化,提升生产加工环节的附加值,形成新型产业价值链,将"微笑曲线"变形为"水平曲线"。因此,这种智能制造也将成为全球城市的产业配置之一,是上海制造业发展的另一个主要方向。

智能制造发展主要有五大重点领域:智能装备产业(包括智能软件、智能装备、智能零部件)、智能制造(包括智能生产线、智能工厂、数字物理系统)、智能终端(以智能消费为主)、智能服务(数字工厂解决方案、电子商务等)、智能前沿应用(智能交通、智慧医疗、智慧城市等)。这要求在制造中实现两大生产转变:一是刚性生产系统转向可重构生产系统,制造的战略功能被重新定义,客户需求的快速响应成为竞争焦点;二是大规模生产转向大规模定制,范围经济超过规模经济成为优先竞争策略。与此相适应,实现两大产业组织变革:一是促进产业融合(技术融合、平台融合、产品融合、市场融合),生产性服务成为制造业的主要业态,在空间上更为集中;二是企业内部架构(从产品设计、原型开发、企业资源、订单、生产计划获取和执行、物流、能源,到营销、售后服务)都需要按照新的产品价值链加以整合,实现组织结构扁平化,特别是强化企业内部支撑智能制造的服务部门重要性,增强提供一体化解决方案的能力和与客户的互动能力,提升利用新型基础设施进行投融资方式和商业模式创新的能力等。为大力发展智能制造,还要构建智能产业体系、区域协同创新体系、人才培养体系、政策支持体系等。

上海制造产业配置沿着这两大方向发展,必定要与科创中心建设紧密结合。特别是这种产业链掌控力的高端集群,是大量的大科学装置和实验室、科研机构、高校、研发中心、创新平台、国际合作、大企业集团、中小高科技企业、风险投资、技术服务等机构的集群。并在这一集群中,有广泛的交互、溢出等效应。另外,要融入长三角的先进制造集群,并在其中发挥重要作用。特别是上海制造的功能分工是注重于"三关键"突破,形成产业链的掌控力。这种产业链的掌控力更多体现在中间产品和资本品上,而不是最终产品上。这些最终产品的生产乃至部分中间品、资本品的生产难以在上海生存,绝大部分要放到长三角先进制造业集群中。因此上海制造的掌控力势必延伸到长三角先进制造产业链之中,与长三角先进制造形成功能分工协同。

23.8　为何优化营商环境至关重要?

上海在建设卓越全球城市,提升城市能级和核心竞争力过程中,关键任务之一是优化营商环境。优质的营商环境,犹如一个强大的吸引场集聚全球高端功能性机构(公司),承载大规模要素流动;同时,构成激发创新创业活力和提高资源配置效率的肥沃土壤。

国际经验表明,优质的营商环境是全球城市必备条件之一,是全球城市能级提升和迈向卓越的制胜法宝。例如,20 世纪 80 年代,伦敦与法兰克福两个城市争夺国际金融中心地位。当时,尽管法兰克福的区位、基础设施等条件优于伦敦,但伦敦有更好的营商环境,如放松金融管制、市场准入自由与便利、公平竞争,具备更大的多元性和包容性等,从而更具创新创业活力。这还在一定程度上弥补了区位、基础设施条件等不足。其结果是:伦敦成为国际金融中心,而法兰克福则作为欧洲的金融中心。

上海是一座具有深厚商业文明基础的城市,讲规矩、守信用的契约精神传统历久弥新,构成营商环境的一个鲜明特点。但随着时代进步和发展,营商环境的内涵不断丰富,标准日益提高,需要与时俱进地优化营商环境。近年来,上海对照世界银行的营商环境指标①,加大改革措施,取得明显进步。在开办企业方面,建立了企业注册"一窗通"服务平台系统,将之前的 7 个办理环节调整为 5 个环节,从原来的 22 天办理时间缩减到 6 天内办结。在获得电力方面,由电网企业一口受理,办理手续从原来的 5 项缩减为用电申请和竣工装表 2 项,从原来的 145 天缩减到平均不超过 25 个工作日。在办理施工许可方面,政府审批时间从原来的 105 天分别缩短到工业项目不超过 15 天、小型项目不超过 35 天、其他社会项目不超过 48 天。在登记财产方面,实施"全网通",办理时限从原来 28 天缩减为抵押权、地役权等 6 个事项当日办结和其他事项 5 个工作日办结。在跨境贸易方面,进口集装箱"从货物抵港至提离港区"时间压缩三分之一;单证时间,实行出口原产地证网上申请自主打印 4 小时办结,地方商务部门审批的机电类产品进口许可证出证一天内办结。在纳税方面,通过推出办税事项"最多跑一次"清单、探索预填式一键申报、实行网上更正申报、拓展多元缴税方式等,纳税时间有望减少 20%。由于"营改增"和印花税实行网上申报,纳税次数可减少 2 次。正由于上述这些方面的改进,使得由上海(权重 55%)与北京(权重 45%)为代表的中国营商环境全球排名从 2017 年第 78 位跃升到 2018 年的第 42 位。

　　然而,我们必须清醒地看到,这些方面的改进主要集中在办理时间(天数)的明显缩短,而在办理手续(个数)和成本(占人均收入百分比)方面仍有较大差距,特别在办理施工许可手续方面,并列排名第一的伦敦和巴黎仅 9 个手续,排名第三的新加坡为 10 个手续,上海需要 19 个手续;在施工许可成本方面,纽约、东京、香港分别为 0.3%、0.5% 和 0.6%,而上海为 2.4%。另外,提高行政办事效率,为企业的开办及前期运作提供更大便利,固然是优化营商环境的重要内容,但营商环境中更核心内容是促进准入后的公平、高效、透明的规则。这是营造富有活力的经济和创业环境的基石。在执行合同司法程序质量、办理破产法律框架力度等指标上,上海虽已居于前列,但仍有不少判决的合同难以实际执行,对失信的处罚不力,市场主体权益保护不足;破产案件审理时间还可缩短,破产审判的透明度还可增强,破产成本有待降低。在获得信贷方面,特别是中小企业贷款难、融资难问题仍较普遍。在保护中小投资者方面,尚缺乏有力、有效的措施。再则,有一些没有列入世界银行营商环境的指标,如"准入前"的市场开放度,"准入后"的知识产权保护等,上海也仍有提升空间。上海在 OECD 外商直接投资

---

　　①　世界银行的营商环境 10 个主要一级指标,即开办企业、办理施工许可、获得电力、登记财产、获得信贷、保护中小投资者、纳税、跨境贸易、执行合同和办理破产。

限制指数排名中位列倒数第一,在关键国外人才限制指数排名中位列第七。根据普华永道《机遇之都 7》报告中知识产权保护程度得分,上海在 11 个城市①中排名倒数第一。最后,还有一些难以用指标来衡量的营商环境方面,例如,市场准入存在的隐性门槛,难以获得政府项目的公平竞争机会,对某些市场主体的隐性保护,透明度不高,政出多门、政策多变与政策之间"打架"扰乱市场主体的合理预期,地方政府之间"招商引税"的"挖墙脚"扰乱市场秩序等等,上海也都有改善空间。

其实,营商环境如何,一个综合性反映是创新创业活力程度。营商环境好的地方,势必充满创新创业活力;反之亦然。相比之下,上海的创新创业活力略显不足。首先,强大的创新创业活力由于拓展了发展空间和机会,对高端人力资源具有极大吸引力。而高端人力资源的集聚,反过来促进创新创业活力,两者形成互动。大量前往北京、深圳的"北漂""南漂"族,主要是被其创新创业活力所吸引。而上海目前吸引人才主要是依靠较好的人文生活环境,并非具有强大的创新创业活力。其次,创新创业活力导致物质资本与人力资本高度匹配和有效配置,成为促进经济社会发展的强大引擎。而物质资本与人力资本高度匹配和有效配置,反过来成为增强创新创业活力的基础。因此,充满创新创业活力的地方,通常具有较高的 GDP 增长速度、人均 GDP 水平、投资增长率、附加值率增长率等。上海虽然不依赖大规模投资(特别是房地产投资)来保持 GDP 高增速,但也不能掩盖创新创业活力不足导致物质资本与人力资本错配带来的 GDP 增速减缓、人均 GDP 水平提高缓慢、投资增长疲力、附加值率增长率低下等问题。再则,创新创业活力导致地点空间与流动空间的高度互构,既形成巨大的经济流量,也日益增强经济密度。上海的经济流量已有较大幅度提高,经济容量迅速增大,但经济密度偏低,在较大程度上也反映创新创业活力不足。例如,陆家嘴金融城与曼哈顿相比,商务楼宇面积已差不多接近,但平均面积容纳的从业人员数量、产出的税收等,远低于后者。又如,一方面,用地紧张,许多项目无法落地;另一方面,一些土地闲置或低效使用。总之,创新创业活力受到抑制,特别是民营经济发展受到制约难以做大做强,归根结底反映了营商环境尚存在不足。

因此,上海要对标国际最高标准、最好水平,优化营商环境,真正起到激发创新创业活力的作用。进一步加大市场开放力度,优化升级负面清单,特别是扩大服务领域开放。在破除行政性垄断、确立竞争中性、提高透明度和规范市场上下

① 11 个城市即新加坡、东京、伦敦、香港、阿姆斯特丹、巴黎、悉尼、迪拜、洛杉矶、纽约、上海。

功夫,加大对市场主体利益保持力度,加大对知识产权保护力度。深化国有经济和国有企业改革,厘清政府与国有企业关系,实行国资授权经营,推进混合所有制改革,建立企业市场化机制,健全法人治理结构。从基于企业所有制的分类管理转向基于企业规模的分类管理。对于不同所有制的企业,一视同仁;只有对不同规模类型的企业,才采取差别化对待,特别是要对中小企业提供信息、技术、资金等方面援助。完善立法,提高司法质量,加大执法力度,提高监管水平。

23.9　全球城市仍需要打造城市品牌吗?

　　上海建设卓越的全球城市,扩展全球网络连通性和增强全球资源配置独特功能,是一个不断提高吸引力、创造力和影响力的过程。因而,全球城市本身就是一块响当当的"金字招牌",具有很高的知名度。然而,许多全球城市还都推出了先进的城市品牌战略,让城市政策和城市发展与城市品牌保持一致,以加强其城市品牌。例如,纽约把财政等城市政策与城市品牌的业务重组相结合。①这种城市品牌战略,除了创造市特质和良好形象,吸引各种目标群体到城市来,还成为用于管理人们对一个城市的认同或城市发展中的机遇、优势、重点、特色等看法,凝聚人心和各种力量共建城市的治理策略。

　　目前,上海提出打响服务、制造、购物、文化"四大品牌",应该是一种城市品牌战略的具体实施。与发展理念等城市理性不同,城市品牌更是具象化、形象化的。打造城市品牌,总是要落到某些具体方面或事物上,能给人一种实际感觉与视觉效果。上海在建设卓越的全球城市过程中,服务、制造、购物、文化等是促进高质量发展和高品质生活的重要领域,从而成为实施城市品牌的实际载体和具体抓手。而且,这些实际载体和具体抓手的选择,通常是一个发展阶段中迫切需要解决的重大问题,能引起大众广泛关注和启发式的情感交流。上海近阶段,在服务、制造、购物、文化等方面的建设尤为迫切。上海的服务业比重已占70%,需要增强城市服务功能。上海制造业要保持25%左右比重,必须发展基于科技创新的先进制造业。上海每年召开国际进口博览会,且实行365天机制,要借此契机大力营造购物天堂的都市消费。上海建设国际文化大都市,要积极创新文

①　Greenberg, M., 2008, *Branding New York: How a City in Crisis was Sold to the World*, New York: Routledge.

化繁荣发展。

上海在服务、制造、购物、文化等方面有较好基础,并在历史上曾留下较好口碑,诸如"飞虎"油漆、"三五"时钟、"414"毛巾、"英雄"钢笔、"永久"和"凤凰"自行车、"蝴蝶"缝纫机、"上海牌"手表、"三枪"内衣、"中华"牙膏、"白猫"洗衣粉、"光明"食品、"民光"床单等品牌,代表了一个时代的经典记忆。但今天打响"四大品牌",并非简单地重振过去曾有的品牌雄风,更不是沿袭过去品牌打造的路径与模式。事实上,这些旧品牌的形成、发展由其特定历史条件决定。归结起来,有四点:一是上海当时的发展顺应了产业发展规律。在中国工业化跨越轻工业、基础工业直接进入重化工业阶段和生活消费品严重短缺的背景下,上海轻工业发展且成为中国生活消费品的主要供应者。当时,上海生产的照相机、缝纫机、手表的产量占全国同类产品总产量1/3左右;电视机、自行车、录音机产量占全国1/5。在商业部门收购的日用工业品中,约有3/4调往全国各地,占全国省际调出量的30%左右。二是上海当时在国内的工业技术水平相对较高,不仅工业设备相对先进,而且有一支掌握先进技术、精通业务的科技研究队伍以及一大批手艺精湛的熟练工人。因此,上海的经济效益在全国一直居于领先地位。全民所有制工业企业每百元固定资产原值实现的工业总产值219.4元,高出全国平均水平1倍多;每百元资金实现的利税58.53元,高于全国平均水平的1.4倍;全民所有制工业企业全员劳动生产率32241元,优于全国平均水平。三是上海制造产业配套性强。在全国180多个工业行业中,除了石油开采、森林采伐、矿产开采等以外,上海具有157个行业,已形成门类齐全、自我配套能力强的完整工业体系。四是处在封闭条件下的国内市场上,上海产品竞争无敌手而称雄。随着历史条件的变化,这些品牌的"比较优势"已不复存在。因此,我们打响"四大品牌",必须按照国际标准与要求,充分挖掘现有的比较优势,探索品牌培育的新模式。

服务品牌的构建,自然与服务态度改进、服务方法优化、服务环境改善等有关,但不能停留在这一层面上。首先要解决的问题是,上海能提供什么服务,提供什么程度的服务。因而服务品牌的构建,其核心是增强服务功能。没有强大的服务功能,难以形成服务品牌。服务功能的增强,关键在于扩展服务半径,增强服务辐射力。尤其是先进生产者服务,不能仅局限于市域范围,而要向长三角、全国乃至全球延伸。这既是全球城市发挥全球资源配置作用的要求(即全球服务),也是上海自身健康、可持续发展的需要。先进生产者服务扩展服务半径,主要不是通过广告宣传等营销手段,而是构建自身的服务网络。若没有这种覆盖周边地区、全国乃至全球的服务网络,服务机构是走不出去拓展全球服务业务的。只有在服务网络基础上扩展服务半径,增强服务功能,才能树立起服务品牌。

制造品牌的构建,自然与产品质量提高、功能优化、款式改进等有关,但这些只是一种结果的表现。尽管产品功能、款式可以仿造,但中低技术制造不出高端产品;二、三流装备生产不出一流产品;劣质材料形成不了优质产品。因此,制造品牌根本在于要有自主创新的高技术支撑,以先进装备与优质材料为基础。在现代条件下,产品品质已不再依赖人的技能。实际上,是人都会犯错,都会有误差,特别是在生产环节,这些人为引入的负面影响经过流水线的每个环节逐级放大,必然会最终影响产品的品质。因此,产品品质要依靠高度生产自动化和智能化,使生产的每个环节都可以精确测量到产品和生产线的各种问题并及时予以纠正。国际经验表明,制造品牌实际上都是由国际一流标准为基础的。不仅要运用国际一流标准,而且要开发和制订国际一流标准,以支撑其制造品牌。塑造制造品牌,要有职业化的工匠精神,追求专注主义、完美主义、信用主义等价值取向。不追求外在,但追求细节,即对细节的把握和精益求精。不追求价格,但追求价值,更愿意在保证利润的同时,让利润转化为更好的产品和服务完善上。不追求速度,但追求质量,努力把品质从 99% 提高到 99.99%。打造制造品牌,必须以国际市场竞争力为衡量标准,具有相应的国际竞争能力。

购物品牌的构建,就其本身来讲,是指广义的购物,即零售与批发、国内与国外、有形与无形、线上与线下等购物。而且,这一品牌构建也并非集中在购物本身,而要突出购物的整个消费过程,是泛化的"购物+",如购物+体验、购物+休闲、购物+养生、购物+创意、购物+鉴赏、购物+时尚、购物+创美、购物+理财等。在这一整个过程中,能够便利便捷,具有广泛选择性,确保品质保证,营造良好环境,构建智能平台,充满奇特新奇,以及产品免税等。

文化品牌的构建,重点在于广泛的国际交流,促进全球多元文化并存、交汇与交融,具有时代文明性、全球时尚引领性、中国传统文化传承性,以及上海江南文化、红色文化、海派文化的明显特点。国际经验表明,文化品牌重在载体建设。一是具有国际影响力的文化地标,包括博物馆、文化艺术中心、历史遗址、文化创意园区等。伦敦的大英博物馆,巴黎的卢浮宫、奥赛博物馆、蓬皮杜艺术中心等,都是一种文化品牌的形象与象征。这种文化地标的影响力,不仅仅在于其建筑的独特内涵及风格,更主要在于其收藏和展示的丰富内容。例如,大英博物馆藏品由跨越世界文化史的 800 多万件文物组成——从原始人类的石器到 20 世纪的版画。二是长盛不衰的经典艺术作品,包括电影与电视剧、文学、绘画、音乐、戏剧、表演等。纽约百老汇音乐剧、巴黎红磨坊歌舞表演等经典剧目,都是其文化品牌的重要标志。三是国际性文化活动,包括电影节、艺术节等重大节庆,国际会议、论坛等交流,以及大型展会、奥运会等大型赛事。

　　虽然打响"四大品牌"有其各自内容与重点,要采取不同的方法,但作为城市品牌战略的具体实施,更是一种城市治理策略,既通过情感和形象的树立来影响人们的看法,同时也影响和指导城市参与者的行为。与其他治理方法不同,品牌作为一种治理策略是基于启发式的情感和快速的评估,以唤起一个城市的形象为中心,并赋予城市特质的一种情感表达(如"活力十足的""充满机遇的"或"富有创新的"等),而不是通过深思熟虑或理性来提供区别于其他城市不同特点的说明书。另外,城市品牌塑造在一定程度上是通过潜意识起作用的,由品牌引发的联想通常是人们无意识行为。一般来讲,品牌在城市治理中被用来实现三个主要功能①:(1)对城市及其发展认知的构建和管理。由于品牌形象具有视觉效果和基于情感的交流,不仅很容易引起大众关注,而且也可以作为一种启发式工具,感性地影响人们看待城市问题的方式,从而有助于在政策及解决方案上取得大致相同的意见。这样,就可以将大众的情感和认知整合到治理过程中,并影响治理过程中的决策。(2)激活与约束城市的参与者。城市治理涉及公共和私人部门相互依赖的网络,由许多具有不同看法和策略的主体参与。品牌可以帮助参与者围绕核心理念进行合作,并激励他们参与和投资于城市发展过程。(3)促进政府及其他参与者通过媒体与外界进行广泛沟通与交流。在一个媒介化的世界里,与冗长政策文件或深度陈述相比,品牌以其短小的、高度可视化的特定格式以及情感化的方式,能更好履行与外界沟通与交流的功能。因此,城市品牌作为一种治理策略,可以补充城市治理中占主导地位的理性方法,帮助解决治理过程中情感方面的问题,同时将各种利益相关者与治理过程联系起来,使他们对城市品牌作出贡献。作为新兴治理策略,城市品牌化主要用于影响游客和投资者等目标群体的认知,也作为一种影响城市定位、空间规划、经济政策的指导方针。一个全面的城市品牌战略及作为一种治理策略,包括形象开发和产品开发两大方面。因此,城市品牌不仅在象征层面上影响城市发展,而且在城市的政策、服务和实体发展层面上也影响城市发展。

---

① Eshuis, J. and Klijn, E. H., 2012, *Branding in Governance and Public Management*, London: Routledge.

　　打响"四大品牌",作为一种城市治理策略,如何来做? 国际经验表明,不宜采取当地政府为主导的自上而下方法。因为当地政府作为城市品牌所有者和品牌主要管理者,负责城市品牌的开发,并说服利益相关者一起进行品牌推广活动,其重点是传播城市品牌的质量和性能(例如,低税收或良好的基础设施等),从而为这个城市增加象征和情感品质。这种自上而下的方法通常对利益相关者的影响很小,往往不能使广大的利益相关者参与到城市品牌的发展中来,从而其作为城市治理策略所起的作用较小。而且,当城市品牌在市民眼中离城市现实太遥远时,很可能发生利益相关者不予认同,甚至强烈排斥的反品牌活动。在大量利益相关者挑战城市品牌的情况下,品牌可能会适得其反,阻碍城市发展进程。

　　一种比较成功的城市品牌打造方法,是交互式方法。它主要围绕利益相关者的需求,并创建相应的城市品牌。因此,利益相关者对城市品牌的形成有很大影响。这种方法是在充分了解利益相关者的关注和愿望的基础上,设计与打造一个与此相适应的城市品牌。它是当地政府对相关利益者需求的一种回应,以更好地满足其需求,而不是去说服相关利益者。在这种方式下,城市品牌是政府、企业和其他社会团体之间的合作,而不是由地方政府主导。这里,地方政府可以有意识地寻求与相关利益者的合作。通过让利益相关者参与到城市品牌发展的过程中,可以尝试将利益相关者的价值观、感受和风格偏好等纳入品牌中。同时,利益相关者也可以作为合作伙伴参与品牌推广活动的实施。这种交互式方法通过多元化主体以互动合作的方式创建城市品牌,他们是城市品牌的共同生产者。因此,让利益相关者参与城市品牌的开发和实施,不仅有助于构建更符合城市现实的品牌,也减少了品牌内容被夸大扭曲和被操纵的风险。

23.10　全球城市建设如何融入长三角一体化?

　　当今全球城市的发展,已不再是一个城市单元,而是作为一种地区现象,演化为全球城市区域或巨型城市区域。这意味着全球城市发展动力及战略空间从全球连接的单一性转向全球连接与地区功能连接的双重性,寓于地区一体化发展之中。因此,上海建设卓越的全球城市,不能基于自身市域范围的"单打独斗",而要融入长三角更高质量一体化发展。

　　长三角地区处于东亚地理中心和西太平洋的东亚航线要冲,是"一带一路"

与长江经济带的重要交汇地带,是中国"东进"连接发达国家与"西进"("一带一路")连接广大发展中国家的核心枢纽。其交通条件便利,经济腹地广阔,经济实力雄厚,是中国经济最具活力、创新能力最强的区域之一。目前,长三角地区已具备全球城市区域或巨型城市区域的两个基本条件:高度城市化和高度全球化。长三角地区是世界第六大城市群,城市密集分布,且城市结构合理。同时,长三角地区是高度外向型经济,深度参与经济全球化,其主要城市都有较强区域以外的外部联系,受到全球网络的不同程度覆盖,具有大量的全球连接。因此,长三角地区一体化发展是上海建设卓越全球城市,实现空间拓展的重要支撑。

自改革开放以来,长三角地区合作交流不断深化,经济联系日益加强,产业链日趋完善,分工合作愈加清晰,合作领域不断扩展,交流力度逐步强化。在此基础上,长三角地区迈向更高质量一体化发展将是重大的区域发展转型,将开创区域发展的新格局。其主要标志是:

(1)从区域垂直梯度分工转向水平协同分工,实现功能集成。在过去长三角地区交流与合作中,形成了上海与周边地区及城市的垂直分工体系。上海凭借雄厚经济实力、城市综合服务功能以及强大产业集群作为制高点,周边地区及城市主要接受上海的功能扩散与辐射及产业梯度转移。长三角更高质量一体化发展将要求实现分工体系升级,转向更为高级的水平协同分工,即区位功能专业化分工。这是区域城市间高度功能连接与集成的基础。例如,日本太平洋沿岸巨型城市区域,东京集聚现代服务业,多摩地区为高新技术区,神奈川地区机械业更突出,千叶地区化工业比例更大。日本东京湾6个港口具有明显的区位功能专业化倾向,最大的千叶港口作为原料输入港,横滨港口负责对外贸易,东京港口集中于内贸,川崎港口专为企业输送原材料和制成品。这意味着各地城市必须在市场机制决定性引导和配置下培育和形成功能专业化的比较优势,发挥各自的重要作用,并实现城市之间功能连接与集成及互补,以不同方式驱动在物理上独立和间离的城市经济增长。当然,区域中的功能专业化水平分工是市场自然选择结果,功能连接与集成主要是通过市场活动形成的。在此过程中,关键在于找准功能专业化的比较优势,其取决于自然禀赋及自身发展定位。上海应聚焦全球城市的网络节点、全球平台、门户枢纽、流量经济等核心功能,发挥龙头带动作用。江浙皖要各扬所长,做大做强各自特色功能及其具有竞争力优势的产业,从而形成强大的互补效应与协同效应。这种水平协同分工将改变过去周边地区及城市单向接轨上海、融入上海的格局,在"龙头、龙身、龙尾"培育和发挥各自核心竞争力基础上,实行双向对接、相互融入,从而使各地专业化功能得以系统集成,提高长三角区域竞争力总体水平。

(2)从中心—外围等级结构转向区域网络平等结构,实现组织(网络)集成。长期以来长三角地区形成以上海为中心,周边地区及城市为外围的传统区域模式。这种中心—外围的等级结构,通常导致竞争大于合作。长三角更高质量一体化发展,主要是区域内全球网络连接的发展,并趋向于形成大规模流动的网络结构。上海与其他城市都将成为这一区域网络中的节点,并构成网络连通性。城市间的网络关系主要是由所在城市中的企业(机构)内部网络(次级网络)连接创造的,主体不是城市政府,而是公司(机构),不能用行政手段越俎代庖。正是通过现代服务业网络、产业价值链网络、创新及技术服务网络、交通网络、信息网络、政府网络、非政府组织网络、社会网络等,以不同方向、不同尺度连接区域内城市,并实现其互补性。在这种网络结构中,尽管长三角地区从形态学角度讲呈现上海"单中心"偏向的明显特征,但从关系学角度讲更多呈现"多中心"偏向特征,杭州、南京、合肥,甚至苏州、宁波等这样一批重要节点城市形成功能多中心分布。因此,上海的发展不能着眼于形态单中心结构的扩张,也不能停留在形态单中心角度考虑发挥自身作用,而要立足于长三角地区功能多中心结构来寻找自身功能定位,在整合长三角地区并将其联锁到世界城市网络过程中发挥重要作用。这就要求上海把基于生产专业化、产业价值链分工的一般经济联系提升到城市区位功能连接与集成的新高度,在区域功能多中心空间结构中发挥核心作用。在这种网络结构中,尽管各节点的连通性水平及其地位有差异,其发挥的作用不尽相同,但节点之间则是一种平等关系,通常是合作大于竞争,在交互与共赢的基础上,寻求更大范围、更深层的合作。

(3)从基于行政边界的合作交流转向基于市场流动的合作发展,实现关系集成。过去长三角虽然也有市场自发的要素流动、企业合作与产业配套等,但在很大程度上受制于行政边界,特别是地方政府为争夺资源要素的各种优惠与保护性政策竞争,更是凸显出政府主导下的区域合作模式。长三角更高质量一体化发展,势必要求突破行政边界限制,消除优惠与保护性的政策竞争,在统一市场和公平竞争环境中促进区域内不同城市之间信息、思想、人员、资本等资源要素流动,包括由现代服务业日常活动引起的有形和无形流动,实现资源有效配置。

(4)从零散性区域合作转向区域共同体发展,实现政策集成。过去长三角地区在旅游、交通、教育、环境整治等诸多领域开展了合作交流,但大都基于"能合则合,不能合则不合,能合多少就是多少"的原则,从而更多是"点对点"的合作以及"廊道式""飞地型"的连接。长三角更高质量一体化发展,将在区域层面存在战略与规划、政策乃至协调机制,实现交通、能源、技术创新、产业链、信息、生态治理、公共服务、市场环境等全方位连接,从而成为一个在空间便捷、资源配置、产业分工、人文交流、公共服务等方面具有功能互补和良好协调机制的共同体。这种共同体发展将聚焦规划对接、改革联动、创新协同、设施互通、信息数据共享开放、优质资源的公共服务共建共享、生态环境共治共保等。

长三角更高质量一体化发展对区域治理提出新的更高要求。国际经验表明,区域治理结构是促进区域一体化发展的关键。我们必须适应长三角更高质量的一体化发展,实行区域治理的升级,构建区域治理新模式,提高现代化区域治理水平。

(1) 从随机性治理提升为框架性治理。过去长三角区域治理大都是协商议题临时性安排,实行"一事一议"及专项措施,或者是针对太湖出现蓝藻、黄浦江浮现死猪等事件的应急性磋商,以及召开世博会等重大活动采取应景性的临时联合措施,等等。长三角更高质量一体化发展,特别是作为一个共同体发展,要求实行框架性治理,用超越行政管辖边界的制度结构来确保区域战略规划与政策合作,制定推进长三角一体化的路线图和时间表,计划每年推出重点合作事项和举措。

(2) 从政府单一化治理提升为多元主体参与型治理。过去长三角的区域治理具有主体单一性特点,主要是地方政府之间的交流与协商,制定相关的正式协议,进行有限的政策合作等。长三角更高质量一体化发展,要求在政府主导的基础上越来越突出民间组织在区域协调中的地位和作用,形成一种国家、地方政府、企业及本地参与者的混合治理结构。当然,这种混合治理结构,各国和各地根据自身不同情况,在实践中又有所侧重,呈现不同协调模式。例如,以英国英格兰城市群、日本太平洋沿岸城市群为代表的中央政府特设机构主导协调模式,政府主导规划法案的制定和实施,并运用产业政策、区域功能分工、大交通、自然环境等许多专项规划与政策进行协调。又如,以欧洲西北部城市群的市(镇)联合体为代表的地方联合组织主导协调模式,其特点在于明确了政府不干预规划的具体内容,市(镇)联合体可以对基础设施、产业发展、城镇规划、环境保护以及科教文卫等一系列活动进行一体化协调。再如,以美国东北部城市群和北美五大湖城市群为代表的民间组织为主、政府为辅的联合协调模式,其由半官方性质的地方政府联合组织"纽约区域规划协会"(RPA)、跨区域政府机构"纽约新泽西港务局"等和功能单一的特别区共同协调。随着市场化趋势加速,民间组织在区域协调中的地位和作用越来越突出。在这种治理结构下,越来越多是由地方政府和商会、利益相关者、协会等创建和管理的各种正式与非正式、显式与隐式以及完整的或不完整的软协议,以指导当地行动者行为;与这些软协议相配套,建立实施协议的工作网络。

(3)从措施性治理提升为机制性治理。过去长三角基于松散型的区域合作,主要是采取基于明确针对性的个别政策措施。这些政策措施有较强时效性和较弱约束性,也缺乏配套性。当长三角实现紧密性区域合作时,必须建立"多边"协商、多层次协议、多方利益协调的机制,实行具有长效性和较大约束力、整体配套的机制性治理。

(4)从粗线条治理提升为精细化治理。过去长三角区域治理大都停留在概念性战略合作、战略合作意向、合作框架内容等层面,且缺乏全过程管理。长三角更高质量一体化发展要求在此基础上进一步深化区域合作的重点领域,采取因地制宜、因事而异的合作方式,细分专项性合作,制定可操作性的实施方案。对于实施的合作专项,实行事前充分研究与协商、事中跟踪与监测、事后评估与调整的全过程管理。实行制度化、科学化、项目化、智能化的精细化区域治理。

国际经验表明,区域治理比其他任何治理都更复杂,要取得良好治理成效更难。因为地区发展中同时存在"地点空间"与"流动空间",前者是有行政的边界,后者是流动的无边界,两者天然地互为结构性分裂。在长三角区域中,城际关系远远超出了行政管辖的城市边界和法定边界。经济联系和功能关系强调边界必须是"多孔"(可渗透)的,与基于行政管辖的制度政策往往矛盾,从而对物理运输模式、基础设施管理、融资有效性和环境可持续等形成高度挑战性。构建新型长三角区域治理体系,必须立足于妥善解决(无法消除)这种结构性分裂,尽可能减弱行政边界的障碍,最大可能扩展无边界的流动。

(1)加大区域治理基础设施建设。区域治理通过城市网络扩展来寻求区域的空间一体化(即扩大的特定功能区域)需要有相应的基础设施。一是完善商务网络基础设施,搭建各种类型的商务平台,形成完备的商务组织网络。二是增强信息传播、交通运输、水资源开发利用、能源安全等流动性基础设施。三是建立健全公共部门治理基础设施,共享信息数据,规范统一市场秩序,构建全域信用体系,统一监管框架等。

(2)创新区域治理的制度框架。加强国家在长三角区域治理中的重要作用,主要是确立宪法秩序,将长三角区域发展上升为国家战略,并通过中央与地方政府的权力关系(事权与财权)分配、制定区域发展战略规划等方式实施。在条件允许的情况下,由国家设立跨地区政府专业管理局,统筹管理区域中如港口运输、环境治理等某些特殊专业事项。发挥区域内地方政府的积极作用,主要是经过充分协商制定促进区域发展的基本规则及其实施标准,以协调项目、事项为重点,以解决有争议的空间问题为有限目标,明确具体行动计划,及时评估实际成效和不足,促使跨地区协调行之有效。同时,构建跨地区的政策网络,包括地方立法、政府规章制定等方面的沟通协商机制,加强组织建设,包括一些常设性的联合办公机构。

(3)构建新公共管理模式。形成多元主体参与,政府组织与非政府组织相结合,体现社会各阶层意志的新公共管理模式。除了运用制度框架下的正式规则外,更多发展基于利益交互与双赢的软协议,包括城市政府、行业协会等非政府组织、企业之间的软协议,作为一种共识和共同行为准则,吸引和规制资源要素跨界流动。搭建区域内各种平等对话的平台,发展跨地区的行业协会及联合会等。

(4)完善利益协调机制。深入研究与探索区域发展的利益评判标准、利益评估方法、利益划分与分解方式、利益分配等;进一步完善利益共享机制,如自贸试验区制度创新的改革红利共享,国家综合科学中心等科创资源与平台的共享等;创新利益交换机制,如区域内碳排放权、排污权等事权交易制度;探索和建立利益补偿机制,如生态保护补偿、土地异地调剂等;建立健全利益保护机制,确保合作各方的综合收益大于合作成本,实现各地之间的合作与制衡。

(5)形成规划引领的多层次、多样化治理方式。长三角区域治理的基本出发点,主要针对如何有效组织城市之间的特定功能和潜在功能。基于城市网络关系的多重性,要以区域规划为"牛鼻子"引领多层次、多样化的治理方式。制定具有明确法定地位的区域发展战略及空间规则,发挥强势调控和指导作用,调整区域的城市体系、产业布局、交通网络、发展轴带模式等。例如,在英国的规划体系中,法定规划以"区域空间战略"和地方政府的"发展规划框架"为主体,加强了区域层面的指导作用。又如,法国政府在"巴黎—鲁昂"城市群规划中,为了限制巴黎大都市区的扩展,改变原来向心聚集发展的城市结构,沿塞纳河下游在更大范围内规划布局工业和人口而形成带状城市群。再如,日本几轮国土规划的出发点也都是为了改变太平洋沿岸城市群中东京独大的单核结构,形成以东京为政治中心、大阪为商业中心的"双中心"布局。另外,采取以专项研究和引导为重点的协调机制,更多关注城市生态发展、环境保护、技术手段等实际的细节问题,更多发挥专业技术的沟通与协调角色。这种以专项研究和引导为重点的区域协调更容易促成不同利益主体达成共识。

这些专项研究和引导要兼顾多种管辖性、考虑多个目的性和强调多种相关问题的综合性,并引入多方利益相关者,注重多尺度的操作性,即在不同的地理尺度下采用不同的管制措施和政策。这些专项研究由利益相关者成立一个多部门的联合机构,重在建立一个对话和信息交换的有效平台,用先进的科学方法和技术手段辅助决策,协调多方面利益,就相关问题达成共识。其日常工作方法必须严谨细致,保证基础数据的准确性和翔实性,提高研究的细致和深入程度。而且这些研究的数据和结论能真实详尽地公布在网站上,供政府、企业和公众随时取用。

23.11　为何全球人才环流是关键?

全球城市是全球化所带来的全球知识集聚与流动不断扩展和复杂化的重要载体,不仅仅是不成比例地吸引具有指挥和控制全球经济的组织及其支撑的专业服务机构,而且吸引了更大规模的熟练劳动力和专业人士。这内在规定了全球城市特有的人力资本禀赋,并赋予其全球人才集聚与流动的鲜明特征。同时,这种人力资本禀赋也是全球城市演化的重要战略资源,其奠定了城市心智不断趋于提高及对选择环境作出积极反应的坚实基础。上海建设卓越的全球城市,能否具有与其功能相匹配的人力资本禀赋,以及全球人才的集聚与流动,构成了其成败得失的关键。

全球城市的人力资本禀赋不是"自然"和静态的,而是动态变化的,存在于流动性中。在此过程中,会有相当部分外国人(境外人士)进入并长期或永久居留,其在当地居民总数中的比例趋于扩大,但这已不再成为唯一、主流的模式。在全球化进程背景下,得益于信息网络技术及现代交通的支持,全球城市人力资本流动方式发生新变化,特别是人员的工作地与居住地发生分离,流动类型已经多样化,"柔性流动""弹性流动"更加广泛与普遍,并呈现出越来越灵活多样的趋势。高技术移民日益具有网络化的特征[1],包括跨国公司内部流动、短期合约,以及学生、学者、管理人员和 IT 专家的瞬态流动。特别是跨国公司外派人员在母国

---

[1]　Taylor, P.J., 1999, *Modernities: A Geohistorical Interpretation*, Cambridge: Polity Press.

和其他地方之间的复杂联系①，越来越多的高技能专业人士的临时性跨国移动②，只是知识转移，而不是个人移民性质。高技能人才的"环流"，能更好体现全球城市人力资本流动的基本形式。

从表面上看，这种"人才环流"相比永久性高技术移民，具有更大的不确定性和不稳定性，似乎会削弱全球城市的人力资本流动功能。其实不然，这种人才环流将给全球城市的人力资本流动性创造更大的动能。因为从微观个体来讲，人才环流方式使其摆脱了迁移成本的多重束缚，从而更多考虑比较收益差异，甚至更多考虑或专注于其人力资本增值的驱动。这将极大提高其全球性流动的可能性，增强向全球城市流动与集聚的动力。此外，从宏观角度讲，人才环流方式使其减少了受多种因素（如国籍、种族、文化习俗、语言等）的影响，从而使基于全球尺度知识增强的交流空间趋于更大范围。显然，这将使全球城市的人力资本流动呈现更多的多样化形态和不同特点，也将给全球城市的人力资本流动提供更大的可能性空间。当然，在此过程中，确实存在更大的不确定性和不稳定性，但只要全球城市能保持对高技能人才环流的持续吸引力，就可以动态增强人力资本流动性。

全球城市的人才环流具有内生性，与全球城市的卓越程度高度正相关。对于高技能人才来说，能让其成为首选之地的最大吸引力，是提供成就满意生活的最佳机会。全球城市由于集聚了全球卓越资源，提供广泛的全球网络交流，是充满经济机遇、拥有鲜活文化和社会气氛、能够获得世界级享受、可以自由自在展示自己、实现梦想的地方，无疑成为全球高技能人才流动与集聚的选择之地。换句话说，全球城市力量决定了卓越预期，提供其倍增资源和能力的机会以及最大化的可能性，从而吸引全球人才流动与集聚。另外，全球人才流动与集聚不是线性、点对点的模式，需要有一个特别发达的全球人才网络结构。尽管城市政府在打造这一全球人才网络中发挥了重要作用，特别是在营造吸引全球人才的良好环境方面，但这一全球人才网络本质上是由所在城市知识密集型机构与公司所塑造的。全球人才网络与知识密集型机构、公司的跨国网络是紧密联系、相辅相成的。全球城市是这些知识密集型机构与公司高度集聚的地方。这些知识密集

---

① Saxenian, A. L., 2005, "From Brain Drain to Brain Circulation: Transnational Communities and Regional Upgrading in India and China", *Studies in Comparative International Development*, 40(2), 35—61.

② Ackers, L., 2005, "Moving People and Knowledge: Scientific Mobility in the European Union", *International Migration*, 43(5), 99—131.

型机构与公司的全球网络的深入拓展,必然引起全球人才网络发生变化,推动高技术人才环流。因此,全球城市大量知识密集型机构和公司的集聚,奠定了全球人才流动与集聚的基础。再则,全球城市对全球资源的配置功能,其中包含着发挥全球人才资源配置作用。正是通过全球城市这一基本节点,将全球人才资源迅速地汇聚起来,也迅速地扩散到不同空间尺度的各个节点上,使人才资源的集聚与流动空间更加压缩化、扁平化。因此,全球城市通常成为其他城市联通全球人才网络的中介或门户,成为全球人才流动的集散地和中转站。其结果,由于其他城市对全球城市枢纽节点的相关性、依赖程度提高,全球城市形成强大的人才网络向心力。

上海建设卓越的全球城市,必须培育这种全球人才环流的人力资本禀赋,并充分利用这一重要战略资源。问题是,如何来做?

首先,要有一个策略性的选择:尽可能发挥上海作为全球城市的独特优势,而避免劣势。过去在吸引高技能人才方面,一直存在两大认识上误区:一是认为高生活成本是吸引人才的障碍,从而过分强调要降低生活成本;二是认为只有宜居环境才能增强对人才的吸引力,从而拼命改善生活环境。然而,这两个方面恰恰是所有全球城市的"软肋"。如果在这两个方面下功夫,不仅是"扬短避长",而且并没针对吸引全球人才环流的要害所在。

事实上,全球城市从来就是成本"高地",而不是"洼地"。这是由全球城市的级差水平所决定,并由人们居住分类过程内生的。不同的城市有不同的级差水平,相对而言全球城市的级差水平是最高的,其高生活成本是固有现象。而人们基于共同选择权按照各自不同偏好选择在不同城市中居住,客观上在进行自我分类。城市发展具有受分类驱动的趋向。这意味着全球城市的高生活成本,是与高人力资本的高收入相对称的。因此,全球城市的高生活成本并不会排斥具有高收入的高人力资本,只会对低人力资本产生排斥效应或某种激励效应。随着时间推移,这还会形成自我增强机制,导致高收入和高技能人员日益向全球城市集中。由于全球城市高收入人群的增长,进一步提高了生活成本,进而转化为对居住在这些地方人们的激励,帮助驱动进一步的经济增长,从而吸引更多的高人力资本进入。当然,这并不意味着可以抬高生活成本或放任生活成本急剧上升,其显然会恶化环境或削弱成就满意生活的最佳机会。但在这种全球城市较高生活成本的内生性面前,要降低生活成本确实是一件很难的事情,特别是不能人为地刻意降低成本。从静态看,这似乎有利于吸引人才,使其享有高收入与低消费的双重好处。但从动态看,低成本通常是经济衰退城市的特征,其分类过程正好相反,低成本像一块磁石吸引和留住了那些低人力资本,令经济发展进一步不景气,这反过来减弱了具有广泛居住点选择权的受过良好教育和具备高技能的人群将其作为生活场所的愿望。

对于人才吸引来说,宜居环境显然是一个重要因素。宜居理论与人力资本理论紧密相关,其逻辑线索是:具有高质量人力资本的个体(通过受教育水平来衡量)通常有较高的收入,从而具有宜居的偏好,选择那些能提供舒适的地方居住。但全球城市是一个矛盾体,既宜居又不宜居。如果"宜居"被视为城市居民福利的直接增长,那么全球城市具有让当地居民享有普惠平等性质的许多最重要的便利设施,大量能使城市宜居价值递增的公共投资(在艺术、公共建筑、公园、学校等方面),以及更多充分体现城市宜居价值的职业选择机会,从而有助于吸引人力资本。①但全球城市同时普遍存在一个不可回避的矛盾:由于高密度人口和商务活动集聚的特征,其在生态、交通、居住环境方面面临较大拥挤、城市安全风险、污染等问题,达不到理想或高标准的宜居水平。事实上,面对人们不同的偏好,从而并不存在单一标准,评估"宜居"程度更为复杂。如果针对全球人才流动与集聚来说,其对"宜居"标准的首要偏好是争取满意生活的机会、具有高的活力和各种各样实质选择权,哪怕存在着风险、忙碌、交通堵塞等机会成本,要同时忍受城市高密度及其带来的某些不便等。当然,我们要尽可能改善高密度城市的交通、安全、生态环境等,提高城市宜居程度。

其次,要聚焦一个核心与重点:基于全球城市力量的独特优势,借助于全球人才网络,实施卓有成效的人才政策,为全球人才提供充分实现个人价值、发挥个人特长的广阔舞台。我们过去比较注重制定和出台一些吸引人才的优惠政策,主要限于提供更好的科研、工作以及生活条件,诸如科研经费支持、予以入户籍、提供住房或住房补贴、给予各种奖励等。这些政策体现了对知识、人才的尊重,也有一定的吸引力,但并不能构筑起全球高技能人才所向往的"高处"。对于全球人才环流来说,除了获取比较收益差异外(在人才政策上有所体现),更看重的是人力资本增值机会。而人力资本增值机会来源于全球城市的财富高地、知识高地、创新高地、文化高地等。在这些高地上,由于发生高频率的价值交易、高度复杂性的知识交流以面对面的紧密接触,使其可能获得国际的、先进的知识、经验和资源,并利用这些知识和资源最大程度地获得比较收益差异与人力资本

---

① Storper, M. and Manville, M., 2006, "Behaviour, Preferences and Cities: Urban Theory and Urban Resurgence", *Urban Studies*, 43(8), 1247—1274.

增值,从而对其职业生涯意义重大。也就是,只有在这些财富高地、知识高地、创新高地、文化高地等基础上,才能支撑起人才高地。否则,人才优惠政策效应将是很微弱的。因此,促进全球化人才环流的重点是不断通过对环境条件的动态评估,不断找出和修正与全球人才环流需求的偏差,对原有基础与条件进行调整与改造,并构建新的文化和政治认同,在与其他地方的竞争中形成一种特殊种类的文化空间和场所,为全球人才流动与集聚所用。

最后,促进全球化人才环流的主要载体,是打造"全球人才俱乐部"。对于全球化人才环流来说,比较合适的载体是基于流动性的"俱乐部"。其主要运作平台:一是以跨国公司、国际组织、科研机构、高等院校为代表的人力资本储备平台;二是以国际组织、国际会议论坛、国际赛事节庆、图书馆、博物馆为代表的全球人才交流平台;三是以咨询公司、猎头公司和基金会为代表的全球人才环流服务平台。这三类功能性平台的有机组合,将形成全球人才俱乐部的统一体。全球人才俱乐部的核心作用就是最大程度地发挥全球人才流动与集聚的效应,形成人才环流"滚雪球式"的马太效应。为此,需要充分发挥全球人才俱乐部的"学习效应",通过频繁交流与碰撞,共享专业知识,相互影响与启发,特别是从中获取隐性知识,达到知识增强的目的,从而对人才流动与集聚有极强的吸引力。同时,充分发挥全球人才俱乐部的"组合效应",通过自由选择产生由人才知识结构互补驱动的匹配现象,达到各尽其才的最佳组合。这将形成有别于以往人才围绕资本而流动与集聚的新模式与新格局,即人才将围绕人才最佳组合而流动与集聚,从而更具人才流动与集聚的凝聚力。此外,充分发挥全球人才俱乐部的强大"竞争效应",推动优胜劣汰,从中不断涌现出一大批富有创新精神、锐意进取、与时俱进的精英,不断筛选出更高水平、更高层级的人才,促进人才高端化发展,保持人才流动与集聚的强大活力。最后,充分发挥全球人才俱乐部的"名人效应",使更多人才通过在全球人才俱乐部的"镀金"迅速提高知名度。

如果对全球人才俱乐部进行细分,则可分为基于职业流动的人才俱乐部和基于学术流动的人才俱乐部,其作用机制和平台有所侧重。对于前者,崇尚冒险、鼓励创业、倡导创新、宽容失败、进退有序的制度安排,是促进全球人才流动与集聚的重要机制之一。这种制度安排将营造"创业者的乐园""创新者的福地",吸引大量创业者、创新者前来"淘金""镀金",塑造职业人生,实现自我价值,并以此为基地走向世界。因此,这不仅将带来全球人才环流规模扩张,而且也将产生人才环流持续不断的累积循环,促进人才高地不断提升。对于后者,国际一流大学和科研机构是重要平台。要积极争取国家支持,举全市之力建设若干所国际一流大学,加强人才、资金、设施等资源的投入与配置。同时,按照国际一流大学通行规则强化大学治理,通过引进独办、联合办学、加强人员交流等形式,创新与海外著名高校合作的体制机制。当然,关键是人力资本的投资效率。这要求教育方向、专业设置、课程安排、教学内容等更加贴近经济社会发展的现实需求,要求有高水平的师资力量,要求运用现代化的教学方法、手段与工具。在国际一流大学和科研机构的平台上,设立各类应用性和研究性基金和奖学金,是促进全球人才环流的重要机制之一。实践证明,获得基金和奖学金资助的外国访问学者、留学生等,与本国同事之间建立起相当可持续的联系,在访问研究和留学结束后,仍会通过不定期或定期信息交换而保持联系,由此建立起来的学术联系将导致国际合作的迅速发展,融入国际科学界。当然,这种研究基金和奖学金机制的有效运作,要有一系列基础条件,如高等教育和研究的扩张、研究基础设施的改善和质量提升等。这些过程与研究基金、奖学金上升,以及与申请者和科研人员的年龄、职业阶段、学术资格的提高等密切相关。因此,一方面要加强学术流动资助,促进国际专业知识、人员交流和相关物质资源的转移,增加知识"储备"①,形成国内知识生产中心;另一方面要加强研究项目和人员的后续交互,开展国际合作研究,促进累积循环,从而促进 21 世纪新兴的全球知识生产中心的发展。②

---

① De Certeau, M., 1986, *Heterologies: Discourse on the Other,* Manchester: Manchester University Press.

② Leydesdorff, L. and Zhou, P., 2005, "Are the Contributions of China and Korea Upsetting the World System of Science?", *Scientometrics,* 63(3), 617—630.

参考文献

［1］Abu-Lughod, J., 1999, *New York, Chicago, Los Angeles: America's Global Cities*, Minnesota: University of Minnesota Press.

［2］Ache, P., H. J. Bremm, and K. Kunzmann, 1990, *The Single European Market: Possible Impacts on Spatial Structures of the Federal Republic of Germany*, University of Dortmund, Dortmund: IRPUD.

［3］Ackers, L., 2005, "Moving People and Knowledge: Scientific Mobility in the European Union", *International Migration*, 43(5), 99—131.

［4］Acuto, M., 2011, "Finding the Global City: An Analytical Journey through the 'Invisible College'", *Urban Studies*, 48(14), 2953—2973.

［5］Adair, A., J. Berry, S. McGreal, and A. Quinn, 2002, "Factors Affecting the Level and Form of Private Investment in Regeneration", London: Office of the Deputy Prime Minister.

［6］Albino, V., U. Berardi, and R. M. Dangelico, 2015, "Smart Cities: Definitions, Dimensions, Performance, and Initiatives," *Journal of Urban Technology*, 22:13—21.

［7］Alden, J. and P. Boland, 1996, *Regional Development Strategies: A European Perspective*, London: Jessica Kingsley.

［8］Alderson, A. and Beckfield, J., 2007, "Globalization and the World City System: Preliminary Results from a Longitudinal Dataset", in Taylor, P. J., Derudder, B., Saey, P. and Witlox, F. (Eds.), *Cities in Globalization: Practices, Polices and Theories*, pp. 21—36. London: Routledge.

［9］Alderson, A. and J. Beckfield, 2004, "Power and Position in the World City System", *American Journal of Sociology*, 109, 811—851.

［10］Alderson, A., J. Beckfield, and J. Sprague-Jones, 2010, "Intercity Relations and Globalization: The Evolution of the Global Urban Hierarchy, 1981—2007", *Urban Studies*, 47, 1899—1923.

［11］Allen, J., D. Massey, and M. Pryke(eds.), 1999, *Unsettling Cities*, Routledge, London.

［12］Alonso, W., 1964, *Location and Land Use*, Cambridge: Harvard University Press.

［13］Alonso, W., 1973, *Urban Zero Population Growth*, Daedalus, 102, 191—206.

［14］Amin, A., Massey, D., and Thrift, N., 2000, *Cities For The Many Not The Few*,

The Policy Press, Bristol.

[15] Antonelli, G. and Cappiello, G., 2016, *Smart Development in Smart Communities*, New York: Taylor & Francis.

[16] Appadurai, A., 1996, *Modernity at Large: Cultural Dimensions of Globalization*, Minnesota: University of Minnesota Press.

[17] Aravot, I., 2002, "Back to phenomenological placemaking", *Journal of Urban Design* 7, 201—212.

[18] Arizti, P., D.J. Boyce, N. Manuilova, C. Sabatino, R. Senderowitsch, and E. Vila., 2020, *Building Effective, Accountable, and Inclusive Institutions in Europe and Central Asia: Lessons from the Region*, Washington, DC: World Bank.

[19] Asheim, B.T., Smith, H.L. and Oughton, C., 2011, "Regional Innovation Systems: Theory, Empirics and Policy," *Regional Studies* 45:7, 875—891.

[20] Auslin, M.R., 2017, *The End of the Asian Century: War, Stagnation, and the Riske to the World's Most Dynamic Region*, Yale University Press.

[21] Bair, J,, 2003, "From Commodity Chains to Value Chains and Back Again?" Paper presented at "Rethinking Marxism," University of Massachusetts at Amherst, http://www.csiss.org/events/meetings/time-mapping/files/bair_paper.pdf.

[22] Barba Navaretti, G. and Venables, A.J., 2004, *Multinational Firms in the World Economy*, Princeton, NJ: Princeton University Press.

[23] Barley, S.R., Freeman, J. and Hybels, R.C., 1992, "Strategic Alliances in Commercial Biotechnology", in Nohria, N., Eccles, R.G. (eds.) *Networks and Organizations*, Boston: Harvard Business School Press, 311—347.

[24] Beaverstock, J.G., Smith, R.G., Taylor, P.J., Walker, D.R.F. and Lorimer, H., 2000, "Globalization and World Cities: Some Measurement Methodologies", *Geography*, 20(1):43—63.

[25] Beaverstock, J.V., Beaverstock, J.V., Hoyler, M., Hoyler, M., Pain, K. and Taylor, P.J., 2001, "Comparing London and Frankfurt as World Cities: A Relational Study of Contemporary Urban Change", *Anglo German Foundation*, London.

[26] Beaverstock, J.V., Doel, M.A., Hubbard, P.J. and Taylor, P.J., 2002, "Attending to the World: Competition/Co-operation and Co-efficiency in the World City Network", *Global Networks*, 2(2), 111—132.

[27] Beaverstock, J.V., Hoyler, M., Pain, K., Taylor, P.J., 2001, "Comparing London and Frankfurt as world cities: A relational study of contemporary urban change", Anglo-German Foundation for the Study of Industrial Society, London.

[28] Beaverstock, J.V., Taylor, P.J., Smith, R.G., 2000, "Geographies of Globalization: US Law Firms in World Cities", *Urban Geography*, 21, 95—120.

[29] Beaverstock, J.V., 2007, "World City Networks 'From Below': International Mobility and Inter-city Relations in the Global Investment Banking Industry", in Taylor, P.J., Derudder, B., Saey, P., Witlox, F. (eds.) *Cities in Globalization: Practices, Policies and Theories*, London, 52—71.

[30] Beckfield, J., Alderson, A., 2006, "Whither the Parallel Paths? The Future of Scholarship on the World City System", *American Journal of Sociology*, 112, 895—904.

[31] Begg, I., 1999, "Cities and Competitiveness", *Urban studies*. Vol.36, No.5—6, 802.

[32] Boschma, R.A., 2005, "Proximity and Innovation: A Critical Assessment", *Regional Studies*, Vol.39, 61—74.

[33] Boyle, R., 1993, "Changing partners: The experience of urban economic policy in west-central England, 1980—90", *Urban Studies*, 30(2):309—24.

[34] Brenner, N., 1998, "Global cities, global states: global city formation and state territorial restructuring in contemporary Europe", *Review of International Political Economy*, 5(1):1—37.

[35] Brenner, N., eds., 2006, *The Global Cities Reader*, Routledge.

[36] Brown, E., Derudder, B., Parnreiter, C., Pelupessy, W., Taylor, P.J. and Witlox, F., 2010, "World City Networks and Global Commodity Chains: Towards a World-Systems' Integration", *Global Networks*, 10(1), 12—34.

[37] Brown, E., Derudder, B., Pelupessy, W., Taylor, P., Witlox, F., 2010, "World City Networks and Global Commodity Chains: Towards a World-systems' Integration", *Global Networks*, 1, 12—34.

[38] Bruns-Berentelg, Jürgen, 2010, "Diskussionspapier zur HafenCity 1. Öffentliche Stadträume und das Entstehen von Öffentlichkeit", https://www. hafencity. com/ upload/files/files/Oeffentliche_Stadtraeume. pdf.

[39] Burger, M.J., Meijers, E.J., Hoogerbrugge, M.M., Masip Tresserra, J., 2015, "Borrowed Size, Agglomeration Shadows and Cultural Amenities in North-West Europe", *European Planning Studies*, 23(6), 1090—1109.

[40] Camagni, R., Capello, R., Caragliu, A., 2015, "The Rise of Second-Rank Cities: What Role for Agglomeration Economies?", *European Planning Studies*, 23 (6), 1069—1089.

[41] Camagni, R., Capello, R., 2004, "The City Network Paradigm: Theory and Empirical Evidence", in Capello, R., P. Nijkamp(eds.), *Urban Dynamics and Growth*, Amsterdam: Elsevier, 495—529.

[42] Camagni, R.P., 1993, "From city hierachy to city network: reflections about an emerging paradigm", in Lakshmanan, T.R. and Nijkamp, P.(eds.), *Structure and Change in the Space Economy*, Berlin: Springer-Verlag.

[43] Caragliu, A. and Del Bo, C.F., 2019, "Smart Innovation Cities: The Impact of Smart City Policies on Urban Innovation", *Technological Forecasting and Social Change* 142, 373—383.

[44] Carley, M., 1995, "Using information for sustainable urban regeneration", Scottish-Homes Innovation Paper 4, Edinburgh.

[45] Carley, M., 1996, *Sustainable Development, Integration and Area Regeneration*, York: JosephRowntree Foundation.

[46] Castell, M., 1989, *The Information City*. Cambridge, MA: Blackwell.

[47] Castells, M., 1996, *The Rise of the Network Society: The Information Age: Economy, Society, and Culture*, Volume I, Oxford: Blackwell.

[48] Castells, M., 2000, *The Rise of the Network Society the Information Age: Economy, Society and Culture*, 2nd ed., Vol.1, Blackwell Publishing, New York.

[49] Castells, M., 2009, *Communication Power*, Oxford: Oxford University Press.

[50] Cerny, P.G., 1991, "The Limits of Deregulation: Transnational Interpenetrations and Policy Change", *European Journal of Political Research*, 19, 173—196.

[51] Charmes, E. and Keil, R., 2015, "The politics of post-suburban densification in Canada and France", *International Journal of Urban and Regional Research*, 39 (3), 581—602.

[52] Choi, J.H., Barnett, G.A. and Chon, B., 2006, "Comparing World City Networks: A Network Analysis of Internet Backbone and Air Transport Intercity Linkages", *Global Networks*, 6, 81—99.

[53] Christopherson, S., Clark, J., 2007, "Power in Firm Networks: What It Means for Regional Innovation Systems", *Regional Studies*, 41, 1223—1236.

[54] Cities Alliance, 2007, "Understanding Your Local Economy", Cities Alliance, Washington, DC.

[55] Clancy, M., 1998, "Commodity Chains, Services and Development: Theory and Preliminary Evidence from the Tourism Industry", *Review of International Political Economy*, 5, 122—148.

[56] Claval, P., 1981, *La Logique des Villes: Essai d'Urbanologie*, Litec, Paris.

[57] Coe, N., Hess, M., Yeung, H.W., Dicken, P. and Henderson, J., 2003, "'Globalizing' regional development: a global production networks perspective", GPN Working Paper No.4. http://www.art.man.ac.uk/Geog/gpn.

[58] Coe, N.M., Hess, M., Yeung, H.W-C., Dicken, P. and Henderson, J., 2004, "Globalizing Regional Development: A Global Production Networks Perspective, Transactions of the Institute of British", *Geographers*, 29(4), 468—484.

[59] Cohen, R.B., 1981, "The New International Division of Labor, Multinational Corporations and Urban Hierarchy", in Michael D., Scott, A.J.(eds.), *Urbanization and Urban Planning in Capitalist Society*, New York, 287—315.

[60] Couch, C., 1990, *Urban Renewal Theory and Practice*, Basingstoke: Macmillan.

[61] Cox, K.R., Mair, A., 1988, "Community and locality in the politics of local economic development", *Annals of Association of American Geographers*, 78(2).

[62] Currid, E., 2006, "New York as a Global Creative Hub: A Competitive Analysis of Four Theories on World Cities", *Economic Development Quarterly*, 20(4), 330—350.

[63] Daniels, P.W. and Bryson, J.R., 2002, "Manufacturing Services and Servicing Manufacturing: Changing Forms of Production in Advanced Capitalist Economies", *Urban Studies*, 39(5—6), 977—991.

[64] De Certeau, M., 1986, *Heterologies: Discourse on the Other*, Manchester: Manchester University Press.

[65] De Filippis, J., 2001, "The Myth of Social Capital in Community Development", *Housing Policy Debate*, 12, 781—806.

[66] Deas, I., Giordano, B., 2001, "Conceptualizing and measuring urban competitiveness in major English cities: an exploratory approach", *Environment and Planning*, A. Vol. 33, 1411—1429.

[67] Department of the Environment, 1995, "Bidding Guidance: A Guide to Bidding for Resources from the Government's Single Regeneration Budget Challenge Fund", London: Department of the Environment.

[68] Derudder, B. and Taylor, P. J., 2005, "Cliquishness of World Cities", *Global Networks*, 5(1), 71—91.

[69] Derudder, B., Hoyler, M. and Taylor, P. J., 2011, "Goodbye Reykjavik: International Banking Centres and the Global Financial Crisis", *Area*, 43(2), 173—182.

[70] Derudder, B., Taylor, P. J., Witlox, F. and Catalano, G., 2003, "Hierarchical Tendencies and Regional Patterns in the World City Network, A Global Urban Analysis of 234 Cities", *Regional Studies*, 37(9), 875—886.

[71] Derudder, Ben, and Frank Witlox, 2011, *Commodity Chains and World Cities*, Wiley-Blackwell.

[72] Derudder, Ben, Peter Taylor, Pengfei Ni, 2010, "Pathways of Change: Shifting Connectivities in the World City Network", *Urban Studies*, 8, 1869.

[73] Derudderb, B., Taylor, P. J., Ni, P., De Vosa, A., Hoyler, M., Hanssens, H., Bassens, D., Huang, J., Witlox, F., Shen, W. and Yang, X., 2010, "Pathways of Change: Shifting Connectivities in the World City Network, 2000—2008", *Urban Studies*, 47(9), 1861—1877.

[74] Devriendt, L., Boulton, A., Brunn, S., Derudder, B. and Witlox, F., 2011, "Searching for Cyberspace: The Position of Major Cities in the Information Age", *Journal of Urban Technology*, 18(1), 73—92.

[75] Devriendt, L., Derudder, B. and Witlox, F., 2008, "Cyberplace and Cyberspace: Two Approaches to Analyzing Digital Intercity Linkages", *Journal of Urban Technology*, 15 (2), 5—32.

[76] Diamond, J. and Liddle, J., 2005, Management of Regeneration. London: Routledge.

[77] Dicken, P., 2003, *Global Shift: Reshaping the Global Economic Map in the 21st Century*, SAGE Publication Ltd, London.

[78] Dieleman, F. and Hamnett, C., 1994, "Globalisation, Regulation and the Urban System", *Urban Studies*, 31, 357—364.

[79] DiMaggio, P. J., Powell, W. W., 1983, "The Iron Cage Revisited: Institutional Isomorphism and Collective Rationality in Organizational Fields", *American Sociological Review*, 48, 147—160.

[80] Dobkins, L. H., Ioannides, Y. M., 2001, "Spatial Interactions among U. S. Cities: 1900—1990", *Regional Science and Urban Economics*, 31, 701—731.

[81] Docherty, I. et al., 2003, "Exploring the potential benefits of city collaboration, Uni-

versity of Glasgow", Urban Change and Policy Research Group, Discussion Paper 8.

[82] Dodge, M. and Shiode, N., 2000, "Where on Earth is the Internet? An Empirical Investigation of the Geography of the Internet Real Estates", in Wheeler, J., Aoyama, Y. and Warf, B.(eds.), *Cities in the Telecommunications Age: The Fracturing of Geographies*, London: Routledge, 42—53.

[83] Douglass, M., 1998, "World City Formation on the Asia Pacific Rim: Poverty, 'Everyday' Forms of Civil Society and Environmental", in Douglass, M. and Friedmann, J. (eds.), *Cities for Citizens*, Chichester: John Wiley & Sons, 107—138.

[84] Douglass, M., 2000, "The rise and fall of world cities in the changing space-economy of globalization: comment on Peter J. Taylor's 'world cities and territorial states under conditions of contemporary globalization'", *Political Geography*, 19(1):43—49.

[85] Drummond, L. and Labbé, D., 2013, "We're a long way from Levittown, Dorothy: Everyday suburbanism as a global way of life", in R. Keil(ed.), *Suburban Constellations: Governance, Land and Infrastructure in the 21st Century*, Berlin: Jovis, pp. 46—51.

[86] ESA, 1995, "European system of national and regional accounts", *Eurostat*, Chpt 7, available at http://circa.europa.eu/irc/dsis/nfaccount/info/data/ESA95/en/esa95en.htm.

[87] Eshuis, J. and Klijn, E.H., 2012, *Branding in Governance and Public Management*, London: Routledge.

[88] European commitment, 2016, "Blueprint for Cities and Regions as Launch Pads for Digital Transformation"(Strategic Policy Forum on Digital Entrepreneurship).

[89] Fainstein, S. and Judd, D.(eds.), 1999, *The Tourist City. New Haven,* CT: Yale University Press.

[90] Florida, R. and Jonas, A., 1991, "U.S. Urban Policy: The Postwar State and Capitalist Regulation", *Antipode*, 23(4), 349—384.

[91] Florida, R., Gulden, T. and Mellander, C., 2008, "The Rise of the Mega-region", *Cambridge Journal of Regions, Economy and Society*, 1(3), 459—476.

[92] Ford, 2004, "Building Assets to Reduce Poverty and Injustice", Ford Foundation, New York.

[93] Fothergill, S. and Gudgin, G., 1982, *Unequal Growth*, London: Heinemann.

[94] Fothergill, S., Kitson, M. and Monk, S., 1983, "Industrial Land Availability in Cities, Townsand Rural Areas, Industrial Location Research Project", Working Paper No.6. University of Cambridge, Cambridge: Department of Land Economy.

[95] Fowler, E.P., 1993, *Building Cities That Work*, Montreal and Kingston: McGill and Queens' University Press.

[96] Freeman, L.C., 1978/79, "Centrality in Social Networks: Conceptual Clarification", *Social Networks*, 1, 215—239.

[97] Friedmann, J. and G. Wolff, 1982, "World City Formation: an agenda for research and action", *International Journal of Urban and Regional Research*, 6, 309—344.

[98] Friedmann, J., 1986, "The World City Hypothesis", *Development and Change*, 17,

69—83.

[99] Friedmann, J., 2006, "The wealth of cities", 3rd World Urban Forum, Vancouver, Canada.

[100] Garcia, D. L., 2002, "The Architecture of Global Networking Technologies", in Sassen S. (eds.), *Global Networks/Linked Cities*, New York: Routledge.

[101] Garreau, J., 1991, Edge City, Doubleday, New York. Brenner, N., 2002, "Decoding the Newest 'Metropolitan Regionalism' in the USA: A Critical Overview", *Cities*, 19 (1), 3—21.

[102] GaWC, 2011, The World According to GaWC 2010, http://www.lboro.ac.uk/gawc/world2010t.html.

[103] Gereffi, G., 1994, "The Organization of Buyer-Driven Commodity Chains: How the US Retailers Shape Overseas Production", in Gereffi, G. and M. Korzeniewicz(eds), *Commodity Chains and Global Capitalism*, Praeger.

[104] Glaeser, E., 2011, *Triumph of the City: How Our Greatest Invention Makes Us Richer, Smarter, Greener, Healthier and Happier*, London: Macmillan/New York: Penguin Press.

[105] Gorman, S. P., 2002, "Where are the Web Factories: the Urban Bias of E-business Location", *Tijdschrift Voor Economische en Sociale Geografie*, 93:522—536.

[106] Graham, S., 2004, "Constructing premium network spaces", in R. Hanley(eds.), *Moving People, Goods, and Information in the 21st Century*, Routledge, London.

[107] Grand Paris Sud, http://www.newtowninstitute.org/pdf/INTI_NTAC_GPSfinalreport_small.pdf.

[108] Greenberg, M., 2008, *Branding New York: How a City in Crisis was Sold to the World*, New York: Routledge.

[109] Guillaume, M., 1999, *L'Empire des Réseaux*, Descartes & Cie, Paris.

[110] Gulati, R., and Garguilo, M., 1999, "Where do Interorganizational Networks come from?", *American Journal of Sociology*, 104, 1439—1493.

[111] Hack, G., 2000, "Infrastructure and Regional Form", in Simmonds, R., and Hack, G. (eds), *Global City Regions. Their Emerging Forms*, London, Spon Press, 183—192.

[112] Halbert, L. and Pain, K., 2009, "PAR-LON-Doing Business in Knowledge-Based Services in Paris and London: A Tale of One City?", GaWC Research Bulletin, No. 307, http://www.lboro.ac.uk/gawc/rb/rb307.tml.

[113] Hall, P. and Pain, K. (eds.), 2006, *The Polycentric Metropolis: Learning from Mega-city Regions in Europe*, London: Earthscan.

[114] Hall, P., and Pain, K. (eds.), 2006, *The Polycentric Metropolis: Learning from Mega-city Regions in Europe*, Earthscan, London.

[115] Hall, P., 1966, *The World Cities*, New York: McGraw Hill.

[116] Hall, P. G., 1996, *The World Cities*, Weidenfeld and Nicolson, London.

[117] Hall, P., 2001, "Global City-regions in the Twenty-first Century", in Scott, A. J.

(ed.), *Global City-regions: Trends, Theory, Policy,* Oxford: Oxford University Press, 59—77.

[118] Hall, P., 2014, *Good Cities, Better Lives,* London: Routledge.

[119] Hanneman, R. and Riddle, M., 2005, Introduction to Social Network Methods, http://faculty. ucr. edu/~ hanneman/nettext/Introduction _ to _ Social _ Network _ Methods. pdf.

[120] Harvey, D., 1989, "From Managerialism to Entrepreneurialism-the Transformation in Urban Governance in Late Capitalism", *Geography Annales Series B-Human Geography,* 71(1).

[121] Hayden, D., 2003, *Building Suburbia: Green Fields and Urban Growth, 1820—2000,* New York: Pantheon Books.

[122] Healey, P., 1997, "A strategic approach to sustainable urban regeneration", *Journal of Property Development,* 1(3):105—10.

[123] Heenan, D. A., 1977, Global Cities of Tomorrow, Harvard Business Review, 55, 79—92.

[124] Held, D., McGrew, A., Goldblatt, D. and Perraton, J., 1999, Global Transformations: Politics, Economics, and Culture, Stanford University Press.

[125] Hennemann, S. and Derudder, B., 2013, "An Alternative Approach to the Calculation and Analysis of Connectivity in the World City Network", GaWC Research Bulletin 401, available at http://www. lboro. ac. uk/gawc/rb/rb401. html.

[126] Hesse, M., 2014, "On Borrowed Size, Flawed Urbanisation and Emerging Enclave Spaces: The Exceptional Urbanism of Luxembourg, Luxembourg", *European Urban and Regional Studies,* Epub ahead of print 20 May 2014, Doi:10.1177/0969776414528723.

[127] Hickling, A., 1974, *Managing Decisions: The Strategic Choice Approach,* Rugby: MANTEC Publications.

[128] Hill, R.C. and Fujita, K., 1995, "Osaka's Tokyo Problem", *International Journal of Urban and Regional Research,* 19(2), 181—193.

[129] Hirst, P., Thompson, G., 1996, *Globalization in Question: The International Economy and the Possibilities of Governance,* Polity Press.

[130] Hodos, J., Globalisation, 2002, "Regionalism and Urban Restructuring: The Case of Philadelphia", *Urban Affairs Review,* (37), 358—379.

[131] Holden, R., 2007, "Evaluation and Local Area Regeneration—Local Work 77", Manchester: Centre for Local Economic Strategies.

[132] Holman, N., 2013, "Effective strategy implementation: Why partnership interconnectivity matters", *Environment and Planning C,* 31(1):82—101.

[133] Hubbard, P., Hall, T., 1998, "The entrepreneurial city and the 'new' urban politics", in Hall, T. and Hubbard, P. (eds), *The Entrepreneurial City: Geographies of Politics, Regime and Representation,* Chichester: John Wiley.

[134] Hughes, A. and Reimer, S.(eds), 2004, *Geographies of Commodity Chains,* Routledge, London.

［135］Hymer, S., 1972, "The Multinational Corporation and the Law of Uneven Development", in Bhagwati, J. (ed.), *Economics and World Order*, New York, 113—140.

［136］Jacobides, M. G., Cennamo, C. and Gawer, A., 2018, "Towards A Theory of Ecosystems", *Strategic Management Journal*, 39:8.

［137］Jacobs, J., 1984, *Cities and the Wealth of Nations*, Random House, New York.

［138］Jacobs, J., 2000, *The Nature of Economics*, Vintage, New York.

［139］Jacques Bughin, Susan Lund, James Manyika:《数字全球化时代的五个关键问题》,麦肯锡季刊 2016 年第 3 期,https://www. mckinsey. com. cn/wp-content/uploads/2016/11/5keyproblem. pdf。

［140］Jin, David, David C. Michael, Paul Foo, Jose Guevara, Ignacio Pena, etc. *Winning in Emerging-Market Cities: A Guide to the World's Largest Growth Opportunity*, The Boston Consulting Group, Inc., 2010—9.

［141］Johansson, B., Quigley, J., 2004, "Agglomeration and Networks in Spatial Economies", Papers in Regional Science, 83, 165—176.

［142］Keeling, D. J., 1995, "Transport and the World City Paradigm", in Knox, P. L. and Taylor, P. J. (ed.), *World Cities in a World-System*, 115—131, Cambridge: Cambridge University Press.

［143］Keil, R. (ed.), 2013, *Suburban Constellations*, Berlin: Jovis.

［144］Keil, R., and Brenner, N., 2003, "Globalisierung, Stadt und Politik", in Scharenberg, A. and Schmitke, O. (Eds.), *Das Ende der Politik? Globalisierung und der Strukturwandel des Politischen*, 254—276, Münster: Westfälisches Dampfboot.

［145］Keil, R., 2018, *Suburban Planet*, Cambridge: Polity.

［146］King, A. D., 1990, *Global Cities: Post-Imperialism and the Internationalism of London*, London: Routledge.

［147］Knox, P. L., 2002, "World Cities and the Organization of Global Space", in Johnston, R. J., Taylor, P. J. and Watts, M. J. (eds), 2002, *Geographies of Global Change*, 2nd edition, Oxford: Blackwell, 328—338.

［148］Knox, P. L., 1996, "Globalization and Urban Change", *Urban Geography*, 17.

［149］Komninos, N., Kakderi, C., Collado, A., Papadaki, I. and Panori, A., 2021, "Digital Transformation of City Ecosystems: Platforms Shaping Engagement and Externalities across Vertical Markets", *Journal of Urban Technology*, 28: 1—2, 93—114.

［150］Krätke, S., Taylor, P. J., 2004, "A World Geography of Global Media Cities", *European Planning Studies*, 12, 459—477.

［151］Kresl, P. K., 1995, "The determinants of urban competitiveness: a survey", in P. K. Kresl and G. Gaert(eds), *North American Cities and the Global Economy*, London: Sage, 46.

［152］Kresl, P. K., 1995, "The determinants of urban competitiveness: a survey", in Kresl, P. K. and Gappert, G. (eds), *North American Cities and the Global Economy*, Thousand Oaks, CA: Sage Publications.

[153] Krugman, P. R. , 1994, "Competitiveness: a dangerous obsession", *Foreign Affairs*, 73(2).

[154] Lang, R. E. and LeFurgy, J. B. , 2007, *Boomburbs: The Rise of America's Accidental Cities. Washington*, DC: Brookings Institution Press.

[155] Lathamt, A. and D. McCormack, 2004, "Moving Cites: Rethinking the Materalites of Urban Geographies", *Progress in Human Geography*, 28:701—724.

[156] Latour, B. , 1993, *We have Never Been Modern*, Harvester Wheatsheaf, London.

[157] Latour, B. , 2005, *Reassembling the Social, An Introduction to Actor-network Theory*, Oxford, Oxford University Press.

[158] Lawless, P. , 1989, *Britain's Inner Cities*, London: Paul Chapman.

[159] Lawrence, D. and Low, S. , 1990, "The built environment and spatial form", *Annual Review of Anthropology*, 19, 453—505.

[160] Lee, E. K. S. , Zhao, S. X. , Xie, Y. , 2012, "Command and Control Cities in Global Space-Economy before and after 2008 Geo-Economic Transition", *Chinese Geographical Science*, 22(3), 334—342.

[161] Lee, N. , 2008, "Ideopolis Driver 2: Building on What's There: What Cities and Policymakers Can Learn from Endogenous Growth and the New Economic Geography", The Work Foundation, London.

[162] Leslie, D. and Reimer, S. , 1999, "Spatializing Commodity Chains", *Progress in Human Geography*, 23(3), 401—420.

[163] Lever, W. , 2002, "Correlating the knowledge-base of cities with economic growth", *Urban Studies*, Vol. 39, No. 5/6, 859—870.

[164] Levinson, P. , 1988, "Mind at Large: Knowing in the Technological Age", Research in Philosophy & Technology.

[165] Leydesdorff, L. and Zhou, P. , 2005, "Are the Contributions of China and Korea Upsetting the World System of Science?", *Scientometrics*, 63(3), 617—630.

[166] Lin, G. S. C. , 2004, "The Chinese Globalizing Cities: National Centres of Globalization and Urban Transformation", *Progress in Planning*, 61(3), 143—157.

[167] Liu, X. and Derudder, D. , 2012, "Two-Mode Networks and the Interlocking World City Network Model: A Reply to Neal", *Geographical Analysis*, 44, 171—173.

[168] Liu, X. and Taylor, P. J. , 2011, "A Robustness Assessment of GaWC Global Network Connectivity Ranking", *Urban Geography*, 32(8), 1227—1237.

[169] Liu, X. , Bollen, J. , Nelson, M. L. , Sompel, H. V. de. , 2005, "Co-authorship Networks in the Digital Library Research Community", *Information Processing and Management*, 41, 1462—1480.

[170] Lomitz, L. and Diaz, R. , 1992, "Cultural grammar and bureaucratic rationalization in Latin American cities", in R. Morse and J. Hardoy (eds.), *Rethinking the Latin American City*, Woodrow Wilson Center, Washington.

[171] Lyons, D. , Salmon, S. , 1995, "World Cities, Multinational Corporations, and Urban Hierarchy: The Case of the United States", in Knox, P. L. , Taylor, P. J. (eds),

World Cities in a World System, New York: Cambridge University Press.

[172] Ma, X., and Timberlake, M., 2012, "World City Typologies and National City System Deterritorialisation: USA, China and Japan", *Urban Studies*, 1—21.

[173] Mackintosh, M., 1992, "Partnership: Issues of policy and negotiation", *Local Economy*, 3(7):210—24.

[174] Malecki, E., 2002, "The Economic Geography of the Internet's Infrastructure", *Economic Geography*, 78, 399—424.

[175] Malecki, E. J., 2002, "The Economic Geography of the Internet's Infrastructure", *Economic Geography*, 78(4):399—424.

[176] Marcuse, P. and van Kempen, R., 2000, *Globalizing Cities*, Oxford: Blackwell.

[177] Massey, D., Allen, J., and Pile, S. (eds.), 1999, *City Worlds*, Routledge, London.

[178] Massey, D., 1984, *Spatial Divisions of Labour*, London: Macmillan.

[179] Massey, D., 2007, *World City*, Cambridge: Polity Press.

[180] McCann, E. and Ward, K. (eds), 2011, *Mobile Urbanism: Cities and Policymaking in the Global Age*, Minnesota, MN: University of Minnesota Press.

[181] McCann, P., 2008, "Globalization and Economic Geography: The World is Curved, Not Flat", *Cambridge Journal of Regions, Economy and Society*, 1.

[182] McGregor, A. and McConnachie, M., 1995, "Social exclusion, urban regeneration and economic reintegration", *Urban Studies*, 32(10):1587—600.

[183] McPherson, M., Smith-Lovin, L., and Cook, J. M., 2001, "Birds of a Feather: Homophily in Social Networks", *Annual Review of Sociology*, 27, 415—444.

[184] Meijers, E., Burger, M., 2010, "Spatial Structure and Productivity in US Metropolitan Areas", *Environment and Planning A*, 42, 1383—1402.

[185] Meijers, E. J., Burger, M. J., 2015, "Stretching the Concept of 'Borrowed Size'", *Urban Studies*, 0042098015597642, first published on August 10.

[186] Meijers, E. J., Hoekstra, J., Leijten, M., Louw, E. and Spaans, M., 2012, "Connecting the Periphery: Distributive Effects of New Infrastructure", *Journal of Transport Geography*, 22, 187—198.

[187] Meijers, E. J., Hoogerbrugge, M. M., Hollander, K., 2014, "Twin Cities in the Process of Metropolisation", *Urban Research and Practice*, 7(1), 35—55.

[188] Meijers, E. J., 2005, "Polycentric Urban Regions and the Quest for Synergy: Is a Network of Cities More Than the Sum of the Parts?", *Urban Studies*, 42:765—781.

[189] Meijers, E. J., Burger, M. J. and Hoogerbrugge, M. M., 2016, "Borrowing Size in Networks of Cities: City Size, Network Connectivity and Metropolitan Functions in Europe", Papers in Regional Science, 95(1), 181—198.

[190] Meyer, D. R., 1986, "The World System of Cities: Relations Between International Financial Metropolises and South American Cities", *Social Forces*, 64, 553—81.

[191] Michelson, R., and Wheeler, J., 1994, "The Flow of Information in a Global Economy: The Role of the American Urban System in 1990", *Annals of Association of American Geographers*, 84, 87—107.

[192] Milton Keynes Council, 2017, "Milton Keynes: Economic Growth and Employment Land Study", gva. co. uk.

[193] Mitchelson, R. and Wheeler, J., 1994, "The Flow of Information in a Global Economy—The Role of the American Urban System in 1990", *Annals of the Association of American Geographers*, 84(1), 87—107.

[194] Moore, M., and J. Hartley, 2008, "Innovations in Governance", *Public Management Review*, 10(1):3—20.

[195] Moser, C., 2006, "Asset-based approaches to poverty reduction in a globalized context", Background paper for workshop entitled "Asset-based Approaches to Poverty Reduction in a Globalized Context", Brookings Institute, Washington DC.

[196] Moss, M. L., 1987, "Telecommunication, World Cities and Urban Policy", *Urban Studies*, 24(6), 534—546.

[197] Moss, M. L., 1987, "Telecommunications, World Cities and Urban Policy", *Urban Studies*, 24(6), 534—546.

[198] Neal, Z., 2008, "The Duality of World Cities and Firms: Comparing Networks, Hierarchies, and Inequalities in the Global Economy", *Global Networks*, 8, 94—115.

[199] Neal, Z. P., 2011, "Differentiating Centrality and Power in the World City Network", *Urban Studies*, 48(13), 2733—2748.

[200] Neal, Z. P., 2012, "Structural Determinism in the Interlocking World City Network", *Geographical Analysis*, 44(2), 162—170.

[201] Neal, Z. P., 2018, "Analysing Cities as Networks", in John Harrison and Michael Hoyler, *Doing Global Urban Research*, SAGE.

[202] New Zealand Ministry of Environment, 2005, "The value of urban design", http://www. mfe. gov. nz/publications/urban/value-design-full-report-jun05/html.

[203] Niedzielski, M. and Malecki, E. J., 2012, "Making Tracks: Rail Networks in World Cities", *Annals of the Association of American Geographers*, 102(6), 1409—1431.

[204] Niu, S. F., Hu, A., Shen, Z. W., et al., 2019, "Study on land use characteristics of rail transit TOD sites in new towns-taking Singapore as an example", *Journal of Asian Architecture and Building Engineering*, 18(1):19—30.

[205] O'Connor, K. and Fuellhart, K., 2012, "Cities and Air Services: The Influence of the Airline Industry", *Journal of Transport Geography*, 22, 46—52.

[206] Pain, K. and Hall, P., 2006, "Flows and Relationships: Internal and External Linkages", in *The Polycentric Metropolis: Learning from Mega-city Regions in Europe*, Earthscan, London, 104—112.

[207] Pain, K. and Hall, P., 2006, "Firms and Places: Inside the Mega-City Regions", in Hall, P. and Pain, K. (eds.), *The Polycentric Metropolis: Learning from Mega-City Regions in Europe*, London: Earthscan.

[208] Pain, K., 2006, "Policy Challenges of Functional Polycentricity in a Global Mega-City Region: South East England", *Built Environment*, 32(2), 194—205.

[209] Panagariya, A., 2008, *India: The Emerging Giant*, Oxford University Press, Oxford.

［210］Panori, A., Angelidou, M., Mora, L., Reid, A. and Sefertzi, E., 2018, "Online Platforms for Smart Specialization Strategies and Smart Growth," 20th Conference of the Greek Society of Regional Scientists, Athens(June 4—5, 2018).

［211］Parkinson, M., 1996, "Strategic Approaches for Area Regeneration: A Review and a Research Agenda", York: Joseph Rowntree Foundation.

［212］Parnreiter, C., 2002, "Mexico: The Making of a Global City", in Sassen, S. (ed.), *Global Networks, Linked Cities*, London, New York, 215—238.

［213］Parnreiter, C., 2010, "Global Cities in Global Commodity Chains: Exploring the Role of Mexico City in the Geography of Global Economic Governance", *Global Networks*, 1, 35—53.

［214］Parnreiter, C., 2003, "Global City Formation in Latin America: Socioeconomic and Spatial Transformations in Mexico City and Santiago de Chile", Paper presented at the 99th Annual Meeting of the Association of American Geographers, New Orleans, 4—8 March 2003. GaWC Research Bulletin Nr. 103, http://www.lboro.ac.uk/gawc/rb/rb103.html.

［215］Partridge, M. D., Rickman, D. S., Ali, K., Olfert, M. R., 2009, "Do New Economic Geography Agglomeration Shadows underlie Current Population Dynamics across the Urban Hierarchy?", Papers in Regional Science, 88, 445—466.

［216］Pearson, L., Newton, P. and Roberts, P., 2014, *Resilient Sustainable Cities: A Future*, London: Routledge.

［217］Peck, J. and Theodore, N., 2010, "Mobilizing policy: Models, methods, and mutations", *Geoforum*, 41(2):169—74.

［218］Pereira, R.A.O. and Derudder, B., 2010, "Determinants of Dynamics in the World City Network, 2000—2004", *Urban Studies*, 47(9).

［219］Perulli, P., 2012, "The Ontology of Global City-region: A Critique of Statehood", http://www.lboro.ac.uk/gawc/rb/rb415.html.

［220］Petrella, R., 1991, "World City-states of The Future", *New Perspectives Quarterly*, 8, 59—64.

［221］Pfeffer, J., 1982, *Organizations and Organization Theory*, Marshfield, MA: Pitman.

［222］Phelps, N.A., Fallon, R.J. and Williams, C.L., 2001, "Small Firms, Borrowed Size and the Urban-rural Shift", *Regional Studies*, 35(7), 613—624.

［223］Phelps, N.A., 1998, "On the Edge of Something Big: Edge-city Economic Development in Croydon, South London", *Town Planning Review*, 69(4), 441—465.

［224］Polèse, M. and Shearmur, R., 2006, "Growth and Location of Economic Activity: The Spatial Dynamics of Industries in Canada 1971—2001", *Growth and Change*, 37(3), 362—395.

［225］Powell, W.W., 1990, "Neither market nor hierarchy: network forms of organization", *Research in Organizational Behavior*, 12, 295—336.

［226］Rabach, E. and Kim, E.M., 1994, "Where is the Chain in Commodity Chains? The

Service Sector Nexus", in Gereffi, G. and Korzeniewicz, M. (eds), *Commodity Chains and Global Capitalism*, Westport, Praeger.

[227] Reed, H. C., 1981, *The Pre-eminence of International Financial Centers*, New York: Praeger.

[228] Reichert, S., 2006, "The rise of knowledge regions: emerging opportunities and challenges for universities", European University Association, Brussels.

[229] Reinsel, D., Gantz, J. and Rydning, J., 2018, "The Digitization of the World: From Edge to Core", https://blogs.idc.com/.

[230] Relph, E., 1976, *Place and Placelessness*, Pion, London.

[231] Roberts, P., Struthers, T. and Sacks, J. (eds.), 1993, *Managing the Metropolis*, Aldershot: Avebury.

[232] Roberts, P., 1990, "Strategic Vision and the Management of the UK Land Resource, Stage II Report", London: Strategic Planning Society.

[233] Roberts, P., 2008, "Social innovation, spatial transformation and sustainable communities", in P. Drewe, J. Klein and E. Hulsbergen(eds.), *The Challenge of Social Innovation in Urban Revitalization*, Amsterdam: Techne Press.

[234] Robinson, J., 2006, *Ordinary Cities: Between Modernity and Development*, London: Routledge.

[235] Robinson, J., 2002, "Global and world cities: a view from off the map", *International Journal of Urban and Regional Research*, 26(3):531—554.

[236] Robson, B., 1988, *Those Inner Cities*, Oxford: Clarendon Press.

[237] Ross, B.H., Levine, M.A., 2012, *Urban Politics: Cities and Suburbs in a Global Age*, M.E. Sharp, New York.

[238] Rossi, E.C. and Taylor, P.J., 2005, "Banking Networks across Brazilian Cities: Interlocking Cities within and beyond Brazil", *Cities*, 22(5), 381—393.

[239] Rossi, E.C., Beaverstock, J.V. and Taylor, P.J., 2007, "Transaction Links through Cities: 'Decision Cities' and 'Service Cities' in Outsourcing by Leading Brazilian Firms", *Geoforum*, 38(4), 628—642.

[240] Roy, A., 2012, "Ethnographic circulations: Space-time relations in the world of poverty management", *Environment and Planning A*, 44(1):31—41.

[241] Rutherford, J., Gillespie, A. and Richardson, R., 2004, "The Territoriality of Pan-European Telecommunications Backbone Networks", *Journal of Urban Technology*, 11(3), 1—34.

[242] Saey, P., 1996, "Het Wereldstedennetwerk: De Nieuwe Hanze?", *Vlaams Marxistisch Tijdschrift*, 30(1), 120—123.

[243] Sassen, S., 1988, *The Mobility of Labor and Capital, A Study in International Investment and Capital Flow*, Cambridge.

[244] Sassen, S., 1991, *The Global City: New York, London, Tokyo*, Princeton: Princeton University Press.

[245] Sassen, S., 1994, *Cities in a World Economy*, Thousand Oaks, CA: Pine Forge.

[246] Sassen, S., 1997, *Losing Control? Sovereignty in An Age of Globalization*, Chichester: Wiley.

[247] Sassen, S., 1999, "Global Financial Centres", *Foreign Affairs*, 78(1), 75—87.

[248] Sassen, S., 2001, *The Global City: New York, London, Tokyo*, 2nd edition, Princeton University Press, Princeton.

[249] Sassen, S., 2002, "Locating Cities on Global Circuits", *Environment and Urbanization*, 14(1), 13—30.

[250] Sassen, S., 2002, "Introduction, Locating cities on global circuits", in Sassen, S. (ed.), *Global Networks, Linked Cities, London*, 1—36.

[251] Savitch, H. V., Kantor, P., 1995, "City business: an international perspective on marketplace politics", *International Review of Urban and Regional Research*, 19(4), 495—512.

[252] Saxenian, A. L., 2005, "From Brain Drain to Brain Circulation: Transnational Communities and Regional Upgrading in India and China", *Studies in Comparative International Development*, 40(2), 35—61.

[253] Schmitz, H., 2000, "Global Competition and Local Cooperation: Success and Failure in the Sinos Valley, Brazil", *World Development*, 27, 1627—1650.

[254] Scott, A., Soja, E., Agnew, J., 2001, *Global City-regions: Trends, Theory, Policy*, Oxford University Press, Oxford.

[255] Scott, A. J. (ed.), 2001, *Global City-Regions: Trends, Theory, Policy*, Oxford: Oxford University Press.

[256] Scott, A. J., 2000, *The Cultural Economy of Cities*, London: Sage.

[257] Scott, A. J., 2001, "Globalization and the Rise of City-regions", *European Planning Studies*, 9(7), 813—826.

[258] Scott, Allen J., 2009, *Social Economy of the Metropolis: Cognitive-Cultural Capitalism and the Global Resurgence of Cities*, Oxford University Press.

[259] Segbers, Klaus, 2007, *The Making of Global City Regions: Johannesburg, Mumbai/Bombay, So Paulo, and Shanghai*, The Johns Hopkins University Press.

[260] Senbenberger, W., 1993, "Local development and international economic competition", *International Labour Review*, 132(3), 313—329.

[261] Shin, H. B., 2014, "Contesting speculative urbanisation and strategising discontents", *City*, 18(4—5):509—16.

[262] Short, J. and Kim, Y-H., 1999, *Globalization and the City*, Harlow: Longman.

[263] Shy, O., 2001, *The Economics of Network Industries*, Cambridge, UK: Cambridge University Press.

[264] Skelcher, C., McCabe, A. and Lowndes, V., 1996, *Community Networks in Urban Regeneration:"It All Depends Who You Know!"*, Bristol: The Policy Press.

[265] Smith, D. A. and Timberlake, M., 2001, "World City Networks and Hierarchies, 1977—1997: An Empirical Analysis of Global Air Travel Links", *American Behavioral Scientist*, 44(10), 1656—1678.

[266] Smith, M. P. , 2001, *Transnational Urbanism, Locating Globalization*, Malden: Blackwell Publishers.

[267] Smith, R. , 2003, "World City Actor-networks", *Human Geography*, 27, 25—44.

[268] Smith, R. , 2008, "Urban Studies without'Scale': Localizing the Global through Singapore", in Bender, T. , Farias, I. (eds), *Urban Assemblages: How Actor-Network Theory Changes Urban Studies*, Routledge, London.

[269] Sotarauta, M. and Linnamaa, R. , 1998, "Urban Competitiveness and Management of Urban Policy Networks: Some Reflections from Tampere and Oulu", Paper presented in Conference Cities at the Millenium, London. England. 17. 12.—19. 12.

[270] Stegman, M. A. , 1995, "Recent US urban change and policy initiatives", *Urban Studies*, 32(10):1601—7.

[271] Stewart, M. and Snape, D. , 1995, "Keeping up the momentum: Partnership working in Bristol and the West", unpublished report from the School for Policy Studies to the Bristol Chamber of Commerce and Initiative.

[272] Storper, M. and Manville, M. , 2006, "Behaviour, Preferences and Cities: Urban Theory and Urban Resurgence", *Urban Studies*, 43(8), 1247—1274.

[273] Taylor P. J. et al. , 2014, "City-Dyad Analyses of China's Integration into the World City Network", *Urban Studies*, 51(5), 868—882.

[274] Taylor, P. J. and Walker, D. R. F. , 2001, "World Cities: A First Multivariate Analysis of their Service Complexes", *Urban Studies*, 38(1).

[275] Taylor, P. J. , 1999, *Modernities: A Geohistorical Interpretation*, Cambridge: Polity Press.

[276] Taylor, P. J. , 2000, "World Cities and Territorial States under Conditions of Contemporary Globalization", *Political Geography*, 19, 5—32.

[277] Taylor, P. J. , 2001, "Specification of the World City Network", *Geographical Analysis*, 33, pp. 181—94.

[278] Taylor, P. J. , 2003, "European Cities in the World City Network", Geography Analysis, 33(2).

[279] Taylor, P. J. , 2003, *World City Network: A Global Urban Analysis*, Routledge, New York.

[280] Taylor, P. J. , 2004, *World City Network*, London: Routledge.

[281] Taylor, P. J. , 2005, "Leading World Cities: Empirical Evaluations of Urban Nodes in Multiple Networks", *Urban Studies*, 42:1593—608.

[282] Taylor, P. J. , 2006, "Shanghai, Hong Kong, Taipei and Beijing within the World City Network: Positions, Trends and Prospects", http://www. lboro. ac. uk/gawc/rb/rb204, html.

[283] Taylor, P. J. and Aranya, R. , 2006, "Connectivity and City Revival", *Town & Country Planning*, vol. 75, 309—314.

[284] Taylor, P. J. and Pain, K. , 2007, "Polycentric Mega-City Regions: Exploratory Research from Western Europe", in Todorovich, P. (ed.), *The Healdsburg Research*

Seminar on Megaregions, Lincoln Institute of Land Policy and Regional Plan Association, New York.

[285] Taylor, P.J., 2011, "Advanced Producer Service Centres in the World Economy", in Taylor, P. J., Ni, P., Derudder, B., Hoyler, M., Huang, J. and Witlox, F. (eds.), *Global Urban Analysis: A Survey of Cities in Globalization,* London: Earthscan, 22—39.

[286] Taylor, P.J., 2013, *Extraordinary Cities: Moral Syndromes, World-Systems and City/State Relations,* Cheltenham, UK: Edward Elgar.

[287] Taylor, P.J., Catalano, G. and Walker, D.R.F., 2002, "Exploratory Analysis of the World City Network", *Urban Studies,* 39(13), 2377—2394.

[288] Taylor, P.J., Derudder, B. and Witlox, F., 2007, "Comparing Airline Passenger Destinations with Global Service Connectivities: A Worldwide Empirical Study of 214 Cities", *Urban Geography,* 28(3), 232—248.

[289] Taylor, P.J., Derudder, B., Hoyler, M., Ni, P. and Witlox, F., 2012, "City-dyad Analyses of China's Integration into the World City Network", GaWC Research Bulletin 407, http://www.lboro.ac.uk/gawc/rb/rb407.html.

[290] Taylor, P.J., Derudder, B., Hoyler, M., Pain, K. and Witlox, F., 2011, "European Cities in Globalization", in Taylor, P.J., Ni, P., Derudder, B., Hoyler, M., Huang, J. and Witlox, F.(Eds.), *Global Urban Analysis, A Survey of Cities in Globalization,* 114—136, London, Washington: earthscan.

[291] Taylor, P.J., E.Brown, B. Derudder, C. Parnreiter, W. Pelupessy and F. Witlox, 2010, "World City Networks and Global Commodity Chain: towards a world-systems' integration", *Global Networks,* 10, 1, pp.12—34.

[292] Taylor, P.J., et al., 2014, "City-Dyad Analyses of China's Integration into the World City Network", *Urban Studies,* 51(5), 868—882.

[293] Taylor, P.J., Firth, A., Hoyler, M. and Smith, D., 2010, "Explosive City Growth in the Modern World-System: An Initial Inventory Derived From Urban Demographic Changes", *Urban Geography,* 31(7), 865—84.

[294] Taylor, P.J., Hoyler, M., Walker, D. R. F. and Szegner, M. J., 2001, "A New Mapping of the World for the New Millennium", *The Geographical Journal,* 167(3), 213—222.

[295] Taylor, Peter, Pengfei Ni, Ben Derudder, Michael Hoyler, Jin Huang, Frank Witlox (eds.), 2010, *Global Urban Analysis: A Survey of Cities in Globalization,* Earthscan Publications Ltd.

[296] Taylor, Peter, 2013, *Extraordinary Cities: Millenia of Moral Syndromes, World-Systems and City/State Relations,* Edward Elgar Press.

[297] Thompson, G.F., 2003, *Between Hierarchies and Markets: the Logic and Limits of Network Forms of Organization,* Oxford: Oxford University Press.

[298] Turok, I. and Shutt, J., 1994, "The challenge for urban policy", *Local Economy,* 9 (3), 211—15.

[299] UNDP, 2019, Digital Strategy, https://digitalstrategy. undp. org/documents/UNDP-digital-strategy-2019. pdf.

[300] UN-Habitat, 2010, "Urban Trends: Urban Corridors—Shape of Things to Come?", UN-Habitat Press Release, 13 March, Nairobi: UN-Habitat.

[301] US Department of Transportation, 1999, "Asset Management Primer, US Department of Transportation Federal Highway Administration Office of Asset Management", Washington, DC.

[302] Uzzi, B. , 1996, "The Sources and Consequences of Embeddedness for the Economic Performance of Organizations: The Network Effect", *American Sociological Review*, 61, 674—698.

[303] Walker, R. and Lewis, R. , 2004, "Beyond the crabgrass frontier: Industry and the spread of North American cities, 1850—1950", in R. Lewis(ed.), *Manufacturing Suburbs: Building Work and Home on the Metropolitan Fringe*, Philadelphia, PA: Temple University Press.

[304] Walks, A. , 2013, "Suburbanism as a way of life, slight return", *Urban Studies*, 50 (8):1471—88.

[305] Wall, R. S. , Burger, M. J. and Knaap, G. A. , 2008, "National Competitiveness as a Determinant of the Geography of Global Corporate Networks", http://www. lboro. ac. uk/gawc/rb/rb285. html.

[306] Wallr, R. and Knaap, B. v. d. , 2011, "Sectoral Differentiation and Network Structure within Contemporary Worldwide Corporate Networks", *Economic Geography*, 87(3), 267—308.

[307] Warf, B. , 1989, "Telecommunications and the Globalization of Financial Services", *Professional Geographer*, 41(3), 257—271.

[308] Weber, R. , 2002, "Extracting value from the city: Neoliberalism and urban redevelopment", *Antipode*, 34(3), 519—40.

[309] Webster, D, Muller, L. , 2000, "Urban competitiveness assessment in developing country urban regions: the road forward", Paper prepared for Urban Group, INFUD. , The World Bank, Washington, D. C.

[310] Wei, B. P. T. , 1987, *Shanghai: Crucible of Modern China*, Hong Kong: Oxford University Press.

[311] Williams, J. and Brunn, S. , 2004, "Cybercities of Asia: Measuring Globalization using Hyperlinks(Asian Cities and Hyperlinks)", *Asian Geographer*, 23 (1—2), 121—147.

[312] Wilson, A. and Charlton, K. , 1997, *Making Partnerships Work: A Practical Guide for the Public, Private, Voluntary and Community Sectors*, York: Joseph Rowntree Foundation.

[313] World Bank, 2016, "World Development Report: Digital Dividends", Washington, DC.

[314] World Bank, 2020, "Europe 4. 0: Addressing the Digital Dilemma", Washington, DC.

[315] World Bank, 2021, "Data, Digitalization, and Governance", Washington, DC.

[316] Wu, Fulong, 2008, *China's Emerging Cities: The Making of New Urbanism*, Routledge.

[317] Yeaple, S. R., 2006, "Offshoring, Foreign Direct Investment, and the Structure of U. S. Trade", *Journal of the European Economic Association*, 4, 602—611.

[318] Yusuf, S. and Wu, W., 2002, "Pathways to a World City: Shanghai Rising in an Era of Globalisation", *Urban Studies*, 39, 1213—1240.

[319] Zook, M. and Brunn, S., 2006, "From Podes to Antipodes: Positionalities and Global Air Line Geographies", *Annals of the Association of American Geographers*, 96(3), 471—490.

[320] 保罗·克鲁格曼:《发展、地理学与经济理论》,蔡荣译,北京大学出版社、中国人民大学出版社 2000 年版。

[321] 蔡来兴、张广生、王战等:《国际经济中心城市的崛起》,上海人民出版社 1995 年版。

[322] 格雷格·克拉克:《全球城市简史》,中国人民大学出版社 2018 年版。

[323] 顾朝林、张勤、蔡建明等:《经济全球化与中国城市发展——跨世纪城市发展战略研究》,商务印书馆 1999 年版。

[324] 顾光建、陈惠康:《机遇与挑战——论上海国际中心城市的建设》,上海交通大学出版社 2000 年版。

[325] 国家发展改革委一带一路建设促进中心:《共建一带一路坚定前行》,《人民日报》2021 年 2 月 5 日。

[326] 过杰:《建设现代化国际大都市研究综述》,《财经问题研究》1995 年第 9 期。

[327] 郝寿义:《增强城市国际竞争力与城市治理》,《开放导报》2002 年第 9 期。

[328] 贺敬芝、孙云:《FDI 对中国区域经济发展影响的反思》,《世界经济研究》2005 年第 11 期。

[329] 黄胜利、宁越敏:《国外新城建设及启示》,《现代城市研究》2003 年第 4 期。

[330] 连玉明:《城市转型与城市竞争力》,《中国审计》2003 年第 2 期。

[331] 刘秉泰、卢明华、李涛:《东京工业结构演化模式及其驱动力研究》,《世界地理研究》2003 年第 1 期。

[332] 马克·戈特迪纳、莱斯利·巴德:《城市研究核心概念》,江苏教育出版社 2013 年版。

[333] 曼纽尔·卡斯特尔斯:《网络社会的崛起》,夏铸九、王志弘等译,社会科学文献出版社 2001 年版。

[334] 宁越敏:《世界城市的崛起和上海的发展》,《城市问题》1994 年第 6 期。

[335] 任远、陈向明、Dieter Lapple 主编:《全球城市——区域的时代》,复旦大学出版社 2009 年版。

[336] 沙森:《世界经济中的城市》,格致出版社、上海人民出版社 2020 年版。

[337] 沈金简、周一星:《世界城市的涵义及其对中国城市发展的启示》,《城市问题》2003 年第 3 期。

[338] 沈金箴:《东京世界城市的形成发展及其对北京的启示》,《经济地理》2003 年第 4 期。

[339] 世界银行:《东亚城市的转型》,李源译,《商务周刊》2003 年 8 月 1 日。

[340] 世贸组织、亚洲经济研究所、经合组织、全球价值链研究中心、世界银行集团:《2019 年全球价值链发展报告》,2019 年 4 月 13 日。

［341］田文林:《大国博弈与中间地带的动荡与冲突》,《区域与全球发展》2019 年第 6 期。

［342］屠启宇:《"世界城市":现实考验与未来取向》,《学术月刊》2013 年第 1 期。

［343］屠启宇:《金融危机后全球化态势与世界城市发展模式的转变》,《南京社会科学》2009 年第 11 期。

［344］托马斯·鲍姆加特纳(Thomas Baumgartner)等:《重新构想工业供应链》,麦肯锡公司, 2020 年 8 月 11 日。

［345］王宇宁、范志清:《轨道交通导向的东京大都市区新城发展路径研究》,《都市快轨交通》 2016 年第 3 期。

［346］沃纳·赫希:《城市经济学》,刘世庆等译,中国社会科学出版社 1990 年版。

［347］项梦曦:《亚洲区域贸易自由化进程持续加速》,《金融时报》2021 年 1 月 21 日。

［348］徐康宁:《文明与繁荣——中外城市经济发展环境比较研究》,东南大学出版社 2002 年版。

［349］徐惟诚:《不列颠百科全书(国际中文版)》,中国大百科全书出版社 1998 年版。

［350］姚为群:《全球城市的经济成因》,上海人民出版社 2003 年版。

［351］余丹林、魏也华:《国际城市、国际城市区域以及国际化城市研究》,《国外城市规划》 2003 年第 1 期。

［352］俞文华:《战后纽约、伦敦和东京的社会经济结构演变及其动因》,《城市问题》1999 年第 2 期。

［353］张贝贝、刘云刚:《日本的"卧城"建设:多摩新城的案例研究》,《国际城市规划》2015 年 第 6 期。

［354］张伟伦:《推动服务贸易迈向高质量发展》,《中国贸易报》2019 年 11 月 21 日。

［355］周振华、陈向明、黄建富:《世界城市——国际经验与上海发展》,上海社会科学院出版 社 2004 年版。

［356］周振华:《崛起中的全球城市:理论框架及中国模式研究》,格致出版社、上海人民出版 社 2008/2017 年版。

［357］周振华:《全球城市:演化原理与上海 2050》,格致出版社、上海人民出版社 2017 年版。

［358］周振华:《上海迈向全球城市:战略与行动》,上海世纪出版集团 2012 年版。

［359］周振华:《世界城市理论与我国现代化国际大都市建设》,《经济学动态》2004 年第 3 期。

［360］周振华:《卓越的全球城市》,格致出版社、上海人民出版社 2019 年版。

［361］周振华主编:《全球城市发展指数 2019》,格致出版社、上海人民出版社 2019 年版。

［362］周振华主编:《现代服务业研究》,上海社会科学院出版社 2005 年版。

附　录

周振华教授学术贡献梳理

周振华教授长期从事产业经济、宏观经济、城市经济理论与政策研究,出版个人专著、译著及主编著作百多部,在《经济研究》等期刊发表学术论文百余篇。本文梳理周振华教授自上世纪 80 年代研究生阶段直至今天的主要学术经历与学术著述,概述周振华教授横跨 40 年的重要学术成就与学术贡献。

学术生涯开端:确立产业经济学研究方向

周振华教授在攻读硕士学位期间,师从我国《资本论》研究的权威人物陈征教授。硕士论文研究的是运用《资本论》原理分析社会主义流通问题,论文成果先后在《福建师范大学学报》和《南京大学学报》刊发。

硕士毕业后,在南京大学经济系任教期间,周振华将《资本论》的逻辑演绎与西方经济学分析工具相结合,用于研究中国改革开放及经济发展问题,撰写和发表了相关学术论文;并与金碚、刘志彪等几位青年学者合作开展关于市场经济的研究,以超前的学术眼光和思维探究"市场经济是什么样的,是怎样一种市场体系结构"。在这一研究的基础上,周振华领衔完成《社会主义市场体系分析》一书的撰写。该书于 1987 年底由南京大学出版社出版,这是国内较早一部全面系统研究社会主义市场经济的专著,我国杰出的经济学家、教育家,新中国国民经济学学科开拓者胡迺武曾为该书撰写书评并发表在《经济研究》上。

其后,周振华进入中国人民大学深造,师从胡迺武教授攻读博士学位,并参与胡迺武、吴树青承接的"中国改革大思路"国家重大课题。该课题成果因研究扎实,并提出独到的改革思路,获首届孙冶方经济科学奖论文奖。

周振华选择产业问题作为其博士论文研究内容,并挑战了从经济学角度研究产业政策这一世界性前沿课题。因为在当时,国际上针对产业政策的相关研究主要是从政治学角度或是从历史发展过程入手,而真正从经济学角度展开的研究几乎是空白。周振华提早一年完成并提交了这一高难度课题的论文，提前进行答辩，获得校内外 20 余位专家一致的高度评价。博士论文最终以《产业政策的经济理论分析》为书名于 1991 年由中国人民大学出版社出版。

胡迺武评价这部著作"把产业政策提到经济理论的高度进行深入系统的研究，从而能为产业政策提供理论依据"，认为其在研究方法上的创新在于"根据影响产业政策的基本变量，构造了一个产业政策分析的基本框架，强调了经济发展战略和经济体制模式对产业政策的制定和实施所具有的决定性影响作用；建立了产业政策总体模型和产业政策结构模型，并据此展开分析"。这部著作还提出了许多新见解，例如，把创新和协调看作是产业政策的根本指导思想，提出产业政策选择基准的新假说，即"增长后劲基准、短缺替代弹性基准、瓶颈效应基准"。胡迺武评价这一新假说"比之日本经济学家筱原三代平的'收入弹性基准'和'生产率上升基准'更加切合中国的实际"。

学术精进：完成产业经济学研究"三部曲"

1990 年，周振华进入上海社会科学院经济所工作，开始进行产业经济学的深化研究，从产业结构演化规律、经济增长与产业结构关系两个方面展开深度理论挖掘。不仅在《经济研究》等刊物上发表论文，而且接连出版了《现代经济增长中的结构效应》（上海三联书店 1991 年版）和《产业结构优化论》（上海人民出版社 1992 年版）两部专著。二书延续了《产业政策的经济理论分析》的研究轨迹。

其中，《现代经济增长中的结构效应》是国内最早系统研究产业结构作用机理，揭示全要素生产率索洛"残值"中结构因素的专著。该书从产业结构的内部关联、外部联系及其发展成长和开放等方面，考察它们对经济增长的影响，分析结构效应的主要表现及其对经济增长的作用机理，深入探讨发挥结构效应所必须具备的条件和实现机制。该书在研究方法上，侧重于产业结构的机理分析。这种机理分析以动态结构的非均衡变动为基础，把总量增长描述为一种由结构变动和配置的回波效应促使经济增长不断加速的过程，重点研究的是产业结构变动及调整的资源再配置对经济增长的作用及其机制。这一机理分析的重要立论是，在更具专业化和一体化倾向的现代经济增长中，产业部门之间联系和交易及依赖度不断增大，结构效应上升到重要地位，成为现代经济增长的一个基本支撑点。这种来自结构聚合的巨大经济效益，是推动经济增长的重要因素。

如果说《现代经济增长中的结构效应》揭示了产业结构变动在经济增长中

的效应释放机制,那么《产业结构优化论》则更踏前一步,探讨如何使产业结构的变动与调整朝着更优的方向行进,以更好地发挥结构效应、推动经济增长。该书从现代经济增长的特征与本质着手,建立产业结构优化分析理论模型,描述产业结构变动的一般趋势,分析产业结构高度化问题,并针对中国发展规律深层分析中国产业结构变动模式,进一步阐释如何以宏观经济非均衡运作的战略导向,建立起以人民需要为中心的发展模式,形成良性经济发展模式。中国社会主义政治经济学主要开拓者之一的雍文远教授评价该书的学术价值与贡献主要在于:

一是研究的角度和立意新颖。有别于国内外学术界对产业结构理论的研究通常集中于产业结构变动趋势方面,侧重于从国民收入变动的角度研究产业结构变动与之相关性以揭示产业结构变动的规律性,周振华的《产业结构优化论》的研究着眼点则在于如何使产业结构变动符合其规律性的要求,即如何实现产业结构优化。这一研究角度不仅独辟蹊径,而且使得对产业结构问题的研究更加深化,有助于推动产业结构理论的发展。

二是针对中国产业结构现实问题,在充分论证的基础上对一系列有争议的理论问题发表了独创之见。例如,周振华认为中国产业结构超常规变动与中国特定经济环境条件有关,问题并不在于这种超常规变动本身,而在于产业结构超常规变动中缺乏协调和创新。根据这一判断,周振华提出了实现中国产业结构优化的关键是加强协调和促进创新,而要做到这一点,不仅需要采取相应的政策措施,更主要的是实行新的经济发展战略和建立有效率的新体制和经济运行机制。这些新见解的提出,对中国社会主义现代化建设具有现实意义。

三是在体系结构上有所创新且合理。产业结构理论研究在国内刚刚起步,尚未形成一个较完整的理论体系。《产业结构优化论》则呈现了一个总体的分析框架,以及在此框架下的很强的逻辑性,具有相当的理论力度。

四是综合运用各种研究方法,对现实经济问题进行研究。周振华在研究产业结构优化问题上,采用了理论实证分析、经验实证分析、规范分析以及对策研究等方法,并根据其研究内容和对象的要求,把这些研究方法有机地统一起来。

改革开放以来,尽管中国经济持续高速增长,但产业结构偏差与扭曲一直存在,产业结构调整升级及解决产能过剩问题始终是先务之急。《现代经济增长中的结构效应》与《产业结构优化论》的研究也因此始终具有理论前瞻性,二书中关于产业结构的机理分析和现象分析至今仍有适用性,对于解释中国新时期经济转型升级的深刻内涵及指导实际工作具有长久的积极意义。

博观约取:在产业经济及相关研究领域理论建树卓著

在 1991 年破格晋升为研究员之后,周振华继续专精于产业经济学研究。而随着他对现实问题的思考层层深入,其涉猎的研究范围也越来越广,包括经济增长与制度变革、经济结构调整以及企业改制等问题。并在《经济研究》《工业经济研究》等期刊发表了多篇学术论文,研究进路不断拓展。1994—1999 年间,先后出版了《步履艰难的转换:中国迈向现代企业制度的思索》(1994)、《体制变革与经济增长——中国经验与范式分析》(1999)、《积极推进经济结构的调整和优化》(合著)(1998)、《市场经济模式选择——国际比较及其借鉴》(主编)(1995)等多部专著。

其中,《步履艰难的转换:中国迈向现代企业制度的思索》切入微观视角,研究企业改革的问题。这看似突破了产业经济研究边界,但如周振华自己所言,其出发点在于理论研究关联性和系统性的需要,特别是中国宏观经济方面的现实问题大多要从微观基础予以解释。周振华在书中重点分析了中国现代企业制度的目标模式,尖锐地指出了转换机制尤其是国有企业制度创新的难点与关键所在,并对如何迈向现代企业制度提出了基本的对策思路和方案设想。这一研究是基于周振华对中国实行现代企业制度前景的总体把握和历史瞻视,体现了他敏锐的学术直觉与深刻的理论洞见。书中所提炼的财产所有权构成特征、所有权与控制相分离的特征、监督权结构特征、剩余索取权转让的特征等现代企业制度的"中国特色",以及由这几方面特征有机组合而成的中国现代企业制度的目标模式假说等,不但为 90 年代中国现代企业制度建设之路的开启提供了基本理论架构,而且在该书出版后的近 30 年来,不断被中国企业改革与发展的实践所一一证实。

《体制变革与经济增长》则进一步研究产业结构背后的体制机制问题。该著作对改革开放前 20 年的体制变革与经济增长的交互关系进行了全面、深入的实证分析,从不同角度总结了中国改革开放与经济发展一系列富有成效和具有特色的经验,并将其提升到理论高度,进行了中国范式分析,通过国际比较归纳出中国范式的一系列基本特征。在该书中,周振华创造性地提出了"制度—增长"的分析框架及各种理论假设,并予以了初步检验。对政府政策制定者"改革程序"设定的论述是全书的灵魂;而该书最大的理论建树则是提出了一个以利益关系为主线,以行为主体间的博弈方式为联结的体制变革与经济增长互动模式。该书的学术贡献在于,不仅书中关于中国改革 40 年中前 20 年的经济发展过程的研究性描述成为重要史料,而且其构建的理论分析框架更成为得到时间检验、对中国经济至今仍然富有解释力的理论成果,书中所建立的"制度—增长"理论分析框架仍可继续用来解释后 20 年乃至今天及未来中国的改革开放与经济发展。

在改革开放早期,周振华就已前瞻地提出,在社会主义市场经济条件下,特别在买方市场条件下,经济结构调整必须以市场为导向,充分发挥市场机制配置资源的基础性作用。同时,也要注重政府的经济调控在结构调整中的作用,政府主要运用经济手段和法律手段,引导和规范各类经济主体的行为,通过政策支持,促进结构优化。概言之,要保持政策支持与市场导向之间的平衡,在结构优化上发挥政府和市场的双重优势。这些观点在他的《积极推进经济结构的调整和优化》《市场经济模式选择——国际比较及其借鉴》等早期论著中,都有所体现。这些论著分别探究了如何以市场为导向,使社会生产适应国内外市场需求的变化;如何依靠科技进步,促进产业结构优化;如何发挥各地优势,推动区域经济协调发展;如何转变经济增长方式,改变高投入、低产出,高消耗、低效益的状况;等等。这些观点与研究结论,在今天看来,仍具有重大的现实意义和深远的历史意义。

超前的研究意识和学术自觉还体现在周振华主编的《中国经济分析》年度系列研究报告上。尽管核心研究领域仍然是产业经济学,而且 1990 年回到上海后关注更多的是上海经济发展,但他始终意识到无论是中观层面的产业发展,还是地区和城市的经济发展,都离不开宏观层面的、国家层面的经济运行大背景及其相关条件制约。所以周振华也一直把中国经济运行分析放在一个重要的研究地位。1993 年开始,周振华开始主编《中国经济分析》年度系列报告。这一研究报告既涉及年度性的中国经济形势分析与预测,又涉及对当时中国经济运行中突出问题的深入研究。

周振华认为,与一个较成熟且稳定的经济体系下的经济运行不同,改革开放下的中国经济运行呈现出更深刻的内涵、更复杂的机理、更丰富的内容、更迅速的变化等特征。因此,中国经济运行分析不是西方经济学的一般周期性分析,也不能仅停留在经济形势分析与预测层面上,而是要做基于制度变革的经济运行及其态势的深度分析。这要求理论工作者既进行中国经济运行动态跟踪分析,又进行中国经济运行中热点、难点和重点的专题研究。在此目标下,《中国经济分析》每一年度性研究报告都有一个明确主题,由周振华根据当时中国经济运行中的热点、难点及重大问题来确定,如"走向市场""地区发展"

"企业改制""增长转型""结构调整""金融改造""收入分配""挑战过剩""政府选择""外部冲击与经济波动""经济复苏与战略调整""复苏调整中的双重压力""危机中的增长转型""供给侧结构性改革与宏观调控创新"等。围绕特定主题，周振华设计全书主要内容及体系架构，撰写导论，并选择与组织不同专业领域的学者、专家共同参与各章撰写。《中国经济分析》系列的研究自90年代初开始，一直持续近25年，形成了关于中国经济运行的长达四分之一个世纪的跟踪分析与学术研究成果。

着手"范式转变"：开拓产业经济学研究新境界

90年代，信息化浪潮逐渐席卷全球，周振华敏锐地捕捉到信息化之于产业发展的又一学术前沿课题。1998年，以承接上海市政府决策咨询重大课题"上海信息化与信息产业发展研究"为契机，周振华在产业经济学领域的深化研究进入了新的境界，即跳出传统产业经济理论范式，而使用溯因推理、外展推理的方法来寻求信息化进程中产业融合现象的一般性解释。

在2003年出版的《信息化与产业融合》一书中，周振华选择电信、广电、出版三大行业为典型案例，从个案分析到系统研究，建立起产业融合的基本理论模型，并依据产业融合新范式的内在机理提出了新的产业分类方法。在此基础上，对传统意义上的结构瓶颈制约、产业协调发展和结构动态平衡、产业结构高度化的线性部门替代及其基本表现特征等概念进行根本性的改造，赋予其新的内容或用新概念予以替代。进一步地，该书分析了产业融合在新型工业化道路中得以孕育与发展的内生性，探讨了新型工业化必须具备的基础性条件及相应的实现机制，从而揭示了走新型工业化道路是我国促进产业融合的唯一选择。该书中关于产业融合、产业边界、产业分类等维度的新颖讨论，至今仍被各种相关研究所引用，尤其是书中所探讨的电信、广电、出版的"三网融合"，于今还是理论热点。

在对产业经济理论研究进行"范式转变"的过程中，周振华不仅先见性地把信息技术的变量引入产业经济理论研究，而且还开创性地把空间概念运用于产业经济尤其是服务经济的理论研究中。《信息化与产业融合》已经关注到网络型组织结构的特定属性、产业空间模式、产业集群方式等。在其后出版的《崛起中的全球城市：理论框架及中国模式研究》《服务经济发展：中国经济大变局之趋势》等论著中，周振华进一步发展了产业空间载体、空间价值的研究，以及网络分析等产业经济学的崭新研究方法。

　　例如,在《崛起中的全球城市》中,周振华针对发展中国家崛起中全球城市的背景条件、发展基础、路径依赖等约束条件,引入全球生产链、产业集群、全球城市区域等新的理论元素,进行理论分析框架的新综合,并提出借助于全球生产链促进城市功能转换的逻辑过程、依赖于大规模贸易流量的流动空间构造方式等创新观点。在《服务经济发展》中,周振华提出相对于制造业生产的分散化,服务产业具有明显的空间高度集聚特性,特别是生产者服务业以大城市为主要载体的产业集群,不仅促使知识外溢与信息共享,有利于专业服务人员的流动与合理配置,而且带来了专业性服务的互补,增强了服务的综合配套能力,促进了产业融合;因此对于服务经济发展来说,城市化规模比区位条件更为重要。

　　鉴于产业发展尤其是高端(先进)服务经济必须有其空间载体的依托,周振华把产业经济学研究的新的聚焦点放在了"全球城市"上。"全球城市"概念肇始于欧美发达国家,全球城市理论阐述了当代全球化的空间表达,研究核心是其独特的产业综合体及全球功能性机构集聚,集中表现为总部经济、平台经济、流量经济等。周振华认为,全球城市研究的很大一部分内容是产业综合体及其空间分布规律,由此便可打通产业经济理论与全球城市理论之间的研究通路。

　　2007年,周振华撰写出版的《崛起中的全球城市》成为国内最早系统研究全球城市理论的专著。该书立足于经济全球化和信息化两大潮流交互作用导致世界城市体系根本性变革的大背景,从全球网络结构的独特角度重新审视了全球城市的形成与发展,对传统的主流全球城市理论提出了批判性的意见,并通过吸收新政治经济学和新空间经济理论等研究成果,结合发展中国家的全球城市崛起的路径依赖等实际情况,原创性地提出了新综合的理论分析框架,从而进一步完善了当时既有的全球城市理论,使其具有更大的理论包容性。在这一新综合的分析框架下,该书对中国全球城市崛起的前提条件及约束条件作了详尽的实证分析,富有创造性地揭示了中国全球城市崛起不同于纽约、伦敦等发达国家城市的发展模式及路径选择。

　　《崛起中的全球城市》出版后获得了国家"三个一百"原创图书奖和上海市哲学社会科学优秀成果奖一等奖,其英文版亦在全球发行,得到"全球城市"概念提出者萨斯基亚·沙森教授等国际学者的首肯。这一研究当时在国内是相当超前的,直到2010年之后,随着全球化流经线路改变和世界经济重心转移,上海、北京等城市日益成为世界城市网络中的重要节点,国内的全球城市研究才逐渐兴起,《崛起中的全球城市》则成为不可多得的重要文献。

关照中国现实：以理论研究反哺改革实践

一如当年选择产业问题作为博士论文题目的初心，周振华教授的学术研究从不隐于"象牙塔"，而是始终观照中国现实。周振华不仅致力于以产业经济学为主的本土经济学研究的发展进步，而且致力于社会经济本身的发展进步，90年代中后期开始，他的研究更是紧接上海发展的"地气"。在当时开展的"迈向21世纪的上海"大讨论中，周振华的研究贡献主要在于分析了世界经济重心东移和新国际分工下的产业转移，为上海确立"四个中心"建设战略目标提供背景支撑。在洋山深水港建设前期论证研究中，周振华通过分析亚洲各国争夺亚太营运中心的核心内容及基本态势，论证了加快洋山深水港建设的必要性和紧迫性，并评估了优势与劣势条件。在此期间，周振华还先后承接和完成了一批国家及市级的重大研究课题，凭借深厚的理论功底、广阔的学术视野，在完成这些问题导向的课题的同时，也在核心期刊上发表了相关课题的系统化和学理化研究成果，如"城市综合竞争力的本质特征：增强综合服务功能""流量经济及其理论体系""论城市综合创新能力""论城市能级水平与现代服务业"等。

2006年，周振华调任上海市人民政府发展研究中心主任，其工作重心转向政策研究和决策咨询，但他的学术研究也一直在同步延伸。前述已提及的《服务经济发展：中国经济大变局之趋势》一书，即是周振华在发展研究中心时期写成的又一部学术力作。

该书的研究对象主要是服务经济之发展，涵盖工业经济与服务经济两个不同社会经济形态中的"孕育脱胎"发展和成熟化发展。在书中，周振华首先从理论上回答了"何为服务经济"的一般性问题；其次，通过对服务经济发展动因及其作用机制的分析，揭示了服务经济演进轨迹及发展趋势性特征，回答了"服务经济从何处来"的问题，从而构建了服务经济发展的一般理论分析框架。在这一理论框架下，通过中国案例分析了影响服务经济发展的若干重要变量，尤其是结合中国实际情况剖析了发展战略及其模式、市场基础、制度政策环境等对服务经济发展的影响，以及服务经济发展中固有的非均衡增长问题。进一步地，从未来发展的角度，探讨发展转型与改革深化、信息化创新和国际化等重大问题，从而回答了"如何促进服务经济发展"的现实问题。

要而言之，《服务经济发展》的理论建树与学术价值在于从社会经济形态的层面来研究服务经济发展，从世界（一般）与中国（特殊）两个维度进行服务经济发展的交互分析，并立足中国发展阶段来认识与理解服务经济，扩展与充实了服务经济一般理论框架,使其具有更好的适用性和解释力,而且也为进一步探索如何促进中国服务经济发展提供了重要线索和思路。当前,中国仍处在工业化中期向后期过渡阶段,工业发展及其比重在国民经济中仍居主导地位。作为在2010年代上半期完成的关于中国服务经济发展的理论研究成果,该书再次体现了周振华出色的学术前瞻力与洞见力。该书2014年出版之后,获国际著名学术出版机构施普林格(Springer)青睐,于翌年出版发行了英文版。

在改革开放30年和40年的两个节点,周振华教授先后牵头,组织上海大批专家学者开展相关研究,分别形成《上海:城市嬗变及展望》(三卷本)和《上海改革开放40年大事研究》(12卷本)重大理论成果。2010年出版的《上海:城市嬗变及展望》对上海建埠以来的历史、现状、未来开展系统研究,以翔实的史料、清晰的脉络和开阔的视野,全面记录了改革开放前后两个30年上海这座城市所发生的深刻变化,整体勾勒了未来30年上海发展的远景。该三卷本获上海市第十一届哲学社会科学优秀成果奖著作类一等奖。2018年出版的《上海改革开放40年大事研究》以时间为经线、事例为纬线,抓住敢为天下先的大事,体现勇于探索实践的创新,反映上海改革开放的历程,凸显中国特色、上海特点和时代特征。该丛书是改革开放40年之际的首套大规模、成系统的地方性改革开放研究丛书,获得新华社、人民日报等主流媒体多方位报道。2019年1月30日,《中国新闻出版广电报》刊发关于该研究成果的头版文章《〈上海改革开放40年大事研究〉:讲理论说案例,展现排头兵先行者足迹》。周振华还执笔其中的第一卷,即丛书总论性质的《排头兵与先行者》一书。

这两套关于上海改革开放实践的代表性理论专著,不仅具有重要的历史价值,而且具有承前启后、继往开来的重大现实意义,为上海和全国不断全面深化改革,推动经济与社会发展,提供了坚实的学术支撑和理论支持。

填补理论空白:奠定全球城市研究领域学术地位

在2007年《崛起中的全球城市》完成之后,2017年,周振华教授立足中国发展模式及上海发展路径的研究成果《全球城市:演化原理与上海2050》出版。这部"十年磨一剑"的著作对全球城市内涵进行了系统化、范式化的研究,建构了全球城市演化的理论框架。

全球城市领域的既有文献几乎都聚焦于既定(已经形成)的全球城市上,探讨其在经济全球化中的地位与作用、所具备的主要功能及其通过什么样的运作方式发挥等内容,而对"一个城市是怎样成为全球城市的",即全球城市的动态演化这一问题则几无探讨。《全球城市：演化原理与上海2050》突破静态研究范式，充分考虑全球化进程仍在持续、上海等中国大城市正在快速发展的事实，以半部篇幅，从生成、崛起、发展、趋向的动态演化视角，运用演化本体论、演化生态环境、演化物种论、演化动力学、演化模式与形态及空间等理论和方法，来阐释全球城市，揭示全球城市动态过程中的复杂、不确定和非均衡意义。由此，周振华填补了用动态演化框架和演化理论支撑全球城市研究的空白。

在《全球城市：演化原理与上海2050》的下半部分中，周振华把上海作为案例，全面分析了上海全球城市演化的宏观与微观变量，推演了演化可能性，勾勒了上海真正演化为全球城市之后的目标定位、核心功能、空间表现、战略资源等面向。

关于目标定位，周振华提出，就连通性覆盖范围和连接种类范围而言，上海应该成为全球主义取向的综合性全球城市；从位置战略性和网络流动性角度看，应成为高流动的战略性城市；从基于枢纽型的递归中心性与基于门户型的递归权力性位置组合角度看，应成为门户型的枢纽城市。

关于核心功能，周振华认为主要体现为四大功能，即全球价值链管控功能、全球财富管理功能、全球科技创新策源功能、全球文化融汇引领功能。这些功能并非凭空产生，而是基于上海现有城市功能的转换和演进，其具体内涵则会随时间变迁而动态调整。

关于空间扩展，周振华分别从全球城市过程、全球城市区域过程、巨型城市区域过程三个层面展开论述。他提出，在全球城市过程阶段，上海中心城区功能会向郊区延伸，形成具有足够持续性和非常大的内部互联的多中心、多核城市空间结构，新城和新市镇的培育将是关键。在全球城市区域过程阶段，网络关系跨越市域边界向周围邻近地区拓展，很可能演化为形态单中心（上海）与功能多中心相结合的区域空间结构。在巨型城市区域过程阶段，上海全球城市空间向长三角地区更大范围扩展，即向长江三角洲巨型城市区域演化，空间结构仍将是形态单中心和功能多中心，其中存在若干核心城市（南京、杭州、合肥、苏州、宁波等）将共同成为全球资源配置的亚太门户。

在书中，周振华还强调城市演化本质上是基于主体参与者的城市心智进化，因而人力资本是重要的战略性资源。他鲜明地指出了人力资本的"二元结构"，即由"职位极化"带来的"劳动力极化"。除高端专业化人才外，全球城市的知识型全球功能性机构也离不开大量配套性服务人员，包括信息收集处理、办公文档管理等，以及餐饮、交通、快递、家政之类的社会服务人员。此外，周振华也预见了一些值得关注的影响演化全局的问题,比如,土地使用约束趋紧导致的空间拥挤将形成强烈的"挤出效应",房地产过度依赖,社会极化与城市治理难题,以及生态环境压力等。

《全球城市:演化原理与上海 2050》出版的同时,《崛起中的全球城市:理论框架及中国模式研究》再版。2018 年 4 月,以两部著作发布为契机的"迈向卓越的全球城市:全球城市理论前沿与上海实践"高端研讨会在上海中心成功举办,"全球城市理论之母"萨斯基娅·萨森教授也应邀出席。这次研讨会影响深远,由周振华教授倡导和发展的"全球城市"前沿理论也得到更进一步的传播。

2019 年,周振华教授写就的简明读本《卓越的全球城市:国家使命与上海雄心》及《全球城市:国家战略与上海行动》出版。这两本书化抽象的概念范畴为具象化的内容,化繁杂的理论验证为简明扼要的推论,化学术语境的规范表述为浅显易懂的表达,以通俗的话语解读了上海建设卓越全球城市的历史必然性、所承载的国家战略使命、面临的时代新命题,以及如何破题书写历史新篇章等等。由此,"全球城市"理论、理念的传播,面向了更广泛的群体,为非专业领域的受众提供了全球城市理论的基本常识。正是在周振华不遗余力地引介、发展、推广下,"全球城市"理论在国内从学术前沿层面逐步走向理论普及层面。

与此同时,在完成引进理论的"本土化"之后,中国学者的"全球城市"研究成果成功"走出去"。继《崛起中的全球城市》出版英文版之后,《全球城市:演化原理与上海 2050》英文版也由世界知名学术出版商世哲(Sage)出版发行。周振华教授跨越数十年学术努力,为国内学界、政界创造国际化语境,构建中国学术界与国际同行或政府间交流话语权的学术初心初步实现。

在潜心完成"全球城市"理论的本土化工作和基本理论体系的构建之后,周振华教授着力开展多维度的深化研究,继续推动"全球城市"理论的发展和"全球城市"实践的进程。2018 年正式退休后,周振华即出任新成立的上海全球城市研究院院长,创办并主编《全球城市研究》季刊。在周振华的带领下,研究院坚持面向全球、面向未来,对标国际最高标准、最好水平,整合和运用多方面研究力量,开展对全球城市发展的跟踪研究,为以上海为代表的超大特大城市的发展和更新,在学术理论层面、实践经验层面、政策建议层面,提供了诸多新理念、新方法、新思路。代表性的成果包括三大标志性年度报告即《全球城市发展报告》《全球城市案例研究》和《全球城市发展指数》,《上海都市圈发展报告》系列,《全球城市经典译丛》系列,等等。

其中,三大年度标志性报告围绕"增强全球资源配置功能""全球化战略空间""全球化城市资产""城市数字化转型""全球网络的合作与竞争"等各年度主题,基于国内外相关理论成果、丰富的案例和扎实的数据资料,以图文并茂的呈现形式,发展全球城市前沿理论,总结全球城市实践经验,提出全球城市建设策略。由周振华教授设定的各年度主题,都紧扣"全球城市"概念所强调的特质,也就是"全球城市"不同于"国际大都市""世界城市"等传统说法而具有的特质。多年来,周振华教授始终致力于"全球城市"这一概念在国内生根发芽,主张使用"全球城市"的提法和观点,强调以上海为代表的国内特大型城市在建设发展中,其核心功能并不在于财富、资本、跨国公司总部的单纯积累,而是在于资金、人才等要素的进出的流量、连通性与平台功能,在于生产者服务业的发展,在于萨斯基亚·沙森教授所提出的"中介化"功能。

2022年,由周振华教授领衔的"以全球城市为核心的巨型城市群引领双循环路径研究"获国家哲社重大课题立项。至此,周振华教授在产业经济学、全球城市理论等领域的研究成果愈加丰富立体,学术贡献不断突破,学术境界再上新高度。

以上概要评述了周振华教授40年来的主要学术贡献,这些学术贡献既为中国经济发展提供了坚实的学术支撑,也为中国发展自己的哲学社会科学理论提供了丰厚的积淀。与此同时,我们从中既可以窥见周振华教授的超前学术思维、极度开阔的学术视野、对现实问题的超强敏锐度,以及广纳厚积的学术功力,也能真切感受到周振华教授所坚守的学术关怀与学术精神。

(忻雁翔整理)

后　记

　　近大半年时间,断断续续在做这套学术文集的整理和编纂工作,似乎并没有太多兴奋与激情,反而有一种"年在桑榆间,影响不能追"的落寞,叹人生一世,去若朝露晞。但不管怎样,这套学术文集凝结了自己毕生心血,又即将面世,不免感慨万端。借此后记,有感而发,略表心声。

　　一个突如其来的惊喜。也许,当初并没有在意,或已习惯"挥手过去",没有完整存留数十年来的研究成果,更未想过有朝一日汇编为一整套的学术文集。当格致出版社忻雁翔副总编辑提出要汇编出版这套学术文集时,我一时愣然,惊喜之余,又有点不知所措。首先想到一个问题,这能行吗? 这并不是担心成果数量能否形成文集规模,而是顾虑成果质量是否有汇编为文集的价值。毕竟这些作品,早的都已过去三十多年,近十年的也在快速"折旧",赶不上时代迅速变化啊! 忻总解释道,我们翻阅过,一些早期作品的主要观点在当时是比较超前的,为此还曾多次再版,不仅有历史价值,也有现实意义。随之,我又有点畏难,数十年的成果收集和整理势必琐碎,要花费太多时间与精力。忻总说,在我们这里出版的大部分著作,存有电子版,那些早期或在别处出版的著作,可以由专业排版人员做先期录入;你只要负责归类与编排,以及内容补充与修改完善即可。接着,我开玩笑地问道,现在汇编出版这套学术文集是否早了点,说不定以后还会有新的作品呢。忻总答,没关系,有了新的作品,以后再加进文集中去。至此,我才开始着手成果整理和编纂。应该讲,格致出版社和上海人民出版社是此事的始作俑者,是他们的大胆设想和务实精神促成了这套学术文集的诞生。

　　一种发自内心的感激。对于学者来说,出版社及编辑是"伯乐"之一。他们见多识广,博洽多闻,通晓理论前沿,谙熟学术规范。十分幸运,我的大部分专著是在上海三联书店、格致出版社和上海人民出版社,并经少数较固定的责任编辑之手出版的。在与出版社的长期合作中,他们成为我学术生涯中的良师益友。

上海世纪出版集团原总裁陈昕将我一些主要著作,如《现代经济增长中的结构效应》《体制变革与经济增长——中国经验与范式分析》《服务经济发展:中国经济大变局及趋势》等列入他主编的"当代经济学系列丛书·当代经济学文库",其对中国经济学界的发展产生了重大影响。当时,陈昕社长还经常召集"当代经济学文库"的主要作者,举行理论研讨会,激发学者创作热情,促进理论创新,并多次邀请我去世纪出版集团给社领导及编辑讲述最新研究成果,进行学术交流。后来,忻雁翔女士负责编辑出版我的许多专著以及我主编的著作,并多次举办新书发布会,向社会大力宣传和推荐我的新作品。基于对学者研究的长期跟踪和了解,她这次还专门为这套文集撰写了"周振华教授学术贡献梳理"。这种学界与出版界的长期紧密合作与互动,在我身上得到淋漓尽致的体现,对我的学术研究有很大的帮助,成为我学术生涯中不可或缺的重要组成部分。借这套学术文集出版之机,向这些出版社和出版人表示由衷的感谢。

　　一股由来已久的感动。在我的学术生涯中,虽然长期坐"冷板凳",但我并不感到孤独与寂寞。这一路上,不乏"贵人"和"高人"指点迷津和遮风挡雨,得到陈征、胡迺武恩师以及张仲礼、袁恩桢、张继光等学术前辈的惜护与栽培,得到中学老师王佩玉、香兰农场党委书记刘荣杕等长期关心和教导。这一路上,最不缺的,是一大批风雨同舟、枝干相持的朋友。大学时期和读硕、读博时期的同窗好友,他们"书生意气,挥斥方遒"的风华,时时感召和激励着我。南京大学、上海社科院的同仁,以及一大批在学术领域一起合作过的专家学者,他们"才华横溢,竿头日进"的风采,极大促动和鞭策着我。上海市政府发展研究中心、上海发展战略研究所和上海全球城市研究院的同事挚友,他们"将伯之助,相携于道"的风尚,深深感动和温暖着我。我真切地看到,在这套学术文集中处处闪现他们留下的身影,有对我的鼓励、启发,有对我的批评、促进,也有对我的支持和帮助。当然,在这当中,也少不了父母大人、爱人秦慧宝、女儿周凌岺等家人的理解和支持,少不了他们所作出的无私奉献。借此机会,一并向他们表示深深的敬意和感谢。

　　一份意想不到的收获。原以为文集编纂比较简单,主要是根据不同内容构建一个框架。然而,实际做起来,便发现了问题,即已出版的著作并不能反映全部研究成果,致使呈现的学术研究不连贯,从而有必要把一些重大课题研究成果补充进去,作为学术研究的重要组成部分。为此,在这方面我下了较大功夫,进行系统收集、整理、归类乃至个别修改,有的补充到原有著作中去,有的经过系统化独立成册。"产业卷"的三本中,除《现代经济增长中的结构效应》外,《产业结构与产业政策》由原先出版的《产业结构优化论》和《产业政策的经济理论系统分析》汇编而成;

《产业融合与服务经济》由原先出版的《信息化与产业融合》和《服务经济发展：中国经济大变局及趋势》汇编而成。"中国经济卷"的三本中，除《体制变革与经济增长》外，《市场经济与结构调整》由新编的"市场经济及运作模式"和"结构调整与微观再造"两部分内容构成；《经济运行与发展新格局》由历年《中国经济分析》中我个人撰写章节的汇编内容和"经济发展新格局"新编内容共同构成。"上海发展卷"的三本中，《增长方式与竞争优势》由原先出版的《增长方式转变》一书和基于重大课题研究成果新编的"竞争优势、现代服务与科技创新"两部分内容构成；《改革开放的经验总结与理论探索》在原先出版的《排头兵与先行者》一书基础上，增加了一部分新内容；《创新驱动与转型发展：内在逻辑分析》是基于重大课题研究成果和有关论文及访谈的新编内容。"全球城市卷"的三本中，除了《全球城市：演化原理和上海2050》外，《全球城市崛起与城市发展》由原先出版的《崛起中的全球城市：理论框架及中国模式研究》和《城市发展：愿景与实践——基于上海世博会城市最佳实践区案例的分析》汇编而成；《迈向卓越的全球城市》由原先出版的《全球城市：国家战略与上海行动》和《卓越的全球城市：国家使命与上海雄心》，以及新编的"全球城市新议题"板块汇编而成。这样一种整理和补充，虽然又花费了不少功夫，但完善了整个学术研究过程及其成果，梳理出了一以贯之的主线及融会贯通的学术思想，四卷内容得以有机串联起来。在此过程中，通过全面回顾个人学术生涯的风雨与坎坷，系统总结学术研究的经验与教训，认真反思研究成果的缺陷与不足，使自己的学术情怀得以释放，学术精神得以光大，学术思想得以升华。

一丝踟蹰不安的期待。按理说，学术文集也应当包括学术论文的内容。无奈时间较久，数量较多，且散落于众多刊物中，平时也没有存留，收集起来难度很大，故放弃了。这套学术文集主要汇编了一系列个人专著及合著中的个人撰写部分，如上已提及的，分为"产业卷""中国经济卷""上海发展卷""全球城市卷"，每卷之下安排三本书，总共 12 本。这套学术文集纵然是历经艰辛、竭尽全力的心血结晶，也希望出版后能得到广大读者认可并从中有所收获。但贵在自知之明，我深知这套学术文集存在的不足，如有些观点陈旧过时，有些分析比较肤浅，有些论证还欠充分，有些逻辑不够严密，有些判断过于主观，有些结论呈现偏差。在学术规范与文字表述上，也存在不少瑕疵。因此，将其奉献给读者，不免忐忑，敬请包涵，欢迎批评指正。

周振华

2023 年 7 月

图书在版编目(CIP)数据

迈向卓越的全球城市/周振华著.—上海:格致
出版社:上海人民出版社,2023.8
(周振华学术文集)
ISBN 978 - 7 - 5432 - 3474 - 1

Ⅰ.①迈…　Ⅱ.①周…　Ⅲ.①城市经济-研究　Ⅳ.
①F29

中国国家版本馆 CIP 数据核字(2023)第 090001 号

责任编辑　忻雁翔
装帧设计　路　静

周振华学术文集

迈向卓越的全球城市

周振华　著

出　　版　格致出版社
　　　　　　上海人民出版社
　　　　　　(201101　上海市闵行区号景路 159 弄 C 座)
发　　行　上海人民出版社发行中心
印　　刷　上海盛通时代印刷有限公司
开　　本　787×1092　1/16
印　　张　31
插　　页　8
字　　数　534,000
版　　次　2023 年 8 月第 1 版
印　　次　2023 年 8 月第 1 次印刷
ISBN 978 - 7 - 5432 - 3474 - 1/F・1517
定　　价　176.00 元

周振华学术文集

产业卷

1. 产业结构与产业政策

2. 现代经济增长中的结构效应

3. 产业融合与服务经济

中国经济卷

4. 市场经济与结构调整

5. 体制变革与经济增长

6. 经济运行与发展新格局

上海发展卷

7. 增长方式与竞争优势

8. 改革开放的经验总结与理论探索

9. 创新驱动与转型发展:内在逻辑分析

全球城市卷

10. 全球城市崛起与城市发展

11. 全球城市:演化原理与上海 2050

12. 迈向卓越的全球城市